D1748736

Michael Gwelessiani

Praxiskommentar zur
Handelsregisterverordnung

Michael Gwelessiani

Praxiskommentar zur Handelsregisterverordnung

Schulthess § 2008

Bibliografische Information ‹Der Deutschen Bibliothek›
Die Deutsche Bibliothek verzeichnet diese Publikation in der Deutschen National-
bibliografie; detaillierte bibliografische Daten sind im Internet über ‹http://dnb.ddb.
de› abrufbar.

Alle Rechte, auch die des Nachdrucks von Auszügen, vorbehalten. Jede Verwertung
ist ohne Zustimmung des Verlages unzulässig. Dies gilt insbesondere für Vervielfäl-
tigungen, Übersetzungen, Mikroverfilmungen und die Einspeicherung und Verarbei-
tung in elektronische Systeme.

© Schulthess Juristische Medien AG, Zürich · Basel · Genf 2008
 ISBN 978-3-7255-5655-7

www.schulthess.com

Vorwort

In der Tagesschau wurde nicht darüber berichtet, dass die Schweiz eine neue Handelsregisterverordnung hat. Diese recht unscheinbare Verordnung ist jedoch für die tägliche Anwendung des Wirtschaftsrechts in der Praxis von grosser Bedeutung. Sie legt letztlich fest, wie das Aktienrecht, das GmbH-Recht, die Regelungen der andern Rechtsformen und das Fusionsgesetz zwingend umgesetzt werden müssen. Sie sieht aber auch vor, auf welchem Weg Dritte Rechtsschutz gegen Eintragungen finden können, die für sie nachteilig sind.

Die bisherige Verordnung datiert aus dem Jahre 1937. Sie stammt also aus einer Zeit, in welcher die Handelsregisterführer Eintragungen noch mit Tinte in grosse Bücher schrieben. Die Welt des Handelsregisters ist in der Zwischenzeit eine andere geworden. Es wurde daher dringend, die Handelsregisterverordnung den heute massgebenden Realien anzupassen.

Im Kontext der Revision des GmbH-Rechts hat der Gesetzgeber zudem beschlossen, Detailregelungen zur Eintragung im Handelsregister nicht mehr im Gesetz, sondern auf Verordnungsstufe zu statuieren. Die daher zu übernehmenden Regelungen konnten aber nicht mehr in sinnvoller Weise in die bisherige Verordnung eingegliedert werden. Infolge zahlreicher (mehr oder weniger geglückter) Teilrevisionen war der Erlass ohnehin zu einem unübersichtlichen Durcheinander geworden. Man musste daher den Mut finden, eine völlig neue Verordnung zu schaffen. Allerdings hat (trotz Wahljahr) keine parlamentarische Motion und kein Postulat eine neue Handelsregisterverordnung gefordert. Auch der Bundesrat hat seiner Werkstatt nie einen entsprechenden Auftrag erteilt. Der Anstoss kam vielmehr vonseiten der Praktiker, denen die bisherige Verordnung nicht mehr als zwecktaugliches Mittel für ihre Arbeit dienen konnte.

Eine Vorgabe galt es allerdings zu berücksichtigen. Die neue Verordnung musste zwingend gemeinsam mit dem neuen GmbH-Recht und der Neuregelung der Revisionspflicht in sämtlichen Rechtsformen des Privatrechts auf den 1. Januar 2008 in Kraft gesetzt werden. Die zur Ausarbeitung zur Verfügung stehende Zeit war daher äusserst knapp bemessen. Dies hatte namentlich zur Folge, dass einzelne Sachfragen, die von grösserer politischer Bedeutung sind, im gegebenen zeitlichen Rahmen nicht einlässlich aufgegriffen werden konnten.

Die neue Verordnung enthält daher insbesondere keine positivrechtliche Neuregelung der Kognition der Handelsregisterbehörden, obwohl die bisherige Kognitionsformel in der Praxis schon lange keine wirklich verlässliche Leitlinie mehr abzugeben vermag. Der Begleitbericht des Bundesrates zum Vernehmlassungsentwurf für die neue Verordnung hält aber fest, dass ausdrücklich darauf verzichtet wird, die bisherige (aus der Rechtsprechung hervorgegangene) Kognitionsformel zu kodifizieren. Im Sinne einer jüngeren Praxis des Bundesgerichts soll damit bewusst Raum gelassen werden für eine sach- und fallbezogene Weiterentwicklung der Rechtsprechung in der Kognitionsfrage (s. dazu Begleitbericht zur Totalrevision der Handelsregisterverordnung vom 28. März 2007, Ziffer 3.5, S. 4 f.). Mit diesem (qualifizierten) Schweigen der Verordnung wird der Rechtsprechung somit ein Auftrag erteilt. Es liegt beim Bundesgericht, die eigene Kognitionsformel weiterzuentwickeln.

Es geht dabei nicht um eine Abgrenzung von Kompetenzen, sondern vielmehr um eine Frage der Operabilität der Rechtsdurchsetzung. Zwingenden Normen des Bundesrechts muss von Amtes wegen auch dann Nachachtung verschafft werden, soweit sie dem Rechtsschutz Dritter dienen. Dies muss natürlich auch dann gelten, wenn in der Literatur und unter den Anwälten über die Auslegung und Anwendung gezankt wird. Andernfalls würden wichtige, in einem demokratischen Gesetzgebungsprozess geschaffene Normen letztlich ins Leere laufen.

Ähnlich wie bei der Kognition verhält es sich auch bei der Frage der Eintragung freier Berufe im Handelsregister: Die neue Verordnung enthält dazu keine ausdrückliche Regelung – aber sie schreibt auch keine Ausnahme fest. Mit dem Schweigen der Verordnung wird hier ebenfalls auf die Praxis des Bundesgerichts verwiesen, die in dieser Frage sachgerechte Antworten gibt.

Die neue Handelsregisterverordnung mag auf den ersten Blick recht umfangreich anmuten. Es ist aber zu berücksichtigen, dass bisher im Gesetz geregelte Gegenstände neu aufgenommen wurden, wodurch das Obligationenrecht punktuell entlastet werden konnte. Weiter wurde absichtlich nicht die kürzestmögliche Konzeption angestrebt, sondern es wurde einer möglichst praxisgerechten Regelung der Vorrang eingeräumt. Zahlreiche Artikel sind daher als Checkliste formuliert. Der Verordnungstext lehnt sich damit etwas an die bewährten Kochbücher von Betty Bossi an: Wer sich ans Kochen macht, soll wissen, welche Zutaten er dazu bereitstellen muss. Damit kann die Vorbereitung von Eintragungen im Handelsregister erheblich erleichtert werden. Die Listen der Verordnung sollen aber auch eine möglichst einheitliche Praxis der kantonalen Handelsregisterämter fördern und unterschiedlichen lokalen Gebräuchen eine Grenze ziehen.

Die neue Verordnung konnte nur dank der Initiative und dem beeindruckenden Einsatz einer Reihe von Spezialisten aus dem Kreis der Handelsregisterbehörden, der Rechtsanwälte, der Notare und der Rechtsetzung realisiert werden. Besonders erwähnen möchte ich Herrn Dr. Clemens Meisterhans, St. Gallen, Herrn lic. iur. Michael Gwelessiani, Zürich, Herrn Dr. Nicolas Duc, Saint-Prex, Herrn Dr. Nicholas Turin, Freiburg i.Ü., Herrn lic. iur. Christian Champeaux, Bern, und sämtliche Mitglieder der Eidg. Fachkommission für das Handelsregister. Ich bin ihnen allen für ihre grosse Arbeit sehr dankbar und freue mich darüber, dass ich mit ihnen diese neue Verordnung habe realisieren dürfen.

Herrn lic. iur. Michael Gwelessiani bin ich zudem sehr dafür verbunden, dass er einen praxisorientierten Kommentar verfasst und es dabei verstanden hat, die Überlegungen und Diskussionen, die den Regelungen der neuen Verordnung zugrunde liegen, im vorliegenden Kommentar zu verarbeiten und zu publizieren. Ich bin sicher, dass sein Buch für die Praxis und die Rechtsprechung von grossem Nutzen sein wird. Es wird allerdings stets mehr Fragen geben, als alle Verordnungen und Kommentare beantworten können; das ist aber – zumindest philosophisch betrachtet – auch gut so.

Bern, 20. März 2008

Dr. Hanspeter Kläy
Vorsteher des Eidg. Amt für das Handelsregister 2001–2007

Vorbemerkungen des Verfassers

Die neue Handelsregisterverordnung ist aus zahlreichen Diskussionen wie auch in der Eidg. Fachkommission für das Handelsregister und ihrer Subkommission entstanden. Viele der dort getroffenen Überlegungen haben Eingang in das vorliegende Werk gefunden. Dank gebührt daher den Mitgliedern der Eidgenössischen Fachkommission unter der Leitung von Herrn Dr. Hanspeter Kläy und ihrer Subkommission. Dankbar bin ich insbesondere auch Herrn Dr. Nicolas Duc (bis Ende 2007 als stellvertretender Vorsteher des Eidgenössischen Amtes für das Handelsregister und Leiter der Sektion «Rechtsanwendung und Aufsicht») und Herrn RA lic. iur. Hans-Jakob Käch (Abteilungsleiter Handelsregisteramt Kanton Zürich), die mit ihren Anregungen und mit der Durchsicht des Praxiskommentars einen wesentlichen, wertvollen Beitrag geleistet haben.

Zu besonderem Dank verpflichtet bin ich auch Herrn René Biber, Notariatsinspektor des Kantons Zürich für die Erlaubnis zur Wiedergabe neuer Musterurkunden, Herrn lic. iur. Urs Zenger (Stv. Chef Handelsregisteramt Kanton Zürich) für die Musterunterlagen und Herrn RA lic. iur. Roland Münger für die gewissenhafte Durchsicht meines Manuskripts.

Die Schweiz ist im Handelsregisterbereich dezentral organisiert, weshalb Rechtsauffassungen und Praxen – wie in andern Rechtsgebieten auch – unterschiedlich ausfallen können. Der vorliegende Kommentar gibt im Wesentlichen die aktuelle Praxis des kantonalzürcherischen Amtes wieder.

lic. iur. Michael Gwelessiani
Chef Handelsregisteramt Kanton Zürich

Inhaltsverzeichnis

Vorwort	V
Literaturverzeichnis	XIX
1. Titel: Allgemeine Bestimmungen	**1**
1. Kapitel: Zweck und Begriffe	1
Art. 1 Zweck	1
Art. 2 Begriffe	2
2. Kapitel: Handelsregisterbehörden	4
Art. 3 Handelsregisterämter	4
Art. 4 Kantonale Aufsichtsbehörden	5
Art. 5 Oberaufsicht durch den Bund	6
3. Kapitel: Aufbau und Inhalt des Handelsregisters	7
Art. 6 Aufbau des Handelsregisters	7
Art. 7 Inhalt des Handelsregisters	8
Art. 8 Tagesregister	8
Art. 9 Hauptregister	10
4. Kapitel: Öffentlichkeit des Handelsregisters	12
Art. 10 Öffentlichkeit des Hauptregisters	12
Art. 11 Einsichtnahme und Auszüge	13
Art. 12 Elektronisches Angebot	16
5. Kapitel: Zentralregister und Zefix	17
Art. 13 Zentralregister	17
Art. 14 Zentraler Firmenindex (Zefix)	18
2. Titel: Eintragungsverfahren	**19**
1. Kapitel: Anmeldung und Belege	19
1. Abschnitt: Anmelde- und Belegprinzip	19
Art. 15	19
2. Abschnitt: Anmeldung	21
Art. 16 Inhalt, Form und Sprache	21
Art. 17 Anmeldende Personen	23
Art. 18 Unterzeichnung	25
Art. 19 Eintragung aufgrund eines Urteils oder einer Verfügung	27
3. Abschnitt: Belege	28
Art. 20 Inhalt, Form und Sprache	28
Art. 21 Unterschriften	30
Art. 22 Statuten und Stiftungsurkunden	31
Art. 23 Protokolle über die Fassung von Beschlüssen	32
Art. 24 Bestehen von Rechtseinheiten	33
Art. 25 Ausländische öffentliche Urkunden und Beglaubigungen	33

2. Kapitel:	Grundsätze für die Eintragung	34
Art. 26	Wahrheitsgebot, Täuschungsverbot und öffentliches Interesse	34
Art. 27	Änderung von Tatsachen	35
Art. 28	Prüfungspflicht des Handelsregisteramts	35
Art. 29	Sprache	36
Art. 30	Antrag auf Eintragung zusätzlicher Tatsachen	37
3. Kapitel:	Prüfung, Genehmigung und Publikation der Eintragung	37
Art. 31	Übermittlung ans EHRA	37
Art. 32	Prüfung und Genehmigung durch das EHRA	38
Art. 33	Verweigerung der Genehmigung	39
Art. 34	Rechtswirksamkeit der Eintragungen	40
Art. 35	Publikation	40
3. Titel:	**Rechtsformspezifische Bestimmungen für die Eintragung**	**41**
1. Kapitel:	Einzelunternehmen	41
Art. 36	Eintragungspflicht und freiwillige Eintragung	41
Art. 37	Anmeldung und Belege	43
Art. 38	Inhalt des Eintrags	44
Art. 39	Löschung	45
2. Kapitel:	Kollektiv- und Kommanditgesellschaft	45
Art. 40	Anmeldung und Belege	45
Art. 41	Inhalt des Eintrags	46
Art. 42	Auflösung und Löschung	48
3. Kapitel:	Aktiengesellschaft	49
1. Abschnitt:	Gründung	49
Art. 43	Anmeldung und Belege	49
Art. 44	Errichtungsakt	55
Art. 45	Inhalt des Eintrags	57
2. Abschnitt:	Ordentliche Kapitalerhöhung	59
Art. 46	Anmeldung und Belege	59
Art. 47	Öffentliche Urkunden	63
Art. 48	Inhalt des Eintrags	65
3. Abschnitt:	Genehmigte Kapitalerhöhung	65
Art. 49	Ermächtigungsbeschluss der Generalversammlung	65
Art. 50	Erhöhungsbeschluss und Feststellungen des Verwaltungsrates	67
4. Abschnitt:	Bedingte Kapitalerhöhung	69
Art. 51	Gewährungsbeschluss der Generalversammlung	69
Art. 52	Feststellungen und Statutenänderung durch den Verwaltungsrat	70
Art. 53	Aufhebung der Statutenbestimmung über die bedingte Kapitalerhöhung	71

5. Abschnitt:	Nachträgliche Leistung von Einlagen	72
Art. 54		72
6. Abschnitt:	Herabsetzung des Aktienkapitals	75
Art. 55	Ordentliche Kapitalherabsetzung	75
Art. 56	Kapitalherabsetzung im Fall einer Unterbilanz	78
Art. 57	Herabsetzung und gleichzeitige Wiedererhöhung des Kapitals auf den bisherigen oder einen höheren Betrag	80
Art. 58	Herabsetzung und gleichzeitige Wiedererhöhung des Kapitals auf einen tieferen als den bisherigen Betrag	81
Art. 59	Herabsetzung der Einlagen	81
7. Abschnitt:	Partizipationskapital	82
Art. 60		82
8. Abschnitt:	Besondere Bestimmungen zur Revision und zur Revisionsstelle	82
Art. 61	Eintragung der Revisionsstelle	82
Art. 62	Verzicht auf eine eingeschränkte Revision	84
9. Abschnitt:	Auflösung und Löschung	86
Art. 63	Auflösung	86
Art. 64	Widerruf der Auflösung	88
Art. 65	Löschung	89
4. Kapitel:	Kommanditaktiengesellschaft	90
Art. 66	Anmeldung und Belege	90
Art. 67	Errichtungsakt	91
Art. 68	Inhalt des Eintrags	91
Art. 69	Änderungen in der Zusammensetzung der Verwaltung	92
Art. 70	Anwendung der Bestimmungen über die Aktiengesellschaft	93
5. Kapitel:	Gesellschaft mit beschränkter Haftung	93
1. Abschnitt:	Gründung	93
Art. 71	Anmeldung und Belege	93
Art. 72	Errichtungsakt	96
Art. 73	Inhalt des Eintrags	97
2. Abschnitt:	Erhöhung des Stammkapitals	99
Art. 74	Anmeldung und Belege	99
Art. 75	Öffentliche Urkunden	100
Art. 76	Inhalt des Eintrags	101
3. Abschnitt:	Herabsetzung des Stammkapitals	101
Art. 77	Ordentliche Herabsetzung des Stammkapitals	101
Art. 78	Herabsetzung des Stammkapitals im Fall einer Unterbilanz	102

Art. 79	Herabsetzung und gleichzeitige Wiedererhöhung des Stammkapitals auf den bisherigen oder einen höheren Betrag	103
Art. 80	Herabsetzung und gleichzeitige Wiedererhöhung des Stammkapitals auf einen tieferen als den bisherigen Betrag	104
Art. 81	Herabsetzung oder Aufhebung der Nachschusspflicht	104
4. Abschnitt:	Übertragung von Stammanteilen	105
Art. 82		105
5. Abschnitt:	Revision, Revisionsstelle, Auflösung und Löschung	107
Art. 83		107
6. Kapitel:	Genossenschaft	107
Art. 84	Anmeldung und Belege	107
Art. 85	Protokoll der konstituierenden Versammlung	109
Art. 86	Besondere Voraussetzungen der Eintragung	110
Art. 87	Inhalt des Eintrags	110
Art. 88	Verzeichnis der Genossenschafterinnen und Genossenschafter	111
Art. 89	Revision, Revisionsstelle, Auflösung und Löschung	113
7. Kapitel:	Verein	113
Art. 90	Anmeldung und Belege	113
Art. 91	Besondere Voraussetzung der Eintragung	114
Art. 92	Inhalt des Eintrags	114
Art. 93	Auflösung und Löschung	115
8. Kapitel:	Stiftung	115
Art. 94	Anmeldung und Belege	115
Art. 95	Inhalt des Eintrags	117
Art. 96	Informationsaustausch zwischen Handelsregisteramt und Stiftungsaufsichtsbehörde	117
Art. 97	Änderungen, Aufhebung und Löschung	118
9. Kapitel:	Kommanditgesellschaft für kollektive Kapitalanlagen	118
Art. 98	Anmeldung und Belege	118
Art. 99	Inhalt des Eintrags	120
Art. 100	Auflösung und Löschung	120
10. Kapitel	Investmentgesellschaft mit festem Kapital (SICAF)	121
Art. 101		121
11. Kapitel:	Investmentgesellschaft mit variablem Kapital (SICAV)	122

Art. 102	Anmeldung und Belege		122
Art. 103	Errichtungsakt		123
Art. 104	Inhalt des Eintrags		123
Art. 105	Auflösung und Löschung		124
12. Kapitel:	Institut des öffentlichen Rechts		124
Art. 106	Anmeldung und Belege		124
Art. 107	Inhalt des Eintrags		125
Art. 108	Anwendbares Recht		126
13. Kapitel:	Zweigniederlassung		126
1. Abschnitt:	Zweigniederlassung einer Rechtseinheit mit Sitz in der Schweiz		126
Art. 109	Anmeldung und Belege		126
Art. 110	Inhalt des Eintrags		127
Art. 111	Koordination der Einträge von Haupt- und Zweigniederlassung		128
Art. 112	Fusion, Spaltung, Umwandlung und Vermögensübertragung		128
2. Abschnitt:	Zweigniederlassung einer Rechtseinheit mit Sitz im Ausland		129
Art. 113	Anmeldung und Belege		129
Art. 114	Inhalt des Eintrags		130
Art. 115	Löschung		131

4. Titel: Rechtsformübergreifende Bestimmungen für die Eintragung — **132**

1. Kapitel:	Identifikationsnummer, Sitz-, Zweck- und Personenangaben sowie Hinweis auf die vorangehende Eintragung		132
Art. 116	Identifikationsnummer		132
Art. 117	Sitz, Rechtsdomizil sowie weitere Adressen		133
Art. 118	Zweckangaben		134
Art. 119	Personenangaben		135
Art. 120	Leitungs- oder Verwaltungsorgane		138
Art. 121	Revisionsstelle		139
Art. 122	Hinweis auf die vorangehende Eintragung		140
2. Kapitel:	Sitzverlegung		140
1. Abschnitt:	In der Schweiz		140
Art. 123	Eintragung am neuen Sitz		140
Art. 124	Eintragung am bisherigen Sitz		142
Art. 125	Übermittlung der Belege		142
2. Abschnitt:	Verlegung des Sitzes einer ausländischen Rechtseinheit in die Schweiz		143
Art. 126			143

3. Abschnitt:	Verlegung des Sitzes einer schweizerischen Rechtseinheit ins Ausland	144
Art. 127		144
3. Kapitel:	Umstrukturierungen	145
1. Abschnitt:	Zeitpunkt der Anmeldung und der Eintragung	145
Art. 128	Zeitpunkt der Anmeldung	145
Art. 129	Zeitpunkt der Eintragung	146
2. Abschnitt:	Fusion von Rechtseinheiten	147
Art. 130	Anmeldung und zuständiges Handelsregisteramt	147
Art. 131	Belege	148
Art. 132	Inhalt des Eintrags	153
3. Abschnitt:	Spaltung von Kapitalgesellschaften und Genossenschaften	154
Art. 133	Anmeldung und zuständiges Handelsregisteramt	154
Art. 134	Belege	155
Art. 135	Inhalt des Eintrags	157
4. Abschnitt:	Umwandlung von Gesellschaften	158
Art. 136	Anmeldung und Belege	159
Art. 137	Inhalt des Eintrags	160
5. Abschnitt:	Vermögensübertragung	161
Art. 138	Anmeldung und Belege	162
Art. 139	Inhalt des Eintrags	163
6. Abschnitt:	Fusion und Vermögensübertragung von Stiftungen	163
Art. 140	Fusion	164
Art. 141	Vermögensübertragung	164
7. Abschnitt:	Fusion, Umwandlung und Vermögensübertragung von Vorsorgeeinrichtungen	165
Art. 142	Fusion	165
Art. 143	Umwandlung	165
Art. 144	Vermögensübertragung	165
8. Abschnitt:	Fusion, Umwandlung und Vermögensübertragung von Instituten des öffentlichen Rechts	166
Art. 145		166
9. Abschnitt:	Grenzüberschreitende Umstrukturierungen	166
Art. 146	Fusion	167
Art. 147	Spaltung und Vermögensübertragung	168
10. Abschnitt:	Übertragbarkeit bei Spaltung und Vermögensübertragung	168
Art. 148		168
4. Kapitel:	Eintragungen von besonderen Vertretungsverhältnissen und von Beschlüssen der Gläubigerversammlung von Anleihensobligationen	168

Art. 149	Nichtkaufmännische Prokura	168
Art. 150	Haupt der Gemeinderschaft	169
Art. 151	Beschlüsse der Gläubigerversammlung von Anleihensobligationen	170

5. Titel: Eintragungen von Amtes wegen **170**

1. Kapitel:	Fehlende oder unrichtige Eintragung	170
Art. 152	Bei Verletzung der Eintragungspflicht	170
Art. 153	Bei fehlendem Rechtsdomizil	174
Art. 154	Bei Mängeln in der gesetzlich zwingenden Organisation	176
Art. 155	Bei Gesellschaften ohne Geschäftstätigkeit und ohne Aktiven	177
Art. 156	Zeitpunkt der Eintragung von Amtes wegen	179
Art. 157	Ermittlung der Eintragungspflicht und von Änderungen eingetragener Tatsachen	180
2. Kapitel:	Konkurs, Nachlassstundung und Nachlassvertrag mit Vermögensabtretung	181
Art. 158	Meldung und Eintragung des Konkurses	181
Art. 159	Inhalt des Eintrags des Konkurses	182
Art. 160	Nachlassstundung	183
Art. 161	Nachlassvertrag mit Vermögensabtretung	184

6. Titel: Rechtsbehelfe und Rechtsmittel **184**

Art. 162	Registersperre	184
Art. 163	Frist und Belege bei der Registersperre	188
Art. 164	Wiedereintragung	188
Art. 165	Kantonale Rechtsmittel	190

7. Titel: Aktenaufbewahrung, Aktenherausgabe, Datensicherheit **192**

Art. 166	Aufbewahrung von Anmeldungen, Belegen und Korrespondenz	192
Art. 167	Herausgabe von Akten in Papierform	193
Art. 168	Herausgabe von Akten in elektronischer Form	194
Art. 169	Datensicherheit	194

8. Titel: Schlussbestimmungen **196**

1. Kapitel:	Revisionsstelle	196
Art. 170		196
2. Kapitel:	Weisungen, Kreisschreiben und Mitteilungen	196
Art. 171		196
3. Kapitel:	Aufhebung und Änderung bisherigen Rechts	197
Art. 172		197
4. Kapitel:	Übergangsbestimmungen	197
Art. 173	Anwendbares Recht	197

Art. 174	Verzicht auf eine eingeschränkte Revision	198
Art. 175	Elektronische Anmeldungen und Belege	198
Art. 176	Firmenrecht	198
Art. 177	Geschäftsbezeichnungen und Enseignes	199
Art. 178	Altrechtliches Firmenverzeichnis	199
Art. 179	Unterlagen über die besondere Befähigung der Revisorinnen und Revisoren	199
Art. 180	Verfahren betreffend Eintragungen von Amtes wegen	200
Art. 181	Ausgestaltung der kantonalen Rechtsmittel	200
5. Kapitel:	Inkrafttreten	200
Art. 182		200

Anhang
Gesetze
Verordnung über die Gebühren für das Handelsregister
(Gebührentarif) 203

Weisungen des Eidgenössischen Amtes für das Handelsregister
Anleitung und Weisung an die kantonalen Handelsregister-
behörden betreffend die Prüfung von Firmen und Namen 215
Richtlinie Grundstückerwerb 285
Mitteilung Sacheinlage und Sachübernahme 288
Weisung Eintragung von Finanzkontrollen 295
Mitteilung Nachliberierung GmbH 297

Allgemeine Merkblätter
Stampa- Erklärung 299
Lex-Friedrich-Erklärung 300
Kurzkommentar EHRA zum FusG 301
FAQ des HRA ZH zum FusG 355
KMU-Erklärung nach FusG 370
Merkblatt Verzicht auf Revision 371
Erklärung Verzicht auf Revision 372

Rechtsformspezifische Muster und Merkblätter
Einzelunternehmen
Merkblatt Einzelunternehmen 373
Anmeldung Neueintragung Einzelunternehmen 375

Kollektivgesellschaft
Merkblatt Kollektivgesellschaft 378
Anmeldung Neueintragung Kollektivgesellschaft 380

Kommanditgesellschaft
Merkblatt Neueintragung Kommanditgesellschaft — 383
Anmeldung Neueintragung Kommanditgesellschaft — 385

Aktiengesellschaft
Merkblatt Belege Neueintragung AG — 388
Checkliste Belege Neueintragung AG — 390
Checkliste Mindestinhalt Statuten — 391
Musterstatuten AG mit Namenaktien Kurzfassung — 393
Musterstatuten AG mit Namenaktien — 395
Musterurkunde Gründung AG — 403
Anmeldung Gründung AG mit Revisionsstelle — 410
Anmeldung Gründung AG mit Verzicht auf Revisionsstelle — 412
Checkliste Belege Kapitalerhöhung AG — 414
Musterurkunde GV-Beschluss Kapitalerhöhung AG — 415
Musterurkunde VR-Beschluss Kapitalerhöhung AG — 419
Kapitalerhöhungsbericht VR — 424
Anmeldung Kapitalerhöhung AG — 425

Gesellschaft mit beschränkter Haftung
FAQ zum neuen GmbH-Recht — 426
Merkblatt Belege Neueintragung GmbH — 440
Checkliste Belege Neueintragung GmbH — 442
Musterurkunde Gründung GmbH — 443
Musterstatuten GmbH Kurzfassung — 450
Musterstatuten GmbH mit Hinweisen — 452
Anmeldung Gründung GmbH mit Revisionsstelle — 468
Anmeldung Gründung GmbH mit Verzicht auf Revisionsstelle — 470

Zweigniederlassung
Merkblatt Belege Zweigniederlassung mit Hauptsitz in der Schweiz — 472
Merkblatt Belege Zweigniederlassung mit Hauptsitz im Ausland — 474

Stichwortverzeichnis — **477**

Literaturverzeichnis

Botschaft über die Revision des Aktienrechts vom 23. Februar 1983, zitiert Botschaft Aktienrecht

Botschaft zum Bundesgesetz über Fusion, Spaltung, Umwandlung und Vermögensübertragung vom 13. Juni 2006, link: (www.admin.ch/ch/d/ff/2000/4337.pdf), zitiert Botschaft FusG

Botschaft zur Revision des Obligationenrechts (GmbH-Recht sowie Anpassungen im Aktien-, Genossenschafts-, Handelsregister- und Firmenrecht vom 19.12.2001 (link: www.admin.ch/ch/d/ff/2002/3148.pdf), zitiert Botschaft GmbH

Böckli, Peter, Schweizer Aktienrecht, 3. Auflage, 2004 Verlag Schulthess, zitiert Böckli

Bösiger/Engel in Schweizer Vertragshandbuch, Verlag Helbing & Lichtenhahn, zitiert Bösiger/Engel

Bösiger, Markus, Verfahrenserleichterungen für KMU nach Fusionsgesetz und Kapitalschutz am Beispiel der Aktiengesellschaft in REPRAX 2/3/2004, zitiert Bösiger

Chapuis, Olivier, L'inscription au registre du commerce d'un associé commanditaire avec signature, in REPRAX 1/2006

Eidgenössisches Amt für das Handelsregister, Anleitung und Weisung an die kantonalen Handelsregisterbehörden betreffend die Prüfung von Firmen und Namen, zitiert Firmenrechtsweisung

Eidgenössisches Amt für das Handelsregister: Kurzkommentar zu den Bestimmungen der Handelsregisterverordnung zum Fusionsgesetz, zitiert KK FusG

Forstmoser/Meier-Hayoz/Nobel, Schweizer Aktienrecht, 1996, Verlag Stämpfli & Cie AG, zitiert Forstmoser

Gwelessiani, Das neue Schweizerische GmbH-Recht (Vorträge im Rahmen der Reihe Europainstitut, zitiert Gwelessiani)

Handelsregisteramt Kanton Zürich, FAQ zum Fusionsgesetz (www.hra.zh.ch/internet/ji/hra/de/downloads.SubContainerList.SubContainer1.ContentContainerList.0001.DownloadFile.pdf), zitiert FAQ FusG

Handschin/Truniger, Die neue GmbH, Verlag Schulthess

Kläy, Hanspeter, Die Vinkulierung, Helbing & Lichtenhahn, 1997

Meier-Hayoz/Forstmoser, Schweizerisches Gesellschaftsrecht, 10. Auflage 2007, Verlag Stämpfli AG

Meisterhans, Clemens, Prüfungspflicht und Kognitionsbefugnis der Handelsregisterbehörde, Verlag Schulthess

Siffert, Rino, Handelsregisterdaten und Datenschutz, REPRAX 1/2005

Tuor/Schnyder/Schmid/Rumo-Jungo, Das Schweizerische Zivilgesetzbuch, 12. Auflage, 2006, Verlag Schulthess

Vogt, Thomas, Fragen des Handelsregisterrechts bei Sitzverlegungen in die Schweiz, REPRAX 2/1999

Vogt, Thomas, Bundesgesetz über die kollektiven Kapitalanlagen – neue Rechtsformen im Handelsregister, REPRAX 1/2007

1. Titel: Allgemeine Bestimmungen

1. Kapitel: Zweck und Begriffe

Art. 1 Zweck

Das Handelsregister dient der Konstituierung und der Identifikation von Rechtseinheiten. Es bezweckt die Erfassung und Offenlegung rechtlich relevanter Tatsachen und gewährleistet die Rechtssicherheit sowie den Schutz Dritter im Rahmen zwingender Vorschriften des Zivilrechts.

Das Obligationenrecht (OR) regelt in den Art. 927 ff. das Handelsregister. Eine Definition des Handelsregisters oder eine Zweckumschreibung, wozu das Handelsregister dient, findet sich nicht im OR. Die Handelsregisterverordnung hält nun erstmals fest, dass dem Handelsregister folgende Funktionen zukommen (vgl. Meier/Hayoz/Forstmoser, § 6 Note 11):

1. eine *Funktion als Identifikationsregister* für Rechtseinheiten (vom Einzelunternehmen bis zur Stiftung). Damit wird dem an sich selbstverständlichen Grundsatz Rechnung getragen, dass Unternehmen, die am Geschäftsverkehr teilhaben, identifizierbar sein müssen. Im Hinblick auf Haftungsansprüche und Verantwortlichkeiten wie auch etwa für das Eintreiben von Forderungen (Betreibungsverfahren oder Konkursverfahren) ist dies von Bedeutung.

2. die *Konstituierungsfunktion,* da in gewissen Fällen erst die Eintragung ins Handelsregister gewisse Rechtsfolgen zeitigt. Allerdings wird in der Verordnung nicht unterschieden, ob das Erfassen der rechtlich relevanten Sachverhalte deklaratorischer Natur ist (Beispiel: Wahl und Wahlannahme lassen bereits das Verwaltungsratsmandat entstehen) oder ob der Eintragung konstitutive Wirkung zukommt (Beispiel: Die Aktiengesellschaft entsteht erst mit der rechtswirksamen Eintragung im Tagesregister [Art. 643 OR]. Ein weiteres Beispiel für eine konstitutive Wirkung findet sich in Art. 22 FusG, wo festgelegt wird, dass erst die Eintragung im Handelsregister eine Fusion rechtswirksam werden lässt.).

2. die Funktion als *Offenlegungsregister.* Es gilt das Offenlegungsprinzip. Das Handelsregister soll Transparenz schaffen und die im Geschäftsverkehr wichtigen Elemente (etwa Kapitalisierung, Haftungsverhältnisse, Zeichnungsbefugnisse, Vertreter von Gemeinderschaften, nichtkaufmännische Prokura) offenlegen.

3. eine *Rechtsdurchsetzungsfunktion,* indem es Rechtssicherheit und Schutz Dritter im Rahmen zwingender Vorschriften des Zivilrechts gewährleisten soll. Damit ist letztlich die Frage der Kognition angesprochen, wie sie vom Schweizerischen Bundesgericht zwar konstant (und gleichartig) formuliert

wird, wie es sie selber aber in den konkreten Fällen nicht mit der gleichen Konsequenz verfolgt (vgl. Peter Forstmoser, in REPRAX 3/2003, mit Hinweisen). Dies ist letztlich auch nicht möglich, da dies im Einzelfall zu unsinnigen Ergebnissen führt. Sinnvollerweise ist abzustellen auf das zwingende Recht, das die Interessen der Öffentlichkeit und den Schutz Dritter berücksichtigt. Hier ist es Sache der Handelsregisterbehörde, für die Durchsetzung des zwingenden Rechts besorgt zu sein. Dispositives Recht und zwingendes Recht, das einzig die internen Interessen der an einer Rechtseinheit beteiligten Personen (z.B. Aktionäre) wahren will, wären demgegenüber vom Handelsregisteramt nicht zu beachten (z.B. Bezugsrechtsverletzungen/Einladungsvorschriften).

6   4. eine *Anknüpfungsfunktion,* indem an den Eintrag im Handelsregister gewisse Rechtsfolgen geknüpft sind (Art. 932 OR).

7   Artikel 1 erwähnt nur die Rechtseinheiten (im Sinne von Art. 2), ebenfalls erfasst von dieser Norm sind jedoch weitere Rechtsverhältnisse wie «Vertreter von Gemeinderschaften» (Art. 336 ff. ZGB) und «nichtkaufmännische Prokura» (Art. 458 Abs. 3 OR).

Art. 2 Begriffe

Im Sinne dieser Verordnung gelten als:
  a. Rechtseinheit:
  1. **Einzelunternehmen (Art. 934 Abs. 1 und 2 OR),**
  2. **Kollektivgesellschaften (Art. 552 ff. OR),**
  3. **Kommanditgesellschaften (Art. 594 ff. OR),**
  4. **Aktiengesellschaften (Art. 620 ff. OR),**
  5. **Kommanditaktiengesellschaften (Art. 764 ff. OR),**
  6. **Gesellschaften mit beschränkter Haftung (Art. 772 ff. OR),**
  7. **Genossenschaften (Art. 828 ff. OR),**
  8. **Vereine (Art. 60 ff. des Zivilgesetzbuches [ZGB]),**
  9. **Stiftungen (Art. 80 ff. ZGB),**
  10. **Kommanditgesellschaft für kollektive Kapitalanlagen (Art. 98 ff. des Kollektivanlagengesetzes vom 23. Juni 2006 [KAG]),**
  11. **Investmentgesellschaft mit festem Kapital (SICAF; Art. 110 ff. KAG),**
  12. **Investmentgesellschaft mit variablem Kapital (SICAV; Art. 36 ff. KAG),**
  13. **Institute des öffentlichen Rechts (Art. 2 Bst. d FusG),**
  14. **Zweigniederlassungen (Art. 935 OR);**
  b. *Gewerbe:* **eine selbstständige, auf dauernden Erwerb gerichtete wirtschaftliche Tätigkeit;**

c. *Rechtsdomizil:* **die Adresse, unter der die Rechtseinheit an ihrem Sitz erreicht werden kann, mit folgenden Angaben: Strasse, Hausnummer, Postleitzahl und Ortsnamen.**

Artikel 2 enthält die Legaldefinition für jene Begriffe, die in der gesamten Verordnung Verwendung finden:

Der bis jetzt gesellschaftsrechtlich nicht gebräuchliche Begriff «*Rechtseinheit*» umfasst einerseits sämtliche Rechtsformen, die vom Schweizerischen Zivilgesetzbuch, vom Obligationenrecht sowie vom Bundesgesetz über die kollektiven Kapitalanlagen her bekannt sind und anderseits die Zweigniederlassung als Teil eines Unternehmens. 8

Der Begriff «*Gewerbe*» (vgl. dazu Meier-Hayoz/Forstmoser, § 4 Note 34 ff.; vgl. Note 141) ist vor allem im Hinblick auf die Eintragungspflicht von Einzelunternehmen (Art. 36 ff.) von Bedeutung. Er grenzt von besondern Erwerbsformen (Anstellungsverhältnis, Einzelauftrag im Sinne einer einmaligen Handlung) sowie «freien Berufen» (z.B. Ärzte, Rechtsanwälte) ab, wobei je nach konkreten Umständen auch diese eintragungspflichtig sein können (vgl. Gnos, in REPRAX 2/2007 sowie BGE 130 III 707 in REPRAX 1/2005). 9

Der Sitz eines Unternehmens (vgl. auch Noten 407 ff.) befindet sich stets in der politischen Gemeinde (massgebend ist das amtliche Gemeindeverzeichnis des Bundesamtes für Statistik [http://www.bfs.admin.ch/bfs/portal/de/index/dienstleistungen/geostat/datenbeschreibung/generalisierte_gemeindegrenzen.Document.90142.xls]), das *Rechtsdomizil* befindet sich dort, wo das Unternehmen in seiner Sitzgemeinde tatsächlich erreicht werden kann. An das Dahinfallen des Domizils werden deshalb auch Sanktionen geknüpft (vgl. Art. 153). Beim Rechtsdomizil können zwei Arten unterschieden werden: 10

– eigene Büros: Die Rechtseinheit verfügt an der angegebenen Adresse aufgrund von Eigentum, Miet- oder Untermietvertrag über Lokalitäten.

– c/o-Adresse: Die Rechtseinheit verfügt über keine eigenen Büros, sondern ist lediglich vertraglich mit einer andern Rechtseinheit oder einer natürlichen Person so verbunden, dass diese die Post entgegennimmt und an die verantwortlichen Organe weiterleitet. Nicht zulässig ist deshalb etwa, wenn sich eine nicht im Handelsregister eingetragene Anwaltskanzlei als Domizilhalter eintragen lassen will. In einem solchen Fall ist der Rechtsanwalt als natürliche Person einzutragen, und er hat die Domizilhalter-Erklärung zu unterzeichnen (anders stellt sich die Sachlage dar, wenn die Anwaltskanzlei selber als Kollektivgesellschaft oder als AG/GmbH eingetragen ist).

11 Der sogenannte «fliegende Sitz» (etwa Sitz beim jeweiligen Wohnsitz des Präsidenten) ist nur beim Verein sowie den Stiftungen zulässig (Art. 56 ZGB; Meier-Hayoz/Forstmoser, § 20 Note 30; Riemer, Berner Kommentar in Band I/3, 2. Teilband Note 379g sowie in 3. Teilband Note 515).

2. Kapitel: Handelsregisterbehörden

Art. 3 Handelsregisterämter

Die Führung der Handelsregisterämter obliegt den Kantonen. Sie gewährleisten eine fachlich qualifizierte Handelsregisterführung. Es steht ihnen frei, das Handelsregister kantonsübergreifend zu führen.

12 Im Kerngehalt stimmt diese Bestimmung überein mit Art. 927 OR. Darin wird statuiert, dass es Sache der Kantone ist, das Handelsregister zu führen. Ein eidgenössisches Handelsregister gibt es nicht; die Kantone vollziehen das Bundesrecht im Rahmen von Gesetzgebung und Weisungen des Bundes (vgl. Art. 5) sowie der Rechtsprechung.

13 Die bisherige Handelsregisterverordnung kannte keine Verpflichtung der Kantone, eine fachlich *qualifizierte Registerführung* zu gewährleisten und die dafür erforderlichen Ressourcen zur Verfügung zu stellen. Wenngleich ein solcher Anspruch auch im Interesse der Kantone gelegen hat, so dürfte der nun bundesrechtlich vorgesehene Qualitätsanspruch auf fachlich qualifizierte Registerführung und Professionalisierung den heutigen Anforderungen der Materie gerechter werden als die bisherige Regelung. Fachliche Qualifikation ist hier allerdings nicht automatisch mit juristischem Abschluss gleichzusetzen; die Qualifikation auf anderem Weg muss weiterhin möglich sein. Entscheidend bleibt in jedem Fall die Qualität der geleisteten Arbeit.

14 Im letzten Satz bringt der Verordnungsgeber zum Ausdruck, was eigentlich schon unter bisherigem Recht nach Art. 927 OR möglich gewesen wäre. Das Eidgenössische Amt für das Handelsregister hat gestützt auf eine entsprechende Anfrage bestätigt, dass eine kantonsübergreifende Führung des Handelsregisters gesetzeskonform sei (publiziert in REPRAX 3/2006). Mit der ausdrücklichen Erwähnung nun in Art. 3 zeigt der Bundesrat, dass es die bezirksweise Führung des Registers als nicht mehr zeitgemäss erachtet und eine kantonsweite Führung des Handelsregisters seinen (Qualitäts-) Ansprüchen besser gerecht wird als die bisher zugelassene bezirksweise Führung. Es steht den Kantonen zwar nach wie vor frei, wie sie das Handelsregister führen wollen. Es wird ihnen aber auch ausdrücklich ermöglicht, das Handelsregister kantonsübergreifend zu führen. Die Anforderungen an Qualität in komplexer Materie und Kostendruck (Infrastruktur, Personal) können eine solche Lösung als sachlich richtig erscheinen lassen. Synergieeffekte dürften die Folge sein. Entsprechende Tendenzen lassen sich in andern Be-

reichen bereits absehen (z.B. BVG-Aufsicht in der Ostschweiz). Normalfall wird wohl aber die zentralisierte Lösung bleiben, wie sie in verschiedenen Kantonen schon heute gilt (z.B. AG, GE, SG, ZH).

Art. 4 Kantonale Aufsichtsbehörden

1 Die Kantone bestimmen die Aufsichtsbehörde, die mit der administrativen Aufsicht über das Handelsregisteramt betraut ist.

2 Erfüllen Registerführerinnen oder Registerführer oder deren Mitarbeiterinnen oder Mitarbeiter ihre Aufgaben nicht ordnungsgemäss, so trifft die kantonale Aufsichtsbehörde von Amtes wegen oder auf Antrag des Bundes die erforderlichen Massnahmen. In schweren oder wiederholten Fällen sind die betroffenen Personen ihres Amtes zu entheben.

3 Die Anfechtung von Verfügungen des Handelsregisteramtes richtet sich nach Artikel 165.

Allgemein: Art. 4 regelt die administrative Aufsicht. Es obliegt den Kantonen, die Aufsichtsbehörde zu bestimmen. Diese kann in die Verwaltung (z.B. auf Departementsebene) oder in die Gerichtshierarchie (z.B. Kantonsgericht) integriert sein. 15

Aus dem Zusammenhang mit Art. 165 wird ersichtlich, dass der Bund in Abweichung von z.T. heute geltenden Strukturen für die kantonalen Aufsichtsbehörden lediglich eine administrative Aufgabe und einen separaten, verkürzten Rechtsweg vorsieht (vgl. Note 583). 16

Die Ausübung der administrativen Aufsicht ihrerseits lässt sich unterteilen in eine fachliche Aufsicht (z.B. mittels Beurteilung von Aufsichtsbeschwerden) und eine hierarchische, personal- und finanzrechtlich orientierte Aufsicht (z.B. Anstellung von Personal/Budgetprozess bzw. Rechnungslegung). In der Verantwortung der Fachaufsicht bzw. der hierarchisch vorgesetzten Behörde liegt es, mittels geeigneter Controlling-Massnahmen die Qualität der geleisteten Arbeit zu überprüfen und sicherzustellen. Sie hat dafür auch die erforderlichen personellen und finanziellen Ressourcen für eine ordnungsgemässe Erfüllung des gesetzlichen Auftrages vorzusehen. 17

Absatz 2: Die kantonalen Ämter unterstehen hierarchisch nicht dem Bund, seine Steuerungsmöglichkeiten sind daher beschränkt. Stellt er Missstände fest, muss er an die zuständige kantonale Aufsichtsbehörde gelangen. Diese ist für die Ergreifung von Sanktionen zuständig. Entsprechende Anträge des Eidgenössischen Amtes für das Handelsregister sind politisch sehr heikel, weshalb es sich bei dieser Bestimmung vorab um einen ordnungspolitischen Fingerzeig an die Kantone handelt. 18

Art. 5 Oberaufsicht durch den Bund

¹ Das Eidgenössische Justiz- und Polizeidepartement übt die Oberaufsicht über die Handelsregisterführung aus.

² Das Eidgenössische Amt für das Handelsregister (EHRA) im Bundesamt für Justiz ist insbesondere zur selbstständigen Erledigung folgender Geschäfte ermächtigt:
   a. den Erlass von Weisungen im Bereich des Handelsregisters und des Firmenrechts, die sich an die kantonalen Handelsregisterbehörden richten;
   b. die Prüfung der Rechtmässigkeit und die Genehmigung der kantonalen Eintragungen in das Tagesregister;
   c. die Durchführung von Inspektionen;
   d. die Stellung von Anträgen gemäss Artikel 4 Absatz 2;
   e. die Beschwerdeführung an das Bundesgericht gegen Entscheide des Bundesverwaltungsgerichts und der kantonalen Gerichte.

19   Absatz 1 legt fest, dass dem Bund, vertreten durch das Eidgenössische Amt für das Handelsregister, die *Oberaufsicht fachlicher Natur* obliegt. Damit soll eine einheitliche Rechtsanwendung in der Schweiz gewährleistet werden. Diese Bundeskompetenz ist das Korrelat zur dezentralen, d.h. kantonsweisen Führung des Handelsregisters. Es handelt sich damit faktisch um ein Fachcontrolling. Der Bund kann steuern durch:
   – Erlass von allgemeinen, abstrakten Weisungen (keine konkret-individuelle Anordnungen);
   – tägliche Genehmigung von Eintragungen ins Handelsregister (vgl. Art. 32);
   – Inspektion bei den kantonalen Handelsregisterämtern
   – Führung von Beschwerden ans Bundesgericht (Art. 76 Abs. 2 i.V. mit Art. 72 Abs. 2 lit. b Ziff. 2 BGG (SR 173.110)

20   Mit diesen Instrumenten wird das Eidgenössische Amt in die Lage versetzt, die Arbeit der kantonalen Ämter fachlich zu überprüfen und gegebenenfalls einzugreifen. Das Eidgenössische Amt sieht zwar in der Regel keine Belege (vgl. aber Art. 32), kennt aber infolge des täglichen Kontakts mit den kantonalen Ämtern (Genehmigung der Eintragungen) deren Fähigkeiten sehr wohl.

21   Im Gegensatz zur Regelung bei den Kantonen fehlen indessen ausdrückliche Vorschriften betreffend Qualität der Leistungserbringung durch den Bund. Was für das kantonale Amt gilt, muss auch für dessen Oberaufsichtsbehörde gelten. Sie hat ihre Leistung in erforderlicher Qualität zu erbringen und muss dafür auch die erforderlichen Ressourcen einsetzen. Der Bund bezieht für die ihm obliegenden Aufgaben (Genehmigung der Eintragungen ins Tagesregister, deren Publikation im SHAB, Wahrnehmung der Aufsichtsfunktion usw.)

entsprechend auch einen Anteil an den Eintragungsgebühren (Art. 23 der Verordnung über die Gebühren für das Handelsregister – SR 221.411.1).

3. Kapitel: Aufbau und Inhalt des Handelsregisters

Art. 6 Aufbau des Handelsregisters

1 Das Handelsregister besteht aus dem Tagesregister, dem Hauptregister, den Anmeldungen und Belegen.

2 Das Tagesregister ist das elektronische Verzeichnis aller Einträge in chronologischer Reihenfolge.

3 Das Hauptregister ist der elektronische Zusammenzug aller rechtswirksamen Einträge im Tagesregister geordnet nach Rechtseinheit.

Absatz 1 scheint abschliessend aufzuzählen, was alles zum Handelsregister gehört. Diese Aufzählung kann jedoch nicht abschliessend gemeint sein, nachdem nur schon die sogenannte Korrespondenz (vgl. Art. 12) und weitere Dokumente, obgleich keine Belege i.e.S., mit diesen zusammen aufzubewahren sind. 22

Tagesregister (vgl. Art. 8) ist die neue Umschreibung des bisherigen Begriffes «Tagebuch». Dieser Begriff berücksichtigt die seit Erlass der früheren Handelsregisterverordnung eingetretene Veränderung im Bereich der Digitalisierung des Registers. Es wird nichts mehr in ein Buch geschrieben; die Handelsregisterämter der Schweiz sind vollständig informatisiert, d.h. sämtliche Daten zu einem Unternehmen sind in einer Datenbank (geplant ist: nach einem schweizweit einheitlichen Datenmodell) enthalten und damit elektronisch vorhanden. Der Ausdruck auf Papier ist hinfällig geworden, da Sicherheit und Sicherung der Daten anderweitig (z.B. durch Backup und Datenlog über Veränderungen) erfolgt. Ferner ist damit eine Übermittlung der Eintragungen ans Eidgenössische Amt für das Handelsregister zur Genehmigung und Publikation im Schweizerischen Handelsamtsblatt ohne Medienbruch möglich. 23

Da das Tagesregister nur noch elektronisch geführt wird und die Daten dauerhaft zugänglich sein müssen (vgl. Art. 169 Note 597), wird das bisherige Binden der Tagebücher hinfällig.

Hauptregister: Das Hauptregister, wie es letztlich auch im Handelsregisterauszug zum Ausdruck kommt, ist nichts anderes als die rechtseinheitbezogene Zusammenfassung aller Tagesregistereinträge. Es werden nur die rechtswirksamen, d.h. die vom Eidgenössischen Amt für das Handelsregister genehmigten und im Schweizerischen Handelsamtsblatt publizierten Daten ins Hauptregister aufgenommen und dort datenbankmässig nach Rechtsein- 24 heit geordnet. Dies entspricht der Regelung in Art. 932 Abs. 2 OR. Es gilt die Regel: Kein Eintrag ins Hauptregister ohne Eintrag ins Tagesregister (vgl. Art. 8). Vorbehalten bleiben Einträge aufgrund besonderer Bestimmungen wie etwa gemäss Art. 9 Abs. 4 (vgl. Note 44) oder gemäss Art. 177 (vgl. Note 609).

Art. 7 Inhalt des Handelsregisters

Das Tages- und das Hauptregister enthalten Einträge über:
    a. **die Rechtseinheiten;**
    b. **nicht kaufmännische Prokuren (Art. 458 Abs. 3 OR);**
    c. **das Haupt von Gemeinderschaften (Art. 341 Abs. 3 ZGB).**

25 Art. 7 fasst entsprechend seiner materiellen Grundlage zusammen, welche Rechtseinheiten oder besonderen Rechtsverhältnisse ins Handelsregister aufgenommen werden. Daraus wird deutlich, dass etwa einfache Gesellschaften im Handelsregister wie bisher nicht eingetragen werden.

Art. 8 Tagesregister

¹ Alle ins Handelsregister einzutragenden Tatsachen werden in das Tagesregister aufgenommen.

² Das Handelsregisteramt erstellt die Einträge aufgrund der Anmeldung und der Belege oder aufgrund eines Urteils oder einer Verfügung oder nimmt diese von Amtes wegen vor.

³ Das Tagesregister enthält:
    a. **die Einträge;**
    b. **die Nummer und das Datum des Eintrags;**
    c. **das Identifikationszeichen der Person, die die Eintragung vorgenommen oder angeordnet hat und die Angabe des Handelsregisteramtes;**
    d. **die Gebühren der Eintragung;**
    e. **die Liste der Belege, die der Eintragung zugrunde liegen.**

⁴ Die Einträge im Tagesregister werden fortlaufend nummeriert. Die Zählung beginnt mit jedem Kalenderjahr neu zu laufen. Bereits zugeteilte Nummern nicht rechtswirksam gewordener Einträge dürfen im selben Kalenderjahr nicht erneut verwendet werden.

⁵ Die Einträge im Tagesregister dürfen nachträglich nicht verändert werden und bleiben zeitlich unbeschränkt bestehen.

26 Allgemein: Der Zeitpunkt der Eintragung ins Tagesregister bestimmt den Zeitpunkt, an welchem die dem Eintrag zugrunde liegenden Sachverhalte

intern (innerhalb der Rechtseinheit) ihre Wirkung entfalten (Art. 932 Abs. 1 OR, vgl. Note 128).

Absatz 1 statuiert, dass jeder (nach Gesetz oder Verordnung) handelsregisterrelevante Sachverhalt auch einer Eintragung ins Tagesregister bedarf. Damit ist allerdings noch nichts darüber gesagt, was dann Gegenstand der Publikation im Schweizerischen Handelsamtsblatt ist, da es schon nach bisheriger Praxis sogenannte nichtpublikationspflichtige Tatsachen gab (etwa Statutenänderungen betr. Organisation des Verwaltungsrates oder neu das Streichen von Enseignes gemäss Art. 177). 27

Absatz 2 legt im Sinne einer Verhaltensnorm für das Handelsregisteramt fest, dass es Eintragungen ins Tagesregister nur gestützt auf Anmeldungen und Belege vornehmen darf (vgl. die in Art. 20 statuierte allgemeine Belegpflicht). An dieser Stelle fehlt allerdings der Vorbehalt zugunsten von Eintragungen von Amtes wegen (vgl. Art. 152 ff.); aber auch dort gilt, dass eine Verfügung nur gestützt auf Belege erfolgen darf. 28

Absatz 3 legt den Umfang und formellen Inhalt des einzelnen Tagesregistereintrags fest – es geht hier um den technischen Begriff. 29

In lit. a wird vom engeren, materiellen Begriff des Eintrages ausgegangen. Gemeint ist hier die Zusammenfassung des konkreten Sachverhaltes, der im Tagesregister eingetragen werden soll (z.B. Kapital neu: CHF 200 000 [bisher CHF 100 000]). 30

Lit. b: Die Einträge ins Tagesregister erfolgen in chronologischer Reihenfolge (vgl. Absatz 4). Der einzelne Eintrag ist deshalb zu nummerieren. Das konkrete Datum des Eintrages ist deshalb von Bedeutung, weil unter Umständen an ihn bestimmte Rechtsfolgen geknüpft sind (z.B. Entstehung der AG mit Eintrag im Handelsregister – Art. 643 OR). 31

Gemäss lit. c sind in das Tagesregister das zuständige, die Eintragung vornehmende Handelsregisteramt sowie die Person, die die Eintragung tatsächlich vorgenommen hat und dafür verantwortlich zeichnet, aufzunehmen. Die Nachvollziehbarkeit der Eintragung ist v.a. im Hinblick auf mögliche Haftungsfragen bei Fehlern (Art. 928 OR) aber auch etwa bei Verletzung der üblichen Ausstandsregeln von Bedeutung. Die persönliche Verschuldenshaftung des Handelsregisterführers nach Art. 928 OR tritt allerdings angesichts der Kausalhaftung kantonaler Haftungsgesetze in den Hintergrund. 32

Die Aufnahme der Gebühren ins Tagesregister in lit. d dient letztlich lediglich der Nachvollziehbarkeit von Amtshandlung und der daraus resultierenden Kosten/Gebühren, die im Einklang mit Art. 929 Abs.2 OR sowie der Verordnung über die Gebühren für das Handelsregister (Gebührentarif – SR 221.411.1) stehen müssen. Die Eintragung hält allerdings noch nicht fest, wer für Gebühren und Kosten haftet. Dies wird durch die Rechnung bzw. – falls erforderlich und strittig – mit separater Kostenverfügung durch 33 das Handelsregisteramt festgelegt. Diese ist auf üblichem Rechtsmittelweg anfechtbar; der rechtskräftige Entscheid ist ein definitiver Rechtsöffnungstitel im Sinne des SchKG.

34 Mit der Auflistung der Belege (lit. e) wird der Zusammenhang zwischen Eintragung und der ihr zugrunde liegenden Beleglage hergestellt. Alle Belege – aber auch nur diese –, die für die Eintragung benötigt werden, sind aufzuführen. Was nicht nötig ist, kann entweder retourniert werden oder ist zu den Korrespondenzakten zu nehmen. Wird eine Eintragung gestützt auf eine unzureichende Beleglage vorgenommen, so kann dies haftungsrechtliche Konsequenzen haben. Daraus erhellt auch, dass es unzulässig ist, eine etwa dringend gewünschte Eintragung vorzunehmen und sich den Beleg nachreichen zu lassen. Der Beleg hat im Zeitpunkt der Eintragung vorzuliegen – er ist vom Handelsregisterführer zu prüfen (vgl. Art. 28).

35 Absätze 4 und 5: Die Einträge ins Tagesregister sind fortlaufend zu nummerieren und eine einmal vergebene Nummer darf kein zweites Mal Verwendung finden. Sie hat eindeutig zu sein. Selbst im Falle nicht rechtswirksam gewordener Eintragungen (z.B. infolge Rückstellung einer Eintragung bzw. Nichtgenehmigung durch das EHRA) darf die Nummer kein zweites Mal verwendet werden (Nachvollziehbarkeit des Ablaufs), es muss eine neue Nummer vergeben werden. Aus demselben Grunde dürfen die vorgenommenen Einträge ins Tagesregister nachträglich nicht verändert werden. Dazu müssen gegebenenfalls technische Sperren eingebaut werden (z.B. keine Zugriffsmöglichkeiten, Log-Datei für Überprüfung der Vorgänge).

36 Weggefallen ist – als Konsequenz der rein elektronischen Registerführung – die Pflicht der Registerführer, Tagebücher auszudrucken und jährlich zu binden. An deren Stelle ist die Pflicht getreten, für die Sicherheit der Daten usw. besorgt zu sein (vgl. Art. 169).

Art. 9 Hauptregister

¹ **Einträge im Tagesregister sind am Tag, an dem sie im Schweizerischen Handelsamtsblatt veröffentlicht werden, ins Hauptregister zu übernehmen.**

² **Das Hauptregister enthält für jede Rechtseinheit folgende Angaben:**
   a. **alle Einträge ins Tagesregister gemäss Artikel 8 Absatz 3 Buchstabe a und b;**
   b. **das Datum der erstmaligen Eintragung der Rechtseinheit in das Handelsregister;**
   c. **die Nummer des Eintrags im Tagesregister;**
   d. **das Datum und die Nummer der Ausgabe des Schweizerischen Handelsamtsblattes, in der die Eintragung publiziert wurde;**

e. der Verweis auf einen allfälligen früheren Eintrag auf einer Karteikarte oder im Firmenverzeichnis;
f. das Datum der Löschung im Handelsregister.

³ Die Löschung einer Rechtseinheit ist im Hauptregister deutlich sichtbar zu machen.

⁴ Die Einträge im Hauptregister dürfen nachträglich nicht verändert werden und bleiben zeitlich unbeschränkt bestehen. Vorbehalten bleibt die Vornahme von rein typografischen Korrekturen ohne Einfluss auf den materiellen Gehalt. Die Vornahme entsprechender Korrekturen ist zu protokollieren.

⁵ Das Hauptregister muss durch elektronische Wiedergabe und auf einem Papierausdruck jederzeit sichtbar gemacht werden können.

Allgemein: Für die Eintragung gilt die Vermutung von Art. 9 ZGB, wonach öffentliche Register und öffentliche Urkunden als Beweis für die bezeugten Tatsachen gelten, solange nicht deren Unrichtigkeit nachgewiesen ist.

Bei Artikel 9 handelt es sich vorab um eine registertechnische Bestimmung, die einerseits den Inhalt regelt und anderseits Bezug auf besondere Rubriken nimmt (z.B. Daten der Ersteintragung einer Rechtseinheit im Register oder deren Löschung).

Absatz 1: Vom Grundsatz her sollen Publikation im SHAB (mit Wirkung gegenüber Dritten – Art. 932f OR) und Daten des Hauptregisters übereinstimmen (Absatz 1). Auszüge werden aus dem Hauptregister erstellt und haben deshalb alle eine Rechtseinheit betreffenden Eintragungen gemäss Absatz 2 zu enthalten. Da die Eintragungen ab Zeitpunkt der Genehmigung durch das EHRA öffentlich sind und die Auszüge sämtliche Daten zu enthalten haben (Art. 10 und 11), ist Absatz 1 dahingehend auszulegen, dass die Einträge *spätestens* am Tage ihrer Publikation ins Hauptregister übernommen werden müssen, aber nicht vor ihrer Genehmigung durch das EHRA übernommen werden dürfen.

Absatz 2: Aus der Gegenüberstellung von Art. 8 und 9 wird ersichtlich, dass nicht alles, was das Tagesregister enthält, auch ins Hauptregister übernommen wird (nämlich die Angaben gemäss Art. 8 Abs. 3 lit. c–e). Dafür enthält das Hauptregister weitere Angaben:

Lit. d: Datum und Nummer der Publikation des Eintrages im SHAB. Diese Daten sind bei der Erstellung des Eintrages noch nicht bekannt und müssen deshalb im Hinblick auf die Datenübernahme ins Hauptregister dem Datenbestand noch angefügt werden. Diese Elemente werden den einzelnen Ämtern elektronisch übermittelt und automatisiert in die kantonale Datenbank abgemischt.

42 Lit. e: Die Handelsregister werden seit den 80er-Jahren des 20. Jahrhunderts elektronisch geführt, bis dahin existierten die Register nur auf Papier. Bei der Übertragung der physischen Daten in Datenbanken wurden einzig die damals gültigen Daten übernommen – man begnügte sich mit einem Verweis auf die frühere Karteikarte. Bei grossen Rechtseinheiten mit Tausenden von Personen und Hunderten von Eintragungen ins Tagebuch musste ferner ein sogenannter Übertrag vorgenommen werden, indem (virtuell) eine neue Hauptregisterkarte geschaffen wurde (Übernahme der nur gültigen Daten auf die neue «Karte»). Heute ist ein solches Vorgehen nicht mehr aus technischen Gründen, sondern aus Gründen der Übersichtlichkeit noch notwendig (der Handelsregisterauszug grosser Rechtseinheiten umfasst selbst mit der Filterung auf «nur gültige Eintragungen» oftmals über 100 A4-Seiten). Da die Hauptregister aber dauernd aufzubewahren sind, muss sich ein Handelsregisteramt gegebenenfalls mit einem Hinweis auf eine frühere Karte behelfen.

43 Lit. f. Diese Bestimmung ist an sich überflüssig, da ihr Inhalt sich bereits aus der Eintragung ins Tagesregister im Sinne von lit. a ergibt.

44 Absatz 4 ist im Zusammenhang mit der gesetzlich vorgeschriebenen Unveränderbarkeit der Eintragungen ins Tagesregister (Art. 8 Abs. 5) sowie der technischen Möglichkeiten von Systemadministratoren zu Eingriffen in die Datenbank zu betrachten. Da sämtliche Eintragungen im SHAB publiziert worden sind, müssen sich solche Eingriffe auf das absolute Minimum, die typografische Korrektur, beschränken (zulässig etwa: Korrektur von Stockerstrassse auf Stockerstrasse; unzulässig etwa: von Maier auf Meier). Die Vornahme von Korrekturen muss (vorzugsweise mittels eines elektronischen Automatismus) protokolliert werden. Eine weitere Ausnahme für den Eingriff ins Hauptregister findet sich in Art. 177 (vgl. Note 609).

4. Kapitel: Öffentlichkeit des Handelsregisters

Art. 10 Öffentlichkeit des Hauptregisters

Die Einträge im Hauptregister, die Anmeldungen und die Belege sind öffentlich. Die Einträge im Tagesregister werden mit der Genehmigung durch das EHRA öffentlich. Nicht öffentlich ist die mit der Eintragung zusammenhängende Korrespondenz.

45 Absatz 1 regelt entsprechend dem Zweck des Handelsregisters und in Ausführung von Art. 930 OR den Grundsatz der Öffentlichkeit und hält fest, dass dies nicht nur für die Eintragungen ins Tagesregister, sondern auch für die einer Eintragung zugrunde liegenden Akten (Belege) gilt, und zwar ab Genehmigung der Eintragung durch das Eidgenössische Amt für das Handelsregister (vgl. Art. 11 Abs. 2). Bis zu diesem Zeitpunkt gilt das Amtsgeheimnis (vgl. Note 51).

Im Eintragungsverfahren lassen sich grundsätzlich zwei Kategorien von Akten unterscheiden: 46
- Belegakten;
- Korrespondenzakten.

Als Belegakten sind jene Akten zu qualifizieren, die für die Vornahme einer Eintragung ins Tagesregister unerlässlich sind. Sie enthalten die relevanten Rechtsvorgänge. Als Korrespondenz werden demgegenüber jene Akten bezeichnet, die für die Eintragung nicht benötigt werden (z.B. Begleitbriefe, ungültige Statutenexemplare, Vorprüfungen) oder die nicht zu einer Eintragung führen. Die Belegakten (inklusive Anmeldungen) sind öffentlich, die übrigen Akten konsequenterweise nicht. Letztere sind für die Eintragung nicht relevant und werden daher vom Amtsgeheimnis erfasst.

Darüber hinaus besteht nun eine weitere Kategorie von Akten, die zwar für die Eintragung relevant sind, aber infolge ausdrücklicher Normierung nicht öffentlich sind (etwa Bilanzen im Zusammenhang mit einem «opting out» gemäss Art. 62, vgl. Note 283).

Art. 11 Einsichtnahme und Auszüge

1 Auf Verlangen gewähren die Handelsregisterämter Einsicht in das Hauptregister, in die Anmeldung und in die Belege und erstellen:
  a. beglaubigte Auszüge über die Einträge einer Rechtseinheit im Hauptregister;
  b. Kopien von Anmeldungen und von Belegen.

2 Vor der Veröffentlichung einer Eintragung im Schweizerischen Handelsamtsblatt dürfen Auszüge nur ausgestellt werden, wenn die Eintragung durch das EHRA genehmigt ist.

3 Erstellen die Handelsregisterämter elektronische Auszüge und Kopien von Anmeldungen und von Belegen, so müssen die Beglaubigungen mit einem qualifizierten Zertifikat nach dem Bundesgesetz vom 19. Dezember 2003 über die elektronische Signatur (ZertES) versehen werden.

4 Für die Einsichtnahme sowie für die Auszüge, die Kopien von Anmeldungen und Belegen und die Bescheinigungen ist eine Gebühr zu entrichten. Keine Gebühr ist zu entrichten, wenn die Auszüge, Kopien und Bescheinigungen zu amtlichem Gebrauch bestimmt sind.

5 Das EHRA sorgt durch eine Weisung für eine einheitliche Struktur und Darstellung der Auszüge. Dabei ermöglicht es den Kantonen, kantonale Wappen und Symbole zu verwenden. Es kann Vorschriften zur Sicherheit der Auszüge erlassen.

6 Ist eine Rechtseinheit nicht eingetragen, so bescheinigt dies das Handelsregisteramt auf Verlangen.

47 Absatz 1: Der Umfang der Registeröffentlichkeit ist den Rechtseinheiten oftmals nicht bewusst, so etwa, wenn Verwaltungsratsprotokolle in vollständiger Ausführung eingereicht werden, die nicht nur die für die Eintragung relevanten Erklärungen oder Beschlüsse enthalten, sondern auch andere, unter Umständen Geschäftsgeheimnisse tangierende Diskussionen des Verwaltungsrates über Strategien, Liquidität etc. Durch das Erstellen von Protokollauszügen kann die Rechtseinheit indessen dieser Problematik ohne Weiteres Rechnung tragen (vgl. Art. 23). Vorbehältlich Art. 167 dürfen Originalakten nicht herausgegeben werden, was e contrario aus Absatz 1 lit. b hervorgeht, wonach Aktenkopien erstellt werden dürfen.

48 Absatz 1 regelt die Pflicht der Handelsregisterämter zur Erstellung von Auszügen aus dem Handelsregister sowie zur Erstellung von Kopien von Belegakten. Aus der Formulierung ergibt sich im Weiteren, dass die Handelsregisterämter ihre Auszüge schriftlich oder elektronisch zu beglaubigen haben, das Abgeben nicht beglaubigter Handelsregisterauszüge ist unzulässig. Letzteres wird abgedeckt durch die Möglichkeit, dass der Dritte über Internet sich selber «unbeglaubigte Auszüge» herunterladen und ausdrucken kann.

49 Nicht geregelt ist die ständige Praxis, sogenannte Zeugnisse auszustellen. Dabei handelt es sich um «Teilauszüge» aus dem Handelsregister (z.B. über Zeichnungsberechtigungen oder den Zweck), da Übersetzungen in andere Sprachen leichter zugänglich sind und von der Wirtschaft vor allem im Zusammenhang mit Auslandsgeschäften benötigt werden.

50 Gemäss Absatz 2 dürfen ab Zeitpunkt der Genehmigung bereits beglaubigte Auszüge erstellt werden, da die Eintragung ins Tagesregister rechtswirksam geworden ist und nun auch öffentlich ist (vgl. Noten 45 und 135). Es geht in dieser Bestimmung nur um den raschen Erhalt eines Auszuges nach Genehmigung der Eintragung und nicht um eine Beschleunigung des Verfahrens vor der Eintragung. Die Möglichkeit zum Erhalt von solchen «Auszügen vor SHAB-Publikation» (in überkommener Terminologie vereinzelt noch Telegramm genannt) ist für börsenkotierte Unternehmen ebenso interessant wie für KMU bei Gründungen oder kapitalbezogenen Vorgängen.

51 Bis zu diesem Zeitpunkt der Genehmigung durch das EHRA gilt bezüglich der Eintragung das Amtsgeheimnis. In der Praxis ergibt sich damit das Problem, dass dem Dritten Auskunft aus dem Hauptregister oder den Belegen gewährt wird zu bisher eingetragenen Tatsachen, obwohl vielleicht bezüglich des ihn interessierenden Bereichs gerade eine Änderung beim Handelsregisteramt pendent oder gar die Eintragung erfolgt (aber noch nicht genehmigt) ist. Dieser Problematik kann nicht grundsätzlich, sondern lediglich mit einer Verkürzung der Verfahrensdauer zwischen Eintragung und Genehmigung durch das Eidgenössische Amt für das Handelsregister Rechnung getragen werden. In der Praxis – technische Schwierigkeiten vorbehalten – beträgt

diese Frist heute normalerweise einen Tag. Darüber hinaus besteht das Problem der ungleichen Kreise der Öffentlichkeit. Am Schalter des Handelsregisteramtes kann die die neue Eintragung bereits ab deren Genehmigung durch den Bund in Erfahrung gebracht werden, auf Internet (www.zefix.ch) hingegen nicht. Hier muss zur Vermeidung von Konflikten die physische und elektronische Publikation im Schweizerischen Handelsamtsblatt abgewartet werden (Verordnung über das Schweizerische Handelsamtsblatt [SR 221.415] und Art. 931 OR).

Absatz 3 regelt die elektronische Erstellung beglaubigter Auszüge und Aktenkopien. Die Beglaubigung erfolgt mit einem qualifizierten Zertifikat gemäss Art. 7 des BG über die elektronische Signatur (SR 943.03). Die Befugnis zur elektronischen Beglaubigung eines Auszuges durch eine staatliche Behörde wird von der Erstellung (und Bewilligung) durch einen Anbieter eines Zertifizierungsdienstes abhängig gemacht – unter dem Aspekt der Unabhängigkeit nicht unproblematisch, da solche Anbieter sich ins Handelsregister eintragen lassen müssen. Wie sich de lege ferenda diese Regelung auf die elektronische Beglaubigung durch Notare auswirkt, wird sich zeigen.

52

Wenngleich nicht ausdrücklich erwähnt, muss das Prinzip der Registeröffentlichkeit für die der Eintragung zugrunde liegenden Akten ebenfalls ab dem Zeitpunkt der Genehmigung der Eintragung durch den Bund gelten.

53

Absatz 4 regelt den Grundsatz der Gebührenpflicht und die Ausnahme davon bei amtlichem Gebrauch. Die Regelung der Gebührenpflicht im Rahmen der Handelsregisterverordnung ist an sich nicht notwendig, da auf gleicher Verordnungsstufe (Verordnung über die Gebühren für das Handelsregister – SR 221.411.1) die Gebühren im Einzelnen geregelt werden. Von Bedeutung ist deshalb diese Norm vielmehr wegen der darin enthaltenen Befreiung von der Gebührenpflicht. Die Unentgeltlichkeit gilt nur, wenn die Behörde den Auszug bzw. die Belege zu amtlichem Gebrauch (z.B. Strafuntersuchungsorgane) benötigt; ziehen sie diese im Sinne einer Dienstleistung für Private bei, so handeln sie faktisch als deren Stellvertreter, und sie sind deshalb wie die Privaten gebührenpflichtig (mit der Möglichkeit der Weiterverrechnung).

54

Ziel von Absatz 5 ist eine schweizweit möglichst einheitliche Darstellung des Hauptregisterinhalts. Im Sinne der Vereinheitlichung der Darstellung von Handelsregisterauszügen (z.B. in Tabellen- oder Listenform) hat der Bund die Kompetenz, die Harmonisierung herbeizuführen. Dies nicht zuletzt im Hinblick auch auf internationale Erkennbarkeit eines schweizerischen Handelsregisterauszuges. Es soll der Grundsatz «Gleiches am gleichen Ort» gelten. Durch die ihm zukommende Weisungskompetenz wird das Eidgenössische Amt für das Handelsregister auch befugt sein, ein bestimmtes «Handelsregisterauszugs-Papier» vorzuschreiben (z.B. hinsichtlich Papierqualität, Wasserzeichen usw.).

55

56   Das EHRA kann Vorschriften zur Sicherheit erlassen. Da in der Praxis immer wieder Fälschungen von Auszügen zum Schaden von Vertragsparteien vorgenommen werden, besteht ein allgemeines Interesse an erhöhter Sicherheit. Zu denken ist etwa daran, dass besondere, nicht kopierbare Stempel oder nicht kopierbares Papier bzw. solches Verwendung findet, bei welchem eine Kopieerstellung oder ein Scannen den Auszug auch als Kopie kennzeichnen würde.

57   Absatz 6: Bei dieser Art von «Auszug» handelt es sich um eine sogenannte Negativbescheinigung, also um eine Bestätigung, dass eine Rechtseinheit im Handelsregister nicht eingetragen ist. Diese Bescheinigung bezieht sich auf Rechtseinheiten, die weder unter den aktiven noch unter den gelöschten Rechtseinheiten gefunden werden können. Für eine Negativbescheinigung ist die zu suchende Rechtseinheit konkret anzugeben; eine solche Bescheinigung kann sich nur auf eine konkrete, genau definierte Firma (oder Namen) einer Rechtseinheit beziehen. Eine solche Einschränkung ist schon aus haftungsrechtlichen Gründen unerlässlich (z.B. Kreditschädigungsgefahr).

Art. 12   Elektronisches Angebot

[1] Die Kantone stellen die Einträge im Hauptregister für Einzelabfragen im Internet unentgeltlich zur Verfügung.

[2] Bei Abweichungen gehen die im Hauptregister eingetragenen Tatsachen den elektronisch abgerufenen Daten vor.

[3] Die Daten müssen nach bestimmten Suchkriterien abrufbar sein. Das EHRA erlässt eine Weisung dazu.

58   Normadressat dieser Bestimmung sind die Kantone. Die bisherige dezentrale Lösung der unterschiedlichen Gebührenerhebung für Internet-Auszüge durch die Kantone entfällt und macht dem schweizweiten «Gratis-Auszug» Platz. Damit trägt der Verordnungsgeber dem Charakter des Handelsregisters als «*Offenlegungsregister*» Rechnung. Bei diesen Daten handelt es sich um *Rechtsdaten*, für die die Vermutung der Kenntnisnahme gilt (ab Publikation im Schweizerischen Handelsamtsblatt). Der leichte und unentgeltliche Zugang zu diesen Daten dient dem materiellen Recht.

59   Absatz 2: Hier hat man sich vor Augen zu halten, dass die eigentlichen Handelsregister-Datenbanken, auf welche die Handelsregisterämter in ihren Räumlichkeiten direkt zugreifen und die Eintragungen vornehmen, gegen Aussen geschützt sind; Zugriffe von Aussen werden – soweit möglich – ausgeschlossen. Die Daten werden dann regelmässig aktualisiert (nach der Genehmigung der Eintragungen durch das Eidgenössische Amt für das Handelsregister) und auf die auf separaten Servern gelagerten Internetdatenbanken übertragen. Diese stehen dem Publikum zur Einsichtnahme offen. Damit können sich allerdings Differenzen zwischen der Internetpublikation

und dem eigentlichen Handelsregister ergeben, weshalb eine Konfliktnorm erforderlich ist. Der Bund hat dies so gelöst, dass das eigentliche kantonale Register, aus welchem auch die physischen (beglaubigten) Handelsregisterauszüge erstellt werden, massgeblich ist.

Absatz 3: Das Bundesgesetz vom 19. Juni 1992 über den Datenschutz (DSG, SR 235.1) ist auf öffentliche Register des Privatrechtsverkehrs nicht anwendbar (Art. 2 Abs. 2 lit. d DSG). Das Eidgenössische Amt für das Handelsregister wird im Rahmen der ihm übertragenen Kompetenz in Weisungen zu regeln haben, nach welchen Suchkriterien die Daten im Internet abgerufen werden können. Von Bedeutung ist in diesem Zusammenhang insbesondere die Suche nach Personen (wer etwa in welchem Verwaltungsrat Einsitz hat), was heute von privaten Dienstleistungsanbietern und vereinzelt von kantonalen Handelsregisterämtern angeboten wird; eine solche Transparenz würde aber ebenfalls dem Ziel einer guten «corporate governance» dienen (vgl. Siffert, in REPRAX 1/2005, S. 12 ff.). 60

5. Kapitel: Zentralregister und Zefix

Art. 13 Zentralregister

¹ Das EHRA führt ein Zentralregister sämtlicher Rechtseinheiten, die in den Hauptregistern der Kantone eingetragen sind. Das Zentralregister dient der Unterscheidung und dem Auffinden der eingetragenen Rechtseinheiten.

² Das EHRA führt auf Verlangen schriftliche Recherchen zu Firmen und Namen im Zentralregister durch. Es erhebt für Auskünfte an Private eine Gebühr.

Absatz 1: Dem Zentralregister des Eidgenössischen Amtes für das Handelsregister kommt nicht die Bedeutung eines schweizerischen Handelsregisters zu (vgl. Art. 3). Es dient im Wesentlichen der eindeutigen Identifikation von Rechtseinheiten und dem kantonsübergreifenden Finden einer Rechtseinheit in der Schweiz. Damit wird es dem Eidgenössischen Amt für das Handelsregister überhaupt erst ermöglicht, den Firmenschutz unter dem Gesichtspunkt der Firmenidentität (Ausschliesslichkeit der Firma) zu gewährleisten (vgl. Note 131 f.). 61

Die Internetdatenbank des Bundes ist zusammen mit den kantonalen Handelsregisterämtern in einem Datenverbund. Damit lässt sich in einer zentralen Datenbank und in einer schweizweit einheitlichen Form herausfinden, ob eine Rechtseinheit überhaupt eingetragen ist und gegebenenfalls wo. Die Daten zur betreffenden Rechtseinheit sind dann direkt über Zefix oder über die kantonalen Websites der Handelsregisterämter in dezentralen Rechnern abrufbar (vgl. auch Art. 12). 62

63 Absatz 2: Das Eidgenössische Amt für das Handelsregister erteilt keine telefonischen Auskünfte aus den öffentlichen Daten des Zentralregisters Zefix. Angesichts der elektronischen und unentgeltlichen Zugänglichkeit über Internet ist dies vernachlässigbar. Die hier genannte Auskunft bezieht sich inhaltlich auf die (Vor-)Prüfung durch das Eidgenössische Amt bezüglich identischer oder ähnlicher Firmen.

Art. 14   Zentraler Firmenindex (Zefix)

¹ **Die öffentlichen Daten des Zentralregisters sind im elektronischen Abrufverfahren über die Internetdatenbank Zefix für Einzelabfragen unentgeltlich zugänglich. Elektronisch abgerufene Daten entfalten keine Rechtswirkungen.**

² **Das EHRA kann Daten, die im Zentralregister enthalten sind, in elektronischer Form Behörden von Bund, Kantonen und Gemeinden sowie Institutionen, die mit dem Vollzug der Sozialversicherungsgesetzgebung betraut sind, zugänglich machen, wenn diese Behörden diese Daten für die Erfüllung ihrer öffentlichen Aufgaben benötigen. Diese Dienstleistung ist unentgeltlich.**

³ **Das Eidgenössische Justiz- und Polizeidepartement bestimmt:**
   a. **die Daten, die ins Zentralregister aufgenommen werden;**
   b. **die Daten des Zentralregisters, die öffentlich sind;**
   c. **den Inhalt der gesamten Datenbestände, die Behörden zugänglich gemacht werden können;**
   d. **die Bedingungen und die Modalitäten für den Zugang zu den Datenbeständen.**

64 Der unentgeltliche Zugang zu Zefix (Absatz 1) entspricht der heutigen Praxis und steht in Einklang mit der Regelung für die Kantone (Art. 12). Einzeln zugänglich heisst, dass jede Rechtseinheit einzeln abgerufen werden kann und muss. Da eine absolute technische Unveränderbarkeit nie gewährleistet werden kann und die Daten der kantonalen Rechner (nicht deren Internet-Datenbank) massgebend sind, können auch nicht die Internetdaten von Zefix, sondern nur diejenigen der kantonalen Handelsregisterämter massgeblich sein (vgl. Note 57).

65 In Absatz 3 regelt der Bund die Kompetenz zur Edition des elektronischen Datenstammes an Behörden oder Private. Gemeint ist damit der Inhalt des Datenstammes Zefix und nicht jener der kantonalen Handelsregister. Wenngleich das Datenschutzgesetz auf das Handelsregister als öffentliches Register des Privatrechtsverkehrs nicht anwendbar ist (Art. 2 Abs. 2 lit. d DSG – SR 235.1), so wäre die Weitergabe des gesamten Datenbestandes mit den Zielsetzungen des Datenschutzes kaum vereinbar. Nicht geregelt ist die Wei-

2. Titel: Eintragungsverfahren

1. Kapitel: Anmeldung und Belege

1. Abschnitt: Anmelde- und Belegprinzip

Art. 15

¹ Die Eintragung ins Handelsregister beruht auf einer Anmeldung; vorbehalten bleibt die Eintragung aufgrund eines Urteils oder einer Verfügung eines Gerichts oder einer Behörde oder von Amtes wegen.

² Die einzutragenden Tatsachen sind zu belegen. Dem Handelsregisteramt müssen die dazu erforderlichen Belege eingereicht werden.

³ Ist für die Eintragung in das Handelsregister eine Frist vorgesehen, so gilt diese als gewahrt, wenn die Anmeldung und die erforderlichen Belege den rechtlichen Anforderungen genügen und:
  a. die Anmeldung und die erforderlichen Belege am letzten Tag der Frist beim Handelsregisteramt eingereicht oder zu dessen Handen der Schweizerischen Post übergeben werden; oder
  b. das Informatiksystem dem Absender den Empfang der elektronischen Anmeldung und der erforderlichen elektronischen Belege spätestens am letzten Tag der Frist bestätigt.

Durch Gesetz und Verordnung ist festgelegt, welcher Personenkreis zur Anmeldung registerrechtlich relevanter Tatsachen verpflichtet ist (vgl. Art. 152 i.V. mit Art. 17). Im Handelsregisterbereich gilt das sogenannte Anmeldeprinzip (Absatz 1). Die Anmeldung ist die Willenserklärung, eine bestimmte, registerrechtlich relevante Tatsache ins Handelsregister eingetragen haben zu wollen. Daneben gibt es Eintragungen im Verfahren von Amtes wegen (Art. 19 und 152 ff.). Damit sind jene Verfahren gemeint, die aufgrund von Urteilen und Verfügungen zuständiger Behörden zu Eintragungen führen sowie jene, bei denen anmeldepflichtige Personen ihre Obliegenheiten verletzen.

Absatz 2 statuiert das Belegprinzip. Diesem zufolge müssen die angemeldeten Sachverhalte nachgewiesen werden. Es handelt sich dabei (je nach Art des Belegs) nicht um einen Beweis für eine bestimmte Tatsache, sondern vielmehr um ein unter Strafdrohung von Artikel 153 StGB erfolgendes Glaubhaftmachen, dass ein bestimmter rechtlicher relevanter Vorgang statt-

Art. 15 Anmelde- und Belegprinzip

gefunden hat oder nicht stattfindet (z.B. Protokoll einer Generalversammlung oder «Stampa»-Erklärung). Für die daraus resultierende Eintragung gilt die Vermutung von Art. 9 ZGB, wonach öffentliche Register und öffentliche Urkunden als Beweis für die bezeugten Tatsachen gelten, solange nicht deren Unrichtigkeit nachgewiesen ist.

68 Die Verordnung kennt in einzelnen Punkten (z.b. Art. 37) Ausnahmen vom Belegprinzip. Die Praxis kannte solche belegfreien Vorgänge auch bei der Löschung von Unterschriften durch die Rechtseinheit wie auch bei Änderungen der Personenangaben oder des Wohnsitzes durch die betroffene Person. Dies muss nur schon aus Praktikabilitätsgründen weiterhin gelten, was in diesen Fällen auch insofern unproblematisch ist, da der Eintragung nur deklaratorischer Charakter zukommt und solche Anmeldungen unter der Strafdrohung von Art. 153 StGB (SR 311.0) stehen.

69 In Absatz 3 regelt der Verordnungsgeber, wann eine Anmeldung als eingereicht gilt:
 – wenn sie den rechtlichen Anforderungen genügt. Diese sind in den Art. 22, 23 und 24 geregelt.
 – Dies wäre beispielsweise nicht der Fall,
   – wenn nicht die richtigen Personen die Anmeldung unterzeichnen
   – wenn nicht alle erforderlichen Belege vorliegen (fehlende «Stampa»-Erklärung) oder
   – wenn die Belege den rechtlichen Anforderungen nicht genügen (z.B. Nichterfüllen der Beurkundungsvorschriften bei einer Statutenänderung bei einer Aktiengesellschaft).

70 Diese Bestimmung ist vor allem dort von Bedeutung, wo der blosse Zeitablauf bei einer Verwirkungsfrist die Eintragung verhindert (Beispiel: Ablauf der Dreimonate-Frist bei ordentlicher Kapitalerhöhung gemäss Art. 650 OR). Die Norm macht zugleich aber klar, dass die beim Handelsregisteramt nach vollständig eingereichter Anmeldung bis zur Eintragung verstreichende Zeit im Hinblick auf diese Verwirkungsfrist unbeachtlich sein muss. Die Anmeldepflichtigen sind ihrer Pflicht nachgekommen, sie haben für allfällige Zeitverzögerungen des Amtes nicht einzustehen.

71 Die Fristberechnung richtet sich nach Art. 77 und 78 OR. Ist eine Frist nach Monaten bestimmt, so endet die Frist am gleichen Tag nach Ablauf der entsprechenden Anzahl Monate (z.B. bei einer Kapitalerhöhung: Beschluss der Generalversammlung am 1.7.: Ablauf der Dreimonate-Frist am 1.10./ Beschluss der Generalversammlung am 30.11.: Ablauf der Dreimonate-Frist am 28.2. bzw. in Schaltjahren am 29.2.). Bei Fristen, die sich nach Tagen berechnen, ist der erste Tag der Frist nicht mitzuzählen (z.B. Bei einem fristauslösenden Ereignis am 6.11. beginnt die Frist am 7.11. zu laufen und führt bei einer 30-Tage-Frist zum Fristablauf am 6.12.).

2. Abschnitt: Anmeldung

Art. 16 Inhalt, Form und Sprache

¹ Die Anmeldung muss die Rechtseinheit klar identifizieren und die einzutragenden Tatsachen angeben oder auf die entsprechenden Belege einzeln verweisen.

² Die Anmeldung kann auf Papier oder in elektronischer Form eingereicht werden.

³ Für die elektronische Anmeldung muss entweder das elektronische Formular des zuständigen kantonalen Handelsregisteramtes oder eine andere vom Kanton anerkannte elektronische Eingabeform verwendet werden.

⁴ Die Anmeldungen sind in einer der Amtssprachen des Kantons abzufassen, in dem die Eintragung erfolgt.

Bei der Anmeldung handelt es sich um die (unbedingte) Willenserklärung, eine bestimmte, registerrechtlich relevante Tatsache ins Handelsregister eingetragen haben zu wollen. Die Formulierung von Absatz 1 verlangt die Identifizierbarkeit der Rechtseinheit (z.B. Firma, Identitätsnummer); eine Identifizierbarkeit ist somit auch dann gegeben, wenn trotz Schreibfehler oder nicht vollständiger Wiedergabe der Firma die eindeutige Zuordnung der Anmeldung gleichwohl möglich ist (Verbot des überspitzten Formalismus). Dem Handelsregisteramt kommt ein gewisser Ermessensspielraum zu. Eine Firma ist im Übrigen dann vollständig, wenn sie sämtliche Bestandteile so aufführt, wie sie im Handelsregister eingetragen ist (also inklusive Rechtsformbezeichnung wo erforderlich). 72

Zu beachten ist in diesem Zusammenhang allerdings die Firmengebrauchspflicht gemäss Art. 954a OR sowie Art. 326ter StGB und die Pflicht des Handelsregisterführers, für die Einhaltung der Bestimmungen über die Firmenbildung besorgt zu sein (Art. 955 OR). Dabei wird der Registerführer nicht mit korrekter Firma auftretende Rechtseinheiten auf die Folgen solchen Tuns aufmerksam machen müssen; im Rahmen des ihm zustehenden Ermessens wird der Registerführer erst bei erneuter Widerhandlung eine Strafanzeige als angezeigt und verhältnismässig in Betracht zu ziehen haben. 73

Gemäss Absatz 1 sind ferner die einzutragenden Sachverhalte klar anzugeben oder im Sinne einer Mindestvorschrift in der Anmeldung die Belege einzeln aufzuführen. Der blosse Verweis auf gleichzeitig eingereichte, aber namentlich nicht aufgeführte Belege genügt nicht; es ist nicht Sache des Handelsregisteramtes, alle möglichen in Frage kommenden Eintragungstatbestände zusammenzusuchen. Schwierigkeiten ergeben sich, wenn zwischen Anmeldung und Belegen Unterschiede bestehen. Dies etwa dann, wenn weniger angemeldet wird, als aus den Belegen hervorgeht und diese die (be- 74 stehenden) Einträge im Hauptregister als unrichtig erscheinen lassen. In solchen Fällen wird das Handelsregisteramt auf die Anmeldung abzustellen und die übrigen Änderungen (nach erfolgloser Kontaktnahme) nötigenfalls im amtlichen Verfahren durchzusetzen haben (Art. 152 ff.).

75 Zu beachten ist auch hier das Verbot des «überspitzten Formalismus». Dem hat der Verordnungsgeber letztlich Rechnung getragen, indem er ein einfaches Anmeldeverfahren ermöglicht: es reicht, wenn die Anmeldenden in ihrer Anmeldung die Belege auflisten, deren Inhalt sie im Handelsregister eingetragen haben wollen. Zugleich wird daraus auch deutlich, dass der blosse Verweis auf irgendwelche (nicht aufgezählte, aber eingereichte) Beilagen nicht genügt. Hier wird das Handelsregisteramt eine Anmeldung erstellen und durch die Anmeldepflichtigen unterzeichnen lassen müssen.

76 Absätze 2 und 3 machen deutlich, dass eine mündliche Anmeldung nicht möglich ist: Die Anmeldung ist auf Papier oder in elektronischer Form abzugeben. Letzteres ist jedoch an die Bedingung geknüpft, dass das kantonale elektronische Formular verwendet wird. Ein blosses E-Mail (auch wenn digital signiert) oder die Formulare aus KMUadmin genügen (zurzeit) nicht. Diese Bedingung ist im Hinblick auf einen reibungslosen Ablauf (z.B. Import der Daten in die Handelsregisterdatenbank) von Bedeutung. Da die anmeldende Person die Wahl zwischen schriftlicher und elektronischer Anmeldung hat, ist auch hier das Prinzip der Verhältnismässigkeit dieser Norm gewahrt. Allerdings sind solche elektronischen Formulare noch kaum vorhanden, sodass einstweilen Schriftlichkeit die Regel bleiben wird. Für die Verwirklichung haben die Kantone gemäss Art. 175 eine Übergangsfrist bis Ende 2012.

77 Absatz 4 ist vor allem in zweisprachigen Kantonen von Bedeutung. Die Anmeldung muss in jenen Kantonen nicht in der Sprache des Registerbezirkes, sondern kann in irgendeiner Amtssprache des betreffenden Kantons eingereicht werden. So könnte beispielsweise im Oberwallis eine Anmeldung in französischer bzw. im Unterwallis eine Anmeldung in deutscher Sprache eingereicht werden. Gleiches gilt in den Kantonen Bern, Freiburg und Graubünden.

78 Vereinzelt wird sich die Frage stellen, bis zu welchem Zeitpunkt die Anmeldenden auf die bereits eingereichte Anmeldung zurückkommen können. Gemäss Art. 34 werden Eintragungen ins Tagesregister rechtswirksam mit ihrer Genehmigung durch das Eidgenössische Amt für das Handelsregister. Nach den gewöhnlichen Grundsätzen des Verwaltungsverfahrens kann eine Behörde auf ihren Entscheid (in concreto also auf die Eintragungsverfügung) wiedererwägungsweise zurückkommen. Dies wird der Fall sein, wenn der Anmeldungswille nicht mehr vorhanden ist, allerdings wird das Handelsregisteramt dann die Einleitung des Verfahrens von Amtes wegen nach Art. 152 ff. prüfen müssen.

Art. 17 Anmeldende Personen

¹ Die Anmeldung erfolgt durch die betroffene Rechtseinheit und muss von folgenden Personen unterzeichnet sein:
  a. bei Einzelunternehmen: von der Inhaberin oder vom Inhaber (Art. 934 OR);
  b. bei der Kollektiv- oder Kommanditgesellschaft: von allen Gesellschafterinnen und Gesellschaftern (Art. 552 Abs. 2 OR; 594 Abs. 3 OR);
  c. bei juristischen Personen: von zwei Mitgliedern des obersten Leitungs- oder Verwaltungsorgans oder von einem Mitglied mit Einzelzeichnungsberechtigung (Art. 931a OR);
  d. bei der Kommanditgesellschaft für kollektive Kapitalanlagen: von einer zur Vertretung berechtigten natürlichen Person für jede unbeschränkt haftende Gesellschafterin;
  e. bei Instituten des öffentlichen Rechts: von den Personen, die nach öffentlichem Recht zuständig sind (Art. 931a OR);
  f. bei der nicht kaufmännischen Prokura: von der Geschäftsfrau oder vom Geschäftsherrn (Art. 458 Abs. 3 OR);
  g. bei der Gemeinderschaft: vom Haupt der Gemeinderschaft (Art. 341 Abs. 3 ZGB);
  h. bei der Zweigniederlassung von Rechtseinheiten mit Sitz im In- oder im Ausland: von einer zeichnungsberechtigten Person, die am Sitz der Hauptniederlassung oder der Zweigniederlassung im Handelsregister eingetragen ist;
  i. bei der Löschung einer Rechtseinheit: von den Liquidatorinnen und Liquidatoren (Art. 589, 619, 746, 764, Abs. 2, 826 Abs. 2, 913 OR; Art. 58 ZGB).

² Die Anmeldung kann zudem durch die betroffenen Personen selbst erfolgen:
  a. bei der Löschung von Mitgliedern der Organe und der Löschung von Vertretungsbefugnissen (Art. 938b OR);
  b. bei der Änderung von Personenangaben gemäss Artikel 119 Absatz 1 Buchstaben a–d;
  c. bei der Löschung des Rechtsdomizils gemäss Artikel 117 Absatz 3.

³ Haben Erbinnen oder Erben eine Eintragung anzumelden, so können an ihrer Stelle auch Willensvollstreckerinnen, Willensvollstrecker, Erbschaftsliquidatorinnen oder Erbschaftsliquidatoren die Anmeldung vornehmen.

Absatz 1 regelt (entsprechend der für die jeweilige Rechtsform gültigen Bestimmungen), welche Personen zur Anmeldung berechtigt und damit aber auch verpflichtet sind. Dies ist im Hinblick auf das gegebenenfalls erfor-

Art. 17 Anmeldende Personen

derliche Verfahren von Amtes wegen (Art. 152 ff.), das Aussprechen einer Ordnungsbusse (Art. 943 OR) sowie auf die solidarische Haftung bei der Gebührenauflage wichtig. Die Anmeldung ist stellvertretungsfeindlich (vgl. Note 88).

80 Absatz 1 lit. c stimmt inhaltlich mit der gesetzlichen Vorgabe in Art. 931a OR überein. Daraus, dass ein Mitglied mit Einzelzeichnungsberechtigung genügt, muss geschlossen werden, dass im andern Fall Zeichnungsberechtigungen nicht vorausgesetzt sind. Voraussetzung ist bloss, dass es sich um zwei Mitglieder des obersten Leitungs- oder Verwaltungsorgans handelt. Diese Begriffsdefinition entstammt dem Fusionsgesetz (Art. 12 Abs. 1 FusG).

81 Nicht mehr zur Anmeldung unterzeichnungsberechtigt ist neu der nicht dem Verwaltungsrat angehörende Sekretär des Verwaltungsrates.

82 Die Möglichkeit zur Stellvertretung von Verwaltungsratsmitgliedern an Sitzungen des Verwaltungsrats ist umstritten (vgl. dazu Forstmoser, § 28 Note 185 ff. sowie Böckli, § 13 Note 128 ff.). Nach der Praxis des Handelsregisteramtes Kanton Zürich wird die Unterzeichnung einer Anmeldung durch einen «Suppleanten» akzeptiert, sofern ein solcher von der Generalversammlung gewählt und er im Handelsregister eingetragen wurde.

83 Absatz 1 lit. h: Die Vereinfachung auf zur Vertretung berechtigte Personen zur Anmeldung ist begrüssenswert, da – insbesondere hinsichtlich Zweigniederlassungen mit Hauptsitz im Ausland – ein öffentliches Interesse an der Registrierung der Zweigniederlassung besteht. Sie ist auch insofern unproblematisch, als es um eine einfache Vollzugshandlung geht, bei der sämtliche Belege des ausländischen Hauptsitzes vorgelegt werden müssen (vgl. Note 168 ff.). In diesen Fällen genügt Einzelunterschrift; liegt nur Kollektivzeichnungsberechtigung vor, müssen auch die entsprechende Anzahl Berechtigter mitwirken (also z.B. Kollektivunterschrift zu zweien.). Ebenfalls nicht genügen würde Kollektiv- oder Einzelprokura.

84 Absatz 2 (entsprechend der Normierung in Art. 938b OR) ersetzt die bisherige Regelung von Art. 25a altHRegV und gilt auch für Einzelunternehmen. Lit. b und c gehen über die Regelung in Art. 938b OR hinaus und basieren auf der allgemeinen Delegationsnorm von Art. 929 OR. Neu ist, dass die bisherige Wartefrist von 30 Tagen entfällt und dass die Norm bei allen Rechtsformen zur Anwendung gelangt (also auch etwa bei der Löschung einer Zeichnungsbefugnis bei einem Einzelunternehmen). Als Folge des Belegprinzips und angesichts des bloss deklaratorischen Eintrags im Handelsregister genügt die Anmeldung für sich allein nicht, ein an die Gesellschaft gerichtetes Rücktrittsschreiben muss dem Handelsregisteramt eingereicht werden. Änderungen in den Personenangaben sind mit den jeweils geeigneten Dokumenten (z.B. Identitätskarte) nachzuweisen; nach ständiger Praxis, an der sich weder etwas ändern sollte noch dürfte, genügt die blosse An-

meldung (ohne weitere Belege) für die Eintragung eines Wohnsitzwechsels (vgl. Note 68).

Folge eines Rücktrittes kann etwa sein, dass der Rechtseinheit von einem Tag auf den andern ein gesetzlich notwendiges Organ fehlt (z.B. Revisionsstelle bei der Aktiengesellschaft, die nicht auf eine Revision verzichten kann oder nicht verzichtet hat). Damit tritt unverzüglich ein Organisationsmangel auf (Art. 731b), den der Registerführer von Amtes wegen zu beachten hat, indem er Klage beim zuständigen Gericht erhebt (Art. 941a OR). 85

Absatz 3 statuiert eine Ausnahme vom Prinzip der Stellvertretungsfeindlichkeit einer Anmeldung (vgl. Note 88). Bei einer Erbengemeinschaft handelt es sich grundsätzlich um eine Gesamthandschaft, weshalb auch nur alle zusammen handeln könnten und – als Konsequenz der Stellvertretungsfeindlichkeit – die Anmeldung gemeinsam unterzeichnen müssten. Eine solche Lösung wäre wenig praktikabel. Der Verordnungsgeber hat hier einen Mittelweg gefunden, wonach es sogar möglich ist, dass die Erben gemeinsam eine Person bezeichnen, die an ihrer Stelle handelt. Diesfalls haben Sie diese Person zu bevollmächtigen, und die Vollmacht ist – zusammen mit der Anmeldung – dem Handelsregisteramt einzureichen. 86

Art. 18 Unterzeichnung

¹ **Die Anmeldung muss von den Personen nach Artikel 17 unterzeichnet sein. Die Unterzeichnung durch eine Vertreterin oder einen Vertreter ist nicht zulässig.**

² **Die Anmeldung auf Papier ist beim Handelsregisteramt zu unterzeichnen oder mit den beglaubigten Unterschriften einzureichen. Eine Beglaubigung ist nicht erforderlich, wenn die Unterschriften schon früher in beglaubigter Form für die gleiche Rechtseinheit eingereicht wurden. Bestehen begründete Zweifel an der Echtheit einer Unterschrift, so kann das Handelsregisteramt eine erneute Beglaubigung verlangen.**

³ **Unterzeichnen die anmeldenden Personen die Anmeldung beim Handelsregisteramt, so haben sie ihre Identität durch einen gültigen Pass oder eine gültige Identitätskarte nachzuweisen.**

⁴ **Elektronische Anmeldungen müssen mit einem qualifizierten Zertifikat im Sinne des Bundesgesetzes vom 19. Dezember 2003 über die elektronische Signatur (ZertES) unterzeichnet sein.**

⁵ **Ist eine rechtskonforme Unterzeichnung einer Anmeldung aus zwingenden Gründen nicht möglich und sind die Voraussetzungen für das Verfahren von Amtes wegen nach Artikel 152 nicht erfüllt, so kann die kantonale Aufsichtsbehörde auf Antrag der Rechtseinheit oder des Handelsregisteramts die Vornahme einer Eintragung anordnen.**

87 Absatz 1 verdeutlicht, dass die Anmeldung schriftlich einzureichen ist, sie kann also nicht mündlich am Schalter erklärt werden (vgl. Note 76). Wird die schriftliche Anmeldung persönlich am Schalter des Handelsregisteramtes abgegeben, so kann sie dort direkt unterzeichnet werden (vgl. Art. 15 und 16). Wird sie per Post übermittelt, so müssen die darauf enthaltenen Unterschriften in beglaubigter Form (entsprechend den jeweiligen kantonalen Beglaubigungsvorschriften) enthalten sein.

88 Die Anmeldung ist stellvertretungsfeindlich, d.h. die darauf zu leistenden Unterschriften müssen persönlich erbracht werden; die Unterzeichnung durch Dritte (selbst mit Vollmacht) ist nicht zulässig; die Unterzeichnung ist Folge der strukturellen Funktion der Person in der betreffenden Rechtseinheit.

89 Da die Handelsregister kein Unterschriftenregister führen und da sich eine Zeichnungsberechtigung letztlich immer auf eine konkrete Rechtseinheit bezieht, für die man zur Vertretung befugt ist, muss die Unterschrift für jede Rechtseinheit, in welcher die Person eingetragen ist, separat geleistet und beglaubigt werden. Nur bei späteren Änderungen in der gleichen Rechtseinheit kann auf das Formerfordernis der erneuten Beglaubigung verzichtet werden. Eine Erleichterung gegenüber der früheren Handelsregisterverordnung ergibt sich dadurch, dass neu nur noch eine Unterschrift zu leisten ist (also nicht mehr Firmenunterschrift und persönliche Unterschrift).

90 Absatz 3: Für die Unterzeichnung einer Anmeldung am Schalter des Handelsregisteramtes gelten die Vorschriften von Art. 21 (vgl. Note 106).

91 Begründete Zweifel (Absatz 2) bestehen bei klar erkennbaren Abweichungen der geleisteten Unterschrift von der bereits hinterlegten Unterschrift. Dies ist etwa dort der Fall, wo sich eine Unterschrift im Verlaufe der Zeit wesentlich verändert hat. Diese Vorschrift verfolgt zwei Ziele, nämlich die Verhinderung von missbräuchlichen Eintragungen wie auch die Aktualität der Unterschriftenmuster im Geschäftsverkehr bei Einsichtnahme Dritter.

92 Absatz 4 hält fest, unter welchen Voraussetzungen die Handelsregisterämter elektronisch unterzeichnete Dokumente entgegennehmen dürfen. Andere Zertifikate, die nicht im Einklang mit der erwähnten Verordnung stehen, genügen nicht.

93 Absatz 5 regelt die Fälle des früheren Artikels 31 (Unmöglichkeit der Unterzeichnung). Dabei wird verdeutlicht, dass nur unter sehr restriktiven Bedingungen von der rechtskonformen Unterzeichnung der Anmeldung abgesehen werden kann. Dies ist beispielsweise der Fall, wenn mit ärztlichem Zeugnis nachgewiesen wird, dass eine Person physisch nicht mehr in der Lage ist, die Unterschrift zu leisten (z.B. Koma) oder unbekannten Aufenthaltes im Ausland ist. Kein Anwendungsfall wäre indessen die gewöhnliche Auslandabwesenheit der Mitglieder des obersten Leitungsorgans, wenn nur noch

ein Mitglied mit Kollektivunterschrift zu zweien sich gerade in der Schweiz aufhalten würde. Es ist Sache der Rechtseinheiten, für die ordnungsmässige Vertretung im Geschäftsverkehr wie auch im Verkehr mit den Behörden besorgt zu sein. Vorbehalten bleiben die Fälle, in denen das Handelsregisteramt ein Verfahren von Amtes wegen einzuleiten hat.

Art. 19 Eintragung aufgrund eines Urteils oder einer Verfügung

[1] Ordnet ein Gericht oder eine Behörde die Eintragung von Tatsachen in das Handelsregister an, so reicht die anordnende Stelle dem Handelsregisteramt das Urteil oder die Verfügung ein. Das Urteil oder die Verfügung darf erst eingereicht werden, wenn es oder sie vollstreckbar geworden ist. Artikel 176 Absatz 1 des Bundesgesetzes vom 11. April 1889 über Schuldbetreibung und Konkurs (SchKG) bleibt vorbehalten.

[2] Das Handelsregisteramt nimmt die Eintragung unverzüglich vor.

[3] Enthält das Dispositiv des Urteils oder der Verfügung unklare oder unvollständige Anordnungen über die einzutragenden Tatsachen, so muss das Handelsregisteramt die anordnende Stelle um schriftliche Erläuterung ersuchen.

[4] Die Genehmigung der Eintragungen durch das EHRA bleibt vorbehalten

Absatz 1 regelt den an sich selbstverständlichen Grundsatz, dass sich die Handelsregisterämter entsprechend ihrer Publizitätsfunktion als Vollzugsbehörde den Anordnungen eines Gerichts oder einer Behörden zu unterziehen haben (z.B. Gerichte, Vormundschaftsbehörden, Bankenkommission). Voraussetzung dafür ist, 94

– dass die Anordnung nicht offensichtlich nichtig ist (z.B. von einer in einem bestimmten Rechtsgebiet nicht zuständigen Behörde verfügt wurde) und
– dass der Entscheid klar und vollstreckbar ist. Nicht erforderlich ist die Rechtskraft des Entscheides. Kommt einer Anordnung von Gesetzes wegen keine aufschiebende Wirkung zu (vgl. Note 554) oder verfügt eine Behörde in ihrem Entscheid, dass einem allfälligen Rechtsmittel dagegen keine aufschiebende Wirkung zukommt, so ist der Entscheid sofort vollstreckbar.

Mit der Handlungsanweisung an die Handelsregisterbehörden (Absatz 2) legt der Verordnungsgeber fest, dass solche vollstreckbaren Entscheide nicht durch ein Zuwarten mit der Eintragung unterlaufen werden dürfen. Sie sind deshalb unverzüglich nach Kenntnisnahme (im Rahmen des gewöhnlichen Geschäftsganges) vorzunehmen. Ungebührliche Verzögerungen könnten sich haftungsbegründend auswirken. Grundsätzlich darf das Handelsregisteramt 95 darauf vertrauen, dass das Gericht im Sinne von Absatz 1 lediglich die vollstreckbaren Entscheide mitteilt. Es ist nicht Sache des Handelsregisteramtes, zu prüfen, ob spezialgesetzliche Regelungen einem allfälligen Rechtsmittel aufschiebende Wirkung zuerkennen oder nicht. Das Handelsregisteramt hat deshalb lediglich zu prüfen, ob der Entscheid aus irgendwelchen Gründen offensichtlich noch nicht vollstreckbar ist (z.B. Rechtsmittelbelehrung, Hinweise auf Vollstreckbarkeit, gegebenenfalls Unmöglichkeit einer bereits eingetretenen Vollstreckbarkeit wegen Nichtablaufs einer Rechtsmittelfrist).

96 Absatz 3: In der Praxis kommt es vor, dass Gerichte oder Behörden, die mit den Gegebenheiten des Handelsregisterrechts nicht vertraut sind, unklare Anordnungen treffen. Da es aber nicht Sache einer Vollzugsbehörde ist, einen Entscheid auszulegen, und auch im Hinblick auf das Vermeiden von Irrtümern beim Publikum als Adressaten der Eintragung muss die an sie ergehende Handlungsanweisung klar und unzweideutig sein. Ist sie das nicht, so muss das Handelsregisteramt vor der Eintragung die anordnende Instanz um Erläuterung ersuchen. Erst bei Klarheit soll und darf die Eintragung im Tagesregister inklusive Publikation im SHAB erfolgen. Eine Dispositivregelung, wonach das Handelsregisteramt eingeladen wird, im Sinne der Erwägungen die erforderlichen Eintragungen vorzunehmen, genügt nicht.

97 Absatz 4 bringt in seinem Vorbehalt zum Ausdruck, dass das EHRA an kantonale Entscheide nicht gebunden ist. In der Regel wird es jedoch (vorbehältlich der Feststellung von Nichtigkeitsgründen oder von Widerrechtlichkeit der getroffenen Anordnung) lediglich um die Formulierung des Eintragungstextes (Klarheit der Publikation) gehen. Im Übrigen gilt auch für das EHRA das Gebot der unverzüglichen Behandlung.

3. Abschnitt: Belege

Art. 20 Inhalt, Form und Sprache

[1] Die Belege sind im Original oder in beglaubigter Kopie einzureichen. Beglaubigte Kopien können auf Papier oder in elektronischer Form eingereicht werden.

[2] Die Belege müssen rechtskonform unterzeichnet sein. Elektronische Kopien von Belegen müssen mit einem qualifizierten Zertifikat im Sinne des ZertES unterzeichnet sein.

[3] Werden Belege in einer Sprache eingereicht, die nicht als Amtssprache des Kantons gilt, so kann das Handelsregisteramt eine Übersetzung verlangen, sofern dies für die Prüfung oder für die Einsichtnahme durch Dritte erforderlich ist. Soweit nötig, kann es die Übersetzerin oder den Übersetzer bezeichnen. Die Übersetzung gilt diesfalls ebenfalls als Beleg.

Die Kompetenz zum Erlass dieser Norm ergibt sich direkt aus der neuen Fassung von Art. 929 OR. Es handelt sich hier (Absatz 1) um ein Bindeglied zwischen Inhalt der Belege nach Gesetz (z.b. Kapitalerhöhungsbericht gemäss Art. 652e OR) und dem Belegprinzip gemäss Art. 15 (vgl. Note 67). Ferner müssen die Belege den Inhalt aufweisen, der für die Eintragung erforderlich ist (Beispiel: für die c/o Adresse die Bestimmung des Domizils sowie die entsprechende Domizilhaltererklärung). 98

Absatz 1: Originalbelege und beglaubigte Kopien der Belege werden einander gleichgesetzt. Bei öffentlichen Urkunden unterscheidet das jeweilige kantonale Recht, welche Eigenschaft dem Exemplar zukommt, das dem Handelsregisteramt eingereicht wird (Original – beglaubigte Ausfertigung – beglaubigte Kopie). 99

Absatz 2: Die Belege müssen rechtskonform unterzeichnet sein; eine Bilanz, die dem Handelsregisteramt eingereicht werden muss, hat daher entsprechend den Regeln von Art. 961 OR unterschrieben zu sein. 100

Absatz 3 dient im Wesentlichen zwei Aspekten: der ordnungsgemässen Prüfung der Belege durch das Handelsregisteramt sowie der einfachen Einsichtnahme Dritter in Belege. Dabei wird von durchschnittlichen Sprachkenntnissen der Registerführer wie auch der Dritten auszugehen sein. Bei einer Amtssprache des Bundes dürfen bessere Kenntnisse erwartet werden als bei andern Sprachen. Komplizierte Belege (z.B. Statuten, Fusionsverträge) werden indessen in der Regel zu übersetzen sein, während einfache Sachverhalte (z.B. Wahlprotokolle, Wahlannahmeerklärungen) kaum zu übersetzen sein werden, sofern sie in einer in der Schweiz geläufigen Sprache abgefasst sind (etwa D/F/I/E). Dem Registerführer kommt in diesem Bereich ein gewisser Ermessensspielraum zu. 101

Das Handelsregisteramt kann die Übersetzung verlangen oder selber bei einem anerkannten Übersetzungsinstitut in Auftrag geben. Lässt es die Übersetzung selber anfertigen, hat es für die Auswahl eines fachlich geeigneten Institutes geradezustehen. Für die Kosten der Übersetzung haftet die Rechtseinheit (und mit ihr die Anmeldenden); ihr sind diese Kosten entsprechend aufzuerlegen. 102

Verlangt das Handelsregisteramt die Beibringung der Übersetzung durch die Rechtseinheit, so obliegt es dieser, für die richtige Auswahl des Übersetzers besorgt zu sein. Aus Sicht des Handelsregisteramtes, das die Kenntnisse des Übersetzers nicht oder kaum beurteilen kann, ist wesentlich, dass der Übersetzer seine Qualifikation darlegt und bestätigt, die Übersetzung wahrheitsgemäss sowie nach bestem Wissen und Gewissen vorgenommen zu haben. Da die Übersetzung Beleg ist, muss sie im Sinne von Absatz 2 unterzeichnet sein und ist (auch aus Gründen der Verantwortlichkeit und Haftung) beglaubigen zu lassen (im Sinne eines Identitätsnachweises). 103

Art. 21 Unterschriften

¹ Wird eine zeichnungsberechtigte Person zur Eintragung in das Handelsregister angemeldet, so muss sie ihre Unterschrift beim Handelsregisteramt zeichnen, oder ihre originale Unterschrift muss dem Handelsregisteramt in beglaubigter Form als Beleg eingereicht werden.

² Zeichnet sie die Unterschrift beim Handelsregisteramt, so muss sie ihre Identität durch einen gültigen Pass oder eine gültige Identitätskarte nachweisen. Das Handelsregisteramt beglaubigt die Unterschrift gegen Gebühr.

³ Diese Bestimmung gilt sinngemäss für nicht zeichnungsberechtigte Personen, die eine Anmeldung beim Handelsregisteramt vornehmen.

104 Die Bestimmung hält in Absatz 1 fest, dass dem Handelsregisteramt die Originalunterschrift einzureichen ist, fotokopierte Unterschriften (oder Faxunterschriften) genügen nicht. Es liegt in der Verantwortung der entsprechenden Urkundsperson, sich über die Identität der Person, deren Unterschrift zu beglaubigen ist, zu vergewissern. Hier gibt es verschiedene Möglichkeiten (z.B. durch Pass oder bei persönlicher Bekanntschaft mit dem Hinweis «… des mir persönlich bekannten…»).

105 Die Unterschrift ist einmal zu leisten (vgl. auch Note 88 ff.). Auch hier ist es möglich, dass die Unterschrift nicht durch die nach kantonalem Recht zuständige Person (z.B. Notar, Gemeindeammann) beglaubigt wird, sondern am Schalter durch eine Person des entsprechenden Handelsregisteramtes.

106 Absatz 2 stellt klar, welche Ausweisdokumente aus Sicht des Bundesgesetzgebers erforderlich sind, damit das Handelsregisteramt überhaupt eine Unterschrift am Schalter beglaubigen darf. Für den Nachweis der Identität ist demzufolge ein gültiger Pass oder eine gültige Identitätskarte erforderlich, der Führerausweis genügt nicht. Damit soll erreicht werden, dass die im Handelsregister einzutragenden Angaben möglichst mit den Angaben in den Zivilstandsregistern übereinstimmen.

107 Absatz 3 ist auf den Fall zugeschnitten, dass eine Rechtseinheit Personen eingetragen hat, die zwar über keine Zeichnungsberechtigung verfügen, die aber eine Anmeldung unterzeichnen sollen (vgl. Art. 17). Als weiteres Beispiel ist auch etwa an einen Erben zu denken. Auch in diesen Fällen muss sich das Handelsregister darüber vergewissern können, wer die Anmeldenden sind und dass sie für die betreffende Rechtseinheit zeichnen dürfen.

Art. 22 Statuten und Stiftungsurkunden

¹ Ins Handelsregister wird als Datum der Statuten der Tag eingetragen, an dem:
    a. die Gründerinnen und Gründer die Statuten angenommen haben; oder
    b. das zuständige Organ der Gesellschaft die letzte Änderung der Statuten beschlossen hat.

² Ins Handelsregister wird als Datum der Stiftungsurkunde der Tag eingetragen, an dem:
    a. die öffentliche Urkunde über die Errichtung der Stiftung erstellt wurde;
    b. die Verfügung von Todes wegen errichtet wurde; oder
    c. die Stiftungsurkunde durch das Gericht oder eine Behörde geändert wurde.

³ Werden die Statuten oder die Stiftungsurkunde geändert oder angepasst, so muss dem Handelsregisteramt eine vollständige neue Fassung der Statuten oder der Stiftungsurkunde eingereicht werden.

⁴ Die Statuten von Aktiengesellschaften, Kommanditaktiengesellschaften, Gesellschaften mit beschränkter Haftung, Investmentgesellschaften mit festem Kapital und Investmentgesellschaften mit variablem Kapital sowie die Stiftungsurkunde müssen von einer Urkundsperson beglaubigt werden. Die Statuten von Genossenschaften und Vereinen müssen von einem Mitglied der Verwaltung beziehungsweise des Vorstandes unterzeichnet sein.

Die Statuten widerspiegeln die gültige «Verfassung» einer Gesellschaft im Rahmen der geltenden Gesetzesordnung im Zeitpunkt der Beschlussfassung durch das zuständige Organ. Der Gesetzgeber sieht deshalb für Statutenänderungen, die durch neue Gesetzesbestimmungen (u.U. dispositiven Charakters) erforderlich werden können, Anpassungsfristen vor (vgl. etwa Art. 2 Übergangsbestimmungen zum GmbH-Recht). Statuten, die auch künftige Gesetzesänderungen abdecken wollen, sind daher nicht zulässig. Die Gesellschaft hat im Zeitpunkt der jeweils geltenden Gesetzesordnung zu entscheiden, was sie will und für sie gelten soll.   108

Die Absätze 1 und 2 dienen der Klärung und Rechtsvereinheitlichung für die Fälle, in denen die Daten der Beschlussfassung über die Annahme der Statuten und deren Ausfertigung auseinander fallen. Eine sinngemässe Regelung gilt für das Datum der Stiftungsurkunde. Insbesondere bei der Verfügung von Todes wegen kommt es regelmässig vor, dass das Datum der Urkunde wesentlich vom Datum der Eintragung der Stiftung im Handelsregister abweicht. Dabei handelt es sich faktisch um eine Urkunde (Verfügung von Todes wegen), die unter einer Bedingung steht, die dann irgendwann eintritt.   109

110 Absatz 3 hält neu fest, dass bei jeder Modifikation von Statuten oder der Stiftungsurkunde jeweils eine vollständige Fassung des gesamten Statutenexemplares einzureichen ist. Bisher haben Handelsregisterämter teilweise solche Änderungen manuell mittels Schere und Leim in früheren Fassungen nachgetragen. Damit sollte es im Zeitalter elektronisch leicht reproduzierbaren Papiers und auch im Hinblick auf das Scanning von Statuten und ihre allfällige Publikation im Internet vorbei sein. Stellt das Handelsregisteramt bei partiellen Statutenänderungen Mängel fest, die über blosse Orthografiefehler hinausgehen (fehlende Übereinstimmungen mit dem früher hinterlegten Exemplar), so wird es die Statuten zurückweisen und ein korrektes, von einer Urkundsperson beglaubigtes Exemplar verlangen müssen.

Art. 23 Protokolle über die Fassung von Beschlüssen

[1] Beruhen einzutragende Tatsachen auf Beschlüssen oder Wahlen von Organen einer juristischen Person und bedarf der Beschluss nicht der öffentlichen Beurkundung, so muss das Protokoll beziehungsweise ein Protokollauszug über die Beschlussfassung oder ein Zirkularbeschluss als Beleg eingereicht werden.

[2] Protokolle oder Protokollauszüge müssen von der Protokollführerin oder vom Protokollführer sowie von der Vorsitzenden oder vom Vorsitzenden des beschliessenden Organs unterzeichnet werden, Zirkularbeschlüsse von allen Personen, die dem Organ angehören.

[3] Ein Protokoll oder ein Protokollauszug des obersten Leitungs- oder Verwaltungsorgans ist nicht erforderlich, sofern die Anmeldung an das Handelsregisteramt von sämtlichen Mitgliedern dieses Organs unterzeichnet ist. Ein Protokoll oder ein Protokollauszug der Gesellschafterversammlung von Gesellschaften mit beschränkter Haftung ist ebenfalls nicht erforderlich, sofern die Anmeldung an das Handelsregisteramt von sämtlichen im Handelsregister eingetragenen Gesellschaftern unterzeichnet ist.

111 Absatz 1 verlangt, dass in allen Fällen, in denen keine öffentliche Urkunde über die Beschlussfassung erforderlich ist, ein Protokoll, ein Protokollauszug oder der Zirkularbeschluss eingereicht wird. Zu beachten ist allerdings, dass bei der Aktiengesellschaft die Beschlussfassung durch die Aktionäre auf dem Zirkularweg selbst dann nicht statthaft ist, wenn sämtliche Aktionäre dem Handelsregisteramt bekannt wären.

112 Absatz 2: Betreffend Öffentlichkeit von Protokollen vgl. Note 47.

113 Absatz 3 widerspiegelt die die heutige Fassung. Schon heute ist ein separates Protokoll des obersten Leitungs- oder Verwaltungsorgans als Beleg nicht erforderlich, wenn alle Mitglieder dieses Organs die Anmeldung unterzeichnen.

Art. 24 Bestehen von Rechtseinheiten

1 Nimmt eine einzutragende Tatsache auf eine im schweizerischen Handelsregister eingetragene Rechtseinheit Bezug, so muss deren Bestehen nicht belegt werden. Das mit der Eintragung dieser Tatsache betraute Handelsregisteramt überprüft das Bestehen der Rechtseinheit durch Einsichtnahme in die kantonale Handelsregisterdatenbank nach Artikel 12.

2 Das Bestehen einer Rechtseinheit, die nicht im schweizerischen Handelsregister eingetragen ist, muss durch einen aktuellen beglaubigten Auszug aus dem ausländischen Handelsregister oder durch eine gleichwertige Urkunde belegt werden.

Absatz 1: Bis anhin musste (z.b. bei Beteiligung einer juristischen Person als Gesellschafterin in einer GmbH [Art. 29 altHRegV) immer ein Handelsregisterauszug beigebracht werden. Neu genügen sie für den Nachweis des Bestandes der Rechtseinheit. Nicht mehr die Rechtseinheit hat ihre Existenz zu belegen, sondern das zuständige Handelsregisteramt ist in der Pflicht, das Bestehen via Internet-Datenbank abzuklären. 114

Absatz 2: Für ausländische Rechtseinheiten gilt nach wie vor, dass sie ihre Existenz belegen müssen. Dort, wo es ein Handelsregister gibt, über einen Auszug, in den andern Fällen mittels gleichwertiger Urkunde (certificate of incorporation in den USA). 115

Art. 25 Ausländische öffentliche Urkunden und Beglaubigungen

1 Im Ausland errichtete öffentliche Urkunden und Beglaubigungen müssen mit einer Bescheinigung der am Errichtungsort zuständigen Behörde versehen sein, die bestätigt, dass sie von der zuständigen Urkundsperson errichtet worden sind. Unter Vorbehalt abweichender Bestimmungen von Staatsverträgen ist zudem eine Beglaubigung der ausländischen Regierung und der zuständigen diplomatischen oder konsularischen Vertretung der Schweiz beizufügen.

2 Muss nach schweizerischem Recht eine öffentliche Urkunde erstellt und als Beleg beim Handelsregisteramt eingereicht werden, so kann das Handelsregisteramt den Nachweis verlangen, dass das ausländische Beurkundungsverfahren dem öffentlichen Beurkundungsverfahren in der Schweiz gleichwertig ist. Es kann dazu ein Gutachten verlangen und den Gutachter bezeichnen.

Absatz 1 entspricht der heutigen Regelung (Art. 30 altHRegV). Verlangt wird die Bestätigung, dass die entsprechende Person nach ausländischem Recht zur Errichtung der öffentlichen Urkunde bzw. der Beglaubigung zu- 116 ständig ist; als zweites Element kommt die Überbeglaubigung (Apostille) der dafür zuständigen Instanz hinzu, die ihrerseits die Zuständigkeit der beurkundenden Person bestätigt.

117 Erfasst von Absatz 2 sind lediglich öffentliche Urkunden (beispielsweise bei der Durchführung einer Generalversammlung im Ausland), nicht aber etwa die Statuten einer Rechtseinheit mit Sitz im Ausland, die in der Schweiz eine Zweigniederlassung errichten will (vgl. Art. 113). Das Handelsregisteramt kann nei bei im Ausland errichteten öffentlichen Urkunden den Nachweis verlangen, dass das ausländische Beurkundungsverfahren dem schweizerischen gleichwertig ist. Normadressat ist das Handelsregisteramt, dem gleichzeitig die Möglichkeit eingeräumt wird, ein Gutachten über die Gleichwertigkeit zu verlangen und den Gutachter zu bezeichnen. Dem Handelsregisteramt kommt dabei ein Ermessensspielraum zu (z.B. bei eigener Kenntnis ausländischen Rechts aus vorangegangenen Verfahren), im Sinne der Rechtssicherheit (und eigener Verantwortlichkeit) darf es vom Nachweis nur ausnahmsweise absehen. Dieser Nachweis (inklusive Gutachten) ist indessen kein selbständiger Beleg, sondern als Korrespondenzakt einzustufen, der nicht der Einsichtnahme Dritter zugänglich ist. Für Dritte ist einzig relevant, dass das Handelsregisteramt die ausländische öffentliche Urkunde akzeptiert hat.

2. Kapitel: Grundsätze für die Eintragung

Art. 26 Wahrheitsgebot, Täuschungsverbot und öffentliches Interesse

Die Eintragungen in das Handelsregister müssen wahr sein und dürfen weder zu Täuschungen Anlass geben noch einem öffentlichen Interesse widersprechen.

118 Diese Bestimmung entspricht dem früheren Art. 38 altHRegV und gibt das Grundprinzip wieder, wonach das Handelsregister wahr sein soll. Die Eintragungen sollen auch nicht täuschend für Dritte sein (Transparenzgebot) und keinem öffentlichen Interesse widersprechen. Letztlich ist Art. 26 Ausfluss von Art. 9 ZGB, wonach die öffentlichen Register vollen Beweis für die eingetragenen Tatsachen erbringen, solange nicht deren Unrichtigkeit (auf anderem Weg) nachgewiesen wird. Normadressat dieser Bestimmung sind grundsätzlich die Rechtseinheiten, vertreten durch die Anmeldenden. Diese stehen denn auch für ihr Handeln gegenüber dem Handelsregisteramt unter der Strafdrohung von Art. 153 StGB (Unwahre Angaben gegenüber Handelsregisterbehörden). Letztere greift etwa bei der sogenannten Stampa-Erklärung (Art. 43 Abs. 1 lit. h Note 182).

Art. 27 Änderung von Tatsachen

Ist eine Tatsache im Handelsregister eingetragen, so muss auch jede Änderung dieser Tatsache eingetragen werden (Art. 937 OR).

Die Bestimmung entspricht in ihrem Wortlaut Art. 937 OR. Sie hängt in ihrer Bedeutung wie Art. 9 ebenfalls mit Art. 9 ZGB zusammen und statuiert die Anmeldepflicht bei Änderungen von Tatsachen, die im Handelsregister eingetragen sind. Normadressat sind in erster Linie die Anmeldepflichtigen (vgl. Art. 15 und 17). Sie stehen in der Pflicht, Änderungen unverzüglich dem Handelsregisteramt bekannt zu geben und die Änderung im Register zu veranlassen. In zweiter Linie richtet sich die Norm auch an die Handelsregisterbehörden, etwa wenn diese die Unrichtigkeit eingetragener Sachverhalte feststellen (z.B. bei Feststellen der Unzustellbarkeit von Korrespondenz an den Inhaber eines Einzelunternehmens im Rahmen einer Registerbereinigung), was zu einem Verfahren von Amtes wegen führt (Art. 152 ff.). 119

Art. 28 Prüfungspflicht des Handelsregisteramts

Bevor das Handelsregisteramt eine Eintragung vornimmt, muss es prüfen, ob die Voraussetzungen des Gesetzes und der Verordnung erfüllt sind. Insbesondere muss es prüfen, ob die Anmeldung und die Belege den vom Gesetz und der Verordnung verlangten Inhalt aufweisen und keinen zwingenden Vorschriften widersprechen.

Art. 28 orientiert sich am Zweck des Handelsregisters (vgl. Art. 1) und statuiert im Sinne einer (eingeschränkten) Offizialmaxime die Pflicht des Handelsregisteramtes, die angemeldeten Tatsachen und Belege vor deren Eintragung auf Gesetzes- und Verordnungskonformität hin zu überprüfen. Eine eigentliche Regelung der (umstrittenen) Kognition der Handelsregisterbehörden findet dadurch nicht statt. Der Gesetzgeber hat weder im Obligationenrecht noch andernorts die Kognition geregelt oder gar eingeschränkt. Gleichwohl hat das Schweizerische Bundesgericht die Kognition in konstanter Rechtsprechung eingeschränkt auf die Wahrung zwingender Vorschriften, die im öffentlichen Interesse oder zum Schutze Dritter sind. An diese Einschränkung hält sich das Bundesgericht jedoch selber nicht, wenn es zum Entscheid in Handelsregistersachen angerufen wird. Punktuell dehnt es seine Kognition über die von ihm zitierte Formel aus, was letztlich auch richtig ist, wenn die Prüfung der Zulässigkeit von Vorgängen nicht ad absurdum geführt werden soll. Die Handelsregisterbehörden haben sich deshalb an die vom Bundesgericht entwickelte Praxis mit Erweiterungen zu halten. 120

Die vorliegende Bestimmung betrifft nicht nur die juristischen Personen (vgl. Art. 940 Abs. 2 OR), sondern sämtliche Rechtseinheiten. Sie hält fest, dass den Handelsregisterbehörden nicht nur eine Prüfungsbefugnis, sondern eine eigentliche Pflicht obliegt, für die Einhaltung der Gesetzes- und Verord- 121 nungsbestimmungen im Rahmen der bundesgerichtlichen Rechtsprechung besorgt zu sein. Als Beispiel für die Rechtsdurchsetzungsfunktion sei die Liberierung einer Kapitalgesellschaft zu erwähnen; hier hat das Handelsregisteramt einzuschreiten, wenn die entsprechenden Vorschriften verletzt sind. Anders dort, wo rein gesellschaftsinterne Vorgänge (z.B. zu kurze statutarische Fristen betreffend Einladung zur Generalversammlung) zur Diskussion stehen.

122 Der zweite Satz dieser Bestimmung bezieht sich auf den besonderen Teil der Handelsregisterverordnung, in welcher checklistenartig die jeweils für eine Eintragung erforderlichen Belege aufgeführt sind.

Eingehender zu dieser Thematik: Meier-Hayoz/Forstmoser, § 6 Note 41 ff., Forstmoser und Bär, in REPRAX 2/1999 und 1/2000 sowie Böckli, § 1 Note 347 ff. sowie Meisterhans in seiner Dissertation.

123 Exkurs Firmenrecht: Die *Firma* hat die Funktion, eine Rechtseinheit im Rechtsverkehr zu kennzeichnen und sie von andern Rechtseinheiten zu unterscheiden. Sie ist für den Auftritt der Rechtseinheit zwingend erforderlich (Firmenzwang, Firmengebrauchspflicht). Darin unterscheidet sich die Firma auch etwa von einer Marke, die für den Auftritt eines Produkts im Markt nicht erforderlich ist. Aus dem Gebot der klaren Erkennbarkeit folgt, dass schon aus der Firma klar wird, dass dahinter eine Rechtseinheit im Sinne von Gesetz und Verordnung steckt. Im Bereich des Firmenrechts haben die Handelsregisterämter volle Prüfungsbefugnis und -pflicht (Art. 944–956 OR, betreffend Firmenidentität vgl. Note 132 f.). Die Firma muss der Wahrheit entsprechen, darf keine Täuschungen verursachen und keinem öffentlichen Interesse zuwiderlaufen (Art. 944 Abs. 1 OR). Falls die Firma auf die Tätigkeit des Unternehmens hinweist, muss sie deshalb durch die Zweckumschreibung sachlich gerechtfertigt sein (Firma-Zweck-Relation). Weist die Firma bei Personengesellschaften einen Familiennamen auf, so muss dies durch eine eingetragene Person abgedeckt sein. Für Weiteres: siehe Firmenrechtsweisung im Anhang.

Art. 29 Sprache

Die Eintragung in das Handelsregister erfolgt in der Sprache der Anmeldung gemäss Artikel 16 Absatz 4. Ist die Anmeldung in rätoromanischer Sprache abgefasst, so erfolgt die Eintragung zudem in deutscher oder italienischer Sprache.

124 Diese Bestimmung hält im Grundsatz fest, dass die Eintragung in der Sprache der Anmeldung erfolgt (bei rätoromanischer Anmeldung zusätzlich in einer Amtssprache des Bundes (D/I). Berücksichtigt man Art. 16 Abs. 4, so heisst dies, dass im deutschsprachigen Oberwallis eine Anmeldung in französischer Sprache eingereicht werden kann und die Eintragung ins Tagesre-

gister dann auch in französischer Sprache zu erfolgen hat. Umgekehrtes gilt im französischsprachigen Unterwallis. In den Kantonen Bern, Freiburg und Graubünden sind deshalb auch Eintragungen in den verschiedenen kantonalen Amtssprachen möglich. Die Sprache der Anmeldung bestimmt die Sprache der Eintragung – für die Registerführung in zweisprachigen Kantonen eine Herausforderung. Die andern Kantone sind hier nicht betroffen, da in diesen die Anmeldung ohnehin in der Amtssprache des Kantons abzufassen ist.

Art. 30 Antrag auf Eintragung zusätzlicher Tatsachen

¹ Tatsachen, deren Eintragung weder im Gesetz noch in der Verordnung vorgesehen ist, werden auf Antrag in das Handelsregister aufgenommen, wenn:
    a. die Eintragung dem Zweck des Handelsregisters entspricht; und
    b. an der Bekanntgabe ein öffentliches Interesse besteht.

² Die Vorschriften über die Anmeldung und die Belege sind entsprechend anwendbar.

Grundsätzlich werden nur jene Tatsachen ins Handelsregister aufgenommen, die im Gesetz und in der Verordnung dafür vorgesehen sind (Absatz 1). Es handelt sich hier deshalb um eine Ausnahmebestimmung, die (bis zum Erlass entsprechender Verordnungsbestimmungen) eine Weiterentwicklung des Rechts ermöglichen soll. Es wird Sache des Eidgenössischen Amtes für das Handelsregister sein, auf dem Weg der Genehmigung bzw. Nichtgenehmigung von Eintragungen ins Tagesregister einen Wildwuchs zu vermeiden. Die Erfordernisse müssen kumulativ erfüllt sein.   125

Absatz 2 ist der Auffangtatbestand, dass auch in diesen Fällen die konkret (dem Eintragungsbegehren entsprechenden) erforderlichen Belege sowie die Anmeldung einzureichen sind.   126

3. Kapitel: Prüfung, Genehmigung und Publikation der Eintragung

Art. 31 Übermittlung ans EHRA

Die kantonalen Handelsregisterämter übermitteln dem EHRA ihre Einträge elektronisch am Werktag, an dem diese ins Tagesregister aufgenommen wurden.

Die Bestimmung dient der Koordination der Tagesregistereinträge aller Handelsregisterämter in der Schweiz. Ziel ist, dass sämtliche Eintragungen eines Tages am Tag ihrer Eintragung ans EHRA übermittelt werden und zur   127 gleichen Zeit im SHAB erscheinen. Da sämtliche Handelsregisterämter seit Jahren ihre Eintragungen elektronisch übermitteln, ist ein «Schritt zurück» nicht mehr denkbar, sodass der hier statuierten Pflicht zur elektronischen Übermittlung keine Bedeutung mehr zukommt.

Art. 32 Prüfung und Genehmigung durch das EHRA

¹ **Das EHRA prüft die Einträge und genehmigt sie, sofern sie die Voraussetzungen des Gesetzes und der Verordnung erfüllen. Es teilt seine Genehmigung dem kantonalen Handelsregisteramt elektronisch mit.**

² **Eine Einsichtnahme in die Anmeldung und in die Belege erfolgt nur ausnahmsweise, soweit dafür ein besonderer Anlass besteht.**

³ **Die Prüfungspflicht des EHRA entspricht derjenigen des Handelsregisteramts.**

⁴ **Das EHRA übermittelt die genehmigten Einträge elektronisch dem Schweizerischen Handelsamtsblatt.**

128 Die Eintragungen der kantonalen Handelsregisterämter stehen unter dem Vorbehalt der Genehmigung durch das EHRA (vgl. auch Art. 10 und 11). Bis zu diesem Zeitpunkt steht auch die interne Wirkung unter den Beteiligten unter der Bedingung der Genehmigung durch das EHRA (vgl. Meier-Hayoz/Forstmoser, § 6 Noten 88 ff.). Die Handelsregisterämter können deshalb bis zum Genehmigungsakt Eintragungen rückgängig machen (z.B. auf Begehren der Anmeldenden oder bei Eintritt eines Einspruches nach Art. 162). Sie werden erst rechtswirksam mit dieser Genehmigung, haben aber eine Rückwirkung auf den Zeitpunkt der Eintragung im Tagesregister (Art. 932 Abs. 1 OR).

129 Die Prüfungspflicht des EHRA kann nicht weiter gehen als jene der kantonalen Handelsregisterämter. Für das EHRA gilt demnach dieselbe Beschränkung der Kognition. Da das EHRA normalerweise nicht über die zu einer Eintragung gehörenden Belegakten verfügt, benötigt es – auch als Ausfluss seiner Aufsichtsfunktion – die Kompetenz, diese einzuverlangen und zu prüfen.

130 Da das ganze Verfahren nur noch elektronisch – und damit auch ohne Medienbruch – abläuft, sind technische Probleme nie ganz auszuschliessen. Im Normalfall kann jedoch davon ausgegangen werden, dass der Entscheid des EHRA betreffend Genehmigung bzw. provisorische Nichtgenehmigung (Art. 33) innert 24 Stunden nach Übermittlung der kantonalen Daten erfolgt (vgl. auch Art. 31). Der Entscheid wird den kantonalen Ämtern ebenfalls elektronisch übermittelt, so dass diese in der Lage sind, ab diesem Zeitpunkt vorzeitige Auszüge aus dem Handelsregister zu erstellen (Art. 10 und 11).

Der Genehmigungsvorbehalt entspricht der Aufgabe des Bundes zur Durchsetzung des geltenden Rechts (z.B. Einhaltung des Numerus clausus von Umstrukturierungsvorgängen im Fusionsgesetz, der Einhaltung von Kapitalschutzvorschriften usw.) sowie der Rechtsvereinheitlichung. Er ist auch im Bereich des Schutzes einer Firma von Bedeutung. Er ist unerlässlich, weil 131

– gleichlautende Firmen im Handelsregister die Identifikation der Rechtseinheiten (Unterscheidbarkeit) verunmöglichen würde (z.B. im Hinblick auf Haftungsfragen);
– die Nichtgenehmigung einer identischen Firma ein relativ einfaches Instrument der Konfliktverhinderung bzw. der Verhinderung von Rechtsstreitigkeiten ist.

Liegt eine identische Firma vor, muss schon das kantonale Handelsregisteramt als Vollzugsorgan im Firmenrecht eine Eintragung verweigern. Indessen kann es vorkommen, dass eine Überprüfung auf eine schon vorhandene Firma im Internet zu keinem Ergebnis führt, weil zufälligerweise in einem andern Kanton bereits kurz zuvor (aber noch ohne Publikation im Internet) eine gleichlautende Firma eingetragen wurde. Hier muss das Eidgenössische Amt für das Handelsregister der zweiten Eintragung die Genehmigung verweigern («first come, first served»). Eine Reservation von Firmen (analog etwa der Reservation von Web-Adressen) gibt es nicht. 132

Die Firmenidentität beurteilt sich nicht nach blosser Buchstabenfolge, sondern nach verschiedenen Kriterien (Firmenrechtsweisung Rz. 282 ff.): 133
– grammatikalische Identität: ABC AG = abc GmbH
– Ausspracheidentität: 2gether travel AG = twogether travel AG/Heinrich Mäder AG = Heinrich Maeder AG
– Identität der einzelnen Firmenbestandteile (Inversion): Huber Transporte AG = Transporte Huber AG.

Art. 33 Verweigerung der Genehmigung

1 Verweigert das EHRA die Genehmigung, so begründet es diesen Entscheid summarisch und teilt ihn dem kantonalen Handelsregisteramt mit. Diese Mitteilung ist eine nicht selbstständig anfechtbare Zwischenverfügung.

2 Wenn die Verweigerung der Genehmigung auf Mängeln beruht, die nicht durch das kantonale Handelsregisteramt behoben werden können, so übermittelt dieses den ablehnenden Entscheid den Personen, die die Anmeldung eingereicht haben. Es räumt ihnen Gelegenheit zur schriftlichen Stellungnahme zuhanden des EHRA ein.

3 Genehmigt das EHRA die Eintragung nachträglich, so informiert es das kantonale Handelsregisteramt. Dieses übermittelt die Eintragung erneut elektronisch.

4 Verweigert das EHRA die Genehmigung endgültig, so erlässt es eine beschwerdefähige Verfügung.

134 Das EHRA kann im Rahmen des Genehmigungsverfahrens zum Schluss kommen, dass eine Eintragung unklar oder rechtlich nicht zulässig ist bzw. sein könnte. Im Sinne einer vorläufigen, nicht anfechtbaren Rückstellung der Eintragung verhindert es die Publikation im SHAB. Da es seine Überlegungen summarisch dem Handelsregisteramt mitteilt, versetzt es dieses – und gegebenenfalls die Anmeldenden – in die Lage, dem EHRA die möglichen Argumente, die für die Eintragung sprechen, bekannt zu geben. Dieser provisorischen Rückstellung kommt damit die Bedeutung «Gewährung des rechtlichen Gehörs» zu und ist deshalb auch nicht selbständig anfechtbar (vgl. BGE 31. März 2006 in REPRAX 2/2006 S. 24 ff.). Bleibt das EHRA auch nach Prüfung der Argumente bei seinem (negativen) Entscheid, so erlässt es eine begründete, beschwerdefähige Verfügung. Diese kann beim Schweizerischen Bundesverwaltungsgericht angefochten werden. Kommt das EHRA zu einem positiven Entscheid, so hat das kantonale Handelsregisteramt die Eintragung erneut zu übermitteln (unter neuer Tagesregister-Nummer, vgl. Note 35).

Art. 34 Rechtswirksamkeit der Eintragungen

Die Eintragungen ins Tagesregister werden mit der Genehmigung durch das EHRA rückwirkend auf den Zeitpunkt der Eintragung in das Tagesregister rechtswirksam.

135 Die Eintragungen der kantonalen Handelsregisterämter stehen unter Genehmigungsvorbehalt. Sobald diese vorliegt, dürfen die Handelsregisterämter Auszüge aus dem Hauptregister erstellen (Art. 10 und 11).

136 Der Eintritt der Rechtswirksamkeit bedeutet auch, dass weder das kantonale noch das eidgenössische Handelsregisteramt auf die Eintragung zurückkommen können. Bis zu diesem Zeitpunkt können sowohl die Anmeldenden als auch das kantonale Handelsregisteramt auf die Eintragung zurückkommen (z.B. bei Eingang einer Einsprache nach Art. 162) und deren Rückstellung beim EHRA beantragen. Wollen die Anmeldenden auf die Eintragung zurückkommen, wird das Handelsregisteramt gegebenenfalls die Frage der Einleitung des Verfahrens von Amtes wegen prüfen müssen (Art. 152 ff.).

Art. 35 Publikation

1 Die Eintragungen werden innert zwei Werktagen nach deren Übermittlung durch das EHRA im Schweizerischen Handelsamtsblatt publiziert.

2 Die kantonalen Handelsregisterämter haben unentgeltlichen Zugang auf die elektronische Ausgabe des Schweizerischen Handelsamtsblatts

und erhalten zudem auf Anfrage kostenlos ein Abonnement des Schweizerischen Handelsamtsblatts.

³ Die Kantone können die Eintragungen ins Tagesregister nach der Publikation im Schweizerischen Handelsamtsblatt zusätzlich in anderen Publikationsorganen veröffentlichen. Sie dürfen für diese Publikationen jedoch keine Gebühren erheben.

Absatz 1: Mit dieser Norm findet eine wesentliche Steigerung des Veröffentlichungs-Rhythmus statt, indem es nun nur noch zwei Tage seit Übermittlung der Daten durchs EHRA an den SHAB-Verlag dauert, bis die Eintragungen im SHAB publiziert werden. Die Publikation erfolgt auf dem Internet (www.shab.ch) und auch auf Papier. Massgebend ist dabei gemäss Art. 9 der Verordnung über das Schweizerische Handelsamtsblatt (SR 221.415) die elektronische Fassung. 137

Absatz 2: Weggefallen ist für die Kantone die Pflicht zur (dauernden) Aufbewahrung ihres Papierexemplars (Art. 120 Abs. 2 altHRegV). 138

3. Titel: Rechtsformspezifische Bestimmungen für die Eintragung

1. Kapitel: Einzelunternehmen

Art. 36 Eintragungspflicht und freiwillige Eintragung

¹ Natürliche Personen, die ein nach kaufmännischer Art geführtes Gewerbe betreiben und während eines Jahres Roheinnahmen von mindestens 100 000 Franken (Jahresumsatz) erzielen, sind verpflichtet, ihr Einzelunternehmen ins Handelsregister eintragen zu lassen. Gehören einer Person mehrere Einzelunternehmen, so ist deren Umsatz zusammenzurechnen.

² Die Pflicht zur Eintragung entsteht, sobald verlässliche Zahlen über den Jahresumsatz vorliegen.

³ Eine Pflicht zur Eintragung aufgrund anderer Vorschriften bleibt vorbehalten.

⁴ Natürliche Personen, die ein Gewerbe betreiben und die nicht zur Eintragung verpflichtet sind, haben das Recht, ihr Einzelunternehmen eintragen zu lassen.

Art. 36 Eintragungspflicht und freiwillige Eintragung

139 Allgemein: Das Einzelunternehmen ist – im Gegensatz zu den übrigen Rechtsformen – im Obligationenrecht nur sehr rudimentär in Einzelpunkten geregelt (Art. 458, 934, 936a, 938 und 951 OR). Die Eintragung des Einzelkaufmanns ins Handelsregister wurde jedoch schon unter früherem Recht vorgenommen, zumal an verschiedenen Stellen Rechtsfolgen an die Eintragung geknüpft werden (Firmenschutz gemäss Art. 945 ff. OR/Betreibung auf Konkurs gemäss Art. 39 SchKG usw.). Eingehend dazu: Meier-Hayoz/Forstmoser, § 26 Note 1 ff.).

140 Die Absätze 1 bis 3 regeln die Eintragungspflicht, Absatz 4 hält die Eintragungsberechtigung fest für jene Fälle, in welchen die Voraussetzungen der Eintragungspflicht nicht gegeben sind (entsprechend Art. 934 Abs. 2 OR).

141 Absatz 1: die Bestimmung kehrt von der bisherigen Regelung (Art. 52 ff. altHRegV) ab, die für gewisse Gewerbe wie z.B. Treuhandunternehmen eine Eintragungspflicht unabhängig von der Höhe ihrer Einnahmen vorsah. Mit der neuen Regelung, wonach nun generell die Eintragungspflicht von der Voraussetzung eines Jahresumsatzes von CHF 100 000 abhängig gemacht wird, nimmt der Gesetzgeber also eine gewisse Liberalisierung vor. Zu beachten ist, dass heute je nach konkreten Umständen auch «freie Berufe» eintragungspflichtig sein können (vgl. Note 9).

142 Dabei bedeuten:
 – nach kaufmännischer Art geführtes Gewerbe: Jede selbständige, auf dauernden Erwerb gerichtete wirtschaftliche Tätigkeit (vgl. Meier-Hayoz/Forstmoser, § 4 Note 34 ff.). Dabei ist unter einer wirtschaftlichen Tätigkeit die Gewinnung, Erzeugung, Veredlung, Vermittlung, Verwendung von Gütern und Leistungen zu verstehen, die auf Dauer angelegt ist, ohne dass ein Arbeitsverhältnis vorliegt.
 – Roheinnahmen: der Bruttojahresumsatz (also sämtliche während eines Jahres erzielten Einkünfte, wobei die dazu führenden Gestehungskosten nicht in Abzug gebracht werden).

143 Absatz 1 Satz 2 bedeutet eine wesentliche Klarstellung. Die Bestimmung dient der Transparenz im Geschäftsverkehr, indem die Aufsplitterung eines Einzelunternehmens in diverse kleinere Teilunternehmen nicht die Umgehung der sonst bestehenden Eintragungspflicht ermöglichen soll. Die Bestimmung beruht auf der Überlegung, dass eine Einzelunternehmung kein selbständiges Rechtssubjekt ist, sondern dahinter immer eine natürliche Person mit ihrem Vermögen steht. Haftungssubstrat jeder Einzelunternehmung ist das Vermögen der natürlichen Person, die damit auch gleichzeitig Betreibungssubjekt ist.

144 Die Regelung von Absatz 2 bewirkt, dass die Eintragungspflicht schon dann entsteht, wenn verlässliche Zahlen vorliegen, d.h. sobald der Umsatz von CHF 100 000 erreicht worden ist. Wird dieser Jahresumsatz gemäss Absatz 1 schon vor Ablauf eines Jahres erreicht (also beispielsweise drei Monate nach

Geschäftsaufnahme), entsteht auch die Eintragungspflicht schon zu diesem früheren Zeitpunkt und nicht erst nach Ablauf des ersten «Geschäftsjahres».

Mit Absatz 3 hält der Verordnungsgeber fest, dass die Eintragungspflicht von Einzelpersonen auch durch Normen ausserhalb der Handelsregisterverordnung vorgesehen werden kann, sei es durch andere Normen des Bundesrechts (z.B. Bankengesetz [SR 952.0], Bundesgesetz über die kollektiven Kapitalanlagen [SR 951.31]) oder des kantonalen Rechts. Das kantonale Recht kann die Eintragungspflicht erweitern (etwa für das Hausiergewerbe), nicht aber aufheben bzw. reduzieren. 145

In Absatz 4 statuiert der Verordnungsgeber das Recht einer natürlichen Person, ihr Unternehmen eintragen zu lassen, auch wenn sie die Umsatzgrenze von CHF 100 000 nicht erreicht. Durch die Eintragung gewinnt die Einzelunternehmung an Transparenz und Prestige. Die Inhaberin bzw. der Inhaber untersteht damit auch dem Recht der Betreibung auf Konkurs (Art. 39 SchKG) und das Einzelunternehmen geniesst den Schutz der Firma (Art. 946 OR). 146

Art. 37 Anmeldung und Belege

Mit der Anmeldung zur Eintragung eines Einzelunternehmens müssen nur Belege eingereicht werden, wenn:
 a. **die einzutragenden Tatsachen nicht aus der Anmeldung hervorgehen;**
 b. **dies aufgrund anderer Vorschriften erforderlich ist.**

Diese Norm legt im Sinne einer Ausnahme vom Belegprinzip fest, dass die Eintragung eines Einzelunternehmens grundsätzlich belegfrei ist und lediglich gestützt auf die Anmeldung (vgl. Art. 15 ff.) des Inhabers bzw. der Inhaberin erfolgt. Geregelt ist damit das Verfahren der freiwilligen Eintragung, die zwangsweise Eintragung ist in den Artikeln 152 ff. geregelt. Enthält die Anmeldung sämtliche erforderlichen Tatsachen nach Art. 38 (im Falle der lit. e und f inklusive Personenangaben nach Art. 119) sowie die (beglaubigten) Unterschriften, so genügt also die Anmeldung für sich allein. Ein Beispiel findet sich im Anhang. 147

In weiteren Fällen können zusätzliche Belege erforderlich werden (z.B. bei einer Eintragungspflicht gestützt auf kantonale Gesetzgebungen). Beispiel für einen solchen weiteren Beleg: die Domizilhalter-Erklärung, wenn die Einzelunternehmung nicht über ein eigenes Domizil verfügen sollte. 148

Art. 38 Inhalt des Eintrags

Bei Einzelunternehmen müssen im Handelsregister eingetragen werden:
  a. **die Firma und die Identifikationsnummer;**
  b. **der Sitz und das Rechtsdomizil;**
  c. **die Rechtsform;**
  d. **der Zweck;**
  e. **die Inhaberin oder der Inhaber des Einzelunternehmens;**
  f. **die zur Vertretung berechtigten Personen.**

149 Die Bestimmung regelt den Inhalt der Eintragung ins Tages- bzw. ins Handelsregister, sofern die Anmeldung materiell und formell korrekt ist. Im Rahmen des Eintragungsverfahrens ist also insbesondere zu prüfen, ob
  – die Firma des Einzelunternehmens den gesetzlichen Anforderungen entspricht (Art. 945 und 946 OR; z.B. Familienname, Firma-Zweck-Relation, kein Hinweis auf Partnerschaftsverhältnis);
  – Sitz und Adresse vorhanden sind, die aufzeigen, wo die Rechtseinheit hauptsächlich tätig ist;
  – der Zweck die Geschäftstätigkeit abschliessend, kurz und allgemein verständlich umschreibt und nicht etwa unzulässige Umschreibungen (Erbringen von Dienstleistungen aller Art oder Herstellung von Waren aller Art) enthält (vgl. Note 413 ff.). Die klare Zweckumschreibung ist auch im Hinblick auf die Vertretungsmacht und -befugnis der Unterschriftsberechtigten von Bedeutung (Art. 458 ff. OR);
  – der Inhaber oder die Inhaberin eine natürliche Person ist. Die Nennung von Inhaber bzw. Inhaberin mit zivilstandsrechtlich gültigem Namen inklusive Wohnsitz ist von Bedeutung im Hinblick auf deren zivilrechtliche Verantwortlichkeit; das Vermögen von Inhaber bzw. Inhaberin haftet für die Belange der Tätigkeit namens der Rechtseinheit;
  – die Unterschriften des Inhabers oder der Inhaberin und allfälliger Zeichnungsberechtigter in beglaubigter Fassung vorliegen (die Aufführung der zur Vertretung berechtigten Personen ergibt sich direkt aus Art. 458 ff. OR).

150 Besonders zu erwähnen ist (und letztlich auch im Einklang mit dem Wegfall der Wohnsitzvorschriften für den Verwaltungsrat gemäss altArt. 708 OR), dass der Inhaber bzw. die Inhaberin der Einzelunternehmung ihren Wohnsitz nicht in der Schweiz haben muss. Lediglich die Einzelunternehmung muss ihren Sitz in der Schweiz haben und dort auch erreichbar sein, andernfalls die Geschäftsaufgabe im Sinne von Art. 153 zu vermuten wäre. Problematisch – mangels ausdrücklicher Grundlage auf Gesetzesstufe ist indessen keine andere Praxis möglich – ist dies deshalb, weil damit der Inhaber bzw. die Inhaberin als Haftungssubjekt über keinen Wohnsitz in der Schweiz verfügt und sich so dem betreibungsrechtlichen Zugriff entziehen kann.

Art. 39 Löschung

¹ Gibt die Inhaberin oder der Inhaber eines Einzelunternehmens die Geschäftstätigkeit auf oder überträgt sie oder er das Geschäft auf eine andere Person oder Rechtseinheit, so muss sie oder er die Löschung des Einzelunternehmens anmelden.

² Ist die Inhaberin oder der Inhaber eines Einzelunternehmens verstorben, so muss eine Erbin oder ein Erbe die Löschung zur Eintragung anmelden. Wird die Geschäftstätigkeit weitergeführt und sind die Voraussetzungen nach Artikel 36 Absatz 1 erfüllt, so ist die neue Inhaberin oder der neue Inhaber zur Anmeldung des Unternehmens verpflichtet. Das Einzelunternehmen erhält eine neue Identifikationsnummer.

³ Zusammen mit der Löschung muss der Löschungsgrund im Handelsregister eingetragen werden.

Das Einzelunternehmen ist untrennbar mit der Person des Inhabers bzw. der Inhaberin verbunden. Auch wenn also faktisch die Geschäftstätigkeit durch Drittpersonen (sei es bei einer Geschäftsübernahme oder bei einer Erbschaft) weitergeführt wird, ist die bisherige Einzelunternehmung im Handelsregister zu löschen und gegebenenfalls eine neue Einzelunternehmung zur Eintragung zu bringen. Für die Löschung des Unternehmens im Falle der Erbschaft genügt die Unterzeichnung der Löschungsanmeldung durch einen Erben. Jeder Erbe bzw. jede Erbin ist verpflichtet, aber auch berechtigt, die Löschung der dahingefallenen Einzelunternehmung anzumelden. Die Eigenschaft als Erbe bzw. Erbin ergibt sich aus dem Erbschein. 151

Mögliche Löschungsgründe sind Sitzverlegung, Vermögensübertragung, Geschäftsaufgabe, Tod des Inhabers oder der Inhaberin, Fehlen der gesetzlichen Eintragungspflicht (in diesem Fall bleibt das Einzelunternehmen bestehen; es wird lediglich im Handelsregister gelöscht). 152

2. Kapitel: Kollektiv- und Kommanditgesellschaft

Art. 40 Anmeldung und Belege

Mit der Anmeldung zur Eintragung einer Kollektiv- oder Kommanditgesellschaft müssen nur Belege eingereicht werden, wenn:
   a. die einzutragenden Tatsachen nicht aus der Anmeldung hervorgehen;
   b. dies aufgrund anderer Vorschriften erforderlich ist.

In Anbetracht der Formulierung von Art. 552 OR sowie in Gegenüberstellung zu Art. 36 ergibt sich, dass eine Kollektivgesellschaft, die ein kaufmännisches Gewerbe betreibt (vgl. Note 142), unabhängig vom Umsatz eintragungspflichtig ist. Zu beachten ist (und deshalb muss auch kein schriftlicher 153

Vertrag als Beleg eingereicht werden), dass eine Kollektiv- oder Kommanditgesellschaft auch durch mündliche Abrede entstehen kann.

154 Freie Berufe (z.B. Anwaltskanzleien) können u.U. eintragungspflichtig sein, wenn nach aussen der Anschein einer Kollektivgesellschaft erweckt wird (vgl. Gnos, in REPRAX 2/2007).

155 Es kann ferner auf Note 147 ff. vorstehend verwiesen werden. Auch bei Kollektiv- oder Kommanditgesellschaften wird es möglich sein, dass sämtliche beteiligten Kollektivgesellschafter und -gesellschafterinnen bzw. sämtliche Kommanditäre/-innen und Komplementäre/-innen ihren Wohnsitz im Ausland haben.

156 Die Eintragung von einzel- oder kollektivzeichnungsberechtigten Kommanditären ins Handelsregister ist möglich, da der Grundsatz der Typenfixierung der Rechtsform «Kommanditgesellschaft» in Art. 603 OR dadurch nicht verletzt wird (vgl. Chapuis, in REPRAX 1/2006 S. 26 ff.).

157 Die Anmeldung ist von sämtlichen Gesellschaftern und Gesellschafterinnen zu unterzeichnen (Art. 556 und 597 OR).

Art. 41 Inhalt des Eintrags

¹ **Bei Kollektivgesellschaften müssen ins Handelsregister eingetragen werden:**
   a. **die Firma und die Identifikationsnummer;**
   b. **der Sitz und das Rechtsdomizil;**
   c. **die Rechtsform;**
   d. **der Zeitpunkt des Beginns der Gesellschaft;**
   e. **der Zweck;**
   f. **die Gesellschafterinnen und Gesellschafter;**
   g. **die zur Vertretung berechtigten Personen.**

² **Bei Kommanditgesellschaften müssen ins Handelsregister eingetragen werden:**
   a. **die Firma und die Identifikationsnummer;**
   b. **der Sitz und das Rechtsdomizil;**
   c. **die Rechtsform;**
   d. **der Zeitpunkt des Beginns der Gesellschaft;**
   e. **der Zweck;**
   f. **die unbeschränkt haftenden Gesellschafterinnen und Gesellschafter (Komplementärinnen und Komplementäre);**
   g. **die beschränkt haftenden Gesellschafterinnen und Gesellschafter (Kommanditärinnen und Kommanditäre) unter Hinweis auf den jeweiligen Betrag ihrer Kommanditsumme;**

h. falls die Kommanditsumme ganz oder teilweise in Form einer Sacheinlage geleistet wird, deren Gegenstand und Wert;
i. die zur Vertretung berechtigten Personen.

³ Für Kollektivgesellschaften oder Kommanditgesellschaften, die kein nach kaufmännischer Art geführtes Gewerbe betreiben, entspricht der Zeitpunkt des Beginns der Gesellschaft dem Zeitpunkt der Eintragung ins Tagesregister.

Firmenrechtlich gilt es sowohl bei der Kollektiv- als auch bei der Kommanditgesellschaft Art. 947 OR zu beachten: 158
– Kollektivgesellschaft: Falls nicht sämtliche Gesellschafter in der Firma aufgeführt werden, ist wenigstens der Familienname eines Gesellschafters mit einem das Gesellschaftsverhältnis andeutenden Zusatz aufzunehmen (Bsp.: Muster und Partner/Muster & Co);
– Kommanditgesellschaft: Wenigstens der Familienname eines der unbeschränkt haftenden Gesellschafter muss in die Firma aufgenommen werden (Bsp.: Muster & Partner).

Betreffend Absätze 1 und 2 kann zunächst auf Note 147 ff. vorstehend verwiesen werden. Ergänzend ist festzustellen, dass mit Absatz 1 lit. d auch eine Änderung der bisherigen Praxis einhergeht. Der Beginn der Gesellschaft kann sowohl vor als auch nach der Eintragung im Handelsregister liegen. Dies dürfte mit der Rechtslage in Einklang stehen, dass der Eintrag der Kollektivgesellschaft, die ein nach kaufmännischer Art geführtes Gewerbe betreibt, deklaratorischer Natur ist (Art. 552 OR i.V. m. Art. 553 OR). Es ist also möglich, eine solche Kollektivgesellschaft zur Eintragung zu bringen, die ihre Tätigkeit erst in der Zukunft aufnehmen wird (vgl. aber Absatz 3 Note 161). 159

Zu Absatz 2 lit. h ist festzustellen, dass die Kommanditsumme durch Sacheinlage geleistet werden kann. Wenngleich lediglich die Anmeldung die Sacheinlage und ihren Wert aufzuführen hat, gelten die allgemeinen Anforderungen an eine Sacheinlage auch in diesem Fall (Bilanzierbarkeit, Verwertbarkeit und freie Verfügbarkeit). Eine besondere Prüfung der Sacheinlage (etwa wie bei der Aktiengesellschaft) erfolgt hier nicht. Nicht einzureichen ist dem Handelsregisteramt eine Stampa-Erklärung. Die Kommanditsumme kann in jeder frei konvertierbaren Währung festgesetzt werden (vgl. Note 381). 160

Absatz 3 bezieht sich auf den Fall, in welchem dem Eintrag der Gesellschaft konstitutive Wirkung zukommt. Der Zeitpunkt des Beginns der Gesellschaft wird auf den Zeitpunkt der Eintragung ins Tagesregister gelegt (Rückwirkung der Genehmigung der Eintragung durch das Eidgenössische Amt für das Handelsregister, vgl. Noten 26 und 135 f.). 161

Art. 42 Auflösung und Löschung

¹ Wird eine Kollektiv- oder Kommanditgesellschaft zum Zweck der Liquidation aufgelöst, so müssen die Gesellschafterinnen und Gesellschafter die Auflösung zur Eintragung ins Handelsregister anmelden (Art. 574 Abs. 2 OR).

² Mit der Anmeldung zur Auflösung müssen keine weiteren Belege eingereicht werden. Vorbehalten bleibt die Hinterlegung der Unterschriften von Liquidatorinnen oder Liquidatoren, die nicht Gesellschafter sind.

³ Bei der Auflösung der Gesellschaft müssen ins Handelsregister eingetragen werden:
    a. die Tatsache, dass die Gesellschaft aufgelöst wurde;
    b. die Firma mit dem Liquidationszusatz;
    c. die Liquidatorinnen und Liquidatoren.

⁴ Nach Beendigung der Liquidation haben die Liquidatorinnen und Liquidatoren die Löschung der Gesellschaft anzumelden (Art. 589 OR).

⁵ Zusammen mit der Löschung muss der Löschungsgrund im Handelsregister eingetragen werden.

162   Absatz 1: Die Regelung entspricht Art. 574 OR. Aus der Formulierung ergibt sich, dass sämtliche Gesellschafterinnen und Gesellschafter die Auflösung der Gesellschaft anzumelden haben. Ein einzelner Gesellschafter bzw. eine Gesellschafterin allein reicht nicht.

163   Absatz 2: Die Auflösung ist belegfrei, da sämtliche Gesellschafterinnen und Gesellschafter die Anmeldung zu unterzeichnen haben.

164   Mit der Auflösung tritt die Gesellschaft in ein neues Stadium, deren Zweck einzig in der Liquidation des Unternehmens besteht. Dies ist auch nach Aussen transparent zu machen, was (nebst der Bestellung der Liquidatorinnen und Liquidatoren) auch in der Firma zum Ausdruck kommt. Die Firma erhält den Zusatz «in Liquidation», der deshalb in der Anmeldung an das Handelsregisteramt aufzuführen ist (vgl. Art. 16 Abs. 1). Im Einzelfall wird das Handelsregisteramt als Folge des Verbots des überspitzten Formalismus auf diesen Punkt verzichten können, wenn die übrigen Tatsachen eindeutig angemeldet werden (vgl. Note 72).

165   Die Gesellschaft muss nach aussen genügend vertreten werden können, weshalb entweder ein Liquidator oder eine Liquidatorin mit Einzelunterschrift bzw. mindestens zwei Liquidatorinnen oder Liquidatoren mit Kollektivunterschrift zu zweien ernannt sein müssen. Ist dies nicht der Fall, liegt ein Organisationsmangel gemäss Art. 941a vor, und die Angelegenheit müsste an den Richter überwiesen werden (Art. 154).

Absatz 3: In der Eintragung ist die Auflösung zwecks Liquidation aufzuführen, da auch andere Auflösungsgründe möglich sind (z.b. infolge Konkurs).

166

Absatz 4: Die (registerrechtlich) letzte Handlung der Liquidatoren und Liquidatorinnen besteht in ihrer Pflicht, nach durchgeführter Liquidation die Rechtseinheit zur Löschung anzumelden; dabei ist in der Anmeldung auf die durchgeführte bzw. abgeschlossene Liquidation hinzuweisen. Sie haben dabei zu beachten, dass sie auch für die Gebühren dieser letzten Eintragung im Handelsregister haften (Art. 21 Gebührentarif, SR 221.411.1).

167

3. Kapitel: Aktiengesellschaft

1. Abschnitt: Gründung

Art. 43 Anmeldung und Belege

¹ Mit der Anmeldung der Gründung einer Aktiengesellschaft zur Eintragung müssen dem Handelsregisteramt folgende Belege eingereicht werden:
  a. die öffentliche Urkunde über den Errichtungsakt;
  b. die Statuten;
  c. ein Nachweis, dass die Mitglieder des Verwaltungsrates ihre Wahl angenommen haben;
  d. gegebenenfalls ein Nachweis, dass die gesetzlich vorgeschriebene Revisionsstelle ihre Wahl angenommen hat;
  e. das Protokoll des Verwaltungsrates über seine Konstituierung, über die Regelung des Vorsitzes und über die Erteilung der Zeichnungsbefugnisse;
  f. bei Bareinlagen: eine Bescheinigung, aus der ersichtlich ist, bei welchem Bankinstitut die Einlagen hinterlegt sind, sofern das Bankinstitut in der öffentlichen Urkunde nicht genannt wird;
  g. im Fall von Artikel 117 Absatz 3: die Erklärung der Domizilhalterin oder des Domizilhalters, dass sie oder er der Gesellschaft ein Rechtsdomizil am Ort von deren Sitz gewährt;
  h. die Erklärung der Gründerinnen und Gründer, dass keine anderen Sacheinlagen, Sachübernahmen, Verrechnungstatbestände oder besonderen Vorteile bestehen, als die in den Belegen genannten.

² Für Angaben, die bereits im Errichtungsakt festgehalten sind, ist kein zusätzlicher Beleg erforderlich.

Art. 43 Anmeldung und Belege 50

³ Bestehen Sacheinlagen, Sachübernahmen, beabsichtigte Sachübernahmen, Verrechnungstatbestände oder besondere Vorteile, so müssen zusätzlich folgende Belege eingereicht werden:
  a. die Sacheinlageverträge mit den erforderlichen Beilagen;
  b. die Sachübernahmeverträge mit den erforderlichen Beilagen;
  c. der von allen Gründerinnen und Gründern unterzeichnete Gründungsbericht;
  d. die vorbehaltlose Prüfungsbestätigung eines staatlich beaufsichtigten Revisionsunternehmens, einer zugelassenen Revisionsexpertin, eines zugelassenen Revisionsexperten, einer zugelassenen Revisorin oder eines zugelassenen Revisors.

168 Art. 43 spricht nun nicht mehr von «Neueintragung» einer Aktiengesellschaft, sondern vom umgangssprachlich üblichen Begriff der «Gründung» einer Aktiengesellschaft, die durch einen Aktionär (nicht mehr die bisherige Mindestzahl von drei Aktionären) vorgenommen werden kann (Art. 625 OR). Weggefallen ist auch gegenüber der früheren Handelsregisterverordnung ihr Aufbau, was der Registerführer prüfen muss. Das Konzept sieht nun vor, dass checklistenartig aufgeführt wird, was dem Handelsregisteramt einzureichen ist und was ins Handelsregister eingetragen wird. Daraus und aus der allgemeinen Prüfungspflicht und Prüfungsbefugnis (Kognition) ergibt sich dann, was im konkreten Fall an Inhalt geprüft werden muss.

169 Absatz 1 enthält die abschliessende Aufzählung der für die Gründung einer Aktiengesellschaft unerlässlichen Belege. Nicht erfasst sind die Sachverhalte, die anlässlich der Gründungsversammlung beziehungsweise unmittelbar danach unter Umständen ebenfalls beschlossen wurden (Beispiel: Ernennung von Direktoren); hier ist selbstverständlich die dafür erforderliche Belege wie das Verwaltungsratsprotokoll über die Ernennung und Art der Zeichnungsbefugnis zusätzlich einzureichen und in die entsprechende Anmeldung aufzunehmen. Das Gleiche gilt für die sogenannte Lex-Friedrich-Erklärung, die beizubringen ist, wenn es sich um eine Immobiliengesellschaft mit dem Hauptzweck des Erwerbs von Grundstücken in der Schweiz handelt.

170 Lit. b: Statuteninhalt: Der Mindestinhalt der Statuten bestimmt sich nach Art. 626 OR.

171 Firma: Die Schreibweise der Firma im Handelsregistereintrag richtet sich nach der Schreibweise in den Statuten (Firmenrechtsweisung, Rz. 147; vgl. Art. 171 lit. b).

172 Sacheinlagen sind offenzulegen, Sachübernahmen nur, wenn sie von Aktionären oder ihnen nahestehenden Personen erfolgen (Art. 628 Abs. 2 OR, Note 186).

173 Liegt ein Sacheinlage- oder Sachübernahmetatbestand vor, so haben bereits die Statuten (und nicht erst die weiteren Belege) aufzuzeigen, was Gegen-

stand der Sacheinlage bzw. Sachübernahme ist. Eine statutarische Zusammenfassung in Gruppenbezeichnungen genügt nur, wenn weitere detaillierte Belege (Verträge, Bilanzen, Inventarlisten) aufgeführt und eingereicht werden.

Soll die Übertragbarkeit von Namenaktien beschränkt werden (Vinkulierung), so müssen in den Statuten die möglichen Ablehnungsgründe «klar, bestimmt und abschliessend umschrieben werden» (Kläy, S. 143). Die Gesellschaft kann auch das Gesuch um Zustimmung ohne Angabe von Gründen verweigern (escape clause), wenn sie dem Veräusserer der Aktien anbietet, die Aktien für eigene Rechnung, für Rechnung anderer Aktionäre oder für Rechnung Dritter zum wirklichen Wert zu übernehmen (Art. 685b OR, vgl. auch Kläy, S. 176 ff.). Davon abweichende Wertbestimmungen (z.B. Nominalwert) sind nicht zulässig. 174

Beim Vorliegen von Inhaberaktien muss die Einladung der Aktionäre durch Publikation im Schweizerischen Handelsamtsblatt erfolgen (Forstmoser, § 23 Note 47, Böckli § 12 Note 75). Ergänzend kann eine Einladung durch Brief vorgesehen werden, sofern die Aktionäre bekannt sind. Auf eine SHAB-Publikation kann im konkreten Fall nur dann verzichtet werden, wenn im Zeitpunkt der Einladung alle Inhaberaktionäre bekannt sind. 175

Die Umwandlung von Namen- in Inhaberaktien und umgekehrt bedarf – soweit sie nicht an einer Universalversammlung vorgenommen wird – der statutarischen Grundlage (Art. 622 Abs. 2 OR i.V. mit Art. 627 Ziff. 7 OR). 176

Im Rahmen der Statuten sind die zwingenden Bestimmungen von Art. 716a OR und Art. 716b OR zu beachten. Statutarische Vorschriften, die etwa die Übertragung zur Fassung von Beschlüssen vom Verwaltungsrat auf die Generalversammlung vorsehen, das Recht auf Ernennung von Zeichnungsberechtigten durch die Generalversammlung enthalten oder die Entwicklung der Geschäftsstrategie durch die Generalversammlung vorsehen, sind daher unzulässig. 177

Lit. d: Die Eintragung mehrerer Revisionsstellen ist möglich (vgl. Art. 121), z.B. im Hinblick auf unterschiedliche Aufgabenerfüllung (ordentliche Revisionsstelle oder als Revisionsstelle mit besonderem Aufgabenkreis entsprechend den Anforderungen der US securities and exchange commission (SEC). 178

Die Gesellschaft kann bereits im Gründungsstadium auf eine Revision verzichten und später gleichwohl die Voraussetzungen für eine Revision erfüllen. Da die Statuten auf jeden Fall eine Regelung über die Revision enthalten müssen, empfiehlt es sich, eine offene Bestimmung vorzusehen, die die verschiedenen Varianten abdeckt (siehe Musterstatuten AG und GmbH), sodass sich gegebenenfalls eine Statutenänderung erübrigt (vgl. Art. 727a Abs. 5 OR, vgl. auch Note 280). 179

180 Lit. e: Im Rahmen der Gründung hat der Verwaltungsrat (sofern er aus mehreren Mitgliedern besteht) auch seinen Präsidenten bzw. seine Präsidentin zu wählen (zulässig ist auch die Wahl von Ko-Präsidenten). Die Gesellschaft muss durch mindestens ein Mitglied genügend vertreten sein, wobei dessen Wohnsitz nicht in der Schweiz zu sein braucht; die vollumfängliche Vertretung der Gesellschaft in der Schweiz muss indessen gewährleistet sein durch (Art. 718 Abs. 3 OR):
– einen einzelzeichnungsbefugten Verwaltungsrat/Person mit Wohnsitz in der Schweiz oder
– zwei kollektiv zeichnungsbefugte Verwaltungsräte/Personen mit Wohnsitz in der Schweiz (Prokura genügt nicht).

181 Lit. f: Die Depositenbescheinigung ist gemäss Art. 631 OR eine Beilage zum Errichtungsakt und nur Beleg im registerrechtlichen Sinn, wenn die Depositenbank in der Gründungsurkunde nicht erwähnt wird. Dem beurkundenden Notar ist die Einzahlungsbestätigung auf jeden Fall vorzulegen.

Die Depositenbescheinigung hat den effektiv einbezahlten Betrag auszuweisen. Wurde bei der Aktienzeichnung auch ein Agio versprochen, so muss dieses – angesichts der Möglichkeit der Teilliberierung – im Zeitpunkt der Gründung noch nicht einbezahlt sein (selbst wenn im Übrigen die Aktien zu 100 Prozent des Nominalwerts liberiert wurden).

182 Lit. h: Die Stampa-Erklärung muss immer eingereicht werden (vgl. Böckli, § 1 Noten 206 und 222). Die Gründer haben darzulegen, dass sie alles offengelegt haben, was von Gesetz offenzulegen war. Bei dieser Erklärung handelt es sich um eine Urkunde im strafrechtlichen Sinne (vgl. REPRAX 2/3/2004 S. 154 f.). Falschangaben führen zu Strafanzeigen betreffend Widerhandlung nach Art. 153 StGB (sofern seitens der Kantone hiefür eine Amtspflicht vorgesehen ist und im allfälligen Rahmen des Ermessens des Registerführers).

183 Absatz 2 hält einen verfahrensökonomischen Grundsatz fest, wonach dem Handelsregisteramt nur eingereicht/belegt werden muss, was nicht bereits im Errichtungsakt aufgeführt ist. Die Aufnahme der Angaben und die Bestätigung, dass sie vorgelegen haben, liegen dann in der Verantwortung (und Haftung) des beurkundenden Notars. Mögliche Beispiele sind:
– Bei einem Verzicht auf die Revision ist die Abgabe einer separaten Erklärung nicht erforderlich; es genügt, wenn die öffentliche Urkunde die Erklärung wiedergibt, wie sie in Art. 62 Abs. 3 vorgesehen ist (z.B. «Sämtliche Gründer erklären, auf die eingeschränkte Revision und damit auf die Wahl einer Revisionsstelle zu verzichten, weil die zu gründende Gesellschaft nicht mehr als zehn Vollzeitstellen hat und die Voraussetzungen für die Pflicht zur ordentlichen Revision nicht erfüllt»).

- Hält der Errichtungsakt fest, dass die Revisionsstelle (inkl. korrekter Angabe deren Firma oder Personenangaben) die Wahl angenommen hat, so muss die Wahlannahmeerklärung nicht eingereicht werden (Abs. 1 lit. d).
- Gleiches gilt für die Domizilannahmeerklärung des Domizilhalters (Abs. 1 lit. g).
- Dasselbe gilt für die Erklärung nach Absatz 1 lit. h, die üblicherweise «Stampa-Erklärung» genannt wird.

Absatz 3 legt demgegenüber fest, dass im Falle von Sacheinlagen und Sachübernahmen immer die aufgelisteten Belege eingereicht werden müssen. Da diese Liste nach Absatz 2 aufgeführt ist, wird sie (gesetzgebungstechnisch) auch nicht von diesem erfasst. Es würde also nicht genügen, die wesentlichen Angaben (etwa auszugsweise) in den Errichtungsakt aufzunehmen und dafür die Belege nicht einreichen zu wollen. Da Sacheinlagen/Sachübernahmen das Haftungssubstrat der Gesellschaft zuungunsten der Gläubiger tangieren (können), will der Verordnungsgeber für Transparenz sorgen, indem die fraglichen Dokumente auf jeden Fall eingereicht werden müssen und so als Beleg auch der Öffentlichkeit zugänglich werden. 184

Sacheinlage bedeutet, dass der Gründer bzw. Aktionär seine Einlage auf die gezeichneten Aktien (entsprechend deren Ausgabepreis) nicht in bar, sondern in Sachwerten leistet. Dabei sind die Liberierungsvorschriften zu beachten. 185

Sachübernahmen oder beabsichtigte Sachübernahmen liegen nach Art. 628 Abs. 2 OR nur vor, wenn die Gesellschaft Vermögenswerte von Aktionären oder ihnen nahestehenden Personen übernimmt oder zu übernehmen beabsichtigt. Werden Vermögenswerte von Dritten übernommen, so geht der Gesetzgeber davon aus, dass keine (ungerechtfertigte) Schmälerung des Gesellschaftskapitals stattfindet, weil die Vermögenswerte zu marktüblichen Bedingungen erworben werden. Solche Vorgänge müssen nicht mehr offengelegt werden. Dies auch dann nicht, wenn sie freiwillig in die Statuten aufgenommen werden – die Streichung einer solchen, freiwillig aufgenommenen Bestimmung ist daher auch nicht an die Frist von zehn Jahren gemäss Art. 628 Abs. 4 OR gebunden. Die Streichung ist im Übrigen gemäss neuer Formulierung von Art. 628 Abs. 4 OR auch möglich, wenn die beabsichtigte Sachübernahme sich nicht verwirklicht hat. Eine freiwillig in die Statuten aufgenommene Sachübernahme ist – zur Vermeidung der Täuschung Dritter – nicht zu publizieren. 186

Als Sacheinlagen können Werte dienen (vgl. Stellungnahme des EHRA vom 15.8.2001 in REPRAX 2/2001 sowie Forstmoser, § 15 Note 9 ff.), die 187
- bilanzierbar sind, denen also ein wirtschaftlicher Wert zugemessen werden kann;
- übertragbar sind;

- verwertbar sind, die also bei Bedarf zur Deckung der Gläubigerguthaben beigezogen werden können (Arbeitsleistungen etwa sind dies nicht);
- frei verfügbar sind, der Gesellschaft nach ihrer Gründung also sofort zur Verfügung stehen (nicht ohne Weiteres frei übertragbar sind etwa eine Ehegattenwohnung oder die Übertragung von Stammanteilen ohne bereits vorliegende Zustimmung der Gesellschaft) und nicht etwa mit einem Eigentumsvorbehalt belastet sind (z.B. durch Miete oder Leasing).

188 Goodwill für sich allein kann nicht Gegenstand einer Sacheinlage sein (Forstmoser, § 15 Note 13). Das Einbringen von Goodwill ist lediglich im Rahmen der Übernahme eines Geschäftes mit Aktiven und Passiven oder im Rahmen einer betrieblichen Sachgesamtheit möglich (betreffend Anforderungen an eine Bilanz vgl. Note 459).

189 Die statutarische Zusammenfassung zu sinnvollen Sachgruppen (z.B. Büromaterial im Wert von … CHF) ist zulässig, sofern detailliertere Belege vorhanden sind und genannt werden (z.B. Verträge, Inventarlisten, Bilanzen). In allfälligen Inventarlisten, auf die in der Statutenbestimmung hingewiesen wird, sind die Positionen einzeln aufzuführen und zu bewerten. Werden Beteiligungen eingebracht, so genügt im Gründungsbericht die gesamthafte Bewertung mit entsprechenden Ausführungen, wie sich diese Gesamtbewertung zusammensetzt (z.B. … entspricht dem Buchwert der Beteiligungen gemäss geprüfter Bilanz per …). Der Gründungsbericht muss sich ausführlich über Art und Zustand der eingebrachten Sacheinlage aussprechen und Auskunft über die Angemessenheit der Bewertung geben (Art. 635 OR). Dritte (insbesondere der Revisor und allfällige Gläubiger) sollen sich ein Bild über die Sacheinlage/Sachübernahme machen können.

190 Nicht tangiert von Absatz 3 wird die inhaltliche Ausgestaltung des Sacheinlage- oder Sachübernahmevertrages. Diese richtet sich nach den allgemeinen vertragsrechtlichen Grundsätzen des Obligationen- und gegebenenfalls Sachenrechts (vgl. Bösiger/Engel, S. 741 ff.). Dass sie dabei die Essentialia enthalten und von den dazu befugten Personen unterzeichnet sein müssen, versteht sich von selbst. Allfällige Nebenabreden können in separaten Dokumenten, die dem Handelsregisteramt nicht eingereicht werden müssen, enthalten sein.

191 Von Bedeutung in Absatz 3 sind ferner die weiteren Formvorschriften: Der Gründungsbericht muss von sämtlichen Gründern unterzeichnet werden (vgl. aber Note 197 für den Fall der Gründung durch einen gewillkürten Stellvertreter).

192 Der Gründungsbericht hat sich auszusprechen über:
- Art und Zustand von Sacheinlagen oder Sachübernahmen sowie Angemessenheit der Bewertung (Forstmoser, § 15 Note 42 und Böckli,

§ 1 Note 232 ff.). Die Zusammenfassung einzelner Gegenstände zu sinnvollen Gruppen ist möglich.

«Art und Zustand» bedeutet dabei:
- Bei Mobilien sind Aussagen über deren Zustand zu machen. Die Aussage, der Zustand sei den Gründern bekannt, genügt nicht, da es sich um eine Gläubigerschutz-Bestimmung handelt und diesen der Zustand nicht bekannt sein kann;
- Bei Immobilien sind wertrelevante Aussagen zu treffen (z.B. Schätzwert, Art, Lage, Grösse, Alter);
- Wird ein Geschäft mit Aktiven und Passiven eingelegt, so sind Erläuterungen zu den einzelnen Positionen vorzunehmen, soweit sie haftungsrechtlich relevant sind (gemäss Praxis des HRA Zürich ab 1% der Sacheinlagesumme).

— «Angemessenheit der Bewertung»: Die Bestätigung hat bedingungslos zu erfolgen und muss in einer für Dritte nachvollziehbaren Weise vorliegen.

Im Falle einer Verrechnungsliberierung müssen die Voraussetzungen von Art. 120 OR (Verrechenbarkeit und Fälligkeit) erfüllt sein. Dem Handelsregisteramt müssen dabei keine zusätzlichen, spezifischen Belege wie Kontoauszüge eingereicht werden (vgl. im Übrigen Note 226). 193

Die Prüfungsbestätigung des zugelassenen Revisors (Art. 635a OR) muss vorbehaltlos erfolgen und muss auf jeden Fall die Vollständigkeit und Richtigkeit des Gründungsberichts umfassen. 194

Art. 44 Errichtungsakt

Die öffentliche Urkunde über den Errichtungsakt muss enthalten:
- **a. die Personenangaben zu den Gründerinnen und Gründern sowie gegebenenfalls zu deren Vertreterinnen und Vertreter;**
- **b. die Erklärung der Gründerinnen und Gründer, eine Aktiengesellschaft zu gründen;**
- **c. die Bestätigung der Gründerinnen und Gründer, dass die Statuten festgelegt sind;**
- **d. die Erklärung jeder Gründerin und jedes Gründers über die Zeichnung der Aktien unter Angabe von Anzahl, Nennwert, Art, Kategorie und Ausgabebetrag sowie die bedingungslose Verpflichtung, eine dem Ausgabebetrag entsprechende Einlage zu leisten;**
- **e. die Tatsache, dass die Mitglieder des Verwaltungsrates gewählt wurden und die entsprechenden Personenangaben;**
- **f. die Tatsache, dass die Revisionsstelle gewählt wurde, beziehungsweise den Verzicht auf eine Revision;**

g. die Feststellung der Gründerinnen und Gründer, dass:
   1. sämtliche Aktien gültig gezeichnet sind,
   2. die versprochenen Einlagen dem gesamten Ausgabebetrag entsprechen,
   3. die gesetzlichen und statutarischen Anforderungen an die Leistung der Einlagen erfüllt sind;
h. die Nennung aller Belege sowie die Bestätigung der Urkundsperson, dass die Belege ihr und den Gründerinnen und Gründern vorgelegen haben;
i. die Unterschriften der Gründerinnen und Gründer.

195 Normadressaten sind die Rechtseinheit bzw. deren Gründerinnen und Gründer sowie der beurkundende Notar. Die Kompetenz zum Erlass einer Norm über den Inhalt des Errichtungsaktes ergibt sich direkt aus Art. 929 OR. Das Korrelat zum Norminhalt ist die Prüfungspflicht des Registerführers (vgl. Art. 28). Er hat zu prüfen, ob die erforderlichen Inhalte und Formalien auch tatsächlich vorhanden und erfüllt sind.

196 Die Personenangaben müssen die eindeutige Identifikation der gründenden Personen umfassen (Note 419 ff.). Die Notwendigkeit der Identifizierbarkeit ergibt sich aus der Gründungshaftung (Art. 753 OR). Verantwortlich dafür ist der die öffentliche Urkunde verfassende Notar.

197 Die Gründungserklärung ist vom Gründer bzw. den Gründern (das kann neu gemäss Art. 625 OR auch eine juristische Person sein, nicht aber eine einfache Gesellschaft [Botschaft GmbH, 3226/3172 f.) abzugeben (Basler Kommentar, Note 4 zu Art. 629 OR). Dabei können die Gründer sich vertreten lassen und einen Dritten mit der Gründung beauftragen bzw. dazu bevollmächtigen. Es gelten die allgemeinen Regeln der Stellvertretung. Die Gründer haben sich auch dessen Handlungen anrechnen zu lassen. Da im Rahmen des Gründungsaktes Fehler passieren können oder eine gewählte Firma bereits besetzt ist, können Nachbeurkundungshandlungen erforderlich werden. In der Praxis ist daher häufig festzustellen, dass eine Person bereits im Errichtungsakt ermächtigt wird, allfällige Anpassungen, die aus dem Eintragungsverfahren notwendig werden könnten, in einer Nachbeurkundung vorzunehmen. Die Befugnis der Stellvertretung erstreckt sich auch auf die Unterzeichnung des Gründungsberichtes; wenn die Stellvertretung schon für den wichtigsten Akt der Gründung an sich zulässig ist, muss sie auch für den Akt der Erstellung und Unterzeichnung des Gründungsberichtes zulässig sein. Keine Stellvertretungsmöglichkeit besteht hingegen für die Unterzeichnung der Anmeldung (vgl. Art. 18 Note 88).

198 Die Aufnahme der Erklärungen gemäss lit. b, c und d muss den bedingungslosen Willen, eine Aktiengesellschaft gründen zu wollen, die Einlage auf die gezeichneten Aktien zu leisten und die Statuten in der vorgelegten Form beschlossen zu haben, wiedergeben. Damit sollen Irrtümer der Erklärenden,

die das Entstehen der Rechtseinheit infrage stellen könnten, ausgeschlossen werden (Ausschluss von Willensmängeln).

Bei der Wahl des Verwaltungsrates und der Revisionsstelle (lit. e und f) geht es um die Bestellung der notwendigen Organe der Rechtseinheit, ohne die sie nicht ordnungsgemäss besetzt ist und ohne die die Gesellschaft nicht vertreten werden kann. Die Wahl muss deshalb bereits im Gründungsstadium bzw. im Errichtungsakt erfolgen. 199

Sehen die Statuten die Wahl des Präsidenten (oder Ko-Präsidenten) des Verwaltungsrates durch die Generalversammlung vor (Art. 712 Absatz 2 OR), so müssen die Gründer schon im Rahmen des Errichtungsaktes den Präsidenten wählen, sofern die Gesellschaft über mehr als einen Verwaltungsrat verfügt. Andernfalls hat – noch vor der Eintragung – der Verwaltungsrat in seiner konstituierenden Sitzung seinen Präsidenten zu wählen; diesfalls ist dem Handelsregisteramt ein entsprechendes Verwaltungsratsprotokoll einzureichen oder die Anmeldung zur Eintragung der Aktiengesellschaft ist von sämtlichen Mitgliedern zu unterzeichnen. 200

Durch die Bestätigung der Urkundsperson, dass die im Errichtungsakt erwähnten Belege ihr und den Gründern vorgelegen haben, sollen ebenfalls Willensmängel ausgeschlossen werden. Mit seiner persönlichen Unterschrift bestätigt der Gründer (oder sein Stellvertreter) die Angaben des Errichtungsakts und seinen Willen, die Aktiengesellschaft gesetzeskonform zu gründen. 201

Art. 45 Inhalt des Eintrags

¹ **Bei Aktiengesellschaften müssen ins Handelsregister eingetragen werden:**
   a. **die Tatsache, dass es sich um die Gründung einer neuen Aktiengesellschaft handelt;**
   b. **die Firma und die Identifikationsnummer;**
   c. **der Sitz und das Rechtsdomizil;**
   d. **die Rechtsform;**
   e. **das Datum der Statuten;**
   f. **falls sie beschränkt ist: die Dauer der Gesellschaft;**
   g. **der Zweck;**
   h. **die Höhe des Aktienkapitals und der darauf geleisteten Einlagen sowie Anzahl, Nennwert und Art der Aktien;**
   i. **gegebenenfalls die Stimmrechtsaktien;**
   j. **falls ein Partizipationskapital ausgegeben wird: dessen Höhe und die darauf geleisteten Einlagen sowie Anzahl, Nennwert und Art der Partizipationsscheine;**

k. im Fall von Vorzugsaktien oder Vorzugspartizipationsscheinen: die damit verbundenen Vorrechte;
l. bei einer Beschränkung der Übertragbarkeit der Aktien oder der Partizipationsscheine: ein Verweis auf die nähere Umschreibung in den Statuten;
m. falls Genussscheine ausgegeben werden: deren Anzahl und die damit verbundenen Rechte;
n. die Mitglieder des Verwaltungsrates;
o. die zur Vertretung berechtigten Personen;
p. falls die Gesellschaft keine ordentliche oder eingeschränkte Revision durchführt: ein Hinweis darauf sowie das Datum der Erklärung des Verwaltungsrates gemäss Artikel 62 Absatz 2;
q. falls die Gesellschaft eine ordentliche oder eingeschränkte Revision durchführt: die Revisionsstelle;
r. das gesetzliche Publikationsorgan sowie gegebenenfalls weitere Publikationsorgane;
s. die in den Statuten vorgesehene Form der Mitteilungen des Verwaltungsrates an die Aktionärinnen und Aktionäre.

² Bestehen Sacheinlagen, Sachübernahmen, Verrechnungstatbestände oder besondere Vorteile, so sind zusätzlich folgende Tatsachen einzutragen:
a. die Sacheinlage unter Angabe des Datums des Vertrags, des Gegenstands und der dafür ausgegebenen Aktien;
b. die Sachübernahme oder die beabsichtigte Sachübernahme unter Angabe des Datums des Vertrags, des Gegenstands und der Gegenleistung der Gesellschaft;
c. die Verrechnung unter Angabe des Betrages der zur Verrechnung gebrachten Forderung sowie die dafür ausgegebenen Aktien;
d. der Inhalt und der Wert der besonderen Vorteile gemäss näherer Umschreibung in den Statuten.

³ Leistet eine Aktionärin oder ein Aktionär eine Sacheinlage, deren anzurechnender Wert die Einlagepflicht übersteigt und für die die Gesellschaft neben den ausgegebenen Aktien eine Gegenleistung gewährt, so ist im Umfang dieser Gegenleistung eine Sachübernahme im Handelsregister einzutragen (gemischte Sacheinlage und Sachübernahme).

202 Absatz 1: Der Verordnungsgeber legt – bezogen auf eine Aktiengesellschaft – den Registerinhalt fest und damit auch, was im Schweizerischen Handelsamtsblatt publiziert und der Öffentlichkeit als Information auch über Internet direkt zur Verfügung gestellt wird. Dieser Registerinhalt bezieht sich auf das Gründungsstadium; die späteren Eintragungen sind registertechnisch Änderungen. In lit. a–s sind die einzelnen Sachverhalte aufgelistet. Mit «gegebenenfalls» bringt der Verordnungsgeber zum Ausdruck, dass ein Eintrag

nur erfolgt, falls der entsprechende Sachverhalt auch tatsächlich vorliegt; der Verordnungsgeber hat aber darauf verzichtet, auch eine Negativmeldung (z.B. in lit. f: «Dauer der Gesellschaft: unbeschränkt») aufzunehmen.

In lit. n sind die Mitglieder des Verwaltungsrates aufgeführt. Sämtliche Mitglieder sind einzutragen, seien sie nun zeichnungsberechtigt oder nicht. 203

Gemäss lit. p werden – sofern die Gesellschaft der ordentlichen oder eingeschränkten Revision untersteht – die Revisionsstelle oder der Verzicht auf die Revision (opting out) eingetragen (vgl. auch Note 432 ff.). Im Falle des Verzichts auf eine eingeschränkte Revision im Zusammenhang mit der Gründung der Gesellschaft (vgl. Note 183) wird als Datum des Verzichts das Datum der Gründung ins Handelsregister eingetragen. 204

Lit. r: Als Publikationsorgan ist in den Statuten mindestens das Schweizerische Handelsamtsblatt aufzuführen (vgl. Forstmoser, § 8 Note 63 und 63a). 205

Absatz 2 regelt, dass Tatbestände der Sacheinlage/Sachübernahme wie schon bisher nicht nur über Belege gegenüber dem Handelsregisteramt (und einsichtnehmenden Dritten) offengelegt werden müssen. Sie sollen als die Gläubigerinteressen tangierende Informationen direkt und über Internet gratis dem Handelsregisterauszug (bzw. dem SHAB) entnommen werden können. Dies gilt allerdings nur für die vom Gesetz vorgesehenen Tatbestände, nicht aber etwa für die freiwillige, nicht offenzulegende Sachübernahme von Dritten. 206

In Absatz 3 übernimmt der Verordnungsgeber die bisherige Praxis, wonach die Fälle, bei denen der Sacheinleger nicht nur Aktien erhält, sondern ihm auch noch eine Forderung gegenüber der Gesellschaft gutgeschrieben wird, als gemischte Sacheinlage/Sachübernahme zu qualifizieren und entsprechend einzutragen sind (Wert der Sacheinlage übersteigt den Ausgabepreis der zugeteilten Aktien). 207

2. Abschnitt: Ordentliche Kapitalerhöhung

Art. 46 Anmeldung und Belege

¹ Eine ordentliche Erhöhung des Aktienkapitals muss innerhalb von drei Monaten nach dem Beschluss der Generalversammlung beim Handelsregisteramt zur Eintragung angemeldet werden. Anmeldungen, die nach dieser Frist eingereicht werden, werden abgewiesen.

² Mit der Anmeldung müssen dem Handelsregisteramt folgende Belege eingereicht werden:
  a. die öffentliche Urkunde über den Beschluss der Generalversammlung;

b. die öffentliche Urkunde über die Feststellungen des Verwaltungsrates und über die Statutenänderung;
c. die angepassten Statuten;
d. der von einem Mitglied des Verwaltungsrates unterzeichnete Kapitalerhöhungsbericht;
e. bei Bareinlagen eine Bescheinigung, aus der ersichtlich ist, bei welchem Bankinstitut die Einlagen hinterlegt sind, sofern das Bankinstitut in der öffentlichen Urkunde nicht genannt wird;
f. gegebenenfalls der Prospekt;
g. die Erklärung der Personen, die die Eintragung anmelden, dass keine anderen Sacheinlagen, Sachübernahmen, Verrechnungstatbestände oder besonderen Vorteile bestehen, als die in den Belegen genannten.

³ Bestehen Sacheinlagen, Sachübernahmen, Verrechnungstatbestände oder besondere Vorteile oder wird die Kapitalerhöhung durch Umwandlung von Eigenkapital liberiert, so müssen zusätzlich folgende Belege eingereicht werden:
a. die Sacheinlageverträge mit den erforderlichen Beilagen;
b. soweit sie bereits vorliegen: die Sachübernahmeverträge mit den erforderlichen Beilagen;
c. die vorbehaltslose Prüfungsbestätigung eines staatlich beaufsichtigten Revisionsunternehmens, einer zugelassenen Revisionsexpertin, eines zugelassenen Revisionsexperten, einer zugelassenen Revisorin oder eines zugelassenen Revisors;
d. bei einer Liberierung durch Umwandlung von frei verwendbarem Eigenkapital: die genehmigte Jahresrechnung oder der Zwischenabschluss sowie der Revisionsbericht einer zugelassenen Revisorin oder eines zugelassenen Revisors;

⁴ Werden die Bezugsrechte eingeschränkt oder aufgehoben, so muss eine vorbehaltslose Prüfungsbestätigung eines staatlich beaufsichtigten Revisionsunternehmens, einer zugelassenen Revisionsexpertin, eines zugelassenen Revisionsexperten, einer zugelassenen Revisorin oder eines zugelassenen Revisors eingereicht werden.

208   Materiellrechtliche Grundlage dieser Bestimmung bildet Art. 650 OR.

209   Im Sinne einer Handlungsanweisung an die Handelsregisterämter nimmt Absatz 1 Bezug auf Art. 650 Abs. 3 OR. Bei dieser und hier wiederholten Frist handelt es sich um eine Verwirkungsfrist. Dabei ist zu beachten, dass der Begriff «angemeldet» sich nach Art. 15 Abs. 3 richtet.

210   Ist die Anmeldung nicht rechtsgenügend unterzeichnet (Art. 17) oder sind ihr nicht sämtliche Belege beigefügt, so gilt sie als nicht erfolgt; Korrekturen sind nur innert der Frist möglich. Die Verantwortung liegt bei der Rechtseinheit. Die Verfahrensdauer beim Handelsregisteramt – sofern sie nicht

ungebührlich ist, sondern sich im sonst üblichen Rahmen des betreffenden Amtes bewegt – hemmt den Fristenlauf nicht (kein Stillstand der Frist). Nach Ablauf der drei Monate gilt der Beschluss der Generalversammlung als dahingefallen.

Der Fristenlauf richtet sich nach den gewöhnlichen Regeln gemäss Art. 77 und 78 OR (Beispiel: GV-Beschluss am 2. Februar – Ablauf der Frist am 2. Mai/GV-Beschluss am 30. November – Ablauf am 28. bzw. gegebenenfalls am 29. Februar). 211

Absatz 2: Zeichnungsscheine sind keine handelsregisterlichen Belege und müssen dem Handelsregister nicht eingereicht werden. 212

Lit. a. von Absatz 2: Der Inhalt der öffentlichen Urkunde richtet sich nach Art. 650 Abs. 2 OR. 213

Als Besonderheit ist zu erwähnen, dass nach herrschender und vom Eidgenössischen Amt für das Handelsregister akzeptierter Praxis, die sich nun in Art. 47 Abs. 1 lit. a und b niederschlägt, eine ordentliche Kapitalerhöhung mit Maximalbetrag möglich ist (vgl. von der Crone, in REPRAX 1/2000 sowie Note 231). Hier legt die Generalversammlung nicht den Betrag der Kapitalerhöhung definitiv fest, sondern jenen Betrag, um den die Erhöhung des Kapitals maximal erfolgen kann. Der Verwaltungsrat wird damit beauftragt, das Kapital im Rahmen dieser Limite zu erhöhen. Mit diesem Instrument kann vermieden werden, dass die Kapitalerhöhung scheitert, wenn nicht alle Aktionäre zeichnen und das Bezugsrecht nicht zugewiesen wurde. Entscheidend für die Anwendbarkeit ist, dass die Generalversammlung dem Verwaltungsrat keinerlei Spielraum zulässt, er also wie bei der ordentlichen Kapitalerhöhung generell «blosses» Vollzugsorgan bleibt. Die Durchführung der Kapitalerhöhung im Rahmen der erfolgten Aktienzeichnung ist zwingend und steht nicht im Belieben des Verwaltungsrates. 214

Das sogenannte Festübernahmeverfahren (Kapitalerhöhung mit treuhänderischer Übernahme der neuen Aktien durch einen Dritten [z.B. Bank]) wird – sofern kein Entzug des Bezugsrechts erfolgt ist – nach Praxis diverser Handelsregisterämter (z.B. des Kantons Zürich) als zulässig betrachtet, weil das Bezugsrecht der Aktionäre zwar nicht formell, aber doch materiell gewahrt bleibt (vgl. Forstmoser, § 52 Note 203 ff. sowie Böckli, § 2 Note 30). Eine Prüfungsbestätigung nach Art. 652f OR muss deshalb nicht eingereicht werden und der Beschluss der Generalversammlung unterliegt dem allgemeinen Quorum von Art. 703 OR. 215

Lit. b: Die Feststellungen des Verwaltungsrates haben zum Inhalt (Art. 652g OR), dass 216
- sämtliche Aktien gültig gezeichnet wurden;
- die versprochenen Einlagen dem gesamten Ausgabebetrag entsprechen. Der Ausgabepreis kann immer nur gleich oder grösser als der

Nennwert der Aktien sein, nie tiefer (Verbot der Unter-pari-Emission);
- dass die Einlagen entsprechend den Anforderungen von Statuten, Gesetz und Generalversammlungsbeschluss geleistet wurden.

217 Sofern die Statuten (oder das Organisationsreglement) eine solche Möglichkeit vorsehen, können diese Feststellungen des Verwaltungsrates auch nur von einem einzigen (mit der Durchführung betrauten) Mitglied getroffen werden (Forstmoser, § 52 Note 175).

218 Fehlt eine der Feststellungen, muss das Handelsregisteramt die Anmeldung abweisen.

219 Die Statutenänderung kann und darf sich nur auf die Kapitalbestimmung bzw. die Kapitalziffer sowie Anzahl und Art der Aktien gemäss Beschluss der Generalversammlung beziehen, weitere Anpassungen sind nicht gestattet. Selbst redaktionelle Änderungen sind grundsätzlich nicht erlaubt, da sie im Falle strittiger Auslegung von Bedeutung werden könnten. Die Kompetenz für Statutenänderungen liegt nämlich, soweit das Gesetz nicht ausnahmsweise den Verwaltungsrat ermächtigt, einzig bei der Generalversammlung.

220 Lit. c: Dem Handelsregisteramt ist ein vollständiges und bereinigtes Exemplar der geänderten Statuten einzureichen (vgl. Art. 22 Abs. 3 Note 110).

221 Lit. d: Ungeachtet, ob die Kapitalerhöhung aus freiem Eigenkapital, durch Verrechnung, Sacheinlage oder in bar erfolgt, muss ein Kapitalerhöhungsbericht verfasst und dem Handelsregisteramt eingereicht werden. Dieser muss nur von einem Verwaltungsrat unterzeichnet sein (Originalunterschrift), der nicht zeichnungsbefugt sein muss. Es geht hier nicht um die rechtsgeschäftliche Vertretung der Rechtseinheit gegenüber Dritten, sondern um eine Erklärung gegenüber dem Handelsregisteramt. Liegt ein qualifizierter Tatbestand vor (Art. 652 Ziff. 1 OR i.V. mit Art. 635 Ziff. 1 OR), so hat der Bericht zusätzliche Angaben zu enthalten (vgl. Note 192 ff.).

222 Lit. e: Die sogenannte Depositenbescheinigung ist nur einzureichen, falls die Bank und die Höhe der geleisteten Einlagen nicht in der öffentlichen Urkunde genannt werden (vgl. Art. 43 Abs. 1 lit. f, Note 181). Üblicherweise enthalten die öffentlichen Urkunden diese Angaben.

223 Lit. f bezieht sich einzig auf den Fall, dass Aktien öffentlich zur Zeichnung aufgelegt werden (Art. 652a OR). In allen andern Fällen muss er dem Handelsregisteramt nicht eingereicht werden, da er auch nicht existiert.

224 Lit. g: Gemeint ist hier die Stampa-Erklärung (Note 182).

225 Absätze 3 und 4: Der Norminhalt ergibt sich aus Art. 652d und f OR. Vergleiche dazu Art. 43 Abs. 3 Note 184 ff.

Im Falle einer Verrechnungsliberierung müssen die Voraussetzungen von 226 Art. 120 OR erfüllt sein. Dem Handelsregisteramt müssen dabei keine zusätzlichen, spezifischen Belege wie Kontoauszüge eingereicht werden. In der Praxis werden aber verschiedentlich solche eingereicht, die vermuten lassen könnten, die Schuld sei (nur) im Hinblick auf die Kapitalerhöhung begründet worden (z.B. zeitlich naher Zusammenhang, genau dem Zeichnungsbetrag entsprechende Schuldbegründung); liegen zusätzliche Indizien vor, die auf eine rechtswidrige Umgehung der Bareinzahlungsvorschriften hinweisen, muss das Handelsregisteramt entsprechende Abklärungen treffen bzw. sich bestätigen lassen, dass kein solcher Tatbestand gegeben ist. Unproblematisch sind jene Fälle, in denen die Schuld vor längerer Zeit (mehr als 6 Monate vor der Kapitalerhöhung) begründet wurde oder das der Gesellschaft gewährte Darlehen den Zeichnungsbetrag deutlich überschreitet.

Bei der Liberierung aus Eigenkapital sind dem Handelsregisteramt zusätz- 227 lich die Jahresrechnung in der von der Generalversammlung genehmigten Fassung sowie der Revisionsbericht einzureichen (Art. 652d OR). Liegt der Bilanzstichtag mehr als sechs Monate zurück, ist ein geprüfter Zwischenabschluss erforderlich. Ebenfalls einzureichen ist die Prüfungsbestätigung gemäss Absatz 3 lit. c (vgl. Note 194).

Beilagen müssen dem Handelsregisteramt nur eingereicht werden, wenn sich 228 der für die Registereintragung wesentliche Sachverhalt nicht aus dem Sacheinlage-/Sachübernahmevertrag selbst ergibt. Im Hinblick auf die Wahrung von Geschäftsgeheimnissen kann dies von Bedeutung sein (vgl. Note 253).

Art. 47 Öffentliche Urkunden

[1] **Die öffentliche Urkunde über den Beschluss der Generalversammlung muss folgende Angaben enthalten:**
  a. **den Nennbetrag oder gegebenenfalls den maximalen Nennbetrag, um den das Aktienkapital erhöht werden soll, und den Betrag der darauf zu leistenden Einlagen;**
  b. **die Anzahl oder gegebenenfalls die maximale Anzahl sowie den Nennwert und die Art der Aktien, die neu ausgegeben werden;**
  c. **den Ausgabebetrag oder gegebenenfalls die Ermächtigung des Verwaltungsrates, diesen festzusetzen;**
  d. **den Beginn der Dividendenberechtigung;**
  e. **die Art der Einlagen;**
  f. **im Fall von Sacheinlagen: deren Gegenstand und Bewertung, den Namen der Einlegerin oder des Einlegers sowie die ihr oder ihm zukommenden Aktien;**
  g. **im Fall von Sachübernahmen: deren Gegenstand, den Namen der Veräusserin oder des Veräusserers sowie die Gegenleistung der Gesellschaft;**

h. im Fall von besonderen Vorteilen: deren Inhalt und Wert sowie die Namen der begünstigten Personen;
i. gegebenenfalls die Stimmrechtsaktien;
j. im Fall von Vorzugsaktien: die damit verbundenen Vorrechte;
k. gegebenenfalls die Beschränkung der Übertragbarkeit der Aktien;
l. die Zuweisung nicht ausgeübter oder entzogener Bezugsrechte und gegebenenfalls die Einschränkung oder Aufhebung des Bezugsrechts.

² Die öffentliche Urkunde über die Feststellungen des Verwaltungsrates und über die Statutenänderung muss festhalten, dass:
a. sämtliche Aktien gültig gezeichnet sind;
b. die versprochenen Einlagen dem gesamten Ausgabebetrag entsprechen;
c. die Einlagen entsprechend den Anforderungen des Gesetzes, der Statuten und des Generalversammlungsbeschlusses geleistet wurden;
d. die Belege der Urkundsperson und dem Verwaltungsrat vorgelegen haben. Diese Belege sind einzeln aufzuführen.

229 Für die Befugnis, den Inhalt des Beurkundungsaktes vorzuschreiben, sei auf Art. 44 Note 195 verwiesen. Im Übrigen richtet sich die Beurkundung bzw. das Beurkundungsverfahren nach kantonalem Recht. Beispiele für die Beschlüsse der Generalversammlung und des Verwaltungsrates finden sich im Anhang.

230 Fehlt eine der gesetzlich vorgesehenen Angaben im Beschluss der Generalversammlung (Art. 650 OR), so kann die Kapitalerhöhung nicht eingetragen werden. Die Generalversammlung muss erneut durchgeführt und ein neuer Beschluss gefasst werden. Das Gleiche gilt für den Beschluss des Verwaltungsrates.

231 Für die einzelnen Angaben kann auf Art. 46 Note 208 ff. verwiesen werden. Aus lit. a und b geht hervor, dass Kapitalerhöhungen mit Maximalbetrag zulässig sind (vgl. Note 214). Da verschiedene Aktienkategorien möglich sind, ist bezüglich der neu geschaffenen Aktien festzuhalten, ob diese (z.B. wie die bisherigen) vinkuliert sind. Fehlt eine entsprechende Beschlussfassung, so ergibt sich ein Widerspruch zu einer allfälligen bereits bestehenden statutarischen Vinkulierungsbestimmung für die bisher ausgegebenen Aktien, der bereinigt werden muss.

Art. 48 Inhalt des Eintrags

¹ Bei einer ordentlichen Erhöhung des Aktienkapitals müssen ins Handelsregister eingetragen werden:
   a. die Bezeichnung als ordentliche Kapitalerhöhung;
   b. das Datum der Änderung der Statuten;
   c. der Betrag des Aktienkapitals nach der Kapitalerhöhung;
   d. der Betrag der auf das Aktienkapital geleisteten Einlagen nach der Kapitalerhöhung;
   e. Anzahl, Nennwert und Art der Aktien nach der Kapitalerhöhung;
   f. gegebenenfalls die Stimmrechtsaktien;
   g. im Fall von Vorzugsaktien: die damit verbundenen Vorrechte;
   h. gegebenenfalls die Beschränkung der Übertragbarkeit der Aktien;
   i. falls die Erhöhung durch Umwandlung von frei verwendbarem Eigenkapital erfolgt: ein Hinweis darauf.

² Bestehen Sacheinlagen, Sachübernahmen, Verrechnungstatbestände oder besondere Vorteile, so gilt Artikel 45 Absätze 2 und 3 sinngemäss.

Es erfolgt eine Gegenüberstellung des Aktienkapitals vor und nach der Kapitalerhöhung (Kapital bisher/Kapital neu in der SHAB-Publikation, während die Darstellung auf dem Handelsregisterauszug zu einer Streichung des alten Kapitals und der Aufführung des aktuellen, erhöhten Betrages führte). Aufzunehmen sind auch Hinweise auf eine allfällige Liberierung durch Verrechnung oder aus Eigenkapital (Absatz 1 lit. i) sowie auf die Art der Kapitalerhöhung (zur Schaffung von Transparenz und in Abgrenzung zu weiteren Kapitalerhöhungsarten) aufzunehmen.

232

3. Abschnitt: Genehmigte Kapitalerhöhung

Art. 49 Ermächtigungsbeschluss der Generalversammlung

¹ Mit der Anmeldung zur Eintragung des Generalversammlungsbeschlusses über eine genehmigte Kapitalerhöhung müssen dem Handelsregisteramt folgende Belege eingereicht werden:
   a. die öffentliche Urkunde über den Beschluss der Generalversammlung betreffend die Ermächtigung des Verwaltungsrates;
   b. die angepassten Statuten.

² Die Statuten müssen folgende Angaben enthalten (Art. 650 Abs. 2 OR; Art. 651 Abs. 2 und 3 OR):
   a. den Nennbetrag des genehmigten Kapitals und den Betrag der darauf zu leistenden Einlagen;

b. die Anzahl, den Nennwert und die Art der Aktien;
c. gegebenenfalls die Stimmrechtsaktien;
d. im Fall von Vorzugsaktien: die damit verbundenen Vorrechte;
e. gegebenenfalls die Beschränkung der Übertragbarkeit der Aktien;
f. im Fall von besonderen Vorteilen: deren Inhalt und Wert sowie die Namen der begünstigten Personen;
g. die Zuweisung nicht ausgeübter oder entzogener Bezugsrechte und gegebenenfalls die Einschränkung oder Aufhebung des Bezugsrechts.

³ Im Handelsregister müssen eingetragen werden:
a. ein Hinweis auf das genehmigte Kapital gemäss näherer Umschreibung in den Statuten;
b. das Datum des Beschlusses der Generalversammlung über die Änderung der Statuten.

233   Mit Beschluss der Generalversammlung kann der Verwaltungsrat ermächtigt werden, innert einer von ihr festgelegten Frist, die nicht mehr als zwei Jahre betragen darf, das Kapital zu erhöhen (Art. 651 OR). Dieser Beschluss ist öffentlich zu beurkunden und innert nützlicher Frist anzumelden – eine Frist, innert welcher die Anmeldung vorzunehmen ist, besteht indessen nicht.

234   Der Ermächtigungsbeschluss kann innert der Frist von zwei Jahren erneuert werden. Diese Erneuerung kann allerdings nicht derart geschehen, dass bereits im Rahmen des ersten Ermächtigungsbeschlusses eine Verlängerung beschlossen wird für den Fall, dass der Verwaltungsrat seine Kompetenz nicht ausgeschöpft haben sollte. Dies liefe auf eine Umgehung der Fristbeschränkung von Art. 651 OR hinaus (vgl. Böckli, § 2 Note 86). Mit dem Verlängerungsbeschluss kurz vor Ablauf der ersten (zweijährigen) Frist schafft die Generalversammlung nicht neues genehmigtes Kapital, sondern lässt bloss die Ermächtigung weiterlaufen.

235   Die Aufzählung in Art. 49 gibt als Checkliste jene Angaben bereinigt wieder, die inhaltlich den in Art. 651 OR gestellten Anforderungen entsprechen und in den Statuten enthalten sein müssen.

236   Das eingetragene Kapital wird zum Zeitpunkt des Ermächtigungsbeschlusses nicht verändert. Der Gesetzgeber hat sich deshalb damit begnügt, in die Eintragung bloss einen Hinweis auf die Statuten aufzunehmen. Dieser Hinweis wird in die Bemerkungen aufzunehmen sein. Interessierte Dritte oder auch Aktionäre werden deshalb die Höhe des genehmigten Kapitals nicht dem Handelsregisterauszug, sondern lediglich den Statuten entnehmen können (d.h. nicht per Internet, sondern durch Einsichtnahme in die Statuten als Belegakten). Immerhin wird diese Eintragung – entgegen heutiger Praxis – im SHAB publiziert.

Eine Gesellschaft kann grundsätzlich neben genehmigtem auch über bedingtes Kapital verfügen. Deren gegenseitige Verknüpfung, wonach etwa die Verwendung von genehmigtem Kapital entsprechend die Anzahl der verfügbaren Aktien aus bedingtem Kapital reduziert, ist unzulässig. Eine entsprechende Statutenbestimmung müsste daher durch die Handelsregisterämter beanstandet werden.

Art. 50 Erhöhungsbeschluss und Feststellungen des Verwaltungsrates

¹ Mit der Anmeldung zur Eintragung des Beschlusses des Verwaltungsrates über eine Erhöhung des Aktienkapitals müssen dem Handelsregisteramt die Belege nach Artikel 46 eingereicht werden; anstelle der öffentlichen Urkunde über den Beschluss der Generalversammlung ist der Beschluss des Verwaltungsrates betreffend die Erhöhung des Aktienkapitals einzureichen.

² Der Erhöhungsbeschluss des Verwaltungsrates muss dem Beschluss der Generalversammlung entsprechen und folgenden Inhalt haben:
 a. den Nennbetrag, um den das Aktienkapital erhöht wird;
 b. die Anzahl der neuen Aktien;
 c. den Ausgabebetrag;
 d. die Art der Einlagen;
 e. im Fall von Sacheinlagen: deren Gegenstand und Bewertung, den Namen der Einlegerin oder des Einlegers sowie die ihr oder ihm zukommenden Aktien;
 f. im Fall von Sachübernahmen: deren Gegenstand, den Namen der Veräusserin oder des Veräusserers sowie die Gegenleistung der Gesellschaft;
 g. im Falle einer Verrechnung: die Angabe des Betrages der zur Verrechnung gebrachten Forderung sowie die dafür ausgegebenen Aktien;
 h. die Anpassung des Nennbetrags des genehmigten Kapitals beziehungsweise die Streichung der Bestimmung über die genehmigte Kapitalerhöhung in den Statuten.

³ Die öffentliche Urkunde über die Statutenänderung und über die Feststellungen des Verwaltungsrates muss die Angaben gemäss Artikel 47 Absatz 2 enthalten.

⁴ Wird die Kapitalerhöhung beim Handelsregister nach Ablauf der Dauer der Ermächtigung des Verwaltungsrates angemeldet, so darf die Kapitalerhöhung nicht eingetragen werden.

⁵ Für den Inhalt des Eintrags gilt Artikel 48 sinngemäss.

⁶ Wird das Aktienkapital während der Dauer der Ermächtigung des Verwaltungsrates nicht bis zur Höhe des Nennbetrags erhöht, so muss die Gesellschaft die Streichung der Statutenbestimmung über die genehmigte Kapitalerhöhung beim Handelsregisteramt zur Eintragung anmelden.

238 Absätze 1–3: Im Rahmen des Ermächtigungsbeschlusses ist der Verwaltungsrat frei, die Kapitalerhöhung vorzunehmen oder darauf zu verzichten. Hat er von seiner Kompetenz Gebrauch gemacht und das Kapital erhöht, so muss er diese Kapitalerhöhung durch Anpassung der Statuten (öffentlich beurkundete Statutenänderung) und durch Anmeldung beim Handelsregisteramt vollziehen. Eine Frist zur Anmeldung besteht – abgesehen von der Ermächtigungsfrist gemäss Absatz 4 – nicht; sie muss spätestens auf Ende eines Geschäftsjahres vollzogen werden (in Übereinstimmung mit den Buchführungsvorschriften, da hier neues Eigenkapital geschaffen wurde, das in der Bilanz seinen Niederschlag finden muss).

239 Zulässig ist die teilweise oder zeitlich gestaffelte Ausschöpfung der Ermächtigung. Innerhalb seiner Ermächtigung kann der Verwaltungsrat die Kapitalerhöhung gestaffelt vornehmen und auch gestaffelt anmelden. Er bewegt sich im Rahmen seiner an ihn delegierten Kompetenzen. Die Statuten sind wie folgt anzupassen (Art. 651a OR):
– In der Bestimmung betreffend Aktienkapital ist das Aktienkapital um jenen Betrag zu erhöhen, um den Aktien gezeichnet und das Kapital effektiv erhöht wurde;
– in der Bestimmung betreffend genehmigtes Kapital ist das Kapital um jenen Betrag herabzusetzen, um den die Kapitalerhöhung stattgefunden hat.

240 Absatz 4: Der Eintrag der Kapitalerhöhung ist konstitutiv. Bei der von der Generalversammlung eingeräumten Frist, die ab dem Tag der Eintragung des Ermächtigungsbeschlusses ins Tagesregister zu laufen beginnt, handelt es sich um eine Verwirkungsfrist (Böckli, § 2 Note 84); wird die Ermächtigung nicht innert dieser Frist vollständig (also inklusive Anmeldung) ausgeschöpft (vgl. Note 69), so fällt die Ermächtigung dahin. Eine nach Ablauf der Ermächtigung eingereichte Anmeldung kann daher nicht mehr ins Handelsregister eingetragen werden.

241 Absatz 6: Am Schluss der Ermächtigungsfrist hat der Verwaltungsrat die erforderliche Statutenanpassung vorzunehmen, d.h. er hat die Statutenbestimmung mittels öffentlich beurkundeter Statutenänderung aus den Statuten zu streichen. Auch wenn der Verwaltungsrat gesetzlich dazu verpflichtet ist, hat das Versäumnis des Verwaltungsrates, der dieser Pflicht nicht nachkommt, keine weiteren unmittelbaren Folgen, da die Ermächtigung als solche mit Fristablauf dahingefallen ist. Die Streichung ist aber spätestens anlässlich einer allfälligen andern Statutenänderung nachzuholen (vgl. Art. 22).

Wie bei der ordentlichen Kapitalerhöhung ist auch hier das sogenannte Festübernahmeverfahren zulässig (vgl. Note 215).

242

4. Abschnitt: Bedingte Kapitalerhöhung

Art. 51 Gewährungsbeschluss der Generalversammlung

¹ **Mit der Anmeldung zur Eintragung des Beschlusses der Generalversammlung über eine bedingte Kapitalerhöhung müssen dem Handelsregisteramt folgende Belege eingereicht werden:**
  a. **die öffentliche Urkunde über den Gewährungsbeschluss der Generalversammlung;**
  b. **die angepassten Statuten.**

² **Die Statuten müssen folgende Angaben enthalten (Art. 653b OR):**
  a. **den Nennbetrag des bedingten Kapitals;**
  b. **die Anzahl, den Nennwert und die Art der Aktien;**
  c. **die maximale Anzahl von Aktien, die bei der Ausübung des Wandels- oder Optionsrechts ausgegeben werden;**
  d. **gegebenenfalls die Stimmrechtsaktien;**
  e. **im Fall von Vorzugsaktien: die damit verbundenen Vorrechte;**
  f. **gegebenenfalls die Beschränkung der Übertragbarkeit der Aktien;**
  g. **den Kreis der Personen, denen ein Wandels- oder Optionsrecht zusteht;**
  h. **die Aufhebung oder die Einschränkung der Bezugsrechte der Aktionärinnen und Aktionäre.**

³ **Ins Handelsregister müssen eingetragen werden:**
  a. **ein Hinweis auf das bedingte Kapital gemäss näherer Umschreibung in den Statuten;**
  b. **das Datum des Beschlusses der Generalversammlung über die Änderung der Statuten.**

Aus handelsregisterrechtlicher Sicht unterscheiden sich genehmigte und bedingte Kapitalerhöhung nur unwesentlich, sodass auf jene Ausführungen verwiesen werden kann (Art. 49 Note 233 ff.). Die vorliegenden Bestimmungen geben die Art. 653 ff. OR wieder, soweit sie registerrechtlich relevant sind.

243

Eine Gesellschaft kann grundsätzlich neben genehmigtem auch über bedingtes Kapital verfügen. Deren gegenseitige Verknüpfung, wonach etwa die Verwendung von bedingtem Kapital entsprechend die Anzahl der verfügbaren Aktien aus genehmigtem Kapital reduziert, ist unzulässig. Eine entspre-

244

chende Statutenbestimmung müsste daher durch die Handelsregisterämter beanstandet werden.

245 Möglich sind die Barliberierung sowie die Liberierung durch Verrechnung (z.B. aus Forderungen der Arbeitnehmenden aus Arbeitsvertrag, Bonus usw.).

246 Die Liberierung der Aktien aus eigenen Mitteln der Gesellschaft ist unzulässig (Böckli, § 2 Note 205, Forstmoser, § 52 Note 386).

247 Art. 653e OR legt für die Durchführung der Kapitalerhöhung ferner klar, dass Wandel- und Optionsrechte nur durch Geld oder Verrechnung, nicht aber durch Sacheinlagen liberiert werden dürfen (vgl. Botschaft Aktienrecht, S. 124). Aus der checklistenartigen Aufzählung in Art. 51 sowie in der Gegenüberstellung zu Art. 50 wird klar, dass der eidgenössische Verordnungsgeber die Liberierung der bedingten Kapitalerhöhung durch Sacheinlage weiterhin als unzulässig betrachtet.

248 Die Art der Liberierung ist dem Handelsregisteramt normalerweise nicht bekannt, da die Leistung der Einlage direkt zugunsten der Gesellschaft erbracht wird. Falls dies durch Sacheinlage geschehen sollte, so wäre dies unzulässig und müsste bei entsprechender Kenntnisnahme durch das Handelsregisteramt zurückgewiesen werden.

249 Eine Frist für die Anmeldung des Gewährungsbeschlusses besteht nur indirekt über Art. 653h OR, wobei es sich hier lediglich um eine Ordnungsvorschrift handelt. Die Nichteinhaltung der Frist kann aber unter Umständen zu Verantwortlichkeitsansprüchen gegenüber dem Verwaltungsrat führen.

250 Ins Handelsregister wird – wie bei der genehmigten Kapitalerhöhung (Art. 49 Note 236) – ein Hinweis auf die Schaffung bedingten Kapitals aufgenommen und im SHAB publiziert. Die Details müssen den Statuten entnommen werden.

Art. 52 Feststellungen und Statutenänderung durch den Verwaltungsrat

¹ Mit der Anmeldung zur Eintragung der Beschlüsse des Verwaltungsrates betreffend die Feststellungen über die Ausübung von Wandel- und Optionsrechten und betreffend die Anpassung der Statuten müssen dem Handelsregisteramt folgende Belege eingereicht werden:
    a. die öffentliche Urkunde über die Beschlüsse des Verwaltungsrates;
    b. die angepassten Statuten;
    c. die Prüfungsbestätigung eines staatlich beaufsichtigten Revisionsunternehmens, einer zugelassenen Revisionsexpertin oder eines zugelassenen Revisionsexperten.

² Die öffentliche Urkunde über die Beschlüsse des Verwaltungsrates muss dem Beschluss der Generalversammlung entsprechen und folgende Angaben enthalten:
  a. die Feststellungen des Verwaltungsrates über:
     1. Anzahl, Nennwert und Art der neu ausgegebenen Aktien,
     2. gegebenenfalls die Stimmrechtsaktien,
     3. im Fall von Vorzugsaktien, die damit verbundenen Vorrechte,
     4. gegebenenfalls die Beschränkung der Übertragbarkeit der Aktien,
     5. die Höhe des Aktienkapitals am Schluss des Geschäftsjahres oder zum Zeitpunkt der Prüfung;
  b. die Beschlüsse des Verwaltungsrates über die Änderung der Statuten betreffend:
     1. die Höhe des Aktienkapitals und dessen Liberierung,
     2. den Betrag des noch verbleibenden bedingten Kapitals;
  c. die Feststellung der Urkundsperson, dass die Prüfungsbestätigung die verlangten Angaben enthält (Art. 653g OR).

³ Für den Inhalt des Eintrags gilt Artikel 48 sinngemäss.

Entsprechend seiner Prüfungspflicht (Art. 28) hat der Handelsregisterführer zu prüfen, ob die öffentliche Urkunde den geforderten Inhalt aufweist. Fehlt einer der Bestandteile, ist die Anmeldung zurückzuweisen. 251

Da es sich bei der Frist von 653h OR lediglich um eine Ordnungsfrist handelt, muss der Handelsregisterführer auch «verspätete» Anmeldungen entgegennehmen. Allerdings handelt der Verwaltungsrat, der die fristgerechte Anmeldung versäumt, pflichtwidrig und setzt sich damit möglichen Verantwortlichkeitsansprüchen aus. 252

Für die Eintragung ins Handelsregister verweist Art. 52 auf Art. 48 und 45. Nachgeführt werden die Statutenbestimmungen über das (erhöhte) Aktienkapital sowie das (reduzierte) bedingte Kapital, ins Handelsregister eingetragen wird lediglich das neue Aktienkapital. 253

Art. 53 Aufhebung der Statutenbestimmung über die bedingte Kapitalerhöhung

¹ Sind die Wandel- oder Optionsrechte erloschen, so muss die Gesellschaft die Anpassung der Statuten beim Handelsregisteramt zur Eintragung anmelden.

² Mit der Anmeldung müssen dem Handelsregisteramt folgende Belege eingereicht werden:
  a. die öffentliche Urkunde über den Beschluss des Verwaltungsrates betreffend die Aufhebung der Statutenbestimmung;

    b. der Bericht eines staatlich beaufsichtigten Revisionsunternehmens, einer zugelassenen Revisionsexpertin oder eines zugelassenen Revisionsexperten;
    c. die angepassten Statuten.

³ Die öffentliche Urkunde muss folgende Angaben enthalten:
    a. den Beschluss des Verwaltungsrates über die Aufhebung der Statutenbestimmung betreffend die bedingte Kapitalerhöhung;
    b. die Feststellung der Urkundsperson, dass der Revisionsbericht die erforderlichen Angaben enthält.

⁴ Ins Handelsregister müssen eingetragen werden:
    a. das Datum der Änderung der Statuten;
    b. ein Hinweis, dass die Bestimmung über die bedingte Kapitalerhöhung infolge der Ausübung oder des Erlöschens der Wandel- oder Optionsrechte aufgehoben wurde.

254 Sobald die Wandel- oder Optionsrechte erloschen sind (also faktisch das bedingte Kapital auf null reduziert wurde), ist die Statutenbestimmung über das bedingte Kapital durch den Verwaltungsrat zu streichen. Da ursprünglich der Hinweis auf die Schaffung bedingten Kapitals aufgenommen und im SHAB publiziert wurde (Note 236), muss das Erlöschen ebenfalls publiziert werden (Streichen der entsprechenden Bemerkung).

255 Für die vorzeitige Streichung der Statutenbestimmung über das bedingte Kapital genügt die Erklärung eines Verwaltungsratsmitgliedes (analog zum Kapitalerhöhungsbericht), wonach keine Options- oder Wandelrechte ausgegeben wurden.

5. Abschnitt: Nachträgliche Leistung von Einlagen

Art. 54

¹ Mit der Anmeldung zur Eintragung einer nachträglichen Leistung von Einlagen auf das Aktienkapital müssen dem Handelsregisteramt folgende Belege eingereicht werden:
    a. die öffentliche Urkunde über die Beschlüsse des Verwaltungsrates zur Änderung der Statuten und zu seinen Feststellungen;
    b. die angepassten Statuten;
    c. bei Bareinlagen: eine Bescheinigung, aus der ersichtlich ist, bei welchem Bankinstitut die Einlagen hinterlegt sind, sofern das Bankinstitut in der öffentlichen Urkunde nicht genannt wird;
    d. bei einer Liberierung durch Umwandlung von frei verwendbarem Eigenkapital:
       1. die genehmigte Jahresrechnung oder der Zwischenabschluss,

2. der Revisionsbericht einer zugelassenen Revisorin oder eines zugelassenen Revisors,
3. der öffentlich beurkundete Beschluss der Generalversammlung, wonach die freien Reserven dem Verwaltungsrat zur Nachliberierung zur Verfügung gestellt werden,
4. ein Bericht des Verwaltungsrates, der von einem Mitglied unterzeichnet ist,
5. eine vorbehaltslose Prüfungsbestätigung eines staatlich beaufsichtigten Revisionsunternehmens, einer zugelassenen Revisionsexpertin, eines zugelassenen Revisionsexperten, einer zugelassenen Revisorin oder eines zugelassenen Revisors;

e. bei Sacheinlagen, bei Sachübernahmen und bei Verrechnung:
1. ein Bericht des Verwaltungsrates, der von einem Mitglied unterzeichnet ist,
2. eine vorbehaltslose Prüfungsbestätigung eines staatlich beaufsichtigten Revisionsunternehmens, einer zugelassenen Revisionsexpertin, eines zugelassenen Revisionsexperten, einer zugelassenen Revisorin oder eines zugelassenen Revisors,
3. gegebenenfalls die Sacheinlageverträge mit den erforderlichen Beilagen und die Sachübernahmeverträge mit den erforderlichen Beilagen;

f. die Erklärung der Personen, die die Eintragung anmelden, dass keine anderen Sacheinlagen, Sachübernahmen, Verrechnungstatbestände oder besondere Vorteile bestehen als die in den Belegen genannten.

² Die öffentliche Urkunde über die nachträgliche Leistung von Einlagen muss folgende Angaben enthalten:
a. die Feststellung, dass die nachträglichen Einlagen entsprechend den Anforderungen des Gesetzes, der Statuten oder des Beschlusses des Verwaltungsrates geleistet wurden;
b. gegebenenfalls den Beschluss des Verwaltungsrates über die Aufnahme der erforderlichen Bestimmungen zu Sacheinlagen und Sachübernahmen in die Statuten;
c. den Beschluss des Verwaltungsrates über die Statutenänderung betreffend die Höhe der geleisteten Einlagen;
d. die Nennung aller Belege und die Bestätigung der Urkundsperson, dass die Belege ihr und dem Verwaltungsrat vorgelegen haben.

³ Im Handelsregister müssen eingetragen werden:
a. das Datum der Änderung der Statuten;
b. der neue Betrag der geleisteten Einlagen.

4 Bestehen Sacheinlagen, Sachübernahmen oder Verrechnungstatbestände, so gelten die Artikel 43 Absatz 3 und 45 Absätze 2 und 3 sinngemäss. Werden die Einlagen nachträglich durch Umwandlung von frei verwendbarem Eigenkapital geleistet, so bedarf es eines Hinweises darauf.

256 Die Kompetenz zum Einfordern der nachträglichen Leistung von Einlagen auf nicht voll liberierte Aktien liegt beim Verwaltungsrat (Art. 634a OR). Diese Leistung kann in bar, durch Einbringung von Sacheinlagen, durch Verrechnung oder aus freien Mitteln der Gesellschaft (vgl. Note 226 f.) erbracht werden. Um Umgehungen der Vorschriften über die Gründung oder die Kapitalerhöhung zu verunmöglichen, hat der Verordnungsgeber schon in der bisherigen Handelsregisterverordnung die Ausführungsvorschriften entsprechend angepasst:
 – Bareinlagen sind bei einer Bank zu hinterlegen (gegen Depositenbescheinigung, die dem beurkundenden Notar vorzulegen ist, dem Handelsregister aber nicht eingereicht werden muss, sofern die öffentliche Urkunde die entsprechenden Angaben enthält – Note 181).
 – Sacheinlagen, Sachübernahmen (soweit bekannt und sofern im Sinne von Art. 628 Abs. 2 OR offenzulegen [vgl. Note 186]) sowie Verrechnungstatbestände sind im Hinblick auf den Schutz der Gläubiger offenzulegen; die Verweisung auf die Art. 43 Absatz 3 und 45 Absätze 2 und 3 macht dies deutlich.

257 Die nachträgliche Liberierung durch Abtretung einer Forderung ist nicht zulässig. Die Liberierungspflicht ist unbedingter Natur, während bei gewöhnlichen Forderungen verschiedene Einreden möglich bleiben.

258 Absatz 1 lit. d: Das neue Recht regelt nun im Sinne der bisherigen Praxis die Nachliberierung der Aktien aus freien Mitteln der Gesellschaft (so Forstmoser, in § 52 Note 129, a.M. Böckli, § 1 Note 177). Das Formerfordernis der öffentlichen Beurkundung des GV-Beschlusses entspricht indessen nicht der geltenden Praxis und entbehrt auch einer gesetzlichen Grundlage. Das Protokoll hat lediglich den (üblichen) Anforderungen von Art. 702 OR bzw. Art. 23 zu entsprechen (Käch in TREX 1/08 S. 12).

259 Das Datum der geänderten Statuten (dem Handelsregisteramt ist ein vollständiges, bereinigtes Statutenexemplar einzureichen, Art. 22 Absatz 3). Die Statutenänderung erfolgt durch den Verwaltungsrat (und nicht durch die Generalversammlung) im Rahmen einer öffentlichen Beurkundung. Der neue Liberierungsgrad sowie allfällige qualifizierte Tatbestände (Sacheinlagen usw.) werden im Handelsregister eingetragen und im SHAB publiziert.

6. Abschnitt: Herabsetzung des Aktienkapitals

Art. 55 Ordentliche Kapitalherabsetzung

¹ Mit der Anmeldung zur Eintragung einer Herabsetzung des Aktienkapitals müssen dem Handelsregisteramt folgende Belege eingereicht werden:
   a. die öffentliche Urkunde über den Beschluss der Generalversammlung betreffend:
      1. die Feststellung über das Ergebnis des Prüfungsberichts,
      2. die Art und Weise der Durchführung der Kapitalherabsetzung,
      3. die Anpassung der Statuten;
   b. die öffentliche Urkunde über die Einhaltung der gesetzlichen Bestimmungen betreffend (Art. 734 OR):
      1. die Aufforderungen an die Gläubigerinnen und Gläubiger,
      2. die Anmeldefrist,
      3. die Erfüllung oder Sicherstellung der Forderungen;
   c. der Prüfungsbericht eines staatlich beaufsichtigten Revisionsunternehmens, einer zugelassenen Revisionsexpertin oder eines zugelassenen Revisionsexperten;
   d. die angepassten Statuten.

² Der Prüfungsbericht muss bestätigen, dass die Forderungen der Gläubigerinnen und Gläubiger nach der Herabsetzung des Aktienkapitals noch voll gedeckt sind.

³ Im Handelsregister müssen eingetragen werden:
   a. die Bezeichnung als Herabsetzung des Aktienkapitals;
   b. das Datum der Änderung der Statuten;
   c. die Angabe, ob die Herabsetzung durch Reduktion des Nennwerts oder durch Vernichtung von Aktien erfolgt;
   d. der Herabsetzungsbetrag;
   e. die Verwendung des Herabsetzungsbetrages;
   f. der Betrag des Aktienkapitals nach der Herabsetzung;
   g. der Betrag der Einlagen nach der Kapitalherabsetzung;
   h. Anzahl, Nennwert und Art der Aktien nach der Herabsetzung.

⁴ Hat die Gesellschaft eigene Aktien zurückgekauft und vernichtet, so findet das Kapitalherabsetzungsverfahren Anwendung. Die Herabsetzung des Aktienkapitals und der Zahl der Aktien ist auch dann ins Handelsregister einzutragen, wenn ein entsprechender Betrag in die Passiven der Bilanz gestellt wird.

260 Das Verfahren der konstitutiven Kapitalherabsetzung nach Art. 732 ff. OR gestaltet sich nach herrschender Lehre und Praxis (EHRA, in REPRAX 2/2002 S. 51 und Forstmoser, § 53 Note 42 ff.) wie folgt:
- In einem ersten Schritt holt der Verwaltungsrat den Prüfungsbericht eines zugelassenen Revisionsexperten ein, worin bestätigt wird, dass die Forderungen der Gläubiger trotz Herabsetzung des Kapitals voll gedeckt sind. Oftmals nimmt der Verwaltungsrat in Vorwegnahme den Schuldenruf gemäss al. 3 (unten, 3. Schritt) bereits vor Einholen des Revisionsberichtes vor, was allerdings gemäss Art. 733 OR nicht zulässig ist und von den Handelsregisterämtern daher zu beanstanden ist. Der Revisionsbericht hat möglichst aktuell zu sein, andernfalls die Bestätigung des Revisors erforderlich wird, wonach sich seit seiner Berichterstattung nichts Wesentliches geändert hat. Die Bilanz vor und nach der Kapitalherabsetzung bildet Bestandteil des Prüfungsberichtes, der der Generalversammlung vorzulegen ist. Der Prüfungsbericht seinerseits ist Bestandteil der Urkunde über die Beschlussfassung durch die Generalversammlung.
- In einem zweiten Schritt beschliesst die Generalversammlung (öffentlich beurkundet) die Herabsetzung des Kapitals auf einen Betrag (nicht unter CHF 100 000), die Art der Durchführung (z.B. durch Nennwertrückzahlung oder durch Befreiung von der Nachliberierungspflicht bei nicht vollständig einbezahlten Aktien) sowie die entsprechende Statutenänderung. Sollen Aktien vernichtet werden, so muss die Zustimmung der betroffenen Aktionäre vorliegen.
- In einem nächsten Schritt ist die Kapitalherabsetzung den Gläubigern der Gesellschaft unter Nennung der Anmeldestelle durch dreimalige Publikation im SHAB bekannt zu geben und eine Frist von zwei Monaten anzusetzen, innert welcher sie ihre Forderungen anmelden und deren Befriedung oder Sicherstellung verlangen können (Art. 733 OR).
- Nach Ablauf der Frist ergeht der öffentlich beurkundete Feststellungsbeschluss, wonach die Vorschriften von Art. 732 ff. OR eingehalten sind und die Zweimonate-Frist abgelaufen ist. Die Gesellschaft hat zuhanden dieses Feststellungsbeschlusses zu bestätigen, dass keine Anmeldung eingegangen bzw. angemeldete Forderungen befriedigt oder sichergestellt wurden (bereits bekannte bestrittene Forderungen müssen ebenfalls sichergestellt werden und sollten schon Bestandteil des Prüfungsberichts sein). Wird während des Fristenlaufs eine Forderung angemeldet, die von der Gesellschaft bestritten wird, so hat die Urkundsperson im Zusammenhang mit der Erstellung des Feststellungsbeschlusses zu prüfen, ob die Gesellschaft diese Forderung bestreitet und allenfalls sichergestellt hat; für den Registerführer relevant ist einzig, dass er den von Art. 734 verlangten Feststellungsbeschluss erhält (vgl. Forstmoser, § 53 Note 169). Lie-

gen die genannten Belege vor, so kann der Verwaltungsrat die Anmeldung beim Handelsregisteramt vornehmen.

Unzulässig – weil der gesetzlichen Ordnung widersprechend – ist deshalb das Verfahren gemäss Böckli (vgl. Böckli, § 2 Note 342 ff.), das die Herabsetzung in folgenden Schritten vorsieht mit: 261
- Grundsatzbeschluss der Generalversammlung auf Herabsetzung des Kapitals mit Angabe von Betrag, Art und Weise der Reduktion sowie Verwendung des zur Verfügung gestellten Eigenkapitals
- Schuldenruf und Sicherstellung der angemeldeten Forderungen
- besonderer Revisionsbericht, wonach die Forderungen auch nach der Kapitalherabsetzung gedeckt sind
- Durchführungsbeschluss der Generalversammlung
- Feststellungsurkunde des Notars
- Anmeldung der Herabsetzung beim Handelsregisteramt.

Keine Kapitalherabsetzung ist durchzuführen, wenn sich lediglich die Zusammensetzung des Kapitals ändert, also etwa das Partizipationskapital in Aktienkapital umgewandelt werden soll. Das für Gläubiger relevante Haftungssubstrat ändert sich nicht, weshalb die besonderen Bestimmungen über die Herabsetzung nicht zum Zuge kommen. 262

Verfügt die Gesellschaft noch über bedingtes oder genehmigtes Kapital, so wird durch die Kapitalherabsetzung das zulässige Verhältnis der Kapitalien zueinander gegebenenfalls tangiert (Art. 651 Abs. 2 OR bzw. Art. 653a Abs. 1 OR). Da im Zeitpunkt der Ermächtigung des Verwaltungsrates der Beschluss rechtskonform war, allenfalls Options- und Wandelrechte ausstehend sind und bei der Erhöhung ein Mittelzufluss in die Gesellschaft stattfindet, wird das Handelsregisteramt einer solchen Kapitalherabsetzung die Eintragung nicht versagen können (vgl. auch Basler Kommentar, Note 6 zu Art. 651 OR). 263

Absatz 2: Bei der Eintragung hat der Registerführer im Rahmen seiner Kognition zu prüfen, ob die Forderungen der Gläubiger gemäss Prüfungsbericht auch nach der Herabsetzung des Kapitals voll gedeckt sind, ob die öffentlichen Urkunden die erforderlichen Feststellungen und Beschlüsse enthalten und die Anmeldung nicht etwa verfrüht eingereicht wurde. Die Eintragung ins Handelsregister verdeutlicht, dass und in welcher Form sich das Haftungssubstrat für die Gläubiger verändert hat, wann und auf welche Art und Weise die Herabsetzung des Kapitals erfolgt ist. Sämtliche relevanten Daten werden publiziert. 264

Die ordentliche Kapitalherabsetzung mit maximalem Betrag ist von der geltenden gesetzlichen Regelung nicht vorgesehen (ebenso wenig wie die ordentliche Kapitalerhöhung mit maximalem Betrag). Gründe, warum eine solche Kapitalherabsetzung nicht möglich sein sollte, sind indessen nicht ersichtlich. Entscheidend ist aber auch hier, dass keine Kompetenz- 265

verschiebung von der Generalversammlung auf die Ebene Verwaltungsrat erfolgt. Das Verfahren in einem einzigen Schritt dürfte in solchen Fällen ausgeschlossen sein. Das EHRA akzeptiert in einem solchen Fall folgende Vorgehensweise:
- besonderer Revisionsbericht, wonach die Forderungen auch nach der Kapitalherabsetzung gedeckt sind (der Bericht hat sich über den maximal ins Auge gefassten Kapitalherabsetzungsbetrag auszusprechen)
- Grundsatzbeschluss der Generalversammlung auf Herabsetzung des Kapitals mit Angabe des maximalen Betrages, der Art und Weise der Reduktion sowie der Verwendung des zur Verfügung gestellten Eigenkapitals
- Schuldenruf und Sicherstellung der angemeldeten Forderungen
- Durchführungsbeschluss der Generalversammlung über den effektiven (evtl. reduzierten) Kapitalherabsetzungsbetrag
- Feststellungsurkunde des Notars
- Anmeldung der Herabsetzung beim Handelsregisteramt.

Art. 56 Kapitalherabsetzung im Fall einer Unterbilanz

¹ **Wird durch die Herabsetzung des Aktienkapitals eine Unterbilanz beseitigt, so müssen dem Handelsregisteramt mit der Anmeldung zur Eintragung folgende Belege eingereicht werden:**
  a. **die öffentliche Urkunde über den Beschluss der Generalversammlung betreffend:**
     1. **die Feststellung über das Ergebnis des Prüfungsberichts,**
     2. **die Art und Weise der Durchführung der Kapitalherabsetzung,**
     3. **die Anpassung der Statuten;**
  b. **die angepassten Statuten;**
  c. **der Prüfungsbericht eines staatlich beaufsichtigten Revisionsunternehmens, einer zugelassenen Revisionsexpertin oder eines zugelassenen Revisionsexperten.**

² **Der Prüfungsbericht muss bestätigen, dass:**
  a. **die Forderungen der Gläubigerinnen und Gläubiger nach der Herabsetzung des Aktienkapitals voll gedeckt sind;**
  b. **der Betrag der Kapitalherabsetzung den Betrag der durch Verluste entstandenen Unterbilanz nicht übersteigt (Art. 735 OR).**

³ **Ins Handelsregister müssen eingetragen werden:**
  a. **die Tatsache, dass das Aktienkapital zur Beseitigung einer Unterbilanz herabgesetzt wurde;**
  b. **das Datum der Änderung der Statuten;**

c. die Angabe, ob die Herabsetzung durch Reduktion des Nennwerts oder durch Vernichtung von Aktien erfolgt;
d. der Herabsetzungsbetrag;
e. der Betrag des Aktienkapitals nach der Herabsetzung;
f. der Betrag der Einlagen nach der Kapitalherabsetzung;
g. Anzahl, Nennwert und Art der Aktien nach der Herabsetzung.

Das Kapitalherabsetzungsverfahren zur Beseitigung einer Unterbilanz unterscheidet sich vom normalen Kapitalherabsetzungsverfahren dadurch, dass die Aufforderung an die Gläubiger sowie die Befriedigung oder Sicherstellung von Forderungen unterbleiben können, sofern das Kapital nicht in einem die Unterbilanz übersteigenden Betrag herabgesetzt wird (Art. 735 OR; Forstmoser, § 53 Note 258 ff.). Der Prüfungsbericht hat dies ausdrücklich zu bestätigen. 266

Da die Kapitalherabsetzung den Betrag der Unterbilanz grundsätzlich nicht überschreiten darf, ergeben sich in der Praxis Rundungsschwierigkeiten. In sehr engem Rahmen ist daher nach der Praxis des EHRA auch ein Spitzenausgleich zulässig: 267
– Im Falle der Vernichtung von Aktien darf die Aufrundung nicht mehr betragen als die Differenz zwischen der ohne Rundung verbleibenden Unterbilanz und dem Nennwert einer Aktie.
– Bei einer Nennwertherabsetzung darf die Aufrundung nicht mehr betragen als die Differenz zwischen der ohne Rundung verbleibenden Unterbilanz und des Betrages, welcher sich aus der Multiplikation der Anzahl der von der Nennwertherabsetzung betroffenen Aktien mit einem Hundertstel ihres bisherigen Nennwertes ergibt.
– Bei der minimalen Überschreitung des maximal zulässigen Betrages hat der Kapitalherabsetzungsbeschluss der Generalversammlung die Höhe des die Unterbilanz überschreitenden Herabsetzungsbetrages und dessen Zuweisung an die gesetzlichen Reserven zu enthalten.

Liegt nach Massgabe der Bilanz eine Überschuldung und nicht bloss eine Unterbilanz vor, so hat der Verwaltungsrat die Massnahmen nach Art. 725 zu ergreifen (vgl. dazu Forstmoser, § 53 Note 291 ff. sowie Böckli, § 2 Note 401). Das Verwaltungsgericht des Kantons Zürich hat in einem Entscheid (vgl. Pöschel/Watter, in REPRAX 2/2005) entschieden, dass Rangrücktrittserklärungen, aufgrund deren das Gericht nicht nach Art. 725 Abs. 2 OR anzurufen sei, als solche zur Durchführung des vereinfachten Verfahrens genügen und dass sich der besondere Revisionsbericht (Art. 732 Abs. 2 OR) nicht über die Deckung der Forderungen *aller* Gläubiger, sondern nur über die Deckung der Forderungen der restlichen Gläubiger (also exklusive der Gläubiger mit Rangrücktrittserklärung) auszusprechen habe. 268

Art. 57 Herabsetzung und gleichzeitige Wiedererhöhung des Kapitals auf den bisherigen oder einen höheren Betrag

¹ Wird zusammen mit der Herabsetzung des Aktienkapitals eine Wiedererhöhung auf den bisherigen oder einen höheren Betrag beschlossen, so müssen dem Handelsregisteramt mit der Anmeldung zur Eintragung folgende Belege eingereicht werden:
  a. die öffentliche Urkunde über den Beschluss der Generalversammlung;
  b. die für eine ordentliche Kapitalerhöhung erforderlichen Belege;
  c. die Statuten, falls sie geändert werden.

² Ins Handelsregister müssen eingetragen werden:
  a. die Tatsache, dass das Aktienkapital herabgesetzt und gleichzeitig wieder erhöht wurde;
  b. der Betrag, auf den das Aktienkapital herabgesetzt wird;
  c. die Angabe, ob die Herabsetzung durch Reduktion des Nennwerts oder durch Vernichtung von Aktien erfolgt;
  d. falls das Aktienkapital über den bisherigen Betrag erhöht wurde: der neue Betrag;
  e. Anzahl, Nennwert und Art der Aktien nach der Kapitalerhöhung;
  f. der neue Betrag der geleisteten Einlagen;
  g. gegebenenfalls die Stimmrechtsaktien;
  h. im Fall von Vorzugsaktien: die damit verbundenen Vorrechte;
  i. gegebenenfalls die Beschränkung der Übertragbarkeit der Aktien;
  j. falls die Statuten geändert wurden: deren neues Datum.

³ Wird das Aktienkapital zum Zwecke der Sanierung auf null herabgesetzt und anschliessend wieder erhöht, so muss im Handelsregister die Vernichtung der bisher ausgegebenen Aktien eingetragen werden.

⁴ Bestehen anlässlich der Kapitalerhöhung Sacheinlagen, Sachübernahmen, Verrechnungstatbestände oder besondere Vorteile, so gelten die Artikel 43 Absatz 3 und 45 Absätze 2 und 3 sinngemäss. Erfolgt die Wiedererhöhung des Aktienkapitals durch Umwandlung von frei verwendbarem Eigenkapital, so finden die Artikel 46 Absatz 3 Buchstabe d und 48 Absatz 1 Buchstabe i Anwendung.

269 Herabsetzung und Wiedererhöhung des Aktienkapitals auf den bisherigen Betrag (Harmonika): Diese Art der Sanierung kann in einem vereinfachten Verfahren durchgeführt werden. Notwendig sind einzig der Beschluss der Generalversammlung, der die Herabsetzung sowie die Wiedererhöhung beschliesst sowie der Beschluss des Verwaltungsrates über die Durchführung

der Kapitalerhöhung (Forstmoser, § 53 Note 333) und die Anmeldung ans Handelsregisteramt. Da es sich bei diesem Instrument um ein Kapitalbeschaffungsmittel zugunsten der Gesellschaft handelt, ist kein Schuldenruf durchzuführen. Die Belege für die Kapitalerhöhung sind jedoch einzureichen (vgl. Art. 46 Note 208 ff.).

In Übereinstimmung mit Art. 732a OR macht Absatz 3 nun klar, dass bei einer Kapitalherabsetzung auf null Franken die alten Mitgliedschaftsrechte ebenfalls vernichtet werden (keine Phantomaktien mehr; vgl. dazu auch Böckli, § 2 Note 385 ff. sowie in REPRAX 3/2001), was entsprechend im Handelsregister eingetragen wird. 270

Art. 58 Herabsetzung und gleichzeitige Wiedererhöhung des Kapitals auf einen tieferen als den bisherigen Betrag

Wird zusammen mit der Herabsetzung des Aktienkapitals eine Wiedererhöhung auf einen Betrag beschlossen, der unter dem Betrag des bisherigen Aktienkapitals liegt, so richtet sich die Herabsetzung nach den Artikeln 55 und 56. Artikel 57 findet ergänzende Anwendung.

Da das Aktienkapital nicht auf die bisherige Kapitalziffer wieder erhöht wird und damit die Interessen der Gläubiger tangiert sind, ist die Herabsetzung des Kapitals als Kapitalherabsetzung im Sinne von Art. 55 oder 56 bzw. die Erhöhung nach Art. 57 durchzuführen (z.B. Herabsetzung von CHF 200 000 auf null Franken und Wiedererhöhung auf CHF 100 000). Die Wiedererhöhung ist auf mindestens CHF 100 000 (oder mehr) vorzunehmen (Art. 621 OR), Dies gilt auch für Gesellschaften, die vor dem 1. Januar 1985 gegründet und damit gemäss Art. 2 Abs. 2 der Schlussbestimmungen des Bundesgesetzes über die Revision des Aktienrechts vom 4. Oktober 1991 von der Anpassung des Mindestkapitals ausgenommen waren. 271

Art. 59 Herabsetzung der Einlagen

Werden die auf das Aktienkapital geleisteten Einlagen herabgesetzt, so gelten die Bestimmungen dieser Verordnung über die Herabsetzung des Aktienkapitals sinngemäss.

Die herrschende Lehre behandelt die Herabsetzung der Einlagen gleich wie die Herabsetzung des Kapitals (vgl. Böckli, § 1 Note 185). Damit sind auch die entsprechenden Regeln anwendbar. 272

7. Abschnitt: Partizipationskapital

Art. 60
Für die Erhöhung und Herabsetzung des Partizipationskapitals sowie für die nachträgliche Leistung von Einlagen auf das Partizipationskapital gelten die Bestimmungen über das Aktienkapital sinngemäss.

273 Das Partizipationskapital ist – wie das Aktienkapital – Teil des Eigenkapitals einer Gesellschaft, weshalb Erhöhungen und Herabsetzungen wie beim Aktienkapital durchgeführt werden müssen (Forstmoser, § 53 Note 5).

8. Abschnitt: Besondere Bestimmungen zur Revision und zur Revisionsstelle

Art. 61 Eintragung der Revisionsstelle

¹ Eine Revisionsstelle darf nur in das Handelsregister eingetragen werden, wenn sie eine ordentliche oder eine eingeschränkte Revision durchführt.

² Das Handelsregisteramt klärt durch Einsichtnahme in das Register der Eidgenössischen Revisionsaufsichtsbehörde ab, ob die Revisionsstelle zugelassen ist.

³ Eine Revisionsstelle darf nicht eingetragen werden, wenn Umstände vorliegen, die den Anschein der Abhängigkeit erwecken.

274 Aktiengesellschaften, Gesellschaften mit beschränkter Haftung, Genossenschaften und Kommanditaktiengesellschaften (nicht aber die Rechtsformen gemäss Bundesgesetz über die kollektiven Kapitalanlagen [KAG, vgl. Art. 98 ff.]) kennen eine Revisionspflicht mit der Möglichkeit eines «opting out» für KMU. Bei Stiftungen ist eine Revisionspflicht vorgesehen; an die Stelle des «opting out» tritt hier die Möglichkeit einer Dispenserteilung durch die Stiftungsaufsichtsbehörde. Bei der Rechtsform der Vereine sind nur die Grossvereine revisionspflichtig, weshalb auch hier ein «opting out» entfällt. Angesichts der persönlichen Haftung besteht bei den Personengesellschaften bzw. dem Einzelunternehmen keine Revisionspflicht.

275 Absatz 1: Das am 1. September 2007 in Kraft getretene Revisionsaufsichtsgesetz (RAG, SR 221.302) bzw. das Obligationenrecht kennt zwei Arten der Revision und zwei Arten von Revisoren und damit folgende Kombinationen:
   – die ordentliche Revision: Eine Publikumsgesellschaft muss ein staatlich beaufsichtigtes Revisionsunternehmen als Revisionsstelle wählen (Art. 727 Absatz 1 Ziffer 1 OR i.V. mit Art. 727b Absatz 1 OR);

- die ordentliche Revision bei Gesellschaften,
  - die in zwei aufeinander folgenden Geschäftsjahren zwei der Kennzahlen (Bilanzsumme von 10 Mio. Franken, Umsatzerlös von 20 Mio. Franken, 50 Vollzeitstellen im Jahresdurchschnitt) überschreiten oder
  - die zur Erstellung einer Konzernrechnung verpflichtet sind oder
  - deren Aktionäre, die zusammen mehr als 10 Prozent des Aktienkapitals vertreten, dies verlangen
  Als Revisionsstelle ist diesen Fällen ein zugelassener Revisionsexperte einzusetzen;
- die eingeschränkte Revision für Gesellschaften, die die Voraussetzungen für eine ordentliche Revision nicht erfüllen: Als Revisionsstelle ist ein zugelassener Revisor zu bezeichnen (Art. 727a OR i.V. mit Art. 727c OR).

Der Begriff «Revisionsunternehmen» umfasst gemäss Art. 2. lit. b RAG sämtliche im Handelsregister eingetragenen Einzelunternehmen, Personengesellschaften und juristischen Personen, die Revisionsdienstleistungen erbringen. Es handelt sich hier somit um den Oberbegriff, der nicht mit dem Begriff «staatlich beaufsichtigtes Revisionsunternehmen» gleichgesetzt werden kann. 276

Ins Handelsregister wird eine Revisionsstelle nur eingetragen, wenn eine ordentliche oder eingeschränkte Revision im Sinne des Obligationenrechts durchgeführt wird und die rechtlichen Anforderungen (etwa an die Unabhängigkeit) erfüllt sind. Falls eine Gesellschaft (z.B. ein Familienunternehmen), die auf die eingeschränkte Revision verzichtet hat (Opting-out gemäss Art. 727a Absatz 2 OR) sich gleichwohl revidieren lassen will (z.B. durch ein Familienmitglied, das die Unabhängigkeitsanforderungen nicht erfüllt), so wird diese im Handelsregister nicht eingetragen. Ebenfalls nicht eingetragen wird die Revisionsstelle beim Einzelunternehmen, das sich freiwillig der Revision unterzieht. 277

Das Handelsregisteramt klärt über Internet ab, ob die angemeldete Revisionsstelle zugelassen ist (www.revisionsaufsichtsbehoerde.ch) und gegebenenfalls im Handelsregister eingetragen ist (Art. 8 Revisionsaufsichtsverordnung [RAV], SR 221.302.3). Soll ihre Zweigniederlassung als Revisionsstelle eingetragen werden (vgl. Art. 730 Abs. 4 OR), so hat das Handelsregisteramt die Zulassung des Hauptsitzes zu überprüfen. 278

Absatz 3: Die Revisionsstelle darf den Anschein der Unabhängigkeit nicht verletzen, andernfalls sie nicht eingetragen werden kann bzw. darf (Art. 728 OR). Sie darf also auch nicht eine einzige Aktie der zu revidierenden Gesellschaft besitzen. Das Handelsregisteramt «sieht» auch etwa nicht, ob die Revisionsstelle Buchhaltungsarbeiten macht, was bei der eingeschränkten Revision, nicht aber bei der ordentlichen Revision zulässig ist. Adressat der 279

Unabhängigkeitsvorschriften sind der Verwaltungsrat, der die Revisionsstelle auswählt und aus seiner Geschäftsführung Kenntnis von möglichen Abhängigkeitsgründen hat, sowie die Generalversammlung der Gesellschaft als Wahlorgan. Das Handelsregisteramt hat im Rahmen des Eintragungsverfahrens deshalb – wie bisher – die Eintragung einer Revisionsstelle nur abzulehnen, wenn die Unabhängigkeit offensichtlich verletzt zu sein scheint. Als offensichtliche Verletzungen gelten jene, «die dem Registerführer bekannt sind oder sich ohne weiteres und ohne besondere Abklärungen aus dem Anmeldungstext oder den Belegen ergeben» (Weisung des Eidgenössischen Amtes für das Handelsregister vom 17. August 1994 betreffend die Eintragung von Revisoren, die nun allerdings gemäss Art. 171 aufgehoben ist). Als «dem Registerführer bekannt» müssen jene Tatsachen gelten, die er aus dem Register ohne Weiteres herausfinden kann (z.B. Suche in der Datenbank nach Personen, woraus sich gegenseitige Abhängigkeiten ergeben können). Zu weiteren Abklärungen ist der Registerführer nicht verpflichtet – der Anschein der Unabhängigkeitsverletzung reicht für die Rückweisung des Eintragungsbegehrens. Es ist diesfalls Sache der Gesellschaft, dem Registerführer glaubhaft darzulegen, dass keine Verletzung vorliegt.

Art. 62 Verzicht auf eine eingeschränkte Revision

1 Aktiengesellschaften, die weder eine ordentliche noch eine eingeschränkte Revision durchführen, müssen dem Handelsregisteramt mit der Anmeldung zur Eintragung des Verzichts eine Erklärung einreichen, dass:
  a. die Gesellschaft die Voraussetzungen für die Pflicht zur ordentlichen Revision nicht erfüllt;
  b. die Gesellschaft nicht mehr als zehn Vollzeitstellen im Jahresdurchschnitt hat;
  c. sämtliche Aktionärinnen und Aktionäre auf eine eingeschränkte Revision verzichtet haben.

2 Diese Erklärung muss von mindestens einem Mitglied des Verwaltungsrats unterzeichnet sein. Kopien der massgeblichen aktuellen Unterlagen wie Erfolgsrechnungen, Bilanzen, Jahresberichte, Verzichtserklärungen der Aktionärinnen und Aktionäre oder das Protokoll der Generalversammlung müssen der Erklärung beigelegt werden. Diese Unterlagen unterstehen nicht der Öffentlichkeit des Handelsregisters nach den Artikeln 10–12 und werden gesondert aufbewahrt.

3 Die Erklärung kann bereits bei der Gründung abgegeben werden.

4 Das Handelsregisteramt kann eine Erneuerung der Erklärung verlangen.

5 Soweit erforderlich, passt der Verwaltungsrat die Statuten an und meldet dem Handelsregisteramt die Löschung oder die Eintragung der Revisionsstelle an.

Absatz 1: Die Gesellschaften können auf die Durchführung einer eingeschränkten Revision (Art. 727 Absatz 3 OR in Verbindung mit Art. 727a Absatz 2 OR, vgl. Note 432 ff.) verzichten. Der Registerführer hat indessen nicht eigene Abklärungen zu treffen, ob die rechtlichen Voraussetzungen für einen solchen Verzicht erfüllt sind. Der Verordnungsgeber hat deshalb – analog zur Stampa-Erklärung oder zur KMU-Erklärung im Fusionsrecht (Art. 131 Absatz 2) – die Abgabe einer Erklärung vorgesehen. Es handelt sich hier also um ein administrativ stark vereinfachtes Vorgehen. Die Abgabe dieser Erklärung steht allerdings wie die genannten andern Erklärungen ebenfalls unter strafrechtlicher Verantwortlichkeit (vgl. Note 182). 280

Die einzureichenden Belege haben den für sie geltenden Regeln zu entsprechen; entsprechend sind etwa Bilanzen unterzeichnet einzureichen (Art. 961 OR, Note 100). 281

Die Verzichtsmöglichkeit gilt nur für die Jahresrechnung der Gesellschaft. Wo das Gesetz die Prüfung durch einen zugelassenen Revisor bzw. Revisionsexperten vorsieht (z.B. bei einer Kapitalherabsetzung), muss eine entsprechende Prüfung erfolgen. 282

Absatz 2: Die Erklärung muss lediglich von einem Mitglied des Verwaltungsrates unterzeichnet und von Unterlagen begleitet sein, die die Erklärung stützen (Kopien von Bilanzen, Organigramme usw.). Es handelt sich hier nicht um Belegakten im technischen Sinne (Art. 20), die öffentlich zugänglich sind (Art. 10), sondern um Dokumente, die registertechnisch zwar für die Eintragung erforderlich (also «Belege») sind, nicht aber der Öffentlichkeit zugänglich. Als «Belegakten» unterliegen sie der allgemeinen Regelung über die Aufbewahrungsdauer von dreissig Jahren. 283

Die Erklärung des Verwaltungsrates hat sich darüber auszusprechen, dass die materiellen Voraussetzungen eines Verzichts erfüllt sind (keine Pflicht zur ordentlichen Revision, Nichterreichen der massgeblichen Anzahl von Vollzeitstellen) und dass sämtliche Aktionäre zugestimmt haben (Art. 727a OR). Ob diese Zustimmung ausdrücklich oder konkludent i.S. von Art. 727a Abs. 3 OR erfolgt ist, ist für die Handelsregisterbehörde nicht von Bedeutung. Sie stellt auf die Erklärung des Verwaltungsrates ab. 284

Der Begriff «Vollzeitstelle» umfasst auch Lehrverhältnisse im Sinne von Art. 344 ff. OR (vgl. Art. 355 OR). 285

Absätze 3 und 4: Bei den meisten Gründungen handelt es sich um KMU-Gründungen, bei denen die Pflicht zur Durchführung einer ordentlichen oder eingeschränkten Revision (noch) nicht besteht. Sie haben die Möglichkeit, auch auf die eingeschränkte Revision zu verzichten (Art. 62). Eine solche 286

Erklärung kann, obwohl dies der Gesetzeswortlaut (Art. 727a OR) nicht vorsieht, bereits im Gründungsstadium abgegeben werden (vgl. Note 183). Da die Erklärung von einem Verwaltungsrat unterzeichnet werden muss, setzt dies bei einem Verzicht anlässlich der Gründung voraus, dass mindestens einer der Gründer auch Verwaltungsrat ist; andernfalls müsste die Erklärung zusätzlich beigebracht werden.

287 Die Gültigkeit dieser Erklärung ist in zeitlicher Hinsicht nicht beschränkt. Aus der Geschäftstätigkeit des Unternehmens können sich jedoch Änderungen ergeben, aufgrund derer die materielle Richtigkeit der Erklärung nicht mehr gegeben ist. Werden nach Abgabe der Erklärungen die Voraussetzungen für eine Revision erfüllt, so ist die Gesellschaft in der Pflicht, die für sie angezeigte Form der Revision auch durchführen zu lassen und eine Revisionsstelle zu wählen bzw. beim Handelsregisteramt anzumelden (Art. 27 sowie Art. 937 OR). Wählt sie trotzdem keine Revisionsstelle, so liegt ein Organisationsmangel im Sinne von Art. 731b OR vor, was Aktionäre, Gläubiger oder den Handelsregisterführer ermächtigt, beim Richter die erforderlichen Massnahmen zu beantragen. Erhält der Registerführer Kenntnis (z.B. aus der Presse, durch Anzeigen usw.), dass die Voraussetzungen für die Fortdauer des Verzichts nicht mehr erfüllt sein könnten, erwächst ihm die Kompetenz zum nachträglichen Einfordern der Erklärung.

288 Meldet eine Gesellschaft eine Revisionsstelle zur Eintragung an, so bedeutet dies Verzicht auf das «opting out». Das Nebeneinander von «eingetragener Revisionsstelle» und «opting out» ist nicht möglich. Soll die Revisionsstelle dann wieder im Handelsregister gelöscht werden, so sind die Voraussetzungen für einen Verzicht erneut zu belegen (vgl. auch Merkblatt «Verzicht auf Revision» im Anhang).

289 Die Statuten können so ausgestaltet werden (vgl. Formulierung in den Musterstatuten AG und GmbH), dass sie die verschiedenen Revisionsarten abdecken. Damit lassen sich häufige Statutenänderungen vermeiden (etwa im Falle von Art. 727 Absatz 2 OR oder Art. 727a Absatz 4 OR, vgl. auch Note 179).

9. Abschnitt: Auflösung und Löschung

Art. 63 Auflösung

¹ **Wird eine Aktiengesellschaft durch Beschluss der Generalversammlung zum Zweck der Liquidation aufgelöst, so muss die Auflösung zur Eintragung ins Handelsregister angemeldet werden.**

2 Mit der Anmeldung müssen dem Handelsregisteramt folgende Belege eingereicht werden:
   a. die öffentliche Urkunde über den Auflösungsbeschluss der Generalversammlung und gegebenenfalls die Bezeichnung der Liquidatorinnen und Liquidatoren und deren Zeichnungsberechtigung;
   b. ein Nachweis, dass die Liquidatorinnen und Liquidatoren ihre Wahl angenommen haben.

3 Ins Handelsregister müssen eingetragen werden:
   a. die Tatsache der Auflösung;
   b. das Datum des Beschlusses der Generalversammlung;
   c. die Firma mit dem Liquidationszusatz;
   d. die Liquidatorinnen und Liquidatoren;
   e. gegebenenfalls Änderungen betreffend die eingetragenen Zeichnungsberechtigungen;
   f. gegebenenfalls eine Liquidationsadresse;
   g. gegebenenfalls der Hinweis, dass die statutarische Übertragungsbeschränkung der Aktien oder der Partizipationsscheine aufgehoben und der entsprechende Eintrag im Handelsregister gestrichen wird.

4 Die Bestimmungen über die Eintragungen von Amtes wegen bleiben vorbehalten.

Die Bestimmung betrifft lediglich die Auflösung durch die Gesellschaft selbst (Art. 736 ff. OR). Die Auflösung durch das Handelsregisteramt bzw. durch das Gericht fällt unter Art. 153 ff. (vgl. dazu Forstmoser, § 55 Note 33 ff., Böckli, § 17 Note 1 ff.). 290

Die Auflösung der Gesellschaft erfolgt gemäss Art. 736 Ziff. 2 OR durch öffentlich beurkundeten Beschluss der Generalversammlung. Diese hat auch die Liquidatoren zu wählen. Dieser Beschluss ist als Beleg dem Handelsregisteramt einzureichen, die Wahlannahmeerklärungen des Liquidators bzw. der Liquidatoren nur, wenn die Wahlannahme nicht bereits in der öffentliche Urkunde erwähnt wird. Sollen – nebst den Liquidatoren – weitere Organe ihre Vertretungsmacht behalten (Art. 740 Abs. 5 OR), so muss dies von der Generalversammlung in ihrem Beschluss festgehalten werden. Andernfalls besteht für die Handelsregisterämter die Vermutung, Verwaltungsräte verfügten neu über keine Zeichnungsbefugnis mehr und allfällige weitere Zeichnungsberechtigte (Geschäftsführer, Direktoren usw.) könnten gelöscht werden. 291

Die Anmeldung ist von den Verwaltungsräten zu unterzeichnen; falls diese gleichzeitig von ihrem Amt zurücktreten, hat die Anmeldung durch die Liquidatoren zu erfolgen. 292

293 Der Auflösungsbeschluss bewirkt, dass ab diesem Zeitpunkt sämtliche Handlungen der Gesellschaft auf deren Liquidation ausgerichtet sind, weshalb neue Geschäftsfelder nicht mehr eröffnet werden können. Änderungen des statutarischen Zwecks oder Kapitalerhöhungen sind deshalb nicht mehr möglich. Verfügt die Gesellschaft über vinkulierte Namenaktien, so bewirkt die Auflösung das Dahinfallen der Beschränkungen der Übertragbarkeit (Art. 685a Abs. 3 OR). Diese Tatsache wird im Handelsregister durch Streichen des Vinkulierungshinweises eingetragen und im Schweizerischen Handelsamtsblatt publiziert. Der Verzicht auf eine eingeschränkte Revision ist auch in der Liquidationsphase möglich, dabei sind die entsprechenden Belege beizubringen (vgl. Note 280 ff.).

294 Möglich ist weiterhin die Verlegung des Sitzes an einen andern Ort, was mittels Statutenänderung geschehen muss. Denkbar ist aber auch, dass Sitz und Domizil bestehen bleiben und dem Handelsregisteramt lediglich eine sogenannte Liquidationsadresse angemeldet wird, die dann auch im Handelsregister eingetragen werden kann.

Art. 64 Widerruf der Auflösung

¹ Widerruft die Generalversammlung ihren Auflösungsbeschluss, so muss der Widerruf der Auflösung zur Eintragung ins Handelsregister angemeldet werden.

² Mit der Anmeldung müssen dem Handelsregisteramt folgende Belege eingereicht werden:

- **a. die öffentliche Urkunde über den Beschluss der Generalversammlung;**
- **b. der Nachweis der Liquidatorinnen und Liquidatoren, dass mit der Verteilung des Vermögens noch nicht begonnen wurde;**

³ Im Handelsregister müssen eingetragen werden:
- **a. die Tatsache des Widerrufs der Auflösung;**
- **b. das Datum des Beschlusses der Generalversammlung;**
- **c. die Firma ohne den Liquidationszusatz;**
- **d. die erforderlichen Änderungen bei den eingetragenen Personen;**
- **e. bei einer Beschränkung der Übertragbarkeit der Aktien oder der Partizipationsscheine: ein Verweis auf die nähere Umschreibung in den Statuten.**

295 Der Widerruf der Auflösung durch Beschluss der Generalversammlung ist lediglich bei nicht durch Handelsregisteramt oder Gericht angeordneter Auflösung möglich (Rüdlinger, in REPRAX 2/2000). Es handelt sich hier um einen «contrarius actus», weshalb auch dieser Beschluss öffentlich zu beurkunden ist. Voraussetzung für den Eintrag des Widerrufs ist somit (vgl. Rüdlinger, in REPRAX 2/2000), dass

- mit der Verteilung des Vermögens noch nicht begonnen wurde
- der Verwaltungsrat bzw. die Liquidatoren dies dem Handelsregisteramt gegenüber bestätigen,
- die Generalversammlung die entsprechende Statutenänderung mit öffentlicher Beurkundung beschliesst und
- die Gesellschaft über sämtliche Organe (Verwaltungsrat, gegebenenfalls Revisionsstelle) sowie ein ordnungsgemässes Domizil verfügt.

Sind die Namenaktien vinkuliert, so ist auch der entsprechende Vinkulierungshinweis, der bei der Auflösung gestrichen wurde, wieder ins Handelsregister aufzunehmen.

Art. 65 Löschung

¹ Mit der Anmeldung der Löschung der Gesellschaft zur Eintragung müssen die Liquidatorinnen und Liquidatoren den Nachweis erbringen, dass die Aufforderungen an die Gläubigerinnen und Gläubiger im Schweizerischen Handelsamtsblatt nach Massgabe des Gesetzes durchgeführt wurden.

² Wird die Löschung einer Aktiengesellschaft im Handelsregister angemeldet, so macht das Handelsregisteramt den Steuerbehörden des Bundes und des Kantons Mitteilung. Die Löschung darf erst vorgenommen werden, wenn ihr diese Behörden zugestimmt haben.

³ Im Handelsregister müssen eingetragen werden:
  a. die Tatsache der Löschung;
  b. der Löschungsgrund.

Zu den Liquidationshandlungen zählt der Schuldenruf, der an drei verschiedenen Daten im Schweizerischen Handelsamtsblatt zu publizieren ist (Art. 742 Absatz 2 OR und Art. 745 Absatz 2 OR). Die Anmeldung zur Löschung kann frühestens ein Jahr nach dem letzten Publikationsdatum vorgenommen werden. Eine frühere Anmeldung ist möglich, wenn ein zugelassener Revisionsexperte bestätigt, dass die Schulden getilgt sind und dass nach den Umständen angenommen werden kann, Drittinteressen seien nicht gefährdet (Art. 745 Abs. 3 OR). 296

Die Daten der Schuldenrufe sind dem Handelsregisteramt im Rahmen der Anmeldung zur Löschung der Gesellschaft bekannt zu geben. Als Löschungsgrund wird die durchgeführte Liquidation eingetragen. 297

4. Kapitel: Kommanditaktiengesellschaft

Art. 66 Anmeldung und Belege

¹ Mit der Anmeldung der Gründung einer Kommanditaktiengesellschaft zur Eintragung müssen dem Handelsregisteramt folgende Belege eingereicht werden:
 a. die öffentliche Urkunde über den Errichtungsakt;
 b. die Statuten;
 c. das Protokoll der Verwaltung über ihre Konstituierung, über die Regelung des Vorsitzes und gegebenenfalls über die Erteilung der Zeichnungsbefugnisse an Dritte;
 d. ein Nachweis, dass die Mitglieder der Aufsichtsstelle ihre Wahl angenommen haben;
 e. bei Bareinlagen: eine Bescheinigung, aus der ersichtlich ist, bei welchem Bankinstitut die Einlagen hinterlegt sind, sofern das Bankinstitut in der öffentlichen Urkunde nicht genannt wird;
 f. im Fall von Artikel 117 Absatz 3: die Erklärung der Domizilhalterin oder des Domizilhalters, dass sie oder er der Gesellschaft ein Rechtsdomizil am Ort von deren Sitz gewährt;
 g. die Erklärung der Gründerinnen und Gründer, dass keine anderen Sacheinlagen, Sachübernahmen, Verrechnungstatbestände oder besonderen Vorteile bestehen, als die in den Belegen genannten.

² Für Angaben, die bereits im Errichtungsakt festgehalten sind, ist kein zusätzlicher Beleg erforderlich.

³ Bestehen Sacheinlagen, Sachübernahmen, Verrechnungstatbestände oder besondere Vorteile, so gilt Artikel 43 Absatz 3 sinngemäss.

298 Die Rechtsform der KommanditAG ist in der Schweiz nicht sehr verbreitet, auf sie sind, soweit in den Art. 764–771 OR nichts anderes geregelt ist, die Bestimmungen des Aktienrechts anwendbar (vgl. Meier-Hayoz/Forstmoser, § 17). Dies gilt auch auf Ebene der Handelsregisterverordnung.

299 Die unbeschränkt haftenden Gesellschafter und Gesellschafterinnen – sie sind zugleich Aktionäre – werden nicht durch die Generalversammlung in die Verwaltung gewählt, sondern bilden sie von Gesetzes wegen (Art. 765 Abs. 1 OR). Es braucht daher lediglich einen konstituierenden Beschluss der Verwaltung (Verwaltungsrat).

300 Die Kontrolle – es handelt sich hier um den veralteten Begriff der Revision, der im Zuge der Aktienrechtsreform 1992 nicht angepasst worden war – obliegt der Aufsichtsstelle (Art. 768 OR), allerdings mit weit umfassenderer Kompetenz bzw. Aufgabenbereich (Meier-Hayoz/Forstmoser, § 17

Note 34 ff.) als der normalen Revisionsstelle. Die Regeln für die Einhaltung der Unabhängigkeitsvorschriften gelten auch hier (Art. 764 Abs. 2 OR).

Im Gegensatz zur Aktiengesellschaft ist bei der KommanditAG bei der Revision kein Opting-down oder Opting-out möglich. Art. 768 Abs. 1 OR sieht nur die Erweiterung des Aufgabenkreises der Aufsichtsstelle vor.

Art. 67 Errichtungsakt

Die öffentliche Urkunde über den Errichtungsakt muss folgende Angaben enthalten:
  a. **die Personenangaben zu den Gründerinnen und Gründern sowie gegebenenfalls zu deren Vertreterinnen und Vertretern;**
  b. **die Erklärung der Gründerinnen und Gründer, eine Kommanditaktiengesellschaft zu gründen;**
  c. **die Festlegung der Statuten und die Nennung der Mitglieder der Verwaltung in den Statuten;**
  d. **die Erklärung der beschränkt haftenden Gründerinnen und Gründer über die Zeichnung der Aktien unter Angabe von Anzahl, Nennwert, Art, Kategorien und Ausgabebetrag der Aktien sowie die bedingungslose Verpflichtung, eine dem Ausgabebetrag entsprechende Einlage zu leisten;**
  e. **die Feststellung der Gründerinnen und Gründer, dass:**
     1. **sämtliche Aktien gültig gezeichnet sind,**
     2. **die versprochenen Einlagen dem gesamten Ausgabebetrag entsprechen,**
     3. **die gesetzlichen und statutarischen Anforderungen an die Leistung der Einlage erfüllt sind;**
  f. **die Wahl der Mitglieder der Aufsichtstelle;**
  g. **die Nennung aller Belege sowie die Bestätigung der Urkundsperson, dass die Belege ihr und den Gründerinnen und Gründern vorgelegen haben;**
  h. **die Unterschriften der Gründerinnen und Gründer.**

Art. 68 Inhalt des Eintrags

¹ **Bei Kommanditaktiengesellschaften müssen ins Handelsregister eingetragen werden:**
  a. **die Tatsache, dass es sich um die Gründung einer neuen Kommanditaktiengesellschaft handelt;**
  b. **die Firma und die Identifikationsnummer;**
  c. **der Sitz und das Rechtsdomizil;**
  d. **die Rechtsform;**
  e. **das Datum der Statuten;**

f. die Dauer der Gesellschaft, sofern sie beschränkt ist;
g. der Zweck;
h. die Höhe des Aktienkapitals und der darauf geleisteten Einlagen sowie Anzahl, Nennwert und Art der Aktien;
i. gegebenenfalls die Stimmrechtsaktien;
j. falls die Gesellschaft ein Partizipationskapital hat: dessen Höhe, die Höhe der darauf geleisteten Einlagen sowie Anzahl, Nennwert und Art der Partizipationsscheine;
k. im Fall von Vorzugsaktien oder Vorzugspartizipationsscheinen: die damit verbundenen Vorrechte;
l. bei einer Beschränkung der Übertragbarkeit der Aktien oder der Partizipationsscheine: ein Verweis auf die nähere Umschreibung in den Statuten;
m. falls Genussscheine ausgegeben werden: deren Anzahl und die damit verbundenen Rechte;
n. die Mitglieder der Verwaltung unter Angabe ihrer Eigenschaft als unbeschränkt haftende Gesellschafterinnen oder Gesellschafter;
o. die zur Vertretung berechtigten Personen;
p. die Mitglieder der Aufsichtstelle;
q. falls die Gesellschaft keine ordentliche oder eingeschränkte Revision durchführt: ein Hinweis darauf sowie das Datums der Erklärung der Verwaltung gemäss Artikel 62 Absatz 2;
r. falls die Gesellschaft eine ordentliche oder eingeschränkte Revision durchführt: die Revisionsstelle;
s. das gesetzliche Publikationsorgan sowie gegebenenfalls weitere Publikationsorgane;
t. die in den Statuten vorgesehene Form der Mitteilungen der Verwaltung an die Gesellschafterinnen und Gesellschafter.

² Bestehen Sacheinlagen, Sachübernahmen, Verrechnungstatbestände oder besondere Vorteile, so gilt Artikel 45 Absätze 2 und 3 sinngemäss.

Art. 69 Änderungen in der Zusammensetzung der Verwaltung

¹ Verändert sich die Zusammensetzung der Verwaltung, so müssen mit der Anmeldung folgende Belege eingereicht werden:
   a. eine öffentliche Urkunde über den Beschluss der Generalversammlung zur Änderung der Statuten;
   b. die angepassten Statuten;
   c. gegebenenfalls die Zustimmung aller bisherigen unbeschränkt haftenden Gesellschafterinnen und Gesellschafter.

² Wird einem Mitglied der Verwaltung die Geschäftsführungs- und Vertretungsbefugnis entzogen, so müssen ins Handelsregister eingetragen werden:
  a. das Datum des Entzugs;
  b. die betroffene Person;
  c. die Tatsache, dass mit dem Entzug der Geschäftsführungs- und Vertretungsbefugnis die unbeschränkte Haftung der betroffenen Person für die künftig entstehende Verbindlichkeiten der Gesellschaft entfällt;
  d. falls die Statuten geändert: wurden, deren neues Datum;
  e. die geänderte Firma, sofern diese angepasst werden muss (Art. 947 Abs. 4 OR).

Art. 70 Anwendung der Bestimmungen über die Aktiengesellschaft

Soweit sich aus Gesetz und Verordnung nichts anderes ergibt, gelten die Bestimmungen dieser Verordnung über die Aktiengesellschaft.

5. Kapitel: Gesellschaft mit beschränkter Haftung

1. Abschnitt: Gründung

Art. 71 Anmeldung und Belege

¹ Mit der Anmeldung der Gründung einer Gesellschaft mit beschränkter Haftung zur Eintragung müssen dem Handelsregisteramt folgende Belege eingereicht werden:
  a. die öffentliche Urkunde über den Errichtungsakt;
  b. die Statuten;
  c. falls die Funktion der Geschäftsführerinnen und Geschäftsführer auf einer Wahl beruht: der Nachweis, dass die betroffenen Personen die Wahl angenommen haben;
  d. gegebenenfalls ein Nachweis, dass die gesetzlich vorgeschriebene Revisionsstelle ihre Wahl angenommen hat;
  e. gegebenenfalls der Beschluss der Gründerinnen und Gründer oder, soweit die Statuten dies vorsehen, der Beschluss der Geschäftsführerinnen und Geschäftsführer über die Regelung des Vorsitzes der Geschäftsführung;
  f. gegebenenfalls der Beschluss der Gründerinnen und Gründer oder, soweit die Statuten dies vorsehen, der Beschluss der Geschäftsführerinnen und Geschäftsführer über die Ernennung weiterer zur Vertretung berechtigter Personen;

Art. 71 Anmeldung und Belege 94

    g. bei Bareinlagen: eine Bescheinigung, aus der ersichtlich ist, bei welchem Bankinstitut die Einlagen hinterlegt sind, sofern das Bankinstitut in der öffentlichen Urkunde nicht genannt wird;
    h. im Fall von Artikel 117 Absatz 3: die Erklärung der Domizilhalterin oder des Domizilhalters, dass sie oder er der Gesellschaft ein Rechtsdomizil am Ort von deren Sitz gewährt;
    i. die Erklärung der Gründerinnen und Gründer, dass keine anderen Sacheinlagen, Sachübernahmen, Verrechnungstatbestände oder besonderen Vorteile bestehen, als die in den Belegen genannten.

² Für Angaben, die bereits in der öffentlichen Urkunde über den Errichtungsakt festgehalten sind, ist kein zusätzlicher Beleg erforderlich.

³ Bestehen Sacheinlagen, Sachübernahmen, Verrechnungstatbestände oder besondere Vorteile, so gilt Artikel 43 Absatz 3 sinngemäss.

302 Das Recht der GmbH wurde im Verhältnis zu Dritten in weiten Teilen dem Recht der Aktiengesellschaft angepasst, was auch im Handelsregisterbereich seinen Niederschlag gefunden hat (etwa Einbezahlung der gezeichneten Anteile auf ein Sperrkonto, Gründungsbericht bei Sacheinlagen und -übernahmen usw.). Es kann deshalb auf Note 168 ff. verwiesen werden. Generell ist festzuhalten, dass es sich bei den Querverweisungen im Obligationenrecht um sogenannte dynamische Verweisungen handelt, bei denen immer – auch nach Gesetzesrevisionen – das jeweils aktuelle Recht zur Anwendung gelangt (Botschaft GmbH, S. 3167).

303 Auch ein Unmündiger kann als Gesellschafter einer GmbH eingetragen werden, sofern die gesetzlichen Vertreter ihre Zustimmung dazu erteilen (Art. 304 ZGB); die Zustimmung muss dem Handelsregisteramt gegenüber nachgewiesen werden. Sind auch die Eltern an der Gesellschaft beteiligt, so liegt ein möglicher Interessenkonflikt vor, weshalb die Vormundschaftsbehörde gegebenenfalls einen Beistand nach Art. 308 ZGB zu ernennen hat.

304 Eine einfache Gesellschaft kann nicht als Gründerin auftreten (Art. 772 OR); sie ist keine Handelsgesellschaft im Sinne von Art. 552 OR (vgl. Note 197).

305 Abs. 1 lit. b: Der minimale Statuteninhalt ist in Art. 776 OR geregelt. Notwendig sind Bestimmungen über Firma, Sitz, Zweck, Höhe des Stammkapitals, die Anzahl und der Nennwert der Stammanteile sowie über die Form der von der Gesellschaft ausgehenden Bekanntmachungen. Da die Stammanteile von Gesetzes wegen voll liberiert sein müssen (Art. 777c OR), erübrigt sich eine entsprechende statutarische Bestimmung.

306 Lit. c: Die Gesellschafter können die Geschäftsführung selber besorgen (Selbstorganschaft) oder durch Dritte besorgen lassen (Drittorganschaft). Gemäss dispositiver gesetzlicher Regelung zeichnen die Geschäftsführer

mit Einzelunterschrift. Die Statuten können die Vertretung abweichend regeln (Art. 814 Abs. 1 und 2 OR sowie Art. 776a Abs. 1 Ziff. 13 OR). Die Regelung der Vertretungsbefugnis erfolgt zwingend durch die Gesellschafterversammlung oder (bei entsprechender statutarischer Regelung) durch die Geschäftsführung. Eine statutarische Ermächtigung, wonach etwa ein Mehrheitsgesellschafter das Zeichnungsrecht regelt, wäre nicht zulässig (Gwelessiani, S. 191).

Falls die Gründungsversammlung (oder später die Gesellschafterversammlung) keine Geschäftsführer wählt, so sind die Gesellschafter von Gesetzes wegen Geschäftsführer, weshalb auch keine Wahlannahmeerklärung eingereicht werden muss (Art. 809 OR). Üblicherweise sehen die Statuten jedoch die Wahl der Geschäftsführer durch die Gesellschafterversammlung vor. 307

Als Geschäftsführer können gemäss Art. 809 Abs. 2 OR nur natürliche Personen fungieren (Botschaft GmbH S. 3212); ist eine juristische Person oder Handelsgesellschaft beteiligt, so bezeichnet sie gegebenenfalls eine natürliche Person, die die Funktion der Geschäftsführung an ihrer Stelle ausübt. Dies gilt auch in Konzernverhältnissen, die nach dem Prinzip der Selbstorganschaft geführt werden sollen. Der Geschäftsführer in der GmbH ist wie der Verwaltungsrat in der Aktiengesellschaft für seine Handlungen persönlich verantwortlich (Art. 827 OR). Würde die Geschäftsführung durch eine juristische Person ermöglicht, hätte dies eine Reduktion des Haftungssubstrats auf das Vermögen der eingetragenen juristischen Person zur Folge (Gwelessiani, S. 191), was weder bei der Aktiengesellschaft noch bei der GmbH im Sinne des Gesetzgebers sein dürfte (a.M. Handschin/Truniger, § 33 Note 30). 308

Erteilen die Eltern ihre Zustimmung, kann auch ein unmündiger Urteilsfähiger als Geschäftsführer eingetragen werden. 309

Die Gesellschaft muss durch einen (mit Einzelunterschrift) oder mehrere Geschäftsführer (mit Kollektivunterschrift) vertreten sein. Er oder sie können ihren Wohnsitz jedoch im Ausland haben; diesfalls muss die Vertretung der Gesellschaft in der Schweiz durch eine oder mehrere Personen (mit Einzel- bzw. Kollektivunterschrift) mit Wohnsitz in der Schweiz gewährleistet sein (Art. 814 Abs. 3 OR). 310

Lit. d: Auf die Wahl einer Revisionsstelle kann bereits im Rahmen der Gründung verzichtet werden, diesfalls ist auch keine Bestimmung über die Revisionsstelle in den Statuten nötig. Zulässig ist aber eine Statutenbestimmung, die die verschiedenen Arten der Revision abdeckt (vgl. Musterstatuten im Anhang). 311

Lit. e: Der Vorsitz in der Geschäftsführung ist durch die Gesellschafterversammlung zu regeln (Art. 809 Abs. 3 OR), wobei die Statuten diese Befugnis auch den Geschäftsführern übertragen können (Botschaft GmbH, S. 3212). 312

Ist kein Vorsitzender der Geschäftsführung mehr vorhanden, so wäre dies ein Organisationsmangel, der vom Handelsregisteramt verfolgt werden müsste (vgl. Note 535 ff.).

313 Lit. f: Die Geschäftsführer sind (zwingend) zuständig für die Abberufung von Direktoren und Prokuristen, selbst wenn sie durch die Gesellschafterversammlung ernannt worden sind (Handschin/Truniger, § 24 Note 37). Die Statuten können diese Befugnis nicht einschränken (Botschaft GmbH S. 3217). Die Gesellschafterversammlung ist ebenfalls befugt, von ihr ernannte Direktoren usw. abzuberufen.

314 Lit. g: In Abweichung vom Recht der Aktiengesellschaft müssen Stammanteile voll liberiert werden. Beim Bankinstitut ist deshalb auch ein allfälliges Agio einzubezahlen, und die Depositenbescheinigung hat sich über den gesamten hinterlegten Betrag (Nominalwert zuzüglich allfälliges Agio) auszusprechen.

315 Die Depositenbescheinigung ist – wie bei der Aktiengesellschaft – zwar dem beurkundenden Notar vorzulegen, muss aber dem Handelsregisteramt nicht als Beleg eingereicht werden, sofern die Depositenbank in der öffentlichen Urkunde genannt wird (vgl. Note 181).

316 Abs. 3: Art. 777c OR verweist für die Einlagen auf das Aktienrecht. Es gelangt damit der am 1. Januar 2008 in Kraft getretene Art. 628 zur Anwendung, wonach Sachübernahmen, die von Dritten erworben werden, nicht offengelegt werden müssen (vgl. Note 184).

317 Die Anmeldung ist von einem Geschäftsführer mit Einzelzeichnungsberechtigung oder von zwei nicht zeichnungsberechtigten Geschäftsführern vorzunehmen (Note 79 ff.).

Art. 72 Errichtungsakt

Die öffentliche Urkunde über den Errichtungsakt muss folgende Angaben enthalten:
   a. die Personenangaben zu den Gründerinnen und Gründern sowie gegebenenfalls zu deren Vertreterinnen und Vertretern;
   b. die Erklärung der Gründerinnen und Gründer, eine Gesellschaft mit beschränkter Haftung zu gründen;
   c. die Bestätigung der Gründerinnen und Gründer, dass die Statuten festgelegt sind;
   d. die Erklärung jeder Gründerin und jedes Gründers über die Zeichnung der Stammanteile unter Angabe von Anzahl, Nennwert, Kategorien und Ausgabebetrag;
   e. die Feststellung der Gründerinnen und Gründer, dass:
      1. sämtliche Stammanteile gültig gezeichnet sind,
      2. die Einlagen dem gesamten Ausgabebetrag entsprechen,

3. die gesetzlichen und gegebenenfalls die statutarischen Anforderungen an die Leistung der Einlage erfüllt sind,
4. sie die statutarischen Nachschuss- oder Nebenleistungspflichten übernehmen;
f. falls die Geschäftsführerinnen und Geschäftsführer gewählt wurden: einen Hinweis darauf und die entsprechenden Personenangaben;
g. die Tatsache, dass die Revisionsstelle gewählt wurde, beziehungsweise den Verzicht auf eine Revision;
h. die Nennung aller Belege sowie die Bestätigung der Urkundsperson, dass die Belege ihr und den Gründerinnen und Gründern vorgelegen haben;
i. die Unterschriften der Gründerinnen und Gründer.

Vgl. Noten 195 ff.

Art. 73 Inhalt des Eintrags

[1] Bei Gesellschaften mit beschränkter Haftung müssen ins Handelsregister eingetragen werden:
a. die Tatsache, dass es sich um die Gründung einer neuen Gesellschaft mit beschränkter Haftung handelt;
b. die Firma und die Identifikationsnummer;
c. der Sitz und das Rechtsdomizil;
d. die Rechtsform;
e. das Datum der Statuten;
f. falls sie beschränkt ist: die Dauer der Gesellschaft;
g. der Zweck;
h. die Höhe des Stammkapitals;
i. die Gesellschafterinnen und Gesellschafter unter Angabe der Anzahl und des Nennwerts ihrer Stammanteile;
j. bei Nachschusspflichten: ein Verweis auf die nähere Umschreibung in den Statuten;
k. bei statutarischen Nebenleistungspflichten unter Einschluss statutarischer Vorhand-, Vorkaufs- und Kaufsrechte: ein Verweis auf die nähere Umschreibung in den Statuten;
l. gegebenenfalls die Stimmrechtsstammanteile;
m. im Fall von Vorzugsstammanteilen: die damit verbundenen Vorrechte;
n. falls die Regelung der Zustimmungserfordernisse für die Übertragung der Stammanteile vom Gesetz abweicht: ein Verweis auf die nähere Umschreibung in den Statuten;
o. falls Genussscheine ausgegeben werden: deren Anzahl und die damit verbundenen Rechte;

p. die Geschäftsführerinnen und Geschäftsführer;
q. die zur Vertretung berechtigten Personen;
r. falls die Gesellschaft keine ordentliche oder eingeschränkte Revision durchführt: ein Hinweis darauf sowie das Datum der Erklärung der Geschäftsführung gemäss Artikel 62 Absatz 2;
s. falls die Gesellschaft eine ordentliche oder eingeschränkte Revision durchführt: die Revisionsstelle;
t. das gesetzliche Publikationsorgan sowie gegebenenfalls weitere Publikationsorgane;
u. die in den Statuten vorgesehene Form der Mitteilungen der Geschäftsführerinnen und Geschäftsführer an die Gesellschafterinnen und Gesellschafter.

² Bestehen Sacheinlagen, Sachübernahmen, Verrechnungstatbestände oder besondere Vorteile, so gilt Artikel 45 Absätze 2 und 3 sinngemäss.

318 Es kann hier auf die Ausführungen zur Eintragung einer Aktiengesellschaft verwiesen werden (Note 202 ff.).

319 Neu werden die Gesellschafter nicht mehr mit einer Stammeinlage, sondern mit Anzahl und Nennwert ihrer Stammanteile eingetragen. Ein Hinweis auf die Liberierung entfällt, da Stammanteile neu voll zu liberieren sind (Art. 777 c OR). Zu beachten ist in diesem Zusammenhang, dass nur für eine nach dem 1. Januar 2008 gegründete GmbH die Tatsache der Vollliberierung klar ist. Faktisch kann eine Teilliberierung nun aber dadurch erreicht werden, dass die Stammanteile zwar voll liberiert werden, für die Gesellschafter aber Nachschüsse vorgesehen werden können (Art. 795 OR), die dann unter den Voraussetzungen von Art. 795a OR eingefordert werden können. Das Mindestkapital von CHF 20 000 darf dabei nicht unterschritten werden.

320 Nachschuss- und Nebenleistungspflichten werden nicht ausführlich, sondern lediglich als Hinweis, dass solche vorhanden sind, ins Handelsregister aufgenommen. Die Details ergeben sich dann aus den Statuten. Die Leistung der Nachschüsse ist ein gesellschaftsinterner Akt. Sind die Nachschüsse geleistet – oder soll die Statutenbestimmung auch aus andern Gründen aufgehoben werden – so kommt Art. 795c OR bzw. Art. 81 zum Zuge.

321 Falls die Gesellschaft in ihren Statuten auf eine Vinkulierung verzichtet hat, so erfolgt im Handelsregister ein entsprechender Hinweis auf die Statuten (Abs. 1 lit. n); die Details werden nicht publiziert, sondern sind den beim Handelsregisteramt hinterlegten Statuten zu entnehmen.

322 Neu können auch Geschäftsführer ohne Zeichnungsberechtigung im Handelsregister eingetragen werden (Art. 814 Abs. 2 OR).

2. Abschnitt: Erhöhung des Stammkapitals

Art. 74 Anmeldung und Belege

¹ Eine Erhöhung des Stammkapitals muss innerhalb von drei Monaten nach dem Beschluss der Gesellschafterversammlung beim Handelsregisteramt zur Eintragung angemeldet werden. Anmeldungen, die nach dieser Frist eingereicht werden, werden abgewiesen.

² Mit der Anmeldung müssen dem Handelsregisteramt folgende Belege eingereicht werden:
   a. die öffentliche Urkunde über den Beschluss der Gesellschafterversammlung;
   b. die öffentliche Urkunde über die Feststellungen der Geschäftsführerinnen und Geschäftsführer und über die Statutenänderung;
   c. die angepassten Statuten;
   d. der von einer zeichnungsberechtigten Geschäftsführerin oder einem zeichnungsberechtigten Geschäftsführer unterzeichnete Kapitalerhöhungsbericht;
   e. bei Bareinlagen: eine Bescheinigung, aus der ersichtlich ist, bei welchem Bankinstitut die Einlagen hinterlegt sind, sofern das Bankinstitut in der öffentlichen Urkunde nicht genannt wird;
   f. die Erklärung der Personen, die die Eintragung anmelden, dass keine anderen Sacheinlagen, Sachübernahmen, Verrechnungstatbestände oder besonderen Vorteile bestehen, als die in den Belegen genannten.

³ Bestehen Sacheinlagen, Sachübernahmen, Verrechnungstatbestände oder besondere Vorteile oder wird die Erhöhung des Stammkapitals durch Umwandlung von Eigenkapital liberiert, so gilt Artikel 46 Absatz 3 sinngemäss.

⁴ Werden die Bezugsrechte eingeschränkt oder aufgehoben, so gilt Artikel 46 Absatz 4 sinngemäss.

Vergleiche die Ausführungen in Note 208 ff. 323

Aus der Pflicht zur vollen Liberierung der Stammanteile ergibt sich die Pflicht, auch bei einer Erhöhung voll zu liberieren (Art. 774 Abs. 2 OR). 324

Neu ist auch bei der GmbH die (ordentliche) Kapitalerhöhung mit Maximalbetrag zulässig. Ausgeschlossen sind hingegen die bedingte und genehmigte Kapitalerhöhung (Handschin/Truniger, § 9 Note 5). 325

Art. 75 Öffentliche Urkunden

¹ Die öffentliche Urkunde über den Beschluss der Gesellschafterversammlung muss folgende Angaben enthalten:
  a. den Nennbetrag oder gegebenenfalls den maximalen Nennbetrag, um den das Stammkapital erhöht werden soll;
  b. die Anzahl oder gegebenenfalls die maximale Anzahl sowie den Nennwert der Stammanteile, die neu ausgegeben werden sollen;
  c. den Ausgabebetrag oder die Ermächtigung der Geschäftsführerinnen und Geschäftsführer, diesen festzusetzen;
  d. den Beginn der Dividendenberechtigung;
  e. die Art der Einlagen;
  f. im Fall von Sacheinlagen: deren Gegenstand und Bewertung, den Namen der Einlegerin oder des Einlegers sowie die ihr oder ihm zukommenden Stammanteile;
  g. im Fall von Sachübernahmen: deren Gegenstand, den Namen der Veräussererin oder des Veräusserers sowie die Gegenleistung der Gesellschaft;
  h. im Fall von besonderen Vorteilen: deren Inhalt und Wert sowie die Namen der begünstigten Personen;
  i. gegebenenfalls die Stimmrechtsstammanteile;
  j. im Fall von Vorzugsstammanteilen: die damit verbundenen Vorrechte;
  k. eine vom Gesetz abweichende Regelung der Zustimmungserfordernisse für die Übertragung der Stammanteile;
  l. mit den neu auszugebenden Stammanteilen verbundenen Nachschuss- oder Nebenleistungspflichten unter Einschluss statutarischer Vorhand-, Vorkaufs- oder Kaufsrechte;
  m. die Zuweisung nicht ausgeübter oder entzogener Bezugsrechte und gegebenenfalls die Einschränkung oder Aufhebung des Bezugsrechts.

² Die öffentliche Urkunde über die Feststellungen der Geschäftsführerinnen und Geschäftsführer und über die Statutenänderung muss festhalten, dass:
  a. sämtliche Stammanteile gültig gezeichnet sind;
  b. die Einlagen dem gesamten Ausgabebetrag entsprechen;
  c. die Einlagen entsprechend den Anforderungen des Gesetzes, der Statuten und des Gesellschafterversammlungsbeschlusses geleistet wurden;
  d. die Zeichnerinnen und Zeichner allfällige statutarische Nachschuss- oder Nebenleistungspflichten, Konkurrenzverbote, Vorhand-, Vorkaufs- und Kaufsrechte sowie Konventionalstrafen übernehmen;

e. die Belege der Urkundsperson und den Geschäftsführerinnen und den Geschäftsführern vorgelegt haben. Die Belege sind einzeln aufzuführen.

Art. 76 Inhalt des Eintrags

¹ Bei einer Erhöhung des Stammkapitals müssen ins Handelsregister eingetragen werden:
   a. das Datum der Änderung der Statuten;
   b. der Betrag des Stammkapitals nach der Kapitalerhöhung;
   c. Anzahl und Nennwert der Stammanteile nach der Kapitalerhöhung;
   d. die Änderungen im Bestand der Gesellschafterinnen und Gesellschafter;
   e. gegebenenfalls die Stimmrechtsstammanteile;
   f. im Fall von Vorzugsstammanteilen: die damit verbundenen Vorrechte;
   g. bei Nachschusspflichten: ein Verweis auf die nähere Umschreibung in den Statuten;
   h. bei statutarischen Nebenleistungspflichten unter Einschluss statutarischer Vorhand-, Vorkaufs- und Kaufsrechte: ein Verweis auf die nähere Umschreibung in den Statuten;
   i. bei einer vom Gesetz abweichenden Regelung der Zustimmungserfordernisse für die Übertragung der Stammanteile: ein Verweis auf die nähere Umschreibung in den Statuten;
   j. falls die Erhöhung durch Umwandlung von frei verwendbarem Eigenkapital erfolgt ist: ein Hinweis darauf.

² Bestehen Sacheinlagen, Sachübernahmen, Verrechnungstatbestände oder besondere Vorteile, so gilt Artikel 45 Absätze 2 und 3 sinngemäss.

3. Abschnitt: Herabsetzung des Stammkapitals

Art. 77 Ordentliche Herabsetzung des Stammkapitals

Soweit dieser Abschnitt nichts anderes bestimmt, gilt Artikel 55 für die Herabsetzung des Stammkapitals sinngemäss.

Es kann auf die Ausführungen in den Noten 260 ff. verwiesen werden. Entsprechend dieser Rechtsform darf das Stammkapital den Betrag von CHF 20 000 nicht unterschreiten (Art. 782 Abs. 2 OR).

Art. 78 Herabsetzung des Stammkapitals im Fall einer Unterbilanz

¹ Wird durch die Herabsetzung des Stammkapitals eine Unterbilanz beseitigt, so müssen dem Handelsregisteramt mit der Anmeldung zur Eintragung folgende Belege eingereicht werden:
- a. die öffentliche Urkunde über den Beschluss der Gesellschafterversammlung betreffend:
  1. die Feststellung über das Ergebnis des Prüfungsberichts,
  2. die Art und Weise der Durchführung der Kapitalherabsetzung,
  3. die Anpassung der Statuten;
- b. die angepassten Statuten;
- c. der Prüfungsbericht eines staatlich beaufsichtigten Revisionsunternehmens, einer zugelassenen Revisionsexpertin oder eines zugelassenen Revisionsexperten.

² Der Prüfungsbericht muss bestätigen, dass:
- a. die Forderungen der Gläubigerinnen und Gläubiger nach der Kapitalherabsetzung voll gedeckt sind;
- b. der Betrag der Herabsetzung des Stammkapitals die durch Verluste entstandene Unterbilanz nicht übersteigt;
- c. die Gesellschafterinnen und Gesellschafter die in den Statuten vorgesehenen Nachschüsse voll geleistet haben.

³ Ins Handelsregister müssen eingetragen werden:
- a. die Tatsache, dass das Stammkapital zur Beseitigung einer Unterbilanz herabgesetzt wurde;
- b. das Datum der Änderung der Statuten;
- c. die Angabe, ob die Herabsetzung durch Reduktion des Nennwerts oder durch Vernichtung von Stammanteilen erfolgt;
- d. der Herabsetzungsbetrag;
- e. der Betrag des Stammkapitals nach der Herabsetzung;
- f. Anzahl und Nennwert der Stammanteile nach der Herabsetzung des Stammkapitals;
- g. die Änderungen im Bestand der Gesellschafterinnen und Gesellschafter.

327 Siehe Bemerkungen in Noten 266 ff.

328 Da die Statuten eine Nachschusspflicht der Gesellschafter vorsehen können (Art. 795 und 795a OR), darf eine Sanierungskapitalherabsetzung nur erfolgen, wenn die Nachschüsse geleistet worden sind (Art. 782 Abs. 3 OR). Der Prüfungsbericht hat dies – unter Berücksichtigung der geleisteten und allenfalls zurückerstatteter Beträge – zu bestätigen. Fehlt diese Bestätigung,

obwohl die Statuten eine Nachschusspflicht vorsehen, so ist die Anmeldung zurückzuweisen.

Das Einfordern der Nachschüsse ist ein gesellschaftsinterner Akt; es handelt sich um eine Pflicht zugunsten der Gesellschaft. Die Nachschüsse können in bar oder auch durch Sacheinlagen geleistet werden, wobei im letztern Falle keine Formvorschriften (es gibt keine Eintragung im Handelsregister) bestehen. Die Geschäftsführer sind indessen von ihrer persönlichen Verantwortung her gut beraten, die Werthaltigkeit der Sacheinlagen zu dokumentieren. 329

Anders als im Aktienrecht (Art. 692 Abs. 3 OR), gibt es bei der GmbH mangels ausdrücklicher Bestimmung bzw. mangels Verweisung aufs Aktienrecht keine Sanierungs-Stammanteile mit anderem Stimmrecht (Art. 806 OR). 330

Art. 79 Herabsetzung und gleichzeitige Wiedererhöhung des Stammkapitals auf den bisherigen oder einen höheren Betrag

¹ Wird zusammen mit der Herabsetzung des Stammkapitals eine Wiedererhöhung auf den bisherigen oder einen höheren Betrag beschlossen, so müssen dem Handelsregisteramt folgende Belege eingereicht werden:
    a. die öffentliche Urkunde über den Beschluss der Gesellschafterversammlung;
    b. die für eine Kapitalerhöhung erforderlichen Belege;
    c. die Statuten, falls sie geändert werden müssen.

² Falls die Statuten Nachschüsse vorsehen, muss der Prüfungsbericht bestätigen, dass die Gesellschafterinnen und Gesellschafter diese voll geleistet haben.

³ Ins Handelsregister müssen eingetragen werden:
    a. die Tatsache, dass das Stammkapital herabgesetzt und gleichzeitig wieder erhöht wird;
    b. der Betrag, auf den das Stammkapital herabgesetzt wird;
    c. die Angabe, ob die Herabsetzung durch Reduktion des Nennwerts oder durch Vernichtung von Stammanteilen erfolgt;
    d. falls das Stammkapital über den bisherigen Betrag erhöht wurde: der neue Betrag;
    e. Anzahl und Nennwert der Stammanteile nach der Kapitalerhöhung;
    f. die Änderungen im Bestand der Gesellschafterinnen und Gesellschafter;
    g. gegebenenfalls die Stimmrechtsstammanteile;

- h. im Fall von Vorzugsstammanteilen: die damit verbundenen Vorrechte;
- i. bei Nachschusspflichten: ein Verweis auf die nähere Umschreibung in den Statuten;
- j. bei statutarischen Nebenleistungspflichten unter Einschluss statutarischer Vorhand-, Vorkaufs- und Kaufsrechte: ein Verweis auf die nähere Umschreibung in den Statuten;
- k. bei einer vom Gesetz abweichenden Regelung der Zustimmungserfordernisse für die Übertragung der Stammanteile: ein Verweis auf die nähere Umschreibung in den Statuten;
- l. falls die Statuten geändert wurden, deren neues Datum.

[4] Wird das Stammkapital zum Zwecke der Sanierung auf null herabgesetzt und anschliessend wieder erhöht, so müssen die Vernichtung der bisher ausgegebenen Stammanteile und allfällige Änderungen im Bestand der Gesellschafterinnen und Gesellschafter ins Handelsregister eingetragen werden.

[5] Bestehen anlässlich der Kapitalerhöhung Sacheinlagen, Sachübernahmen, Verrechnungstatbestände oder besondere Vorteile, so gelten die Artikel 45 Absätze 2 und 3 sinngemäss. Erfolgt die Wiedererhöhung des Stammkapitals durch Umwandlung von frei verwendbarem Eigenkapital, so finden die Artikel 74 Absatz 3 und 76 Absatz 1 Buchstabe j Anwendung.

331 Siehe Noten 269 ff.

Art. 80 Herabsetzung und gleichzeitige Wiedererhöhung des Stammkapitals auf einen tieferen als den bisherigen Betrag

Wird zusammen mit der Herabsetzung des Stammkapitals eine Wiedererhöhung auf einen Betrag beschlossen, der unter dem Betrag des bisherigen Stammkapitals liegt, so richtet sich die Herabsetzung nach den Artikeln 77 und 78. Artikel 79 findet ergänzende Anwendung.

332 Siehe Note 271.

Art. 81 Herabsetzung oder Aufhebung der Nachschusspflicht

Für die Herabsetzung oder die Aufhebung einer statutarischen Nachschusspflicht gilt Artikel 77 sinngemäss.

333 Die Nachschüsse bilden nötigenfalls (indirekt) Haftungssubstrat zugunsten der Gläubiger (Art. 795c OR), die Vorschriften über die ordentliche Kapitalherabsetzung finden daher Anwendung (vgl. Note 326 mit Verweisen).

4. Abschnitt: Übertragung von Stammanteilen

Art. 82

¹ Die Gesellschaft muss sämtliche Übertragungen von Stammanteilen zur Eintragung in das Handelsregister anmelden, unabhängig davon, ob die Übertragungen auf vertraglicher Grundlage oder von Gesetzes wegen erfolgen.

² Dem Handelsregisteramt müssen eingereicht werden:
  a. ein Beleg, dass der Stammanteil auf die neue Gesellschafterin oder den neuen Gesellschafter übertragen wurde;
  b. falls die Statuten nicht auf die Zustimmung der Gesellschafterversammlung zur Übertragung des Stammanteils verzichten: ein Beleg für diese Zustimmung.

³ Die Erwerberin oder der Erwerber darf nur ins Handelsregister eingetragen werden, wenn lückenlos nachgewiesen wird, dass der Stammanteil von der eingetragenen Gesellschafterin oder vom eingetragenen Gesellschafter auf die Erwerberin oder den Erwerber übergegangen ist.

Absatz 1: Die bisherige Pflicht zur Nachführung der sogenannten GmbH-Liste ist entfallen. Da die Gesellschafter aber mit Namen und unter Aufführung der Anzahl ihnen zukommender Stammanteile im Handelsregister eingetragen werden, muss jede Änderung ebenfalls im Register eingetragen werden. 334

Die Abtretung der Stammanteile erfolgt neu nicht mehr mit öffentlicher Beurkundung, sondern lediglich in einfacher Schriftform (Art. 785 Abs. 1 OR). Bereits vor dem Inkrafttreten des neuen GmbH-Rechts (1. Januar 2008) gegründete Gesellschaften sehen in ihren Statuten oftmals vor, dass (entsprechend der früheren gesetzlichen Regelung) die Abtretung und die Verpflichtung zur Abtretung in öffentlicher Urkunde zu geschehen hatte. Wurden die Statuten nach Inkrafttreten des neuen GmbH-Rechts nicht revidiert, so muss davon ausgegangen werden, dass die Gesellschafter für sich bzw. ihre Gesellschaft weiterhin an der Beurkundungsvorschrift festhalten wollen; die Übertragung ist demgemäss in solchen Gesellschaften weiterhin nur in öffentlicher Urkunde möglich. Das Handelsregisteramt hat deshalb im Rahmen des Eintragungsverfahrens zu prüfen, ob die für die Gesellschaft geltenden statutarischen, allenfalls strengeren Vorschriften eingehalten wurden. Die einfache Schriftlichkeit ist jedoch dann zu akzeptieren, wenn mit dem Vertrag zugleich auch die Statutenänderung eingereicht wird, mit welcher auf das qualifizierte Formerfordernis in den Statuten verzichtet wird. 335

Absatz 2: Für die Eintragung eines neuen Gesellschafters sind als Belege der Abtretungsvertrag (Art. 785 OR) sowie der Zustimmungsbeschluss der Gesellschafterversammlung (Art. 786 OR) erforderlich. 336

337 Die Gesellschaft hat die Möglichkeit, in den Statuten auf das Erfordernis der Zustimmung durch die Gesellschafterversammlung zu verzichten (Erleichterung der Übertragung) bis hin zum völligen Ausschluss der Übertragbarkeit der Stammanteile.

338 Eine Besonderheit ist die Norm, wonach die Gesellschafterversammlung das Gesuch um Zustimmung innerhalb von sechs Monaten nach Eingang des Gesuchs abzulehnen hat, andernfalls die Zustimmung als erteilt gilt (Art. 787 Abs. 2 OR). Angesichts des Zustimmungserfordernisses (Art. 787 Abs. 1 OR) stellt sich die Frage, wie ein Gesellschafter vorzugehen hat, wenn die Gesellschafterversammlung nicht reagiert, also konkludent zustimmt, oder wenn die Statuten vom Erfordernis der Zustimmung absehen, aber die Anmeldung ans Handelsregisteramt nicht vorgenommen wird. Dabei ist folgendes Vorgehen angebracht:
   – Der Gesuchsteller stellt sein Gesuch um Zustimmung mit eingeschriebener Post der Gesellschaft zu (Nachweis der Zustellung im Hinblick auf den sechsmonatigen Fristenlauf).
   – Nach Ablauf der Frist gelangt er ans Handelsregisteramt und ersucht um Eintragung der Änderung.
   – Da die Anmeldung der Änderung nur durch die Geschäftsführer unterzeichnet werden kann, wird das Handelsregisteramt das Verfahren von Amtes wegen einleiten müssen (Art. 45) und gegebenenfalls auf diesem Weg die Eintragung unter Ausfällen einer Ordnungsbusse gemäss Art. 943 OR vornehmen müssen (vgl. Art. 152 Note 518 ff.).

339 Gleiches gilt für die besonderen Erwerbsarten nach Art. 788 OR. Hier wird der Erwerber von Gesetzes wegen Gesellschafter; er verfügt nur über kein Stimmrecht, solange die Gesellschaft die Zustimmung nicht erteilt hat. Als Beleg werden hier der Erbschein, der Erbvertrag oder der Erbteilungsvertrag (auch auszugsweise) dienen können.

340 Der Abtretungsvertrag muss den vertraglichen Mindestinhalt enthalten (Bezeichnung der Vertragsparteien, Wille zur Übertragung der Gesellschaftsanteile und – sofern gegeben – dieselben Hinweise auf statutarische Rechte und Pflichten wie in der Urkunde über die Zeichnung der Stammanteile [Zeichnungsschein]). Fehlen diese Hinweise, obwohl die Statuten entsprechende Rechte und Pflichten vorsehen, so ist die Abtretung nicht gültig (Art. 777a OR), sodass der Gesellschafterwechsel nicht eingetragen werden könnte (Gwelessiani, S. 190).

341 Absatz 3: Ein Erwerber kann nur eingetragen werden, wenn dem Handelsregisteramt der lückenlose Erwerbsübergang nachgewiesen wird. In der Praxis ist denkbar, dass ein Stammanteil übergegangen ist, ohne dass es zu einer Eintragung gekommen ist. Auch in diesem Fall wird es erforderlich sein, dass die Kette der Eigentumsübergänge lückenlos (durch Beibringen der jeweiligen Verträge oder in Form schriftlicher Bestätigungen der jeweiligen veräussernden Gesellschafter) nachgewiesen ist. Die jeweiligen Zustim-

mungsbeschlüsse der Gesellschaft müssen indessen nicht beigebracht werden, der letzte genügt. Wird der Nachweis durch Vorlage der verschiedenen Eigentumsübergänge seit letztem Eintrag im Handelsregister nicht erbracht, darf die Eintragung des Gesellschafterwechsels nicht vorgenommen werden; der Erwerber hat – falls er die Übergänge dem Handelsregisteramt gegenüber nicht belegen kann – den gerichtlichen Weg auf Feststellung seines Eigentums einzuschlagen.

Ein Gesellschafter kann sich nicht nach Art. 17 Abs. 2 löschen lassen; dies ist nur Personen, die eine Organstellung bekleidet haben, möglich (Art. 938b Abs. 2 OR). 342

Die Dereliktion der Stammanteile ist nicht zulässig; das Ausscheiden aus der Gesellschaft richtet sich nach Art. 822 OR sowie Art. 825a OR: 343
- Die Gesellschaft erwirbt die Stammanteile im Umfang von Art. 783 OR oder
- sie veräussert die Stammanteile an andere Gesellschafter oder Dritte oder
- sie setzt das Stammkapital herab (Art. 77).

5. Abschnitt: Revision, Revisionsstelle, Auflösung und Löschung

Art. 83

Für die Revision, für die Revisionsstelle, für die Auflösung, für den Widerruf der Auflösung und für die Löschung der Gesellschaft mit beschränkter Haftung gelten die Bestimmungen über die Aktiengesellschaft sinngemäss.

Es gelten die gleichen Bestimmungen wie bei der Aktiengesellschaft (vgl. Noten 274 ff. und 290 ff.). Die Statuten einer GmbH müssen indessen – im Gegensatz zur AG – keine Bestimmung über die Revisionsstelle enthalten (vgl. Art. 776 OR). Bei einem Opting-out erübrigt sich daher die Statutenanpassung (sofern die Gesellschaft nicht aus andern, nicht gesetzlichen Gründen eine Bestimmung zur Revision aufgenommen hatte). 344

6. Kapitel: Genossenschaft

Art. 84 Anmeldung und Belege

¹ **Mit der Anmeldung der Gründung einer Genossenschaft zur Eintragung müssen dem Handelsregisteramt folgende Belege eingereicht werden:**
  a. das Protokoll der konstituierenden Versammlung;
  b. die von einem Mitglied der Verwaltung unterzeichneten Statuten;

c. ein Nachweis, dass die Mitglieder der Verwaltung ihre Wahl angenommen haben;
d. gegebenenfalls ein Nachweis, dass die gesetzlich vorgeschriebene Revisionsstelle ihre Wahl angenommen hat;
e. bei Bestellung zur Vertretung berechtigter Personen: der entsprechende Beschluss der konstituierenden Versammlung oder der Verwaltung;
f. im Fall von Artikel 117 Absatz 3: die Erklärung der Domizilhalterin oder des Domizilhalters, dass sie oder er der Gesellschaft ein Rechtsdomizil am Ort von deren Sitz gewährt;
g. die Erklärung der Gründerinnen und Gründer, dass keine anderen Sacheinlagen und Sachübernahmen bestehen, als die in den Belegen genannten;
h. falls die Statuten eine persönliche Haftung oder Nachschusspflicht vorsehen: das von einem Mitglied der Verwaltung unterzeichnete Verzeichnis der Genossenschafterinnen und Genossenschafter.

² Für Angaben, die bereits im Protokoll der konstituierenden Versammlung festgehalten sind, ist kein zusätzlicher Beleg erforderlich.

³ Bestehen Sacheinlagen oder Sachübernahmen, so müssen zusätzlich folgende Belege eingereicht werden:
a. die Sacheinlageverträge mit den erforderlichen Beilagen;
b. Sachübernahmeverträge mit den erforderlichen Beilagen;
c. der von allen Gründerinnen und Gründern unterzeichnete Gründungsbericht.

345 Grundsätzlich kann auf die Ausführungen zur Aktiengesellschaft (Art. 43 ff.) verwiesen werden.

346 Für die Gründung einer Genossenschaft sind sieben Mitglieder erforderlich (für einen Genossenschaftsverband drei Mitglieder). Sinkt die Zahl der Mitglieder unter die Mindestzahl, so liegt neu ein sogenannter Mangel in der Organisation vor (Art. 831 Abs. 2 OR i.V. mit Art. 908 OR), der vom Handelsregisteramt zu ahnden ist (Art. 154).

347 Gemäss Art. 828 OR können nur Personen oder Handelsgesellschaften Genossenschafter sein. Eine einfache Gesellschaft kann daher nicht Mitglied werden.

348 Bei der Genossenschaft ist – im Gegensatz zum Verein und zur Stiftung – der «fliegende Sitz» beim jeweiligen Präsidenten nicht zulässig (vgl. Note 10). Formulierungen wie: «Der Sitz der Genossenschaft befindet sich am Wohnsitz des Präsidenten» sind in den Statuten nicht zulässig.

Zu ihrer Verbindlichkeit bedürfen Vorschriften über die Schaffung eines Genossenschaftskapitals durch Anteilscheine der Aufnahme in die Statuten (Art. 833 Ziff. 1 OR). Dabei sind allfällige Verpflichtungen der Genossenschafter zu Geld- oder andern Leistungen sowie deren Art und Höhe in den Statuten aufzuführen (Art. 832 Ziff. 3 OR). Die Statuten haben deshalb den Nennwert der Anteilscheine sowie die Mindestzahl der von einem Mitglied zu übernehmenden Anteilscheine zu regeln (von Steiger, Grundriss des Schweizerischen Genossenschaftsrechts, 1963 S. 59, Forstmoser, Berner Kommentar Note 109 zu Art. 832 und 833 OR). 349

Da Art. 834 Abs. 3 OR nicht geändert wurde, sind in Absatz 3 die Verrechnungstatbestände nicht aufgeführt und müssen auch nicht durch den Bericht abgedeckt werden. 350

Eine generelle Verzinsung der Anteilscheine darf in den Statuten nur für den Fall vorgesehen werden, dass die Bilanz keinen Verlustvortrag aufweist und ein Jahresreinertrag im Sinne von Art. 858 OR vorliegt. 351

Die Statuten können für ein ausscheidendes Mitglied die Rückzahlung seines Anteilscheines vorsehen. Dabei darf der wirkliche Wert (maximal der Nominalwert) nicht überschritten werden (Gutzwiller, Zürcher Kommentar Note 8 f. zu Art. 864/865 OR). 352

Für die Vertretung der Genossenschaft in der Schweiz (Art. 898 Abs. 2 OR) gelten die gleichen Vorschriften wie für den Verwaltungsrat einer Aktiengesellschaft (vgl. Note 180). 353

Art. 85 Protokoll der konstituierenden Versammlung

Das Protokoll der konstituierenden Versammlung muss folgende Angaben enthalten:
 a. **die Personenangaben zu den Gründerinnen und Gründern sowie zu deren Vertreterinnen und Vertretern;**
 b. **die Erklärung der Gründerinnen und Gründer, eine Genossenschaft zu gründen;**
 c. **die Bestätigung der Gründerinnen und Gründer, dass die Statuten festgelegt sind;**
 d. **gegebenenfalls die Tatsache, dass der schriftliche Bericht der Gründerinnen und Gründer über Sacheinlagen oder Sachübernahmen der Versammlung bekannt gegeben und von dieser beraten wurde;**
 e. **die Wahl der Mitglieder der Verwaltung sowie die entsprechenden Personenangaben;**
 f. **die Tatsache, dass die Revisionsstelle gewählt wurde, beziehungsweise den Verzicht auf eine Revision;**
 g. **die Unterschriften der Gründerinnen und Gründer.**

Art. 86 Besondere Voraussetzungen der Eintragung

Eine Rechtseinheit wird nur als Genossenschaft eingetragen, wenn:
  a. **mindestens sieben Genossenschafterinnen und Genossenschafter an der Gründung beteiligt sind (Art. 831 Abs. 1 OR), beziehungsweise mindestens drei Genossenschaften an der Gründung eines Genossenschaftsverbandes beteiligt sind (Art. 921 OR);**
  b. **der statutarische Zweck:**
    1. **in der Hauptsache in der Förderung oder Sicherung bestimmter wirtschaftlicher Interessen der Mitglieder in gemeinsamer Selbsthilfe liegt (Art. 828 OR), oder**
    2. **gemeinnützig ausgerichtet ist.**

354 Der Titel «Besondere Voraussetzungen der Eintragung» dient der Verdeutlichung, dass das Vorhandensein von sieben Genossenschaftern unabdingbar ist. Es wäre deshalb ein Organmangel anzunehmen, wenn die Anzahl der Mitglieder unter die erforderliche Anzahl von sieben fiele (Art. 831 Abs. 2 OR); das Handelsregisteramt hätte diesfalls nach Art. 154 (vgl. Note 535 ff.) vorzugehen.

355 Eine Genossenschaft hat in der Hauptsache die Förderung oder Sicherung bestimmter wirtschaftlicher Interessen ihrer Mitglieder in gemeinsamer Selbsthilfe zu bezwecken (Art. 828 OR). Sie muss den Mitgliedern direkte materielle Vorteile bringen (Basler Kommentar, Note 18 zu Art. 828 OR). Bezweckt eine Genossenschaft mit ihrer Tätigkeit primär die Beschaffung von Arbeit für ihre Mitglieder, so ist dies kein spezifisch genossenschaftlicher Zweck und ist, sollte die Genossenschaftstätigkeit schwerwiegend auf den Abschluss von Rechtsgeschäften mit Drittpersonen abzielen, unzulässig.

356 Gemischt-gemeinnützige Genossenschaften sind zulässig (Kombination gemäss lit. b Ziff. 1 und 2).

Art. 87 Inhalt des Eintrags

¹ **Bei Genossenschaften müssen ins Handelsregister eingetragen werden:**
  a. **die Tatsache, dass es sich um die Gründung einer neuen Genossenschaft handelt;**
  b. **die Firma und die Identifikationsnummer;**
  c. **der Sitz und das Rechtsdomizil;**
  d. **die Rechtsform;**
  e. **das Datum der Statuten;**
  f. **falls sie beschränkt ist: die Dauer der Gesellschaft;**
  g. **der Zweck;**
  h. **der Nennwert allfälliger Anteilscheine;**

i. im Fall von Beitrags- oder Leistungspflichten der Genossenschafterinnen und Genossenschafter: ein Verweis auf die nähere Umschreibung in den Statuten;
j. im Fall einer persönlichen Haftung oder einer Nachschusspflicht der Genossenschafterinnen und Genossenschafter: ein Verweis auf die nähere Umschreibung in den Statuten;
k. die Mitglieder der Verwaltung;
l. die zur Vertretung berechtigten Personen;
m. falls die Gesellschaft keine ordentliche oder eingeschränkte Revision durchführt: ein Hinweis darauf sowie das Datum der Erklärung der Verwaltung gemäss Artikel 62 Absatz 2;
n. falls die Gesellschaft eine ordentliche oder eingeschränkte Revision durchführt: die Revisionsstelle;
o. das gesetzliche Publikationsorgan sowie gegebenenfalls weitere Publikationsorgane;
p. die in den Statuten vorgesehene Form der Mitteilungen der Verwaltung an die Genossenschafterinnen und Genossenschafter.

² Bestehen anlässlich der Gründung Sacheinlagen oder Sachübernahmen, so gilt Artikel 45 Absatz 2 Buchstaben a und b und Absatz 3 sinngemäss.

Bei Änderungen (z.B. in der Verwaltung) ist oftmals festzustellen, dass die Genossenschaft nicht mehr in der Lage ist, die erforderlichen Protokolle beizubringen. In solchen Fällen wird sich das Handelsregisteramt mit einem Protokoll der Generalversammlung begnügen, in welchem festgestellt wird, wer und in welcher Funktion Mitglied der Verwaltung ist.

Art. 88 Verzeichnis der Genossenschafterinnen und Genossenschafter

¹ Die Verwaltung muss mit der Mitteilung über den Eintritt oder den Austritt einer Genossenschafterin oder eines Genossenschafters nach Artikel 877 Absatz 1 OR ein von einem Mitglied der Verwaltung unterzeichnetes aktualisiertes Verzeichnis der Genossenschafterinnen und Genossenschafter einreichen, dies vorzugsweise in elektronischer Form.

² Es erfolgt keine Eintragung in das Handelsregister; die Mitteilungen und das Verzeichnis stehen jedoch zur Einsichtnahme offen.

³ Die Mitteilung durch Genossenschafterinnen und Genossenschafter sowie durch ihre Erbinnen und Erben nach Artikel 877 Absatz 2 OR bleibt vorbehalten.

Nach bisherigem Recht (Art. 94 und 95 altHRegV) hatte das Handelsregisteramt für jede Genossenschaft mit persönlicher Haftung oder Nachschusspflicht der Genossenschafter eine Mitgliederliste (Genossenschafterliste) zu führen und aufgrund der von der Genossenschaft einzureichenden Änderungen im Mitgliederbestand nachzuführen. Diese Pflicht zur Führung und Nachführung der Liste durch das Handelsregisteramt ist entfallen. Neu ist die Genossenschaft selber verpflichtet, das Verzeichnis zu führen und in jeweils aktualisierter, vollständiger Form dem Handelsregisteramt einzureichen (Art. 837 OR). Dieses Verzeichnis ist öffentlich. Diese Liste kann in elektronischer Form (als Pdf-Datei mit digitaler Signatur versehen) oder als physische Liste eingereicht werden. Möglich ist auch, dass eine nicht weiter beschreibbare Compact Disc (CD) eingereicht wird, die eine Datei – die aktualisierte Mitgliederliste – enthält; diesfalls ist im originalunterzeichneten Begleitschreiben auf diese CD bzw. die Datei zu verweisen.

359 Weder Gesetz noch Verordnung regeln die Folgen, wenn eine Genossenschaft dem Handelsregisteramt keine Änderungen mitteilt bzw. kein aktualisiertes Verzeichnis einreicht. Eine Ordnungsbusse gemäss Art. 943 OR wird angesichts des Wortlautes dieser Bestimmung ausser Betracht fallen. Hingegen ist die (allfällige) Revisionsstelle gemäss Art. 907 OR verpflichtet festzustellen, ob das Genossenschafterverzeichnis ordnungsgemäss geführt wird; dazu gehört auch die Erfüllung der Pflicht zur Einreichung der aktualisierten und vollständigen Liste ans Handelsregisteramt. Überdies sind alle mit der Verwaltung, Geschäftsführung, Revision oder Liquidation befassten Personen für allfälligen Schaden verantwortlich, der durch absichtliche oder fahrlässige Verletzung ihrer Pflichten (also auch im Falle von Art. 837 OR) entstanden ist.

360 Art. 877 Abs. 2 OR sieht vor, dass ein austretender Genossenschafter die Eintragung seines Austrittes selbst zur Anmeldung bringen kann. Der Begriff «Anmeldung» ist insofern irreführend, als ja keine Eintragung ins Handelsregister mit Wirkung gegenüber Dritten erfolgt. Da u.U. die Genossenschaft ihrer Pflicht zur Einreichung einer bereinigten Liste nicht nachkommt, wird das Handelsregisteramt eine so eingereichte Mitteilung einer schon vorhandenen Liste beifügen müssen.

361 Für die Aufbewahrungsdauer von Genossenschafter-Verzeichnissen gilt, da sie keine Belegakten sind, die allgemeine Regel von 10 Jahren, solange die Genossenschaft besteht, bzw. von zehn Jahren nach ihrer Löschung (Art. 166). Da die Hinterlegung der Liste keine materiellen Folgen bewirkt, wird in allfälligen Haftungs- bzw. Nachschussdiskussionen die Genossenschaft bzw. das Mitglied den Nachweis über die Mitgliedschaft bzw. den Austritt zu erbringen haben.

Art. 89 Revision, Revisionsstelle, Auflösung und Löschung

Für die Revision, für die Revisionsstelle, für die Auflösung, für den Widerruf der Auflösung und für die Löschung der Genossenschaft gelten die Bestimmungen über die Aktiengesellschaft sinngemäss.

Vgl. Noten 274 bis 297. 362

7. Kapitel: Verein

Art. 90 Anmeldung und Belege

¹ Mit der Anmeldung zur Eintragung eines Vereins müssen dem Handelsregisteramt folgende Belege eingereicht werden:
   a. ein Protokoll der Vereinsversammlung über:
      1. die Annahme der Statuten,
      2. die Wahl der Mitglieder des Vorstandes,
      3. die Wahl der Revisionsstelle, sofern der Verein revisionspflichtig ist;
   b. die von einem Mitglied des Vorstandes unterzeichneten Statuten;
   c. die Erklärung der Mitglieder des Vorstandes und gegebenenfalls der Revisionsstelle, dass sie die Wahl annehmen;
   d. bei Bestellung zur Vertretung berechtigter Personen: der entsprechende Beschluss der Vereinsversammlung oder des Vorstandes;
   e. im Fall von Artikel 117 Absatz 3: die Erklärung der Domizilhalterin oder des Domizilhalters, dass sie oder er dem Verein ein Rechtsdomizil am Ort von dessen Sitz gewährt;
   f. falls die Statuten eine persönliche Haftung oder Nachschusspflicht der Mitglieder vorsehen: das Verzeichnis der Mitglieder.

² Für Angaben, die bereits im Protokoll der Vereinsversammlung festgehalten sind, ist kein zusätzlicher Beleg erforderlich.

Vereine, die ein kaufmännisches Gewerbe betreiben, sind eintragungspflichtig (Art. 61 Abs. 2 Ziff. 1 ZGB). Die Eintragungspflicht besteht – im Gegensatz zum Einzelunternehmen – ungeachtet eines allfälligen Jahresumsatzes, also auch wenn ein Jahresumsatz von CHF 100 000 nicht erreicht wird. Dieser Jahresumsatz als Grenze für die Eintragungspflicht besteht heute nur noch bei Einzelunternehmen (vgl. Note 142). 363

Vereine, die revisionspflichtig sind, sind zur Eintragung ins Handelsregister verpflichtet (Art. 61 Abs. 2 Ziff. 2 ZGB). Darunter fallen ausschliesslich die sogenannten Grossvereine, d.h. die Vereine, die in zwei aufeinanderfolgenden Geschäftsjahren zwei der Kenngrössen (Bilanzsumme von 10 Mio. 364

Franken, Umsatzerlös von 20 Mio. Franken, 50 Vollzeitstellen im Jahresdurchschnitt) überschreiten (Art. 69b Abs. 1 ZGB).

Art. 91 Besondere Voraussetzung der Eintragung

Eine Rechtseinheit wird nur als Verein ins Handelsregister eingetragen, wenn sie nicht zugleich einen wirtschaftlichen Zweck verfolgt und ein nach kaufmännischer Art geführtes Gewerbe betreibt.

365 Folgerichtig zur bundesgerichtlichen Rechtsprechung (BGE 90 II 333) darf ein Verein einen wirtschaftlichen Zweck verfolgen (etwa Zueignung ökonomischer Vorteile zugunsten der Vereinsmitglieder) verfolgen, sofern er nicht gleichzeitig ein kaufmännisches Gewerbe betreibt (vgl. Note 142).

Art. 92 Inhalt des Eintrags

Bei Vereinen müssen ins Handelsregister eingetragen werden:
  a. **der Name und die Identifikationsnummer;**
  b. **der Sitz und das Rechtsdomizil;**
  c. **die Rechtsform;**
  d. **falls belegt: das Datum der Gründung;**
  e. **das Datum der Statuten;**
  f. **falls sie beschränkt ist: die Dauer des Vereins;**
  g. **der Zweck;**
  h. **die Mittel, wie Mitgliederbeiträge, Erträge aus dem Vereinsvermögen oder aus der Vereinstätigkeit und Schenkungen;**
  i. **im Fall einer persönlichen Haftung oder einer Nachschusspflicht der Mitglieder des Vereins: ein Verweis auf die nähere Umschreibung in den Statuten;**
  j. **die Organisation;**
  k. **die Mitglieder des Vorstandes;**
  l. **die zur Vertretung berechtigten Personen;**
  m. **falls der Verein eine ordentliche oder eingeschränkte Revision durchführt: die Revisionsstelle.**

366 Der fliegende Sitz (beim jeweiligen Präsidenten) ist zulässig. Im Übrigen gelten die normalen Regeln für den Sitz (vgl. Note 10).

Sämtliche Mitglieder des Vorstandes, also auch die Mitglieder ohne Zeichnungsberechtigung, sind ins Handelsregister einzutragen.

Art. 93 Auflösung und Löschung

Für die Auflösung, den Widerruf der Auflösung und für die Löschung des Vereins gelten die Bestimmungen über die Aktiengesellschaft sinngemäss.

Der Verein ist von Gesetzes wegen aufgelöst, wenn er über keinen Vorstand mehr verfügt und wenn dieser nicht mehr statutengemäss bestellt werden kann (Art. 77 ZGB). Da die Auflösung aber im Handelsregister noch nicht eingetragen ist, muss das Handelsregisteramt dies im Rahmen eines Verfahrens nach Art. 152 erzwingen (vgl. Note 518). 367

In Änderung der bisherigen Praxis muss nun auch beim Verein zunächst die Auflösung eingetragen werden. Anschliessend hat der Schuldenruf zu erfolgen und erst in einem zweiten Schritt kann dann die Löschung des Vereins angemeldet bzw. eingetragen werden. 368

8. Kapitel: Stiftung

Art. 94 Anmeldung und Belege

¹ Mit der Anmeldung der Errichtung einer Stiftung müssen dem Handelsregisteramt folgende Belege eingereicht werden:
  a. die Stiftungsurkunde beziehungsweise ein beglaubigter Auszug aus der Verfügung von Todes wegen;
  b. ein Nachweis über die Ernennung der Mitglieder des obersten Stiftungsorgans und der zur Vertretung berechtigten Personen;
  c. das Protokoll des obersten Stiftungsorgans über die Bezeichnung der Revisionsstelle beziehungsweise die Verfügung der Aufsichtsbehörde, wonach die Stiftung von der Pflicht zur Bezeichnung einer Revisionsstelle befreit ist;
  d. die Erklärung der Mitglieder des obersten Stiftungsorgans und gegebenenfalls der Revisionsstelle, dass sie die Wahl annehmen;
  e. im Fall von Artikel 117 Absatz 3: die Erklärung der Domizilhalterin oder des Domizilhalters, dass sie oder er der Stiftung ein Rechtsdomizil am Ort von deren Sitz gewährt.

² Für Angaben, die bereits in der Stiftungsurkunde oder in der Verfügung von Todes wegen festgehalten sind, ist kein zusätzlicher Beleg erforderlich.

Lit. a: Die Stiftung wird durch öffentlich beurkundete Stiftungsurkunde oder durch Verfügung von Todes wegen errichtet (Art. 81 ZGB). Mit Ausnahme von Familienstiftungen und kirchlichen Stiftungen (Art. 5 ZGB) erlangt die Stiftung erst mit ihrer Eintragung ins Handelsregister Rechtspersönlichkeit. 369

Art. 94 Anmeldung und Belege

370 Ist die Errichtung einer Stiftung an Bedingungen geknüpft, so muss der Eintritt aufgrund der allgemeinen Belegpflicht gemäss Art. 15 Abs. 2 (vgl. Note 67) nachgewiesen werden.

371 Einsetzung oder Bestellung sind hier dem Begriff Ernennung gleichzusetzen. Sie kann auch so geschehen, dass in einer Verfügung von Todes wegen der Willensvollstrecker beauftragt wird, das Stiftungsorgan zu bestellen. Im Übrigen bedarf es einer Verfügung des Stifters oder der Aufsichtsbehörde, eines Protokolles (oder Protokollauszuges) bzw. eines Reglements.

372 Lit. c: Gemäss Art. 83b ZGB ist eine Stiftung grundsätzlich zur Revision verpflichtet, es sei denn sie sei davon von ihrer Aufsichtsbehörde befreit worden. Eine Befreiung ist möglich (Verordnung über die Revisionsstelle von Stiftungen, SR 211.121.3), wenn
 – die Bilanzsumme der Stiftung in zwei aufeinander folgenden Geschäftsjahren kleiner als 200 000 Franken ist;
 – die Stiftung nicht öffentlich zu Spenden oder sonstigen Zuwendungen aufruft; und
 – die Revision nicht für eine zuverlässige Beurteilung der Vermögens- und Ertragslage der Stiftung notwendig ist.

373 Gemäss Art. 1 Abs. 4 der besagten Verordnung hat die Aufsichtsbehörde die allenfalls erforderliche Anpassung der Stiftungsurkunde zu veranlassen; eine Anpassung erübrigt sich, wenn die Stiftungsurkunde bereits eine entsprechende allgemeine Norm vorsieht (analog wie bei der Aktiengesellschaft, vgl. Note 179).

374 Folge der Revisionspflicht ist, dass bei der Eintragung der Stiftung diese bereits über eine Revisionsstelle verfügen muss (das Wahlprotokoll des obersten Stiftungsorgans sowie die Wahlannahmeerklärung der Revisionsstelle sind als Belege erforderlich). Diesfalls kann die Stiftung (das Vorliegen der übrigen Belege vorausgesetzt) eingetragen werden, auch wenn die zuständige Aufsichtsbehörde noch nicht bekannt ist bzw. diese die Aufsicht noch nicht übernommen hat.

375 Soll auf eine Revision verzichtet werden, so muss zwingend eine Verfügung der Aufsichtsbehörde vorliegen, die die Stiftung von ihrer Revisionspflicht befreit. Diesfalls muss aber auch die Verfügung betreffend Übernahme der Aufsicht (oder zumindest die entsprechende Absichtserklärung) vorliegen, damit die Stiftung ohne Revisionsstelle eingetragen werden kann.

376 Lit. d: Die Wahlannahmeerklärung Dritter, die zur Vertretung der Stiftung berechtigt sind, muss nicht (mehr) eingereicht werden. Ihre Zustimmung ergibt sich durch das Leisten der Unterschrift gemäss Art. 21 (vgl. Note 104 ff.).

Art. 95 Inhalt des Eintrags

¹ Bei Stiftungen müssen ins Handelsregister eingetragen werden:
   a. die Tatsache, dass es sich um die Errichtung einer Stiftung handelt;
   b. der Name und die Identifikationsnummer;
   c. der Sitz und das Rechtsdomizil;
   d. die Rechtsform;
   e. das Datum der Stiftungsurkunde beziehungsweise das Datum der Verfügung von Todes wegen;
   f. der Zweck;
   g. bei einem Vorbehalt der Zweckänderung durch die Stifterin oder den Stifter: ein Verweis auf die nähere Umschreibung in der Stiftungsurkunde;
   h. die Organisation;
   i. die Mitglieder des obersten Stiftungsorgans;
   j. die zur Vertretung berechtigten Personen;
   k. die Stiftungsaufsichtsbehörde, sobald sie die Aufsicht übernommen hat;
   l. falls die Stiftung keine ordentliche oder eingeschränkte Revision durchführt: ein Hinweis darauf sowie das Datum der Befreiungsverfügung der Aufsichtsbehörde;
   m. falls die Stiftung eine ordentliche oder eingeschränkte Revision durchführt: die Revisionsstelle.

² Bei kirchlichen Stiftungen und Familienstiftungen werden nur die Angaben nach Absatz 1 Buchstaben b–j ins Handelsregister eingetragen.

Art. 96 Informationsaustausch zwischen Handelsregisteramt und Stiftungsaufsichtsbehörde

¹ Das Handelsregisteramt teilt die Errichtung der Stiftung der Stiftungsaufsichtsbehörde mit, die nach den Umständen zuständig erscheint. Es sendet ihr eine Kopie der Stiftungsurkunde oder der Verfügung von Todes wegen sowie einen Auszug aus dem Handelsregister.

² Die Aufsichtsbehörde meldet die Übernahme der Aufsicht dem Handelsregisteramt zur Eintragung an oder überweist die Mitteilung über die Errichtung der Stiftung umgehend der zuständigen Behörde.

Hat das Handelsregisteramt eine Stiftung eingetragen, so hat es der infrage kommenden Aufsichtsbehörde des Gemeinwesens (Art. 84 ZGB) Mitteilung von der Eintragung zu machen. Erachtet diese sich als nicht zuständig, so ist es Aufgabe dieser Behörde, ihrerseits an die aus ihrer Sicht zuständige Aufsichtsbehörde zu gelangen und einen allfälligen negativen Kompetenzkonflikt einer Lösung zuzuführen.

Art. 97 Änderungen, Aufhebung und Löschung

¹ Betrifft eine Verfügung einer Behörde eine Tatsache, die im Handelsregister einzutragen ist, so muss diese Behörde die Änderung beim Handelsregisteramt anmelden und die erforderlichen Belege einreichen. Dies betrifft insbesondere:
  a. die Befreiung der Stiftung von der Pflicht zur Bezeichnung einer Revisionsstelle;
  b. den Widerruf der Befreiung nach Buchstabe a;
  c. die Änderung des Zwecks und der Organisation der Stiftung;
  d. Verfügungen gemäss dem FusG;
  e. die Aufhebung der Stiftung zum Zwecke der Liquidation;
  f. die Feststellung des Abschlusses der Liquidation.

² Falls die zuständige Behörde eine Liquidation angeordnet hat, gelten für die Aufhebung und die Löschung der Stiftung die Bestimmungen über die Auflösung und Löschung der Aktiengesellschaft sinngemäss.

378 Die Aufzählung in Absatz 1 ist nicht abschliessend und legt die Verantwortlichkeit der Aufsichtsbehörde fest, wesentliche Änderungen beim Handelsregisteramt anzumelden, d.h. ihren Willen kundzutun, einen Eintrag im Handelsregister zu bewirken (vgl. Note 94 ff.); darüber hinaus ist es Sache der Stiftung, weitere Änderungen anzumelden. Unwesentliche Änderungen der Stiftungsurkunde sind nicht zu beurkunden, jedoch der Aufsichtsbehörde zur Genehmigung zu unterbreiten.

9. Kapitel: Kommanditgesellschaft für kollektive Kapitalanlagen

Art. 98 Anmeldung und Belege

Mit der Anmeldung zur Eintragung einer Kommanditgesellschaft für kollektive Kapitalanlagen müssen dem Handelsregisteramt folgende Belege eingereicht werden:
  a. der Gesellschaftsvertrag;
  b. gegebenenfalls ein Nachweis, dass die gesetzlich vorgeschriebene Revisionsstelle ihre Wahl angenommen hat.

379 Die materielle Grundlage dieser Rechtsform findet sich in Art. 98 ff. KAG (SR 951.31). Sie unterscheidet sich von der gewöhnlichen Kommanditgesellschaft in folgenden Punkten (Vogt in REPRAX 1/2007 Seiten 10 und 11):
  – Der Eintrag ins Handelsregister ist konstitutiv, d.h. die Gesellschaft entsteht erst mit Eintragung ins Tagesregister bzw. der Genehmigung durch das EHRA (Art. 100 Abs. 1 KAG).

- Dem Handelsregister ist ein schriftlicher Gesellschaftsvertrag als Beleg einzureichen (Art. 102 Abs. 2 KAG). Der Vertrag muss also zumindest von einem Komplementär und einem Kommanditär unterzeichnet sein. Ist Anonymität gefragt, so bleibt der Ausweg der Vertragsunterzeichnung durch einen Stellvertreter im Sinne von Art. 32 OR.
- Die Bezeichnung als «Kommanditgesellschaft für kollektive Kapitalanlagen» ist zwingender Bestandteil der Firma wie auch die Aufnahme des Namens eines Komplementärs (Art. 101 KAG, Art. 947 Abs. 3 OR).
- Komplementäre können nur Aktiengesellschaften mit Sitz in der Schweiz sein (Art. 98 Abs. 2 KAG), sie werden ins Handelsregister als unbeschränkt haftende Gesellschafterinnen eingetragen (Art. 99 lit. j).
- Entgegen der gewöhnlichen Kommanditgesellschaft werden bei der Kommanditgesellschaft für kollektive Kapitalanlagen die Kommanditäre nicht eingetragen. Eingetragen wird einzig der Gesamtbetrag der Kommanditsumme (Art. 99 lit. h).
- Die Eintragung der Revisionsstelle hat den Hinweis zu enthalten, dass sie nach KAG revidiert (Art. 99 lit. l); ob die Vorschriften über die Unabhängigkeit der Revisionsstelle von der Rechtseinheit eingehalten werden, ist von ihrer Aufsichtsbehörde (und nicht vom Handelsregisteramt) zu kontrollieren.
- Die Anmeldung ist gemäss Art. 100 Abs. 2 KAG lediglich von den Komplementären (bzw. durch ihre Vertreter) zu unterzeichnen (und nicht von sämtlichen Gesellschaftern).

Als Beleg nicht aufgeführt ist die Bewilligung der Aufsichtsbehörde, die für die Verwaltung oder Aufbewahrung von kollektiven Kapitalanlagen erforderlich ist (Art. 13 ff. KAG). Die Eintragung ins Handelsregister darf indessen (wie bei Banken) erst erfolgen, wenn dem Handelsregister die entsprechende Bewilligung der Aufsichtsbehörde eingereicht worden ist. (Art. 13 KAG, Vogt in REPRAX 1/2007 S. 6).

Zu beachten ist, dass die Kommanditsumme nicht nur in Schweizer Franken, sondern auch in andern frei konvertierbaren Währungen festgelegt werden kann. Während die Normen zur Aktiengesellschaft oder Gesellschaft mit beschränkter Haftung (Art. 621 und 773 OR) die Währung «Franken» vorsehen, wird dies weder von den Bestimmungen über die Kommanditgesellschaft für kollektive Kapitalanlagen (Art. 102 KAG) noch von jener über die Kommanditgesellschaft (Art. 596 OR) vorgesehen.

Art. 99 Inhalt des Eintrags

Bei Kommanditgesellschaften für kollektive Kapitalanlagen müssen ins Handelsregister eingetragen werden:
  a. die Tatsache, dass es sich um die Gründung einer neuen Kommanditgesellschaft für kollektive Kapitalanlagen handelt;
  b. die Firma und die Identifikationsnummer;
  c. der Sitz und das Rechtsdomizil;
  d. die Rechtsform;
  e. das Datum des Gesellschaftsvertrags;
  f. die Dauer der Gesellschaft;
  g. der Zweck;
  h. der Betrag der gesamten Kommanditsumme;
  i. falls die Kommanditsumme ganz oder teilweise in Form einer Sacheinlage geleistet wird, deren Gegenstand und Wert;
  j. die Firma, der Sitz und die Identifikationsnummer der unbeschränkt haftenden Gesellschafterinnen und die für diese handelnden natürlichen Personen;
  k. die zur Vertretung berechtigten Personen;
  l. die Tatsache, dass die Revision nach dem KAG durchgeführt wird;
  m. die Revisionsstelle.

Art. 100 Auflösung und Löschung

Für die Auflösung und die Löschung gilt Artikel 42 sinngemäss.

382 Lit. d: Als Datum des Vertrages ist dasjenige des effektiven Vertragsabschlusses durch die Vertragsparteien einzutragen und nicht etwa jenes der Genehmigung durch die Eidgenössische Bankenkommission.

383 Lit. h: Der Begriff «gesamte Kommanditsumme» bezieht sich auf die effektive, aktuelle Kommanditsumme und nicht etwa auf eine vertraglich vereinbarte maximale Kommanditsumme. Für die Eintragung der «gesamten Kommanditsumme» kann sich das Handelsregisteramt auf die Erklärung bzw. Anmeldung durch die Komplementärin stützen.

10. Kapitel   Investmentgesellschaft mit festem Kapital (SICAF)

Art. 101

¹ Bei Investmentgesellschaft mit festem Kapital müssen ins Handelsregister eingetragen werden:
   a. die Tatsache, dass es sich um die Gründung einer neuen Investmentgesellschaft mit festem Kapital handelt;
   b. die Firma und die Identifikationsnummer;
   c. der Sitz und das Rechtsdomizil;
   d. die Rechtsform;
   e. das Datum der Statuten;
   f. falls sie beschränkt ist: die Dauer der Gesellschaft;
   g. der Zweck;
   h. die Höhe des Aktienkapitals unter Hinweis auf die Tatsache, dass die Einlagen vollständig geleistet sind;
   i. Anzahl, Nennwert und Art der Aktien;
   j. bei einer Beschränkung der Übertragbarkeit der Aktien: ein Verweis auf die nähere Umschreibung in den Statuten;
   k. die Mitglieder des Verwaltungsrates;
   l. die zur Vertretung berechtigten Personen;
   m. die Tatsache, dass die Revision nach dem KAG durchgeführt wird;
   n. die Revisionsstelle;
   o. das gesetzliche und die weiteren Publikationsorgane;
   p. die in den Statuten vorgesehene Form der Mitteilungen des Verwaltungsrates an die Aktionärinnen und Aktionäre.

² Im Übrigen gelten die Bestimmungen über die Aktiengesellschaft sinngemäss.

Da es sich bei der Investmentgesellschaft mit festem Kapital um eine Aktiengesellschaft im Sinne des Obligationenrechts handelt (Art. 110 KAG i.V. mit Art. 620 OR), kommen grundsätzlich auch jene Regelungen zur Anwendung (Art. 43 ff.). Aus handelsregisterlicher Sicht sind als Besonderheiten zu erwähnen: 384

– Die Firma muss den Bestandteil SICAF oder die vollständige Bezeichnung als Investmentgesellschaft mit festem Kapital enthalten (Art. 111 KAG); eine zusätzliche Bezeichnung mit «AG» ist nicht statthaft.
– Der Zweck der Gesellschaft darf ausschliesslich auf die kollektive Kapitalanlage ausgerichtet sein (Art. 110 lit. a KAG).
– Die Aktien müssen voll liberiert sein (Art. 113 Abs. 1 KAG).

- Stimmrechtsaktien, Partizipationsscheine, Genussscheine und Vorzugsaktien dürfen nicht ausgegeben werden (Art. 113 Abs. 2 KAG).
- Der Eintrag über die Revisionsstelle muss den Hinweis enthalten, dass die Revision nach den Vorschriften des KAG erfolgt.
- Die Eintragung der Gesellschaft kann erst erfolgen, wenn dem Handelsregisteramt die Bewilligung der Aufsichtsbehörde eingereicht wurde (vgl. Note 380).

11. Kapitel: Investmentgesellschaft mit variablem Kapital (SICAV)

Art. 102 Anmeldung und Belege

¹ Mit der Anmeldung der Gründung einer Investmentgesellschaft mit variablem Kapital zur Eintragung müssen dem Handelsregisteramt folgende Belege eingereicht werden:
 a. die öffentliche Urkunde über den Errichtungsakt;
 b. die Statuten;
 c. ein Nachweis, dass die Mitglieder des Verwaltungsrates ihre Wahl angenommen haben;
 d. ein Nachweis, dass die gesetzlich vorgeschriebene Revisionsstelle ihre Wahl angenommen hat;
 e. das Protokoll des Verwaltungsrates über seine Konstituierung, über die Regelung des Vorsitzes und über die Erteilung der Zeichnungsbefugnisse;
 f. im Fall von Artikel 117 Absatz 3 die Erklärung der Domizilhalterin oder des Domizilhalters, dass sie oder er der Investmentgesellschaft ein Rechtsdomizil am Ort von deren Sitz gewährt.

² Für Angaben, die bereits im Errichtungsakt festgehalten sind, ist kein zusätzlicher Beleg erforderlich.

385 Die Investmentgesellschaft mit variablem Kapital (SICAV) stellt «eine an die obligationenrechtliche Aktiengesellschaft angelehnte juristische Person des KAG dar, für deren Verbindlichkeiten nur das Gesellschaftsvermögen haftet. Die Bestimmungen des Obligationenrechts über die Aktiengesellschaft kommen nur zur Anwendung, soweit das KAG dies vorsieht» (Vogt in REPRAX 1/2007, S. 12 ff.). Es kann daher grundsätzlich auf jene Ausführungen verwiesen werden (Note 168 ff.). Wesentlicher Unterschied ist, dass
 - der Zweck nur auf die Verwaltung eigenen Vermögens ausgerichtet sein darf,
 - im Handelsregister weder ein Kapital noch dessen Liberierung eingetragen werden (weshalb auch das Haftungssubstrat der Gesellschaft nicht dem Handelsregister entnommen werden kann). Entsprechend sind dem Handelsregisteramt auch keine Belege wie Zeichnungs-

scheine mit Liberierungsverpflichtung oder Depositenbescheinigung einzureichen. Es ist Aufgabe der Aufsichtsbehörde, über die Einhaltung der entsprechenden Bestimmungen besorgt zu sein und die allenfalls erforderlichen Massnahmen zu ergreifen. Der Handelsregisterführer ist von der Pflicht zur Wahrung von Gläubigerinteressen entbunden. Ihm obliegt einzig die Pflicht zur Anzeige an die Aufsichtsbehörde, wenn von ihm festgestellte Organisationsmängel innert der von ihm angesetzten Frist nicht behoben werden (Art. 154 i.V. mit Art. 132 ff. KAG).

Art. 103 Errichtungsakt

Die öffentliche Urkunde über den Errichtungsakt muss folgende Angaben enthalten:
  a. die Personenangaben zu den Gründerinnen und Gründern sowie zu deren Vertreterinnen und Vertretern;
  b. die Erklärung der Gründerinnen und Gründer, eine Investmentgesellschaft mit variablem Kapital zu gründen;
  c. die Bestätigung der Gründerinnen und Gründer, dass die Statuten festgelegt sind;
  d. die Tatsache, dass die Mitglieder des Verwaltungsrates gewählt wurden, und die entsprechenden Personenangaben;
  e. die Tatsache, dass die Revisionsstelle gewählt wurde, und die entsprechenden Personenangaben;
  f. die Nennung aller Belege und die Bestätigung der Urkundsperson, dass die Belege ihr und den Gründerinnen und Gründern vorgelegen haben;
  g. die Unterschriften der Gründerinnen und Gründer.

Art. 104 Inhalt des Eintrags

Bei Investmentgesellschaften mit variablem Kapital müssen ins Handelsregister eingetragen werden:
  a. die Tatsache, dass es sich um die Gründung einer neuen Investmentgesellschaft mit variablem Kapital handelt;
  b. die Firma und die Identifikationsnummer;
  c. der Sitz und das Rechtsdomizil;
  d. die Rechtsform;
  e. das Datum der Statuten;
  f. falls sie beschränkt ist: die Dauer der Gesellschaft;
  g. der Zweck;
  h. die Art der Aktien;
  i. bei einer Beschränkung der Übertragbarkeit der Aktien, insbesondere bei einer Einschränkung des Anlegerkreises auf qualifi-

zierte Anlegerinnen und Anleger: ein Verweis auf die nähere Umschreibung in den Statuten;
j. im Fall verschiedener Kategorien von Anlegeraktien: die damit verbundenen Rechte mit einem Verweis auf die nähere Umschreibung in den Statuten;
k. die Mitglieder des Verwaltungsrates;
l. die zur Vertretung berechtigten Personen;
m. die Tatsache, dass die Revision nach KAG durchgeführt wird;
n. die Revisionsstelle;
o. das gesetzliche sowie die weiteren Publikationsorgane;
p. die in den Statuten vorgesehene Form der Mitteilungen des Verwaltungsrates an die Aktionärinnen und Aktionäre.

Art. 105 Auflösung und Löschung

Für die Auflösung und die Löschung gelten die Artikel 63 und 65 sinngemäss.

12. Kapitel: Institut des öffentlichen Rechts

Art. 106 Anmeldung und Belege

¹ Mit der Anmeldung zur Eintragung eines Instituts des öffentlichen Rechts müssen dem Handelsregisteramt folgende Belege eingereicht werden:
a. Hinweise auf die massgebenden Rechtsgrundlagen und auf die Beschlüsse des für die Errichtung zuständigen Organs nach dem öffentlichen Recht;
b. gegebenenfalls die Statuten;
c. die Verfügungen, Protokolle oder Protokollauszüge über die Ernennung der Mitglieder des obersten Leitungs- oder Verwaltungsorgans und der zur Vertretung berechtigten Personen sowie gegebenenfalls über die Bezeichnung einer Revisionsstelle;
d. die Erklärungen der Mitglieder des obersten Leitungs- oder Verwaltungsorgans und gegebenenfalls der Revisionsstelle, dass sie ihre Wahl annehmen;
e. im Fall von Artikel 117 Absatz 3: die Erklärung der Domizilhalterin oder des Domizilhalters, dass sie oder er dem Institut des öffentlichen Rechts ein Rechtsdomizil am Ort von dessen Sitz gewährt.

² Für Angaben, die bereits in andern Unterlagen festgehalten sind, ist kein zusätzlicher Beleg erforderlich.

Gemäss Art. 52 Abs. 2 ZGB erlangen die öffentlich-rechtlichen Körperschaften und Anstalten die Rechtspersönlichkeit nicht mit dem Eintrag ins Handelsregister. Ein solcher ist daher grundsätzlich nicht erforderlich, sie haben aber das Recht, sich ins Handelsregister eintragen zu lassen (vgl. REPRAX 2/3/2004 S. 1). Eine Pflicht zur Eintragung entsteht aber, wenn das öffentliche Recht die Eintragung ausdrücklich vorsieht oder die Körperschaft oder Anstalt des öffentlichen Rechts ein nach kaufmännischer Art geführtes Gewerbe gemäss Art. 934 OR betreibt (REPRAX 2/3/2004 S. 1 f. mit Hinweisen auf Bundesgerichtsentscheide; vgl. Note 141). Nur wenn die öffentlich-rechtliche Körperschaft oder Anstalt im Handelsregister eingetragen ist, kann sie an einer Umstrukturierung gemäss Fusionsgesetz teilhaben (Art. 99 FusG; Botschaft FusG S. 4389). 386

Welches die erforderlichen Belege sind, ist im Einzelfall festzulegen. Immer geht es darum, die Rechtsgrundlage für die Errichtung der öffentlich-rechtlichen Körperschaft oder Anstalt (die rechtskräftig bzw. gegebenenfalls erwahrt sein muss) und die Bestellung der zur Vertretung befugten Personen durch das zuständige Gremium nachzuweisen. 387

Art. 107 Inhalt des Eintrags

Bei Instituten des öffentlichen Rechts müssen ins Handelsregister eingetragen werden:
   a. **die Bezeichnung und die Identifikationsnummer;**
   b. **der Sitz und das Rechtsdomizil;**
   c. **die Rechtsform;**
   d. **die Bezeichnung der massgeblichen Rechtsgrundlagen des öffentlichen Rechts sowie das Datum der Beschlüsse des für die Errichtung zuständigen Organs gemäss öffentlichem Recht;**
   e. **falls bekannt: das Datum der Errichtung des Instituts des öffentlichen Rechts;**
   f. **falls Statuten bestehen: deren Datum;**
   g. **der Zweck;**
   h. **im Fall eines Dotationskapitals: dessen Höhe;**
   i. **bei besonderen Haftungsverhältnissen: ein Verweis auf die nähere Umschreibung in den Belegen, Rechtsgrundlagen oder Beschlüssen des für die Gründung zuständigen Organs;**
   j. **die Organisation;**
   k. **die Mitglieder des obersten Leitungs- oder Verwaltungsorgans;**
   l. **die zur Vertretung berechtigten Personen;**
   m. **gegebenenfalls die Revisionsstelle.**

Art. 108 Anwendbares Recht

Die Bestimmungen dieser Verordnung über die Rechtsformen des Privatrechts gelten auf die Institute des öffentlichen Rechts im Übrigen sinngemäss.

388 Es handelt sich um eine Generalklausel, mit der eine vernünftige, sinngemässe Anwendung der Bestimmungen ermöglicht werden soll.

13. Kapitel: Zweigniederlassung

1. Abschnitt: Zweigniederlassung einer Rechtseinheit mit Sitz in der Schweiz

Art. 109 Anmeldung und Belege

Mit der Anmeldung zur Eintragung einer Zweigniederlassung einer Rechtseinheit mit Sitz in der Schweiz müssen dem Handelsregisteramt folgende Belege eingereicht werden:
   a. das Protokoll oder der Protokollauszug über die Bestellung der Personen, die nur für die Zweigniederlassung vertretungsberechtigt sind;
   b. im Fall von Artikel 117 Absatz 3: die Erklärung der Domizilhalterin oder des Domizilhalters, dass sie oder er der Zweigniederlassung am Ort von deren Sitz ein Rechtsdomizil gewährt.

389 Die Anmeldung zur Neueintragung einer Zweigniederlassung erfolgt nach den Regeln von Art. 17 Abs. 1 lit. h (vgl. Note 79), also durch zwei kollektiv Zeichnungsberechtigte (oder einen Einzelzeichnungsberechtigten) des Hauptsitzes. Da die Eintragung einer Zeichnungsberechtigung nur deklaratorischen Charakter hat, kann die Anmeldung auch durch nur für die Zweigniederlassung zeichnungsberechtigte Personen erfolgen (vgl. Note 83), sofern der entsprechende Beleg gemäss lit. a vorliegt.

390 Ein Beschluss über die Errichtung einer Zweigniederlassung muss ebenso wenig eingereicht werden wie die bisherige «Selbständigerklärung». Nicht erforderlich ist auch die Einreichung eines Handelsregisterauszuges über den Hauptsitz; das Handelsregisteramt hat die entsprechende Abklärung über Internet vorzunehmen (vgl. Note 114 f.). Es genügt die Anmeldung, die die für eine Eintragung erforderlichen Angaben zu enthalten hat (vgl. Art. 110).

Art. 110 Inhalt des Eintrags

¹ Bei der Zweigniederlassung müssen ins Handelsregister eingetragen werden:
   a. die Firma beziehungsweise der Name, die Identifikationsnummer, die Rechtsform und der Sitz der Hauptniederlassung;
   b. die Firma beziehungsweise der Name, die Identifikationsnummer, der Sitz und das Rechtsdomizil der Zweigniederlassung;
   c. die Tatsache, dass es sich um eine Zweigniederlassung handelt;
   d. der Zweck der Zweigniederlassung, sofern er enger gefasst ist als der Zweck der Hauptniederlassung;
   e. die Personen, die zur Vertretung der Zweigniederlassung berechtigt sind, sofern ihre Zeichnungsberechtigung nicht aus dem Eintrag der Hauptniederlassung hervorgeht.

² Bei der Hauptniederlassung müssen ins Handelsregister eingetragen werden:
   a. die Identifikationsnummer der Zweigniederlassung;
   b. der Sitz der Zweigniederlassung.

Die Eintragung einer Zweigniederlassung hat an rechtlicher Bedeutung verloren. Früher war sie v.a. im Zusammenhang mit öffentlichen Ausschreibungen (Binnenmarktgesetz) sowie der Frage des Gerichtsstandes (Gerichtsstandsgesetz) erforderlich. Es ist daher sicher richtig, dass im Hinblick auf administrative Vereinfachungen (sowohl für die Rechtseinheiten als auch für die Handelsregisterämter) bei einer Zweigniederlassung nur noch jene Angaben eingetragen werden, die für eine Identifikation von Rechtseinheit (Hauptsitz) und ihrer Zweigniederlassung erforderlich sind, sowie jene, die vom Hauptsitz abweichen. Was gleich ist, soll nicht nochmals eingetragen werden müssen (z.B. Personenkreis, Zweck). 391

Hinsichtlich des Personenkreises richtet sich die Zeichnungsbefugnis nach Art. 458 ff. OR für die Prokura bzw. rechtsformspezifisch für die AG nach Art. 718 OR bzw. Art. 814 OR für die GmbH. Wer am Hauptsitz eingetragen ist, ohne dass seine Zeichnungsbefugnis auf den Hauptsitz eingeschränkt ist, darf auch für die Zweigniederlassung zeichnen. Einzutragen sind deshalb nur noch jene Zeichnungsberechtigten, die ausschliesslich für die Zweigniederlassung, nicht aber für den Hauptsitz zeichnen dürfen. Es ist daher möglich, dass bei einer Zweigniederlassung gar keine Personen eingetragen sind. 392

Mit Inkrafttreten der Verordnung sind grundsätzlich die bestehenden Eintragungen zu bereinigen. Dies wird jeweils anlässlich einer aktuellen Mutation zu geschehen haben. Das Handelsregisteramt wird die Rechtseinheit darüber zu informieren haben, dass eine (gebührenfreie) Bereinigung vorgenommen wurde und (im Sinne einer Mindestinformation) dass die bereinigte Fassung auf dem Internet eingesehen werden kann. 393

Art. 111 Koordination der Einträge von Haupt- und Zweigniederlassung

¹ Das Handelsregisteramt am Sitz der Zweigniederlassung muss das Handelsregisteramt am Sitz der Hauptniederlassung über die Neueintragung, die Sitzverlegung oder die Löschung der Zweigniederlassung informieren. Das Handelsregisteramt am Sitz der Hauptniederlassung nimmt die erforderlichen Eintragungen von Amtes wegen vor.

² Das Handelsregisteramt am Sitz der Hauptniederlassung muss das Handelsregisteramt am Sitz der Zweigniederlassung über Änderungen informieren, die eine Änderung der Eintragung der Zweigniederlassung erfordern, insbesondere über Änderungen der Rechtsform, der Firma beziehungsweise des Namens, des Sitzes, die Auflösung oder die Löschung. Das Handelsregisteramt am Sitz der Zweigniederlassung nimmt die erforderlichen Eintragungen von Amtes wegen vor.

Art. 112 Fusion, Spaltung, Umwandlung und Vermögensübertragung

¹ Im Falle einer Fusion, einer Spaltung, einer Umwandlung oder einer Vermögensübertragung bleiben die Einträge von Zweigniederlassungen bestehen, wenn nicht deren Löschung angemeldet wird.

² Ergeben sich aus einer Fusion, einer Spaltung, einer Umwandlung oder einer Vermögensübertragung Änderungen, die in der Eintragung von Zweigniederlassungen zu berücksichtigen sind, so müssen die entsprechenden Tatsachen beim Handelsregisteramt angemeldet werden. Die Anmeldung hat im Falle einer Fusion oder einer Spaltung durch die übernehmende Rechtseinheit zu erfolgen.

394 Diese Bestimmung ändert die bisherige Praxis verschiedener Handelsregisterämter (es wurde jeweils eine Löschung der Zweigniederlassung vorgenommen und gegebenenfalls die Belege für die Neueintragung einer Zweigniederlassung verlangt). Die neue Bestimmung geht von einer Universalsukzession zur übernehmenden Rechtseinheit aus, was systematisch insofern nicht stimmt, als der Hauptsitz (dessen rechtlicher Bestandteil die Zweigniederlassung ist) gelöscht wird; infolge dieser Bestimmung folgt die Zweigniederlassung handelsregisterrechtlich nicht dem Schicksal ihres Hauptsitzes.

395 Art. 112 hat zur Folge, dass allfällige Änderungen bei einer Rechtseinheit (etwa in der Firma der Zweigniederlassung oder bei den zeichnungsberechtigten Personen dieser Rechtseinheit) von der sie beherrschenden Rechtseinheit angemeldet werden müssen. Gegenüber dem Handelsregisteramt bleiben die bereits eingetragenen Personen anmeldeberechtigt (vgl. Note 83), solange ihr (neuer) Hauptsitz keine Änderungen vornimmt.

2. Abschnitt: Zweigniederlassung einer Rechtseinheit mit Sitz im Ausland

Art. 113 Anmeldung und Belege

¹ Mit der Anmeldung zur Eintragung einer Zweigniederlassung einer Rechtseinheit mit Sitz im Ausland müssen dem Handelsregisteramt folgende Belege eingereicht werden:
   a. ein beglaubigter aktueller Auszug aus dem Handelsregister am Sitz der Hauptniederlassung oder, falls der Auszug keine genügenden Angaben enthält oder keine dem Handelsregister vergleichbare Institution besteht, ein amtlicher Nachweis darüber, dass die Hauptniederlassung nach den geltenden Bestimmungen des massgeblichen ausländischen Rechts rechtmässig besteht;
   b. bei juristischen Personen ein beglaubigtes Exemplar der geltenden Statuten oder des entsprechenden Dokumentes der Hauptniederlassung;
   c. das Protokoll oder der Protokollauszug des Organs der Hauptniederlassung, das die Errichtung der Zweigniederlassung beschlossen hat;
   d. das Protokoll oder der Protokollauszug über die Bestellung der für die Zweigniederlassung vertretungsberechtigten Personen;
   e. im Fall von Artikel 117 Absatz 3: die Erklärung der Domizilhalterin oder des Domizilhalters, dass sie oder er der Zweigniederlassung ein Rechtsdomizil am Ort von deren Sitz gewährt.

² Ist in der Schweiz bereits eine Zweigniederlassung derselben Rechtseinheit im Handelsregister eingetragen, so findet Absatz 1 Buchstaben a und b keine Anwendung.

Absatz 1 lit. a: Dort, wo Handelsregister oder handelsregisterähnliche Institutionen bestehen, sind die entsprechenden Nachweise über die Existenz der Hauptniederlassung durch diese auszufertigen und zu beglaubigen sowie gegebenenfalls (d.h. je nach Staatsvertrag) mit Apostille zu versehen. Beispiel Deutschland: die Amtsgerichte erstellen die Auszüge, benötigen jedoch gemäss Vertrag zwischen der Schweiz und dem Deutschen Reiche über die Beglaubigung öffentlicher Urkunden von 1907 (SR 0.172.031.36) keine Apostille. Anders ist die Situation, wenn eine öffentliche Urkunde durch einen Notar erstellt wird; dann ist das Haager Übereinkommen zur Befreiung ausländischer öffentlicher Urkunden von der Beglaubigung von 1961 (SR 0.172.030.4) anwendbar; solche Urkunden müssen mit einer Apostille versehen sein. 396

Besteht keine handelsregisterähnliche Institution, so wird man sich mit einer anderweitigen Bestätigung über die Existenz der Hauptniederlassung begnügen müssen (z.B. USA mit einem vom Secretary of State ausgefertigten

Certificate of Incorporation), die ebenfalls mit einer Apostille versehen sein muss. Eine bloss notarielle Bestätigung der Aussage des Company Secretary über die Existenz «seiner» Gesellschaft genügt nicht mehr; der klare, staatliche Nachweis ist gefordert.

397 Absatz 1 lit. b: Die Beglaubigung erfolgt regelmässig durch einen Notar oder durch jene Stelle, die den Ausweis über die Existenz des Hauptsitzes erstellt (lit. a vorstehend; vgl. Note 115).

398 Absatz 1 lit. c und d: Die Beschlüsse sind (entsprechend der ausländischen Gesetzgebung bzw. den gültigen Statuten oder Dokumenten im Sinne von lit. b) durch das zuständige Organ (z.B. Board of Directors) zu fassen, das darüber erstellte Protokoll ist im Original zu unterzeichnen, nach Möglichkeit durch den Vorsitzenden und den Protokollführer (vgl. Note 111).

399 Eine Selbständigkeitserklärung ist – wie bei der Zweigniederlassung mit schweizerischem Hauptsitz – nicht mehr einzureichen.

400 In der geltenden Fassung ist Satz 2 von Art. 75 Abs. 3 altHRegV weggefallen, was zu einer wesentlichen Erschwerung der Eintragung weiterer Zeichnungsberechtigter führen würde. Der Gesetzgeber hat indessen eine solche Erschwerung zweifellos nicht beabsichtigt, da generell eine Tendenz zur Vereinfachung der administrativen Abläufe (z.B. Anmeldeverfahren, Erstellen von Protokollauszügen durch die Gesellschaft selbst) festzustellen ist. Ein Protokoll, das eine an der schweizerischen Zweigniederlassung eingetragene Person ermächtigt (z.B. den Leiter der Zweigniederlassung), weitere Zeichnungsbefugte zu ernennen, sollte als Delegationsnorm dafür reichen, dass dergestalt ernannte und zur Eintragung angemeldete Personen ins Handelsregister eingetragen werden können, wobei sich die Anmeldung nach Art. 17 Abs. 1 lit. h richtet (vgl. Note 83).

Art. 114 Inhalt des Eintrags

¹ Bei Zweigniederlassungen von Rechtseinheiten mit Sitz im Ausland müssen ins Handelsregister eingetragen werden:
  a. die Firma beziehungsweise der Name, die Rechtsform und der Sitz der Hauptniederlassung sowie gegebenenfalls ein Hinweis auf deren Registrierung und Identifikationsnummer;
  b. Höhe und Währung eines allfälligen Kapitals der Hauptniederlassung sowie Angaben zu den geleisteten Einlagen;
  c. die Firma beziehungsweise der Name, die Identifikationsnummer, der Sitz und das Rechtsdomizil der Zweigniederlassung;
  d. die Tatsache, dass es sich um eine Zweigniederlassung handelt;
  e. der Zweck der Zweigniederlassung;
  f. die Personen, die zur Vertretung der Zweigniederlassung berechtigt sind.

² **Für die Formulierung des Zwecks der Zweigniederlassung gilt Artikel 118 Absatz 1.**

Bei Zweigniederlassung mit ausländischem Hauptsitz gilt ebenfalls der Grundsatz, dass an der schweizerischen Zweigniederlassung nur noch die für diese wesentlichen Elemente bzw. Informationen eingetragen werden sollen. Insbesondere fallen die Angaben betreffend Art und Stückelung von Aktien, Sacheinlagetatbestände, Vinkulierungshinweise, Ausführungen zu Statuten (etwa Certificate of Incorporation, by Laws) oder nicht für die Zweigniederlassung zeichnungsberechtigten Personen wie auch Angaben zur Revisionsstelle des Hauptsitzes weg. 401

Ein Zweck muss auf jeden Fall eingetragen werden, da in der Schweiz kein Hauptsitz mit Zweckbestimmung besteht, der der schweizerischen Rechtsordnung entspricht (vgl. Art. 118 Note 413 ff.). Der Zweck der Zweigniederlassung darf nicht weiter gefasst sein als jener des Hauptsitzes. Ein Zweck, wie er sich bisweilen im Ausland vorfindet («… darf alles tun, was nicht ausgeschlossen ist …»), ist deshalb nicht zulässig. Inskünftig ist allerdings nur noch der (allenfalls enger gefasste) Zweck der Zweigniederlassung einzutragen. 402

Die Vertretung in der Schweiz hat durch mindestens eine (sofern Einzelunterschrift) bzw. durch zwei (bei Kollektivunterschrift) Personen mit Wohnsitz in der Schweiz gewährleistet zu sein (vgl. Art. 160 IPRG sowie Note 180). Möglich ist auch die Eintragung von Personen, die bereits im Ausland eingetragen sind, wenn diese in der Schweiz zeichnungsberechtigt sein sollen (das materielle Recht des Auslandes, das hier nicht nachgeprüft wird, könnte vorsehen, dass die Zeichnungsberechtigung nur für den Hauptsitz gilt). 403

Art. 115 Löschung

¹ **Hat der Geschäftsbetrieb der Zweigniederlassung aufgehört, so muss die Löschung der Zweigniederlassung zur Eintragung angemeldet werden.**

² **Wird die Löschung der Zweigniederlassung zur Eintragung ins Handelsregister angemeldet, so macht das Handelsregisteramt den Steuerbehörden des Bundes und des Kantons Mitteilung. Die Löschung darf erst vorgenommen werden, wenn diese Behörden zugestimmt haben.**

³ **Zusammen mit der Löschung muss der Löschungsgrund ins Handelsregister eingetragen werden.**

4. Titel: Rechtsformübergreifende Bestimmungen für die Eintragung

1. Kapitel: Identifikationsnummer, Sitz-, Zweck- und Personenangaben sowie Hinweis auf die vorangehende Eintragung

Art. 116 Identifikationsnummer

¹ Jede im Handelsregister eingetragene Rechtseinheit erhält spätestens bei der Eintragung ins Tagesregister eine Identifikationsnummer zugeteilt.

² Die Identifikationsnummer identifiziert eine Rechtseinheit dauerhaft. Sie ist unveränderlich.

³ Die Identifikationsnummer einer gelöschten Rechtseinheit darf nicht neu vergeben werden. Wird eine gelöschte Rechtseinheit wieder im Handelsregister eingetragen, so erhält sie ihre frühere Identifikationsnummer.

⁴ Bei einer Absorptionsfusion behält die übernehmende Rechtseinheit ihre bisherige Identifikationsnummer. Bei der Kombinationsfusion erhält die entstehende Rechtseinheit eine neue Identifikationsnummer.

⁵ Entsteht bei der Spaltung eine neue Rechtseinheit, so erhält sie eine neue Identifikationsnummer. Die übrigen an einer Spaltung beteiligten Rechtseinheiten behalten ihre bisherige Identifikationsnummer.

⁶ Bei der Fortführung des Geschäfts einer Kollektiv- oder Kommanditgesellschaft als Einzelunternehmen gemäss Artikel 579 OR bleibt die Identifikationsnummer unverändert.

404   Die Identifikationsnummer hat ihren Ursprung in der Informatisierung der Handelsregisterämter. Ende der 80er-Jahre des 20. Jahrhunderts wurde die Nummer eingeführt. Sie diente der eindeutigen Identifikation einer Rechtseinheit und wurde schliesslich in die bisherige Handelsregisterverordnung (Art. 111a und 111b alt HRegV) integriert. Die Regelung wurde übernommen und präzisiert im Sinne einer modernen Gesetzessprache. Es gilt der Grundsatz: eine Rechtseinheit, eine Identifikationsnummer.

405   Absatz 1 heisst nichts anderes, als dass eine Rechtseinheit bei ihrer erstmaligen Eintragung ins Tagesregister eine Nummer erhält, die von da an unabänderlich und nicht an die Rechtsform gebunden ist. Selbst bei einer Umwandlung oder bei einer Änderung der Firma wie auch bei einer Sitzverlegung bleibt die einmal zugeteilte Identifikationsnummer erhalten.

Gemäss Absatz 3 darf die Identifikationsnummer einer gelöschten Rechtseinheit nicht neu vergeben werden, dies im Gegensatz zur Firma der Rechtseinheit. Die Firma wird bei der Löschung der Rechtseinheit frei, die Identifikationsnummer nicht. Dies ist von Bedeutung, da im Fall der Wiedereintragung der gelöschten Rechtseinheit (Art. 164) diese ihre alte Firma (mit dem Zusatz «in Liquidation») erhält und dieselbe Firma zwischenzeitlich bereits wieder von einer anderen Rechtseinheit gewählt werden konnte. Einzig die Identifikationsnummer vermag die beiden Rechtssubjekte dann leicht zu unterscheiden. 406

Art. 117 Sitz, Rechtsdomizil sowie weitere Adressen

¹ **Als Sitz wird der Name der politischen Gemeinde eingetragen.**

² **Zudem wird das Rechtsdomizil gemäss Artikel 2 Buchstabe c eingetragen.**

³ **Verfügt eine Rechtseinheit über kein Rechtsdomizil an ihrem Sitz, so muss im Eintrag angegeben werden, bei wem sich das Rechtsdomizil an diesem Sitz befindet (c/o-Adresse). Mit der Anmeldung zur Eintragung ist eine Erklärung der Domizilhalterin oder des Domizilhalters einzureichen, dass sie oder er der Rechtseinheit ein Rechtsdomizil an deren Sitz gewährt.**

⁴ **Neben der Angabe von Sitz und Rechtsdomizil kann jede Rechtseinheit weitere in der Schweiz gelegene Adressen im Handelsregister ihres Sitzes eintragen lassen.**

Absatz 1: Ins Tagesregister wird als Sitz der Rechtseinheit (vgl. auch Noten 10 f.) nicht die Ortschaft, sondern nur die politische Gemeinde eingetragen (z.B. nicht Abtwil SG, sondern Gaiserwald, nicht Au ZH, sondern Wädenswil). Existieren in der Schweiz mehrere Gemeinden gleichen Namens (z.B. Aesch), so ist zusätzlich die Kantonsangabe erforderlich (z.B. Aesch BL, Aesch LU, Aesch ZH). 407

Absatz 2 regelt die Angaben zum eigenen Rechtsdomizil, d.h. eigene Büros, über die die Rechtseinheit gestützt auf einen entsprechenden Rechtstitel wie Eigentum, Mietvertrag etc. verfügen kann und wo ihr in ihren eigenen Briefkasten Mitteilungen aller Art zugestellt werden können. Gleichzeitig wird auch dem Bedürfnis nach Nennen der unter Umständen gebräuchlicheren Ortsbezeichnung Rechnung getragen. Bedingt durch die von der politischen Gemeinde abweichende Postzustellung können der eigentliche Sitz (z.B. Rümlang) und die Domiziladresse (z.B. Industriestrasse 1234, Rümlang, 8152 Glattbrugg) auseinanderfallen. 408

Sind die Voraussetzungen des eigenen Rechtsdomizils nicht erfüllt (Absatz 3), so ist einzutragen, bei wem sich das Rechtsdomizil befindet *(Domizilhalter)*. Als Domizilhalter können natürliche wie juristische Personen 409 fungieren, nicht aber etwa Anwaltskanzleien, die nicht im Handelsregister eingetragen sind. In diesen Fällen ist der entsprechende Rechtsanwalt bzw. die Rechtsanwältin einzutragen.

410 Die Möglichkeit, über eine c/o-Adresse verfügen zu können, gilt für sämtliche Rechtsformen, also auch für Einzelunternehmen entsprechend heutigen wirtschaftlichen Gegebenheiten und Unternehmensformen (z.B. Shop in the Shop [Warenhausmodelle]).

411 Absatz 4 gibt die Möglichkeit, weitere Geschäftsadressen (z.B. von Geschäftsstellen) oder eine Postadresse (Postfach) einzutragen.

412 Rechtlich nicht zulässig sind fiktive Adressen, bei welchen die Erreichbarkeit lediglich durch eine postalische Umleitung von Briefsendungen an eine Postfachadresse sichergestellt wird. In solchen Fällen wird das Handelsregisteramt von einem fehlenden Rechtsdomizil auszugehen haben und die Eintragung verweigern bzw. bei späterem Dahinfallen der Adresse das Verfahren von Amtes wegen einzuleiten haben.

Art. 118 Zweckangaben

¹ **Die Rechtseinheiten müssen ihren Zweck so umschreiben, dass ihr Tätigkeitsfeld für Dritte klar ersichtlich ist.**

² **Für die Eintragung kann das Handelsregisteramt die Umschreibung des Zwecks der Rechtseinheit:**
    a. **unverändert aus den Statuten oder der Stiftungsurkunde übernehmen; oder**
    b. **auf den wesentlichen Inhalt verkürzen und in Bezug auf die nicht eingetragenen Angaben mit einem Hinweis auf die Statuten oder die Stiftungsurkunde ergänzen.**

413 Die Umschreibung des Tätigkeitsfeldes einer Rechtseinheit ist etwa von Bedeutung im Hinblick auf die Firma der Rechtseinheit (vgl. Art. 944 OR, Firmenrechtsweisung Rz. 5 ff.), die Zeichnungsbefugnisse der eingetragenen Personen (vgl. Art. 459 OR) oder für die Beurteilung von Verantwortlichkeiten des Leitungsorgans für Handlungen, die über den Geschäftszweck hinausgehen (vgl. dazu Meier-Hayoz/Forstmoser, § 1 Note 107).

414 Die Bestimmung regelt die Formulierung des Zwecks in den Statuten (sinngemäss gilt dies auch für die beleglose Umschreibung des Zwecks bei einer Einzelunternehmung – vgl. Art. 36 ff.). Der Zweck hat das Tätigkeitsfeld der Rechtseinheit so zu beschreiben, dass für Dritte klar ist, was die Rechtseinheit effektiv tut. Nicht zulässig ist deshalb auch die Zweckformulierung «erbringt Dienstleistungen aller Art»; hier ist nicht klar, was die Rechtseinheit effektiv macht (Beratung im Bereich IT oder Gartenpflege usw.). In den Zweck verpackte Vinkulierungseinschränkungen sind deshalb ebenso unzulässig.

Bis anhin wurde der Zweck «kurz und sachlich» ins Handelsregister eingetragen (Art. 42 altHRegV), d.h. die Handelsregisterämter haben die statutarisch umschriebenen Zwecke nach eigenem Ermessen gekürzt. Das ist neu nicht mehr der Fall (Absatz 2). Der *Zweck* ist so ins Tagesregister aufzunehmen, wie er in der Statutenbestimmung bzw. der Stiftungsurkunde enthalten ist. Dabei ist weiterhin sinnvoll, wenn eine Rechtseinheit ihren Zweck kurz so umschreibt, dass zwar ihr Tätigkeitsgebiet klar ist, dass sie sich aber nicht unnötige Einschränkungen auferlegt, die schon bei leichter Ausdehnung des Tätigkeitsgebietes eine Statutenänderung erfordern würden. Weiterhin möglich ist auch eine Negativumschreibung, was eine Rechtseinheit nicht tun darf (z.B. Ausschluss des Erwerbs von Grundstücken). Ein Zweck darf allerdings nicht nur aus solchen Negativumschreibungen bestehen, da auf diese Weise die effektive Tätigkeit der Rechtseinheit nicht umschrieben wird. 415

Bei übermässig langen Geschäftszwecken ist das Handelsregisteramt befugt, den Zweck zu kürzen, wobei in diesem Fall in Berücksichtigung der Konsequenzen des Zweckes (vgl. Note 413) in der Eintragung ein Hinweis auf die vollständige Zweckumschreibung in den Statuten aufzunehmen ist. 416

Die Prüfung der Zweckumschreibung durch das Handelsregisteramt bezieht sich darauf, ob für Dritte das Tätigkeitsgebiet klar erkennbar ist und ob die Zweckumschreibung rechtskonform ist, d.h. die rechtsformspezifischen Voraussetzungen erfüllt sind [gemeinsame Selbsthilfe bei der Genossenschaft]). Dieser Bestimmung ist auch im Rahmen von Statutenänderungen Beachtung zu schenken. 417

Da besondere Geschäftsbezeichnungen und Enseignes unter dem neuen Recht weggefallen sind, können solche Bezeichnungen auch nicht mehr mittels Integration in den Geschäftszweck weitergeführt werden. 418

Art. 119 Personenangaben

[1] **Einträge zu natürlichen Personen müssen die folgenden Angaben enthalten:**
   a. den Familiennamen;
   b. **mindestens ein ausgeschriebener Vorname oder, sofern dies für die Identifikation der Person erforderlich ist, alle Vornamen;**
   c. **den Heimatort oder, bei ausländischen Staatsangehörigen, die Staatsangehörigkeit;**
   d. **den Wohnsitz;**
   e. **den Jahrgang, sofern dies für die Identifikation der Person erforderlich ist;**
   f. **sofern belegt, schweizerische und gleichwertige ausländische akademische Titel;**
   g. **die Funktion, die die Person in einer Rechtseinheit wahrnimmt;**

h. die Art der Zeichnungsberechtigung oder den Hinweis, dass die Person nicht zeichnungsberechtigt ist.

² **Die Schreibweise von Familien- und Vornamen richtet sich nach dem Pass oder der Identitätskarte. Es dürfen nur lateinische Buchstaben verwendet werden.**

³ **Werden Rechtseinheiten als Inhaberinnen einer Funktion bei einer anderen Rechtseinheit eingetragen, so muss dieser Eintrag die folgenden Angaben enthalten:**
   a. **die Firma, der Name oder die Bezeichnung in der im Handelsregister eingetragenen Fassung;**
   b. **die Identifikationsnummer;**
   c. **der Sitz;**
   d. **die Funktion.**

419 Eintragen werden können grundsätzlich nur urteils- und handlungsfähige Personen (Art. 12 ff. ZGB). Ob dies im Einzelfall zutrifft, kann von den Handelsregisterbehörden nicht überprüft werden, zumal Handlungen von Entmündigten auch nachträglich noch genehmigt werden können (vgl. Art. 410 ZGB und 414 ZGB). Sie können daher auch etwa als Inhaber von Einzelunternehmen eingetragen werden, sind aber nachträglich wieder zu löschen, wenn die vormundschaftliche Genehmigung nicht erteilt wird (vgl. Art. 19).

420 Auch ein Unmündiger kann als Gesellschafter einer GmbH oder als Kollektivgesellschafter eingetragen werden, sofern die gesetzlichen Vertreter ihre Zustimmung dazu erteilen (Art. 304 ZGB); die Zustimmung muss dem Handelsregisteramt gegenüber nachgewiesen werden. Sind auch die Eltern an der Gesellschaft beteiligt, so liegt ein möglicher Interessenkonflikt vor, weshalb die Vormundschaftsbehörde gegebenenfalls einen Beistand nach Art. 308 ZGB zu ernennen hat. Als Geschäftsführer oder Verwaltungsrat kann ein Unmündiger bestellt werden, wenn seine Eltern die Zustimmung dazu erteilen.

421 Absatz 1 spricht in lit. a vom Familiennamen. Damit ist der Name gemeint, wie er zivilstandsrechtlich gültig und in den massgeblichen Registern eingetragen ist (nach ständiger Praxis werden auch sogenannte Allianznamen eingetragen (Bsp. Meier-Muster oder Meier, geborene Muster), während der Doppelname im Falle einer Eheschliessung eingetragen werden kann bzw. muss (Bsp. Meier Muster).

422 Nach lit. b wird der Vorname eingetragen (also bei mehreren Vornamen nur der Rufname). Das würde mit der heutigen Praxis nicht im Einklang stehen. Da der Vorname der Identifikation einer Person dient, wird es zahlreiche Fälle geben (etwa in Familienunternehmen, in welchen mehrere Generationen mit gleichen Vornamen tätig sind), bei denen es sinnvoll – und im Hinblick

auf die Identifizierbarkeit auch notwendig – sein wird, mehrere Vornamen einzutragen (Bsp. Hans Heinrich Muster und Hans Rudolf Muster). Ebenfalls eingetragen werden Abkürzungen (Hans H. Muster) oder Spitznamen, unter denen eine Person bekannt ist (z.B. Muster Susanne, genannt Susi).

Wie bis anhin sind akademische (d.h. an einer Universität oder Fachhochschule erworbene Titel (auf Wunsch und damit dem Anmeldeprinzip entsprechend) einzutragen (z.B. Dipl. Ing., Dr. iur., lic. iur. sowie die neueren Bezeichnungen B (Bachelor) oder M (Master) zuzüglich der jeweiligen Richtung (z.B. BA = Bachelor of Arts; MBA = Master of Business Administration). Um anerkannt zu werden, hat der an einer ausländischen Universität erworbene Titel qualitativ demjenigen einer schweizerischen Universität zu entsprechen (Titel, die an einer ausländischen Privatuniversität ohne entsprechendes Studium z.B. gegen Entgelt erworben werden können, sind nicht eintragungsfähig.). Registertechnisch gehören Titel zu den Vornamen. 423

Werden die akademischen Titel durch den beurkundenden Notar beglaubigt, so trägt dieser die Verantwortung für die entsprechende Abklärung; das Handelsregisteramt kann diesfalls auf die Beurkundung abstellen. Ist der Titel durch den Notar nicht beurkundet, so muss er dem Handelsregisteramt gegenüber nachgewiesen werden (z.B. durch Einreichen einer entsprechenden universitären Urkunde. Bestehen Zweifel über die Gleichwertigkeit des ausländischen Titels, so kann das Handelsregisteramt einen entsprechenden Nachweis verlangen oder auch eigene Abklärungen an geeigneten Stellen (Universitäten, Bildungsdirektorenkonferenz) treffen. 424

Berufsbezeichnungen (z.B. Rechtsanwalt, Konsul) sind nicht eintragungsfähig. 425

Der Begriff des Wohnsitzes richtet sich nach Art. 23 ZGB, wobei das Handelsregisteramt üblicherweise keine Nachforschungen nach der «Absicht dauernden Verbleibes» vornehmen muss, sondern sich auf die vorgelegten Dokumente und Belege oder Auskünfte der Einwohnerkontrollen stützen darf. 426

Das gleiche Ziel, nämlich die Identifikation einer Person in einer Rechtseinheit, verfolgt lit. e durch die allenfalls erforderliche Aufnahme des Jahrganges dieser Person. Sind in ein und derselben Rechtseinheit mehrere Personen gleichen Namens, Vornamens wie auch Heimatortes, so wird die Unterscheidung erst durch den Jahrgang möglich. 427

Lit. g: Gewisse Funktionen (Präsident bei der AG, Geschäftsführer bei der GmbH usw.) müssen eingetragen werden. Im Übrigen aber ist die Eintragung freiwillig; dabei gilt eine liberale Praxis. So kann etwa auch ein «Präsident der Geschäftsleitung» oder ein «Ko-Vorsitzender der Geschäftsleitung» eingetragen werden (was aber voraussetzt, dass mehrere Mitglieder vorhanden und auch im Handelsregister eingetragen sind). 428

429 Gemäss lit. h muss nun bei allen Personen, die ins Handelsregister eingetragen werden sollen, auch eingetragen werden, ob und wie sie zeichnen (Bsp. Einzelunterschrift) oder die Tatsache, dass sie nicht zeichnen dürfen (ohne Zeichnungsbefugnis). Grundsätzlich werden ins Handelsregister nur die Mitglieder des obersten Leitungs- oder Verwaltungsorgans (sei es mit oder ohne Zeichnungsbefugnis) sowie die für eine Rechtseinheit zeichnungsberechtigten Personen eingetragen. Ein darüber hinausgehender Personenkreis wird nicht eingetragen.

430 Absatz 3 enthält gegenüber der heutigen Praxis den Zusatz, dass auch die Identifikationsnummer (CH-Nummer) jener Rechtseinheit, die bei einer andern eingetragen werden soll (beispielsweise als Gesellschafterin einer GmbH oder als Revisionsstelle), ins Handelsregister aufzunehmen sein wird. Damit soll ihre eindeutige Identifikation (etwa bei Wechsel der Firma) gewährleistet werden. Für den Nachweis der Rechtseinheit sei auf Art. 24 verwiesen (vgl. Note 114).

Art. 120 Leitungs- oder Verwaltungsorgane

Einzelunternehmen, Handelsgesellschaften, juristische Personen sowie Institute des öffentlichen Rechts dürfen als solche nicht als Mitglied der Leitungs- oder Verwaltungsorgane oder als Zeichnungsberechtigte in das Handelsregister eingetragen werden. Vorbehalten bleibt Artikel 98 KAG sowie die Eintragung von Liquidatorinnen, Liquidatoren, Revisorinnen, Revisoren, Konkursverwalterinnen, Konkursverwaltern oder Sachwalterinnen und Sachwaltern.

431 Diese Bestimmung ist letztlich Ausfluss der gesellschaftsrechtlichen Gewaltentrennung, die etwa in den unterschiedlichen Kompetenzen von Generalversammlung und Verwaltungsrat mit seinen unentziehbaren Befugnissen in Art. 716a OR zum Ausdruck kommen. Das oberste Leitungs- oder Verwaltungsorgan haftet für die Geschäftsführung (zivil- und strafrechtlich). Würde eine juristische Person als Organ gewählt und eingetragen werden können, hätte dies in letzter Konsequenz eine Begrenzung der Haftungssumme auf die Kapitalbasis der betreffenden juristischen Person zur Folge. Art. 120 legt deshalb klar, dass nur natürliche Personen eingetragen werden dürfen.

Art. 121 Revisionsstelle

Wo eine Revisionsstelle eingetragen werden muss, wird nicht eingetragen, ob es sich dabei um ein staatlich beaufsichtigtes Revisionsunternehmen, eine zugelassene Revisionsexpertin, einen zugelassenen Revisionsexperten, eine zugelassene Revisorin oder einen zugelassenen Revisor handelt.

Im Handelsregister wird eine Revisionsstelle nur eingetragen, wo für die entsprechende Rechtsform auch eine Pflicht zur Revision vorgesehen ist (vgl. Art. 61, Note 274 ff.), sei dies im Obligationenrecht oder in einer spezialgesetzlichen Bestimmung (etwa Art. 18 Bankengesetz). 432

Ist eine Revisionsstelle einzutragen, so wird nicht unterschieden, um welche Art von Revisionsstelle es sich handelt. Dies drängt sich nicht zuletzt aus Gründen der Registerwahrheit auf, da sich die entsprechenden Grundlagen ohne weiteres ändern können. Für Einsicht nehmende Dritte ist dies nicht von Belang, da der Tatsache der Revision als solcher grössere Bedeutung zukommt als deren Art. Im Übrigen ist es jedermann möglich, über Internet an die entsprechende Information über die Revisionsstelle zu kommen (www.revisionsaufsichtsbehoerde.ch) 433

Die Eintragung mehrerer Revisionsstellen ist möglich, etwa eine Revisionsstelle (für die eigentliche Revision) sowie eine Revisionsstelle mit beschränktem Auftrag (für die Aufgaben, die entsprechend den Anforderungen der US Securities and Exchange Commission SEC von einer andern Revisionsstelle vorzunehmen sind). 434

Eine Revisionsstelle wird nur eingetragen, wenn eine ordentliche Revision (Art. 727 OR) oder eine eingeschränkte Revision (Art. 727a OR) vorliegt. Ebenfalls eingetragen wird der Verzicht auf eine Revision im Sinne von Art. 727a Abs. 2 OR. Mischvarianten, die nicht den gesetzlichen Anforderungen entsprechen, werden nicht eingetragen (z.B. freiwillige Revision, etwa in einem Familienbetrieb die Revision durch einen abhängigen Revisor). Damit soll die Täuschungsgefahr für Dritte (etwa betreffend Qualität der Revision, Organstellung der Revisionsstelle oder deren Verantwortlichkeit) vermieden werden. Ein öffentliches Interesse an der Kenntnis solcher Tatsachen besteht nicht. Nur was den Mindestanforderungen entspricht, wird eingetragen. 435

Eingetragen werden nur Revisionsunternehmen (Einzelunternehmen usw.), nicht aber natürliche Personen. Die Zulassung von natürlichen Personen als Revisionsstelle setzt voraus, dass diese als Einzelunternehmen (unabhängig vom Umsatz) eingetragen sind (Art. 8 RAV); Mitarbeiter der Finanzkontrollen werden indirekt (Finanzkontrolle …, vertreten durch ...) eingetragen. 436

Mit besonderem Vermerk ist die spezialgesetzlich (im KAG) vorgesehene Revision einzutragen (vgl. Art. 99, 101 und 103). 437

Art. 122 Hinweis auf die vorangehende Eintragung

Jede Eintragung im Tagesregister muss einen Hinweis auf die Veröffentlichung der vorangehenden Eintragung der betreffenden Rechtseinheit im Schweizerischen Handelsamtblatt enthalten; anzugeben sind:
- a. das Ausgabedatum;
- b. die Seitenzahl;
- c. die Nummer der Veröffentlichung.

438 Die Bestimmung ermöglicht die lückenlose «Geschichtsschreibung» in einer Gesellschaft. Aufgrund der Zitate können sämtliche registerlichen Vorgänge bis zur ihrer Gründung reproduziert bzw. nachverfolgt werden. Die Regelung entspricht der heutigen Praxis.

2. Kapitel: Sitzverlegung

1. Abschnitt: In der Schweiz

Art. 123 Eintragung am neuen Sitz

[1] Verlegt eine Rechtseinheit ihren Sitz in einen anderen Registerbezirk, so muss sie sich am neuen Sitz zur Eintragung anmelden.

[2] Mit der Anmeldung zur Eintragung der Sitzverlegung müssen dem Handelsregisteramt folgende Belege eingereicht werden:
- a. die beglaubigten Statuten des bisherigen Sitzes;
- b. falls bei juristischen Personen die Statuten geändert werden müssen: der Beschluss über die Änderung sowie ein beglaubigtes Exemplar der neuen Statuten;
- c. die beglaubigten Unterschriften der anmeldenden Personen.

[3] Das Handelsregisteramt am neuen Sitz ist für die Prüfung der Sitzverlegung und der Belege zuständig. Es informiert das Handelsregisteramt des bisherigen Sitzes über die vorzunehmende Eintragung.

[4] Das Handelsregisteramt am bisherigen Sitz übermittelt dem Handelsregisteramt am neuen Sitz im Hinblick auf die Eintragung der Sitzverlegung sämtliche im Hauptregister vorhandenen elektronischen Daten. Sie werden ins Hauptregister aufgenommen, aber weder im Tagesregister eingetragen noch im Schweizerischen Handelsamtsblatt publiziert.

[5] Am neuen Sitz müssen folgende Angaben ins Handelsregister eingetragen werden:
- a. die Firma oder der Name und die Identifikationsnummer;
- b. die Tatsache der Sitzverlegung unter Angabe des Ortes des bisherigen und des neuen Sitzes;

c. das Rechtsdomizil am neuen Sitz;
d. falls die Statuten geändert wurden: deren neues Datum.

⁶ Werden die Einträge im Register des neuen Sitzes in einer anderen Sprache als im Register des alten Sitzes vorgenommen, so müssen alle zu veröffentlichenden Tatsachen in der neuen Sprache eingetragen werden.

Absatz 1: Die Sitzverlegung geschieht grundsätzlich nach bisheriger Praxis, d.h. die Verlegung des Sitzes der Rechtseinheit ist beim Handelsregisteramt am neuen Ort anzumelden. 439

Absatz 2: Das Einzelunternehmen und die Kollektivgesellschaft verlegen ihren Sitz wie bisher, d.h. die blosse Anmeldung unterzeichnet vom Inhaber des Einzelunternehmens bzw. von den Kollektivgesellschaftern (vgl. Note 79) am neuen Ort genügt. Bei jenen Rechtsformen, die über Statuten verfügen (z.B. GmbH, AG), müssen dem Handelsregisteramt am neuen Ort ein beglaubigtes Exemplar der bisherigen Statuten, eine öffentliche Beurkundung über die Beschlussfassung der Sitzverlegung nach ... mit Änderung der entsprechenden Statutenbestimmung sowie das neue, den neuen Sitz (und allfällige weitere Änderungen) berücksichtigende und beglaubigte Statutenexemplar eingereicht werden. Ein beglaubigter Handelsregisterauszug ist nicht mehr erforderlich; das Handelsregisteramt nimmt die Abklärung von Amtes wegen auf dem Internet vor (vgl. Art. 24). 440

Lit. c: Neu müssen bei einer Sitzverlegung nur noch die Unterschriften der anmeldenden Personen, nicht aber die aller Zeichnungsberechtigten, beigebracht bzw. beglaubigt werden. Alle übrigen Unterschriftenbeglaubigungen sollten mit den Akten kommen, die das Handelsregisteramt des bisherigen Sitzes an das des neuen Sitzes übermittelt. Bis zur Übermittlung der Akten kann es deshalb vorkommen, dass die Unterschriften durch Dritte nicht eingesehen werden können; der Verordnungsgeber hat dies aus Gründen der administrativen Vereinfachung in Kauf genommen. 441

Absatz 3: Das Handelsregisteramt am neuen Ort hat lediglich die Tatsache der Sitzverlegung mit den damit zusammenhängenden Belegen zu prüfen und den Eintrag vorzunehmen. Die Rechtskonformität früherer Eintragungen hat es nicht zu prüfen; die Verantwortlichkeit für jene Eintragungen liegt einzig beim damals zuständigen Handelsregisteramt. Stellt das Handelsregisteramt am neuen Ort jedoch zufällig fest, dass die Statuten nicht den absolut zwingenden Inhalt von Art. 626 OR enthalten, so muss im Zusammenhang mit der Sitzverlegung die Situation bereinigt bzw. ergänzt werden. 442

Absatz 4 verfolgt die Absicht, dass aus einem aktuellen Register sämtliche Daten ersichtlich sein sollen. Soweit Daten elektronisch erfasst sind, sind sie daher ins Hauptregister am neuen Ort aufzunehmen. Da keine Aufnahme ins Tagesregister erfolgt, findet auch keine (erneute) Publikation schon einmal veröffentlichter Tatsachen statt. In der Praxis wird dies durch Aufnahme 443 einer weiteren «Karte» vorgenommen; die Daten des bisherigen Sitzes sind über die Firmennummer …/a separat einsehbar.

444 Absatz 5: Auch die «grosse» (interkantonale) Sitzverlegung wird nun wie eine «kleine» Sitzverlegung (im gleichen Registerbezirk) behandelt. Grundsätzlich sind daher nur noch wenige Eintragungen ins Tagesregister nötig.

445 Absatz 6: Anmeldungen sind in einer Amtssprache des Kantons, in welchem die Eintragung erfolgt, einzureichen (Art. 16 Abs. 4 Note 77); Belege müssen auf Verlangen übersetzt werden (Art. 20 Abs. 3 Note 101 ff.). Mit dem Wechsel des Sprach- und Wirtschaftsraumes (neue Kreise möglicher Vertragspartner und Gläubiger, Einsichtnahme Dritter) ergibt sich als weitere Konsequenz, das alle Einträge, die noch gültig sind, durch die Anmeldenden übersetzt (aber nicht publiziert) werden müssen, sofern die Angaben nicht aus dem Handelsregisterauszug oder andern Unterlagen bereits übersetzt hervorgehen. Nur so kann Transparenz gewährleistet und können mehrsprachige Auszüge (z.B. bei mehreren Sitzverlegungen hintereinander (Tessin/Westschweiz/Deutschschweiz) vermieden werden.

Art. 124 Eintragung am bisherigen Sitz

¹ Die Sitzverlegung und die Löschung am bisherigen Sitz müssen am gleichen Tag ins Tagesregister eingetragen werden. Die Handelsregisterämter müssen ihre Eintragungen aufeinander abstimmen.

² Die Löschung am bisherigen Sitz wird ohne weitere Prüfung eingetragen.

³ Am bisherigen Sitz müssen folgende Angaben ins Handelsregister eingetragen werden:
    a. die Tatsache, dass die Rechtseinheit infolge Sitzverlegung im Handelsregister am neuen Sitz eingetragen wurde unter Angabe des Ortes des neuen Sitzes;
    b. die neue Firma beziehungsweise der neue Name, falls diese geändert wurden;
    c. die Tatsache, dass die Rechtseinheit im Handelsregister des bisherigen Sitzes von Amtes wegen gelöscht wird.

Absatz 2 vgl. Note 454.

Art. 125 Übermittlung der Belege

Das Handelsregisteramt des bisherigen Sitzes übermittelt dem Handelsregisteramt am neuen Sitz sämtliche Belege zu den Eintragungen, die am bisherigen Sitz vorgenommen wurden.

446 Es gilt der Grundsatz, dass die Akten der Rechtseinheit folgen (Übernahmepflicht beim Handelsregisteramt am neuen Sitz), also auch etwa die nicht

öffentlichen Belege im Zusammenhang mit einem «opting out». Im Hinblick auf die mögliche Einsichtnahme durch Dritte hat die Übermittlung raschestmöglich zu geschehen.

2. Abschnitt: Verlegung des Sitzes einer ausländischen Rechtseinheit in die Schweiz

Art. 126

¹ Unterstellt sich eine ausländische Rechtseinheit gemäss den Vorschriften des Bundesgesetzes vom 18. Dezember 1987 über das Internationale Privatrecht (IPRG) durch eine Sitzverlegung schweizerischem Recht, so gelten für die Eintragung in das Handelsregister die Bestimmungen über die Eintragung einer neu gegründeten Rechtseinheit.

² Zusätzlich zu den für die Eintragung der Rechtseinheit erforderlichen Belegen müssen die Anmeldenden dem Handelsregisteramt die folgenden besonderen Belege einreichen:
  a. einen Nachweis des rechtlichen Bestehens der Rechtseinheit im Ausland;
  b. eine Bescheinigung der zuständigen ausländischen Behörde über die Zulässigkeit der Sitzverlegung im ausländischen Recht oder eine Bewilligung des Eidgenössischen Justiz- und Polizeidepartements gemäss Absatz 4.
  c. einen Nachweis, dass die Anpassung an eine schweizerische Rechtsform möglich ist;
  d. einen Nachweis, dass die Rechtseinheit den Mittelpunkt ihrer Geschäftstätigkeit in die Schweiz verlegt hat;
  e. im Falle einer Kapitalgesellschaft: den Bericht einer zugelassenen Revisionsexpertin oder eines zugelassenen Revisionsexperten, der belegt, dass das Kapital der Gesellschaft nach schweizerischem Recht gedeckt ist.

³ Zusätzlich zu den erforderlichen Angaben bei der Eintragung einer neu gegründeten Rechtseinheit müssen ins Handelsregister eingetragen werden:
  a. das Datum des Beschlusses, mit dem sich die Rechtseinheiten nach den Vorschriften des IPRG schweizerischem Recht unterstellt;
  b. die Firma oder der Name, die Rechtsform und der Sitz vor der Sitzverlegung in die Schweiz;
  c. die ausländische Behörde, die für die Registrierung zuständig war, bevor die Rechtseinheit ihren Sitz in die Schweiz verlegt hat.

⁴ Erteilt das Eidgenössische Justiz- und Polizeidepartement eine Bewilligung gemäss Artikel 161 Absatz 2 IPRG, so muss die entsprechende Verfügung dem Handelsregisteramt als Beleg eingereicht werden.

447 Die (liquidationslose) Sitzverlegung einer Rechtseinheit in die Schweiz erfolgt gemäss Art. 161 ff. IPRG. Für die Eintragung einer Rechtseinheit sind zunächst die Belege beizubringen, die entsprechend ihrer (schweizerischen) Rechtsform bei einer Neueintragung erforderlich sind. Darüber hinaus enthält der Katalog von Art. 126 weitere beizubringende Belege (vgl. im Übrigen die weiterführenden Ausführungen von Vogt (REPRAX 2/1999 S. 46 ff.). Nicht dazu gehören indessen (entgegen Vogt) Statuten oder Gesellschaftsverträge am bisherigen Sitz. Ob Übersetzungen erforderlich sind, richtet sich nach Art. 20 Abs. 3 (vgl. Note 101 ff.).

3. Abschnitt: Verlegung des Sitzes einer schweizerischen Rechtseinheit ins Ausland

Art. 127

¹ Verlegt eine schweizerische Rechtseinheit gemäss den Vorschriften des IPRG ihren Sitz ins Ausland, so müssen die Anmeldenden zusätzlich zu den für die Löschung der Rechtseinheit erforderlichen Belegen dem Handelsregisteramt die folgenden Belege einreichen:
   a. ein Nachweis, dass die Rechtseinheit im Ausland weiter besteht;
   b. der Bericht einer zugelassenen Revisionsexpertin oder eines zugelassenen Revisionsexperten, welcher bestätigt, dass die Forderungen der Gläubigerinnen und Gläubiger im Sinne von Artikel 46 FusG sichergestellt oder erfüllt worden sind oder dass die Gläubigerinnen und Gläubiger mit der Löschung einverstanden sind.

² Wird die Verlegung des Sitzes einer schweizerischen Rechtseinheit ins Ausland im Handelsregister angemeldet, so macht das Handelsregisteramt den Steuerbehörden des Bundes und des Kantons Mitteilung. Die Löschung darf erst vorgenommen werden, wenn diese Behörden zugestimmt haben.

³ Ins Handelsregister müssen eingetragen werden:
   a. das Datum des Beschlusses des zuständigen Organs, mit dem sich die Rechtseinheit nach den Vorschriften des IPRG ausländischem Recht unterstellt;
   b. die Firma oder der Name, die Rechtsform und der Sitz nach der Sitzverlegung ins Ausland;
   c. die ausländische Behörde, die für die Registrierung zuständig ist, nachdem die Rechtseinheit ihren Sitz ins Ausland verlegt hat;

d. das Datum des Revisionsberichts, der bestätigt, dass die Vorkehrungen zum Schutz der Gläubigerinnen und Gläubiger erfüllt worden sind;
e. die Tatsache, dass die Rechtseinheit gelöscht wird.

3. Kapitel: Umstrukturierungen

Bereits im Zusammenhang mit dem am 1. Juli 2004 in Kraft getretenen Fusionsgesetz hat der Bund die Handelsregisterverordnung angepasst. Diese Bestimmungen (Art. 105–111 altHRegV) konnten weitgehend übernommen werden. Das Eidgenössische Amt für das Handelsregister hat zu den neuen Bestimmungen der (alten) Handelsregisterverordnung am 11. Oktober 2004 einen Kurzkommentar verfasst (in: REPRAX 2/3/2004, siehe Anhang), dem heute noch Gültigkeit zukommt. In der gleichen Publikation haben Champeaux/Turin Checklisten für Umstrukturierungen nach dem Fusionsgesetz veröffentlicht. Im Übrigen geben die FAQ FusG (vgl. Link in den Literaturhinweisen) aktualisiert Auskunft zu verschiedenen Fragen.

448

1. Abschnitt: Zeitpunkt der Anmeldung und der Eintragung

Art. 128 Zeitpunkt der Anmeldung

Rechtseinheiten dürfen Fusionen, Spaltungen, Umwandlungen und Vermögensübertragungen erst zur Eintragung ins Handelsregister anmelden, wenn die von Gesetzes wegen erforderlichen Zustimmungen anderer Behörden vorliegen. Dies gilt insbesondere für den Fall, dass die Umstrukturierung die Anforderungen eines zu meldenden Zusammenschlusses gemäss Artikel 9 des Kartellgesetzes vom 6. Oktober 1995 erfüllt oder einer Bewilligung durch die Aufsichtsbehörde gemäss den Artikeln 3 und 5 des Versicherungsaufsichtsgesetzes vom 17. Dezember 2004 bedarf.

Normadressat dieser Bestimmung sind die Rechtseinheiten bzw. die die Anmeldung unterzeichnenden Personen. Sie sind dafür verantwortlich, dass allfällige spezialgesetzliche Bestimmungen eingehalten werden und dass sie im Zeitpunkt der Einreichung der Anmeldung über die erforderliche Bewilligung verfügen. Das Handelsregisteramt hat dies nicht nachzuprüfen.

449

Art. 129 Zeitpunkt der Eintragung

¹ Die Umstrukturierungen müssen bei allen beteiligten Rechtseinheiten am gleichen Tag ins Tagesregister eingetragen werden.

² Befinden sich nicht alle Rechtseinheiten im selben Registerbezirk, so müssen die Handelsregisterämter ihre Eintragungen aufeinander abstimmen.

³ Diese Bestimmung gilt auch für die Eintragung einer Sacheinlage oder Sachübernahme, die mittels einer Vermögensübertragung durchgeführt wird.

450 Schon die frühere Handelsregisterverordnung (Art. 105c, 106d und 108b altHRegV) enthielt eine Regelung, wonach die Eintragungen bei den Beteiligten am gleichen Tag vorzunehmen waren. Mit dieser Regelung wird insbesondere dem Gedanken der Universalsukzession bei der Fusion Rechnung getragen, indem die rechtlichen Wirkungen auch am gleichen Tag wie der Vollzug eintreten sollen. Die eine Rechtseinheit übernimmt, die andere wird gelöscht und geht unter (Art. 21 FusG).

451 Die Eintragung der fusionsgesetzlichen Tatbestände hat konstitutiven Charakter (Art. 22, 52, 67 und 73 Abs. 2 FusG). Eine zivilrechtliche Rückwirkung ist daher nicht möglich, hingegen akzeptieren die Steuerbehörden unter gewissen Voraussetzungen eine steuerliche Rückwirkung (Ziffer 4.1.2.2.3 des Kreisschreibens Nr. 5 der Eidg. Steuerverwaltung vom 1. Juni 2004 (www.estv.admin.ch/d/dvs/kreisschreiben/1-005-DVS-2004-d.pdf).

2. Abschnitt: Fusion von Rechtseinheiten

Zulässig sind Fusionen zwischen folgenden Rechtseinheiten (Art. 4, 78 und 88 FusG): 452

Übertragender Rechtsträger \ Übernehmender Rechtsträger	KG	KomG	AG	KAG	GmbH	Geno	Geno#	Verein	Stiftung	VE
KG	F	F	F	F	F	F	F			
KomG	F	F	F	F	F	F	F			
AG			F	F	F	F	F			
KAG			F	F	F	F	F			
GmbH			F	F	F	F	F			
Geno			F	F	F	F	F			
Geno#			F	F	F	F	F	F*		
Verein			F*	F*	F*	F*	F*	F		
Stiftung									F	
VE										F

Grafik aus der Botschaft des Bundesrates zum FusG S. 4523

Legende

KG	Kollektivgesellschaft	GmbH	Gesellschaft mit beschränkter Haftung
KomG	Kommanditgesellschaft	Geno	Genossenschaft mit Anteilskapital
AG	Aktiengesellschaft	Geno#	Genossenschaft ohne Anteilskapital
KAG	Kommanditaktiengesellschaft	VE	Vorsorgeeinrichtung

* der Rechtsträger muss im Handelsregister eingetragen sein

Art. 130 Anmeldung und zuständiges Handelsregisteramt

¹ Jede an der Fusion beteiligte Rechtseinheit muss die sie betreffenden Tatsachen selber zur Eintragung in das Handelsregister anmelden (Art. 21 Abs. 1 FusG), und zwar in einer der Amtssprachen des betroffenen Handelsregisteramts.

² Befinden sich nicht alle an der Fusion beteiligten Rechtseinheiten im selben Registerbezirk, so ist das Handelsregisteramt am Ort der übernehmenden Rechtseinheit für die Prüfung der Fusion und sämtlicher Belege zuständig. Es informiert die Handelsregisterämter am Sitz der übertragenden Rechtseinheiten über die vorzunehmende Eintragung und übermittelt ihnen die sie betreffenden Anmeldungen. Die Löschung

der übertragenden Rechtseinheiten ist ohne weitere Prüfung einzutragen.

³ Sämtliche Belege und elektronische Daten zu den Eintragungen der übertragenden Rechtseinheiten sind nach deren Löschung an das Handelsregisteramt am Sitz der übernehmenden Rechtseinheit zu übermitteln und zu den Akten der übernehmenden Rechtseinheit zu nehmen.

453 Absatz 1 entspricht in seinem Normgehalt Art. 21 FusG. Die obersten Leitungs- und Verwaltungsorgane der übernehmenden bzw. der übertragenden Rechtseinheit sind verpflichtet, den Vorgang der Fusion dem jeweils zuständigen Handelsregisteramt (einerseits für die Eintragung der Übernahme anderseits für die Löschung der übertragenden Rechtseinheit) anzumelden. Die Sprache der Anmeldung richtet sich nach Art. 16 Abs. 4 (vgl. Note 77).

454 Absatz 2 regelt im Sinne einer Kollisionsnorm die Zuständigkeit der am Fusionstatbestand beteiligten Handelsregisterämter. Da die übertragende Gesellschaft infolge Universalsukzession untergeht, ist es konsequent, dass die materielle Prüfung der Fusion durch das Handelsregisteramt am Sitz des übernehmenden Rechtsträgers vorgenommen wird. Das Handelsregisteramt am übertragenden Ort ist lediglich für die Löschung zuständig (ohne Prüfung der Fusionsunterlagen); ihm obliegt die Prüfung, ob die Anmeldung korrekt durch das oberste Leitungs- und Verwaltungsorgan der übertragenden Rechtseinheit unterzeichnet ist (vgl. Note 79).

455 Absatz 3: Anders als bisher hat nun das Handelsregisteramt am Sitz der übertragenden Gesellschaft sämtliche physischen (Beleg-)Akten an das Handelsregisteramt am Sitz der übernehmenden Gesellschaft zu überweisen (die Korrespondenzakten verbleiben beim HRA am Sitz der übertragenden Gesellschaft).

456 Mit elektronischen Daten können nur diejenigen zu den Belegakten (also die gescannten Akten), nicht aber jene des Hauptregisters gemeint sein. Dort, wo ein elektronisches Archiv besteht, sind auch die entsprechenden elektronischen Daten weiterzugeben. Die Übertragung der Handelsregisterdaten macht wenig Sinn, da die Rechtseinheit von Gesetzes wegen gelöscht wird (Art. 21 Abs. 3 FusG).

Art. 131 Belege

¹ Mit der Anmeldung zur Eintragung der Fusion müssen die beteiligten Rechtseinheiten die folgenden Belege einreichen:
   a. den Fusionsvertrag (Art. 12 und 13 FusG);
   b. die Fusionsbilanzen der übertragenden Rechtseinheiten, gegebenenfalls die Zwischenbilanzen (Art. 11 FusG);
   c. die Fusionsbeschlüsse der beteiligten Rechtseinheiten, soweit erforderlich, öffentlich beurkundet (Art. 18 und 20 FusG);

d. die Prüfungsberichte der beteiligten Rechtseinheiten (Art. 15 FusG);
e. bei einer Absorptionsfusion: soweit erforderlich die Belege für eine Kapitalerhöhung (Art. 9 und 21 Abs. 2 FusG);
f. bei der Fusion einer Rechtseinheit in Liquidation: die von mindestens einem Mitglied des obersten Leitungs- oder Verwaltungsorgans unterzeichnete Bestätigung nach Artikel 5 Absatz 2 FusG;
g. bei der Fusion von Rechtseinheiten mit Kapitalverlust oder Überschuldung: die Bestätigung nach Artikel 6 Absatz 2 FusG;
h. bei einer Kombinationsfusion: die für die Neugründung einer Rechtseinheit erforderlichen Belege (Art. 10 FusG).

² Bei Fusionen von kleinen und mittleren Unternehmen können die fusionierenden Rechtseinheiten anstelle des Belegs nach Absatz 1 Buchstabe d eine von mindestens einem Mitglied des obersten Leitungs- oder Verwaltungsorgans unterzeichnete Erklärung einreichen, wonach sämtliche Gesellschafterinnen und Gesellschafter auf die Erstellung des Fusionsberichts oder auf die Prüfung verzichten und die Rechtseinheit die Anforderungen nach Artikel 2 Buchstabe e FusG erfüllt. In der Erklärung ist anzugeben, auf welche Unterlagen wie Erfolgsrechnungen, Bilanzen, Jahresberichte, Verzichtserklärungen oder das Protokoll der Generalversammlung sie sich stützt.

³ Bei erleichterten Fusionen von Kapitalgesellschaften (Art. 23 FusG) müssen die beteiligten Gesellschaften anstelle der Belege nach Absatz 1 Buchstaben c und d die Auszüge aus den Protokollen der obersten Leitungs- oder Verwaltungsorgane über die Genehmigung des Fusionsvertrages einreichen, sofern der Fusionsvertrag nicht von allen Mitgliedern dieser Organe unterzeichnet ist. Soweit dies nicht aus den anderen Belegen hervorgeht, müssen sie zudem nachweisen, dass die Gesellschaften die Voraussetzungen von Artikel 23 FusG erfüllen.

Absatz 1: Die einzureichenden Belege müssen unterzeichnet sein (KK FusG Erläuterungen zu Art. 105 aHRegV), Kopien genügen nicht (vgl. Art. 20 Note 100). Eine KMU-Erklärung FusG findet sich im Anhang. 457

Lit. b: Es muss lediglich die Bilanz der übertragenden Rechtseinheit eingereicht werden. Sie muss unterzeichnet (Art. 961 OR) und darf nicht älter als sechs Monate sein (Art. 11 FusG), andernfalls eine Zwischenbilanz eingereicht werden muss. Bilanz oder Zwischenbilanz müssen geprüft sein, sofern die Rechtseinheit von Gesetzes wegen oder aufgrund statutarischer Verpflichtung zur Revision der Jahresrechnung verpflichtet ist. Hat die Rechtseinheit von der Möglichkeit zum «opting out» Gebrauch gemacht (vgl. Note 280 ff.), entfällt auch die Pflicht zur Einreichung einer geprüften Fusionsbilanz bzw. Zwischenbilanz. 458

459 Die gesetzliche Mindestgliederung einer Bilanz gestaltet sich gemäss Böckli (§ 8 Note 301) wie folgt:

Bilanz	
Aktiven	Passiven
A. Umlaufvermögen	C. Fremdkapital
1. Flüssige Mittel	1. Schulden aus Lieferungen und Leistungen
2. Forderungen aus Lieferungen und Leistungen	2. Andere kurzfristige Verbindlichkeiten
3. Andere Forderungen	3. Langfristige Verbindlichkeiten
4. Forderungen gegenüber Konzerngesellschaften oder massgeblich beteiligten Aktionären*	4. Verbindlichkeiten gegenüber Konzerngesellschaften oder massgeblich beteiligten Aktionären*
5. Vorräte	5. Rückstellungen*
6. Aktive Rechnungsabgrenzung	6. Passive Rechnungsabgrenzung
B. Anlagevermögen	D. Eigenkapital
	(nicht verwendbares Eigenkapital)
1. Sachanlagen	1. Aktienkapital
2. Finanzanlagen	2. Partizipationskapital*
3. Beteiligungen*	3. Allgemeine gesetzliche Reserve
4. Immaterielle Anlagen*	4. Reserve für eigene Aktien*
5. Gründungs-, Kapitalerhöhungs- und Organisationskosten*	5. Aufwertungsreserve
	(verwendbares Eigenkapital)
6. Nicht einbezahlter Teil des Aktienkapitals*	6. Freie Reserven
7. Bilanzverlust	7. Bilanzgewinn

* Falls anwendbar

Findet eine Kettenfusion statt (die Muttergesellschaft B AG übernimmt ihre 460
Tochter C AG und nachher wird die B AG durch ihre Mutter A AG übernommen), so kann die Eintragung gleichzeitig (aber in richtiger Reihenfolge) vorgenommen werden. Da auf gültige Bilanzen abgestellt werden muss, sind die ordentlichen Bilanzen der B AG bzw. der C AG i.S. von lit. b einzureichen (und nicht eine auf die erfolgte erste Fusion aufgerechnete «Zwischenbilanz»).

Art. 11 FusG verlangt eine Zwischenbilanz, wenn seit Erstellung der or- 461
dentlichen Bilanz eine wesentliche Änderung eingetreten ist. Da der Bilanz auch eine Gläubigerschutzfunktion zukommt (Art. 25 FusG), sind in diesem Zusammenhang v.a. Mittelabflüsse von Bedeutung; liegen solche vor, muss eine Zwischenbilanz erstellt werden (vgl. KK FusG Erläuterungen zu Art. 105a aHRegV). Wird indessen (vor der Fusion) noch eine bedingte Kapitalerhöhung durchgeführt, so handelt es sich dabei um einen Mittelzufluss; eine Zwischenbilanz wäre hier nur zu erstellen, wenn sich das Eigenkapital wesentlich verändert hat.

Lit. c: Sieht der Fusionsvertrag lediglich eine Abfindung vor, so haben 462
90 Prozent der stimmberechtigten Gesellschafter der übertragenden Gesellschaft zuzustimmen (Art. 18 Abs. 5 FusG). In der Praxis wird indessen bei einer Aktiengesellschaft nicht auf das Kopfstimmrecht, sondern auf die Aktienstimmen abgestellt; es haben also 90 Prozent aller (und nicht nur der an der Versammlung vertretenen) Stimmen bzw. Gesellschafter zuzustimmen.

Lit. e: «Der Nominalbetrag der Kapitalerhöhung darf höchstens dem Netto- 463
vermögen (Aktiven minus Fremdkapital) der übertragenden Gesellschaft entsprechen; andernfalls ergäbe sich eine unzulässige *Unter-pari-Emission ...*» (KK FusG EHRA S. 15).

Grundsätzlich sind bei einer Kapitalerhöhung zwecks Fusion auch die für 464
eine Kapitalerhöhung erforderlichen Belege einzureichen, so auch der Kapitalerhöhungsbericht gemäss Art. 652e OR (liegt der Fusionsbericht vor, so muss sich der Kapitalerhöhungsbericht nur noch zur Bestimmung von Art. 652 e Ziffer 4 aussprechen). Da die Bestimmungen über die Sacheinlagen nicht anwendbar sind (Art. 9 Abs. 2 FusG), muss aber keine Stampa-Erklärung eingereicht werden (vgl. im übrigen Note 467).

Lit. g: Betreffend Berechnung des hälftigen Kapitalverlustes gemäss Art. 6 465
Abs. 1 FusG folgen die Handelsregisterämter der Ansicht von Böckli (§ 13 Note 717 [insbesondere Fussnote 1295] und § 13 Note 723 ff.) sowie der Treuhandkammer (Schweizer Prüfungsstandards, PS 290 lit. o). «Aus der letzten Jahresbilanz müssen unverändert das nominelle Aktienkapital, das nominelle Partizipationsscheinkapital und die gesetzliche Reserve (bestehend aus den Gesamtbeträgen der allgemeinen Reserve, der Reserve für eigene Aktien und der Aufwertungsreserve) addiert werden. Anschliessend wird diese Summe halbiert. Dieser Betrag wird dem Aktivenüberschuss (Aktiven

minus Fremdkapital) gegenübergestellt. Ist der Aktivenüberschuss kleiner als die so berechnete Hälfte des Aktien-, Partizipationsschein-, Stamm- oder Genossenschaftskapitals und der gesetzlichen Reserven, liegt ein Kapitalverlust im Sinne von Art. 6 Abs. 1 FusG vor und ist eine Bestätigung gemäss Art. 6 Abs. 2 FusG nötig.» (FAQ FusG). Eine solche Bestätigung ist im Übrigen in allen Fällen von Art. 6 Abs 1. FusG auch beim Vorliegen von Rangrücktrittserklärungen, einzureichen.

466 Absatz 2: Die sogenannte KMU-Erklärung ist von einem Mitglied des obersten Leitungs- oder Verwaltungsorgans abzugeben; es handelt sich um eine Urkunde im strafrechtlich relevanten Sinne (vgl. Note 182). Die Erklärung der Gesellschafterinnen und Gesellschafter, wonach sie auf die Erstellung des Fusionsberichts oder auf die Prüfung verzichten, kann auch direkt mittels entsprechender Feststellung in der öffentlich beurkundeten Universalversammlung anlässlich der Beschlussfassung über die Fusion getroffen werden.

467 Gemäss Art. 9 Abs. 2 FusG finden die Bestimmungen über die Sacheinlagen im Rahmen einer Fusion keine Anwendung. Hat das KMU auf Fusionsbericht und Prüfung verzichtet und wird im Rahmen der Fusion eine Kapitalerhöhung durchgeführt, so wären weder Kapitalerhöhungsbericht noch eine Prüfungsbestätigung einzureichen. Das Eidgenössische Amt für das Handelsregister hat in seinem Kurzkommentar indessen ausgeführt, dass hier eine Gesetzeslücke vorliegt, weshalb in solchen Fällen gleichwohl sämtliche für eine Kapitalerhöhung erforderlichen Belege einzureichen sind (KK FusG Erläuterungen zu Art. 105a aHRegV sowie Bösiger, REPRAX 2/3/2004 S. 125 ff.).

468 Absatz 3: Eine vertraglich verbundene Personengruppe im Sinne von Art. 23 Abs. 1 lit. b FusG liegt nicht schon vor, wenn blosse vertragliche Abmachungen vor der Fusion über ein (anschliessendes) einheitliches Verhalten (etwa Stimmverhalten) bestehen. Die Personengruppe muss bereits vor der Fusion über die entsprechenden Anteile verfügen (KK FusG Erläuterungen zu Art. 105a aHRegV).

469 Werden im Fusionsvertrag im Rahmen einer erleichterten Fusion nach Art. 23 Abs. 2 FusG den Minderheitsaktionären für die voll liberierten Aktien der übertragenden Gesellschaft lediglich teilliberierte Aktien der übernehmenden Gesellschaft angeboten, so verstösst das gegen das Verbot der Auferlegung einer persönlichen Leistungspflicht (Art. 23 Abs. 2 lit. b FusG).

Art. 132 Inhalt des Eintrags

1 Bei der übernehmenden Rechtseinheit müssen ins Handelsregister eingetragen werden:
  a. die Firma oder der Name, der Sitz sowie die Identifikationsnummer der an der Fusion beteiligten Rechtseinheiten;
  b. das Datum des Fusionsvertrages und der Fusionsbilanz und gegebenenfalls der Zwischenbilanz;
  c. der gesamte Wert der übertragenen Aktiven und Passiven;
  d. gegebenenfalls die den Gesellschafterinnen und Gesellschaftern der übertragenden Gesellschaft zugesprochenen Anteils- oder Mitgliedschaftsrechte sowie eine allfällige Ausgleichszahlung (Art. 7 FusG);
  e. gegebenenfalls die Abfindung (Art. 8 FusG);
  f. gegebenenfalls die durch die Fusion bedingte Kapitalerhöhung;
  g. im Falle von Kapitalverlust oder von Überschuldung: der Hinweis auf die Bestätigung des zugelassenen Revisionsexperten (Art. 6 Abs. 2 FusG);
  h. bei der Kombinationsfusion: die für die Eintragung einer neuen Rechtseinheit erforderlichen Angaben.

2 Bei der übertragenden Rechtseinheit müssen ins Handelsregister eingetragen werden:
  a. die Firma oder der Name, der Sitz sowie die Identifikationsnummer der an der Fusion beteiligten Rechtseinheiten;
  b. die Tatsache, dass die Rechtseinheit infolge Fusion gelöscht wird (Art. 21 Abs. 3 FusG).

Absätze 1 lit. a und 2 lit. a: Die Aufnahme der Identifikationsnummer der übertragenden bzw. übernehmenden Rechtseinheit dient dem eindeutigen Nachvollzug der Universalsukzession. Dies ist insbesondere deshalb erforderlich, weil die Firma einer im Handelsregister gelöschten Rechtseinheit frei wird und neu besetzt werden kann (vgl. Note 404 ff.). 470

Lit. b: Als Datum der Fusionsbilanz wird nicht das Datum ihrer Erstellung, sondern das Datum, auf welches sie ihre Aussagekraft bezieht (per…) aufgeführt. 471

Absatz 2: Infolge Universalsukzession gehen sämtliche zivil- und öffentlichrechtlichen Forderungen auf die übernehmende Gesellschaft über. Die Löschungszustimmung der Steuerverwaltung ist deshalb nicht erforderlich. 472

3. Abschnitt: Spaltung von Kapitalgesellschaften und Genossenschaften

473 Zulässig sind Spaltungsvorgänge bei folgenden Rechtseinheiten (Art. 29 FusG):

Übertragender Rechtsträger \ Übernehmender Rechtsträger	KG	KomG	AG	KAG	GmbH	Geno	Verein	Stiftung	VE
KG									
KomG									
AG			S	S	S	S			
KAG			S	S	S	S			
GmbH			S	S	S	S			
Geno			S	S	S	S			
Verein									
Stiftung									
VE									

Grafik aus der Botschaft des Bundesrates zum FusG S. 4523

Legende
KG   Kollektivgesellschaft
KomG   Kommanditgesellschaft
AG   Aktiengesellschaft
KAG   Kommanditaktiengesellschaft
GmbH   Gesellschaft mit beschränkter Haftung
Geno   Genossenschaft mit Anteilskapital
VE   Vorsorgeeinrichtung

Art. 133 Anmeldung und zuständiges Handelsregisteramt

¹ Jede an der Spaltung beteiligte Gesellschaft muss die sie betreffenden Tatsachen selber zur Eintragung in das Handelsregister anmelden (Art. 51 Abs. 1 FusG), und zwar in einer der Amtssprachen des betroffenen Handelsregisteramts.

² Befinden sich nicht alle an der Spaltung beteiligten Gesellschaften im selben Registerbezirk, so ist das Handelsregisteramt am Ort der übertragenden Gesellschaft für die Prüfung der Spaltung und sämtlicher Belege zuständig. Es informiert die Handelsregisterämter am Sitz der übernehmenden Gesellschaften über die vorzunehmenden Eintragungen und übermittelt ihnen die sie betreffenden Anmeldungen sowie beglaubigte Kopien der massgeblichen Belege. Die Spaltung wird bei den übernehmenden Gesellschaften ohne weitere Prüfung eingetragen.

Absatz 1: Hinsichtlich der Anmeldung hat Art. 51 FusG eine zu Art. 21 FusG analoge Regelung getroffen (vgl. Note 453). Für die Sprache der Anmeldung gilt Art. 16 Abs. 4 (vgl. Note 77). 474

Absatz 2: Da die Vermögenssituation der sich spaltenden Rechtseinheit (und ihrer Gläubiger) betroffen ist, ist das Handelsregisteramt am Sitz der Spaltung zuständig (vgl. auch Note 487). Das Handelsregisteramt am Sitz der übernehmenden oder neu zu gründenden Gesellschaft hat keine weitere Prüfung vorzunehmen. Stellt dieses indessen Rechtswidrigkeiten fest, so hat es das EHRA zu informieren, welches dann im Rahmen seines Genehmigungsverfahrens die Angelegenheit überprüft (KK FusG Erläuterungen zu Art. 105 und 106 aHRegV) und gegebenenfalls die Koordination übernimmt. 475

Art. 134 Belege

¹ Mit der Anmeldung zur Eintragung der Spaltung müssen die beteiligten Gesellschaften folgende Belege einreichen:
   a. den Spaltungsvertrag (Art. 36 Abs. 1 und 37 FusG) oder den Spaltungsplan (Art. 36 Abs. 2 und 37 FusG);
   b. die öffentlich beurkundeten Spaltungsbeschlüsse der beteiligten Gesellschaften (Art. 43 und 44 FusG);
   c. die Prüfungsberichte der beteiligten Gesellschaften (Art. 40 FusG);
   d. bei der übertragenden Gesellschaft: soweit erforderlich, die Belege für eine Kapitalherabsetzung (Art. 32 i.V.m. 51 Abs. 2 FusG);
   e. bei der übernehmenden Gesellschaft: soweit erforderlich, die Belege für eine Kapitalerhöhung (Art. 33 FusG);
   f. bei der neu eingetragenen übernehmenden Gesellschaft: die für die Neugründung erforderlichen Belege (Art. 34 FusG);
   g. falls dies nicht aus anderen Belegen hervorgeht: den Nachweis, dass die Gläubigerschutzbestimmungen nach Artikel 45 FusG erfüllt sind.

² Bei Spaltungen von kleinen und mittleren Unternehmen können die beteiligten Gesellschaften anstelle des Belegs nach Absatz 1 Buchstabe c eine von mindestens einem Mitglied des obersten Leitungs- oder Verwaltungsorgans unterzeichnete Erklärung einreichen, wonach sämtliche Gesellschafterinnen und Gesellschafter auf die Erstellung des Spaltungsberichts oder auf die Prüfung verzichten und die Gesellschaft die Anforderungen nach Artikel 2 Buchstabe e FusG erfüllt. In der Erklärung ist anzugeben, auf welche Unterlagen wie Erfolgsrechnungen, Bilanzen, Jahresberichte, Verzichtserklärungen oder das Protokoll der Generalversammlung sie sich stützt.

Absatz 1 lit. a: Gemäss Art. 37 lit. b FusG hat der Spaltungsvertrag oder der Spaltungsplan ein Inventar mit der eindeutigen Bezeichnung, der Aufteilung 476 und der Zuordnung der Gegenstände des Aktiv- und des Passivvermögens sowie der Zuordnung der Betriebsteile zu enthalten; Grundstücke, Wertpapiere und immaterielle Werte sind einzeln aufzuführen. Nur die so definierten Vermögensteile gehen bei der Spaltung auf den anderen Rechtsträger über (vgl. Art. 38 Abs. 1 lit. b FusG). Bei der Spaltung handelt es sich um eine auf die aufgelisteten Vermögensteile beschränkte Universalsukzession (BGE 31.1.2006, 4C.385/2005). Eine negative Umschreibung, wonach das, was im Inventar aufgeführt ist, nicht übergeht, der Rest indessen schon, ist daher nicht zulässig.

477 Das Handelsregisteramt prüft im Rahmen seiner Kognition lediglich, ob die im Inventar aufgeführten Vermögensteile offensichtlich nicht übertragbar (Art. 148) und ob die Liberierungsvorschriften eingehalten werden. Die Bewertung oder die Prüfung, ob Verträge übergehen oder nicht, wird vom Handelsregisteramt nicht beurteilt.

478 Sollen Verträge (auch im Rahmen eines gesamten Betriebsteils) übergehen, so sind diese (wie die übrigen Vermögenswerte) so zu umschreiben, dass sie für Dritte bestimmbar sind. Zur Bestimmbarkeit gehören:
– Identifizierbarkeit der Vertragsparteien
– Bezeichnung des Vertragsgegenstandes
– Datum des Vertragsschlusses.

479 Der abgespaltete Vermögensteil darf keinen Passivenüberschuss aufweisen, ansonsten im Rahmen der Kapitalerhöhung die Kapitaldeckungsvorschriften verletzt würden; findet indessen keine Kapitalerhöhung statt, so ist die Abspaltung eines Vermögensteils ohne Überschuss (also Aktiven=Passiven) zulässig.

480 Im Rahmen einer Spaltung ist die mitgliedschaftliche Kontinuität zu wahren (Art. 31 FusG). In Konzernverhältnissen kann diese Kontinuität auch über die indirekte Beteiligung gewahrt sein (Beispiel: Die Muttergesellschaft A verfügt über 100 Prozent der Aktien ihrer Tochtergesellschaften B und C; wenn B nun auf dem Weg der Abspaltung einen Teil ihres Geschäftsbereiches auf C überträgt, so müssen im Gegenzug keine Beteiligungsrechte ausgetauscht werden.

481 Lit. d: Da Art. 32 FusG keine Dispensation vorsieht, ist bei der Kapitalherabsetzung der Revisionsbericht im Sinne von Art. 732 OR beizubringen (vgl. Note 260 ff.).

482 Lit. e und f: Da die Vorschriften über Sacheinlagen im Rahmen einer Spaltung nicht anwendbar sind (Art. 33 Abs. 2 FusG), müssen die Statuten auch bei einer Kapitalerhöhung durch die übernehmende Gesellschaft keinen Hinweis auf die erfolgte Spaltung enthalten.

483 Analog zur Fusion findet auch hier eine Lückenfüllung statt und die Sacheinlagebestimmungen sind anwendbar, wenn KMU an der Spaltung beteiligt

sind und im Sinne von Absatz 2 eine KMU-Erklärung eingereicht wird (vgl. Note 466 sowie KK FusG Erläuterungen zu Art. 106a aHRegV).

Lit. g: Die Eintragung einer Spaltung darf nur erfolgen, wenn die Gläubigerschutzbestimmungen eingehalten sind; das Handelsregisteramt hat deshalb im Rahmen des Eintragungsverfahrens zu prüfen, ob die Aufforderung an die Gläubiger gemäss Art. 45 FusG erfolgt ist (die Einhaltung von Sicherungsmassnahmen nach Art. 46 FusG ist materielle Voraussetzung für den Spaltungsbeschluss nach Art. 43 FusG). Der Nachweis ist auf geeignete Weise zu erbringen (etwa SHAB-Zitate im Spaltungsbeschluss). 484

Absatz 2: Analog zur Fusion (Art. 15 FusG, Note 466 f.) ist auch hier eine KMU-Erleichterung vorgesehen. Andere Erleichterungen wie etwa ein vereinfachtes Verfahren gemäss Art. 23 FusG, bestehen hingegen nicht. 485

Art. 135 Inhalt des Eintrags

¹ **Bei den übernehmenden Gesellschaften müssen ins Handelsregister eingetragen werden:**
   a. **die Firma, der Sitz sowie die Identifikationsnummer der an der Spaltung beteiligten Gesellschaften;**
   b. **das Datum des Spaltungsvertrages beziehungsweise des Spaltungsplans;**
   c. **der gesamte Wert der gemäss Inventar übertragenen Aktiven und Passiven;**
   d. **die den Gesellschafterinnen und Gesellschaftern der übertragenden Gesellschaft zugesprochenen Anteils- oder Mitgliedschaftsrechte sowie eine allfällige Ausgleichszahlung (Art. 37 Bst. c FusG);**
   e. **gegebenenfalls die durch die Spaltung bedingte Kapitalerhöhung;**
   f. **gegebenenfalls die für die Eintragung einer neuen Gesellschaft erforderlichen Angaben.**

² **Im Fall einer Aufspaltung müssen bei der übertragenden Gesellschaft ins Handelsregister eingetragen werden:**
   a. **die Firma, der Sitz sowie die Identifikationsnummer aller an der Aufspaltung beteiligten Gesellschaften;**
   b. **die Tatsache, dass die Gesellschaft infolge Aufspaltung gelöscht wird (Art. 51 Abs. 3 FusG).**

³ **Im Falle einer Abspaltung müssen bei der übertragenden Gesellschaft ins Handelsregister eingetragen werden:**
   a. **die Firma, der Sitz sowie die Identifikationsnummer aller an der Abspaltung beteiligten Gesellschaften;**
   b. **gegebenenfalls die durch die Abspaltung bedingte Kapitalherabsetzung.**

Art. 135 Inhalt des Eintrags 158

486 Findet im Zusammenhang mit einer Spaltung eine Sitzverlegung statt, so sind Anmeldung und Eintragung am neuen Ort vorzunehmen (vgl. KK FusG Erläuterungen zu Art. 106b aHRegV).

487 Absatz 2 lit. b: vgl. Note 472.

4. Abschnitt: Umwandlung von Gesellschaften

488 Umwandlungen sind bei folgenden Rechtsformen möglich (Art. 54 und 97 FusG):

von \ in	KG	KomG	AG	KAG	GmbH	Geno	Geno#	Verein	Stiftung	VE
KG	■	U	U	U	U	U	U			
KomG	U	■	U	U	U	U	U			
AG			■	U	U	U	U			
KAG			U	■	U	U	U			
GmbH			U	U	■	U	U			
Geno			U	U	U	■				
Geno#			U	U	U		■	U*		
Verein			U*	U*	U*	U*	U*	■		
Stiftung									■	
VE						U	U		U	■

Grafik aus der Botschaft des Bundesrates zum FusG S. 4524

Legende
KG   Kollektivgesellschaft
KomG Kommanditgesellschaft
AG   Aktiengesellschaft
KAG Kommanditaktiengesellschaft
GmbH Gesellschaft mit beschränkter Haftung
Geno Genossenschaft mit Anteilskapital
Geno# Genossenschaft ohne Anteilskapital
VE   Vorsorgeeinrichtung

* der Rechtsträger muss im Handelsregister eingetragen sein

Art. 136 Anmeldung und Belege

¹ Mit der Anmeldung zur Eintragung der Umwandlung (Art. 66 FusG) müssen dem Handelsregisteramt folgende Belege eingereicht werden:
  a. der Umwandlungsplan (Art. 59 und 60 FusG);
  b. die Umwandlungsbilanz, gegebenenfalls die Zwischenbilanz (Art. 58 FusG);
  c. der öffentlich beurkundete Umwandlungsbeschluss (Art. 64 und 65 FusG);
  d. der Prüfungsbericht (Art. 62 FusG);
  e. soweit nach den Umständen erforderlich: dieselben Belege wie bei der Neugründung der neuen Rechtsform (Art. 57 FusG).

² Bei Umwandlungen von kleinen und mittleren Unternehmen kann das oberste Leitungs- oder Verwaltungsorgan anstelle des Belegs nach Absatz 1 Buchstabe d eine von mindestens einem Mitglied unterzeichnete Erklärung einreichen, wonach sämtliche Gesellschafterinnen und Gesellschafter auf die Erstellung des Umwandlungsberichts oder auf die Prüfung verzichten und die Gesellschaft die Anforderungen nach Artikel 2 Buchstabe e FusG erfüllt. In der Erklärung ist anzugeben, auf welche Unterlagen wie Erfolgsrechnungen, Bilanzen, Jahresberichte, Verzichtserklärungen oder das Protokoll der Generalversammlung sie sich stützt.

Der Kreis der Rechtseinheiten, die sich in eine andere Rechtsform umwandeln können, ist in Art. 54 FusG abschliessend aufgezählt. Ist eine Umwandlung nicht möglich, so verbleibt für im Handelsregister eingetragene Rechtseinheiten der Weg der Vermögensübertragung (Art. 69 ff. FusG). 489

Lit. b: Bei der Umwandlung einer Kollektivgesellschaft in eine Kommanditgesellschaft und umgekehrt muss keine Umwandlungsbilanz eingereicht werden (Art. 55 Abs. 4 FusG i.V. mit Art. 56–58 FusG). In allen andern Fällen muss die Umwandlungsbilanz eingereicht werden. 490

Die (unterzeichnete) Umwandlungsbilanz muss geprüft sein, sofern die Gesellschaft ihre Jahresrechnung aufgrund einer gesetzlichen oder statutarischen Verpflichtung prüfen lassen muss. Hat die Rechtseinheit von der Möglichkeit zum «opting out» Gebrauch gemacht (vgl. Note 280 ff.), entfällt auch die Pflicht zur Einreichung einer geprüften Umwandlungsbilanz bzw. Zwischenbilanz. 491

Wenn KMU auf das Erstellen eines Umwandlungsberichtes verzichten (Art. 61 Abs. 2 FusG), ist eine Berechnung der Sechsmonate-Frist gemäss Art. 58 FusG nicht möglich. Im Sinne einer Lückenfüllung ist deshalb auf das Datum des Umwandlungsplanes abzustellen, der (wie der Umwandlungsbericht) vom obersten Leitungs- oder Verwaltungsorgan verfasst wird (Art. 59 und 60 FusG). 492

493 Lit. e: Muss eine Rechtseinheit (z.B. eine GmbH mit Stammkapital von CHF 20 000) im Zuge der Umwandlung ihr Kapital auf das Mindestkapital einer AG (CHF 100 000) erhöhen, so sind nach herrschender Praxis bei der Kapitalerhöhung die Formvorschriften der Ursprungsrechtsform zu beachten, wobei Erhöhung und Umwandlung in einem Schritt (in korrekter Reihenfolge der Erhöhung und anschliessenden Umwandlung) erfolgen können. Die Vorschrift für das maximale Bilanzalter von sechs Monaten (Art. 58 FusG) gilt auch hier, andernfalls eine Zwischenbilanz erstellt werden müsste.

494 Die Statuten der Gesellschaft müssen keine Bestimmung über die Sacheinlagen enthalten, da die Vorschriften über diese nicht anwendbar sind (Art. 57 FusG).

495 Absatz 2: Analog zur Fusion (Art. 15 FusG, Note 466 f.) ist auch hier eine KMU-Erleichterung vorgesehen.

Art. 137 Inhalt des Eintrags

Bei einer Umwandlung müssen ins Handelsregister eingetragen werden:
    a. die Firma oder der Name sowie die Rechtsform vor und nach der Umwandlung;
    b. bei juristischen Personen, das Datum der neuen Statuten;
    c. das Datum des Umwandlungsplans, der Umwandlungsbilanz und gegebenenfalls der Zwischenbilanz;
    d. der gesamte Wert der Aktiven und Passiven;
    e. die den Gesellschafterinnen und Gesellschaftern zugesprochenen Anteils- oder Mitgliedschaftsrechte;
    f. die weiteren Angaben, die für die neue Rechtsform notwendig sind.

496 Bei der Umwandlung findet ein Rechtskleidwechsel statt, der eintragungstechnisch zum Ausdruck kommen muss. Dies wird gewährleistet durch das Beibehalten der Identifikationsnummer aus dem bisherigen Rechtskleid sowie durch die Publizität der Umwandlung als solcher (lit. a–f). Die übrigen Angaben (z.B. Sitz, Domizil, Zeichnungsberechtigte) werden unverändert übernommen, sofern nicht gleichzeitig Änderungen angemeldet werden.

5. Abschnitt: Vermögensübertragung

Die Vermögensübertragung ist zwischen folgenden Rechtseinheiten zulässig (Art. 69, 86 und 98 FusG), wobei in allen Fällen erforderlich ist, dass die übertragende Rechtseinheit im Handelsregister im Zeitpunkt der Übertragung bereits eingetragen ist: 497

Übertragender Rechtsträger \ Übernehmender Rechtsträger	EF	KG	KomG	AG	KAG	GmbH	Geno	Geno#	Verein	Stiftung	VE
EF*	VÜ	VÜ	VÜ	VÜ	VÜ	VÜ	VÜ	VÜ	VÜ	VÜ	VÜ
KG*	VÜ	VÜ	VÜ	VÜ	VÜ	VÜ	VÜ	VÜ	VÜ	VÜ	VÜ
KomG*	VÜ	VÜ	VÜ	VÜ	VÜ	VÜ	VÜ	VÜ	VÜ	VÜ	VÜ
AG	VÜ	VÜ	VÜ	VÜ	VÜ	VÜ	VÜ	VÜ	VÜ	VÜ	VÜ
KAG	VÜ	VÜ	VÜ	VÜ	VÜ	VÜ	VÜ	VÜ	VÜ	VÜ	VÜ
GmbH	VÜ	VÜ	VÜ	VÜ	VÜ	VÜ	VÜ	VÜ	VÜ	VÜ	VÜ
Geno	VÜ	VÜ	VÜ	VÜ	VÜ	VÜ	VÜ	VÜ	VÜ	VÜ	VÜ
Geno#	VÜ	VÜ	VÜ	VÜ	VÜ	VÜ	VÜ	VÜ	VÜ	VÜ	VÜ
Verein*	VÜ	VÜ	VÜ	VÜ	VÜ	VÜ	VÜ	VÜ	VÜ	VÜ	VÜ
Stiftung*	VÜ	VÜ	VÜ	VÜ	VÜ	VÜ	VÜ	VÜ	VÜ	VÜ	VÜ
VE	VÜ	VÜ	VÜ	VÜ	VÜ	VÜ	VÜ	VÜ	VÜ	VÜ	VÜ

Grafik aus der Botschaft des Bundesrates zum FusG S. 4524

Legende
EF   Einzelfirma
KG   Kollektivgesellschaft
KomG Kommanditgesellschaft
AG   Aktiengesellschaft
KAG Kommanditaktiengesellschaft
GmbH Gesellschaft mit beschränkter Haftung
Geno Genossenschaft mit Anteilskapital
Geno# Genossenschaft ohne Anteilskapital
VE   Vorsorgeeinrichtung

* der Rechtsträger muss im Handelsregister eingetragen sein

Die Übertragung eines Geschäftes mit Aktiven und Passiven kann von im Handelsregister eingetragenen Rechtseinheiten nicht nach Art. 181 OR, sondern nur nach Art. 69 ff. FusG erfolgen. Weiterhin zulässig bleibt hingegen die Singularsukzession. 498

Eine im Handelsregister eingetragene Einzelunternehmung kann sich nicht in eine AG oder GmbH umwandeln (Art. 54 FusG). Sie kann indessen ihr Geschäft mit Aktiven und Passiven auf dem Weg der Vermögensübertragung – oder auch auf dem Weg der Singularsukzession – in eine AG oder 499

GmbH einbringen; es handelt sich diesfalls um eine Sacheinlage, für die der Inhaber als Übertragender als Gegenleistung Aktien bzw. Stammanteile erhält (vgl. Note 184 ff.). Ist das Einzelunternehmen im Handelsregister nicht eingetragen, bleibt lediglich die Übertragung der Aktiven und Passiven gemäss Art. 181 OR wie auch das Instrument der Singularsukzession.

500 Eine Einzelunternehmung kann ihr Vermögen übertragen. Ist der Inhaber jedoch verstorben, so geht auch das Einzelunternehmen unter; das Vermögen der Einzelunternehmung geht auf die Erben über, die – falls sie eine Vermögensübertragung vornehmen wollen – sich zuerst als Kollektivgesellschaft einzutragen haben.

Art. 138 Anmeldung und Belege

Mit der Anmeldung zur Eintragung der Vermögensübertragung muss die übertragende Rechtseinheit folgende Belege einreichen:
    a. **den Übertragungsvertrag (Art. 71 FusG);**
    b. **die Auszüge aus den Protokollen der obersten Leitungs- oder Verwaltungsorgane der beteiligten Rechtseinheiten über den Abschluss des Übertragungsvertrages (Art. 70 Abs. 1 FusG), sofern der Übertragungsvertrag nicht von allen Mitgliedern dieser Organe unterzeichnet ist.**

501 Als Beleg ist der Übertragungsvertrag einzureichen. Dieser hat den von Art. 71 FusG geforderten Inhalt aufzuweisen, was vom Handelsregisteramt in formeller Hinsicht zu überprüfen ist. Nicht überprüft werden das Alter des Inventars, die Vollständigkeit des Inventars oder dessen Bewertung sowie der Umfang der allfälligen Gegenleistung. Werden mehrere Grundstücke übertragen, so genügt ein einziger Übertragungsvertrag, der vom Notar am Sitz der übertragenen Rechtseinheit öffentlich zu beurkunden ist (Art. 70 Abs. 2 FusG). Wird hingegen ein einzelnes Grundstück übertragen, so bleibt der Notar am Ort der gelegenen Sache für die Beurkundung zuständig. (Bei Art. 70 Abs. 2 FusG handelt es sich lediglich um eine Kompetenzzuweisungsnorm zur Vereinfachung der administrativen Abläufe und zur Verhinderung eines Beurkundungstourismus.)

502 Die formelle Überprüfung muss dann zu einer Rückweisung eines Eintragungsbegehrens führen, wenn keine eindeutige Bezeichnung des zu übertragenden Gegenstandes vorliegt oder dessen Bestimmbarkeit Dritten nicht möglich ist (vgl. Note 476). Es ist deshalb auch nicht möglich, in einem Inventar nur Abkürzungen, die nur für die Vertragsparteien erklärend sind, aufzuführen. Die Wirkung der Übertragung durch Eintragung im Handelsregister setzt eine Publizität und Nachvollziehbarkeit des Vorganges für unbeteiligte Dritte voraus. Soll die Publizität vermieden werden, bleibt nur der Weg der Singularsukzession.

Der Übertragungsvertrag und der Übergang der Vermögenswerte kann auf einen in der Zukunft liegenden Zeitpunkt terminiert werden. Erfolgt die Eintragung im Handelsregister vor diesem Zeitpunkt, bestimmt der Eintragungszeitpunkt die Wirkungen gegenüber Dritten (Art. 73 Abs. 2 FusG), während sich die internen Wirkungen zwischen den Vertragsparteien nach dem von ihnen bestimmten Zeitpunkt bemessen. 503

Art. 139 Inhalt des Eintrags

Bei der übertragenden Rechtseinheit müssen ins Handelsregister eingetragen werden:
  a. **die Firma oder der Name, der Sitz sowie die Identifikationsnummer der an der Vermögensübertragung beteiligten Rechtseinheiten;**
  b. **das Datum des Übertragungsvertrages;**
  c. **der gesamte Wert der gemäss Inventar übertragenen Aktiven und Passiven;**
  d. **die allfällige Gegenleistung.**

Der Eintragung ins Handelsregister kommt konstitutive Wirkung zu (Art. 73 Abs. 2 FusG). Mit diesem Zeitpunkt gehen die Vermögenswerte über, sofern sie eindeutig zugeordnet werden können (Art. 72 FusG). 504

Bei der übertragenden Rechtseinheit wird offengelegt, welche Verschiebung der Vermögenswerte stattfindet, bei der übernehmenden Rechtseinheit findet hingegen eine Offenlegung durch Eintragung ins Handelsregister nur statt, wenn die Vermögensübertragung der Liberierung als Sacheinlage anlässlich einer Gründung oder einer Kapitalerhöhung dient. 505

6. Abschnitt: Fusion und Vermögensübertragung von Stiftungen

Die Umstrukturierungsvorgänge sind für die Stiftung grundsätzlich gleich geregelt wie für die übrigen Rechtsformen, sodass auf die Ausführungen zu den Art. 128 ff. verwiesen werden kann. Der wesentliche Unterschied liegt lediglich darin, dass die Fusion von der zuständigen Aufsichtsbehörde genehmigt werden muss (Art. 83 FusG). Diese hat auch die Anmeldung der Fusion beim Handelsregisteramt vorzunehmen (Art. 83 Abs. 3 FusG), was im Genehmigungsentscheid vorgesehen werden kann. Erst nach Eintritt der Rechtskraft dieses Entscheides darf die Anmeldung beim Handelsregisteramt erfolgen (vgl. Art. 19 Note 94 ff.). 506

Art. 140 Fusion

¹ Mit der Anmeldung zur Eintragung der Fusion (Art. 83 Abs. 3 FusG) muss die Aufsichtsbehörde der übertragenden Stiftung dem Handelsregisteramt am Sitz der übernehmenden Stiftung folgende Belege einreichen:
    a. die Verfügung über die Genehmigung der Fusion (Art. 83 Abs. 3 FusG);
    b. den Fusionsvertrag, soweit erforderlich, öffentlich beurkundet (Art. 79 FusG);
    c. die Fusionsbilanzen der übertragenden Stiftungen, gegebenenfalls die Zwischenbilanzen (Art. 80 FusG);
    d. den Prüfungsbericht (Art. 81 FusG);
    e. die Belege für die Errichtung einer Stiftung bei einer Kombinationsfusion.

² Bei Fusionen von Familienstiftungen und kirchlichen Stiftungen muss die übernehmende Stiftung anstelle der Verfügung der Aufsichtsbehörde die Fusionsbeschlüsse der obersten Stiftungsorgane der beteiligten Stiftungen einreichen (Art. 84 Abs. 1 FusG).

³ Für den Inhalt des Eintrags der Fusion gilt Artikel 132 sinngemäss. Zusätzlich wird das Datum der Verfügung der Aufsichtsbehörde über die Genehmigung der Fusion eingetragen.

Art. 141 Vermögensübertragung

¹ Mit der Anmeldung zur Eintragung der Vermögensübertragung (Art. 87 Abs. 3 FusG) muss die Aufsichtsbehörde der übertragenden Stiftung dem Handelsregisteramt folgende Belege einreichen:
    a. die Verfügung über die Genehmigung der Vermögensübertragung;
    b. den Übertragungsvertrag.

² Bei Vermögensübertragungen von Familienstiftungen und kirchlichen Stiftungen muss die übertragende Stiftung anstelle der Verfügung der Aufsichtsbehörde die Auszüge aus den Protokollen der obersten Leitungs- oder Verwaltungsorgane der beteiligten Rechtsträger über den Abschluss des Übertragungsvertrages einreichen.

³ Für den Inhalt des Eintrags der Vermögensübertragung gilt Artikel 139 sinngemäss. Zusätzlich wird das Datum der Verfügung der Aufsichtsbehörde über die Genehmigung der Vermögensübertragung eingetragen.

7. Abschnitt: Fusion, Umwandlung und Vermögensübertragung von Vorsorgeeinrichtungen

Art. 142 Fusion

¹ Mit der Anmeldung zur Eintragung der Fusion (Art. 95 Abs. 4 FusG) muss die Aufsichtsbehörde der übertragenden Vorsorgeeinrichtung dem Handelsregisteramt am Sitz der übernehmenden Vorsorgeeinrichtung folgende Belege einreichen:
- a. den Fusionsvertrag (Art. 90 FusG);
- b. die Fusionsbilanzen der übertragenden Vorsorgeeinrichtungen, gegebenenfalls die Zwischenbilanzen (Art. 89 FusG);
- c. die Prüfungsberichte der beteiligten Vorsorgeeinrichtungen (Art. 92 FusG);
- d. die Fusionsbeschlüsse der beteiligten Vorsorgeeinrichtungen (Art. 94 FusG);
- e. die Verfügung der Aufsichtsbehörde über die Genehmigung der Fusion (Art. 95 Abs. 3 FusG);
- f. die Belege für die Neugründung bei einer Kombinationsfusion.

² Für den Inhalt des Eintrags der Fusion gilt Artikel 132 sinngemäss. Zusätzlich wird das Datum der Verfügung der Aufsichtsbehörde über die Genehmigung der Fusion eingetragen.

Art. 143 Umwandlung

¹ Mit der Anmeldung zur Eintragung der Umwandlung (Art. 97 Abs. 3 FusG) muss die Aufsichtsbehörde dem Handelsregisteramt die Belege nach Artikel 136 sowie die Verfügung über die Genehmigung der Umwandlung einreichen.

² Für den Inhalt des Eintrags der Umwandlung gilt Artikel 137 sinngemäss. Zusätzlich ist das Datum der Verfügung der Aufsichtsbehörde einzutragen.

Art. 144 Vermögensübertragung

¹ Für die Anmeldung und die Belege bei der Vermögensübertragung gilt Artikel 138 sinngemäss.

² Für den Inhalt des Eintrags der Vermögensübertragung gilt Artikel 139 sinngemäss.

8. Abschnitt: Fusion, Umwandlung und Vermögensübertragung von Instituten des öffentlichen Rechts

Art. 145

¹ Auf die Fusion von privatrechtlichen Rechtseinheiten mit Instituten des öffentlichen Rechts, auf die Umwandlung solcher Institute in Rechtseinheiten des Privatrechts und auf die Vermögensübertragung unter Beteiligung eines Instituts des öffentlichen Rechts gelten die Vorschriften dieser Verordnung sinngemäss.

² Mit der Anmeldung zur Eintragung der Fusion, der Umwandlung und der Vermögensübertragung muss das Institut des öffentlichen Rechts dem Handelsregisteramt einreichen:
   a. die für eine Fusion, eine Umwandlung oder eine Vermögensübertragung vorgeschriebenen Belege, sofern sie aufgrund der sinngemässen Anwendung des FusG (Art. 100 Abs. 1 FusG) erforderlich sind;
   b. das Inventar (Art. 100 Abs. 2 FusG);
   c. den Beschluss oder andere Rechtsgrundlagen des öffentlichen Rechts, auf die sich die Fusion, Umwandlung oder Vermögensübertragung stützt (Art. 100 Abs. 3 FusG).

³ Die Handelsregistereintragung muss einen Hinweis auf das Inventar sowie auf den Beschluss oder die anderen Rechtsgrundlagen enthalten.

507 Öffentlich-rechtliche Institute können, sofern sie organisatorisch verselbständigt und im Handelsregister eingetragen sind (Botschaft FusG S. 4480 ff.), mit einem privaten Rechtsträger fusionieren oder ihm Vermögen übertragen oder sich in einen solchen umwandeln. Im Hinblick auf einen solchen Vorgang muss ein Inventar erstellt werden (vgl. Note 476 und 502).

9. Abschnitt: Grenzüberschreitende Umstrukturierungen

508 Die im Bundesgesetz über das internationale Privatrecht (SR 291) geregelten Umstrukturierungstatbestände mit internationalem Bezug (Art. 161 ff. IPRG) betreffen die Fusion, Spaltung und Vermögensübertragung. Nicht zulässig ist hingegen die grenzüberschreitende Umwandlung (vgl. Botschaft FusG S. 4496).

Zusätzlich zu den Bestimmungen gemäss Art. 128 ff. vorstehend ist erforderlich, dass 509
- ein Nachweis über die Existenz der am Vorgang beteiligten ausländischen Rechtseinheit erbracht wird,
- eine Bescheinigung vorgelegt wird, wonach das ausländische Recht den geplanten Umstrukturierungsvorgang kennt.

Die schweizerische Rechtseinheit darf dabei nur gelöscht werden, wenn 510 durch den Bericht eines zugelassenen Revisionsexperten bestätigt wird, dass die Forderungen der Gläubiger sichergestellt bzw. erfüllt worden sind oder dass die Gläubiger (z.B. die Eidgenössische Steuerverwaltung i.S. von Art. 171 des Bundesgesetzes über die direkte Bundessteuer, SR 642.11) mit der Löschung einverstanden sind (Art. 164 IPRG). Gegebenenfalls muss auch durch einen zugelassenen Revisionsexperten bestätigt werden, dass den anspruchsberechtigten Gesellschaftern der schweizerischen Rechtseinheit die aus der Fusion/Spaltung resultierenden Mitgliedschaftsrecht- oder Abfindungszahlungen ausgerichtet sind (Art. 164 IPRG).

Art. 146 Fusion

¹ Mit der Anmeldung zur Eintragung einer Fusion vom Ausland in die Schweiz (Art. 163a IPRG) sind dem Handelsregisteramt zusätzlich zu den Belegen nach Artikel 131 einzureichen:
   a. der Nachweis über das rechtliche Bestehen der übertragenden Rechtseinheit im Ausland;
   b. eine Bescheinigung der zuständigen ausländischen Behörde über die Zulässigkeit der grenzüberschreitenden Fusion nach dem ausländischen Recht;
   c. der Nachweis der Kompatibilität der fusionierenden Rechtseinheiten.

² Mit der Anmeldung zur Eintragung der Löschung der übertragenden Rechtseinheit bei einer Fusion von der Schweiz ins Ausland (Art. 163*b* IPRG) sind dem Handelsregisteramt zusätzlich zu den Belegen nach Artikel 131 einzureichen:
   a. der Nachweis über das rechtliche Bestehen der übernehmenden Rechtseinheit im Ausland;
   b. eine Bescheinigung der zuständigen ausländischen Behörde über die Zulässigkeit der grenzüberschreitenden Fusion nach dem ausländischen Recht;
   c. der Bericht, der Nachweis und die Bestätigung nach Artikel 164 IPRG.

³ Der Inhalt des Eintrags richtet sich nach Artikel 132. Zusätzlich muss im Eintrag darauf hingewiesen werden, dass es sich um eine grenzüberschreitende Fusion nach den Vorschriften des IPRG handelt.

Art. 147 Spaltung und Vermögensübertragung

Für die grenzüberschreitende Spaltung und die grenzüberschreitende Vermögensübertragung gelten die Artikel 133–135, 138, 139 sowie 146 sinngemäss.

511 Eine Vermögensübertragung ins Ausland ist vom schweizerischen Recht nicht ausgeschlossen, jedoch an Bedingungen geknüpft. Insbesondere ist erforderlich, dass das ausländische Recht überhaupt das Institut der Vermögensübertragung analog schweizerischer Gesetzgebung kennt (Art. 163d IPRG i.V. mit Art. 163b IPRG). Der Nachweis dafür obliegt der schweizerischen Gesellschaft, die ihr Vermögen ins Ausland übertragen will.

10. Abschnitt: Übertragbarkeit bei Spaltung und Vermögensübertragung

Art. 148

Bei Spaltungen und Vermögensübertragungen lehnt das Handelsregisteramt die Eintragung insbesondere dann ab, wenn die erfassten Gegenstände offensichtlich nicht frei übertragbar sind.

512 Ob ein in einem Inventar aufgeführter Vertrag übergeht oder nicht bzw. ob die Zustimmung dieser Vertragspartei vorliegt, wird vom Handelsregisteramt nicht beurteilt (vgl. auch Noten 187 und 501 f.)

4. Kapitel: Eintragungen von besonderen Vertretungsverhältnissen und von Beschlüssen der Gläubigerversammlung von Anleihensobligationen

Art. 149 Nichtkaufmännische Prokura

[1] Wird für ein nicht eintragungspflichtiges Gewerbe eine Prokuristin oder ein Prokurist bestellt, so meldet die Vollmachtgeberin oder der Vollmachtgeber die Prokura zur Eintragung in das Handelsregister an.

[2] Der Eintrag enthält:
   a. die Personenangaben zur Vollmachtgeberin oder zum Vollmachtgeber;
   b. die Personenangaben zur Prokuristin oder zum Prokuristen;
   c. die Art der Zeichnungsberechtigung.

³ Die Vollmachtgeberin oder der Vollmachtgeber hat auch die Änderungen und Löschungen anzumelden. Der Eintrag der nicht kaufmännischen Prokura wird von Amtes wegen gelöscht, wenn:
  a. die Vollmachtgeberin oder der Vollmachtgeber in Konkurs fällt;
  b. die Vollmachtgeberin oder der Vollmachtgeber gestorben und seit ihrem oder seinem Tod ein Jahr verflossen ist und die Erbinnen und Erben zur Löschung nicht angehalten werden können; oder
  c. die Prokuristin oder der Prokurist gestorben ist und die Vollmachtgeberin oder der Vollmachtgeber nicht zur Löschung angehalten werden kann.

⁴ Bei Konkurs der Vollmachtgeberin oder des Vollmachtgebers erfolgt die Löschung, sobald das Handelsregisteramt von der Konkurseröffnung Kenntnis erhält.

Die nichtkaufmännische Prokura (Art. 458 Abs. 3 OR) ist heute – in Anbetracht der Eintragungsgrenze von CHF 100 000 und der daraus folgenden Eintragung von Einzelunternehmen ins Handelsregisteramt – praktisch bedeutungslos geworden. Die Personenangaben richten sich nach Art. 119 (vgl. Note 419) und die Unterschriftenhinterlegung nach Art. 21 (vgl. Note 104). 513

Art. 150 Haupt der Gemeinderschaft

¹ Das Haupt einer Gemeinderschaft hat sich zur Eintragung ins Handelsregister anzumelden.

² Als Beleg ist eine beglaubigte Kopie des Gemeinderschaftsvertrags einzureichen. Dieser enthält Angaben über:
  a. die Zusammensetzung der Gemeinderschaft;
  b. das Haupt der Gemeinderschaft;
  c. den Ausschluss der übrigen Mitglieder der Gemeinderschaft von der Vertretung.

³ Der Eintrag enthält:
  a. die Bezeichnung der Gemeinderschaft;
  b. das Datum ihrer Errichtung;
  c. die Adresse der Gemeinderschaft;
  d. die Personenangaben zum Haupt;

⁴ Für die Anmeldung zur Löschung ist das Haupt der Gemeinderschaft zuständig.

Die Gemeinderschaft findet ihre gesetzliche Grundlage in den Art. 336 ff. ZGB. Eine Eintragung ist nur für das Haupt erforderlich, welches die Gemeinderschaft gegenüber Dritten vertreten soll (Art. 341 Abs. 3 ZGB, Tuor/Schnyder/Schmid/Rumo-Jungo S. 477). Das Haupt der Gemeinderschaft 514 kann auch aus einem sich aus mehreren Personen zusammensetzenden Ausschuss bestehen.

515 Die Personenangaben richten sich nach Art. 119 (vgl. Note 419) und die Unterschriftenhinterlegung nach Art. 21 (vgl. Note 104).

516 Die Anmeldung ist vom Haupt der Gemeinderschaft vorzunehmen (vgl. Art. 17 lit. g); besteht das Haupt aus mehreren Personen, so sind entweder eine Person mit Einzelunterschrift oder zwei Personen mit Kollektivunterschrift zur Anmeldung berechtigt bzw. verpflichtet.

Art. 151 Beschlüsse der Gläubigerversammlung von Anleihensobligationen

¹ Urkunden über die Beschlüsse der Gläubigerversammlung von Anleihensobligationen müssen beim Handelsregisteramt zur Aufbewahrung eingereicht werden.

² Die Einreichung ist bei der Schuldnerin oder beim Schuldner ins Handelsregister einzutragen.

5. Titel: Eintragungen von Amtes wegen

517 Vorbemerkung

Der 5. Titel «Eintragungen von Amtes wegen» ist insofern unglücklich, als sämtliche Verfahren vor den Handelsregisterämtern «amtliche Verfahren», nämlich Verfahren vor dem Handelsregisteramt sind und damit auch Verfahrensregeln unterstehen. Gemeint sind hier indessen jene Verfahren, bei denen das Handelsregisteramt Zwang ausüben und gegebenenfalls eine Eintragung auch ohne Vorliegen einer Anmeldung vornehmen sowie eine Ordnungsbusse gemäss Art. 943 OR aussprechen muss. Die Art. 152 ff. regeln das Verfahren in den verschiedenen Fällen.

1. Kapitel: Fehlende oder unrichtige Eintragung

Art. 152 Bei Verletzung der Eintragungspflicht

¹ Das Handelsregisteramt muss eine Eintragung von Amtes wegen vornehmen, wenn:
  a. die zur Anmeldung verpflichteten Personen dieser Pflicht nicht nachkommen; oder
  b. eine Eintragung den Tatsachen oder der Rechtslage nicht oder nicht mehr entspricht und die zur Anmeldung verpflichteten Per-

sonen die Änderung oder die Löschung nicht zur Eintragung anmelden.

² Das Handelsregisteramt fordert die zur Anmeldung verpflichteten Personen auf, die Anmeldung innert 30 Tagen vorzunehmen oder zu belegen, dass keine Eintragung erforderlich ist. Es weist dabei auf die massgebenden Vorschriften, die erforderlichen Belege und die Rechtsfolgen der Verletzung dieser Pflicht hin.

³ Diese Mitteilung wird mit einem eingeschriebenen Brief zugestellt. Kann keine zur Anmeldung verpflichtete Person erreicht werden, so veröffentlicht das Handelsregisteramt die Aufforderung im Schweizerischen Handelsamtsblatt.

⁴ Bei Einzelunternehmen genügt als Nachweis dafür, dass keine Eintragung erforderlich ist, eine Bestätigung der Steuerbehörden, wonach der für die Eintragungspflicht massgebliche Jahresumsatz nicht erreicht wird.

⁵ Besteht eine Eintragungspflicht, so erlässt das Handelsregisteramt eine Verfügung über:
   a. die Eintragungspflicht;
   b. den Inhalt des Eintrags;
   c. die Gebühren;
   d. gegebenenfalls die Ordnungsbusse gemäss Artikel 943 OR.

⁶ Das Handelsregisteramt eröffnet den Betroffenen seine Verfügung. Hat das Handelsregisteramt das Verfahren auf Anzeige Dritter eingeleitet, so teilt es diesen seinen Entscheid über die Eintragungspflicht mit.

Absatz 1: Alle Einträge im Handelsregister müssen wahr sein, dürfen zu keinen Täuschungen Anlass geben und keinem öffentlichen Interesse widersprechen (Art. 30). Ferner muss jede Änderung einer solchen Tatsache ebenfalls eingetragen werden (Art. 937 OR). Die vorliegende Bestimmung ist das Korrelat zur Anmeldepflicht derjenigen Personen, die eigentlich dem Handelsregisteramt Kenntnis von geänderten Tatsachen geben und sie anmelden müssten (Art. 15). Die Kompetenz zur zwangsweisen Eintragung stützt sich materiell auf Art. 941 OR, wonach der Registerführer die Beteiligten zur Erfüllung der Anmeldepflicht anzuhalten und nötigenfalls die Eintragung von Amtes wegen vorzunehmen hat. Anwendungsfälle sind etwa die Eintragungspflicht von Einzelunternehmen (Art. 36), die Nichtbekanntgabe der Geschäftsaufgabe bei Einzelunternehmen oder Kollektivgesellschaften, das Nichtanmelden von Adresse oder Sitz (vgl. Art. 153). 518

Die Absätze 2 und 3 regeln die Vorgehensweise. Eine solche Einheitlichkeit ist angesichts des einheitlichen Wirtschafts- und Rechtsraumes und zur Vermeidung der Anwendung unterschiedlicher kantonaler Vorschriften angezeigt. 519

Art. 152 Bei Verletzung der Eintragungspflicht

520 Die Handelsregisterämter erhalten oftmals Anzeigen Dritter, die auf eine mutmassliche Eintragungspflicht nicht im Handelsregister eingetragener Personen bzw. Einzelunternehmen hinweisen (etwa betreffend nicht eingetragene Taxihalter usw.). Das Handelsregisteramt ist gestützt auf solche Anzeigen verpflichtet, von Amtes wegen die erforderlichen Abklärungen im Hinblick auf eine Zwangseintragung vorzunehmen. Allerdings fehlen ihm die möglichen Untersuchungsmittel (z.B. Vorlage von Geschäftsbüchern). Der Gesetzgeber hat für diese Fälle eine Beweislastumkehr vorgenommen. Nicht mehr das Handelsregisteramt muss die Eintragungspflicht belegen (eine Anzeige oder eigene Kenntnisnahme genügen), sondern die angesprochene Person muss durch Vorlage geeigneter Unterlagen das Fehlen der Eintragungspflicht nachweisen (Beweislastumkehr). In der Praxis am ehesten geeignet für diesen Nachweis ist die Vorlage der Steuereinschätzung. Da sie unter Umständen erheblich in die Privatsphäre der betroffenen Person eingreift, sieht der Verordnungsgeber einen vereinfachten Nachweis mittels einer einfachen Bestätigung der Steuerbehörde vor. Es genügt, wenn diese zuhanden der Privatperson bescheinigt, dass letztere keinen Jahresumsatz von CHF 100 000 erzielt hat (Absatz 4). Unterbleibt aber der Nachweis (auch etwa wegen fehlender Kooperation der Privatperson), so trifft diese die gesetzliche Vermutung der Eintragungspflicht, und das Handelsregisteramt hat die Eintragung zwangsweise vorzunehmen.

521 Das Handelsregisteramt hat alle zur Anmeldung verpflichteten Personen aufzufordern, die Anmeldung über die eintragungspflichtige Tatsache innert 30 Tagen vorzunehmen oder zu belegen, weshalb keine Eintragung erforderlich ist. Es handelt sich hier um die Einräumung des rechtlichen Gehörs. Deshalb ist in diese Aufforderung auch die Androhung aufzunehmen, dass bei unbenütztem Ablauf der Frist bzw. bei Ausbleiben einer Stellungnahme von der Richtigkeit der Tatsache ausgegangen und die Eintragung sowie eine Ordnungsbusse verfügt würden (Absatz 2).

522 Die Aufforderung erfolgt durch eingeschriebenen Brief. Es handelt sich hier um eine Mindestvorschrift. Ziel der Bestimmung bzw. dieser Zustellart ist, den Nachweis der Zustellung sicherzustellen. Für die ordnungsgemässe Zustellung ist erforderlich, dass der Adressat den Brief empfangen hat bzw. er in seinen Zustellkreis gelangt ist. Ob dies tatsächlich der Fall ist, kann das Handelsregisteramt nicht mit Sicherheit feststellen, da auch aufseiten der Postdienstleister Fehler passieren können, weshalb notfalls Nachforschungsbegehren gestellt werden müssten. Bei der Zustellform «eingeschrieben mit Rückschein» erhält das Amt jedoch sofort Kenntnis und kann notfalls die von Lehre und Rechtsprechung geforderte zweite Zustellung vornehmen, sollte die erste Zustellung (z.B. wegen Nichtabholens der Sendung) gescheitert sein. Die zweite (gescheiterte) oder auch schon die erste (erfolgreiche) Zustellung sind Grundlage für das weitere Vorgehen nach Absätzen 5 und 6.

Denkbar ist aber auch, dass Sendungen mit dem Vermerk «Empfänger unbekannt» retourniert werden oder dass sich alle Adressaten im Ausland befinden (eine Pfllicht zur Zustellung von Briefen ins Ausland besteht nicht). Diesfalls bietet nun Absatz 3 die Möglichkeit, die Aufforderung im SHAB zu publizieren und auf seine Wirkungen als gesellschaftsrechtliches Amtsblatt zurückzugreifen. Die Publikation ist allerdings nicht so zu verstehen, dass der Brief in seinem vollen Wortlaut abgedruckt werden müsste. Es genügt, wenn unter Hinweis auf die zur Anwendung gelangende Gesetzesbestimmung die Anmeldepflichtigen aufgefordert werden, innert 30 Tagen nach der Publikation die Anmeldung vorzunehmen oder Einwendungen vorzubringen, andernfalls die Eintragung verfügt und eine Ordnungsbusse ausgesprochen würde (Abs. 3). 523

Beispiel eines möglichen Textes wäre etwa: 524

«Unter Hinweis auf Art. 63 HRegV i.V.m. Art. 153 wird X aufgefordert, innert 30 Tagen, von der Publikation im Schweizerischen Handelsamtsblatt an gerechnet, die Löschung seines Einzelunternehmens anzumelden oder eine Anmeldung beizubringen, wonach er die Geschäftstätigkeit an einem andern Sitz weiterführt. Wird innert Frist keine Anmeldung eingereicht, so wird davon ausgegangen, dass die Geschäftstätigkeit aufgehört hat und es wird die Löschung des Einzelunternehmens von Amtes wegen im Handelsregister des Kantons Z verfügt sowie eine Ordnungsbusse ausgesprochen.»

Absätze 5 und 6: Geht eine Stellungnahme ein, hat das Handelsregisteramt deren Inhalt zu würdigen und zu prüfen, ob eine Eintragungspflicht besteht oder nicht. Gelangt es zum Schluss, dass keine Eintragung erfolgen muss, so kann das Verfahren mittels gewöhnlichem Brief, in welchem die Schlussfolgerung enthalten ist, als erledigt abgeschrieben werden. 525

Gelangt das Handelsregisteramt nach Würdigung der Stellungnahme oder nach unbenütztem Ablauf der Frist zum Schluss, es liege eine Eintragungspflicht vor, so hat es – vor der Eintragung ins Tagesregister – eine formelle Verfügung zu erlassen. Die Verfügung unterteilt sich dabei in 526
— die Kopfdaten (die Verfügung erlassendes Amt, Geschäftsnummer, Verfügungsadressat usw.)
— die Erwägungen, in welchen die gesetzlichen Grundlagen aufgeführt sind (inklusive Subsumtion des Sachverhaltes unter die gesetzlichen Bestimmungen) und in welchen auch allfälligen Einwänden Rechnung getragen wird
— das Dispositiv, das folgende Elemente enthält:
  — die formelle Feststellung der Eintragungspflicht
  — die konkrete Anordnung (nämlich den eigentlichen Eintragungstext)
  — die Gebühren für die Eintragung
  — die Gebührenauflage (wer – gegebenenfalls solidarisch – für die Gebühren aufzukommen hat)

527 Erst nach Ablauf der Rechtsmittelfrist, also nach Eintritt der Rechtskraft darf die Eintragung ins Tagesregister inklusive deren Publikation im SHAB erfolgen (Art. 156).

528 Absatz 6: Anzeigeerstatter haben das Recht, vom Ausgang des Verfahrens direkt Kenntnis zu erhalten; auf ein Mehreres (also die Gründe, die zu einer Eintragung geführt haben oder aufgrund derer man eine Eintragungspflicht verneint hat) haben sie keinen Anspruch.

Art. 153 Bei fehlendem Rechtsdomizil

¹ Hat eine Rechtseinheit kein Rechtsdomizil am Ort ihres Sitzes mehr und sind die Voraussetzungen von Artikel 938a Absatz 1 OR nicht erfüllt, so fordert das Handelsregisteramt die zur Anmeldung verpflichteten Personen auf, innert 30 Tagen ein Rechtsdomizil zur Eintragung anzumelden. Es weist dabei auf die massgebenden Vorschriften und die Rechtsfolgen der Verletzung dieser Pflicht hin.

² Diese Mitteilung wird mit einem eingeschriebenen Brief zugestellt. Kann das Handelsregisteramt keine zur Anmeldung verpflichtete Person erreichen, so publiziert es die Aufforderung im Schweizerischen Handelsamtsblatt.

³ Wird innerhalb der Frist keine Anmeldung eingereicht, so erlässt es eine Verfügung über:
   a. die Auflösung der juristischen Person und der Personengesellschaft beziehungsweise die Löschung des Einzelunternehmens;
   b. die Einsetzung der Mitglieder des obersten Leistungs- oder Verwaltungsorgans als Liquidatorinnen und Liquidatoren;
   c. den weiteren Inhalt des Eintrags im Handelsregister;
   d. die Gebühren;
   e. gegebenenfalls die Ordnungsbusse gemäss Artikel 943 OR.

⁴ Die Verfügung des Handelsregisteramtes wird den Liquidatorinnen und Liquidatoren eröffnet.

⁵ Wird innerhalb von drei Monaten nach Eintragung der Auflösung der gesetzliche Zustand wiederhergestellt, so kann die Auflösung widerrufen werden.

⁶ Diese Bestimmung findet keine Anwendung auf Stiftungen, die der Aufsicht eines Gemeinwesens unterstellt sind. Bei fehlendem Rechtsdomizil erstattet das Handelsregisteramt der Stiftungsaufsichtsbehörde eine entsprechende Meldung.

Es handelt sich hier um eine Regelung, die inhaltlich aus der bisherigen Handelsregisterverordnung übernommen wurde (Art. 88a altHRegV). Sie diente während den vergangenen Jahrzehnten dazu, Gesellschaften, die von ihren Eigentümern faktisch aufgegeben worden waren, in den Liquidationszustand zu versetzen und – nach Jahren – im Handelsregister zu löschen.

529

Absatz 1: Sind die Voraussetzungen von Art. 938a OR erfüllt, so ist nach Art. 155 vorzugehen (vgl. Note 535 ff.). Im Falle eines Einzelunternehmens führt der Wegfall des Domizils zur direkten Löschung (Abs. 3 lit. a).

530

Verfügt eine Gesellschaft weder über die erforderlichen Organe (Art. 731b OR i.V.m. Art. 941a OR) noch über ein Rechtsdomizil, so stehen die beiden Bestimmungen in Konkurrenz zueinander. Dabei kommen zwei Lösungen in Betracht:
– Das Handelsregisteramt geht nach Art. 153 vor, verfügt die Auflösung der Gesellschaft und verzichtet auf die Überweisung ans Gericht i.S. von Art. 941a OR.
– Das Handelsregisteramt geht direkt nach Art. 941a OR vor und verzichtet auf die Auflösung der Gesellschaft i.S. von Art. 153.

531

Praktische Gründe (insbesondere im Hinblick auf die Belastung der Gerichte) könnten für das Vorgehen nach Art. 153 sprechen. Folge wäre allerdings, dass eine Gesellschaft in Liquidation gesetzt würde, ohne dass Liquidatoren eingesetzt werden könnten. Dies ist nicht im Sinne des Gesetzgebers, der mit Art. 731b bzw. 941a OR klar kundgetan hat, dass solche Gesellschaften notfalls gerichtlich aufgelöst und nach den Vorschriften über den Konkurs liquidiert werden sollen. Dieser Wertung des Gesetzgebers zugunsten richterlicher Massnahmen ist Rechnung zu tragen, weshalb die Konkurrenz der Bestimmungen letztlich unecht ist und die Würdigung zugunsten des Vorgehens nach Art. 731b bzw. 941a OR vorzunehmen und nach Art. 154 vorzugehen ist.

Absätze 2 bis 4: Das Vorgehen entspricht jenem, wie es in Art. 152 geregelt ist. Vergleiche deshalb Note 518 ff.

532

Absatz 5: Auch die Widerrufsmöglichkeit der Auflösung wurde aus dem bisherigen Recht übernommen. Von Bedeutung ist, dass es sich bei dieser Frist um eine Verwirkungsfrist handelt. Sie beginnt ab Eintragung der Auflösung im Tagesregister zu laufen (nicht identisch mit dem Datum der Publikation der Eintragung im SHAB).

533

Keine Anwendung findet die Bestimmung bei Stiftungen, die der staatlichen Aufsicht unterstehen. Dem Handelsregisteramt obliegt lediglich eine Anzeigepflicht, während es Sache der Aufsichtsbehörde ist, die erforderlichen Massnahmen zu ergreifen.

534

Art. 154 Bei Mängeln in der gesetzlich zwingenden Organisation

¹ Weist eine Rechtseinheit Mängel in der gesetzlich zwingend vorgeschriebenen Organisation auf, so fordert das Handelsregisteramt die zur Anmeldung verpflichteten Personen auf, innert 30 Tagen den rechtmässigen Zustand wiederherzustellen und die entsprechende Eintragung anzumelden. Es weist dabei auf die massgebenden Vorschriften und die Rechtsfolgen der Verletzung dieser Pflicht hin.

² Diese Mitteilung wird mit einem eingeschriebenen Brief zugestellt.

³ Wird der rechtmässige Zustand innert Frist nicht wieder hergestellt, so stellt das Handelsregisteramt dem Gericht beziehungsweise der Aufsichtsbehörde den Antrag, die erforderlichen Massnahmen zu ergreifen (Art. 941a OR). Dem Handelsregisteramt werden keine Kostenvorschüsse und keine Verfahrenskosten auferlegt.

⁴ Ordnet das Gericht eine Eintragung an, so findet Artikel 19 Anwendung.

535 Ist eine Rechtseinheit verpflichtet, über eine Revisionsstelle zu verfügen, so stellt deren Fehlen einen Organisationsmangel im Sinne von Art. 154 dar, sofern sie nicht von der Möglichkeit zum «opting out» Gebrauch machen kann oder darf (vgl. Art. 62 Note 280 ff.). Selbst im Liquidationsstadium muss sie über eine eingetragene Revisionsstelle oder einen Liquidator mit genügender Zeichnungsbefugnis verfügen; diesfalls hat das Handelsregisteramt – sofern überhaupt noch anmeldepflichtige Personen eingetragen sind, diese aufzufordern, innert Frist die Mängel zu beheben (Wahl einer Revisionsstelle durch die Generalversammlung oder Verzicht auf eine Revision [opting out]).

536 Erfolgt keine Mängelbehebung, so hat das Handelsregisteramt dem Gericht Antrag auf Ergreifen der erforderlichen Massnahmen zu stellen. Dazu gehört u.a. auch die gesellschaftsrechtliche Auflösung der Gesellschaft und deren Liquidation nach den Regeln des Konkurses. Eine Konkurseröffnung findet damit nicht statt, sondern es handelt sich hier um einen gerichtlichen Auftrag an die Konkursbehörden zur Liquidation allfälligen Geschäftsvermögens nach den Art. 221 ff. SchKG.

537 Sind keine mehr zur Anmeldung Verpflichteten vorhanden (z.B. kein Verwaltungsrat mehr), so wird das Handelsregisteramt die Angelegenheit ohne weitere Schritte (also ohne Anschrift und ohne Publikation) direkt ans Gericht überweisen. Diesem obliegt es dann, im Rahmen der Gerichtsordnung vorzugehen und die möglichen Anordnungen zu treffen.

538 Organisationsmängel beim Verein können nur durch ein Vereinsmitglied oder durch einen Gläubiger beim Gericht geahndet werden, nicht aber durch das Handelsregisteramt (Art. 69c ZGB). Lediglich bei der Verletzung der

Vorschriften über die Revisionsstelle (also des Fehlens einer Revisionsstelle bei einem Grossverein, vgl. Note 363) ist das Handelsregisteramt aus Gründen des Gläubigerschutzes befugt und auch verpflichtet, dem Richter Antrag auf Ergreifen der erforderlichen Massnahmen zu stellen (Art. 941a Abs. 3 OR).

Verfügt der Verein über keinen Vorstand mehr und wird der Vorstand nicht mehr statutengemäss bestellt, so ist der Verein von Gesetzes wegen aufgelöst (Art. 77 ZGB). Da die Auflösung aber im Handelsregister noch nicht eingetragen ist, muss das Handelsregisteramt dies im Rahmen eines Verfahrens nach Art. 152 erzwingen (vgl. Note 518 ff.). 539

Stellt das Handelsregisteramt bei einer Stiftung Mängel in der gesetzlich zwingend vorgeschriebenen Organisation fest (Art. 83d ZGB), so hat es gestützt auf Art. 941a Abs. 2 OR der Aufsichtsbehörde (und nicht dem Gericht) Antrag auf Anordnung der erforderlichen Massnahmen zu stellen. 540

Art. 155 Bei Gesellschaften ohne Geschäftstätigkeit und ohne Aktiven

¹ Weist eine Rechtseinheit keine Geschäftstätigkeit mehr auf und hat sie keine verwertbaren Aktiven mehr, so fordert das Handelsregisteramt die zur Anmeldung verpflichteten Personen mit eingeschriebenem Brief auf, innert 30 Tagen die Löschung anzumelden oder mitzuteilen, dass die Eintragung aufrecht erhalten bleiben soll. Das Handelsregisteramt weist dabei auf die massgebenden Vorschriften und die Rechtsfolgen der Verletzung dieser Pflicht hin.

² Wird innerhalb dieser Frist keine Mitteilung eingereicht oder werden keine Gründe für die Aufrechterhaltung der Eintragung geltend gemacht, so veranlasst das Handelsregisteramt einen dreimaligen Rechnungsruf im Schweizerischen Handelsamtsblatt, in dem Gesellschafterinnen und Gesellschafter sowie Gläubigerinnen und Gläubiger aufgefordert werden, innert 30 Tagen ein begründetes Interesse an der Aufrechterhaltung der Eintragung der Rechtseinheit schriftlich mitzuteilen.

³ Wird innert 30 Tagen seit der letzten Publikation des Rechnungsrufs kein Interesse an der Aufrechterhaltung der Eintragung geltend gemacht, so löscht das Handelsregisteramt die Rechtseinheit im Handelsregister (Art. 938a Abs. 1 OR).

⁴ Wird ein Interesse an der Aufrechterhaltung der Eintragung geltend gemacht, so überweist das Handelsregisteramt die Angelegenheit dem Gericht zum Entscheid (Art. 938a Abs. 2 OR). Dem Handelsregisteramt werden keine Kostenvorschüsse und keine Verfahrenskosten auferlegt.

⁵ Ordnet das Gericht die Löschung an, so findet Artikel 19 Anwendung.

541 Absatz 1: Die Bestimmung entspricht im Wesentlichen dem früheren Art. 89 altHRegV. In der Regel wird als Grundlage für die Anwendung dieser Bestimmung das Vorhandensein eines Verlustscheines oder eine anderweitige (behördliche) Bestätigung (etwa der Steuerbehörden) vorliegen, die das Fehlen von Aktiven belegen. Die Anwendung dieser Bestimmung ist auch denkbar bei Vereinen, bei denen seit längerer Zeit ein Organisationsmangel besteht (Fehlen eines Vereinsvorstandes). Liegen die Voraussetzungen sowohl von Art. 154 als auch nach Art. 155 vor, ist direkt nach Art. 155 vorzugehen.

542 Der Verordnungswortlaut geht über den Gesetzeswortlaut hinaus, indem hier von Rechtseinheit die Rede ist, in Art. 938a OR als materiellrechtlicher Grundlage jedoch lediglich von Gesellschaften. Damit ist Art. 155 aber nicht anwendbar auf Einzelunternehmen sowie Zweigniederlassungen (vgl. Art. 2).

543 Die Voraussetzungen des Fehlens einer Geschäftstätigkeit und von Aktiven müssen kumulativ erfüllt sein (Botschaft GmbH S. 3238). Nicht erforderlich ist, dass sich die Rechtseinheit bereits im Stadium der Liquidation befindet.

544 Nicht zulässig ist eine Löschung auf Mitteilung des Verwaltungsrates, der die Aufgabe der Geschäftstätigkeit und den Mangel der Aktiven geltend macht. Dies wäre eine Umgehung der Vorschriften über die Liquidation der Gesellschaft (Schuldenrufe und Löschungsanmeldung).

545 Absatz 2: Für das Verfahren kommt sinngemäss Art. 152 zur Anwendung (vgl. Note 518 ff.: Im Grundsatz gilt, dass dort, wo kein «Einspruch» erhoben wird, das Handelsregisteramt den dreifachen Rechnungsruf und eine Verfügung erlassen sowie nach Eintritt der Rechtskraft die Löschung vornehmen kann.

546 Anzuschreiben sind alle noch vorhandenen Mitglieder des obersten Leitungs- oder Verwaltungsorgans. Dies nicht etwa im Hinblick auf die Vornahme einer Anmeldung, sondern auf die Frage hin, ob sie gegen eine Löschung von Amtes wegen Einwendungen erheben. Diese Aufforderung zur Stellungnahme ist als Gewährung des rechtlichen Gehörs an die zur Vertretung der Gesellschaft befugten Personen zu verstehen. Diese Korrespondenz hat ebenfalls mit mindestens eingeschriebener Post zu erfolgen (inklusive Fristansetzung analog Art. 152 und unter Androhung der Löschung der Gesellschaft). Sind keine Ansprechpersonen mehr vorhanden, erfolgt ebenfalls die Publikation im SHAB. Macht der Verwaltungsrat bzw. das oberste Leitungs- und Verwaltungsorgan das Bestehen von Geschäftstätigkeit geltend, so wird das Verfahren vor dem Handelsregisteramt einzustellen sein (gegebenenfalls wird ein Verfahren nach Art. 153 und 154 zu prüfen sein). Erfolgt kein solcher «Einspruch», so hat das Handelsregisteramt einen dreimaligen Rechnungsruf im SHAB vorzunehmen. Dabei handelt es sich um eine Aufforderung an Dritte, ihr Interesse an der Aufrechterhaltung des Eintrages der Gesellschaft

geltend zu machen, während der Schuldenruf durch die Gesellschaft erfolgt und eine Aufforderung an ihre Gläubiger ist, allfällige Forderungen bei der Gesellschaft anzumelden.

Absatz 3: Erfolgen keine Meldungen Dritter, so kann das Handelsregisteramt zur Löschung übergehen. Im Gegensatz zu den übrigen amtlichen Verfahren enthält die Bestimmung keinen Hinweis auf die Notwendigkeit zum Erlass einer formellen Verfügung vor der Eintragung. Zudem erfolgt hier – im Gegensatz etwa zum Falle des Art. 152 – keine Löschung gegen den Willen der Anmeldepflichtigen oder von Gläubigern. 547

Absatz 4: Machen Dritte ein Interesse geltend, so entscheidet neu nicht mehr die Aufsichtsbehörde, sondern das Gericht über den Weiterbestand der Gesellschaft. Das Handelsregisteramt hat diesfalls die Akten dem Gericht zum Entscheid zu überweisen. Dies gilt auch dann, wenn es sich den Erwägungen der Einsprecher anschliessen sollte; die Entscheidkompetenz liegt beim Gericht. 548

Art. 156 Zeitpunkt der Eintragung von Amtes wegen

Das Handelsregisteramt nimmt eine Eintragung von Amtes wegen vor, sobald seine Verfügung vollstreckbar geworden ist. Im Eintrag ist ausdrücklich darauf hinzuweisen, dass die Eintragung von Amtes wegen erfolgt ist.

Die Bestimmung widerspiegelt den Grundsatz, dass im Tagesregister nur eingetragen werden soll, was entweder freiwillig angemeldet wurde oder was rechtskräftig entschieden wurde. Ferner soll diese Unterscheidung auch aus der Eintragung deutlich und dem Einsicht nehmenden Publikum klargemacht werden. 549

Der Vermerk, dass die Gesellschaft von Amtes wegen aufgelöst wurde, ist auch deshalb von Bedeutung, da nach herrschender Lehre und Rechtsprechung eine solche Auflösung (beim Domizilverlust nach Ablauf der Drei-Monate-Frist) nicht mehr widerrufen werden kann (Art. 153 Abs. 5). Über den Widerruf von Auflösungen, die das Gericht nach Art. 731b OR verfügt und die Liquidation nach den Regeln des Konkurses angeordnet hat, hat wiederum das Gericht auf Antrag der Gesellschaft zu entscheiden. 550

Art. 157 Ermittlung der Eintragungspflicht und von Änderungen eingetragener Tatsachen

¹ Die Handelsregisterämter müssen eintragungspflichtige Gewerbe ermitteln und Einträge feststellen, die mit den Tatsachen nicht mehr übereinstimmen; sie müssen die erforderlichen Eintragungen, Änderungen und Löschungen herbeiführen.

² Zu diesem Zweck sind die Gerichte und Behörden des Bundes, der Kantone, der Bezirke und der Gemeinden verpflichtet, den Handelsregisterämtern über eintragungspflichtige Gewerbe und Tatsachen, die eine Eintragungs-, Änderungs- oder Löschungspflicht begründen könnten, auf Anfrage schriftlich und kostenlos Auskunft zu erteilen.

³ Die Steuerbehörden müssen ihre Auskunft auf folgende Angaben beschränken:
  a. das Bestehen von Kollektiv- und Kommanditgesellschaften sowie von Vereinen;
  b. das Erreichen der Umsatzgrenze, die für die Eintragungspflicht von Einzelunternehmen massgebend ist.

⁴ Mindestens alle drei Jahre haben die Handelsregisterämter die Gemeinde- oder Bezirksbehörden zu ersuchen, ihnen von neu gegründeten Gewerben oder von Änderungen eingetragener Tatsachen Kenntnis zu geben. Sie übermitteln dazu eine Liste der ihren Amtskreis betreffenden Einträge.

551 Art. 157 ist Ausfluss von Art. 1 und regelt die Amtspflicht des Handelsregisteramtes zur Erreichung der vom Gesetz- bzw. Verordnungsgeber gesteckten Ziele.

552 Absatz 2 regelt die Amtshilfe. Führt das Handelsregisteramt ein Verfahren durch, so haben die staatlichen Organe Auskunft zu erteilen. Dies betrifft im Wesentlichen die Einwohnerkontrollen der Gemeinden im Rahmen der Personennachforschungen (Personalien, Adressen usw.).

553 Die Mitwirkung der um Auskunft angegangenen Behörden erfolgt kostenlos. Es ist dies eine Form der Amtshilfe. Die bisherige Handelsregisterverordnung (Art. 9 Abs. 3 altHRegV) kannte nur die gebührenfreie Erstellung von Handelsregisterauszügen und Bescheinigungen zugunsten anderer Amtsstellen. Beanspruchte das Handelsregisteramt hingegen seinerseits Amtshilfe (z.B. bei den Einwohnerkontrollen), so mussten diese Nachforschungen trotz ihres amtlichen Charakters und gesetzlichen Auftrages entschädigt werden (etwa über gebührenpflichtige 0900er-Telefonnummern). Mit der neuen Bestimmung wird eine Gleichstellung erreicht. Dies allerdings in Abkehr von der reinen Lehre des New Public Managements, gemäss welcher das Verursacherprinzip für die Weiterverrechnung gelten würde; die administrative Vereinfachung in Abläufen lässt dies aber gerechtfertigt erscheinen.

2. Kapitel: Konkurs, Nachlassstundung und Nachlassvertrag mit Vermögensabtretung

Art. 158 Meldung und Eintragung des Konkurses

¹ Im Zusammenhang mit Konkursverfahren meldet das Gericht oder die Behörde dem Handelsregisteramt:
- a. die Konkurseröffnung;
- b. Verfügungen, in denen einem Rechtsmittel aufschiebende Wirkung erteilt wird;
- c. den Widerruf des Konkurses;
- d. die Einstellung mangels Aktiven;
- e. die Wiederaufnahme des Konkursverfahrens;
- f. den Abschluss des Konkursverfahrens;
- g. vorsorgliche Anordnungen.

² Das Handelsregisteramt muss die entsprechende Eintragung unverzüglich nach Eingang der Meldung des Gerichts oder der Behörde in das Handelsregister vornehmen.

³ Wird eine Stiftung infolge Konkurs aufgehoben, so darf die Löschung erst vorgenommen werden, wenn die Aufsichtsbehörde bestätigt, dass sie kein Interesse mehr daran hat, dass die Eintragung aufrechterhalten bleibt.

Absätze 1 und 2: Die Mitteilungspflicht in Absatz 1 entspricht jener von Art. 176 SchKG, während Absatz 2 (entgegen teilweiser Praxis von Handelsregisterämtern) klarstellt, dass diese richterlichen Entscheide unverzüglich ins Handelsregister eingetragen werden müssen (vgl. auch Art. 19). Diese Entscheide sind sofort vollstreckbar, da allfälligen Beschwerden keine aufschiebende Wirkung zukommt und ihnen eine solche erteilt werden müsste (Art. 36 SchKG und 174 SchKG). Ungebührlich verspätete Eintragungen können die Haftung des Handelsregisteramtes auslösen (Art. 928 OR sowie die jeweiligen kantonalen Haftungsbestimmungen). Nach Abschluss des Konkursverfahrens sind die Rechtseinheiten zu löschen (Art. 939 Abs. 3 OR). 554

Wird einem Rechtsmittel die aufschiebende Wirkung erteilt, so hat die Rekursinstanz sowohl diesen Verfahrensentscheid wie auch den Endentscheid dem Handelsregisteramt mitzuteilen. Auch diese Entscheide sind unverzüglich einzutragen. 555

Absatz 3: Stiftungen stehen unter Aufsicht einer staatlichen Behörde. Für diese Fälle ist daher eine zusätzliche Löschungszustimmung vorgesehen (Desinteresse-Erklärung etwa im Hinblick auf die Lösung von Folgefragen bei Personalfürsorgeeinrichtungen). 556

Art. 159 Inhalt des Eintrags des Konkurses

¹ Wird der Konkurs über eine Rechtseinheit eröffnet, so müssen folgende Angaben ins Handelsregister eingetragen werden:
 a. die Tatsache, dass der Konkurs eröffnet wurde;
 b. das Datum und der Zeitpunkt des Konkurserkenntnisses;
 c. bei Personengesellschaften und juristischen Personen: die Firma beziehungsweise der Name mit dem Liquidationszusatz.

² Wird einem Rechtsmittel die aufschiebende Wirkung erteilt oder der Konkurs widerrufen, so müssen folgende Angaben ins Handelsregister eingetragen werden:
 a. die Tatsache, dass einem Rechtsmittel aufschiebende Wirkung erteilt beziehungsweise der Konkurs widerrufen wurde;
 b. das Datum der Verfügung;
 c. bei Personengesellschaften und juristischen Personen: die Firma beziehungsweise der Name ohne den Liquidationszusatz.

³ Wird das Konkursverfahren mangels Aktiven eingestellt, so müssen folgende Angaben ins Handelsregister eingetragen werden:
 a. die Tatsache, dass der Konkurs mangels Aktiven eingestellt wurde;
 b. das Datum der Einstellungsverfügung.

⁴ Wird das Konkursverfahren wieder aufgenommen, so müssen folgende Angaben ins Handelsregister eingetragen werden:
 a. die Tatsache, dass das Konkursverfahren wieder aufgenommen wurde;
 b. das Datum der Wiederaufnahmeverfügung;
 c. bei Personengesellschaften und juristischen Personen: die Firma beziehungsweise der Name mit dem Liquidationszusatz.

⁵ Eine Rechtseinheit wird von Amtes wegen gelöscht, wenn:
 a. bei der Einstellung des Konkursverfahrens mangels Aktiven innert drei Monaten nach der Publikation der Eintragung gemäss Absatz 3 kein begründeter Einspruch erhoben wurde, und, im Falle eines Einzelunternehmens, der Geschäftsbetrieb aufgehört hat;
 b. das Konkursverfahren durch Entscheid des Gerichts abgeschlossen wird.

⁶ Im Handelsregister müssen eingetragen werden:
 a. die Tatsache, dass kein begründeter Einspruch gegen die Löschung erhoben wurde, beziehungsweise das Datum des Abschlusses des Konkursverfahrens;
 b. die Löschung der Rechtseinheit.

Der Eintragungsinhalt gibt den Inhalt des Dispositivs wieder. Nicht aufgenommen wurde in die Bestimmung der Name des erkennenden Gerichts, was aber der bisherigen Praxis entspricht. Es ist jedoch nicht anzunehmen, dass der Verordnungsgeber daran etwas ändern wollte. Die Zuordnung zu einem bestimmten (Konkurs-)Gericht ergibt sich ohne Weiteres aus dem Sitz der Gesellschaft, sodass der Aufnahme des Gerichtsnamens in die Eintragung lediglich informativer Charakter zukommt und eine Vervollständigung des Eintrages bedeutet. 557

Mit der Konkurseröffnung beginnt die formelle Liquidationsphase der Rechtseinheit. Folgerichtig ist daher die Firma von Amtes wegen mit dem Zusatz «in Liq.» zu ergänzen, selbst wenn das gerichtliche Dispositiv nichts dazu aussagen sollte. Sollte der Konkurs widerrufen werden, wird die Rechtseinheit in ihren vorherigen Rechtszustand versetzt und der Firmenzusatz «in Liq.» fällt wieder weg. 558

Die Sonderbestimmung von Absatz 3 ist erforderlich, da es sich hierbei nicht um den Abschluss des Konkursverfahrens handelt, sondern um eine (vorläufige) Einstellung des Verfahrens. Das Konkursverfahren wird erst abgeschlossen, wenn nicht ein Gläubiger innert zehn Tagen das Begehren um Durchführung des Verfahrens gestellt hat (Art. 230 SchKG). Die bisherige Frist von drei Monaten bis zur Löschung im Handelsregister (Art. 66 altHRegV) besteht weiterhin; in der Praxis wird das Handelsregisteramt das zuständige Konkursamt anfragen müssen, ob ein Gläubiger die Durchführung des Konkursverfahrens beantragt hat. Erst wenn das Konkursamt dies verneint, wird die Löschung der Rechtseinheit vorgenommen werden können. 559

Richtete sich das Konkursverfahren gegen den Inhaber eines Einzelunternehmens, so sind die drei Monate nicht abzuwarten; der Geschäftsbetrieb hat bereits aufgehört, weshalb bei einem Zuwarten das Handelsregister irreführende Angaben enthalten würde. 560

Art. 160 Nachlassstundung

¹ Das Gericht meldet dem Handelsregisteramt die Bewilligung der Nachlassstundung und reicht ihm das Dispositiv seines Entscheides ein.

² Das Handelsregisteramt nimmt die Eintragung unverzüglich nach Eingang der Meldung vor.

³ Ins Handelsregister müssen eingetragen werden:
   a. das Datum der Bewilligung und die Dauer der Nachlassstundung;
   b. die Personenangaben zur Sachwalterin oder zum Sachwalter;
   c. falls das Nachlassgericht angeordnet hat, dass gewisse Handlungen nur unter Mitwirkung der Sachwalterin oder des Sachwalters rechtsgültig vorgenommen werden können, oder die

Sachwalterin oder der Sachwalter ermächtigt wird, die Geschäftsführung anstelle des Schuldners zu übernehmen: einen Hinweis darauf.

⁴ Wird der Nachlassvertrag abgelehnt oder die Nachlassstundung widerrufen (Art. 295 Abs. 5 und 298 Abs. 3 SchKG), so muss diese Tatsache ins Handelsregister eingetragen werden.

Art. 161 Nachlassvertrag mit Vermögensabtretung

¹ Das Gericht meldet dem Handelsregisteramt die Bestätigung eines Nachlassvertrages mit Vermögensabtretung (Art. 308 SchKG) und reicht ihm folgende Belege ein:
  a. eine Kopie des Nachlassvertrags;
  b. das Dispositiv des Entscheides.

² Das Handelsregisteramt nimmt die Eintragung unverzüglich nach Eingang der Meldung vor.

³ Ins Handelsregister müssen eingetragen werden:
  a. das Datum der Bestätigung des Nachlassvertrages;
  b. die Firma beziehungsweise der Name mit dem Zusatz «in Nachlassliquidation»;
  c. die Liquidatorin oder der Liquidator;
  d. die Löschung der Zeichnungsberechtigungen von Personen, die im Handelsregister eingetragen und zur Vertretung der Rechtseinheit befugt sind.

⁴ Wird die Liquidation beendet, so meldet die Liquidatorin oder der Liquidator die Löschung der Rechtseinheit an.

⁵ Zusammen mit der Löschung muss der Löschungsgrund ins Handelsregister eingetragen werden.

6. Titel: Rechtsbehelfe und Rechtsmittel

Art. 162 Registersperre

¹ Auf schriftlichen Einspruch Dritter nimmt das Handelsregisteramt die Eintragung ins Tagesregister vorläufig nicht vor (Registersperre).

² Es informiert die Rechtseinheit über die Registersperre. Es gewährt der Einsprecherin oder dem Einsprecher Einsicht in die Anmeldung und in die Belege, sofern das Gericht dies anordnet.

³ Das Handelsregisteramt nimmt die Eintragung vor, wenn:
  a. die Einsprecherin oder der Einsprecher dem Handelsregisteramt nicht innert zehn Tagen nachweist, dass sie oder er dem Gericht ein Gesuch um Erlass einer vorsorglichen Massnahme gestellt hat; oder
  b. das Gericht das Gesuch um Erlass einer vorsorglichen Massnahme rechtskräftig abgelehnt hat.

⁴ Das Gericht entscheidet im summarischen Verfahren unverzüglich über die Registersperre. Es übermittelt dem Handelsregisteramt eine Kopie des Entscheids.

⁵ Erheben Dritte Einsprache gegen eine Eintragung, die bereits ins Tagesregister aufgenommen wurde, so sind sie an das Gericht zu verweisen.

Absatz 1: Der Verordnungsgeber hat das Instrument der Registersperre neu konzipiert. Musste bis anhin das Handelsregisteramt eine nach kantonalem Recht genügende Frist zur Klageerhebung anordnen, so tritt nun die Registersperre automatisch, d.h. von Gesetzes wegen ein. Das Handelsregisteramt hat keine Frist anzusetzen, und vor dem Handelsregisteramt findet kein Verfahren mehr statt (anders als im früheren Art. 32 altHRegV auch dann nicht, wenn Nichtigkeit geltend gemacht wird). Die voraussetzungslose Mitteilung an das Handelsregisteramt löst die Sperre direkt aus. Da das Handelsregisteramt nichts zu entscheiden hat, sind auch keine Rechtsmittel gegeben. Dies gilt auch für die Anmeldenden, die mit der Sperre nicht einverstanden sind. Die Auseinandersetzung findet ausschliesslich vor Gericht statt. 561

Die blosse Absichtserklärung, man wolle eine Klage einreichen oder man wolle eine provisorische Registersperre (für den Fall, dass «irgendwann» eine Anmeldung eingereicht werden könnte), genügen nicht. Nur die ausdrückliche unbedingte Erklärung, man wünsche eine Registersperre, kann die gesetzliche Folge der Verhinderung der Eintragung bewirken. Die Einsprache ist nicht zu begründen. Der Einspruch löst die Registersperre aus ungeachtet dessen, ob schon eine Anmeldung eingereicht wurde oder nicht. 562

Ein Einspruch beim EHRA ist nicht möglich, aber auch nicht erforderlich. Unter dem alten Recht war es möglich, dass im Falle einer Registersperre die Gesellschaft ihren Sitz (ohne Kenntnis durch das HRA am bisherigen Sitz) verlegte und gleichzeitig die umstrittene Eintragung vornehmen liess. Dies ist nun nicht mehr möglich, da Sitzverlegungen zwischen den beiden involvierten Handelsregisterämtern koordiniert vorgenommen werden (Art. 124 Abs. 1). Der Registersperre kann dadurch Nachachtung verschafft werden. 563

Der Begriff des Dritten ist sehr weit zu fassen. Es können dies Gläubiger, Aktionäre, Verwaltungsräte usw. sein, nicht aber die Anmeldenden. Der Dritte kann in nämlicher Sache nur einmal das Begehren stellen, ein neues Begehren kurz vor Ablauf der Frist ist nicht möglich. Hingegen beginnt die 564

Registersperre von neuem zu laufen, wenn ein anderer Dritter vor Ablauf der zehntägigen Frist zur Klageerhebung durch den Ersteinsprecher eine neue Einsprache erhebt (vgl. aber nachstehend Note 567).

565 Der Eingang einer Einsprache entbindet das Handelsregisteramt nicht, eine allenfalls schon eingereichte oder erst eingehende Anmeldung und ihre Belege auf die Eintragungstauglichkeit hin zu prüfen. Fällt die Registersperre von Gesetzes wegen dahin oder ordnet das Gericht keine vorsorglichen Massnahmen an, so hat die Eintragung im Rahmen des üblichen Geschäftsganges zu erfolgen oder beim Vorliegen von Mängeln die Angelegenheit an die Anmeldenden zurückzuweisen.

566 Absatz 2: Die Rechtseinheit ist über die Einsprache zu informieren. Die Information hat die Tatsache der Einsprache – nicht aber den Inhalt der Einsprache (sofern eine Begründung vorliegt) – und den Zeitpunkt des Beginns der Frist zum Inhalt. Es ist Sache des Richters, im Rahmen eines bei ihm anhängig gemachten Prozesses, die Rechtsschrift der Rechtseinheit als Gegenpartei zukommen zu lassen. Der Name des Einsprechers ist ebenfalls bekannt zu geben (siehe nachstehend Note 567).

567 Rechtsmissbrauch und Ketteneinsprache: Der Name des Einsprechers ist der betroffenen Rechtseinheit bekannt zu geben, damit sie die Möglichkeit hat, von sich aus an den Richter zu gelangen und – etwa unter Geltendmachung der Rechtsmissbräuchlichkeit der Einsprache – die Aufhebung der Registersperre und Anordnung der Eintragung zu verlangen. Ein solches Vorgehen wird auch bei sogenannten Ketteneinsprachen (Einsprache durch eine weitere Person kurz vor Ablauf der zehntägigen Klagefrist des Ersteinsprechers) in Betracht zu ziehen sein. Darüber zu befinden ist dann Sache des Gerichtes.

568 Eine Einsprache hemmt den Fristenlauf, etwa bei einer Kapitalerhöhung (Art. 650 Abs. 3 OR), nicht, d.h. die Rechtseinheit hat innert der Frist von drei Monaten ungeachtet der Registersperre die erforderlichen Belege einzureichen.

569 Das Handelsregisteramt hat selber keine Einsicht in die Eintragungsakten einer allenfalls schon vorliegenden Anmeldung mit Belegen zu gewähren. Der Verordnungsgeber geht davon aus, dass das Amtsgeheimnis auch im Falle einer Einsprache gilt und die Akten deshalb erst auf ausdrückliche Anordnung des Gerichts geöffnet werden.

570 Absätze 3 und 4: Bei der in Absatz 3 aufgeführten Frist handelt es sich um eine Verwirkungsfrist, d.h. der Einsprecher kann nicht kurz vor Ablauf ein Fristerstreckungsgesuch stellen oder eine neue Einsprache erheben. Die Registersperre dauert nur fort, wenn Klage erhoben wird.

571 Die Fristberechnung richtet sich nach den Artikeln 77 und 78 OR, wobei auf das Datum der Postaufgabe abzustellen ist (vgl. Art. 15). Wird das Begehren

um Registersperre per Fax und anschliessend per Post zugestellt, so ist das frühere Datum fristauslösend. Die Registersperre fällt dahin, wenn
- dem Handelsregisteramt gegenüber nicht innert 10 Tagen nachgewiesen wird, dass dem Gericht ein schriftlich begründeter Antrag auf Erlass einer vorsorglichen Verfügung gestellt wurde. Die Berechnung der Frist folgt den üblichen Regeln, wobei der Tag der Postaufgabe der Registersperre ans Handelsregisteramt noch nicht zählt; die Frist beginnt am darauffolgenden Tag zu laufen (Beispiel 1: Aufgabe an einem Mittwoch, die Frist beginnt am Donnerstag zu laufen und endet am Samstag, d.h. damit am darauffolgenden Montag; Beispiel 2: die Einsprache wird am Freitag der Post übergeben, die Frist läuft damit bis und mit Montag). Der Nachweis kann dadurch geschehen, dass dem Handelsregisteramt eine Kopie des Begehrens und seiner Begründung zugestellt wird (inkl. allfällige Kopie des Einschreibezettels der Post). Wenn dies dem Handelsregisteramt gegenüber nachgewiesen ist, dauert die Registersperre fort.
- das Gericht den Antrag um Erlass einer vorsorglichen Massnahme rechtskräftig abgewiesen hat; der Rechtskraft ist die Vollstreckbarkeit eines gerichtlichen Entscheides gleichzusetzen.

Das Gericht hat im summarischen Verfahren und unverzüglich über den Antrag auf vorsorgliche Massnahmen zu entscheiden. Superprovisorische Anordnungen werden in der Regel nicht notwendig sein, da die blosse Klageerhebung schon das Fortdauern der Registersperre bewirkt. Unverzüglich bedeutet hier die Einhaltung der gerichtsüblichen Regeln, die im summarischen Verfahren gelten unter Berücksichtigung der Interessen der am Verfahren beteiligten Parteien. Dem Handelsregisteramt ist eine Kopie des rechtskräftigen Entscheides zukommen zu lassen. Werden offensichtlich nicht rechtskräftige Entscheide zugestellt, so hat das Handelsregisteramt die Rechtskraft abzuwarten und den Nachweis des Eintritts der Rechtskraft (Rechtskraftbescheinigung) zu verlangen. Vergleiche im übrigen Noten 94 ff. 572

Absatz 5: Eine Eintragung ist dann im Tagesregister aufgenommen, wenn sie rechtswirksam (also durch das EHRA genehmigt) worden ist (vgl. Noten 35, 50 und 135 ff.). Ab diesem Zeitpunkt sind keine Eingriffe ins Tagesregister mehr gestattet und die Einsprecher sind an das Gericht zu verweisen. Auch in diesem Falle findet kein Verfahren vor dem Handelsregisteramt statt. Die Eintragung wurde vom Handelsregisteramt vorgenommen und vom EHRA genehmigt. Sie ist damit rechtswirksam geworden. Eine offensichtliche Nichtigkeit liegt damit nicht vor, weshalb im Falle einer Einsprache die Eintragung nur noch auf dem gerichtlichen Weg aufgehoben werden kann. Sollte ein Einsprecher Nichtigkeit eines bereits vorgenommenen Eintrages geltend machen, so ist es auch diesfalls Sache des Gerichtes darüber zu entscheiden, ob wirklich Nichtigkeit vorliegt oder nicht. Dem Handelsregisteramt geht jegliche Entscheidungsbefugnis ab. 573

Art. 163 Frist und Belege bei der Registersperre

¹ Die Frist nach Artikel 162 Absatz 3 Buchstabe a beginnt:
- a. mit der Einreichung des Einspruchs beim Handelsregisteramt; oder
- b. am Datum des Poststempels, falls der Einspruch per Post eingereicht wird.

² Sie ist gewahrt, wenn der Nachweis spätestens bis um 17.00 Uhr am letzten Tag der Frist beim Handelsregisteramt eingeht.

³ Der Nachweis ist erbracht, wenn die Einsprecherin oder der Einsprecher dem Handelsregisteramt folgende Belege einreicht:
- a. das ans Gericht adressierte Gesuch um Erlass einer vorsorglichen Massnahme; und
- b. die Aufgabebestätigung der Schweizerischen Post oder die Empfangsbestätigung des Gerichts.

574 Zur Fristberechnung vgl. Noten 71 und 571.

575 Absatz 2: Der Nachweis ist erbracht, wenn beim Handelsregisteramt innert Frist eingehen:
- Kopie des Antrages ans zuständige Gericht und
- Aufgabebestätigung der Post oder Empfangsbestätigung des Gerichts.

Ohne Einreichen dieser (kumulativ zu verstehenden) Nachweise läuft die Frist ab; die Vorab-Übermittlung per Fax reicht indessen.

Der Ablauf einer Frist um 17 Uhr erscheint ungewöhnlich, da üblicherweise Fristen erst um Mitternacht enden. Allerdings ist hier zu berücksichtigen, dass die gesetzliche Frist von zehn Tagen eine wesentliche Erleichterung gegenüber der früheren Einsprache darstellt. Unter altem Recht musste innert einer Frist von zwei bis drei Wochen der (zumindest superprovisorische) Entscheid des Richters beigebracht werden; heute genügt der Nachweis des Antrages ans Gericht. Da die Verordnung keinen Raum offen lässt und es sich bei der Frist von Art. 162 um eine Verwirkungsfrist handelt, muss der Nachweis nach Absatz 3 bis spätestens 17 Uhr eingetroffen sein.

Art. 164 Wiedereintragung

¹ Das Gericht kann auf Antrag die Wiedereintragung einer gelöschten Rechtseinheit ins Handelsregister anordnen, sofern glaubhaft gemacht wird, dass:
- a. nach Abschluss der Liquidation der gelöschten Rechtseinheit Aktiven vorliegen, die noch nicht verwertet oder verteilt worden sind;

b. die gelöschte Rechtseinheit in einem Gerichtsverfahren als Partei teilnimmt;
c. die Wiedereintragung der gelöschten Rechtseinheit für die Bereinigung eines öffentlichen Registers erforderlich ist; oder
d. die Wiedereintragung für die Beendigung des Konkursverfahrens der gelöschten Rechtseinheit erforderlich ist.

² Zum Antrag ist berechtigt, wer ein schutzwürdiges Interesse an der Wiedereintragung der gelöschten Rechtseinheit hat.

³ Bestehen Mängel in der rechtmässigen Organisation der Rechtseinheit, so muss das Gericht zusammen mit der Anordnung der Wiedereintragung die erforderlichen Massnahmen ergreifen.

⁴ Das Handelsregisteramt nimmt die Wiedereintragung auf Anordnung des Gerichts vor. Die gelöschte Rechtseinheit wird als in Liquidation befindlich eingetragen. Weiter muss die Liquidatorin oder der Liquidator sowie die Liquidationsadresse angegeben werden.

⁵ Entfällt der Grund für die Wiedereintragung, so muss die Liquidatorin oder der Liquidator die Löschung der Rechtseinheit beim Handelsregisteramt zur Eintragung anmelden.

Die Wiedereintragung einer gelöschten Rechtseinheit war in der früheren Handelsregisterverordnung nicht geregelt. Die neue Regelung (Absatz 1) führt nun abschliessend die Gründe auf, die eine Wiedereintragung rechtfertigen können. Die Wiedereintragung einer Rechtseinheit ist deshalb überhaupt nur möglich, weil dem Löschungsakt im Handelsregister keine konstitutive Wirkung zukommt (vgl. auch Art. 116 Abs. 3). Es ist ein rein administrativer Akt, der dazu führt, dass 576
– die Löschung im Register bzw. die Rechtseinheit besonders gekennzeichnet wird (vgl. Art. 9);
– die Firma der gelöschten Rechtseinheit wieder frei wird zur Benützung durch eine andere, neue Rechtseinheit.

Die Regelung ist nun insofern neu, als eine Kompetenzverschiebung weg von den Handelsregisterämtern hin zu den Gerichten stattfindet. Diese entscheiden nun über Begehren um Wiedereintragung. 577

Absatz 2: Dem Gericht ist darzulegen (Glaubhaftmachen genügt gemäss Absatz 1), weshalb die Wiedereintragung notwendig ist. Als rechtserhebliches Interesse wird etwa das Auftauchen von Guthaben oder Liegenschaften oder die Absicht, ein Verfahren gegen eine Rechtseinheit und ihre Organe durchzuführen, zu betrachten sein. 578

Absatz 3: Das Gericht hat bei Bejahen des rechtserheblichen Interesses in seinem Entscheid die Wiedereintragung anzuordnen und die erforderlichen Massnahmen zu ergreifen. Dazu gehören die Bestimmung des Liquidators oder der Liquidatoren (inklusive Art und Umfang der Zeichnungsbefugnis) 579 und der Liquidationsadresse (z.B. das Konkursamt im Falle der Weiterführung des Konkursverfahrens). Bestehen Organisationsmängel, so müssen diese vom Gericht beseitigt werden, bevor eine Rechtseinheit wieder eingetragen werden kann. Das Gericht wird – wenn Dritte als Liquidatoren eingesetzt werden – auch eine Bevorschussung deren Kosten ins Auge fassen müssen (wie das etwa im Rahmen der Verfahren betreffend Bestellung einer Revisionsstelle nach Art. 727c OR bis anhin gemacht wurde).

580 Absatz 4: Da die Wiedereintragung nur dazu führen kann, dass die Rechtseinheit ihre Liquidation weiterführt, muss ihr auch der entsprechende Firmazusatz «in Liquidation» beigefügt werden (vgl. Firmenrechtsweisung Rz. 384). Bei der Wiedereintragung kann es deshalb dazu kommen, dass eine Muster AG in Liquidation eingetragen wird, obwohl zwischenzeitlich eine andere Rechtseinheit mit der Firma Muster AG gegründet wurde. Die eindeutige Unterscheidung zwischen den beiden Rechtseinheiten ergibt sich damit aus den Identifikationsnummern sowie aus dem Umstand, dass diesfalls ein unterscheidendes Merkmal der Firma beizufügen ist («wieder eingetragene Muster AG in Liquidation» im Sinne von Firmenrechtsweisung Rz. 387).

581 Absatz 5: Die erneute Löschung muss nicht über das Gericht erfolgen. Der Liquidator kann sie direkt beim Handelsregisteramt anmelden, wobei es gegebenenfalls erneut der Löschungszustimmung durch die Steuerbehörden bedarf (Art. 65 Abs. 2).

Art. 165 Kantonale Rechtsmittel

¹ Verfügungen der kantonalen Handelsregisterämter können angefochten werden.

² Jeder Kanton bezeichnet ein oberes Gericht als einzige Beschwerdeinstanz.

³ Beschwerdeberechtigt sind Personen und Rechtseinheiten:
   a. deren Anmeldung abgewiesen wurde;
   b. die von einer Eintragung von Amtes wegen unmittelbar berührt sind.

⁴ Beschwerden gegen Entscheide der kantonalen Handelsregisterämter sind innert 30 Tagen nach der Eröffnung der Entscheide zu erheben.

⁵ Die kantonalen Gerichte teilen ihre Entscheide unverzüglich dem kantonalen Handelsregisteramt sowie dem EHRA mit.

582 Absatz 1 hält den selbstverständlichen Grundsatz fest, dass eine behördlich getroffene Anordnung einem ordentlichen Rechtsmittel zugänglich ist. Dies gilt v.a. für Eintragungen von Amtes wegen (Absatz 3 lit. b) sowie für Beschwerden gegen die im Zusammenhang mit einer Eintragung entstehenden Gebühren.

Absatz 2 stellt eine Neuerung dar, indem der Bund den Kantonen gestützt 583
auf seine Kompetenz in Art. 929 OR teilweise die Ausgestaltung des Rechts-
weges vorschreibt. So soll nach Ablauf der Übergangsfrist von Art. 181 nur
noch eine einzige kantonale Instanz (ein oberes kantonales Gericht) für die
Behandlung von Beschwerden gegen das Handelsregisteramt zuständig sein;
welches Gericht (Verwaltungsgericht, Obergericht oder Handelsgericht)
lässt der Verordnungsgeber offen. Damit trägt der Bund dem Wunsch der
Wirtschaft Rechnung, wonach Fragen in wirtschaftsrechtlichen Belangen
rasch zu entscheiden seien. Der Wunsch nach raschen Entscheiden dürften
allerdings auch in anderen Rechtsgebieten bestehen.

Mit dieser Regelung greift der Bund radikal in die sonst übliche Freiheit
der Kantone zur Regelung der Organisations- und Rechtsmittelweg-Struktur
ein. Art. 75 des Bundesgesetzes über das Bundesgericht (BGG, SR 173.110)
verlangt einzig, dass die Kantone als letzte kantonale Instanz ein oberes Gericht einsetzen. Ein zweistufiger Rechtsmittelweg (z.B. Beschwerde an ein
Departement und anschliessend an ein oberes kantonales Gericht) war daher
statthaft.

Absatz 3 betrifft die Aktivlegitimation zur Führung einer Beschwerde. Nach 584
lit. a sind dies die Rechtseinheiten sowie die für sie handelnden Anmeldepflichtigen des obersten Leitungs- und Verwaltungsorgans bzw. die Inhaber
von Einzelunternehmen sowie die Kollektivgesellschafter. Eine Popular-
beschwerde ist damit ausgeschlossen. Nicht legitimiert sind deshalb Dritte
(z.B. Aktionäre); diese haben die Möglichkeit, ihre Anliegen auf dem Weg
der Registersperre bzw. gegebenenfalls der Anfechtungsklage dem Gericht
zu unterbreiten. Gemäss lit. b sind dies die von einem amtlichen Verfahren
gemäss Art. 152 und 153 betroffenen Anmeldepflichtigen (sowohl hinsichtlich der Eintragung als auch hinsichtlich einer allenfalls ausgesprochenen
Ordnungsbusse nach Art. 943 OR).

Der Kreis der Aktivlegitimierten ist in Absatz 3 allerdings zu eng gefasst. 585
Bei einer wörtlichen Auslegung müsste man zum Schluss gelangen, dass
dort keine Aktivlegitimation vorhanden ist, wo jemand mit einer Eintragung
(z.B. aufgrund seiner eigenen Anmeldung) zwar einverstanden ist, nicht
aber mit der Höhe der dadurch anfallenden Gebühren (Gebührenbeschwer-
de). Gleiches gilt schliesslich dort, wo jemand (z.B. im Auftragsverhältnis
als Notar, Rechtsanwalt oder Treuhänder) eine nicht von ihm unterzeichnete
Anmeldung einreicht oder eine Amtshandlung (z.B. eine Vorprüfung) verlangt und deshalb für Gebühren persönlich haftet (vgl. Art. 21 Gebührentarif
und BGE 115 II 93). Auch in solchen Fällen muss eine Beschwerde zulässig
sein, da die Gebührenauflage bzw. die entsprechende Verfügung letztlich ein
gewöhnlicher Verwaltungsakt ist, der gemäss den normalen Regeln einem
Rechtsmittel zugänglich sein muss, zumal er schliesslich ein definitiver
Rechtsöffnungstitel ist (Art. 22 Gebührentarif).

586 Absatz 5: Die Pflicht zur Mitteilung ans Eidgenössische Amt für das Handelsregister ergibt sich aus deren Legitimation zur Ergreifung einer Beschwerde ans Schweizerische Bundesgericht (Art. 5 Abs. 2 lit. e i.V. mit Art. 72 Abs. 2 lit. b Ziff. 2 BGG (Bundesgerichtsgesetz).

7. Titel: Aktenaufbewahrung, Aktenherausgabe, Datensicherheit

Art. 166 Aufbewahrung von Anmeldungen, Belegen und Korrespondenz

¹ Anmeldungen und Belege sind während 30 Jahren nach der Eintragung in das Tagesregister aufzubewahren. Die Statuten von Rechtseinheiten und die Stiftungsurkunden müssen jedoch immer in einer aktuellen Form vorliegen.

² Wird eine Rechtseinheit im Handelsregister gelöscht, so dürfen die Anmeldungen, Belege und allfällige Mitgliederverzeichnisse zehn Jahre nach der Löschung vernichtet werden.

³ Auf den Anmeldungen und Belegen müssen das Datum und die Nummer der Eintragung ins Tagesregister vermerkt werden.

⁴ Die mit Eintragungen zusammenhängenden Korrespondenzen sind zehn Jahre aufzubewahren.

⁵ Schreibt das Gesetz oder die Verordnung vor, dass beim Handelsregisteramt Unterlagen zu hinterlegen sind, die nicht als Belege gelten, so sind sie mit der Identifikationsnummer der betreffenden Rechtseinheit zu versehen und mit deren Belegen aufzubewahren.

587 Schon unter dem Regime der bisherigen Handelsregisterverordnung waren die physischen Tagebücher sowie das Hauptregister zeitlich unbefristet aufzubewahren. An diesem Grundsatz ändert Absatz 1 nichts. Die physischen wie auch die rein elektronischen Eintragungen ins Tagesregister sind dauerhaft aufzubewahren. Letzteres ist von Bedeutung, da die Handelsregister sicherstellen müssen, dass die nunmehr rein elektronisch vorliegenden Eintragungen in einem dauerhaften Format zugänglich sein müssen.

588 Die Aufbewahrungsfrist von Belegakten und Anmeldungen wurde neu auf 30 Jahre festgelegt. Bisher mussten diese Akten solange aufbewahrt werden, als eine Unternehmung existierte, d.h. gegebenenfalls bis ins Jahr 1883 zurück. Diese Regelung führte dazu, dass das Handelsregisteramt faktisch in wirtschaftlichen Belangen zu einer Parallelorganisation des Staatsarchivs wurde, ohne über die für mittlerweile historische Akten richtigen Aufbewah-

rungsmöglichkeiten zu verfügen. Die Reduktion der Aufbewahrungspflicht durch ein Handelsregister auf 30 Jahre entspricht der Aktualitätsbezogenheit eines Wirtschaftsregisters (auch im Hinblick auf mögliche Verantwortlichkeiten) und trägt der möglichen Lebensdauer insbesondere von Einzelunternehmen Rechnung. Unberührt von dieser Aufbewahrungspflicht bleibt die allenfalls in Kantonen vorgesehene Pflicht zur Ablieferung von «vernichtbaren» Akten an ein Staatsarchiv zur allfälligen weiteren Aufbewahrung unter historischen Gesichtspunkten.

Wird eine Rechtseinheit im Handelsregister gelöscht, so beträgt die Aufbewahrungsfrist der Akten zehn Jahre. Auch hier bleibt die Ablieferungspflicht zugunsten des Staatsarchivs vorbehalten. 589

Absatz 4 regelt wie bis anhin die bundesrechtliche Minimaldauer der Aufbewahrung von Korrespondenzakten (zum Begriff vgl. Note 46). 590

In Absatz 5 schafft der Verordnungsgeber eine weitere Kategorie von Akten, nämlich solche, die zwar keine Belege sind, gleichwohl aber im Handelsregisteramt aufbewahrt werden müssen (z.B. Mitgliederverzeichnisse von Genossenschaften) oder in Zukunft aufbewahrt werden sollen. Da Sie den Belegakten beigefügt werden müssen, wird auch die entsprechende Aufbewahrungsdauer von dreissig Jahren zu beachten sein. 591

Art. 167 Herausgabe von Akten in Papierform

¹ Folgende Behörden können schriftlich verlangen, dass ihnen Originale von Aktenstücken der kantonalen Handelsregisterämter in Papierform herausgegeben werden:
  a. **das Gericht;**
  b. **die Untersuchungsrichterin oder der Untersuchungsrichter;**
  c. **die Staatsanwaltschaft;**
  d. **die kantonale Aufsichtsbehörde;**
  e. **das EHRA;**
  f. **die eidgenössischen Aufsichtsbehörden im Bereich der Banken- und Finanzmarktaufsicht.**

² Die Behörde bestätigt den Empfang. Sie gibt die Originale spätestens nach Abschluss des Verfahrens, für das sie benötigt werden, zurück.

³ Sind die Aktenstücke nicht elektronisch archiviert, so ist anstelle des Originals eine beglaubigte Kopie des herausgegebenen Aktenstücks zusammen mit der Empfangsbestätigung aufzubewahren.

⁴ Anstelle der Herausgabe von Originalen können die berechtigten Stellen die Zustellung von beglaubigten Kopien verlangen.

Art. 167 regelt in Absatz 1 abschliessend, welchen Instanzen gegenüber die Handelsregisterämter editionspflichtig sind. Von dieser Editionspflicht erfasst 592 sind nicht nur die ohnehin öffentlichen Beleg-, sondern auch die Korrespondenzakten (auch während eines noch hängigen Verfahrens). Die Herausgabe von Akten an die genannten Behörden stellt damit keine Amtsgeheimnisverletzung dar. An andere Behörden dürfen nur die der Öffentlichkeit ohnehin zugänglichen Belegakten übermittelt werden (Art. 11). Nicht erfasst von dieser Bestimmung sind das Tagesregister sowie das Hauptregister.

593 Absatz 2 legt klar, dass übermittelte Akten nicht Bestandteil der Verfahrensakten der ersuchenden Behörde werden, sondern als Einlegerakten dem Handelsregisteramt nach Gebrauch zu retournieren sind.

594 Absatz 3: Da Akten auf dem Versandweg abhanden kommen können, dient diese Vorschrift der Beweissicherung und der Dokumentation der einmal beim Handelsregisteramt eingereichten Akten.

595 Sofern die Akten nicht gerade für Unterschriftenvergleiche bzw. Gutachten erforderlich sind, wird Absatz 4 die Regel sein.

Art. 168 Herausgabe von Akten in elektronischer Form

Von Akten in elektronischer Form dürfen nur beglaubigte Kopien herausgegeben werden.

596 Von Akten, die nur in elektronischer Form vorliegen (also entsprechend eingereicht wurden, vgl. Art. 16 Abs. 3 bzw. Art. 20 Abs. 2), dürfen nur beglaubigte physische Kopien hergestellt werden. Die elektronischen Originale verbleiben im Gegensatz zu Art. 167 beim Handelsregisteramt.

Art. 169 Datensicherheit

[1] Die elektronischen Systeme für das Tages- und das Hauptregister sowie für das Zentralregister müssen folgende Anforderungen erfüllen:
  a. die aufgenommenen Daten müssen in Bestand und Qualität langfristig erhalten bleiben.
  b. das Format der Daten muss vom Hersteller bestimmter elektronischer Systeme unabhängig sein.
  c. die Sicherung der Daten muss nach anerkannten Normen und entsprechend dem aktuellen Stand der Technik erfolgen.
  d. es muss eine Dokumentation zum Programm und zum Format vorliegen.

[2] Die Kantone und der Bund müssen die folgenden Massnahmen für die Funktionsfähigkeit und die Sicherheit ihrer elektronischen Systeme vorsehen:
  a. Sie gewährleisten den Datenaustausch zwischen den Systemen.
  b. Sie sichern die Daten periodisch auf dezentralen Datenträgern.
  c. Sie warten die Daten und die elektronischen Systeme.

- d. **Sie regeln die Zugriffsberechtigungen auf die Daten und die elektronischen Systeme.**
- e. **Sie sichern die Daten und die elektronischen Systeme gegen Missbrauch.**
- f. **Sie sehen Massnahmen zur Behebung technischer Störungen der elektronischen Systeme vor.**

³ Das EHRA regelt in einer Weisung das Datenaustauschverfahren und das Datenmodell.

In Absatz 1 hält der Verordnungsgeber die Minimalanforderungen fest, die an ein EDV-System im Handelsregisterwesen gelten sollen; diese gelten für Hard- wie auch für Software. Adressat dieser Bestimmung ist das kantonale Handelsregisteramt oder – soweit dieses nicht über die entsprechenden Kompetenzen verfügt – die zuständige kantonale Informatikabteilung.

Die Anforderungen an Qualität und Langfristigkeit der Datenhaltung entsprechen letztlich dem bisherigen Papiersystem mit dem Unterschied, dass die langfristige Datenhaltung bei elektronischen Systemen wesentlich sicherer ist, als dies im papierenen System der Fall sein konnte (z.B. Vernichtung durch Brand). Gleichzeitig verlangt diese Bestimmung aber auch, dass – wie beim elektronischen Archiv – die Handelsregisterämter dafür zu sorgen haben, dass sie ihre Datenbestände stets in aktuellem, dem Stand der Technik (und dem Standarddatenformat) entsprechenden Zustand lesbar halten müssen.

Von Bedeutung für den erleichterten Datenaustausch wie auch im Hinblick auf die Standardisierung ist die Vorschrift in Absatz 1 lit. b, wonach die Daten in einem vom Hersteller der Software unabhängigen Datenformat sein müssen (Verbot proprietärer Systeme und Datenformate).

Die Minimalvorschriften in Absatz 2 verlangen ein Betriebsreglement, das sich an den heute üblichen Standards orientiert (z.B. Mehrgenerationen-Backups, Single Sign-on für Zugriffsberechtigungen und Nachvollziehbarkeit der Vorgänge, Firewalls gegen unerlaubte Fremdzugriffe von aussen, evtl. Spiegelung der Systeme für deren erhöhte Verfügbarkeit). Die Sicherheitsanforderungen sind heute grösser, als sie für das physische Handelsregister vorgesehen waren (z.B. hinsichtlich Brandschutz, Überschwemmung).

Selbstverständlich ist auch, dass Vorkehren für allfälligen Ausfall der Systeme bei vorhersehbaren Katastrophen getroffen werden müssen (z.B. Brand, Überschwemmungen oder dergleichen). In der Regel wird es aus finanziellen Erwägungen kaum möglich sein, an voneinander unabhängigen Orten zwei Systeme parallel zu führen. Hier sind Backups, die dezentral bzw. an einem andern, mutmasslich sicheren Ort gelagert werden (physisch auf DVD oder elektronisch auf Remote-Rechnern) die Lösung.

8. Titel: Schlussbestimmungen

1. Kapitel: Revisionsstelle

Art. 170

Das EHRA kann zur Durchsetzung der neuen Bestimmungen zur Revisionsstelle:
  a. Daten der kantonalen Handelsregisterämter anfordern;
  b. mit der Eidgenössischen Revisionsaufsichtsbehörde zusammenarbeiten und mit dieser Daten austauschen;
  c. Weisungen erlassen, insbesondere die Handelsregisterämter verpflichten, bestimmte Tatsachen an die Eidgenössische Revisionsaufsichtsbehörde zu melden.

2. Kapitel: Weisungen, Kreisschreiben und Mitteilungen

Art. 171

Alle Weisungen, Kreisschreiben und Mitteilungen des Eidgenössischen Justiz- und Polizeidepartementes und des EHRA, die gestützt auf die Handelsregisterverordnung vom 7. Juni 1937 erlassen wurden, werden aufgehoben. Davon ausgenommen sind:
  a. die Weisung des EHRA vom August 1995 über die elektronische Übermittlung des Handelsregister-Tagebuches und über die Anwendungsvoraussetzungen von Art. 23 Abs. 2 des Gebührentarifs;
  b. die Anleitung und Weisung des EHRA vom 1. Januar 1998 an die kantonalen Handelsregisterbehörden betreffend die Prüfung von Firmen und Namen;
  c. die Richtlinien des EHRA vom 13. Januar 1998 für die kantonalen Handelsregisterämter über den Erwerb von Grundstücken durch Personen im Ausland;
  d. die Mitteilung des EHRA vom 15. August 2001 an die kantonalen Handelsregisterbehörden betreffend und Sachübernahme;
  e. die Weisung des EHRA vom 12. Oktober 2007 an die kantonalen Handelsregisterbehörden betreffend die Eintragung von Finanzkontrollen der öffentlichen Hand im Handelsregister.

602 Die Handelsregisterverordnung enthält neu keine Bestimmungen mehr über das Firmenrecht. Das materielle Firmenrecht ist im Obligationenrecht geregelt, weshalb in dieser Verordnung auf dessen materielle Wiederholung

verzichtet wurde. Festzustellen ist in diesem Zusammenhang aber, dass die im Anhang enthaltene Anleitung und Weisung zum Firmenrecht (lit. b) ausdrücklich weiter gilt und zu beachten ist (so etwa auch für die massgebliche Schreibweise einer Firma gemäss Statuten (Rz. 147), während die Anleitungen betreffend Geschäftsbezeichnungen und Enseignes (Rz. 200 ff.) infolge der Streichung gemäss Art. 177 hinfällig geworden sind.

Generell ist darauf hinzuweisen, dass die Weisungen dem neuen Gesellschaftsrecht (noch) nicht angepasst wurden. Bei Drucklegung dieses Praxiskommentars befindet sich die Firmenrechtsweisung in Überarbeitung.

3. Kapitel: Aufhebung und Änderung bisherigen Rechts

Art. 172

Die Aufhebung und die Änderung bisherigen Rechts werden im Anhang geregelt.

4. Kapitel: Übergangsbestimmungen

Art. 173 Anwendbares Recht

¹ Tatsachen, die nach dem Inkrafttreten dieser Verordnung beim Handelsregisteramt zur Eintragung angemeldet werden, unterstehen neuem Recht.

² Tatsachen, die vor dem Inkrafttreten dieser Verordnung beim Handelsregisteramt zur Eintragung angemeldet werden, unterstehen altem Recht.

³ Tatsachen, die in Anwendung des neuen Rechts vor dem Inkrafttreten dieser Verordnung beim Handelsregisteramt zur Eintragung angemeldet werden, dürfen erst nach dem Inkrafttreten des neuen Rechts ins Handelsregister eingetragen werden.

Grundsätzlich gilt – im Rahmen der Übergangsbestimmungen des Obligationenrechts – ab 1. Januar 2008 das neue Recht. Dabei gilt, dass den GmbH für die Anpassung der Statuten eine Frist von zwei Jahren zur Verfügung steht (Art. 2 ÜBest.). Nimmt die Gesellschaft während diesen zwei Jahren eine Statutenänderung vor, ohne sie zugleich dem neuen Recht anzupassen, so sind die Statuten in dieser Form zu akzeptieren. Erst nach Ablauf dieser zweijährigen Frist gelten die statutarischen Bestimmungen als aufgehoben, und müsste eine weitere Statutenänderung, die das neue Recht erneut unberücksichtigt liesse, zurückgewiesen werden (vgl. auch Art. 22 Abs. 3).

604 Statuten haben sich – abgesehen von jeweiligen Anpassungsfristen – im Rahmen der geltenden jeweiligen Gesetzesordnung zu bewegen. Statutenbestimmungen, die bereits künftiges, u.U. dispositives und auch noch nicht bekanntes Recht integrieren wollen, sind daher nicht zulässig (vgl. auch Note 108).

Art. 174 Verzicht auf eine eingeschränkte Revision

Der Verzicht auf eine eingeschränkte Revision nach Artikel 62 darf erst ins Handelsregister eingetragen werden, wenn ein Mitglied des Verwaltungsrates schriftlich bestätigt, dass die Revisionsstelle die Jahresrechnung für das Geschäftsjahr, welches vor dem Inkrafttreten des neuen Rechts begonnen hat, geprüft hat (Art. 7 der UeB der Änderung des OR, GmbH-Recht sowie Anpassungen im Aktien-, Genossenschafts-, Handelsregister- und Firmenrecht).

605 Gemäss Art. 7 der Übergangsbestimmungen zum neuen GmbH-Recht finden die Bestimmungen zur Revisionsstelle vom ersten Geschäftsjahr an, das am 1. Januar 2008 oder danach beginnt, Anwendung. Da eine Rückwirkung des Gesetzes somit ausgeschlossen wurde, muss das massgebliche Geschäftsjahr abgeschlossen sein, bevor auf eine eingeschränkte Revision verzichtet werden kann. Die Bestätigung durch den Verwaltungsrat dient diesem Nachweis.

Art. 175 Elektronische Anmeldungen und Belege

Die Handelsregisterämter müssen spätestens fünf Jahre nach Inkrafttreten dieser Verordnung Anmeldungen und Belege in elektronischer Form entgegennehmen können.

Art. 176 Firmenrecht

Ergänzt das kantonale Handelsregisteramt die Firma einer Aktiengesellschaft oder einer Genossenschaft gestützt auf Artikel 2 Absatz 4 der Übergangsbestimmungen der Änderung des Obligationenrechts vom 16. Dezember 2005 von Amtes wegen, ohne dass die Rechtseinheit ihre Statuten entsprechend angepasst hat, so weist es jede weitere Anmeldung zur Eintragung einer Änderung der Statuten ab, solange diese in Bezug auf die Firma nicht angepasst wurden.

606 Die Frist für die Anpassung der Firma beläuft sich auf zwei Jahre, also bis 31.12.2009. Danach wird die Firma nötigenfalls von Amtes wegen angepasst. Die Firma ist danach so zu verwenden, wie sie im Handelsregister eingetragen ist (Art. 954a OR).

Die Statuten sollten raschestmöglich angepasst werden. Die Übergangsbestimmung sieht vor, dass allfällige Statutenänderungen nach dem 1.1.2010, bei denen die Firma nicht angepasst wurde, zurückzuweisen sind. Dies würde im Extremfall sogar zum Dahinfallen einer ordentlichen Kapitalerhöhung führen, falls durch die Rückweisung die Dreimonate-Frist verstreichen sollte.

607

Art. 177 Geschäftsbezeichnungen und Enseignes

Im Handelsregister eingetragene Geschäftbezeichnungen und Enseignes werden innert zwei Jahren nach Inkrafttreten dieser Verordnung von Amtes wegen aus dem Hauptregister gestrichen. Eine Genehmigung durch das EHRA sowie eine Publikation im Schweizerischen Handelsamtsblatt sind nicht erforderlich. Bestehende Hinweise auf Enseignes in der Zweckumschreibung bleiben unverändert eingetragen.

Enseignes und Geschäftsbezeichnungen fallen vollständig weg. Da der Zweck der Umschreibung der Geschäftstätigkeit dient, können sie auch nicht etwa auf dem Weg über die Integration in die Formulierung des Geschäftszweckes aufgenommen werden.

608

Mit dieser Formulierung macht der Verordnungsgeber deutlich, dass es weder einen Eintrag ins Tagesregister noch eine Publikation geben und die Streichung lediglich im Hauptregister mit Hinweis im Bemerkungsfeld erfolgen wird. Es handelt sich hier um einen durch Verordnung erlaubten, über den typografischen Spielraum hinausgehenden Eingriff ins Hauptregister (vgl. Note 44).

609

Art. 178 Altrechtliches Firmenverzeichnis

Das Firmenverzeichnis nach Artikel 14 der Handelsregisterverordnung in der Fassung vom 6. Mai 1970 ist aufzubewahren.

Art. 179 Unterlagen über die besondere Befähigung der Revisorinnen und Revisoren

Im Handelsregister eingetragene Hinweise auf die Hinterlegung von Unterlagen über die besondere Befähigung der Revisorinnen und Revisoren nach Artikel 86a Absatz 2 der Handelsregisterverordnung in der Fassung vom 9. Juni 1992 werden ein Jahr nach Inkrafttreten dieser Verordnung von Amtes wegen aus dem Hauptregister gestrichen. Eine Genehmigung durch das EHRA sowie eine Publikation im Schweizerischen Handelsamtsblatt sind nicht erforderlich. Die Unterlagen sind bis zum 1. Januar 2018 aufzubewahren.

Art. 180 Verfahren betreffend Eintragungen von Amtes wegen

Verfahren betreffend Eintragungen von Amtes wegen, die vor dem Inkrafttreten dieser Verordnung eingeleitet wurden, richten sich nach den Vorschriften des alten Rechts.

Art. 181 Ausgestaltung der kantonalen Rechtsmittel

Die Kantone haben ihr Rechtsmittelverfahren gegen Verfügungen des Handelsregisteramtes innert zwei Jahren nach dem Inkrafttreten dieser Verordnung an die Vorgaben von Artikel 165 anzupassen.

610 Die Anpassungsfrist gilt für jene Kantone, die bisher für die Behandlung von Beschwerden gegen kantonale Handelsregisterämter zwei kantonale Rechtsmittelinstanzen vorgesehen haben (z.B. Departement mit anschliessender Weiterzugsmöglichkeit an ein oberes kantonales Gericht).

5. Kapitel: Inkrafttreten

Art. 182

Diese Verordnung tritt am 1. Januar 2008 in Kraft.

Anhang

Verordnung über die Gebühren für das Handelsregister[1]

221.411.1

vom 3. Dezember 1954 (Stand am 1. Januar 2008)

Der Schweizerische Bundesrat,
in Ausführung der Artikel 929 und 936 des Obligationenrechts (OR)[2],
beschliesst:

I. Gebühren für die Eintragung in das kantonale Handelsregister[3]

A. Neueintragungen

Art. 1[4]

a. Neueintragungen
1. Hauptsitz von Rechtseinheiten[5]

[1] Bei der Eintragung der nachstehenden Rechtseinheiten werden folgende Gebühren erhoben:

		Fr.
a.	Einzelunternehmen	120
b.	Kollektiv- und Kommanditgesellschaften	240
c.	Aktiengesellschaften	600
d.	Kommanditaktiengesellschaften	600
e.	Gesellschaften mit beschränkter Haftung	600
f.	Genossenschaften	400
g.	Vereine	400
h.	Stiftungen	300
i.	Kommanditgesellschaften für kollektive Kapitalanlagen	600
j.	Investmentgesellschaften mit festem Kapital	600
k.	Investmentgesellschaften mit variablem Kapital	600

AS **1954** 1165
[1] Fassung gemäss Ziff. I der V vom 9. Juni 1992 (AS **1992** 1223).
[2] SR **220**
[3] Fassung gemäss Anhang Ziff. II 2 der Handelsregisterverordnung vom 17. Okt. 2007, in Kraft seit 1. Jan. 2008 (SR **221.411**).
[4] Fassung gemäss Ziff. I der V vom 11. Dez. 1972 (AS **1972** 2771).
[5] Fassung gemäss Anhang Ziff. II 2 der Handelsregisterverordnung vom 17. Okt. 2007, in Kraft seit 1. Jan. 2008 (SR **221.411**).

l.	Institute des öffentlichen Rechts	500
m.	Vertreter von Gemeinderschaften	80
n.	der Nichtkaufmann, der einen Prokuristen bestellt	80.[6]

² Beträgt bei den unter den Buchstaben c, d, e, j und l aufgeführten Rechtseinheiten das Grund-, Stamm- oder Dotationskapital mehr als 200 000 Franken, so erhöht sich die Grundgebühr um 0,2 Promille der diesen Betrag übersteigenden Summe, jedoch höchstens auf 10 000 Franken.[7]

³ Beträgt bei der unter Buchstabe k aufgeführten Investmentgesellschaft mit variablem Kapital die Mindesteinlage mehr als 250 000 Franken, so erhöht sich die Grundgebühr um 0,2 Promille der diesen Betrag übersteigenden Summe, jedoch höchstens auf 10 000 Franken.[8]

⁴ Für jede einzutragende Zeichnungsberechtigung wird zusätzlich eine Gebühr von 30 Franken und für die Eintragung einer Funktion eine Gebühr von 20 Franken erhoben.[9]

⁵ ...[10]

Art. 2

2. Zweigniederlassungen

¹ Für die Eintragung einer Zweigniederlassung beträgt die Gebühr 50 Prozent des nach Artikel 1 für den Hauptsitz vorgesehenen Betrages, höchstens aber 2500 Franken.[11]

² Befindet sich der Hauptsitz im Ausland, so ist für die Eintragung der ersten Zweigniederlassung in der Schweiz die gleiche Gebühr zu beziehen wie für einen Hauptsitz. Für weitere schweizerische Zweigniederlassungen gilt Absatz 1 hievor.

---

[6] Fassung gemäss Anhang Ziff. II 2 der Handelsregisterverordnung vom 17. Okt. 2007, in Kraft seit 1. Jan. 2008 (SR **221.411**).
[7] Fassung gemäss Anhang Ziff. II 2 der Handelsregisterverordnung vom 17. Okt. 2007, in Kraft seit 1. Jan. 2008 (SR **221.411**).
[8] Fassung gemäss Anhang Ziff. II 2 der Handelsregisterverordnung vom 17. Okt. 2007, in Kraft seit 1. Jan. 2008 (SR **221.411**).
[9] Fassung gemäss Ziff. I der V vom 9. Juni 1992 (AS **1992** 1223).
[10] Eingefügt durch Ziff. I der V vom 21. Dez. 1973 (AS **1974** 191). Aufgehoben durch Ziff. II 2 der Handelsregisterverordnung vom 17. Okt. 2007, mit Wirkung seit 1. Jan. 2008 (SR **221.411**).
[11] Fassung gemäss Ziff. I der V vom 10. Nov. 1982, in Kraft seit 1. Jan. 1983 (AS **1982** 1998).

B. Änderungen und Löschungen

Art. 3[12]

B. Änderungen und Löschungen
1. Am Hauptsitz
a. Allgemeines

¹ Werden mehrere Änderungen gleichzeitig eingetragen, so beträgt die Gebühr die Summe der für die einzelnen Eintragungen geschuldeten Beträge.

² Ist für die Ergänzung oder Änderung eines Eintrages keine Gebühr vorgesehen, so ist sie nach ähnlichen Fällen festzusetzen.

Art. 4

b. Statutenänderungen

¹ Für die Eintragung von Statutenänderungen sind auf den nächsten gerundeten Franken zu beziehen:[13]

a. 50 Prozent der Grundgebühr, wenn das Kapital erhöht oder herabgesetzt wird;

b. 40 Prozent der Grundgebühr in allen andern Fällen, sofern nicht Buchstabe c anwendbar ist;

c. 20 Prozent der Grundgebühr für die dem Umfang nach geringfügigen Änderungen.[14]

² Wird das Kapital erhöht oder herabgesetzt, so ist der Zuschlag gemäss Artikel 1 Absatz 2 auf der Grundlage des neuen Kapitals zu berechnen.

Art. 4*a*[15]

c. Fusion

Für die Eintragung einer Fusion bezieht das Handelsregisteramt am Sitz des übernehmenden Rechtsträgers:

1. 600 Franken bei der übernehmenden Gesellschaft sowie, falls im Zusammenhang mit der Fusion das Kapital erhöht wird, die Gebühr nach Artikel 4 Absatz 1 Buchstabe a oder, bei einer Kombinationsfusion, die Gebühr für eine Neueintragung nach Artikel 1;

2. 120 Franken für die Löschung bei der übertragenden Gesellschaft.

---

[12] Fassung gemäss Ziff. I der V vom 21. Dez. 1973, in Kraft seit 1. Febr. 1974 (AS **1974** 191).
[13] Fassung gemäss Ziff. I der V vom 9. Juni 1992 (AS **1992** 1223).
[14] Fassung gemäss Ziff. I der V vom 21. Dez. 1973, in Kraft seit 1. Febr. 1974 (AS **1974** 191).
[15] Eingefügt durch Anhang Ziff. 1 der V vom 21. April 2004, in Kraft seit 1. Juli 2004 (AS **2004** 2669).

Art. 4*b*[16]

Spaltung

Für die Eintragung einer Spaltung bezieht das Handelsregisteramt am Sitz der übertragenden Gesellschaft:

1. je 600 Franken für die Prüfung der Spaltung bei den beteiligten übernehmenden Gesellschaften;
2. die Gebühr nach Artikel 1 für eine Neueintragung sowie nach Artikel 4 Absatz 1 Buchstabe a für den Fall, dass im Zusammenhang mit der Spaltung das Kapital erhöht oder herabgesetzt wird;
3. 120 Franken für die Löschung im Falle einer Aufspaltung.

Art. 4*c*[17]

Umwandlung und Vermögensübertragung

[1] Für die Eintragung einer Umwandlung werden folgende Gebühren bezogen:

1. 600 Franken bei der Umwandlung eines Rechtsträgers in eine juristische Person;
2. 300 Franken bei der Umwandlung einer Kollektivgesellschaft in eine Kommanditgesellschaft und umgekehrt.

[2] Für die Eintragung der Vermögensübertragung bezieht das Handelsregisteramt am Sitz des übertragenden Rechtsträgers eine Gebühr von 400 Franken.

Art. 4*d*[18]

Zusätzliche Gebühr

Sind spezielle Abklärungen im Zusammenhang mit der Eintragung erforderlich, so kann das Handelsregisteramt die Gebühren nach den Artikeln 4*a*–4*c* unter Berücksichtigung von Artikel 929 Absatz 2 des OR erhöhen. Die zusätzliche Gebühr bemisst sich nach Artikel 9 Absatz 1 Ziffer 4.

---

[16] Eingefügt durch Anhang Ziff. 1 der V vom 21. April 2004, in Kraft seit 1. Juli 2004 (AS **2004** 2669).
[17] Eingefügt durch Anhang Ziff. 1 der V vom 21. April 2004, in Kraft seit 1. Juli 2004 (AS **2004** 2669).
[18] Eingefügt durch Anhang Ziff. 1 der V vom 21. April 2004, in Kraft seit 1. Juli 2004 (AS **2004** 2669).

Art. 5[19]

d. Übrige Änderungen

Für nachstehende Eintragungen werden folgende Gebühren erhoben:[20]

a. bei allen Rechtseinheiten für:[21]
   1. die Eintragung, die Änderung oder die Löschung des Rechtsdomizils oder einer zusätzlichen Adresse 40 Franken,
   2. die Eintragung, die Änderung oder die Löschung von Personalangaben oder Funktionen 20 Franken,
   3. die Eintragung, die Änderung oder die Löschung von Zeichnungsberechtigungen 30 Franken,
   4. und 5. ...[22]
   6. die Eintragung eines Nachlassvertrages mit Vermögensabtretung 100 Franken,
   7. die Eintragung der Übernahme eines Vermögens oder eines Geschäfts nach Artikel 181 OR 50 Franken, sofern nicht die Vorschriften des Fusionsgesetzes vom 3. Oktober 2003[23] über die Vermögensübertragung zur Anwendung gelangen,
   8. die Wiedereintragung eines gelöschten Rechtsträgers 100 Franken,
   9. die Eintragung einer Gesellschaft, die sich gemäss Artikel 161 des Bundesgesetzes vom 18. Dezember 1987[24] über das Internationale Privatrecht (IPRG) schweizerischem Recht unterstellt, 600 Franken zuzüglich die Gebühr für eine Neueintragung gemäss Artikel 1,
   10. die Löschung einer Gesellschaft, die sich gemäss Artikel 163 IPRG ausländischem Recht unterstellt, 300 Franken;

b. bei Einzelunternehmen für:
   1. die Verlegung des Sitzes innerhalb desselben Registerbezirkes 40 Franken, in einen anderen Registerbezirk 80 Franken (Eintragung der neuen Adresse inbegriffen),

---

[19] Fassung gemäss Anhang Ziff. 1 der V vom 21. April 2004, in Kraft seit 1. Juli 2004 (AS **2004** 2669).
[20] Fassung gemäss Anhang Ziff. II 2 der Handelsregisterverordnung vom 17. Okt. 2007, in Kraft seit 1. Jan. 2008 (SR **221.411**).
[21] Fassung gemäss Anhang Ziff. II 2 der Handelsregisterverordnung vom 17. Okt. 2007, in Kraft seit 1. Jan. 2008 (SR **221.411**).
[22] Aufgehoben durch Anhang Ziff. II 2 der Handelsregisterverordnung vom 17. Okt. 2007, mit Wirkung seit 1. Jan. 2008 (SR **221.411**).
[23] SR **221.301**
[24] SR **291**

2. die Änderung der Firma sowie die Eintragung, die Änderung oder die Löschung von fremdsprachigen Fassungen 80 Franken,
3. die Änderung des Geschäftszweckes 80 Franken;

c. bei Kollektiv- und Kommanditgesellschaften für:
1. die Verlegung des Sitzes innerhalb desselben Registerbezirkes 40 Franken, ausserhalb des Registerbezirkes 80 Franken (Eintragung der neuen Adresse inbegriffen),
2. die Änderung der Firma sowie die Eintragung, die Änderung oder die Löschung von fremdsprachigen Fassungen 80 Franken,
3. die Änderung des Geschäftszweckes 80 Franken,
4. den Eintritt oder den Austritt eines Gesellschafters 80 Franken,
5. die Änderung der Kommanditsumme 80 Franken,
6. den Wechsel eines Kommanditärs in einen unbeschränkt haftenden Gesellschafter und umgekehrt 80 Franken,
7. die Auflösung und Löschung einer Kollektiv- oder Kommanditgesellschaft und die Fortsetzung des Geschäftes durch einen bisherigen Gesellschafter als Einzelunternehmen gemäss Artikel 579 OR 200 Franken,
8. die Auflösung zwecks Liquidation 100 Franken,
9. den Widerruf der Auflösung durch Beschluss der Gesellschaft 100 Franken;

d. bei Kapitalgesellschaften und Genossenschaften für:
1. die Herabsetzung und die Wiedererhöhung des Kapitals ohne Statutenänderung 300 Franken,
2. die Eintragung oder die Löschung der Revisionsstelle 40 Franken,
3. die Eintragung oder die Streichung eines Publikationsorgans 40 Franken,
4. die Ausgabe von Genussscheinen nach der Gründung sowie die Änderung oder die Löschung der Eintragung 100 Franken,
5.[25] den Wechsel einer Gesellschafterin oder eines Gesellschafters bei Gesellschaften mit beschränkter Haftung 100 Franken,
6. die Auflösung zwecks Liquidation 100 Franken,
7. den Widerruf der von Amtes wegen verfügten Auflösung 100 Franken,

---

[25] Fassung gemäss Anhang Ziff. II 2 der Handelsregisterverordnung vom 17. Okt. 2007, in Kraft seit 1. Jan. 2008 (SR **221.411**).

8. den Widerruf der Auflösung durch Beschluss der Gesellschaft 300 Franken;

e. bei Vereinen und Stiftungen für:
   1. die Verlegung des Sitzes innerhalb desselben Registerbezirkes 40 Franken, ausserhalb des Registerbezirkes 80 Franken (Eintragung der neuen Adresse inbegriffen), sofern die Statuten oder die Urkunde keinen festen Sitz vorsehen,
   2. die Eintragung oder die Löschung einer Revisionsstelle 40 Franken,
   3. die Auflösung zwecks Liquidation 100 Franken,
   4. den Widerruf der von Amtes wegen verfügten Auflösung 100 Franken,
   5. den Widerruf der Auflösung des Vereins durch Beschluss der Vereinsversammlung 200 Franken.

Art. 6[26]

2. Zweigniederlassungen

Bei Zweigniederlassungen wird die Gebühr in allen Fällen nach den Artikeln 3 und 5 berechnet.

Art. 7[27]

3. Anleihensobligationen

Für die Vormerkung der Einreichung von Urkunden betreffend Anleihensobligationen sind 25 Franken zu entrichten.

Art. 8[28]

4. Löschung

Für die endgültige Löschung der Einträge nach den Artikeln 1 und 2 beträgt die Gebühr 40 Franken bei Einzelunternehmen, 120 Franken in den übrigen Fällen.

---

[26] Fassung gemäss Ziff. I der V vom 21. Dez. 1973, in Kraft seit 1. Febr. 1974 (AS **1974** 191).
[27] Fassung gemäss Ziff. I der V vom 10. Nov. 1982, in Kraft seit 1. Jan. 1983 (AS **1982** 1998).
[28] Fassung gemäss Anhang Ziff. II 2 der Handelsregisterverordnung vom 17. Okt. 2007, in Kraft seit 1. Jan. 2008 (SR **221.411**).

II. Gebühren für Dienstleistungen der kantonalen Handelsregisterämter[29]

Art. 9[30]

a. Im Allgemeinen

¹ Die kantonalen Handelsregisterämter beziehen für die nachstehenden Dienstleistungen folgende Gebühren:

a. für die Abfassung einer Anmeldung: 10–100 Franken;

b. für die Beglaubigung einer Unterschrift: 10 Franken;

c. für die Beglaubigung oder die Erstellung von Anmeldungsbelegen: 10–120 Franken;

d. für besondere Abklärungen im Zusammenhang mit der Zulässigkeit von Firmen und Namen: 100–500 Franken;

e. für juristische Auskünfte, Stellungnahmen und Gutachten sowie für die Vorprüfung von Eintragungsbelegen: 100–250 Franken je aufgewendete Stunde;

f. für die Abweisung einer Anmeldung, wenn sie schriftlich und unter Angabe der Gründe und des Rechtsmittels erfolgt: bis zum Betrag der Eintragungsgebühr der Rechtseinheit nach den Artikeln 1–8;

g. für die Einholung einer vorzeitigen Genehmigung der Eintragung beim Eidgenössischen Amt für das Handelsregister: 100–200 Franken;

h. für die schriftliche Aufforderung, eine fällige Anmeldung vorzunehmen, oder für die zweite schriftliche Mahnung, eine fällige Gebühr zu bezahlen: 100 Franken;

i. für die Erstellung von beglaubigten Auszügen, von Kopien von Anmeldungen und Belegen und von Bescheinigungen, dass eine Rechtseinheit nicht eingetragen ist: 10–120 Franken;

j. für mündliche oder telefonische Auskünfte zu jeder Rechtseinheit: 6 Franken; bei aufwendigen Recherchen kann die Gebühr bis auf 30 Franken erhöht werden.

² Für Dienstleistungen von aussergewöhnlichem Umfang, besonderer Schwierigkeit oder Dringlichkeit kann das kantonale Handelsregisteramt Zuschläge bis zu 50 Prozent der Gebühr nach Absatz 1 Buchstabe e erheben.

---

[29] Fassung gemäss Anhang Ziff. II 2 der Handelsregisterverordnung vom 17. Okt. 2007, in Kraft seit 1. Jan. 2008 (SR **221.411**).

[30] Fassung gemäss Anhang Ziff. II 2 der Handelsregisterverordnung vom 17. Okt. 2007, in Kraft seit 1. Jan. 2008 (SR **221.411**).

Art. 10[31]

b. Mitgliederverzeichnisse

[1] Für die Aufbewahrung der Mitgliederverzeichnisse von Genossenschaften und Vereinen wird keine Gebühr erhoben.

[2] Für die Mitteilung des Handelsregisteramtes an die Verwaltung einer Genossenschaft oder an den Vorstand eines Vereins nach Artikel 877 Absatz 2 OR ist eine Gebühr von 20 Franken zu entrichten.

Art. 11[32]

c. ...

Art. 12[33]

d. Aufforderung zur Wiederherstellung des rechtmässigen Zustandes

Für alle Aufforderungen nach den Artikeln 152–155 HRegV sind 50–200 Franken zu erheben. Die Gebühr ist nur geschuldet, wenn es zu einer entsprechenden Eintragung kommt.

III.[34] Gebühren für Verfügungen der kantonalen Aufsichtsbehörden

Art. 13

Kantonale Aufsichtsbehörden
a. Ersatzpflicht

Für das in Artikel 18 Absatz 5 HRegV vorgesehene Verfahren im Falle einer nicht rechtskonform unterzeichneten Anmeldung sind die Kosten der Rechtseinheit aufzuerlegen.

Art. 14

b. Art der Kosten

Die kantonalen Aufsichtsbehörden beziehen:

a. die Auslagen;

b. eine Spruchgebühr bis 1'500 Franken, je nach Bedeutung der Verfügung und Arbeitsaufwand.

---

[31] Fassung gemäss Anhang Ziff. II 2 der Handelsregisterverordnung vom 17. Okt. 2007, in Kraft seit 1. Jan. 2008 (SR **221.411**).
[32] Aufgehoben durch Ziff. I der V vom 9. Juni 1992 (AS **1992** 1223).
[33] Fassung gemäss Anhang Ziff. II 2 der Handelsregisterverordnung vom 17. Okt. 2007, in Kraft seit 1. Jan. 2008 (SR **221.411**).
[34] Fassung gemäss Anhang Ziff. II 2 der Handelsregisterverordnung vom 17. Okt. 2007, in Kraft seit 1. Jan. 2008 (SR **221.411**).

IV.[35] Gebühren für Dienstleistungen des Eidgenössischen Amtes für das Handelsregister

Art. 15

[1] Das Eidgenössische Amt für das Handelsregister bezieht für die nachstehenden Dienstleistungen folgende Gebühren:

a. für Auskünfte über den Inhalt des Zentralregisters: 30–50 Franken für jede Firma oder jeden Namen, die Gegenstand der Recherche bilden;

b. für Stellungnahmen über die Zulässigkeit von Firmen und Namen: 100–500 Franken;

c. für juristische Auskünfte, Stellungnahmen und Gutachten sowie für die Vorprüfung von Eintragungsbelegen: 100–250 Franken je aufgewendete Stunde;

d. für die Bestätigung, dass eine noch nicht veröffentlichte Eintragung genehmigt worden ist: 50 Franken.

[2] Für Dienstleistungen von aussergewöhnlichem Umfang, besonderer Schwierigkeit oder Dringlichkeit kann das Eidgenössische Amt für das Handelsregister Zuschläge bis zu 50 Prozent der Gebühr nach Absatz 1 Buchstabe c erheben.

V.[36] Befreiung von der Gebührenpflicht

Art. 16

a. Grundsatz

Geschuldete Gebühren dürfen weder erlassen noch ermässigt werden. Vorbehalten bleiben die Artikel 17–20.

Art. 17

b. Widerruf der Anmeldung

[1] Wird eine Anmeldung nach der Eintragung ins Tagesregister, jedoch vor Anordnung der Veröffentlichung widerrufen, so ermässigt sich die Gebühr um 25 Prozent.

[2] Erfolgt der Widerruf vor der Eintragung ins Tagesregister, aber nach Prüfung der Eintragungsbelege, so findet Artikel 9 Absatz 1 Buchstabe e sinngemäss Anwendung.

---

[35] Fassung gemäss Anhang Ziff. II 2 der Handelsregisterverordnung vom 17. Okt. 2007, in Kraft seit 1. Jan. 2008 (SR **221.411**).

[36] Fassung gemäss Anhang Ziff. II 2 der Handelsregisterverordnung vom 17. Okt. 2007, in Kraft seit 1. Jan. 2008 (SR **221.411**).

Art. 18

c. Eintragungen von Amtes wegen

Eintragungen von Amtes wegen erfolgen gebührenfrei. Davon ausgenommen sind die Eintragungen, die nach den Artikeln 152–155 HRegV vorgenommen werden.

Art. 19

d. Auskünfte an Behörden

Behörden und weitere Stellen mit amtlichem Charakter sind von der Entrichtung der in Artikel 9 Absatz 1 Buchstabe j vorgesehenen Gebühren befreit.

Art. 20

e. Uneinbringlichkeit von Gebühren

[1] Ist der Schuldner nachweislich mittellos, ohne bekannte Adresse oder im Ausland, so kann das kantonale Handelsregisteramt die Gebühr als uneinbringlich abschreiben

[2] Auf Verlangen des Handelsregisteramtes sind die Behörden des Wohnortes des Schuldners verpflichtet, über dessen persönliche Verhältnisse schriftlich und gebührenfrei Auskunft zu erteilen.

VI. Kostentragung und Vollstreckung

Art. 21

Kostentragung und Vollstreckung
a. Kostentragung

[1] Wer zur Anmeldung einer Eintragung berechtigt oder verpflichtet ist, wer eine Anmeldung einreicht oder eine Amtshandlung verlangt, haftet persönlich für die Bezahlung der Gebühren und Auslagen. Mehrere Personen haften solidarisch. Ebenso haftet solidarisch die Firma, für die die Eintragung befugterweise nachgesucht oder von Amtes wegen angeordnet worden ist.

[2] Die Kosten für die Abweisung einer Anmeldung tragen die Anmeldenden; mit ihnen haftet solidarisch die Firma, die die Anmeldung veranlasst hat.

[3] Die Gebühren sind im Voraus zu entrichten. Eintragungen und Amtshandlungen, die nur auf Antrag vorzunehmen sind, können verweigert werden, solange der Vorschuss nicht geleistet ist.

Art. 22

b. Vollstreckung Rechtskräftige Entscheide und Verfügungen der kantonalen Handelsregisterämter und Aufsichtsbehörden sowie des Eidgenössischen Amtes für das Handelsregister betreffend Zahlung von Gebühren oder Ordnungsbussen sowie Rückerstattung von Auslagen und Kosten sind in der ganzen Schweiz vollstreckbaren Gerichtsurteilen nach Artikel 80 des Schuldbetreibungs- und Konkursgesetzes vom 11. April 1889[37] gleichgestellt.

VII. Verteilung der Gebühren zwischen Bund und Kantonen

Art. 23[38]

[1] Die Gebühren für die Handelsregistereintragungen fallen zu 85 Prozent dem Kanton, der die Eintragung vorgenommen hat, und zu 15 Prozent der Eidgenossenschaft zu.

[2] Die übrigen Gebühren erhält der betreffende Kanton oder die Eidgenossenschaft, je nachdem, wer die Amtshandlung vorgenommen hat. Ordnungsbussen fallen dem Kanton zu.

[3] Der Anteil des Bundes an den von den kantonalen Handelsregisterämtern im vorangehenden Jahr bezogenen Gebühren, ist zu Beginn jedes neuen Jahres der Eidgenossenschaft zu überweisen.

VIII. Schlussbestimmung

Art. 24

Diese Verordnung tritt am 1. Januar 1955 in Kraft. Damit ist der Gebührentarif vom 21. Juni 1937[39] aufgehoben.

---

[37] SR **281.1**
[38] Fassung gemäss Anhang Ziff. II 2 der Handelsregisterverordnung vom 17. Okt. 2007, in Kraft seit 1. Jan. 2008 (SR **221.411**).
[39] [BS **2** 716]

Anleitung und Weisung an die kantonalen Handelsregisterbehörden betreffend die Prüfung von Firmen und Namen vom 1. Januar 1998*

1 Grundlagen

Die Bildung von Firmen von Einzelunternehmen, Handelsgesellschaften und Genossenschaften wird in den Artikeln 944 bis 956 des Obligationenrechts (OR) und in Artikel 38 sowie 44 bis 48 der Handelsregisterverordnung (HRegV) geregelt. Die Bildung der Namen von Vereinen und Stiftungen bestimmt sich nach Artikel 29 des Zivilgesetzbuches (ZGB) sowie nach den erwähnten Bestimmungen der Handelsregisterverordnung (die Rechtsgrundlagen finden sich in Anhang 1).

Allgemein gilt, dass jede Firma, neben dem vom Gesetz vorgeschriebenen wesentlichen Inhalt, Angaben enthalten darf, die zur näheren Umschreibung der darin erwähnten Personen dienen oder auf die Natur des Unternehmens hinweisen oder eine Fantasiebezeichnung darstellen. Voraussetzung ist, dass der Inhalt der Firma der Wahrheit entspricht, keine Täuschungen verursachen kann und keinem öffentlichen Interesse widerspricht (Art. 944 Abs. 1 OR).

---

* Die Weisung wurde inhaltlich noch nicht der am 1. Januar 2008 in Kraft getretenen HRegV angepasst. Die darin enthaltenen Verweisungen betreffen die aHRegV und sind daher nicht mehr zutreffend.

2 Täuschungsverbot

3 Der Grundsatz des Täuschungsverbots ist in Artikel 944 Absatz 1 OR und Artikel 38 Absatz 1 HRegV festgehalten. In der Rechtsprechung und Praxis wurde dieser Grundsatz in verschiedenen Teilgehalten konkretisiert.

2.1 Firma-Zweck-Relation

4 *Eine Firma darf zu keinen Täuschungen über das Tätigkeitsfeld des Rechtssubjektes Anlass geben.*

5 Die Täuschungsgefahr ist dann zu bejahen, wenn die Firma Begriffe enthält, die sich auf eine Tätigkeit oder ein Produkt bzw. eine Dienstleistung beziehen, die in der Umschreibung der Zwecksetzung oder Geschäftstätigkeit nicht erwähnt wird, oder wenn sie nur auf einen Nebenzweck hinweist und dadurch die eigentliche Haupttätigkeit verborgen bleibt (s. BGE 117 II 198).

6 Bei der Änderung des Gesellschaftszwecks muss die Firma-Zweck-Relation überprüft werden.

7 *Beispiel: Die Firma "Haberthür Industriebetriebe AG" ist täuschend, wenn es sich bisher um einen Industriebetrieb handelt, dessen Zweck in eine blosse Beteiligungs- oder Immobiliengesellschaft umgewandelt wird.*

8 Insbesondere Begriffe wie *Hochschule, Universität, Spital, öffentlich, gemeinnützig* dürfen nur in die Firma oder in den Namen aufgenommen werden, wenn dies materiell gerechtfertigt ist.

9 *Beispiel: Eine Hotelfachschule ist keine Institution, die den Anforderungen einer Universität genügt, so dass der Firmen- oder Namensbestandteil "University-Center" täuschend und somit nicht eintragungsfähig ist.*

Die Begriffe *Bank*, *Banking* und *Bankier* können nur Bestandteil der Firma sein, wenn die Eidgenössische Bankenkommission (EBK) eine Bewilligung zum Geschäftsbetrieb einer Bank erteilt hat (s. Art. 1 Abs. 4 Bankengesetz; SR 952.0; Anhang 1), oder wenn aus der Firma oder dem Namen klar ersichtlich ist, dass es sich nicht um ein Geldinstitut handelt. Dies gilt auch für den Begriff *Effektenhändler* (s. Art. 10 Abs. 7 Börsengesetz; SR 954.1; Anhang 1).

10

Beispiel: Ohne Bewilligung der EBK unzulässige Firmen: "Banking Solutions AG"; "HBC Bank Corporation"; zulässig demgegenüber: "Manitu Datenbank AG"; "Fabuli Blutbank AG".

11

Für Vermögen, die nicht dem Anlagefondsgesetz unterstehen, sowie für bankinterne Sondervermögen dürfen die Bezeichnungen *Anlagefonds*, *Investmentfonds* oder ähnliche Ausdrücke nicht verwendet werden, wenn sie zu Täuschungen und Verwechslungen Anlass geben können (s. Art. 5 Anlagefondsgesetz; SR 951.31; Anhang 1).

12

2.2 Reklamehaftigkeit der Firma oder des Namens

Eine Firma oder ein Name darf werbende Elemente enthalten, soweit sie dem Wahrheitsgebot entsprechen, das Täuschungsverbot nicht verletzt wird und keine öffentlichen Interessen entgegenstehen.

13

Beispiele: Zulässige Firmen: "Pub Number One GmbH"; "The Best Computer AG"; "Auto-Center GmbH"; "Hans Muster, Ihr Partner beim Küchenbau"; "24-Std-Schlüssel-Blitz-Service, Antonio Muster".

14

2.3 Sachbegriffe

15 *Die Firma hat die Funktion, ein Rechtssubjekt zu kennzeichnen und von anderen zu unterscheiden (s. BGE 101 Ib 363).*

16 *Reine Sachbegriffe sind nicht geeignet, ein Rechtssubjekt zu individualisieren, da ihnen die notwendige Kennzeichnungs- und Unterscheidungskraft fehlt. Es handelt sich um Begriffe des Gemeinguts, die jedermann frei zur Verfügung stehen und nicht monopolisiert werden können.*

17 *Eine Firma darf daher nicht aus einem reinen Sachbegriff gebildet werden, der die Tätigkeit oder das Rechtssubjekt als solches umschreibt (s. BGE 101 Ib 366). Das gleiche gilt auch für die Namen von Vereinen und Stiftungen.*

18 *Beispiele unzulässiger Firmenbildungen, da weder kennzeichnungs- noch unterscheidungsfähig: "Grosshandels AG"; "Handelsgesellschaft mbH"; "Wohnungsbau AG"; "Kaufhaus AG"; "Garage AG"; "Schreinerei GmbH".*

19 Sofern der Firma durch das Hinzufügen weiterer Elemente eine hinreichende Kennzeichnungs- und Unterscheidungskraft verliehen wird, sind tätigkeitsumschreibende Sachbegriffe und Branchenbezeichnungen als Firmenbestandteile grundsätzlich zulässig, wenn sie sachlich zutreffen.

20 *Beispiele: Zulässig: "Eastern Store Handelsgesellschaft mbH"; "ZUBAG Wohnungsbau AG"; "Garage 2000 AG"; "Schreinerei Muster GmbH".*

> *Sachbegriffe, denen nicht die Eigenschaft einer Beschreibung der Tätigkeit des Unternehmens, sondern Fantasiecharakter zukommt, sind als Firmen zulässig, sofern die Firma durch die Angabe der Rechtsform als solche erkennbar ist.*

21

Sachbegriffe sind dann zulässig, wenn sie vom durchschnittlichen Betrachter als Fantasiebezeichnung verstanden werden.

22

Beispiele:

Zulässig: "Fondation Soleil"; "Blaue Blume AG"; "Panther AG".

23

Unzulässig, da nicht als Firma erkennbar: "Soleil"; "Blaue Blume"; "Panther".

24

> *Kombinationen von Sachbezeichnungen sind als alleinige Firmenbestandteile zulässig, wenn ihnen Fantasiecharakter zukommt oder die Begriffskombination eine Originalität aufweist, die das Rechtssubjekt individualisiert; die Firma muss jedoch durch die Angabe der Rechtsform als solche erkennbar sein.*

25

An die Originalität der Wortkombinationen dürfen unter Berücksichtigung der Bedürfnisse der Praxis keine zu hohen Anforderungen gestellt werden. Eine Kombination von Sachbegriffen darf unter Hinzufügung des rechtsformandeutenden Zusatzes als Firma verwendet werden, wenn der Gegenstand oder Zweck des Unternehmens für andere Gesellschaften derselben Branche ohne weiteres auch mit anderen Ausdrücken umschrieben werden kann.

26

Beispiele:

Zulässig: "Index Management AG"; "Scientific and Mathematical Research and Computing GmbH"; "Management Zentrum Hinwil AG".

27

28 *Unzulässig: "Schirm Fabrik AG"; "Gemüse-Handel GmbH"; "Wurstladen GmbH"; "Zeitschriften-Vertrieb AG"; "Schraubenwerk AG"; "Schuh-Geschäft GmbH".*

29 Unter Umständen können zwei kombinierte Sachbegriffe Fantasiecharakter haben oder eine gewisse Originalität aufweisen, so dass sie als Firma hinreichend individualisierend sind.

30 *Beispiel: Zulässig: "Speisewerk GmbH" (Zweck: Betrieb eines Restaurationsbetriebes).*

31 Sofern zwei Sachbegriffe zu einem neuen Sachbegriff kombiniert werden, ist letzterer als Firma unzulässig.

32 *Beispiel: Unzulässig: "Sonnenbrillen AG".*

33 *Eine hinreichende Individualisierung von Sachbegriffen kann grundsätzlich auch durch das Hinzufügen einer Sitzangabe erfolgen. Eine Firma darf jedoch nicht eingetragen werden, wenn aus der Verbindung eines Sachbegriffes mit einer Sitzangabe oder einer anderen geografischen Bezeichnung ein unzutreffender monopolisierender Eindruck entsteht oder wenn der Anschein einer nicht vorhandenen offiziellen oder offiziösen Stellung erweckt wird.*

34 *Blosse Sachbegriffe dürfen als Firma verwendet werden, sofern nebst der Angabe der Rechtsform zusätzlich individualisierende Zeichen hinzugefügt werden.*

35 *Beispiele: Zulässig: "KK Transport AG"; "BMF Betten- & Matratzenfabrik GmbH".*

36 *Firmen, die im wesentlichen aus Sachbegriffen oder Branchenbezeichnungen gebildet werden, kommt unter dem Gesichtspunkt der Firmenähnlichkeit nur eine beschränkte Schutzwirkung zu, da der Sachbegriff als solcher nicht monopolisiert werden kann.*

Anderen Unternehmen steht es frei, eine bereits als Firmenbestandteil eingetragene Sachbezeichnung ebenfalls in ihre Firma aufzunehmen (s. in diesem Sinne BGE 4C.307/1995 vom 24. September 1996). — 37

2.4 Geografische Firmen- und Namensbestandteile

2.4.1 Grundsatz

Geografische Bezeichnungen als Firmen- und Namensbestandteile sind grundsätzlich frei verwendbar; vorbehalten bleiben das Wahrheitsgebot, das Täuschungsverbot und der Schutz öffentlicher Interessen. — 38

Als geografische Bezeichnungen im Sinne dieser Weisung gelten *nationale, territoriale und regionale Bezeichnungen* sowie Begriffe wie *International, Worldwide und Mondial*. — 39

Geografische Bezeichnungen wie insbesondere Namen von Bergen, Pässen, Hügeln, Flüssen, Seen und Meeren dürfen als Fantasiebezeichnungen verwendet werden, sofern sich daraus nach den Umständen keine Täuschungsgefahr ergibt. — 40

Besteht jedoch zwischen dem Gesellschaftszweck und einem geografischen Firmen- oder Namensbestandteil ein Sinnzusammenhang, dürfen keine unzutreffenden Bezeichnungen verwendet werden. — 41

Beispiele: Zulässig: "Restaurant Vue des Alpes SA"; "Hotel Simplon AG"; "Aare-Bar GmbH"; "Pacific Trading Company Ltd". — 42

43 Gemäss Artikel 6 des Bundesgesetzes über den Schutz von öffentlichen Wappen und anderen öffentlichen Bezeichnungen (Wappenschutzgesetz; SR 232.21; s. Anhang 1) dürfen politische Bezeichnungen wie *Eidgenossenschaft, Bund, eidgenössisch, Kanton, kantonal, Gemeinde, kommunal* oder Ausdrücke, die mit diesen Worten verwechselt werden können, weder für sich allein noch in Verbindung mit anderen Begriffen benutzt werden, sofern sich daraus ein Anschein nicht bestehender amtlicher Beziehungen eines Rechtssubjekts ergibt. Entsprechend gebildete Firmen und Namen sind daher in der Regel zurückzuweisen, da bei den aufgeführten Bezeichnungen meist der Eindruck einer Verbindung zum Gemeinwesen entsteht. Sofern die Firma oder der Name derart gebildet wird, dass keinerlei Bezug zum Gemeinwesen entsteht, ist die entsprechende Bezeichnung zulässig.

44 *Beispiele: Zulässig: "Herberge zu den fünf Kantonen, Heiri Muster"; Unzulässig: "Eidgenössische Sparkasse AG".*

2.4.2 Herkunftsbezeichnungen

45 *Geografische Bezeichnungen dürfen verwendet werden, wenn sie dazu dienen, auf die Herkunft bestimmter Produkte oder Dienstleistungen hinzuweisen und die Herkunftsangabe zutreffend ist. Es ist dabei nicht erforderlich, dass der statutarische Gesellschaftszweck auf den in der Firma verwendeten geografischen Begriff Bezug nimmt.*

46 *Beispiele: "Afghan Carpets, Muster & Cie" (Gesellschaftszweck: Import und Handel mit Teppichen); "Swiss Titan Design GmbH" (Gesellschaftszweck: Konzeption, Design und Herstellung von Titanobjekten).*

Die Ausdrücke "Euro" und "Swiss" in Verbindung mit andern Wörtern dürfen generell verwendet werden, sofern das Unternehmen seine Produkte oder Dienstleistungen in Europa oder in der Schweiz herstellt bzw. erbringt. Analoges gilt für ähnlich gebildete Ausdrücke ("Berna", "Ital" etc.).

47

Für die Beurteilung der Zulässigkeit entsprechend gebildeter Firmen sind grundsätzlich keine strengen Anforderungen zu stellen, sofern für einen durchschnittlich aufmerksamen Betrachter klar ist, dass es sich bei der betreffenden Gesellschaft um ein privates Unternehmen handelt, das am Markt teilnimmt. Unter Berücksichtigung der Branchenzugehörigkeit und des Gesamteindrucks darf die Firma jedoch keinen unzutreffenden offiziellen oder offiziösen Anschein erwecken.

Beispiele: 48

Zulässig: "EuroFleurs SA", "Swissôtel SA", "Swiss-Tours GmbH", "Swiss Travel Ltd"; "Swiss Business Airline GmbH".

Unzulässig: "Swiss Institute of Biotechnology"; "Swissmoney Ltd".

2.4.3 Hinweis auf Tätigkeitsfeld

Geografische Bezeichnungen dürfen verwendet werden, wenn sie dazu dienen, die Tätigkeit oder das räumliche Tätigkeitsgebiet in der Firma zum Ausdruck zu bringen.

49

Zur Vermeidung von Täuschungen über eine nicht vorhandene Offizialität ist der Firma oder dem Namen unter Umständen ein individualisierender Zusatz beizufügen.

50

Beispiele: "Red Dragon China Development Ltd." (Gesellschaftszweck: Entwicklung von Geschäftsbeziehungen und Vermittlung von Investitionen in China); "Transifast Transporte International AG" (Gesellschaftszweck: Internationale Transporte); "Italia-Mare Travel GmbH" (Gesellschaftszweck: Reisebüro mit Spezialisierung auf Italienreisen).

51

2.4.4 Fantasiebezeichnungen

52 | *Geografische Bezeichnungen dürfen verwendet werden, wenn ihnen in Verbindung mit anderen Ausdrücken der Charakter einer Fantasiebezeichnung zukommt.*

53 *Beispiele: "American Dream AG", "Boutique Swisslake", "Eurosong GmbH".*

2.4.5 Konzernverhältnisse

54 | *Geografische Bezeichnungen dürfen verwendet werden, wenn sie dazu dienen, Gesellschaften, die in einen Konzern eingebunden sind oder einer Gruppe von Gesellschaften angehören, zu individualisieren.*

55 Die verwendeten geografischen Bezeichnungen müssen diesfalls dem räumlichen Zuständigkeitsbereich der betreffenden Konzerngesellschaft entsprechen. Eine Bezugnahme auf den räumlichen Zuständigkeitsbereich im statutarischen Gesellschaftszweck ist jedoch nicht erforderlich.

56 Die Verwendung geografischer Bezeichnungen ist auch zulässig, wenn die in den Konzern eingebundenen Gesellschaften in unterschiedlicher Weise firmieren.

57 Die Konzern- oder Gruppenstrukturen können auf *Kapitalbeteiligungen* oder auf *vertraglichen Bindungen* beruhen. Gebietsbezogene Firmenzusätze sind auch dann zulässig, wenn Gesellschaften durch *Lizenz-, Franchising- oder ähnliche Vertragsverhältnisse* liiert sind, ohne dass eine eigentliche, auf Kapitalbeteiligungen beruhende Konzernstruktur vorliegt.

2.4.6 Geografische Bezeichnungen als alleinige Firmen- und Namensbestandteile

Geografische Bezeichnungen dürfen nicht ohne zusätzliche Firmenbestandteile verwendet werden, da sie monopolisierend wirken und nicht geeignet sind, das Rechtssubjekt hinreichend zu individualisieren; das gleiche gilt für Namen. 58

Beispiele: "Schweiz GmbH"; "Indian-Swiss Corporation". 59

Veränderte geografische Bezeichnungen gelten als Fantasiebezeichnungen und dürfen als Firma verwendet werden (s. 2.4.4). 60

Beispiele: "Bigla AG"; "Bienna SA". 61

2.4.7 Anschein einer offiziellen oder offiziösen Tätigkeit oder Stellung

Geografische Bezeichnungen sind unzulässig, wenn die Firma oder der Name den Anschein einer nicht gegebenen offiziellen oder offiziösen Tätigkeit oder Stellung erwecken kann (s. auch 2.3). 62

Beispiele: Unzulässig: "Schweizerisches Institut für Medizinalpflanzen"; "Swissmoney Ltd"; "Swiss Institute of Biotechnology". 63

2.4.8 Anschein einer Marktposition

Geografische Bezeichnungen sind unzulässig, wenn die Firma oder der Name den Anschein einer tatsächlich nicht bestehenden Marktposition oder wirtschaftlichen Bedeutung erwecken kann. 64

65 Die Begriffe "International", "Worldwide", "Mondial" und ähnliche Ausdrücke dürfen nur verwendet werden, wenn entweder das Unternehmen über institutionalisierte Vertriebsstrukturen (Tochtergesellschaften, Zweigniederlassungen) im entsprechenden Raum verfügt oder die Verwendung entsprechender Ausdrücke durch die Art der Leistungen des Unternehmens sachlich begründet ist (s. auch 2.4.3).

65a *Beispiele: "Müller Internationale Transporte AG"; "Charlotte Dupuis, Internationale Partnervermittlung"; "Johnson International Trading Import Export GmbH".*

66 Das Bestehen von Kundenbeziehungen ins Ausland rechtfertigt nicht die Verwendung des Begriffs "International", wenn das Unternehmen selbst keine grenzüberschreitenden Strukturen aufweist.

67 *Beispiele: "Muster Consulting International"; "European Parcel Service AG": Entsprechende Firmen sind unzulässig, sofern es sich um vorwiegend lokal tätige Unternehmen handelt.*

2.4.9 Bezeichnung der politischen Gemeinde des Sitzes

68 *Der Ortsname der politischen Gemeinde des Sitzes des Rechtssubjektes ist als Bestandteil der Firma oder des Namens zulässig.*

Verlegt das Rechtssubjekt seinen Sitz aus der Gemeinde, deren Namen in der Firma erwähnt wird, muss die Firma geändert werden (Art. 937 OR). 69

Der Ausdruck "Schweiz" und Kantonsnamen können nicht als Sitzbezeichnung verwendet werden. 70

Es ist jedoch zulässig, der Sitzbezeichnung in der Firma eine geografische Ergänzung beizufügen. 71

Beispiel: "Comcom, Ittigen bei Bern AG". 72

Der Firma dürfen mehrere Ortsbezeichnungen beigefügt werden, wenn zumindest eine dem Sitz entspricht. 72a

Beispiele: "Neon Basel Covino in Kleinlützel", mit Sitz in Kleinlützel; "Radio Basel 1 AG Liestal", mit Sitz in Liestal; "Molkereigenossenschaft Wädenswil/Horgen", mit Sitz in Horgen. 72b

Eine nicht mit dem Sitz übereinstimmende Ortsbezeichnung darf unter Berücksichtigung besonderer Umstände in die Firma aufgenommen werden, wenn die Leistungen des Unternehmens sich auf die gesamte Region einer bestimmten Stadt oder Ortschaft beziehen und eine entsprechende Firmenbildung durch öffentliche Interessen gerechtfertigt wird. 72c

Beispiele: "Aéroport Internationale de Genève", mit Sitz in Le Grand-Saconnex; "Palexpo Geneva", mit Sitz in Le Grand-Saconnex; "Servette de Genève Football SA", mit Sitz in Lancy; "The Zurich International School", mit Sitz in Wädenswil; "Z & I Swiss International School - Zurich North GmbH", mit Sitz in Wallisellen. 72d

2.4.10 Verwendung geografischer Bezeichnungen in Vereinsnamen

Vereine dürfen nur dann die Bezeichnung "schweizerisch" in den Namen aufnehmen, wenn sie für die gesamte Schweiz als repräsentativ gelten können. 73

74 Der Handelsregisterführer prüft die gesamtschweizerische Repräsentativität anhand einer Mitgliederliste. Für das Führen der Bezeichnung "schweizerisch" wird grundsätzlich vorausgesetzt, dass dem Verein *Mitglieder aus allen Landesteilen und allen Sprachregionen* angehören.

75 Ein Verein kann jedoch auch dann als "schweizerisch" im Handelsregister eingetragen werden, wenn er nicht über Mitglieder aus allen Landesteilen verfügt, aber nachweisen kann, dass er dennoch *einen bedeutenden Teil aller potentiellen Mitglieder in der Schweiz umfasst.*

76 Massgebend für die Zulässigkeit einer nationalen Bezeichnung können nebst der geografischen Verbreitung der Vereinsmitglieder auch der *Vereinszweck* und die *effektive Tätigkeit* sein, sofern nachgewiesen wird, dass die Aktivitäten in der gesamten Schweiz erbracht werden.

77 Die Eintragung eines Vereins mit dem Namensbestandteil "schweizerisch" im Handelsregister schliesst nicht aus, dass auch andere Vereine mit einer gleichen oder ähnlichen Aktivität mit einem Namen eingetragen werden können, der ebenfalls den Ausdruck "schweizerisch" enthält, sofern diese Vereine ebenfalls über eine gesamtschweizerische Repräsentativität verfügen.

78 Für die Verwendung internationaler, kantonaler und anderer geografischer Bezeichnungen in Vereinsnamen und in Namen von Stiftungen gelten die Ausführungen zum Begriff "schweizerisch" sinngemäss.

2.4.11 Firmen von Zweigniederlassungen ausländischer Unternehmen

Sofern die Firma der Gesellschaft im Ausland eine geografische Bezeichnung enthält, ist diese Bezeichnung unverändert in die Firma der Zweigniederlassung zu übernehmen (s. Art. 952 Abs. 2 OR; vgl. hinten 7.2). 79

Die Handelsregisterämter sind gemäss Artikel 38 HRegV verpflichtet, aufgrund der entsprechenden Belege zu prüfen, ob die Firma am Hauptsitz in der in der Anmeldung angegebenen Form eingetragen wurde. 80

Die *Firma von Zweigniederlassungen ausländischer Unternehmen* untersteht dem schweizerischen Recht (s. Art. 160 Abs. 1 IPRG). Überprüft werden dürfen jedoch nur die für die Zweigniederlassung vorgesehenen Zusätze zur Firma der ausländischen Gesellschaft. 81

Die *Firmen ausländischer Unternehmen* unterstehen grundsätzlich dem Recht des Sitzstaates. Enthält die Firma des Hauptsitzes geografische Bezeichnungen, darf deren rechtliche Zulässigkeit von den schweizerischen Behörden nicht überprüft werden, soweit sie nicht gegen den schweizerischen *Ordre Public* oder das *Rechtsmissbrauchsverbot* verstossen. 82

2.4.12 Verlegung des Sitzes ausländischer Gesellschaften in die Schweiz

Mit der Sitzverlegung in die Schweiz unterstellen sich Unternehmen der schweizerischen Rechtsordnung (s. Art. 162 IPRG). 83

84 *Bei der Verlegung des Sitzes einer ausländischen Gesellschaft in die Schweiz muss deren Firma auf Vereinbarkeit mit den schweizerischen Vorschriften geprüft werden.*

85 Verletzt die Firma die schweizerischen Firmenbildungsregeln muss dem Verhältnismässigkeitsprinzip Rechnung getragen werden, weil die Fortführung der angestammten Firma für das Unternehmen von grosser Bedeutung sein kann. Eine Modifikation darf daher nur verlangt werden, wenn sich dies unter Abwägung der betroffenen Interessen rechtfertigt.

2.5 Doppelfirmen

86 *Dem Grundsatz der Firmeneinheit zufolge darf ein Rechtssubjekt nur eine Firma haben. Das gleiche gilt auch für die Namen von Vereinen und Stiftungen.*

87 Aus der Verwendung mehrerer Firmen oder der Verwendung einer Firma, die aus mehreren an sich selbständigen Firmen zusammengesetzt ist, können sich im Rechtsverkehr Täuschungen ergeben.

88 *Firmen, die aus zwei (oder mehreren) Teilen bestehen, von denen jeder eine eigenständige Firma darstellt, sind zurückzuweisen. Das gleiche gilt auch für Namen von Vereinen und Stiftungen.*

89 Als unerlaubte Doppelfirma gelten namentlich Firmen, in denen die Rechtsform des Unternehmens mehrmals enthalten ist oder der Familienname einer Person mehrmals in der Firma aufgeführt wird.

Beispiele unzulässiger Doppelfirmen: "MOFAG AG (Moto-Fachgeschäft AG)"; "Aktiengesellschaft für Kabelnetz- und Antennenbau Muster (Antennenbau-AG)"; "Muster Bücher und Medien, C. & C. Muster"; "Tobler-Thermik, A. Tobler". 90

Demgegenüber zulässig: "MOFAG Moto-Fachgeschäft AG" (zulässige Firmenbildungen s. sogleich). 91

Keine unerlaubte Doppelfirma liegt dann vor, wenn durch entsprechende Firmenzusätze klargestellt wird, dass der eine Firmenbestandteil eine integrierende Umschreibung des Rechtssubjektes darstellt bzw. es sich um eine Geschäftsbezeichnung oder Marke handelt, die in der Firma figuriert. 92

Beispiele: Zulässig: "Tobler-Thermik, Inhaber A. Tobler"; "Muster Bücher und Medien, Inhaber C. & C. Muster". 93

2.6 Personennamen als Bestandteil der Firma oder des Vereins- oder Stiftungsnamens

2.6.1 Einzelunternehmen und Personengesellschaften

Bei Einzelunternehmen und Personengesellschaften bildet der Name des Inhabers bzw. mindestens eines Gesellschafters den Hauptbestandteil der Firma (s. 6.2 und 6.3). Es ist zu prüfen, dass die in der Firma aufgeführten Personennamen zu keinen Täuschungen über die persönlichen Haftungs- und Verantwortlichkeitverhältnisse Anlass geben. Beim Ausscheiden von Beteiligten aus Personengesellschaften ist deren Namen aus der Firma zu entfernen (s. Art. 948 Abs. 1 OR). 94

95 | *Familiennamen, die von Rechts wegen Hauptbestandteil der Firma sind, müssen mit dem aktuellen amtlichen Namen übereinstimmen (vorbehalten bleibt Art. 954 OR).*

96 | *Der aktuelle amtliche Name richtet sich nach den für das schweizerische Zivilstandsregister massgeblichen Vorschriften. Vorbehalten bleibt die in der Praxis gebräuchliche Verwendung von Allianznamen.*

97 Für die Schreibweise des Namens ist auf den *Personenstandsausweis* oder auf Passdokumente oder Identitätskarten abzustellen.

98 | *Bei der Bildung der Firmen von Einzelunternehmen und Personengesellschaften dürfen Familiennamen nicht abgeändert oder verfremdet werden.*

99 *Beispiele: nicht zulässig sind etwa "Elektro Gunzi" anstelle von "Elektro Gunzinger"; "MusterCom" anstelle von "Muster Com"; "Mueller" anstelle von "Müller".*

100 Es ist zulässig, einen Personennamen in der Firma ausschliesslich mit Gross- oder Kleinbuchstaben zu schreiben.

101 *Beispiele: "dino borelli kernbohrungen"; "GROSS TREUHAND".*

102 Enthält die Firma einen *Allianznamen,* werden die Namen durch einen Bindestrich miteinander verbunden (Muster-Müller).

103 Bildet *ein nach Artikel 160 Absatz 2 ZGB gebildeter Name* den Hauptbestandteil der Firma, sind die Namen ohne Interpunktionszeichen wiederzugeben (Müller Muster).

104 In Personengesellschaften dürfen die Namen der Beteiligten nicht derart geschrieben werden, dass daraus auf nicht zutreffende Allianznamen oder Namen nach Artikel 160 Absatz 2 ZGB geschlossen werden kann.

Beispiele: "Schreinerei Muster-Müller" oder "Schreinerei Müller Muster" sind als Firmen von Personengesellschaften unzulässig. 105

Gemäss Artikel 954 OR kann die bisherige Firma beibehalten werden, wenn der darin enthaltene Familienname des Geschäftsinhabers oder eines Gesellschafters von Gesetzes wegen oder durch die zuständige Behörde geändert worden ist. 106

Diese Bestimmung erfasst insbesondere Namensänderungen infolge Heirat oder Scheidung (Art. 149 Abs. 2 bzw. 160 ZGB) sowie Änderungen aufgrund eines Gesuches (Art. 30 Abs. 1 ZGB) und bei der Adoption (Art. 267 ZGB). 107

Bei Vornamen sind in der Praxis Kurz- oder Koseformen als Bestandteil der im Handelsregister eingetragenen Firma zulässig. Diesfalls ist unter den Angaben zur eingetragenen Person jedoch der amtliche Vorname mit den entsprechenden Erläuterungen aufzuführen. 108

Beispiel: Firma: "Spenglerei-Sanitär, Edi Feldmann"; Eingetragene Personen: Feldmann, Edmund genannt Edi, von Frauenfeld, in Frauenfeld". 109

2.6.2 Juristische Personen

Sofern die Firma einer juristischen Person einen oder mehrere Personennamen enthält, bedarf es eines rechtlichen oder faktischen Zusammenhangs zwischen den Personennamen und der juristischen Person anlässlich deren Gründung. Dies gilt auch bei einer Firmenänderung. 110

Juristische Personen werden für ihre Verbindlichkeiten unmittelbar selbst belangt, so dass Personennamen in der Firma nicht dieselbe Bedeutung zukommt wie bei 111

Einzelunternehmen oder Personengesellschaften (BGE 112 II 62 E 1b). Der Wahrheitsgrundsatz erfordert daher nicht, dass der in der Firma aufgeführte Name demjenigen eines Gesellschafters entspricht. Der anlässlich der Gründung der juristischen Person erforderliche rechtliche oder faktische Zusammenhang zum in der Firma aufgeführten Namensträger kann nachträglich wegfallen, ohne dass die Firma den neuen Gegebenheiten angepasst werden müsste.

112 Ein Personenname darf als Bestandteil der Firma einer juristischen Person verfremdet werden.

113 *Beispiel: "Gunzi AG" statt "Gunzinger AG".*

114 Die Regeln für die Schreibweise zusammengesetzter Personennamen in Personengesellschaften (s. 2.6.1) sind für die Firmenbildung bei juristischen Personen nicht massgebend.

115 *Beispiel: "Bernold-Hugentobler Bau AG" statt "Bernold & Hugentobler Bau AG".*

116 Ein Personenname kann auch in die *Firma einer Tochtergesellschaft* aufgenommen werden, sofern dieser Name in der Firma der Muttergesellschaft figuriert (oder umgekehrt). Ob der rechtliche oder faktische Zusammenhang zwischen dem in der Firma aufgeführten Namensträger und der Muttergesellschaft noch besteht, ist nicht von Belang.

117 *Bespiel: Weist keine Person mit dem Namen "Muster" eine rechtlich oder faktisch geartete Verbindung zur Gesellschaft "Muster AG" auf, kann eine neu zu gründende Tochtergesellschaft gleichwohl die Firma "Muster Marketing AG" führen.*

2.6.3 Ausländische Personennamen

Ausländische Personennamen müssen in lateinischen Buchstaben geschrieben sein, wobei sich die Schreibweise nach den Regeln über das schweizerische Zivilstandsregister zu richten hat. 118

Sofern eine in lateinischen Buchstaben geschriebene Sprache diakritische Zeichen verwendet (wie beispielsweise š, ñ, ø), sind entsprechende ausländische Personennamen mit diesen Zeichen im Handelsregister einzutragen, *sofern sie technisch erfasst werden können*. 119

Ausländische Personennamen als Bestandteil der Firma einer juristischen Person sind oft nicht als solche erkennbar; der erforderliche rechtliche oder faktische Zusammenhang zwischen dem Namensträger und dem Unternehmen kann diesfalls nicht überprüft werden. 120

Wird ein ausländischer Personenname in täuschender Absicht in eine Firma aufgenommen, obliegt es den betroffenen Personen selbst, eine Änderung dieser Firma herbeizuführen. Ein Verfahren nach Artikel 61 HRegV ist abzulehnen. 121

2.6.4 Personennamen in Marken und Geschäftsbezeichnungen

Eine Marke oder Geschäftsbezeichnung, die einen Personennamen enthält, darf nicht in die Firma aufgenommen werden, wenn dadurch Täuschungen verursacht werden. 122

Wird eine Marke oder Geschäftsbezeichnung, die einen Personennamen enthält, in die Firma eines Einzelunternehmens oder einer Personengesellschaft integriert, ist 123 zu prüfen, ob der aktuelle Inhaber klar erkennbar ist und dadurch nicht der Anschein eines nicht vorhandenen Gesellschaftsverhältnisses entsteht oder auf ein nicht bestehendes Nachfolgeverhältnis hingewiesen wird.

124 *Beispiel: Wird die Marke "Muster Gourmet" als Bestandteil einer Einzelfirma aufgenommen, ist die Firma "Hugentobler, Muster Gourmet" täuschend, da der Eindruck einer Personengesellschaft erweckt wird.*

125 Eine Täuschungsgefahr kann dadurch ausgeschlossen werden, dass in der Firma der Zusatz "Inhaberin" oder "Inhaber" verwendet wird.

126 *Beispiel: Zulässig: "Muster Gourmet, Inhaber G. Hugentobler".*

2.7 Übernahme eines Geschäftes (Art. 953 OR)

2.7.1 Grundsatz

127 *Wer ein Geschäft übernimmt, ist grundsätzlich an die Vorschriften gebunden, die für die Bildung und Führung einer Firma aufgestellt sind. Der Übernehmer darf jedoch mit ausdrücklicher oder stillschweigender Zustimmung der früheren Inhaber oder ihrer Erben die bisherige Firma weiterführen, sofern in einem Zusatz das Nachfolgeverhältnis zum Ausdruck gebracht und der neue Inhaber genannt wird (s. Art. 953 OR).*

128 Die Weiterführung einer bisherigen Firma durch ein anderes Unternehmen ist unter dem Aspekt des Wahrheitsgebotes und des Täuschungsverbotes nicht unproblematisch. Der Anwendungsbereich von Artikel 953 OR ist daher auf jene Fälle zu beschränken, die nachstehenden Anforderungen genügen.

2.7.2 Bisherige Geschäftstätigkeit

> *Zur Weiterführung einer Firma ist vorausgesetzt, dass das Unternehmen, dessen Geschäftsbetrieb übernommen wird, tatsächlich geschäftlich aktiv war. Sofern es sich um ein nicht mehr aktives Unternehmen handelt, liegt keine Geschäftsübernahme vor.*

129

Dabei ist unbeachtlich, ob das übernommene Einzelunternehmen, dessen Firma weitergeführt werden soll, im Handelsregister eingetragen war oder nicht (s. BGE 93 I 566 f.). Auch eine nicht im Handelsregister eingetragene Einzelfirma muss jedoch den gesetzlichen Firmenbildungsvorschriften genügen; andernfalls ist die Eintragung zurückzuweisen.

130

Die Übernahme muss wesentliche Aktivposten umfassen, die für den Weiterbestand des Geschäftsbetriebes massgebend sind. Es ist nicht erforderlich, sämtliche Aktiven und Passiven im Sinne von Artikel 181 OR zu übernehmen.

131

2.7.3 Weiterführung der bisherigen Firma in unveränderter Form

> *Eine im Handelsregister eingetragene Firma darf von einem Nachfolgeunternehmen nur unter der Voraussetzung weiterverwendet werden, dass sie nicht verändert wird.*

132

Beispiel: Anlässlich der Übernahme des Geschäftsbetriebes des im Handelsregister eingetragenen Einzelunternehmens "Souvenirs Claudio Fisch" darf die Inhaberin des Nachfolgeunternehmens die bisherige Firma unverändert als Bestandteil ihrer neuen Firma weiterführen: "Ortrud Iseli, vormals Souvenirs Claudio Fisch" oder "Souvenirs Claudio Fisch, Nachfolgerin Ortrud Iseli".

133

134 Auch für den Fall, dass eine juristische Person einen Geschäftsbetrieb übernimmt, ist eine im Sinne von Artikel 953 OR gebildete Firma zulässig.

135 *Beispiel: "Meyer Fotolitographie, Nachfolgerin Fischer Druck GmbH".*

2.7.4 Angabe des Nachfolgeverhältnisses

136 *Wird eine bestehende Firma weitergeführt, muss ein das Nachfolgeverhältnis andeutender Zusatz beigefügt werden. Dabei ist erforderlich, dass der Nachfolgezusatz seinerseits den spezifischen rechtsformgebundenen Firmenbildungsvorschriften entspricht und zu keinen Täuschungen Anlass gibt (s. Art. 953 Abs. 1 OR).*

137 Eine Firma, die auf ein Nachfolgeverhältnis hinweist, darf bezüglich der Rechtsform des Nachfolgeunternehmens keine unrichtigen Angaben enthalten und hat den spezifischen Firmenbildungsvorschriften zu genügen. Die Geschäftsnachfolge muss als solche *eindeutig erkennbar* sein. Das Nachfolgeverhältnis wird mit den Begriffen *"Nachfolger"* bzw. *"Nachfolgerin"* oder *"vormals"* bzw. *"vormalig"* umschrieben.

138 *Beispiele: "Physiotherapie Roh & Greulich, Nachfolger Muster"; "Auto-Center New Age AG, vormals Garage Hubacher"; "Gasthof zum Güldnen Schaf, G. Engel, Nachfolger Reiss & Wolf".*

139 *Nachfolgezusätze dürfen nicht in die Firma aufgenommen werden, wenn keine Geschäftsübernahme vorliegt.*

2.7.5 Zweitübernahme

> Bei einer Zweitübernahme (Übernahme eines zuvor übernommenen Unternehmens) darf die ursprüngliche Firma ohne Hinweis auf den Erstübernehmer gemäss Artikel 953 OR weitergeführt werden.

140

Beispiel: Unzulässig, da unklar: "Engelhardt, Nachfolger Hugentobler, Nachfolger Wolf".

141

Die Weiterführung der ursprünglichen Firma ist nicht statthaft, wenn die Zustimmung nur für den Erstübernehmer gilt.

142

Beispiel: Übernimmt Herr Wolf den Geschäftsbetrieb des Unternehmers "Engelhardt, Nachfolger Hugentobler", ist die Weiterführung der ursprünglichen Firma nur zulässig, sofern der ursprüngliche Inhaber einer Weiterverwendung über den Erstübernehmer hinaus zugestimmt hat ("Engelhard, Nachfolger Wolf").

143

2.7.6 Weiterführung einer bestehenden Firma durch Kollektiv-, Kommandit- und Kommanditaktiengesellschaften

> Bei Personengesellschaften und Kommanditaktiengesellschaften ist zu prüfen, dass eine nach Artikel 953 OR gebildete Firma zu keinen Täuschungen Anlass gibt.

144

Insbesondere darf damit nicht der Eindruck erweckt werden, die in der bisherigen Firma namentlich erwähnten, jedoch am Unternehmen nicht mehr beteiligten Personen seien unbeschränkt haftende Gesellschafter.

145

Beispiel: Unzulässig, da Nachfolgeverhältnis nicht erkennbar: "Eisenhandlung Eisenring, Holz, Muster Nachfolger".

146

3 Schreibweise der Firma und des Namens (Art. 45 HRegV)

3.1 Grundsatz

147 *Die für die Handelsregistereintragung massgebliche Schreibweise aller sprachlichen Fassungen einer Firma oder eines Namens richtet sich gemäss Artikel 45 HRegV nach der Handelsregisteranmeldung bei Einzelunternehmen, nach dem Gesellschaftsvertrag bei Personengesellschaften, nach der Stiftungsurkunde bei Stiftungen oder den Statuten bei den übrigen juristischen Personen sowie nach dem dafür massgeblichen Rechtserlass bei öffentlichrechtlichen Körperschaften und Anstalten.*

148 Wurde für die Eintragung einer Personengesellschaft im Handelsregister kein schriftlicher Gesellschaftsvertrag eingereicht, ist die in der Anmeldung enthaltene Schreibweise der Firma massgeblich.

3.2 Für die Schreibweise massgebliche Zeichen

149 Die Schreibweise darf einer zweckmässigen Registerführung sowie einer möglichst effizienten Suche nach Firmen und Namen nicht entgegenstehen. Grundsätzlich hat die Schreibweise dem Erfordernis zu genügen, wonach jedermann mit einer Schreibmaschine ein im Handelsregister eingetragenes Rechtssubjekt mit dessen Firma oder dessen Namen korrekt sollte anschreiben können.

> *In der Firma oder im Namen dürfen sämtliche lateinischen Gross- und Kleinbuchstaben sowie arabischen Zahlen frei verwendet werden.*

150

Fremdsprachige Fassungen der Firma oder eines Namens in anderen Schriften bedürfen einer Transkription in lateinische Buchstaben.

151

> *Interpunktionszeichen sowie Wiederholungen oder Kombinationen von Interpunktionszeichen können nicht alleinige Bestandteile einer Firma oder eines Namens sein, da sie keine Firma im Sinne von Artikel 944 OR darstellen (vgl. auch 3.3).*

152

Interpunktionszeichen sind als Bestandteile einer Firma oder eines Namens nur zulässig, wenn sie mit Buchstaben und Zahlen kombiniert werden. Wiederholungen oder Kombinationen von Interpunktionszeichen sind jedoch unzulässig, sofern sie keine sprachliche Bedeutung haben.

153

Beispiele:

Zulässig: "WOOP! AG"; "Wer gewinnt? GmbH"; "Es klingt... Hugo Muster".

154

Unzulässig: "-. GmbH"; "http://karix-AG".

155

> *Zwischen die einzelnen Zeichen darf höchstens ein normaler Wortabstand (Leerschlag) gesetzt werden, da sich grössere Abstände weder sprachlich noch registertechnisch klar erfassen lassen.*

156

> *Die Grammatikregeln sind für die Schreibweise von Firmen und Namen nicht massgebend.*

157

3.3 Erkennbarkeit als Firma oder als Name

158 *Sofern der Wortlaut einer Firma oder eines Namens nicht auf das Bestehen eines Rechtssubjektes schliessen lässt, ist die Erkennbarkeit als Firma oder als Name nicht gegeben. Diesfalls muss der entsprechende rechtsformandeutende Zusatz als Bestandteil in die Firma oder den Namen aufgenommen werden.*

159 Eine Firma oder ein Name dient sowohl der Identifikation als auch der Individualisierung eines Rechtssubjekts und ist daher von blossen Zeichenkombinationen oder Aussagen zu unterscheiden. Die grössere Ausgestaltungsfreiheit bei der Schreibweise von Firmen und Namen bedingt, dass stets gewährleistet bleibt, dass die Firmen- oder Namenbezeichnung im Rechtsverkehr als solche erkennbar ist, da einer sprachlichen Äusserung nur unter dieser Voraussetzung der für Firmen und Namen erforderliche Kennzeichencharakter zukommt.

160 *Eine Firma oder ein Name muss aus mindestens einem Buchstaben oder einer Zahl bestehen. Ist die Firmen- oder Namensbezeichnung nicht ohne weiteres als solche erkennbar, ist die Angabe der Rechtsform erforderlich, da sonst der Bezeichnung der Kennzeichencharakter fehlt.*

161 *Sofern eine Firma oder ein Name einzelne oder mehrere Zeichen oder Wörter, Kombinationen von Zeichen und/ oder Wörtern oder einen Satz enthält, ist die Angabe der Rechtsform erforderlich, da sonst der Bezeichnung der Kennzeichencharakter fehlt.*

162 Kombinationen von Buchstaben, Zahlen und Wörtern sowie Sätze (z. B. ganze oder verkürzte Sätze, wie Slogans; s. dazu nicht publizierter BGE vom 12. März 1991 in Sa-

chen "Speak for Yourself", in SMI 1992/1, S. 47) sind als solche nicht als Firma oder als Name eines im Handelsregister eingetragenen Rechtssubjektes erkennbar, sondern stellen bloss juristisch belanglose Zeichen oder Aussagen dar, denen die Funktion der Kennzeichnung von Rechtssubjekten fehlt.

Beispiele zulässiger Firmen- und Namensbildungen: 163

"Z-AG"; "NRG4U SA"; "Genossenschaft 2-gether", "Speak for Yourself AG"; "Ihr Partner beim Ladenbau AG"; "Verein Pro Kunst und Musik"; "Stiftung Allez-hopp Schweiz!".

Beispiele unzulässiger Firmen- und Namensbildungen, da kein Kennzeichencharakter: 164

"Z"; "NRG4U"; "2-gether"; "Speak for Yourself"; "Ihr Partner beim Ladenbau"; "Pro Kunst und Musik"; "Allez-hopp Schweiz!".

3.4 Unzulässige, rein figurative Zeichen

Grafische Besonderheiten der Firma oder des Namens (Design, Logo, Farbe, Fettdruck, Kursivschrift usw.) sind im Handelsregister nicht eintragungsfähig und somit firmenrechtlich nicht schützbar. 165

Beispiele: Unzulässig: "Hagemann's 2⁴ AG", "A̶S̶T̶O̶R̶C̶ GmbH", "❺ vor ❺ AG". 166

Im Gegensatz zur Eintragung von Firmen und Namen sind bei *Marken* die grafischen Besonderheiten im Markenregister eintragungsfähig und schützbar. Wird eine Marke in eine Firma oder einen Namen aufgenommen, muss die Schreibweise erforderlichenfalls den firmen- und handelsregisterrechtlichen Anforderungen angepasst werden. 167

| 168 | *Bei der Bildung von Firmen und Namen dürfen keine Symbole (*, £, $, #, %, _, @, ℘,∅ etc.) und keine Bildzeichen (♥, ♣, ✕, ẽ, ✹ etc.) verwendet werden.* |

169 *Beispiele: Unzulässig: "LabCom@ AG"; "50% GmbH"; "Zero.***AG"; "Stiftung /", "2⁴ AG".*

170 Zulässig sind die firmenrechtlich gebräuchlichen Zeichen "&" und "+" im Sinne von "und".

4 Firma und Name in mehreren Sprachen (Art. 46 HRegV)

4.1 Grundsätze

Wird eine Firma oder ein Name in mehreren Sprachen gefasst, so sind alle sprachlichen Fassungen in das Handelsregister einzutragen (Art. 46 Abs. 1 HRegV). — 171

Aus Artikel 45 HRegV folgt, dass bei Personengesellschaften und juristischen Personen nur diejenigen sprachlichen Fassungen der Firma oder des Namens im Handelsregister eingetragen werden können, die im Gesellschaftsvertrag, den Statuten oder der Urkunde ausdrücklich vorgesehen wurden (dies entspricht auch Art. 626 Ziff. 1, 776 Ziff. 1 und 832 Ziff. 1 OR). Die Eintragung oder Löschung fremdsprachiger Fassungen der Firma oder des Namens bedarf demnach bei juristischen Personen einer Statuten- oder Urkundenänderung. — 172

Nur die im Handelsregister eingetragenen fremdsprachigen Firmenfassungen geniessen das Recht auf ausschliesslichen Gebrauch (s. Art. 46 Abs. 2 HRegV; s. auch 8.2). — 173

Eine fremdsprachige Fassung ist nur eintragungsfähig, sofern sie in lateinischen Buchstaben geschrieben ist. — 174

Sofern eine fremdsprachige Fassung in anderen Schriftzeichen als lateinische Buchstaben geschrieben wird, ist nur eine phonetische Transkription eintragungsfähig. — 175

176 Sie darf keine unzulässigen Zeichen oder Elemente enthalten.

177 *Die fremdsprachigen Fassungen einer Firma oder eines Namens sind in der Weise im Handelsregister einzutragen, dass sie der Originalfassung in Klammern beigefügt werden.*

178 Beispiel: "NormAll Ingenieure AG (NormAll Engineers Ltd.) (NormAll Ingénieurs SA)".

4.2 Inhaltliche Übereinstimmung

179 *Alle Fassungen müssen inhaltlich übereinstimmen (Art. 46 Abs. 1 HRegV); es dürfen keine inhaltlichen Abweichungen vorliegen.*

180 Bei der Eintragung von fremdsprachigen Fassungen von Firmen und Namen hat der Handelsregisterführer die inhaltliche Übereinstimmung zu prüfen (BGE 106 II 58 ff.). Nötigenfalls kann er eine Beglaubigung verlangen, in der ein Übersetzer den Wahrheitsgehalt der fremdsprachigen Fassung bestätigt.

181 Die Übersetzungen haben sämtliche Elemente der Originalfassung (bzw. der ersten, in den Statuten aufgeführten Fassung) zu enthalten. Werden Teile der Originalfassung weggelassen oder verändert, ist die Eintragung im Handelsregister abzuweisen, da sich aus der Verwendung unterschiedlicher Fassungen eine Täuschung ergeben kann.

Beispiele:

Die fremdsprachige Fassung "(IED Watch Ltd)" ist unvollständig und daher unzulässig, sofern die Originalfassung "IED Uhrenfabrik AG" lautet. Zulässig: "(IED Watch Factory Ltd)". 182

Die fremdsprachige Fassung "(QUOD Laboratories Ltd Liab. Co)" stimmt inhaltlich nicht mit der Originalfassung "QUOD Arzneimittel GmbH " überein und ist daher unzulässig. Zulässig: "QUOD Medicine Ltd Liab. Co". 183

Die Firma einer Zweigniederlassung muss, sofern sie in verschiedenen sprachlichen Fassungen eingetragen wird, sämtliche Elemente enthalten. Daher unzulässig: "Delicia AG (Delicia SA), Zweigniederlassung Bern". Zulässig: "Delicia AG, Zweigniederlassung Bern (Delicia SA, succursale de Berne). 184

Es ist möglich, in einer einzelnen Fassung der Firma oder des Namens Übersetzungen aufzunehmen. Diesfalls ist allerdings im Rechtsverkehr stets die vollständige Firma zu verwenden. 185

Beispiele: 186

Zulässig: " Bücher Books Libri Ledermann & Co"; "All Star LLC GmbH"; "SA Pacomin Holding Ltd".

Unzulässig: "White Star Ltd GmbH"; "No Return LLC Call me Ltd"

4.3 Nicht übersetzbare Firmen- und Namensbestandteile

Fantasiebezeichnungen oder aus Sachbegriffen kombinierte Bezeichnungen mit Fantasiecharakter sind nicht übersetzbar. 187

Beispiel: Die Übersetzung "Luftleasing AG" oder "Luftmiete AG" ist für die Firma "Aeroleasing Ltd" nicht statthaft. 188

Buchstabenfolgen ohne abkürzende Funktion sind nicht übersetzbar. 189

190 Buchstabenfolgen stellen firmen- und namensrechtlich keine eigentlichen Abkürzungen dar, wenn der abzukürzende Wortlaut nicht in der Firma oder im Namen aufgeführt wird. Für Dritte ist eine solche Buchstabenfolge nicht als Abkürzung erkennbar, weshalb eine Übersetzung unzulässig ist. Wird eine Firma oder ein Name in mehreren Sprachen geführt, dürfen anderslautende Abkürzungen nur unter der Voraussetzung verwendet werden, dass der abzukürzende Wortlaut ebenfalls als Bestandteil der Firma oder des Namens erscheint.

191 *Beispiele: "KWB Verlag AG" ist nicht mit "BFM Editions SA" übersetzbar (dies gilt selbst dann, wenn es sich um grosse Gesellschaften handelt, die früher bekannte Firmenfassungen noch als Abkürzung weiter leben lassen möchten). Demgegenüber kann "CRH Comptabilité et Révision Hug SARL" mit "AAH Accounting and Auditing Hug Ltd. liab. Co" übersetzt werden.*

4.4 Rechtsformandeutende Zusätze

192 *Die Begriffe und Abkürzungen der verschiedenen Rechtsformen müssen aus Gründen der Verkehrssicherheit einheitlich übersetzt werden (s. nachfolgende Tabelle). Abweichende Terminologien sind abzuweisen, da sich daraus im Rechtsverkehr Täuschungen ergeben können.*

193 Die Übersetzung von Rechtsformangaben in Sprachen, die nicht schweizerische Landessprachen sind, ist grundsätzlich problematisch, da die Regelung der Rechtsformen in den verschiedenen Rechtsordnungen nicht völlig übereinstimmen. Eine fremdsprachige Bezeichnung oder Abkürzung der Rechtsform kann daher immer nur eine funktionelle Übersetzung sein.

Aus Gründen einer einheitlichen und klaren Praxis sind für die Bezeichnung und Abkürzung der Rechtsform in Firmen und Namen *ausschliesslich die folgenden Ausdrücke* zu verwenden:

194

Deutsch	Französisch	Italienisch	Englisch
Einzelunternehmen/ -firma	Entreprise / raison individuelle	Ditta individuale	Sole proprietorship
Kollektivgesellschaft	Société en nom collectif	Società in nome collettivo	(General) Partnership
Kommanditgesellschaft	Société en commandite	Società in accomandita	Limited partnership
Aktiengesellschaft *(AG)*	Société anonyme *(SA)*	Società anonima *(SA)*	Limited *(Ltd)* od. (In-) Corporation *(Inc. bzw. corp.)*
Kommanditaktiengesellschaft	Société en commandite par actions	Società in accomandita per azioni	Corporation with unlimited partners
Gesellschaft mit beschränkter Haftung *(GmbH)*	Société à responsabilité limitée *(SARL, S. à r. l.)*	Società a garanzia limitata *(SAGL, S. a g. l.)*	Limited liability company *(Ltd liab. Co, LLC, llc)*
Genossenschaft	Société coopérative	Società cooperativa	Cooperative
Verein	Association	Associazione	Association
Stiftung	Fondation	Fondazione	Foundation
Zweigniederlassung	Succursale	Succursale	Branch
Tochtergesellschaft	Filiale	Filiale	Subsidiary

195

196 | *Ausländische Rechtsformen sind nicht zu übersetzen, da die Verwendung der Bezeichnungen schweizerischer Rechtsformen für ausländische Gesellschaften materiell unzutreffend ist.*

197 Diese Regelung betrifft insbesondere die Eintragungen von *Zweigniederlassungen ausländischer Unternehmen*. Die Unübersetzbarkeit der Rechtsform ergibt sich letztlich aus dem Wortlaut von Artikel 70 Absatz 2 HRegV.

198 Für die Angabe der Rechtsform ist bei ausländischen Gesellschaften daher die Bezeichnung des massgebenden Landesrechts zu verwenden.

199 *Beispiel: Die Rechtsform der "Chemsetex B.V.B.A., Anderlecht, Basel Branch" ist in der Eintragung mit dem für das belgische Recht massgebenden Begriff "Besloten Vennootschap met beperkte Aansprakelijkheid" anzugeben.*

5 Geschäftsbezeichnung, Enseigne und Marke

5.1 Allgemeines

5.1.1 Geschäftsbezeichnung und Enseigne (Art. 48 HRegV)

Eine Geschäftsbezeichnung ist eine spezifische Bezeichnung des Geschäftsbetriebes ohne Bezug zum Geschäftslokal. 200

Geschäftsbezeichnungen sind in der Rechtsprechung seit längerer Zeit anerkannt. Artikel 48 HRegV trägt den Bedürfnissen der Rechtspraxis Rechnung, indem auch eine Geschäftsbezeichnung im Handelsregister eingetragen werden kann. Eine Geschäftsbezeichnung braucht nicht notwendigerweise mit der Firma identisch zu sein. 201

Beispiele: "Cebit" ist als Geschäftsbezeichnung der "Deutsche Messe- und Ausstellungs AG" zulässig (s. BGE 114 II 106 ff.); "Jelmoli Reisen" ist als Geschäftsbezeichnung der "Grands Magasins Jelmoli S.A." zulässig (s. BGE 111 II 508 ff.). 202

Eine Enseigne ist eine spezifische Bezeichnung des Geschäftslokals. 203

Da die Enseigne lokalitätsbezogen ist, braucht sie nicht notwendigerweise mit der Firma, welche das Rechtssubjekt als solches bezeichnet, identisch zu sein. 204

Beispiel: "Zur Zinnkanne" ist als Enseigne des unter der Firma "Rudolf Muster" betriebenen Gasthauses zulässig. 205

206 Eine Enseigne kann grundsätzlich *keinen* Personennamen enthalten, ausser das Geschäftslokal selbst sei aus historischen Gründen nach einer bestimmten Person benannt. Sofern eine solche Enseigne in die Firma aufgenommen wird, ist durch den Zusatz *"Inhaber"* bzw. *"Inhaberin"* klarzustellen, dass kein Gesellschaftsverhältnis bzw. keine Geschäftsnachfolge vorliegt.

207 *Beispiel: Zulässig: "Apotheke zum Tobler-Haus, Inhaber Edwin Muster".*

5.1.2 Eintragung im Handelsregister

208 *Eine Geschäftsbezeichnung oder Enseigne kann im Handelsregister eingetragen werden.*

209 Die *Eintragung* einer Geschäftsbezeichnung oder Enseigne ist *fakultativ* (s. Art. 48 HRegV). Die Eintragungsberechtigten haben zu entscheiden, ob sie die mit der Eintragung verbundenen Vorteile für sich in Anspruch nehmen wollen.

210 Die Eintragung einer Geschäftsbezeichnung oder Enseigne im Handelsregister hat blosse Beweisfunktion und gewährt *keinen firmenrechtlichen Ausschliesslichkeitsschutz*. Der Rechtsschutz richtet sich nach dem *Persönlichkeits-* und dem *Wettbewerbsrecht*.

211 *Für die Eintragung von Geschäftsbezeichnungen und Enseignes sind die Vorschriften über die Bildung von Firmen und Namen entsprechend anwendbar; insbesondere untersteht die Eintragung den Grundsätzen des Wahrheitsgebotes, des Täuschungsverbotes und des Schutzes öffentlicher Interessen (s. Art. 38 Abs. 1 HRegV).*

> *Geschäftsbezeichnungen und Enseignes müssen geändert werden, sofern sie nicht mehr den effektiven Gegebenheiten entsprechen (s. Art. 937 OR; Art. 61 und 67 HRegV).*

212

> *Registertechnisch ist eine Geschäftsbezeichnung oder Enseigne in der Zweckumschreibung des Unternehmens, unter der Rubrik "Bemerkungen" oder in einer eigens dafür vorgesehenen Rubrik einzutragen.*

213

Beispiel: Gesellschaftszweck: Betrieb einer Modeboutique unter der Geschäftsbezeichnung "Fashion-Passion".

214

5.2 Geschäftsbezeichnungen und Enseignes im Verhältnis zu Firmen und Namen

> *Eine Geschäftsbezeichnung oder Enseigne darf nicht die Funktion der Firma oder des Namens einnehmen.*

215

> *Im Rechtsverkehr darf als Firma oder Name ausschliesslich die im Handelsregister eingetragene Firmen- oder Namensbezeichnung verwendet werden (s. Art. 326ter StGB).*

216

5.3 Marken im Verhältnis zu Firmen und Namen

Firmen und Namen dienen der Bezeichnung von Rechtssubjekten. Demgegenüber bezwecken Marken die Kennzeichnung von Waren und Dienstleistungen.

217

218 *Eine Marke kann als Firma oder Name oder als Bestandteil einer Firma oder eines Namens im Handelsregister eingetragen werden. Dabei müssen jedoch die für die Firmen- und Namensbildung massgebenden Regeln beachtet werden.*

219 Die Eintragung von Produktebezeichnungen als Firma im Handelsregister gewährt keine markenrechtlichen Schutzansprüche.

6 Rechtsformenbezogene Vorschriften

6.1 Einfache Gesellschaft

Einfache Gesellschaften (s. Art. 530 ff. OR) haben keine Firma und keinen Namen im rechtstechnischen Sinn.

220

Sofern in einer Handelsregistereintragung auf eine einfache Gesellschaft Bezug genommen wird, ist darauf zu achten, dass nur eine Umschreibung, die auf die *Gesellschafter* hinweist, zulässig ist.

221

Beispiel: Die einfache Gesellschaft, bestehend aus Rosi Wolf und Margrit Iseli,...

222

6.2 Einzelunternehmen (Art. 945 OR)

Der Familienname der Inhaberin oder des Inhabers bildet zwingend den Hauptbestandteil der Firma (s. Art. 945 Abs. 1 OR). Unter Vorbehalt der allgemeinen Firmenbildungsvorschriften sind beliebige Zusätze möglich.

223

Auch ein *nicht im Handelsregister eingetragenes* Einzelunternehmen hat die gesetzlichen Firmenbildungsvorschriften zu beachten.

224

Die Firma eines Einzelunternehmens darf keinen Zusatz enthalten, der ein Gesellschaftsverhältnis andeutet (s. Art. 945 Abs. 3 OR).

225

Die Firma darf weder Begriffe enthalten, *die den Anschein eines Gesellschaftsverhältnisses erwecken* (z. B. "Partner", "Team"), noch darf sie *unzutreffende rechtsforman-*

226

deutende Zusätze enthalten (z. B. "Gesellschaft", "Foundation").

227 *Beispiele unzulässiger Firmen für Einzelunternehmen: "Herbert Faller Consulting Partnership"; "Vertriebsgesellschaft Hugentobler"; "U & R Team Schocker".*

228 Die Verwendung von Ausdrücken, die auf Mitarbeiter hinweisen, kann als Bestandteil der Firma eines Einzelunternehmens zulässig sein, sofern klar erkennbar ist, dass es sich um ein Einzelunternehmen handelt.

229 *Beispiel: "Architekten-Team Moderna, Inhaberin Hanna Hauser".*

230 Die Firma eines Einzelunternehmens darf grundsätzlich *nicht Namen mehrerer Personen* enthalten. Personennamen Dritter können jedoch ausnahmsweise in die Firma aufgenommen werden, wenn keine Gefahr von Täuschungen über die Rechtsform und die Inhaberschaft besteht; so insbesondere bei der Verwendung von Markenbezeichnungen, die Personennamen enthalten. Dabei ist durch die Formulierung der Firma sicherzustellen, dass nicht auf das Bestehen einer Personengesellschaft geschlossen wird. Zudem ist in der Zweckumschreibung auf die Marke hinzuweisen.

231 *Beispiel: Firma: "Roberta Dillinger, Parfum Christian Dior". Zweck: Vertrieb von Parfums der Marke "Christian Dior".*

6.3 Kollektiv-, Kommandit- und Kommanditaktiengesellschaft (Art. 947 f. OR)

232 *Die Firma einer Personengesellschaft muss mindestens einen Personennamen eines unbeschränkt haftenden Gesellschafters enthalten. Unter Vorbehalt der allgemeinen Vorschriften zur Firmenbildung sind beliebige Zusätze möglich.*

> *Die Angabe von Namen anderer Personen als der Gesellschafter ist nicht statthaft (s. Art. 947 Abs. 4 OR).*

233

Namen Dritter dürfen auch dann nicht in die Firma einer Personengesellschaft aufgenommen werden, wenn sie aufgrund eines Mandats oder Arbeitsvertrages für die Gesellschaft tätig sind.

234

> *Bei Kollektivgesellschaften sind entweder die Namen aller Gesellschafter in der Firma aufzuführen, oder es muss wenigstens der Name eines Gesellschafters in die Firma aufgenommen und ein Zusatz beigefügt werden, der das Gesellschaftsverhältnis andeutet (s. Art. 947 Abs. 1 OR).*

235

Als Zusätze, die ein Gesellschaftsverhältnis andeuten, gelten Ausdrücke wie "& Co", "+ Cie", "und Partner".

236

Beispiel: Die Firma "Muster & Hugentobler" ist unzulässig, wenn die Gesellschaft aus den Gesellschaftern Muster, Hugentobler und Schneider besteht. Sofern der Name des dritten Gesellschafters nicht in die Firma aufgenommen wird, muss die Firma "Muster, Hugentobler & Co" lauten.

237

> *Enthält die Firma die Namen aller Gesellschafter, ist ein Zusatz, der das Gesellschaftsverhältnis andeutet, irreführend, weil dadurch das Vorhandensein weiterer Gesellschafter vorgetäuscht wird.*

238

> *Bei der Aufnahme weiterer Gesellschafter ist nicht erforderlich, dass ihre Namen in der Firma aufgenommen werden (s. Art. 947 Abs. 2 OR). Scheidet hingegen eine Person, deren Name in der Firma aufgeführt ist, aus der Gesellschaft aus, muss dieser Name aus der Firma entfernt werden (s. Art. 948 Abs. 1 OR).*

239

240 *Beispiele zulässiger Firmenbildungen:*

- *Muster und Müller (anstelle des Wortes "und" sind auch die Zeichen "+" und "&" zulässig);*
- *sofern nicht alle Gesellschafter namentlich in der Firma erwähnt werden: Muster und Co (zulässig sind auch die Zusätze "und Cie", "und Partner", "und Teilhaber", "und Konsorten");*
- *Gebrüder Muster;*
- *Muster und Sohn;*
- *Muster Kollektivgesellschaft;*
- *Erben Müller (sofern mindestens ein Gesellschafter "Müller" heisst).*

241 *Beispiele unzulässiger Firmenbildungen:*

- *Muster KG oder Muster & Co KG (keine in der Schweiz allgemein bekannte Abkürzung; "KG" könnte auch als Kapitalgesellschaft verstanden werden; es besteht daher eine Täuschungsgefahr);*
- *Muster Müller (Name der Ehefrau [Art. 160 Abs. 2 ZGB]);*
- *Muster-Müller (kann nicht als Firma einer Kollektivgesellschaft verwendet werden, da der Anschein eines Allianznamens entsteht);*
- *Muster Architekten (kein Hinweis auf ein Gesellschaftsverhältnis; der blosse Plural bei der verwendeten Berufsbezeichnung genügt nicht);*
- *Erben Johannes von Stolz (die Firma enthält nur den Namen und Vornamen einer Person, die gestorben und ausgeschieden ist; sie widerspricht daher Art. 947 Abs. 1 OR).*

242
> *Bei Kommanditgesellschaften dürfen in der Firma keine anderen Namen als diejenigen der unbeschränkt haftenden Gesellschafter aufgeführt werden. Die Firma hat mindestens den Namen eines der unbeschränkt haftenden Gesellschafter zu enthalten. In jedem Fall ist ein das Gesellschaftsverhältnis andeutender Zusatz erforderlich (s. Art. 947 Abs. 3 OR).*

Die Angabe der Namen der Kommanditäre oder Dritter ist nicht statthaft (s. Art. 947 Abs. 4 OR). Wird der Name eines Kommanditärs in der Firma aufgenommen, haftet dieser nach Artikel 607 OR Dritten gegenüber wie ein unbeschränkt haftender Gesellschafter. 243

Im übrigen gelten die obenerwähnten für die Kollektivgesellschaft massgeblichen Grundsätze auch für die Kommanditgesellschaft. 244

Bei Kommanditaktiengesellschaften gelten dieselben Regeln wie bei der Kommanditgesellschaft. 245

6.4 Gesellschaft mit beschränkter Haftung (Art. 949 OR)

Die Firma der Gesellschaft mit beschränkter Haftung kann unter Wahrung der allgemeinen Grundsätze zur Firmenbildung frei gewählt werden. In allen Fällen muss die Firma jedoch zwingend die Bezeichnung der Rechtsform enthalten (s. Art. 949 OR). 246

Die Firma einer Gesellschaft mit beschränkter Haftung darf keine Begriffe enthalten, die auf eine andere Rechtsform schliessen lassen. 247

Der Begriff "Corporation" wird in englischer Sprache zur Bezeichnung der Aktiengesellschaft verwendet (s. Rz. 195). Die Begriffsverwendung ist jedoch nicht eindeutig. Der Ausdruck "Corporation" darf daher auch in der Firma einer GmbH verwendet werden, wenn die Rechtsform durch einen Rechtsformzusatz klargestellt wird (Art. 949 Abs. 2 OR). 247a

Beispiele: "Red Corporation LLC"; "White Bird Corporation GmbH". 247b

6.5 Aktiengesellschaft und Genossenschaft (Art. 950 OR)

248 *Aktiengesellschaften und Genossenschaften können unter Wahrung der allgemeinen Grundsätze zur Firmenbildung ihre Firma frei wählen (s. Art. 950 Abs. 1 OR).*

249 *Sofern die Firma einen oder mehrere Familiennamen enthält, muss zwingend die Bezeichnung als Aktiengesellschaft oder Genossenschaft beigefügt werden (Art. 950 Abs. 2 OR), damit nicht der Eindruck einer Einzelfirma oder Personengesellschaft entsteht. Wird die Bezeichnung als Aktiengesellschaft oder Genossenschaft dem Personennamen vorangestellt, muss die Angabe der Rechtsform zwingend ausgeschrieben werden.*

250 *Beispiel: "MMK AG Muster Mechanik" ist unzulässig.*

251 Die Firma einer Aktiengesellschaft oder Genossenschaft darf keine Begriffe enthalten, die auf eine andere Rechtsform schliessen lassen.

252 *Beispiel: "Genossenschaftliche Privatbank AG" ist unzulässig.*

253 Sofern die Rechtsform unklar erscheint, muss ein entsprechender Zusatz in die Firma aufgenommen werden.

254 *Beispiele:*

Die Firma der Aktiengesellschaft "Sozialfonds K.U.V." ist mit dem Zusatz "AG" zu versehen, ansonsten Dritte annehmen dürfen, es handle sich um einen Verein oder eine Stiftung. Zulässig: "Sozialfonds K.U.V. AG".

Die Firma der Genossenschaft "Blue Angel Corporation" ist mit dem Zusatz "Genossenschaft" zu versehen, ansonsten Dritte annehmen dürfen, es handle sich um eine Aktiengesellschaft (s. Rz. 195). Zulässig: "Genossenschaft Blue Angel Corporation".

7 Zweigniederlassungen (Art. 952 OR)

7.1 Zweigniederlassung eines Unternehmens mit Hauptsitz in der Schweiz

Die Firma der Zweigniederlassung eines Unternehmens mit Hauptsitz in der Schweiz darf mit einem spezifischen Zusatz versehen werden (Art. 70 Abs. 1 HRegV). In jedem Fall bleibt das Täuschungsverbot vorbehalten. — 255

Die Handelsregisterämter sind gemäss Artikel 38 HRegV verpflichtet, aufgrund der entsprechenden Belege zu prüfen, ob die Firma oder der Name der Zweigniederlassung der am Hauptsitz eingetragenen Form entspricht. — 256

Nebst der Angabe des Sitzes kann der Firmenzusatz für die Zweigniederlassung auch eine Tätigkeit, eine Marke, eine Geschäftsbezeichnung oder die Firma eines übernommenen und als Zweigniederlassung weitergeführten Betriebes enthalten, sofern sich daraus keine Täuschungsgefahr ergibt. — 257

Beispiele: — 258

"Generosa AG, Zweigniederlassung Luzern"; "Generosa Maschinenbau AG, Zweigniederlassung Automation"; "Generosa AG; Zweigniederlassung Megatec"; "Megatec, Zweigniederlassung der Generosa AG".

Der spezifische Zusatz in der Firma des Zweigbetriebs muss den Bestandteil "Zweigniederlassung" enthalten, da sich sonst eine Täuschung ergeben kann. — 259

260 Firmen von Zweigniederlassungen, die nebst der Firma am Hauptsitz nur eine Orts- oder Fantasiebezeichnung enthalten, sind täuschend und daher abzuweisen, da es sich um eigenständige Firmenbezeichnungen handelt, die den Eindruck eines selbständigen Rechtssubjekts erwecken.

261 *Beispiel: Lautet die Firma am Hauptsitz "Generosa AG" und soll mit dem spezifischen Zusatz "Megatec" die Zweigniederlassung umschrieben werden, sind die Firmenvarianten "Megatec, Generosa AG" oder "Generosa AG, Megatec" täuschend, da das Publikum aufgrund dieser Firmen auf das Bestehen einer eigenständigen (Tochter-) Gesellschaft wird schliessen müssen.*

262 Enthält die Firma der Zweigniederlassung eine geografische Bezeichnung, sind die Grundsätze für geografische Firmenbestandteile zu beachten (s. vorne 2.4).

263 Die Firma der Zweigniederlassung muss die Firma der Gesellschaft in einer der im Handelsregister eingetragenen sprachlichen Fassungen enthalten und darf zusätzlich nur in einer fremdsprachigen Fassung eingetragen werden, falls die Firma der Gesellschaft an deren Sitz in dieser Sprache im Handelsregister eingetragen ist (s. vorne 4).

7.2 Zweigniederlassung eines Unternehmens mit Hauptsitz im Ausland

264 *Die Firma der Zweigniederlassung eines Unternehmens mit Hauptsitz im Ausland muss nebst der Firma der Gesellschaft zwingend die Ortsangabe des Hauptsitzes, den Ort der Zweigniederlassung sowie die ausdrückliche Bezeichnung als Zweigniederlassung enthalten (s. Art. 952 Abs. 2 OR und Art. 70 Abs. 2 HRegV).*

Die Firma von Zweigniederlassungen ausländischer Unternehmen untersteht an sich dem schweizerischen Recht. Überprüft werden dürfen jedoch grundsätzlich nur die für die Zweigniederlassung vorgesehenen Zusätze.

265

Beispiel: Die Firma der in Zug ansässigen Zweigniederlassung der ausländischen Gesellschaft "Fragrance Smith Ltd." mit Sitz in London lautet: "Fragrance Smith Ltd., London (GB), Zweigniederlassung Zug".

266

Gelegentlich befinden sich Zweigniederlassungen von Unternehmen mit Hauptsitz im Ausland in Gemeinden, die im Ausland unbekannt sind. Obwohl in der Praxis ein legitimes Bedürfnis besteht, beispielsweise statt der Angabe eines unbekannten Vorortes als Sitzbezeichnung einen Städte- oder Kantonsnamen in die Firma aufzunehmen, ist eine genaue Angabe des Sitzes angesichts der politischen Organisation der Schweiz unabdingbar, da juristisch relevant (Gerichtsstand bzw. die Zuständigkeit von Behörden). Es ist jedoch zulässig, die in der Firma enthaltene Bezeichnung des Sitzes der Zweigniederlassung mit einem *erklärenden Ortszusatz* zu versehen.

267

Beispiele: "Light Flight Industries Ltd., Seattle, Branch of Dübendorf near Zürich"; "Semmelrogge GmbH, Wien, Zweigniederlassung in Hubersdorf/Kanton Solothurn"; "ILMALE Pharma SA, Milano, Succursale di Bissone/Svizzera".

268

Die Firmen ausländischer Unternehmen unterstehen grundätzlich dem Recht des Sitzstaates.

269

Die rechtliche Zulässigkeit der Firma ausländischer Unternehmen darf daher bei der Eintragung von Zweigniederlassungen in der Schweiz von den schweizerischen Behörden nicht überprüft werden, *soweit sie nicht gegen den schweizerischen Ordre Public oder das Rechtsmissbrauchsverbot verstossen.*

270

Beispiele:

271 *Sofern die Firma einer ausländischen Aktiengesellschaft nur aus einem Personennamen ohne Angabe eines rechtsformandeutenden Zusatzes besteht, so ist dies mit der schweizerischen Rechtsordnung und der Verkehrssicherheit unvereinbar (s. Art. 950 Abs. 2 OR): "Miller Trading, Wilmington (Delaware/USA), Basel Branch" ist daher als Bezeichnung der Zweigniederlassung einer Kapitalgesellschaft unzulässig. Die Firma der Zweigniederlassung kann nur mit der Angabe des rechtsformandeutenden Zusatzes im schweizerischen Handelsregister eingetragen werden ("Miller Trading Ltd, Wilmington (Delaware/USA), Basel Branch").*

272 *Sofern die Firma eines Einzelunternehmens oder einer Personengesellschaft mit Sitz im Ausland nur aus einer Fantasiebezeichnung besteht, ohne dass der Name des Inhabers oder eines Gesellschafters in der Firma aufgeführt wird, so ist dies mit der schweizerischen Rechtsordnung und der Verkehrssicherheit unvereinbar (s. Art. 945 Abs. 1 OR): "OMOLGEX, Sofia, Zürich Branch" ist daher als Bezeichnung der Zweigniederlassung eines Einzelunternehmens oder einer Personengesellschaft unzulässig. Die Firma der Zweigniederlassung kann nur mit der Angabe des Namens des Geschäftsinhabers oder eines Gesellschafters (mit einem das Gesellschaftsverhältnis andeutenden Zusatz) im schweizerischen Handelsregister eingetragen werden.*

8 Firmenidentität

8.1 Allgemeine Grundsätze zur Feststellung der Identität

Eine im Handelsregister eingetragene Einzelfirma darf von keinem andern Geschäftsinhaber an demselben Orte verwendet werden, selbst dann nicht, wenn er den gleichen Vor- und Familiennamen hat, mit dem die ältere Firma gebildet worden ist (Art. 946 Abs. 1 OR). 273

Die Vorschriften über die Ausschliesslichkeit der eingetragenen Einzelfirma gelten auch für die Firma der Kollektivgesellschaft, der Kommanditgesellschaft, der Kommanditaktiengesellschaft und, sofern deren Firma Personennamen enthält, für die Gesellschaft mit beschränkter Haftung (Art. 951 Abs. 1 OR). 274

Die Firmen von Aktiengesellschaften und Genossenschaften müssen sich von jeder in der Schweiz bereits eingetragenen Firma deutlich unterscheiden; das gleiche gilt ebenfalls für Gesellschaften mit beschränkter Haftung, deren Firmen keine Personennamen enthalten (Art. 951 Abs. 2 OR). 275

Zur Gewährleistung des Rechts auf ausschliesslichen Gebrauch an der eingetragenen Firma auf nationaler Ebene führt das Eidgenössische Amt für das Handelsregister (EHRA) ein zentrales Verzeichnis aller in der Schweiz eingetragenen Firmen juristischer Personen (*Firmenzentralregister;* s. Art. 119 HRegV). 276

277 | *Nach der Rechtsprechung des Bundesgerichts müssen die Handelsregisterbehörden die Eintragung einer identischen Firma von Amtes wegen verweigern, dürfen aber nicht eine Anmeldung mit der Begründung abweisen, es bestehe eine - wie auch immer geartete - Ähnlichkeit mit bereits eingetragenen Firmen (BGE 55 I 189).*

278 Die Prüfung der Handelsregisterbehörden beschränkt sich neben der Prüfung der Rechtmässigkeit der Firma auf die Feststellung der Firmenidentität. Gegebenenfalls wird eine neu eingetragene identische Firma zurückgewiesen.

279 Die Frage, ob zwei Firmen ähnlich und dadurch verwechselbar sind, hat das zuständige Gericht zu beurteilen (s. Art. 956 OR).

280 Da sich in der Praxis verschiedene Unklarheiten ergeben haben, sind die Regeln zur Beurteilung der Firmenidentität durch die Handelsregisterbehörden in dieser Weisung neu festzulegen. Die Frage der Identität kann jedoch aufgrund einer Vielzahl für das Erscheinungsbild massgebender Elemente nicht allgemeingültig abstrakt umschrieben, sondern muss letztlich fallweise beurteilt werden.

281 Dabei ist zu beachten, dass die Rückweisung von Amtes wegen eine einschneidende Massnahme darstellt, dass die Bildung ähnlicher Firmen in der Praxis verbreitet einem Bedürfnis entspricht (insb. zum Erkenntlichmachen einer Gruppenzugehörigkeit) und dass im Streitfall zur Beurteilung ähnlicher Firmen der Richter zuständig ist. Demnach müssen bereits qualitativ geringe, aber kennzeichnungskräftige Unterschiede zur Verneinung der Identität von Firmen genügen.

8.1.1 Gesamteindruck der Firmen als Beurteilungsgrundlage für die Identität

> *Die Firmenidentität beurteilt sich auf der Grundlage des Gesamteindrucks, den die fraglichen Firmenbezeichnungen beim Betrachter erzeugen. Ausgangspunkt - aber nicht alleine massgebend - ist dabei die Zeichenfolge.*

282

Die Beurteilung der Firmenidentität beschränkt sich gemäss Rechtsprechung des Bundesgerichts nicht nur auf die absolute Identität der Zeichenfolge, sondern hat dem Gesamteindruck, den die fraglichen Firmenbezeichnungen im Erinnerungsbild des Betrachters hinterlassen, Rechnung zu tragen (vgl. dazu die Erwägungen von BGE 55 I 189).

283

Aus diesem Grunde sind die nachfolgend aufgeführten Abweichungen von der Zeichenfolge für die Identitätsfrage insofern von Belang, als diese Bestandteile und Merkmale aus der Optik des Publikums nicht geeignet sind, die zu beurteilenden Firmen hinreichend voneinander zu unterscheiden.

284

8.1.2 Nicht unterscheidungsfähige Bestandteile und Merkmale

Verschiedene Firmenbestandteile oder Merkmale sind bei übereinstimmender Zeichenfolge nicht geeignet, die jüngere Firma hinreichend von der bereits eingetragenen zu unterscheiden. Für den Gesamteindruck, den Firmen beim Betrachter hinterlassen, erscheinen diese geringfügigen Unterschiede als nicht relevant, da diese Bestandteile und Eigenheiten letztlich nicht einprägsam und somit nicht unterscheidungskräftig sind.

285

286 Unter Vorbehalt des Gesamteindruckes sind die folgenden Eigenschaften der Schreibweise von Firmen im allgemeinen nicht unterscheidungskräftig:

287
> - *Gross- / Kleinschreibung*

288 *Beispiel: "XL Fast Burger AG" = "XL FAST BURGER AG".*

289
> - *Lücken (Zeichen- bzw. Wortabstände)*

290 *Beispiel: "XL Fast Burger AG" = "XLFastburger AG" = "XL-Fast-Burger-AG".*

291
> - *Interpunktionszeichen*

292 *Beispiel: "XL Fast Burger AG" = "XL-Fast-Burger-AG" = "XL! Fast, Burger-AG".*

293
> - *Umlaute (ae = ä; oe = ö; ue = ü)*

294 Dies gilt auch für Firmen mit einem Personennamen.

295 *Beispiel: "Heinrich Mäder AG" = "Heinrich Maeder AG".*

296
> - *diakritische Zeichen (e = é = è = ê = ë)*

297 *Beispiel: "étoile énergie sarl" = "Etoile Energie SARL".*

298
> - *ph = f; tz = z; c = k = ck; dt = t*

299 Die verschiedenen Schreibweisen von Wörtern (Rechtschreibereform!) können unter Berücksichtigung des Gesamteindruckes dazu führen, dass Firmen als identisch zu werten sind.

300 *Beispiele: "Even faster Foto-Service AG" = "Even faster Photo Service AG"; "Arte Produktion AG" = "Arte Production GmbH".*

301 Je nach den Umständen ist aber unter Berücksichtigung des Gesamteindruckes auch möglich, dass verschiedene Schreibweisen als hinreichend unterscheidungsfähig gel-

ten können, was inbesondere bei Personennamen zutreffen dürfte.

| - *Ziffern = ausgeschriebene Zahlen* |

302

Ziffern und ausgeschriebene Zahlen sind in der Regel gleichbedeutend und daher identisch.

303

Beispiel: "Auberge des 13 étoiles SA" = "Auberge des Treize étoiles SA".

304

Erhält die Firma durch die Verwendung von Zahlen statt Buchstaben einen neuen Sinngehalt, ist die Identität der Firmen zu verneinen.

305

Beispiel: "ONE FOR YOU GMBH" ≠ "1-4-U GmbH".

306

| - *Inversionen von Elementen* |

307

Inversionen an sich identischer Firmenelemente sind unter Berücksichtigung des Gesamteindruckes unter Umständen nicht ausreichend, die Unterscheidbarkeit zweier Firmen zu gewährleisten.

308

Beispiel: "Huber Transporte AG" = "Transporte Huber AG".

309

Erhält die Firma durch die Inversion der an sich identischen Elemente einen neuen Sinngehalt, ist die Identität der Firmen zu verneinen.

310

Beispiele: "Muster Feldblumen GmbH" ≠ "Muster Blumenfeld GmbH"; "Rocher Lunettes à soleil SA" ≠ "Rocher Soleil à lunettes SA".

311

| - *rechtsformandeutende und amtliche Zusätze* |

312

Bei juristischen Personen soll beim Wechsel der Rechtsform (Umwandlung) die bisherige Firma beibehalten werden können. Deshalb wird am Grundsatz festgehalten, wonach die rechtsformandeutenden Zusätze bei juristischen Personen unter dem Blickwinkel der Firmenidentität nicht unterscheidungskräftig sind.

313

314 *Beispiel: "Brash AG" = "Brash GmbH" = "Genossenschaft Brash".*

315 Eine eingetragene Firma wahrt ihr Ausschliesslichkeitsrecht *bis zur Löschung*. Dies gilt unabhängig davon, ob die Gesellschaft aufgelöst oder ein Nachlassvertrag mit Vermögensabtretung abgeschlossen wurde. Die entsprechenden Firmenzusätze sind aus der Optik des Publikums nicht unterscheidungskräftig. Der Auflösungsbeschluss kann zudem nach der neusten Rechtsprechung des Bundesgerichts widerrufen werden (BGE 4A.6/1995 vom 18. Juli 1998).

316 *Beispiel: "ATOS AG in Liquidation" = "ATOS GmbH".*

8.1.3 Unterscheidungsfähige Bestandteile und Merkmale

317 Bestimmte Firmenmerkmale gelten unter Berücksichtigung des Gesamteindrucks als unterscheidungsfähig, auch wenn sie eine grosse Ähnlichkeit der Firmen bewirken können. Die Frage der Identität ist insbesondere in folgenden Fällen zu verneinen:

318
- *Klang (Ausspracheidentität)*

319 Der Wortklang ist in der Regel nicht ausschlaggebend. Die Ausspracheidentität bewirkt bei abweichender Zeichenfolge nicht notwendigerweise die Identität zweier Firmen.

320 *Beispiel: "Thiim GmbH" ≠ "Team GmbH".*

321 Unter Berücksichtigung des Gesamteindruckes kann eine identische Aussprache unter Umständen ein Element sein, das auf die Identität zweier Firmen schliessen lässt.

- *Bild (Silben- und Buchstabenzahl; Wortlänge)*

Das Schriftbild ist nicht ausschlaggebend. Sobald die Zeichenfolge nicht übereinstimmt, ist grundsätzlich keine Firmenidentität gegeben. 323

Beispiel: "AA Power Fitness GmbH" ≠ "AAA POWER FITNESS GMBH". 324

- Sinngehalt

325

Der Sinngehalt einer Firma ist für die Beurteilung der Identität nicht massgebend. 326

Beispiel: "QX Holding AG" ≠ "QX Beteiligungen AG". 327

Eigenheiten der Firmenbildung, die für den Aspekt der Firmenidentität als unterscheidungsfähig gelten, können je nach den Umständen unter dem Blickwinkel der durch den Richter zu beurteilenden Firmenähnlichkeit nicht als ausreichende Unterscheidungsmerkmale erscheinen. 328

8.2 Verhältnis der fremdsprachigen Firmenfassungen zur Firmenidentität

Alle im Handelsregister eingetragenen fremdsprachigen Firmenfassungen geniessen denselben firmenrechtlichen Ausschliesslichkeitsschutz (s. Art. 946 und 951 OR) wie die Originalfassung (s. Art. 46 Abs. 2 HRegV). 329

Der Schutz beschränkt sich demnach nicht bloss auf Fassungen in den schweizerischen Amtssprachen, sondern auf alle eingetragenen sprachlichen Fassungen (s. BGE 27 II 520 (vom 22. November 1901) in Sachen "Anglo-Swiss Condensed Milk Company" gegen "Schweizerische Milchgesellschaft"). 330

Beispiele:

331 ∞ *"Sosa Blumen AG" ≠ "Sosa Fleurs SA" ≠ "Sosa Fiori SA" (keine Firmenidentität);*

332 ∞ *"Sosa Blumen AG (Sosa Fleurs SA)" = "Sosa Fleurs SA" (Identität gegeben).*

333 > Im Handelsregister nicht eingetragene Übersetzungen der Firma geniessen keinen firmenrechtlichen Schutz (vgl. Art. 46 Abs. 2 HRegV).

334 Eine Ausdehnung des Ausschliesslichkeitsrechts auch auf nicht im Handelsregister eingetragene Übersetzungen der Firma wäre unpraktikabel; die Ausschliesslichkeit der Firma liesse sich nicht gewährleisten.

335 *Beispiel: Sofern die "Berger Bau GmbH" die französischsprachige Fassung "Construction Berger SARL" nicht im Handelsregister hat eintragen lassen, kann eine andere Gesellschaft mit der Firma "Construction Berger SARL" im Handelsregister eingetragen werden.*

336 Vorbehalten bleibt der Rechtsschutz aufgrund der Firmenähnlichkeit und aus Wettbewerbsrecht.

8.3 Ausnahme bei Fusionen

337 > Anlässlich einer Fusion darf die übernehmende Gesellschaft die Firma der absorbierten Gesellschaft annehmen.

338 Wird die zu absorbierende Gesellschaft aufgelöst, geht ihr Vermögen mit der Eintragung der Fusion uno actu auf die übernehmende Gesellschaft über. Die absorbierte Gesellschaft ist dadurch rechtlich nicht mehr existent, da sie vollumfänglich in der übernommenen Gesellschaft aufgegangen ist. Aus Gründen des Gläubigerschutzes bleibt sie jedoch de lege lata im Handelsregister noch eingetragen (s. Art. 748 OR). Nimmt die übernehmende

Gesellschaft die Firma der absorbierten an, sind daher formell zwar zwei identische Firmen eingetragen, doch handelt es sich materiell um dasselbe Rechtssubjekt, so dass weder eine relevante Täuschungsgefahr besteht, noch das Ausschliesslichkeitsrecht an der eingetragenen Firma verletzt wird.

Sofern der Fusionsbeschluss hinfällig werden sollte, muss erforderlichenfalls nach dem in Artikel 60 und 61 HRegV vorgesehenen Verfahren eine Firmenänderung herbeigeführt werden. 339

9 Vereins- und Stiftungsnamen

9.1 Grundsatz

340 *Vereine und Stiftungen haben keine Firma gemäss Artikel 944 ff. OR, sondern einen Namen im Sinne des Persönlichkeits- und Namensrechts (s. Art. 29 ZGB; Anhang 1).*

341 *Rein firmenrechtliche Vorschriften (Art. 944 ff. OR) sind daher bei Vereins- und Stiftungsnamen grundsätzlich nicht anwendbar (s. BGE 103 Ib 6 ff.).*

342 *Die allgemeinen Bestimmungen für Handelsregistereintragungen gelten jedoch auch für Vereins- und Stiftungsnamen (s. Art. 38 Abs. 1, 44 HRegV); so namentlich das Wahrheitsgebot, das Täuschungsverbot und der Vorbehalt der öffentlichen Interessen.*

343 Sofern der Name eines Vereins oder einer Stiftung einen oder mehrere Familiennamen enthält, ist die Bezeichnung als "Verein" oder "Stiftung" im Namen aufzuführen, damit Verwechslungen mit Einzelunternehmen oder Personengesellschaften ausgeschlossen sind.

344 *Beispiel: Zulässig: "Stiftung Emil und Ida Muster".*

345 Der Name eines Vereins oder einer Stiftung muss als solcher erkennbar sein und ist erforderlichenfalls mit der Angabe der Rechtsform zu versehen (s. vorne 3.3).

346 *Beispiele: Zulässig: "Verein Schützt die Natur!"; "Stiftung XYZ".*

347 Ein Vereins- oder Stiftungsname ist unzulässig, wenn ein Bestandteil desselben auf eine unzutreffende Rechtsform hindeutet.

Beispiele: "Milchgenossenschaft Hintertal" kann nicht Name eines Vereins sein. "X Versicherungen, Schweizerische Gesellschaft für Kranken- und Unfallversicherungen" kann nicht Name einer Stiftung sein. 348

9.2 Zweigniederlassungen

Der Name einer Zweigniederlassung eines Vereins oder einer Stiftung muss aus Gründen des Täuschungsverbotes denselben Anforderungen genügen wie die Firma einer Zweigniederlassung. 349

9.2.1 Zweigniederlassungen von Vereinen

Sektionen (Zweigvereine, Gruppen, Untervereine) dezentral organisierter und strukturierter Vereine sind rechtlich nur dann als Zweigniederlassungen zu qualifizieren, wenn sie ein nach kaufmännischer Art geführtes Gewerbe betreiben. Gemäss Artikel 61 Absatz 2 ZGB ist die Zweigniederlassung diesfalls zur Eintragung verpflichtet und muss im Rechtsverkehr als solche erkennbar sein. 350

Entweder hat die Zweigniederlassung denselben Namen wie der Verein zu führen oder der Name der Zweigniederlassung darf nebst dem Vereinsnamen einen spezifischen Zusatz enthalten. 351

Zweigniederlassungen ausländischer Vereine, die ein nach kaufmännischer Art geführtes Gewerbe betreiben haben dieselben Zusätze in den Namen aufzunehmen wie Zweigniederlassungen ausländischer Gesellschaften in ihre Firma (analog Art. 952 Abs. 2 OR). 352

9.2.2 Zweigniederlassungen von Stiftungen

353 Grundsätzlich ist auch bei Stiftungen die Errichtung von Zweigniederlassungen denkbar. Für den Namen der Zweigniederlassung einer Stiftung gelten diesfalls dieselben Regeln wie bei Zweigniederlassungen von Vereinen.

9.3 Kein Ausschliesslichkeitsschutz

354 *Da der firmenrechtliche Ausschliesslichkeitsanspruch im Namensrecht keine Anwendung findet, müssen identische Vereins- und Stiftungsnamen im Handelsregister eingetragen werden. Vereins- und Stiftungsnamen, die mit Firmen von Handelsgesellschaften oder Genossenschaften identisch sind, müssen ebenfalls eingetragen werden.*

355 Die Eintragung identischer Vereins- und Stiftungsnamen ist jedoch abzulehnen, sofern dies aufgrund des Täuschungsverbotes oder zum Schutz öffentlicher Interessen erforderlich ist. Dies dürfte namentlich bei gesamtschweizerischen Vereinen und Stiftungen der Fall sein.

356 Namensanmassungen können entweder mit den spezifischen namensrechtlichen Schutzbestimmungen (s. Art. 29 ZGB; Anhang 1) oder mit dem Kennzeichenschutz des Bundesgesetzes gegen den unlauteren Wettbewerb (s. Art. 3 Bst. d UWG; Anhang 1) unterbunden werden.

10 Liquidation, Konkurs, Nachlassvertrag mit Vermögensabtretung und Wiedereintragung

10.1 Auflösung einer Gesellschaft

Die Firma einer aufgelösten juristischen Person ist von Amtes wegen mit dem Zusatz "in Liquidation" oder "in liq." zu ergänzen und muss zwingend in dieser Form im Rechtsverkehr verwendet werden (s. Art. 739 Abs. 1, 823 Abs. 1, 913 Abs. 1 OR; Anhang 1).

357

Der Auflösungsgrund der Gesellschaft ist unbeachtlich (statutarischer Auflösungsgrund, durch Beschluss des zuständigen Organs, durch Konkurseröffnung, durch richterliches Urteil sowie weitere gesetzliche Gründe). In jedem Falle ist die Firma mit dem Liquidationszusatz zu versehen (s. Art. 736 i. V. m. 739 Abs. 1 OR; Anhang 1).

358

Sofern eine Gesellschaft aufgelöst wird und ins Liquidationsstadium tritt, kann die Firma nicht mehr geändert werden.

359

Das Gesetz schreibt vor, dass die Gesellschaft ihre *bisherige Firma mit dem Zusatz "in Liquidation" weiterführt* (s. Art. 739 Abs. 1 OR). Eine Gesellschaft kann ihre Firma daher bis vor dem Auflösungsbeschluss ändern und in derselben Anmeldung die Eintragung der Firmenänderung und der Auflösung beantragen. In der Handelsregistereintragung ist ausdrücklich auf die Änderung der Firma

360

hinzuweisen und die neue Firma mit dem Liquidationsvermerk zu versehen.

361 *Fremdsprachige Firmenfassungen sind mit dem Liquidationszusatz zu versehen, sofern sie nicht gelöscht werden.*

362 "en liquidation" (französisch); "in liquidazione" (italienisch); "in liquidation" (englisch).

363 *Wird die Auflösung widerrufen, so entfällt der Liquidationszusatz.*

364 Ein Einzelunternehmen wird im rechtstechnischen Sinn weder aufgelöst noch liquidiert, da nicht zwischen dem Geschäfts- und Privatvermögen unterschieden wird. Der Zusatz "in Liquidation" ist bei einem Einzelunternehmen *nicht* zutreffend und daher nicht eintragungsfähig.

10.2 Auflösung durch Konkurs

365 *Wird über ein im Handelsregister eingetragenes Rechtssubjekt der Konkurs eröffnet, so hat der Handelsregisterführer nach Empfang der vollstreckbaren gerichtlichen Mitteilung die dadurch bewirkte Auflösung der Gesellschaft oder Genossenschaft unverzüglich in das Handelsregister einzutragen (Art. 176 SchKG und Art. 939 OR).*

366 *Die Firma der infolge Konkurseröffnung aufgelösten Handelsgesellschaft oder Genossenschaft ist mit dem Liquidationszusatz zu versehen.*

367 *Beispiel: Die Gesellschaft wird infolge Konkurseröffnung durch Urteil vom ... des Gerichts ... aufgelöst. Firma neu: <u>X AG in Liquidation</u>.*

Wird das Konkursverfahren mangels Aktiven eingestellt, hat der Handelsregisterführer diese Tatsache nach Empfang der gerichtlichen Mitteilung unverzüglich einzutragen. 368

Die Firma behält auch für den Fall der Einstellung des Konkurses mangels Aktiven den Liquidationszusatz bei. 369

Artikel 66 Absatz 2, 3. Satz HRegV ("Ist der Einspruch berechtigt, so ist die Firma mit dem Zusatz "in Liquidation" einzutragen"; s. Anhang 1) ist gegenstandslos, da die Firma seit der Konkurseröffnung den Liquidationszusatz enthält. 370

Wird der Konkurs widerrufen, so entfällt der Liquidationszusatz. 371

10.3 Nachlassvertrag mit Vermögensabtretung

Ist die Schuldnerin im Handelsregister eingetragen, so ist der Firma der Zusatz "in Nachlassliquidation" beizufügen. 372

Dies gilt für jede Rechtsform (s. Art. 319 Abs. 2 SchKG; Anhang 1). 373

Fremdsprachige Firmenfassungen sind mit dem Nachlassliquidationszusatz zu versehen, sofern sie nicht gelöscht werden. 374

"en liquidation concordataire" (französisch); "in liquidazione concordataria" (italienisch); "in liquidation with voluntary assignment" (englisch) 375

10.4 Firmenausschliesslichkeit bei Firmen mit Liquidationszusätzen

376 *Die Firma einer juristischen Person, die den Zusatz "in Liquidation" oder "in Nachlassliquidation" enthält, wahrt den firmenrechtlichen Ausschliesslichkeitsanspruch bis zur Löschung.*

377 Die Eintragung einer identischen Firma vor der Löschung der in Liquidation befindlichen juristischen Person wird abgewiesen. Die Liquidationszusätze vermögen das Ausschliesslichkeitsrecht an der eingetragenen Firma nicht aufzuheben; aus einer neuen Eintragung derselben Firma könnten sich bis zur Löschung der in Liquidation befindlichen Gesellschaft Täuschungen ergeben, dies insbesondere wenn auch die zweite Gesellschaft in Liquidation tritt.

378 *Beispiel: Die Eintragung einer "Saure Gurke GmbH" ist abzuweisen, wenn bereits eine "Saure Gurke AG in Liquidation" besteht.*

10.5 Firma der Zweigniederlassung

379 *Wird eine Zweigniederlassung infolge Auflösung der Gesellschaft oder Genossenschaft nicht unverzüglich im Handelsregister gelöscht, ist auch die Firma der Zweigniederlassung mit dem Liquidationszusatz zu versehen.*

380 Die Auflösung der Gesellschaft (am Hauptsitz) bewirkt eine Änderung im Register der Zweigniederlassung. Diese Tatsache muss daher dem Handelsregisteramt der Zweigniederlassung mitgeteilt werden (s. Art. 74 Abs. 1 HRegV).

Beispiel: "Morsch & Mürbe AG in Liquidation, Zweigniederlassung Hilferdingen". 381

10.6 Vereins- und Stiftungsnamen

Wird ein Verein oder eine Stiftung aufgelöst, ist der Name mit dem Liquidationszusatz zu ergänzen (Art. 58 ZGB i. V. m. Art. 913 und 739 OR). 382

10.7 Wiedereintragung

Eine gelöschte Gesellschaft kann unter bestimmten Voraussetzungen (Glaubhaftmachung der Forderung; Wiedereintragung als einziger Behelf, die Ansprüche geltend machen zu können; s. BGE 87 I 303; 100 Ib 37; 115 II 276) auf Antrag der Gläubiger wiedereingetragen werden, damit noch aufgefundene Aktiven verwertet werden können oder damit ein anstehender Rechtsstreit durchgeführt werden kann. 383

Bei der Wiedereintragung ist die Firma mit dem Liquidationszusatz zu versehen. 384

In der Handelsregistereintragung ist ausdrücklich darauf hinzuweisen, dass die Gesellschaft auf Antrag der Gläubiger wiedereingetragen wird. 385

Beispiel: <u>Mürb GmbH in Liquidation</u>, in Hintermatt (letzte SHAB-Referenz). Die Gesellschaft wird auf Antrag eines Gläubigers wieder eingetragen. (Gegebenenfalls Angabe des Liquidators und des Liquidationsdomizils). 386

387 > *Bei der Wiedereintragung einer gelöschten Firma muss diese mit einem Zusatz versehen werden, wenn seit ihrer Löschung im Handelsregister eine identische Firma eingetragen wurde.*

388 *Beispiel: "Alte Morsch AG in Liquidation" oder "Wiedereingetragene Morsch AG in Liquidation".*

389 Dieser Zusatz ist nötigenfalls von Amtes wegen in die Firma aufzunehmen, sofern das Unternehmen nicht mehr über die dafür zuständigen Organe verfügt.

11 Namen und Sigel internationaler Organisationen

390 > *Namen und Sigel internationaler Organisationen dürfen grundsätzlich nicht als Bestandteil in eine Firma oder in einen Namen aufgenommen werden.*

391 Solche Bezeichnungen sind gestützt auf die Bundesgesetze zum Schutz des Zeichens und des Namens des Roten Kreuzes (SR 232.22) und zum Schutz von Namen und Zeichen der Organisation der Vereinten Nationen und anderer zwischenstaatlicher Organisationen (SR 232.23) *absolut geschützt*.

392 Ausnahmsweise kann eine gesperrte Bezeichnung mit schriftlicher Zustimmung der betroffenen Organisation in die Firma oder in den Namen aufgenommen werden.

393 *Beispiel: "EPA AG" (EPA ist das Zeichen des Europäischen Patentamts).*

394 Liste der geschützten Sigel und Bezeichnungen s. Anhang 2

12 Inkrafttreten

Die vorliegende Weisung richtet sich an die kantonalen Handelsregisterämter. Sie wird ihnen und ihren Aufsichtsbehörden schriftlich mitgeteilt und tritt am 1. Januar 1998 in Kraft. 395

Die folgenden Mitteilungen, Kreis- und Rundschreiben, Weisungen und sonstigen Schreiben des EHRA und des EJPD werden durch diese Weisung aufgehoben: 396

- Die **Mitteilung vom 3. Februar 1932** betreffend "Handelsregister, Rechtsnormen im Zusammenhang mit Firmen- und Gesellschaftsrecht";
- Die **Mitteilung vom 10. April 1935** betreffend "Verwendung von Kurzbezeichnungen als Firma oder Firmenbestandteil";
- Die **Mitteilung vom 8. April 1936** betreffend "Einschränkungen zur Verwendung bestimmter Bezeichnungen im Zusammenhang mit der Handelsregistereintragung und insbesondere der Firmenbildung";
- Die **Mitteilung vom 7. Oktober 1943** betreffend "Verwendung der Bezeichnung "gemeinnützig" in Firmen";
- Die **Mitteilung vom 11. August 1945** betreffend die Eintragung von Exportunternehmungen;
- Die **Mitteilung vom 5. Januar 1948** betreffend "Schreibweise von Firmen";
- Die **Mitteilung vom 30. April 1948** betreffend "Phantasiefirmen, die von nationalen und territorialen Bezeichnungen abgeleitet werden";
- Die **Mitteilung vom 2. Februar 1950** betreffend den Zusatz "in Nachlassliquidation";
- Das **Kreisschreiben vom 17. September 1956** betreffend "Eintragung der zusammengesetzten Familiennamen";
- Die **Mitteilung vom 5. März 1966** betreffend "Verwendung der Ausdrücke "Fabrik" und "Werk"";

- Die **Weisung vom 25. Oktober 1971** betreffend "Verzeichnis der Firmenzusätze";
- Die **Weisung vom Januar 1977** betreffend "Prüfung bestimmter Firmenbestandteile mit reklamehaftem Charakter";
- Die **Weisung vom 21. April 1978** betreffend "Schreibweise von Firmen im Handelsregister";
- Die **Rundschreiben vom 15. Dezember 1987 und 20. April 1989** betreffend "Auswirkungen des neuen Eherechts auf die Handelsregisterführung";
- Der **Brief des EHRA vom 7. Dezember 1992** betreffend die Rückübertragung der Prüfungszuständigkeit im Firmenrecht an die kantonalen Handelsregisterämter;
- Die **Weisung vom 8. Februar 1993** betreffend "Bildung der Firma im Konkurs";
- Die **Mitteilung vom Dezember 1996** betreffend "Liberalisierung der Praxis im Bereich des Firmenrechts".

Stand: 15. Oktober 2004

EIDGENÖSSISCHES AMT
FÜR DAS HANDELSREGISTER

BUNDESAMT FÜR JUSTIZ
OFFICE FÉDÉRAL DE LA JUSTICE
UFFICIO FEDERALE DI GIUSTIZIA
UFFIZI FEDERAL DA GIUSTIA

Eidgenössisches Amt für das Handelsregister
Office fédéral du registre du commerce
Ufficio federale del registro di commercio
Uffizi federal dal register da commerzi

Erwerb von Grundstücken durch Personen im Ausland; Richtlinien für die kantonalen Handelsregisterämter

1. Einleitung

11   Eine Änderung des Bundesgesetzes vom 16. Dezember 1983 über den Erwerb von Grundstücken durch Personen im Ausland (BewG, SR 211.412.41) und der Verordnung vom 1. Oktober 1984 über den Erwerb von Grundstücken durch Personen im Ausland (BewV, SR 211.412.411) haben unser Amt veranlasst, die Richtlinien für die Handelsregisterämter zu überarbeiten.

12   Am 30. April 1997 verabschiedete die Bundesversammlung eine Änderung des BewG, welche der Bundesrat mit Beschluss vom 10. September 1997 (AS 1997 2086) auf den 1. Oktober 1997 in Kraft setzte. Gleichzeitig passte er die BewV an (AS 1997 2122). Mit der Gesetzesänderung wird insbesondere der Erwerb eines Grundstücks, das der Ausübung einer wirtschaftlichen Tätigkeit dient (sogenanntes Betriebsstätte-Grundstück), von der Bewilligungspflicht befreit (Art. 2 Abs. 2 lit. a und Abs. 3 BewG).

13   Die Aufhebung der Bewilligungspflicht für den Erwerb von Betriebsstätte-Grundstücken bringt auch eine Änderung für den Vollzug des Gesetzes durch das Handelsregisteramt mit sich. Es trägt eine Anmeldung nur noch dann nicht in das Handelsregister ein und verweist die anmeldende Person an die zuständige kantonale Bewilligungsbehörde, wenn die Eintragung in das Handelsregister im Zusammenhang mit einer Beteiligung einer Person im Ausland an einer vermögensfähigen Gesellschaft ohne juristische Persönlichkeit oder an einer juristischen Person steht, deren Zweck (auch) der Erwerb von oder der Handel mit Grundstücken ist, die nicht als ständige Betriebsstätte dienen (Art. 2 Abs. 2 lit. a BewG). Gemäss Art. 3 BewV handelt es sich nicht um ein Betriebsstätte-Grundstück, wenn das Grundstück für die Erstellung oder gewerbsmässige

23.11 der Erwerber die ihm gesetzte Frist von 30 Tagen nicht eingehalten hat, um eine Bewilligung oder die Feststellung einzuholen, dass er keiner Bewilligung bedarf (Art. 18 Abs. 1 BewG);

23.12 die Bewilligung für die Eintragung verweigert oder (vor der Anmeldung) widerrufen worden ist (Art. 18 Abs. 1 BewG).

23.2 Weist das Handelsregisteramt eine Anmeldung aus einem Grund ab, der im BewG liegt, kann dagegen Beschwerde an die nach BewG zuständige Beschwerdeinstanz erhoben werden (Art. 18 Abs. 3 BewG). Diese Beschwerde tritt an die Stelle der Beschwerde an die kantonale Aufsichtsbehörde gemäss Art. 3 Abs. 3 und 4 HRegV. Weist das Handelsregisteramt dieselbe Anmeldung aus anderen Gründen ab, so ist in dieser Hinsicht die Beschwerde an die kantonale Aufsichtsbehörde gegeben. Das Handelsregisteramt muss die Rechtsmittelbelehrung in der abweisenden Verfügung entsprechend formulieren.

3. Bewilligungspflichtige Eintragungen

31 Grundsatz

31.1 Eine Eintragung in das Handelsregister unterliegt der Bewilligungspflicht des BewG (Art. 18b BewG), wenn - kumulativ - folgende Voraussetzungen erfüllt sind:

31.11 Es handelt sich um eine vermögensfähige Personengesellschaft ohne juristische Persönlichkeit (Kollektiv- und Kommanditgesellschaften, Art. 4 Abs. 1 lit. b BewG) oder juristische Person (Aktien- und Kommanditaktiengesellschaften, Gesellschaften mit beschränkter Haftung sowie Genossenschaften, Art. 4 Abs. 1 lit. e BewG), deren Zweck der Erwerb von oder der Handel mit Grundstücken ist, die keine Betriebsstätte-Grundstücke sind (Art. 2 Abs. 2 lit. a BewV; Art. 3 BewG).

31.12 Eine Person im Ausland (Art. 5 Abs. 1 BewG, Art. 2 Abs. 1 BewV) ist an einer solchen Gesellschaft beteiligt.

32 Die bewilligungspflichtigen Fälle im einzelnen

32.1 Der Anmeldende ist an die Bewilligungsbehörde zu verweisen (vgl. Ziff. 22.1), wenn eine Person im Ausland sich an einer vermögensfähigen Personengesellschaft ohne juristische Persönlichkeit oder an einer juristischen Person beteiligt, deren Zweck auch der Erwerb von oder der Handel mit Grundstücken ist, die keine Betriebsstätte-Grundstücke sind (Art. 4 Abs. 1 lit. b und e BewG; Art. 1 Abs. 1 lit. a und b BewV; vgl. Ziff. 31.11), oder sich eine solche Beteiligung nicht ohne weiteres ausschliessen lässt und wenn es sich um eine folgende Anmeldung handelt:

43 Treuhandgeschäfte

43.1 Als Personen im Ausland gelten auch Schweizerbürger und in der Schweiz niederlassungsberechtigte Ausländer sowie juristische Personen und vermögensfähige Gesellschaften ohne juristische Persönlichkeit mit Sitz in der Schweiz, wenn sie ein Grundstück für Rechnung von Personen im Ausland erwerben (Art. 5 Abs. 1 lit. d BewG).

5. Inkrafttreten

Diese Richtlinie tritt sofort in Kraft. Sie ersetzt die Weisung vom 12. April 1985.

Eidgenössisches Amt für das Handelsregister

Bern, den 13. Januar 1998

Beilage:
Vorschlag für die Erklärung II; diese kann auch in die Erklärung I integriert werden

BUNDESAMT FÜR JUSTIZ
OFFICE FÉDÉRAL DE LA JUSTICE
UFFICIO FEDERALE DI GIUSTIZIA
UFFIZI FEDERAL DA LA GIUSTIA

Eidgenössisches Amt für das Handelsregister
Office fédéral du registre du commerce
Ufficio federale del registro di commercio
Uffizi federal dal register da commerzi

Bern, 15. August 2001

An die kantonalen
Handelsregisterbehörden

Mitteilung betreffend Sacheinlage und Sachübernahme

---

1. Fragestellung

Die Handelsregisterbehörden sehen sich regelmässig mit Problemen im Zusammenhang mit Sacheinlagen und Sachübernahmen konfrontiert. Es soll hier auf zwei Fragen eingetreten werden:

- Bei der Gründung von Aktiengesellschaften durch bisherige Sportvereine (Fussball, Eishockey) ist zu prüfen, ob die Übernahme von Spielerverträgen durch die AG eine Sacheinlage bzw. eine Sachübernahme darstellt.
- Zu prüfen ist weiter, ob Internetseiten und Rechte an Domain-Names Gegenstand von Sacheinlagen oder Sachübernahmen sein können.

2. Die Kognition der Handelsregisterbehörden

Die gesetzlichen Vorschriften für Sacheinlagen sollen gewährleisten, dass das Aktienkapital als minimales Haftungssubstrat der Gesellschaft effektiv aufgebracht wird. Ihre Beachtung ist daher für die Gläubiger von grosser Bedeutung.

Nach der Rechtsprechung kommt den Handelsregisterbehörden auch bei der Anwendung von Normen, die dem Schutz der Rechte Dritter dienen, nur dann eine Prüfungsbefugnis zu, wenn die Rechtsverletzung offensichtlich[1] ist.

Unter Berücksichtigung der Fülle von Auffassungen, die heute in der Literatur zu fast jeder wichtigen Rechtsfrage vertreten werden, darf das Kriterium einer unzweideutigen Rechtsverletzung im Hinblick auf den Schutz der Rechte Dritter nicht so ausgelegt werden, dass den Handelsregisterbehörden nur dann eine Kognition zukommt, wenn keine unterschiedlichen Meinungen vertreten werden. Das Bundesgericht wollte seine Kognitionsformel auch nicht in dem Sinne verstanden haben[2].

Eine Einschränkung der Prüfungsbefugnis der Handelsregisterbehörden im Bereich von Bestimmungen, die für den Schutz Dritter von zentraler Bedeutung sind, er-

---

[1] Vgl. BGE 125 III 18, mit weiteren Hinweisen.
[2] Vgl. bspw. BGE 107 II 246, 249 und 117 II 186, 188 f. (Hinweis auf einen nicht veröffentlichten Entscheid). Vgl. ferner 114 II 68, 70 f.

scheint allerdings grundsätzlich problematisch: Es ist zu beachten, dass den Gläubigern der Rechtsweg im Handelsregisterverfahren nicht offen steht; dies selbst dann nicht, wenn zwingende Normen verletzt werden, die der Gesetzgeber zu ihrem Schutz erlassen hat. Gläubiger und andere in ihren rechtlich geschützten Interessen betroffene Dritte haben keine Möglichkeit, einen zu nachgiebigen Entscheid des Handelsregisterführers durch den Richter überprüfen zu lassen. Ein positiver Eintragungsentscheid ist daher für sie endgültig. Das Kriterium einer offensichtlichen Rechtsverletzung wird aus diesen Gründen durch das Bundesgericht zu hinterfragen sein – so gerade im Hinblick auf die zwingenden Normen zur Kapitalaufbringung.

Ein aktueller Entscheid des Verwaltungsgerichts des Kantons Neuenburg hat die Kognition der Handelsregisterbehörden in Fragen betreffend Sacheinlagen in überzeugender Weise bejaht[3]. Das Gericht hat dabei insbesondere dem Umstand Rechnung getragen, dass der Handelsregisterführer letztlich die einzige Behörde ist, welche Gründungsmängel zum Schutze Dritter beanstanden kann.

3. Die Kriterien für die Beurteilung der Zulässigkeit von Sacheinlagen und Sachübernahmen

Die gesetzliche Regelung lässt offen, welche materiellen Anforderungen an den Gegenstand einer Sacheinlage oder Sachübernahme gestellt werden müssen. In der Lehre, in der Rechtsprechung und in der Praxis der Handelsregisterbehörden wird das Erbringen von Sachwerten als Sacheinlage als zulässig erachtet, wenn folgende vier Voraussetzungen kumulativ erfüllt sind[4]:

- **Bewertbarkeit bzw. Aktivierbarkeit**
  Als Sacheinlage kommen nur Vermögenswerte in Betracht, die einen bestimmten Wert aufweisen und in der Bilanz als Aktivum aufgeführt werden dürfen.

- **Übertragbarkeit**
  Damit die Gesellschaft eine Sacheinlage erwerben kann, muss das entsprechende Objekt bei der Gründung oder Kapitalerhöhung in das Vermögen der Gesellschaft übertragen werden können. Der Übertragung dürfen also keine rechtlichen Hindernisse entgegenstehen (wie z.B. ein vertragliches Zessionsverbot).

- **Verfügbarkeit**
  Die Gesellschaft muss nach ihrer Eintragung ins Handelsregister unverzüglich und bedingungslos über den betreffenden Vermögenswert verfügen können.

- **Verwertbarkeit**
  Das Objekt einer Sacheinlage muss von der Gesellschaft auf Dritte übertragen werden können. Dies ist insbesondere bei der Auflösung der Gesellschaft von Bedeutung. Der eingebrachte Vermögenswert muss verwertbar sein, um den

---

[3] Entscheid des Tribunal administratif de la République et Canton de Neuchâtel vom 7.7.2000; publiziert in REPRAX 2/00, S. 75 ff., deutsche Übersetzung ebenda S. 81 ff.
[4] CHRISTOPH K. WIDMER, Die Liberierung im schweizerischen Aktienrecht, Diss. Zürich 1998, S. 295 ff. PETER BÖCKLI, Schweizer Aktienrecht, 2. Auflage, Zürich 1996, N 69 f.; FORSTMOSER/MEIER-HAYOZ/NOBEL, Schweizerisches Aktienrecht, Bern 1996, § 15 N 10; JOSEPH-ALEXANDER BAUMANN, Gegenstand und Bewertung von Sacheinlagen und Sachübernahmen nach Privat- und Steuerrecht, mit besonderer Berücksichtigung der kantonalen Steuerrechte von Zürich und Thurgau, Diss. Zürich 1972, S. 40 ff.

Gesellschaftsgläubigern als Haftungssubstrat dienen zu können. Die Verwertbarkeit setzt das Bestehen eines zumindest beschränkten Marktes voraus. Zudem muss die Übertragung des Vermögenswertes rechtlich zulässig und rechtsbeständig sein.

4. Der Nutzen einer Sacheinlage für die Gesellschaft

Neben den aufgeführten Kriterien wird in der Lehre – der früheren Handelsregisterpraxis folgend – auch die Voraussetzung erwähnt, dass Vermögenswerte nur dann Gegenstand einer Sacheinlage oder einer Sachübernahme bilden können, wenn sie für die Gesellschaft im Hinblick auf den Gesellschaftszweck einen Nutzen aufweisen. Diese Bedingung erweist sich jedoch weder als hilfreich noch als erforderlich:

- Das Kriterium, ob ein bestimmter Sachwert für eine bestimmte Gesellschaft von Nutzen sei, ist nicht hinreichend justiziabel und daher für die Prüfung der Liberierung des Aktienkapitals ungeeignet. Der Registerführer kann und soll nicht darüber entscheiden, ob ein bestimmter Vermögenswert für die Gesellschaft von Nutzen ist; dies ist Aufgabe der Gesellschaftsorgane.
- Die Sacheinlagevorschriften dienen der Sicherung der Aufbringung des Aktienkapitals als minimales Haftungssubstrat zum Schutz der Gläubiger. Dem Schutz der Gläubiger ist jedoch hinlänglich gedient, wenn die als Sacheinlagen eingebrachten Vermögenswerte rechtlich unbelastet in das Vermögen der Gesellschaft übergeben und verwertbar sind. Welches der konkrete Nutzen der Sacheinlage für die Gesellschaft ist, ist unter dem Gesichtspunkt des Gläubigerschutzes unbeachtlich.

Beispielsweise erscheint die Liberierung des Aktienkapitals einer Schraubenfabrik durch die Sacheinlage eines (nicht gestohlenen) Van Gogh im Hinblick auf die effektive Kapitalaufbringung unbedenklich; dies auch dann, wenn der Van Gogh in einem Banksafe liegt und dort für den statutarischen Gesellschaftszweck („die Produktion von Schrauben") ohne jeden Nutzen bleibt. Das Beispiel zeigt aber auch die fehlende Justiziabilität dieses Kriteriums: Wird der Van Gogh ins Sitzungszimmer gehängt, ist er für die Gesellschaft durchaus von einem gewissen Nutzen. Ein Nutzen für die Gesellschaft lässt sich stets behaupten, manchmal aber kaum objektiv bestimmen.

Aus diesen Gründen hat die jüngere Praxis der Handelsregisterbehörden auf das Kriterium des Nutzens einzubringender Vermögenswerte verzichtet.

In einem Gutachten zuhanden des Eidg. Amts für das Handelsregister wurde der Vorschlag eingebracht, für die Beurteilung der Zulässigkeit von Sacheinlagen statt auf die bisherigen Kriterien primär ausschliesslich auf den aktuellen Nutzen eines Sachwertes für die Gesellschaft abzustellen. Dabei wird von der Funktion des Aktienkapitals als Mittel zur Beschaffung der erforderlichen Produktionsfaktoren ausgegangen[5]. Erst wenn ein solcher aktueller Nutzen nicht vorhanden ist, sollen sekundär die Kriterien der Übertragbarkeit und der Verwertbarkeit zur Beurteilung eines Sachwertes herangezogen werden[6].

---

[5] FORSTMOSER/ZINDEL, Sacheinlagefähigkeit von Transferwerten im Berufssport, Neuausrichtung der Sacheinlagekriterien, REPRAX 2/01, Ziff. III. 1. b., III. 1. e.
[6] FORSTMOSER/ZINDEL, Sacheinlagefähigkeit von Transferwerten im Berufssport, Neuausrichtung der Sacheinlagekriterien, REPRAX 2/01, Ziff. III. 2.

Die Vorschriften zum Mindestkapital und zur Liberierung des Aktienkapitals dienen indessen vorab der Sicherstellung eines minimalen Haftungssubstrats[7] im Hinblick auf das Privileg der Haftungsbeschränkung auf das Gesellschaftsvermögen. Während im erwähnten Gutachten von der Sicht der Gesellschaft im Hinblick auf die Erreichung ihres Zweckes ausgegangen wird, orientieren sich die gesetzliche Regelung und die bisherige Praxis stärker an einer Optik des Gläubigerschutzes[8]. Eine reiche praktische Erfahrung der Handelsregisterführer belegt, dass eine behördliche Durchsetzung der Liberierungsvorschriften für den Schutz Dritter von erheblicher Bedeutung ist. Es wurde bereits gezeigt, dass das Kriterium des Nutzens für die Gesellschaft zur Sicherstellung der effektiven Kapitalaufbringung nicht erforderlich und zudem nicht hinreichend überprüfbar ist[9].

Wir halten nach dem Gesagten ausdrücklich an der bisherigen Praxis fest, wie sie vorne unter Ziffer 3 dargelegt wird. Das Kriterium des Nutzens eines Sachwertes für die Gesellschaft wird entsprechend der jüngeren Übung der Handelsregisterbehörden aufgegeben.

5. Das Einbringen des Wertes von Fussballspielern

Im professionellen Fussball und bei andern Mannschaftssportarten war es lange üblich, dass beim Wechsel eines Spielers in eine andere Mannschaft diese dem bisherigen Klub eine Transfersumme bezahlte. Der Gerichtshof der Europäischen Gemeinschaften erachtete dieses Vorgehen im „Bosman-Urteil[10]" als nicht mit der Personenfreizügigkeit vereinbar, weil die Nichtbezahlung der Transfersumme den betroffenen Spieler daran hinderte, für einen Klub eines anderen Mitgliedstaates tätig zu werden.

Infolge dieses Entscheides wurde die Transferpraxis auf eine andere Grundlage abgestützt: Zwischen den Sportlern und den Fussballklubs werden langjährige Verträge abgeschlossen. Der Vertrag wird jedoch meist vor dem vereinbarten Vertragsende mittels Aufhebungsvertrag aufgelöst, wobei die frühere Transfersumme neu in Form einer Entschädigung für die vorzeitige Auflösung des Vertrages bezahlt wird.

Die Verträge zwischen den Spielern und den Sportklubs enthalten typische arbeitsrechtliche Leistungspflichten und unterliegen daher dem Recht des Arbeitsvertra-

---

[7] BÖCKLI, Schweizer Aktienrecht, 2. Auflage, Zürich 1996, N 38e, 38g, 795; FORSTMOSER/MEIER-HAYOZ/NOBEL, Schweizerisches Aktienrecht, Bern 1996, § 1 N 41 ff., § 49 N 33 ff.; JOSEPH-ALEXANDER BAUMANN, Gegenstand und Bewertung von Sacheinlagen und Sachübernahmen nach Privat- und Steuerrecht, mit besonderer Berücksichtigung der kantonalen Steuerrechte von Zürich und Thurgau, Diss. Zürich 1972, S. 2 f.; CHRISTOPH K. WIDMER, Die Liberierung im schweizerischen Aktienrecht, Diss. Zürich 1998, S. 15 ff.
[8] S. dazu THOMAS GEISER, Fussballspieler als Sacheinlage?, Gutachten zu Handen des Bundesamtes für Justiz, REPRAX 2/01, Ziff. 3.2., 3.5.
[9] Nach FORSTMOSER/ZINDEL soll sich der Handelsregisterführer bei der Beurteilung des konkreten Nutzens eines Sachwertes für die Gesellschaft grundsätzlich auf deren Angaben verlassen dürfen (REPRAX 2/01, Ziff. II. 1. d., FN 32). Wenn die heutigen Kriterien zur Prüfung der Zulässigkeit von Sacheinlagen auf das Bestehen eines Nutzen für die Gesellschaft beschränkt würden, käme dies jedoch weitgehend einem Verzicht auf eine behördliche Prüfung der Liberierung gleich. Vor dem Hintergrund der praktischen Erfahrungen und im Hinblick auf den Schutz Dritter erscheint eine entsprechende Änderung der Praxis nicht sachgerecht.
[10] Urteil des Gerichtshofes der Europäischen Gemeinschaften vom 15. Dezember 1995, Rechtssache C-415/93 in Sachen Union Royal Belge des Sociétés de Football Association ASBL und Mitbeteiligte gegen Jean-Marc Bosman und Mitbeteiligte.

ges[11]. Sie müssen demnach zwingend jederzeit aus wichtigen Gründen aufgelöst werden können (Art. 337 i.V. m. Art. 361 OR). Falls der Arbeitnehmer die Arbeitsstelle ohne wichtigen Grund fristlos verlässt, hat der Arbeitgeber nach Art. 337d OR Anspruch auf eine Entschädigung in der Höhe eines Viertels eines Monatslohnes sowie auf Ersatz eines allfälligen weiteren Schadens.

Die heutige Transferpraxis, die den Vereinswechsel eines Spielers von der Bezahlung einer Ablösesumme abhängig macht, ist mit der gesetzlichen Regelung des Arbeitsvertrages nur insoweit vereinbar, als die Ablösesumme die in Art. 337d OR vorgesehenen Entschädigungen nicht überschreitet. Höher festgesetzte Konventionalstrafen verstossen gegen zwingendes Recht und können im Streitfall nicht durchgesetzt werden. Da die arbeitsvertragsrechtliche Regelung die Freiheit zur Vertragsauflösung beidseitig zwingend in einem bestimmten Mindestmass sicherstellen will, kann diese auch auf dem Wege einer Wandelpön (Art. 160 Abs. 3 OR) nicht weitergehend eingeschränkt werden[12].

Vertraglich vereinbarte Transferzahlungen, die über die gesetzlich zwingend geregelten Entschädigungen bei der Beendigung von Arbeitsverträgen hinausgehen, stellen – ungeachtet ihrer Verbreitung – keine rechtlich geschützten Vermögenswerte dar. Die Kriterien der Bewertbarkeit bzw. Aktivierbarkeit[13] und der Übertragbarkeit dürften erfüllt sein, doch fehlt es an der Verfügbarkeit und vor allem mangels Durchsetzbarkeit an der Verwertbarkeit von solchen Spielerwerten. Die Voraussetzungen für das Einbringen als Sacheinlage in eine Kapitalgesellschaft sind demnach nicht gegeben[14].

Aufgrund der Übereinstimmung der Ordnung von Sacheinlagen und Sachübernahmen können Spielerwerte, welche die arbeitsrechtlich zulässigen Entschädigungen übersteigen, auch nicht Gegenstand einer Sachübernahme sein, dies selbst dann nicht, wenn man den daraus resultierenden Verlust an Transparenz bedauern mag.

6. Das Einbringen von Transfersummen in der Schweizerischen Eishockey Nationalliga

Ein Eishockeyspieler kann den Club mittels Unterzeichnung eines Arbeitsvertrages mit einem anderen Club der Nationalliga wechseln. Der neue Club schuldet dem bisherigen Arbeitgeber eine Transfersumme (sog. Ausbildungs- bzw. Clubwechselentschädigung). Sofern nichts anderes vereinbart wurde, berechnet sich die Höhe gemäss einem Reglement der Nationalliga bzw. des Schweizerischen Eishockeyverbandes. Für den Spieler sind alleine der Arbeitsvertrag bzw. dessen gesetzliche Regelung im schweizerischen Recht massgebend, d.h. der bisherige Arbeitgeber kann gegenüber dem Spieler einzig die Ansprüche gemäss Art. 337d OR geltend machen.

Obwohl diese Lösung die arbeitsrechtlichen Bestimmungen berücksichtigt (die Verpflichtung auf Zahlung der Transfersumme entsteht einzig zwischen den beiden Clubs), erachten wir eine vertiefte Prüfung der Zulässigkeit dennoch als notwendig. Es besteht insbesondere die Möglichkeit, dass das System der Clubwechselent-

---

[11] S. THOMAS GEISER, Fussballspieler als Sacheinlage?, REPRAX 2/01, Ziff. 1.3.
[12] Zu den Schranken, die sich aus dem Arbeitsvertragsrecht für Transferzahlungen ergeben, wird auf die Darstellung von THOMAS GEISER verwiesen: REPRAX 2/01, Ziff. 4.2. ff.
[13] Dazu GIORGIO BEHR, Rechnungslegung im professionellen Mannschaftssport, Die Bilanzierung von Spielerverträgen, Transferrechten und Spielbetrieb, REPRAX 2/01.
[14] Dazu ausführlich THOMAS GEISER, Fussballspieler als Sacheinlage? REPRAX 2/01, Ziff. 4.1. ff.; a.M. FORSTMOSER/ZINDEL, Sacheinlagefähigkeit von Transferwerten im Berufssport, REPRAX 2/01, Ziff. IV.

schädigungen Persönlichkeitsrechte der betroffenen Spieler tangiert (Verhinderung der Arbeitsausübung) bzw. dass diese enge Regulierung des Arbeitsmarktes kartellrechtliche Bestimmungen verletzt. Wir bitten Sie deshalb umgehend, mit uns Rücksprache zu nehmen, wenn Sacheinlagen und -übernahmen von Transfersummen zur Eintragung im Handelsregister angemeldet oder zur Vorprüfung unterbreitet werden. Wir werden mit den Anmeldenden vereinbaren, welche Fragen vorgängig der Eintragung mittels eines Gutachtens eines ausgewiesenen Spezialisten geklärt werden müssen.

7. Das Einbringen von Internetseiten und Domain-Names

Internetseiten bestehen aus Software, grafischer Gestaltung und Text. Alle drei Elemente sind urheberrechtlich geschützt. Urheberrechte sind, sofern der Sacheinleger über sie verfügen kann und einer Weiterübertragung von der Gesellschaft auf einen Dritten keine vertraglichen Vereinbarungen entgegenstehen, grundsätzlich aktivierbar, übertragbar (Art. 16 Urheberrechtsgesetz), verfügbar und verwertbar (Art. 18 Urheberrechtsgesetz). Einer Sacheinlage bzw. -übernahme steht somit prinzipiell nichts im Wege.

Die schweizerische Lehre hat zur Übertragbarkeit, Pfändbarkeit und Verwertbarkeit von Domain-Names noch nicht oder nur am Rande Stellung genommen. In der deutschen Lehre und Judikatur sind diese Fragen umstritten. Abgelehnt wurde die Pfändbarkeit in Deutschland u.a. mit dem Argument, Domain-Names hätten Namensfunktion und sie seien deshalb keine vom Inhaber losgelösten selbständigen Rechte; sie seien aufgrund des höchstpersönlichen Charakters nicht pfändbar. Dass die Registrierungsstelle die Übertragbarkeit von Domain-Names vorsehe, spiele keine Rolle, da es sich nur um eine technische Regel handle, die über die materielle Zulässigkeit der Übertragung eines Domain-Names nichts aussage.

Da die Vorschriften zur Sacheinlage/Sachübernahme die Kapitalaufbringung und somit den Gläubigerschutz betreffen, und die Rechtslage zur Zeit noch nicht geklärt ist, halten wir bis auf weiteres an unserer Praxis fest, Domain-Names aufgrund der fehlenden rechtlichen Sicherstellung der Verwertbarkeit als nicht sacheinlage- bzw. sachübernahmefähig zu qualifizieren. Wir verfolgen die schweizerische Lehre und Rechtsprechung zu dieser Frage aufmerksam und werden gegebenenfalls prüfen, ob unsere Praxis aufgrund der aktuellen Entwicklungen angepasst werden muss.

8. Zusammenfassung

- Die Kognition der Handelsregisterbehörden bei der Prüfung der tatsächlichen Liberierung des Gesellschaftskapitals ist zu bejahen (Ziff. 2).

- Die bisherige Praxis der Handelsregisterbehörden für die Beurteilung von Sacheinlagen und Sachübernahmen wird bestätigt. Massgebende Kriterien sind die Bewertbarkeit, die Übertragbarkeit, die Verfügbarkeit und die Verwertbarkeit (Ziff. 3 und 4).

- Auf das Kriterium eines Nutzens der Sacheinlage oder Sachübernahme für die Gesellschaft im Hinblick auf deren Zweck wird verzichtet (Ziff. 4).

- Auf vereinbarten Transferzahlungen beruhende Spielerwerte von Fussballspielern der Nationalliga können nur insoweit Gegenstand einer Sacheinlage oder Sachübernahme sein, als sie mit den zwingenden arbeitsvertragsrechtlichen Vorschriften vereinbar sind und daher rechtlich geschützte und somit verwertbare Vermögenswerte darstellen (Ziff. 5).

- Die Sacheinlagefähigkeit von Transfersummen der Eishockey Nationalliga ist noch nicht geklärt. Bei Handelsregisteranmeldungen und Gesuchen um Vorprüfungen von Sacheinlagen und -übernahmen von Transfersummen ist deshalb umgehend mit dem Eidg. Amt für das Handelsregister Kontakt aufzunehmen (Ziff. 6).
- Eine Internetseite besteht aus verschiedenen Urheberrechten (Software, Grafik und Text). Diese sind grundsätzlich sacheinlagefähig (Ziff. 7).
- Domain-Names sind nicht sacheinlagefähig, da aufgrund der heutigen Rechtslage die Verwertbarkeit nicht sichergestellt ist (Ziff. 7).

EIDGENÖSSISCHES AMT
FÜR DAS HANDELSREGISTER

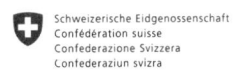

Schweizerische Eidgenossenschaft
Confédération suisse
Confederazione Svizzera
Confederaziun svizra

Eidgenössisches Justiz- und Polizeidepartement EJPD
Bundesamt für Justiz BJ
Eidgenössisches Amt für das Handelsregister

An die kantonalen Handelsregisterbehörden

Bern, 12. Oktober 2007

Weisung betreffend die Eintragung von Finanzkontrollen der öffentlichen Hand im Handelsregister

1. Nach Art. 730 Abs. 3 OR[1] können Finanzkontrollen der öffentlichen Hand als *Revisionsstelle* gewählt werden, wenn sie die Anforderungen des Obligationenrechts erfüllen. Nach Art. 6 Abs. 2 RAG[2] werden sie von der Revisionsaufsichtsbehörde als *Revisionsunternehmen* zugelassen, wenn sie die entsprechenden Voraussetzungen erfüllen. Für die Zulassung von Revisionsunternehmen wird unter anderem die *Eintragung im Handelsregister* vorausgesetzt (s. Art. 2 Bst. b RAG).

2. Finanzkontrollen der öffentlichen Hand können als *Institute des öffentlichen Rechts* im Sinne der Handelsregisterverordnung ins Handelsregister eingetragen werden, sofern es sich um *organisatorisch verselbständigte Einrichtungen des öffentlichen Rechts* des Bundes, der Kantone und der Gemeinde handelt. Dabei bleibt *unerheblich, ob sie als juristische Person ausgestaltet sind oder nicht* (Art. 10 Abs. 1 Bst. k HRegV bzw. Art. 2 Bst. a Ziff. 13 E HRegV[3] i.V.m. Art. 2 Bst. d FusG).

3. Für die Eintragung von Finanzkontrollen der öffentlichen Hand im Handelsregister sind dem Handelsregisteramt die folgenden *Belege* einzureichen:
   - Hinweise auf die massgebenden Rechtsgrundlagen der Finanzkontrolle sowie gegebenenfalls auf Beschlüsse über ihre Errichtung;
   - die Verfügungen oder Protokollauszüge über die Ernennung der Mitglieder des obersten Leitungs- oder Verwaltungsorgans und der zur Vertretung berechtigten Personen (sowie gegebenenfalls über die Bezeichnung der Revisionsstelle);
   - weitere nach den Umständen erforderliche Belege (so allfällige Statuten).

4. Die *Eintragung einer Finanzkontrolle der öffentlichen Hand* lautet wie folgt:

   Finanzkontrolle des Kantons [...], in [...], Institut des öffentlichen Rechts, CH-020.1.234.567-8; Adresse: [...]; rechtliche Grundlagen: Art. [...] [Kantonsverfassung/Gesetz/Dekret/Verordnung]; Errichtungsdatum: [...] [falls bekannt]; Statutendatum [...] [falls Statuten bestehen]; Zweck: Finanzkontrolle und Erbringen von Revisionsdienstleistungen; Eingetragene Personen: [Name, Vorname, Heimatort, Wohnsitz, Funktion, gegebenenfalls Zeichnungsberechtigung]; Revisionsstelle: [...] [falls eine solche besteht].

---

[1] Gemäss Fassung vom 16.12.2005, in Kraft ab. 1.1.2008.
[2] Revisionsaufsichtsgesetz; SR 221.302 in Kraft seit 1.9.2007.
[3] Entwurf zur neuen HRegV; voraussichtlich in Kraft ab 1.1.2008.

5   Gesellschaften, Stiftungen und andere Rechtseinheiten können eine Finanzkontrolle der öffentlichen Hand *als Revisionsstelle* ins Handelsregister eintragen lassen, sofern diese die rechtlichen Voraussetzungen dafür erfüllt.

6   Das Handelsregisteramt klärt durch Einsichtnahme in das Register der Eidg. Revisionsaufsichtsbehörde (http://register.revisionsaufsichtsbehoerde.ch/search.aspx?lg=de) ab, ob die Finanzkontrolle als Revisionsunternehmen *zugelassen* ist (s. Art. 727*b* Abs. 2 und 727*c* i.V.m. 730 Abs. 3 OR[4]).

7   Die Finanzkontrolle darf nicht als Revisionsstelle eingetragen werden, wenn Umstände vorliegen, die den *Anschein der Abhängigkeit* erwecken (s. Art. 728 und 729 i.V.m. 730 Abs. 3 OR[5])

8   Die *Eintragung* einer Finanzkontrolle als *Revisionsstelle* lautet wie folgt:

> Regionalspital Ostmittelland AG, in [...],CH-020.9.876.543-2; Betrieb eines Spitals, [...]; Eingetragene Personen: Finanzkontrolle des Kantons [...], in [...], Revisionsstelle.

9   Finanzkontrollen der öffentlichen Hand können *nicht Revisionsstellen von Publikumsgesellschaften* sein (Art. 6 Abs. 2 RAG i.V.m. Art. 727*b* Abs. 1 OR[6]). Es ist den Handelsregisterämtern aber nicht in allen Fällen möglich festzustellen, ob eine Gesellschaft als Publikumsgesellschaft im Sinne von Art. 727 Abs. 1 Ziff. 1 OR[7] gilt. Die entsprechende Vorschrift wird daher nicht durch die Handelsregisterbehörden, sondern durch die Eidg. Revisionsaufsichtsbehörde durchgesetzt.

10 Die *Mitarbeiter von Finanzkontrollen* können nach Art. 730 Abs. 3 OR[8] ebenfalls als Revisionsstelle eingetragen werden, sofern sie (persönlich) von der Revisionsaufsicht zugelassen sind und keine Umstände vorliegen, die den Anschein der Abhängigkeit erwecken. Die *Eintragung* lautet diesfalls wie folgt:

> Regionalspital Ostmittelland AG, in [...],CH-020.9.876.543-2; Betrieb eines Spitals, [...]; Eingetragene Personen: Finanzkontrolle des Kantons [...], in [...], vertreten durch [Peter Muster], Revisionsstelle.

EIDG. AMT FÜR DAS HANDELSREGISTER

---

[4] Gemäss Fassung vom 16.12.2005, in Kraft ab. 1.1.2008.
[5] Gemäss Fassung vom 16.12.2005, in Kraft ab. 1.1.2008.
[6] Gemäss Fassung vom 16.12.2005, in Kraft ab. 1.1.2008.
[7] Gemäss Fassung vom 16.12.2005, in Kraft ab. 1.1.2008.
[8] Gemäss Fassung vom 16.12.2005, in Kraft ab. 1.1.2008.

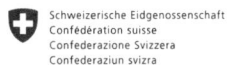

Schweizerische Eidgenossenschaft
Confédération suisse
Confederazione Svizzera
Confederaziun svizra

Eidgenössisches Justiz- und Polizeidepartement EJPD
Bundesamt für Justiz BJ
Eidgenössisches Amt für das Handelsregister

An die kantonalen
Handelsregisterbehörden

Bern, 10. Juni 2008

Mitteilung betreffend die Eintragung der Nachliberierung bei altrechtlichen GmbH

I. Ausgangslage

1. Das revidierte GmbH-Recht schreibt vor, dass die Stammanteile voll liberiert sein müssen (Art. 774 Abs. 2 und Art. 777c Abs. 1 Obligationenrecht [OR]).

2. Gesellschaften, die im Zeitpunkt des Inkrafttretens des revidierten GmbH-Rechts (1. Januar 2008) im Handelsregister eingetragen sind und die über kein voll liberiertes Stammkapital verfügen, müssen den noch nicht liberierten Teil des Stammkapitals innerhalb von zwei Jahren seit Inkrafttreten der revidierten Bestimmungen erbringen. Bis zur vollständigen Leistung der Einlagen in der Höhe des Stammkapitals bleibt die subsidiäre Haftung der Gesellschafter gemäss Art. 802 OR in der Fassung vom 18. Dezember 1936 bestehen (Art. 3 der Übergangsbestimmungen der Revision des Obligationenrechts vom 16. Dezember 2005 [Ueb.Best. OR]).

II. Problematik

3. Das revidierte GmbH-Recht, die Ueb.Best. OR und die revidierte Handelsregisterverordnung (HRegV) äussern sich zur handelsregisterrechtlichen Behandlung der Nachliberierung des Stammkapitals nicht. Es liegt somit eine Gesetzeslücke vor.

III. Stellungnahme

4. Es besteht keine Pflicht der Handelsregisterämter, die Liberierung des Stammkapitals einer vor dem 1. Januar 2008 gegründeten GmbH zu kontrollieren und die Gesellschafter von Amtes wegen zur Nachliberierung aufzufordern.

5. Eine nach dem 1. Januar 2008 durchgeführte Nachliberierung untersteht den Bestimmungen des revidierten GmbH-Rechts (Art. 1 Abs. 2 Ueb.Best. OR). Für die nachträgliche Leistung des nicht liberierten Teils des Stammkapitals sind aufgrund der in Art. 777c Abs. 2 OR sowie Art. 781 Abs. 5 OR enthaltenen Verweise die aktienrechtlichen Bestimmungen entsprechend anzuwenden. Die nachträgliche Leistung hat somit in Geld, durch Sacheinlage, durch Verrechnung oder durch Umwandlung von frei verwendbarem Eigenkapital unter Erfüllung der formellen Vorgaben von Art. 634a Abs. 2 i.V.m. Art. 633 ff. und Art. 652d OR zu erfolgen. Die Geschäftsfüh-

rung beschliesst in Anwendung von Art. 634a Abs. 1 OR nicht nur über die Nachliberierung, sondern auch über eine allenfalls erforderliche Ergänzung der Statuten (z.B. infolge einer Sacheinlage oder weil der Liberierungsgrad in den Statuten angegeben wird).

6 Ist eine Statutenänderung erforderlich, so muss der entsprechende Beschluss öffentlich beurkundet und dem zuständigen Handelsregisteramt mit den notwendigen Belegen zur Eintragung angemeldet werden, damit das Datum der Änderung der Statuten im Handelsregister eingetragen werden kann (vgl. Art. 780 OR und Art. 54 Abs. 1 HRegV). Die Handelsregisterverordnung sieht jedoch nicht ausdrücklich vor, dass der Betrag der geleisteten Einlagen bzw. der Liberierungsgrad bei Gesellschaften mit beschränkter Haftung im Handelsregister eingetragen werden kann (vgl. Art. 73 HRegV).

7 Gemäss Art. 30 Abs. 1 HRegV werden jedoch Tatsachen, deren Eintragung weder im Gesetz noch in der Handelsregisterverordnung vorgesehen ist, auf Antrag in das Handelsregister aufgenommen, wenn (i) die Eintragung dem Zweck des Handelsregisters entspricht und (ii) an der Bekanntgabe ein öffentliches Interesse besteht. Da in Sachen Nachliberierung eine Gesetzeslücke vorliegt und eine entsprechende Eintragung der Offenlegung der Haftungsverhältnisse dient, darf davon ausgegangen werden, dass beide Voraussetzungen von Art. 30 Abs. 1 HRegV erfüllt sind. Eine entsprechende Eintragung lautet wie folgt: "Das Stammkapital wurde im Betrag von CHF ... nachliberiert".

8 Nachliberierungen, welche vor dem 1. Januar 2008 in Anwendung des alten Rechts erfolgten, dürfen insbesondere aufgrund fehlender altrechtlicher Bestimmungen über den Kapitalschutz bei der Kapitalaufbringung nicht im Handelsregister eingetragen werden, da keine Gewähr für eine effektive Nachliberierung besteht.

EIDG. AMT FÜR DAS HANDELSREGISTER

Handelsregisteramt Kanton Zürich

Stampa-Erklärung

Die Gründerinnen und Gründer bzw. die Anmeldenden haben dem Handelsregisteramt zu erklären, dass bei der Gründung, der Kapitalerhöhung oder der nachträglichen Liberierung keine anderen Sachwerte im Sinne von Art. 628 Abs. 1 und 2 oder 777c Abs. 2 oder 833 Ziff. 2 und 3 OR übernommen worden sind um unmittelbar nach der Gründung, der Kapitalerhöhung oder der nachträglichen Liberierung übernommen werden sollen, dass keine anderen Verrechnungstatbestände bestehen und dass keine anderen besonderen Vorteile im Sinne von Art. 628 Abs. 3 OR ausbedungen worden sind als die in den Handelsregisterbelegen genannten (Art. 43 Abs. 1 lit. h, 46 Abs. 2 lit. g, 50 Abs. 1, 54 Abs. 1 lit. f, 57 Abs. 1 lit. b, 66 Abs. 1 lit. g, 71 Abs. 1 lit. i, 74 Abs. 2 lit. f, 79 Abs. 1 lit. b, 84 Abs. 1 lit. g, 101 Abs. 2 HRegV).

Alle Eintragungen in das Handelsregister müssen wahr sein (Art. 26 HRegV). Wer eine Handelsregisterbehörde zu einer unwahren Eintragung veranlasst oder ihr eine eintragungspflichtige Tatsache verschweigt, kann bestraft werden (insbesondere Art. 153 StGB).

Im Hinblick auf die genannten Bestimmungen erklären die Unterzeichnenden bezüglich der nachgenannten Aktiengesellschaft, Gesellschaft mit beschränkter Haftung, Genossenschaft, Kommanditaktiengesellschaft oder Investmentgesellschaft mit festem Kapital (SICAF)

Firma und Sitz

Folgendes zur Gründung, Kapitalerhöhung, nachträglichen Liberierung, Schaffung eines Genossenschaftskapitals durch Genossenschaftsanteile (Anteilscheine), Nennwerterhöhung von Anteilscheinen, Erhöhung der Mindestanzahl der von den Genossenschaftern zu übernehmenden Anteilscheine:

1. Sacheinlagen und Sachübernahmen

Die Gesellschaft hat weder von Beteiligten noch von einer diesen nahe stehenden Person irgendwelche Vermögenswerte (z. B. Grundstücke, Mobilien, Wertpapiere, Patente, Forderungen, Geschäfte oder Vermögen mit Aktiven und Passiven) übernommen oder zu übernehmen sich verpflichtet mit Ausnahme solcher Werte, die in den Statuten aufgeführt sind.

2. Beabsichtigte Sachübernahme

Die Gesellschaft hat nicht die Absicht, von Beteiligten oder von einer diesen nahe stehenden Person bestimmte Vermögenswerte von einer gewissen Bedeutung zu übernehmen mit Ausnahme solcher Werte, die in den Statuten aufgeführt sind. Eine beabsichtigte Sachübernahme liegt vor, wenn wegen der Umstände die sichere oder fast sichere Aussicht auf Verwirklichung der Absicht besteht.

3. Verrechnung

Es bestehen keine anderen Verrechnungtatbestände als die aus den Handelsregisterbelegen ersichtlichen.

4. Gründervorteile und Sonderrechte (betrifft nur Aktiengesellschaft)

Die Gesellschaft hat weder Beteiligten noch anderen Personen besondere Vorteile gewährt oder zugesichert (z. B. Beteiligungen am Bilanzgewinn oder Liquidationsüberschuss über die Anteile hinaus, die den Aktionären als solchen zukommen, oder Begünstigungen hinsichtlich des Geschäftsverkehrs mit der Gesellschaft), die nicht in den Statuten aufgeführt sind.

Persönliche Unterschriften der Gründerinnen und Gründer bzw. derjenigen Personen, welche die Handelsregisteranmeldung unterzeichnen:

Datum:

Handelsregisteramt Kanton Zürich

Lex Friedrich-Erklärung

Personen im Ausland[1] bedürfen für den Erwerb von Grundstücken einer Bewilligung der zuständigen kantonalen Behörde (Art. 2 Abs. 1 BewG). Als Erwerb gilt die Beteiligung an einer vermögensfähigen Gesellschaft ohne juristische Persönlichkeit (Kollektiv- und Kommanditgesellschaft), deren tatsächlicher Zweck der Erwerb von Grundstücken ist, die keine Betriebsstätte-Grundstücke sind (Art. 4 Abs. 1. lit. b BewG, 1Bb BewV). Als Erwerb eines Grundstückes gilt der Erwerb des Eigentums an einem Anteil an einer juristischen Person, deren tatsächlicher Zweck der Erwerb von Nicht-Betriebsstätte-Grundstücken ist, sofern die Anteile dieser juristischen Person nicht an einer Börse in der Schweiz kotiert sind (Art. 4 Abs. 1 lit. e BewG). Als Erwerb eines Grundstückes gelten auch die Beteiligung an der Gründung und, sofern der Erwerber damit seine Stellung verstärkt, an der Kapitalerhöhung von juristischen Personen, deren tatsächlicher Zweck der Erwerb von Grundstücken ist (Art. 4 Abs. 1 lit. e BewG), die nicht nach Art. 2 Abs. 2 lit. a BewG ohne Bewilligung erworben werden können, sowie die Übernahme eines Grundstückes, das nicht nach Art. 2 Abs. 2 lit. a BewG ohne Bewilligung erworben werden kann, zusammen mit einem Vermögen oder Geschäft (Art. 69 ff. FusG, 181 OR) oder durch Fusion, Umwandlung oder Spaltung von Gesellschaften nach Fusionsgesetz, sofern sich dadurch die Rechte des Erwerbers an diesem Grundstück vermehren (Art. 1 Abs. 1. lit. a und b BewV).

Kann der Handelsregisterführer die Bewilligungspflicht nicht ohne weiteres ausschliessen, so setzt er das Eintragungsverfahren aus und verweist die Anmeldenden an die Bewilligungsbehörde (Art. 18 Abs. 1 und 2 BewG).

Im Hinblick auf die Bestimmungen des Bundesgesetzes und der Verordnung über den Erwerb von Grundstücken durch Personen im Ausland erklären die Unterzeichnenden bezüglich der Gesellschaft

Firma und Sitz:

Folgendes zum angemeldeten Eintragungsgeschäft (Zutreffendes ankreuzen; **fehlende Angaben können die Verweisung an die Bewilligungsbehörde zur Folge haben**):

ja	nein		
☐	☐	1.	Personen im Ausland[1] bzw. Personen, die für Rechnung von Personen im Ausland handeln, sind an obgenannter Gesellschaft beteiligt.
☐	☐	2.	Personen im Ausland[1] bzw. Personen, die für Rechnung von Personen im Ausland handeln, erwerben im Zusammenhang mit dem angemeldeten Eintragungsgeschäft an obgenannter Gesellschaft **neu** eine Beteiligung

Folgende Fragen nur beantworten, falls vorausgesetzter Sachverhalt erfüllt:

ja	nein		
☐	☐	3.	Obgenannte Gesellschaft erwirbt im Zusammenhang mit der angemeldeten Sacheinlage, Sachübernahme, Fusion, Umwandlung oder Spaltung **Nicht-Betriebsstätte-Grundstücke**[2] in der Schweiz.
☐	☐	4.	Personen im Ausland[1] bzw. Personen, die für Rechnung von Personen im Ausland handeln, haben nach der **Kapitalabsetzung** an obgenannter Gesellschaft eine beherrschende Stellung gemäss Art. 6 BewG inne.

[1] **Person im Ausland (Art. 5 BewG):**

- Ausländer mit Wohnsitz im Ausland;
- Ausländer mit Wohnsitz in der Schweiz, die weder Staatsangehörige eines Mitgliedstaates der Europäischen Gemeinschaft (EG) oder der Europäischen Freihandelsassoziation (EFTA) sind noch eine gültige Niederlassungsbewilligung (Ausländerausweis C) besitzen;
- juristische Personen und vermögensfähige Gesellschaften ohne juristische Persönlichkeit, die ihren Sitz im Ausland haben;
- juristische Personen und vermögensfähige Gesellschaften ohne juristische Persönlichkeit, die ihren rechtlichen und tatsächlichen Sitz in der Schweiz haben, aber von Personen im Ausland beherrscht werden (Art. 5 Abs. 1 Bst. c BewG);
- natürliche und juristische Personen sowie vermögensfähige Gesellschaften ohne juristische Persönlichkeit, die grundsätzlich nicht dem BewG unterliegen, wenn sie ein Grundstück auf Rechnung einer Person im Ausland erwerben (Treuhandgeschäft, Art. 5 Abs. 1 Bst. d BewG).

[2] **Betriebsstätte-Grundstück (Art. 2 Abs. 2 lit. und Abs. 3 BewG):**
Grundstück, das als ständige Betriebsstätte eines Handels-, Fabrikations- oder eines anderen nach kaufmännischer Art geführten Gewerbes, eines Handwerkbetriebes oder eines freien Berufes dient (inkl. durch Wohnanteilsvorschriften vorgeschriebene Wohnungen oder dafür reservierte Flächen).

Persönliche Unterschriften derjenigen Personen, welche die Handelsregisteranmeldung unterzeichnen:

Datum:

Eidgenössisches Amt für das Handelsregister
Office fédéral du registre du commerce
Ufficio federale del registro di commercio
Uffizi federal dal register da commerzi

Kurzkommentar zu den Bestimmungen der Handelsregisterverordnung zum Fusionsgesetz[*]

---

[*] Der Kurzkommentar wurde inhaltlich noch nicht der am 1. Januar 2008 in Kraft getretenen HRegV angepasst. Die zitierten Verordnungsbestimmungen betreffen die aHRegV. In den Fussnoten wird daher auf die jeweils gültige Bestimmung hingewiesen.

Kurzkommentar zu den Bestimmungen der Handelsregisterverordnung zum Fusionsgesetz

11. Oktober 2004

Dem Fusionsgesetz angepasste allgemeine Vorschriften

Ingress

Der Schweizerische Bundesrat,

gestützt auf die Artikel 929, 936 und 936a des Obligationenrechts (OR)[1] sowie Artikel 102 des Fusionsgesetzes vom 3. Oktober 2003[2] (FusG),

verordnet:

Erläuterungen:

Der Bundesrat wird in Art. 102 des Fusionsgesetzes und Art. 936a des Obligationenrechts beauftragt, die Ausführungsvorschriften für die Handelsregistereintragung von Unternehmensumstrukturierungen und die Einführung der Identifikationsnummer zu erlassen. Der Ingress wird daher mit den entsprechenden Hinweisen auf die gesetzlichen Delegationsnormen ergänzt.

---

[1] SR 220
[2] SR 221.301

Art. 10*

Abs. 1 Bst. k

¹ Das Handelsregister enthält Eintragungen über:

k. Institute des öffentlichen Rechts (Art. 2 Bst. d FusG);

Erläuterungen:

Die Änderung zielt auf eine homogene Verwendung der Rechtsbegriffe und somit auf eine materielle Abstimmung der verschiedenen Erlasse. Nur Art. 2 Bst. d FusG enthält eine positivrechtliche Definition der Institute des öffentlichen Rechts (für Einzelheiten s. Botschaft zum Fusionsgesetz vom 13. Juni 2000, S. 4389).

Art. 10 Abs. 1 Bst. k entspricht folglich Art. 2 Bst. d FusG. Öffentlich-rechtliche Institute, die der Legaldefinition von Art. 2 Bst. d FusG genügen, haben das Recht, sich in das Handelsregister eintragen zu lassen.

Aus Art. 10 Abs. 1 Bst. k lässt sich indessen keine allgemeine Pflicht zur Eintragung von Instituten des öffentlichen Rechts ableiten. Eine solche Verpflichtung kann sich aber dann ergeben, wenn das öffentliche Recht die Eintragung des Instituts ausdrücklich vorsieht oder die Körperschaft oder Anstalt des öffentlichen Rechts ein nach kaufmännischer Art geführtes Gewerbe gemäss Art. 934 OR betreibt (s. BGE 57 I 318; BGE 80 I 384).

---

* neu: Art. 2

Art. 28*

Anmeldungsbelege

[1] Am Schluss der Eintragung sind die Belege einzeln aufzuführen.

[2] Beruhen die einzutragenden Tatsachen auf Beschlüssen oder Wahlen von Organen einer juristischen Person, so ist, sofern das Gesetz nicht eine öffentliche Urkunde vorschreibt, das Protokoll oder ein Auszug aus dem Protokoll des Organs als Beleg zur Anmeldung einzureichen. Das Protokoll oder der Auszug aus dem Protokoll muss vom Vorsitzenden und vom Protokollführer des Organs unterzeichnet sein. Anstelle von Originalen können von einer Urkundsperson beglaubigte Fotokopien eingereicht werden.

[3] Das Handelsregisteramt kann die Übereinstimmung des Auszuges mit dem ihm vorgelegten Original bestätigen oder den Auszug oder die Kopie selbst herstellen.

[4] Für das dem Handelsregisteramt einzureichende Exemplar der Statuten einer Genossenschaft oder eines Vereins genügt die Unterzeichnung durch den Vorsitzenden und den Protokollführer der Generalversammlung.

[5] Das Protokoll oder ein Auszug aus dem Protokoll des Organs einer juristischen Person braucht nicht beigebracht zu werden, wenn alle Mitglieder dieses Organs die Anmeldung unterzeichnen und die schriftliche Beschlussfassung für diesen Fall zulässig ist.

Erläuterungen:

Die Änderungen von Art. 28 zielen auf wesentliche Erleichterungen bei der Anmeldung und tragen dem Umstand Rechnung, dass der "beglaubigte" Protokollauszug in der Praxis zunehmend auf Kritik stiess. Da gemäss Fusionsgesetz verschiedentlich Protokollauszüge als Belege einzureichen sind, muss sichergestellt werden, dass die Durchsetzung des Gesetzes nicht durch unnötige administrative Formalitäten erschwert wird.

Gemäss Abs. 2 muss künftig ein im Original unterzeichnetes Protokoll oder ein Auszug aus dem Protokoll eingereicht werden. Eine Beglaubigung ist nur noch dann erforderlich, wenn eine Kopie dieses Dokuments als Beleg dienen soll. Die zur Unterzeichnung dieser Dokumente verpflichteten Personen bestimmen sich nicht auf Grund von Art. 22 Abs. 2 HRegV, sondern analog Art. 713 Abs. 3 OR.

Abs. 3 wurde in formeller Hinsicht angepasst, da die Grundlage für die Erhebung der Gebühr in Art. 9 Ziff. 5 der Verordnung über die Gebühren für das Handelsregister geregelt ist.

Nach Abs. 5 kann auf das Protokoll oder auf den Auszug aus dem Protokoll verzichtet werden, wenn alle Mitglieder des zuständigen Organs die Anmeldung unterzeichnen und die Statuten die schriftliche Beschlussfassung ausdrücklich zulassen.

---

* neu: Art. 20–23

Art. 50a*

b. Besondere Belege

Die Anmeldungspflichtigen müssen dem Handelsregisteramt zusätzlich folgende besondere Belege einreichen:
a. einen Ausweis über den rechtlichen Bestand der Gesellschaft im Ausland;
b. eine Bescheinigung der zuständigen ausländischen Behörde über die Zulässigkeit der Sitzverlegung oder eine Genehmigung des Bundesrates nach Artikel 50 Absatz 2;
c. den Nachweis über die Möglichkeit der Anpassung an eine schweizerische Rechtsform;
d. den Nachweis, dass der Mittelpunkt der Geschäftstätigkeit der Gesellschaft in die Schweiz verlegt worden ist;
e. im Fall einer Kapitalgesellschaft einen Bericht einer besonders befähigten Revisorin oder eines besonders befähigten Revisors, der belegt, dass ihr Grundkapital nach schweizerischem Recht gedeckt ist.

Erläuterungen:

Die bisherige Fassung von Ziffer 3 ("eine Bescheinigung einer sachlich kompetenten schweizerischen Behörde oder Institution") ist schwer verständlich. Durch eine neue Formulierung unter Bst. c wird der Regelungsgehalt klarer zum Ausdruck gebracht. Die Anmeldenden müssen demnach den Nachweis über die Möglichkeit der Anpassung an eine schweizerische Rechtsform erbringen. Dies kann auf verschiedene Arten geschehen (z.B. Gutachten einer unabhängigen Fachstelle oder Fachperson; einseitige Parteigutachten genügen nicht). Das Handelsregisteramt hat sich über das Gutachten Klarheit zu verschaffen und kann nötigenfalls einen neuen Nachweis anfordern.

Die bisherige Fassung von Ziffer 5 war im Zuge der Aktienrechtsrevision von 1991 versehentlich nicht angepasst worden und enthält noch die altrechtliche Terminologie ("... einer vom Bundesrat hierzu ermächtigten Revisionsstelle..."). Die unter Bst. e vorgenommene Anpassung bringt die erforderliche Klarstellung.

---

* neu: Art. 126

Art. 50b*

c. Eintragung in das Handelsregister

¹ Unterstellt sich eine ausländische Gesellschaft ohne Liquidation und ohne Neugründung schweizerischem Recht, so gelten für die Eintragung die Bestimmungen über die Neueintragung.

² Zusätzlich werden eingetragen:

a. das Datum des Beschlusses, mit dem sich die Gesellschaft nach den Vorschriften des IPRG[3] schweizerischem Recht unterstellt;

b. die Firma oder der Name, die Rechtsform, der Sitz und die Registrierungsstelle, die zuständig war, bevor sich die Gesellschaft schweizerischem Recht unterstellt hat.

Erläuterungen:

Diese neue Vorschrift regelt den Inhalt der Handelsregistereintragung im Falle der Verlegung einer Gesellschaft vom Ausland in die Schweiz.

Aus registertechnischer Sicht handelt es sich um eine *Neueintragung*, da sich der Rechtsträger mit dem Zuzug vom Ausland schweizerischem Recht unterstellt und somit erstmals im schweizerischen Handelsregister erfasst wird.

---

* neu: Art. 126
3 SR **291**

Art. 51[*]

3. Von der Schweiz ins Ausland a. Allgemeine Voraussetzungen

[1] Eine schweizerische Gesellschaft kann sich ohne Liquidation und ohne Neugründung dem ausländischen Recht unterstellen, wenn die Voraussetzungen nach schweizerischem Recht erfüllt sind und sie nach dem ausländischen Recht fortbesteht.

[2] Die Gesellschaft muss die Gläubigerinnen und Gläubiger unter Hinweis auf die bevorstehende Änderung des Gesellschaftsstatuts öffentlich zur Anmeldung ihrer Forderungen auffordern. Artikel 46 FusG findet sinngemäss Anwendung.

[3] Die Gesellschaft darf nur gelöscht werden, wenn durch einen Bericht einer besonders befähigten Revisorin oder eines besonders befähigten Revisors bestätigt wird, dass die Forderungen der Gläubigerinnen und Gläubiger im Sinne von Artikel 46 FusG sichergestellt oder erfüllt worden sind oder dass die Gläubigerinnen und Gläubiger mit der Löschung einverstanden sind (Art. 164 IPRG[4]).

Erläuterungen:

Die Art. 163 und 164 IPRG werden im Rahmen des Fusionsgesetzes modifiziert, was eine entsprechende Anpassung der Vorschriften über die internationale Verlegung einer Gesellschaft bedingt (die materiellen Erläuterungen zu diesen Änderungen finden sich in der Botschaft zum Fusionsgesetz vom 13. Juni 2000, S. 4442, 4503 f.).

Als wesentliche Neuerung ist die sinngemässe Anwendung von Art. 46 FusG in Bezug auf den Gläubigerschutz zu erwähnen, wonach zwingend ein Bericht eines besonders befähigten Revisors, der das Vorliegen der gesetzlichen Anforderungen bestätigt, einzureichen ist. Die rechtliche Grundlage für den Schuldenruf findet sich in Art. 163 Abs. 2 IPRG.

---

[*] neu: Art. 127
[4] SR **291**

Art. 51a[*]

b. Eintragung in das Handelsregister

Unterstellt sich eine schweizerische Gesellschaft ohne Liquidation und ohne Neugründung ausländischem Recht, so werden im Handelsregister eingetragen:

a. das Datum des Beschlusses, sich gemäss den Vorschriften des IPRG ausländischem Recht zu unterstellen;
b. die Firma oder der Name, die Rechtsform, der Sitz und die zuständige Registrierungsstelle nachdem sich die Gesellschaft ausländischem Recht unterstellt hat;
c. das Datum des Revisionsberichts, der bestätigt, dass die Vorkehrungen zum Schutze der Gläubigerinnen und Gläubiger erfüllt worden sind;
d. die Tatsache, dass die Gesellschaft gelöscht wird.

Erläuterungen:

Diese neue Vorschrift regelt den Inhalt der Handelsregistereintragung im Falle des Wegzugs einer Gesellschaft von der Schweiz ins Ausland.

---

[*] neu: Art. 127

Art. 74a*

Fusion. Spaltung. Umwandlung. Vermögensübertragung

[1] Im Falle einer Fusion, einer Spaltung, einer Umwandlung oder einer Vermögensübertragung bleiben die Eintragungen der Zweigniederlassungen bestehen, wenn nicht deren Löschung angemeldet wird.

[2] Ergeben sich aus einer Fusion, einer Spaltung, einer Umwandlung oder einer Vermögensübertragung bei den Zweigniederlassungen Änderungen in Bezug auf die eingetragenen Tatsachen, so müssen diese unverzüglich beim Handelsregisteramt angemeldet werden. Die Anmeldung hat im Falle einer Fusion oder einer Spaltung durch den übernehmenden Rechtsträger zu erfolgen.

Erläuterungen:

Abs. 1 dieser Regelung beschränkt sich auf die rein registerrechtlichen Aspekte und statuiert keine materiellen Anforderungen in Bezug auf die rechtliche Existenz von Zweigniederlassungen. Bei sämtlichen Umstrukturierungsvorgängen bleiben die Eintragungen von Zweigniederlassungen bestehen, es sei denn, die Betroffenen melden die Löschung an. Von Amtes wegen darf keine Löschung vorgenommen werden.

Die Handelsregisterämter am Sitz der an der Umstrukturierung beteiligten Rechtsträger haben im Rahmen des Meldeverfahrens von Art. 74 HRegV den Registerbehörden am Sitz der Zweigniederlassungen einen Auszug des Hauptsitzes zu übermitteln, aus dem die aus der Umstrukturierung resultierenden Änderungen (z.B. Firma, Ort des Hauptsitzes, Zweck, Zeichnungsberechtigte) ersichtlich sind.

Abs. 2 stellt klar, dass die an einer Umstrukturierung beteiligten Rechtsträger verpflichtet sind, allfällige Änderungen von publikationspflichtigen Tatsachen, welche die Zweigniederlassungen betreffen, beim zuständigen Handelsregisteramt anzumelden. Werden die entsprechenden Änderungen nicht ordnungsgemäss zur Eintragung angemeldet, haben die Handelsregisterbehörden die erforderlichen Zwangsmassnahmen einzuleiten (Art. 60 ff. HRegV).

Im letzten Satz von Abs. 2 wird präzisiert, dass die Anmeldung im Falle einer Fusion oder einer Spaltung durch die *übernehmenden* Rechtsträger zu erfolgen hat. Bei der *Fusion* und der *Aufspaltung* wird der übertragende Rechtsträger unmittelbar nach Vollzug der Umstrukturierung gelöscht, so dass nur die übernehmenden Rechtsträger allfällige Änderungen bei den Zweigniederlassungen anmelden können. Dasselbe gilt auch bei der *Abspaltung:* Werden im Rahmen des Übergangs von Aktiven und Passiven die als Zweigniederlassungen organisierten Geschäftsbetriebe übertragen, können nur die übernehmenden Gesellschaften die sich aus diesem Vorgang ergebenden Änderungen für ihre neuen Zweigniederlassungen anmelden.

---

* neu: Art. 112

VII. Fusion, Spaltung, Umwandlung und Vermögensübertragung

1. Fusion von Gesellschaften

Art. 105*
a. Anmeldung. Zuständiges Handelsregisteramt

[1] Jede an der Fusion beteiligte Gesellschaft muss die sie betreffenden Tatsachen selber zur Eintragung in das Handelsregister anmelden (Art. 21 Abs. 1 FusG).

[2] Befinden sich nicht alle an der Fusion beteiligten Gesellschaften im selben Registerbezirk, so ist das Handelsregisteramt am Ort der übernehmenden Gesellschaft für die Prüfung der Fusion und sämtlicher Belege zuständig. Es informiert die Handelsregisterämter am Sitz der übertragenden Gesellschaften über die vorzunehmende Eintragung und übermittelt ihnen die sie betreffenden Anmeldungen. Die Löschung der übertragenden Gesellschaften ist ohne weitere Prüfung einzutragen.

Erläuterungen:

Alle an einer Fusion beteiligten Gesellschaften müssen die sie betreffenden relevanten Tatsachen selber beim zuständigen Handelsregisteramt zur Eintragung anmelden. Die übertragenden Gesellschaften haben demnach ihre *Löschung* infolge fusionsbedingter Auflösung anzumelden. Im Falle einer Kombinationsfusion obliegt die Anmedung der *Neueintragung* den designierten Organen der Gesellschaft.

Aus Gründen eines rationalen Verfahrens wird die Zuständigkeit zur Prüfung der Fusion und sämtlicher Belege einer Behörde übertragen. Als wesentliche Neuerung ist demnach einzig die Registerbehörde am Sitz der *übernehmenden* Gesellschaft zuständig. Falls sich nicht alle fusionierenden Gesellschaften im selben Registerbezirk befinden, werden die durch den Vorgang ebenfalls betroffenen Registerämter am Sitz der übertragenden Gesellschaften von der allein zuständigen Registerbehörde über das positive Prüfungsergebnis und die bevorstehende Eintragung der Fusion informiert.

Sobald der Zeitpunkt der Eintragungen feststeht (s. dazu Art. 105c), haben die Registerämter die Löschung der übertragenden Gesellschaften gestützt auf die sie betreffende Anmeldung, die ihnen zuvor übermittelt wurde, ohne eigene Prüfung einzutragen. Das für die Prüfung zuständige Amt am Sitz der übernehmenden Gesellschaft trägt die volle Verantwortung für die Überprüfung der Fusion (s. Art. 928 OR). Diese Lösung wurde besonders von den Wirtschaftskreisen als sinnvolle Vereinfachung des Anmeldeverfahrens begrüsst.

Obschon das Registeramt am Sitz der übertragenden Gesellschaft grundsätzlich keine eigene Prüfung vorzunehmen hat, kann es dennoch vorkommen, dass festgestellt wird, dass die Fusion entgegen dem Prüfungsergebnis des zuständigen Amtes die rechtlichen Anforderungen nicht erfüllt. Das Registeramt am Sitz der übertragenden Gesellschaft hat diesfalls dem Eidg. Amt für das Handelsregister seine Bedenken *vor* der Eintragung schriftlich zu melden und zu begründen. Im Rahmen des Genehmigungsverfahrens wird die Fusion in einem solchen Fall einer eingehenden Prüfung unterzogen.

---

* neu: Art. 130

Art. 105a *

b. Belege

¹ Mit der Anmeldung zur Eintragung der Fusion müssen die beteiligten Gesellschaften die folgenden Belege einreichen:

a. den Fusionsvertrag (Art. 12 und 13 FusG);
b. die Fusionsbilanzen der übertragenden Gesellschaften, gegebenenfalls die Zwischenbilanzen (Art. 11 FusG);
c. die Fusionsbeschlüsse der beteiligten Gesellschaften, soweit erforderlich, öffentlich beurkundet (Art. 18 und 20 FusG);
d. die Prüfungsberichte der beteiligten Gesellschaften (Art. 15 FusG);
e. die Belege für eine Kapitalerhöhung bei einer Absorptionsfusion (Art. 9 und 21 Abs. 2 FusG);
f. bei der Fusion einer Gesellschaft in Liquidation die von mindestens einem Mitglied des obersten Leitungs- oder Verwaltungsorgans unterzeichnete Bestätigung nach Artikel 5 Absatz 2 des Fusionsgesetzes;
g. bei der Fusion von Gesellschaften mit Kapitalverlust oder Überschuldung die Bestätigung nach Artikel 6 Absatz 2 des Fusionsgesetzes;
h. die Belege für die Neugründung bei einer Kombinationsfusion (Art. 10 FusG).

² Bei Fusionen von kleinen und mittleren Unternehmen können die fusionierenden Gesellschaften anstelle des Belegs nach Absatz 1 Buchstabe d eine von mindestens einem Mitglied des obersten Leitungs- oder Verwaltungsorgans unterzeichnete Erklärung einreichen, in der nachgewiesen wird, dass sämtliche Gesellschafterinnen und Gesellschafter auf die Erstellung des Fusionsberichts oder auf die Prüfung verzichten und die Gesellschaft die Anforderungen nach Artikel 2 Buchstabe e FusG erfüllt. In der Erklärung ist auf die massgeblichen Unterlagen wie Erfolgsrechnungen, Bilanzen, Jahresberichte, Verzichtserklärungen oder das Protokoll der Generalversammlung Bezug zu nehmen.

³ Bei erleichterten Fusionen von Kapitalgesellschaften (Art. 23 FusG) müssen die fusionierenden Gesellschaften anstelle der Belege nach Absatz 1 Buchstaben c und d die Auszüge aus den Protokollen der obersten Leitungs- oder Verwaltungsorgane über den Abschluss des Fusionsvertrages einreichen, sofern der Fusionsvertrag nicht von allen Mitgliedern dieser Organe unterzeichnet ist. Soweit dies nicht aus den anderen Belegen hervorgeht, müssen sie zudem nachweisen, dass die Gesellschaften die Voraussetzungen von Artikel 23 FusG erfüllen.

Erläuterungen ad Absatz 1:

Diese Bestimmung regelt die beim Handelsregisteramt einzureichenden Belege bei der Eintragung einer Fusion. Sie kodifiziert die *bisherige Praxis* und übernimmt zudem die *Anforderungen des Fusionsgesetzes*.

Die Anmeldung zur Eintragung obliegt im Falle einer Absorptionsfusion den obersten Leitungs- und Verwaltungsorganen der fusionierenden Gesellschaften. Bei einer Kombinationsfusion sind es die designierten Organe der zu gründenden Gesellschaft.

---

* neu: Art. 131

Die dem Handelsregisteramt eingereichten Belege müssen *unterzeichnet sein*, damit ihnen Beweiskraft zukommt. Im allgemeinen ergeben sich die Anforderungen in Bezug auf die Unterzeichnung der Belege aus dem Gesetz und besonderen Vorschriften der Verordnung; wo eine entsprechende Regelung fehlt, stellt die vorliegende Bestimmung die Art der Unterzeichnung klar, so namentlich unter Bst. f. Die Unterzeichnung des Fusionsvertrages ist indirekt durch Art. 12 FusG geregelt (s. Botschaft, S. 4407). Die Unterzeichnung der Fusionsbilanzen erfolgt nach Massgabe von Art. 961 OR, jene der Belege für eine Kapitalerhöhung nach Art. 80 Abs. 1 Bst. e HRegV. Die Prüfungsberichte und die Bestätigung gemäss Art. 6 FusG müssen vom Revisor unterzeichnet sein.

Zu Abs. 1 Bst. b: Nur die *übertragenden*, aber nicht der übernehmenden Gesellschaften müssen zwingend ihre Bilanzen einreichen. Auf dieser Grundlage können die Gläubiger abschätzen, ob die Sicherstellung ihrer Forderungen gemäss Art. 25 FusG angezeigt ist.

Die Fusionsbilanz ist determinierend für die *Feststellung der Kapitaldeckung*, was insbesondere dann der Fall ist, wenn die Gewährung von Anteilsrechten an die Gesellschafter der übertragenden Gesellschaft bei der übernehmenden Gesellschaft eine Kapitalerhöhung erfordert.

Liegt der Bilanzstichtag bei Abschluss der Fusionsvertrages mehr als sechs Monate zurück oder sind seit Abschluss der letzten Bilanz wichtige Änderungen in der Vermögenslage der fusionierenden Gesellschaften eingetreten, muss eine *Zwischenbilanz* erstellt werden (Art. 11 FusG). Dies trifft dann zu, wenn wichtige Änderungen in den Aktiven oder im Eigenkapital eingetreten sind, insbesondere infolge von Verlusten, Kapitalherabsetzungen oder Ausschüttungen.

Für eine Zwischenbilanz gelten grundsätzlich dieselben Anforderungen wie für die ordentliche Jahresbilanz. Die Erleichterungen sind in Art. 11 Abs. 2 FusG *abschliessend* aufgeführt. Abgesehen von diesen Erleichterungen sind sämtliche Vorschriften zur Bilanz zwingend zu beachten.

Falls die Gesellschaft ihre Jahresrechnung aufgrund einer gesetzlichen oder statutarischen Revisionspflicht prüfen lassen muss, ist eine allfällige Zwischenbilanz daher ebenfalls prüfungspflichtig (dies geht ausdrücklich aus den Gesetzesmaterialien hervor: Protokoll der Kommission für Rechtsfragen des Ständerates vom 10.11.2000, S. 17 f.).

Zu Abs. 1 Bst. e: Aus Art. 21 Abs. 2 FusG ergibt sich, dass mit Ausnahme der geänderten Statuten und des Feststellungsbeschlusses des obersten Leitungs- oder Verwaltungsorgans Art. 80 HRegV bei einer fusionsbedingten Kapitalerhöhung nicht anwendbar ist. Art. 9 Abs. 2 FusG schreibt zudem vor, dass die Vorschriften über die Sacheinlage keine Anwendung finden. Diese Konzeption geht davon aus, dass sich die Rechtmässigkeit der Kapitalerhöhung aus dem Fusionsbericht und der Fusionsprüfung ergibt.

Dabei wurde jedoch übersehen, dass KMU gestützt auf Art. 14 Abs. 2 und Art. 15 Abs. 2 FusG auf die Fusionsberichte und die Prüfung verzichten können. Diese Regelung könnte somit zur Folge haben, dass bei einer fusionsbedingten Erhöhung des Kapitals unter Umständen weder ein Kapitalerhöhungsbericht noch eine Prüfungsbestätigung einzureichen sind. Bei der Eintragung einer Kapitalerhöhung kann aus Gründen des Kapital- und Gläubigerschutzes aber nicht bloss auf den Feststellungsbeschluss des obersten Leitungs- oder Verwaltungsorgans abgestellt werden (s. Art. 21 Abs. 2 FusG i. V. m. Art. 652*g* OR).

Es handelt sich um eine *Gesetzeslücke*, die durch *Lückenfüllung* einer Korrektur bedarf. Demnach sind im Falle von Fusionen von KMU aus Gründen des Kapitalschutzes *sämtliche Kapitalerhöhungsbelege* einzureichen (Art. 652e und 652f OR für die Aktiengesellschaft). Dabei ist auf die für die betroffene Rechtsform geltenden Vorschriften abzustellen.

Zu Abs. 1 Bst. h: Bei der Kombinationsfusion erfolgt die Neugründung der übernehmenden Gesellschaft im Rahmen der *Feststellungsbeurkundung* der Fusionsbeschlüsse.

Bei Kombinationsfusionen unter Beteiligung von KMU sind wegen der gewährten Erleichterungen die rechtsformspezifischen Sacheinlagevorschriften in *Lückenfüllung* anwendbar, d.h. es sind sämtliche Belege für eine qualifizierte Gründung einzureichen (Art. 635 und 635a OR).

Erläuterungen ad Absatz 2:

Kleine und Mittlere Unternehmen (KMU):

Die Beachtung der KMU-Kriterien gemäss Art. 2 Bst. e FusG sowie des Erfordernisses der Zustimmung aller Gesellschafter gemäss Art. 14 Abs. 2 und Art. 15 Abs. 2 FusG ist für die Durchsetzung des Fusionsgesetzes von entscheidender Tragweite. Gesellschaften, welche die KMU-Erleichterungen für sich beanspruchen, werden unter der Voraussetzung der Zustimmung aller Gesellschafter von der Beachtung verschiedener Vorschriften zum Minderheitenschutz entbunden (Verzicht auf die Erstellung eines Fusionsberichts; Verzicht auf die Prüfung durch einen besonders befähigten Revisor; Verzicht auf das Einsichtsrecht). Es muss dabei sichergestellt werden, dass die Kriterien für die Erleichterungen tatsächlich gegeben sind.

Auf einen strikten Nachweis aller Voraussetzungen durch entsprechende Unterlagen wird in der Verordnung mit Blick auf die Praktikabilität und die Bedürfnisse der Unternehmen verzichtet.

Gemäss Abs. 2 bedarf es einer *Erklärung* des obersten Leitungs- oder Verwaltungsorgans, in der *unter Bezugnahme auf entsprechende Unterlagen* darzulegen ist, dass die Gesellschaft die gesetzlichen KMU-Kriterien erfüllt und sämtliche Gesellschafter den beanspruchten Erleichterungen zustimmen.

Falls eine Gesellschaft, die als KMU gilt, mit einer Gesellschaft, welche die Voraussetzungen für KMU nicht erfüllt, fusioniert, kann nur erstere die gesetzlichen Erleichterungen für KMU beanspruchen.

Wer die Erleichterungen von Abs. 2 (und sinngemäss auch Abs. 3) unrechtmässig beansprucht und eine falsche Erklärung – z.B. in Bezug auf die Erfüllung der KMU-Kriterien – abgibt, macht sich nach Art. 253 StGB (Erschleichen einer falschen Beurkundung) strafbar. Ausserdem sind im Falle einer Schädigung Ansprüche aus zivilrechtlicher Verantwortlichkeit vorbehalten.

Erläuterungen ad Absatz 3:

Mutter-Tochter- und Schwestern-Fusionen:

Auch die Voraussetzungen einer erleichterten Fusion von Kapitalgesellschaften nach Art. 23 FusG müssen verbindlich dargelegt werden. Anstelle der Genehmigungsbeschlüsse der Generalversammlungen treten diesfalls die Beschlüsse der obersten Leitungs- und Verwaltungsorgane der beteiligten Gesellschaften. Demgemäss statuiert Abs. 3, dass die Auszüge aus den Protokollen der obersten Leitungs- oder Verwaltungsorgane über den Abschluss des Vertrages als Eintragungsbelege einzureichen sind. In formeller Hinsicht gelten dieselben Anforderungen wie in Abs. 2.

Falls die übernehmende Gesellschaft im Rahmen einer erleichterten Fusion eine Kapitalerhöhung vornimmt, muss die erforderliche Statutenänderung von der Generalversammlung beschlossen werden; demgegenüber bedarf der Fusionsvertrag nicht der Zustimmung der Generalversammlung. Der Anmeldung zur Eintragung ins Handelsregister ist diesfalls im Weiteren ein Kapitalerhöhungsbericht und die Prüfungsbestätigung der Revisionsstelle beizulegen (Lückenfüllung in Analogie zu Art. 652*e* und 652*f* OR; s. dazu die entsprechenden Ausführungen vorne).

Die Fusion kann nach Art. 23 Abs. 1 Bst. b FusG u.a. unter erleichterten Voraussetzungen durchgeführt werden, wenn eine *vertraglich verbundene Personengruppe* alle Anteile der an der Fusion beteiligten Kapitalgesellschaften besitzt. In einem solchen Fall muss nachgewiesen werden, dass die Personengruppe *rechtlich als solche besteht*, und dass sie (und nicht ihre Mitglieder) *Eigentümerin aller Anteile ist* (s. Wortlaut des Gesetzes): Der Vertrag oder ein Auszug daraus ist daher den Registerbehörden als Beleg einzureichen. Diese Voraussetzungen ergeben sich sachnotwendigerweise aus der gesetzlichen Regelung: Würde davon abgesehen, könnte die erleichterte Fusion entgegen den Intentionen des Gesetzgebers im Ergebnis praktisch für beliebige Fusionen verwendet werden, da sich aus den Gesellschaftern aller an einer Fusion beteiligten Rechtsträger stets eine Personengruppe bilden liesse, deren Mitglieder sämtliche Anteile der beteiligten Gesellschaften besitzen. Somit stünde es den Gesellschaften letztlich frei, ob sie eine Kapitalerhöhung durchführen oder nicht.

Bestehen lediglich *indirekte* Beteiligungsverhältnisse, ist eine erleichterte Fusion sachlich ausgeschlossen (s. Amtliches Bulletin Ständerat 2001, S. 152; Protokoll der Kommission für Rechtsfragen des Ständerates vom 1.2.2001, S. 13; Protokoll der Kommission für Rechtsfragen des Nationalrates vom 8.7.2002, S. 30).

Art. 105*b**

c. Eintragung ins Handelsregister

¹ Bei der übernehmenden Gesellschaft werden eingetragen:
   a. die Firma oder der Name, der Sitz sowie die Identifikationsnummer der an der Fusion beteiligten Gesellschaften;
   b. das Datum des Fusionsvertrages und der Fusionsbilanzen;
   c. der gesamte Wert der zu übertragenden Aktiven und Passiven;
   d. gegebenenfalls die den Gesellschafterinnen und Gesellschaftern der übertragenden Gesellschaft zugesprochenen Anteils- oder Mitgliedschaftsrechte sowie eine allfällige Ausgleichszahlung (Art. 7 FusG);
   e. gegebenenfalls die Abfindung (Art. 8 FusG);
   f. gegebenenfalls die durch die Fusion bedingte Kapitalerhöhung;
   g. bei einer Kombinationsfusion zudem die für eine Neueintragung erforderlichen Angaben.

² Bei der übertragenden Gesellschaft werden eingetragen:
   a. die Firma oder der Name, der Sitz sowie die Identifikationsnummer der an der Fusion beteiligten Gesellschaften;
   b. die Tatsache, dass die Gesellschaft infolge Fusion gelöscht wird (Art. 21 Abs. 3 FusG).

Erläuterungen:

Im Interesse der Transparenz und der einheitlichen Eintragung von Fusionen statuiert Artikel 105*b*, welche Tatsachen zwingend in das Handelsregister einzutragen sind. Aus Gründen der Klarheit muss die Eintragung auf die nach den konkreten Umständen wesentlichen Merkmale der Fusion beschränkt sein. Die Publikationstexte sind kurz, präzis und allgemein verständlich zu verfassen. Die Eintragung muss für einen durchschnittlich aufmerksamen Leser *auf Anhieb verständlich sein*. Da Restrukturierungen von Unternehmen diesbezüglich Schwierigkeiten bieten können, sind entsprechende Vorgänge erforderlichenfalls in chronologisch korrekter Abfolge separat zu publizieren. Für Dritte nicht hinreichend transparente und nachvollziehbare Eintragungen sind vom EHRA zurückzuweisen.

Steht eine Fusion in Verbindung mit einer Sitzverlegung, so ist der gesamte Vorgang beim Handelsregisteramt am neuen Sitz einzureichen.

Zu Abs. 1 Bst. a: Bei Umstrukturierungsvorgängen ist zur Gewährleistung der eindeutigen Identifizierung der beteiligten Rechtsträger ausdrücklich deren Identifikationsnummer in die Publikation aufzunehmen.

Zu Abs. 1 Bst. b: Die in der Verordnung verwendete Terminologie "Datum der Bilanz" ist gleichbedeutend mit *"Bilanzstichtag"* (d.h. Bilanz per ...).

Zu Abs. 1 Bst. c: In der Eintragung müssen die in der Fusionsbilanz ausgewiesenen Beträge der übertragenen *Aktiven* angegeben werden. Dasselbe gilt für die Passiven, jedoch nur im Umfang des *Fremdkapitals* (d.h. Passiven minus Eigenkapital). Damit lässt sich der für die Zulässigkeit der Fusion relevante Deckungsgrad des Kapitals ermitteln.

---

* neu: Art. 132

Da sämtliche Aktiven und das Fremdkapital durch Universalsukzession *uno actu* übergehen, hat die Eintragung keine detaillierten Angaben über einzelne Bilanzposten zu enthalten.

Zu Abs. 1 Bst. d: Bei erleichterten Fusionen nach Art. 23 FusG muss in der Publikation ausdrücklich auf das Fehlen des Austausches von Anteilsrechten und einer Kapitalerhöhung hingewiesen werden.

Zu Abs. 1 Bst. f: Der Nominalbetrag der Kapitalerhöhung darf höchstens dem Nettovermögen (Aktiven minus Fremdkapital) der übertragenden Gesellschaft entsprechen; andernfalls ergäbe sich eine unzulässige *Unterpari-Emission* (s. Botschaft, S. 4404). Allfällig vorhandene stille Reserven sind für die Bestimmung des Nettovermögens irrelevant, da für diesen Vorgang einzig die *handelsrechtliche Bilanz* determinierend ist. Zudem stehen die für die Rechnungslegung massgeblichen *Höchstbewertungsvorschriften* und das *Realisationsprinzip* der Berücksichtigung von stillen Reserven entgegen. Die für Fusionen begriffswesentliche Universalsukzession bewirkt den Übergang der Aktiven und Passiven zum bisher ausgewiesenen Wert. Demnach gehen die Posten der Fusionsbilanz bei Wirksamwerden der Fusion unverändert in die Buchhaltung der übernehmenden Gesellschaft ein. Verschiebungen und Wertberichtigungen von Bilanzposten anlässlich der Fusion sind aus den erwähnten Gründen ausgeschlossen.

Im Rahmen einer Fusion dürfen den Gesellschaftern *keine* zusätzlichen Kapitalliberierungspflichten auferlegt werden. Liegt der Aktivenüberschuss des übernommenen Vermögens unter dem Nennwert der Kapitalerhöhung, kann die Differenz gegebenenfalls nur durch frei verfügbare Eigenmittel der übernehmenden Gesellschaft liberiert werden.

Zu Abs. 2: Die nach Art. 171 DBG und Art. 11 VStV erforderliche Zustimmung der Steuerbehörden zur Löschung ist bei Fusionen nicht notwendig, da auch Forderungen, die öffentlich-rechtlicher Natur sind, von der Universalsukzession erfasst werden und somit auf den übernehmenden Rechtsträger übergehen.

Art. 105c *

d. Zeitpunkt der Eintragungen

Die Fusion muss bei allen beteiligten Gesellschaften am gleichen Tag ins Tagebuch eingetragen werden. Befinden sich nicht alle Gesellschaften im selben Registerbezirk, so müssen die Handelsregisterämter ihre Eintragungen aufeinander abstimmen.

Erläuterungen:

Die Fusion muss bei allen beteiligten Gesellschaften am selben Tag ins Tagebuch eingetragen werden, da es sich um einen *einheitlichen Vorgang* handelt. Die Fusion wird mit der Eintragung bei den *übernehmenden* Gesellschaften rechtswirksam. Der Eintritt der Rechtswirkungen der Eintragung bestimmt sich nach Massgabe von Art. 932 Abs. 1 OR (s. Botschaft, S. 4421 f.).

Entgegen der Lehre zum alten Recht ergibt sich diese Lösung aus zwingenden sachlichen Gründen: Würde man für den Zeitpunkt der Rechtswirksamkeit der Fusion auf deren Eintragung bei der übertragenden Gesellschaft (bzw. auf die Löschung der übertragenden Gesellschaft) abstellen, hätte dies, falls mehrere Gesellschaften an der Fusion beteiligt sind, zur Folge, dass für den Eintritt der Rechtswirkungen der Fusion mehrere Zeitpunkte massgeblich sein könnten; das ist jedoch sachlich ausgeschlossen.

Das EHRA genehmigt nur den gesamten Vorgang, sofern sämtliche für eine Fusion relevanten Eintragungen am gleichen Tag vorgenommen wurden.

Art. 105d **

e. Meldepflichtige Fusionen

Erfüllt eine Fusion die Anforderungen eines meldepflichtigen Zusammenschlusses gemäss Artikel 9 des Kartellgesetzes vom 6. Oktober 1995[5], so darf sie erst zur Eintragung in das Handelsregister angemeldet werden, wenn die kartellrechtlichen Voraussetzungen erfüllt sind (Art. 22 Abs. 1 FusG).

Erläuterungen:

Art. 22 Abs. 1 FusG trägt einem kartellrechtlichen Vorbehalt Rechnung, wonach die zivilrechtlichen Wirkungen einer Fusion aufgeschoben sind, sofern ein meldepflichtiger Zusammenschluss vorliegt (Art. 34 KG). Dieser Vorbehalt steht jedoch in Widerspruch zu den allgemeinen Rechtswirkungen von Eintragungen (Art. 932 und 933 OR).

Die Handelsregisterbehörden können nicht beurteilen, ob die kartellrechtlichen Voraussetzungen gegeben sind. Art. 105d trägt diesem Umstand insofern Rechnung, als klargestellt wird, dass die betroffenen Gesellschaften dafür verantwortlich sind, dass die Fusion nicht in rechtswidriger Weise im Handelsregister eingetragen wird.

---

*   neu: Art. 129–130
** neu: Art. 128
5   SR 251

2. Spaltung von Kapitalgesellschaften und Genossenschaften

Art. 106*

a. Anmeldung. Zuständiges Handelsregisteramt

¹ Jede an der Spaltung beteiligte Gesellschaft muss die sie betreffenden Tatsachen selber zur Eintragung in das Handelsregister anmelden (Art. 51 Abs. 1 FusG).

² Befinden sich nicht alle an der Spaltung beteiligten Gesellschaften im selben Registerbezirk, so ist das Handelsregisteramt am Ort der übertragenden Gesellschaft für die Prüfung der Spaltung und sämtlicher Belege zuständig. Es informiert die Handelsregisterämter am Sitz der übernehmenden Gesellschaften über die vorzunehmenden Eintragungen und übermittelt ihnen die sie betreffenden Anmeldungen sowie beglaubigte Kopien der massgeblichen Belege. Die Spaltung wird bei den übernehmenden Gesellschaften ohne weitere Prüfung eingetragen.

Erläuterungen:

Alle an einer Spaltung beteiligten Gesellschaften müssen die sie betreffenden relevanten Tatsachen selber zur Eintragung anmelden. Bei einer Spaltung zur Neugründung obliegt dies den designierten Organen der neu zu gründenden Gesellschaft. Es ist zu beachten, dass die Spaltung erst angemeldet werden darf, wenn die gesetzlichen Vorkehrungen zum Schutze der Gläubiger durchgeführt wurden. Die Beachtung der Artikel 45 ff. FusG ist eine *materielle Voraussetzung* der Eintragung der Spaltung. Wegen der Drittschutzwirkung dieser Bestimmungen müssen die Registerbehörden prüfen, ob die Aufforderungen an die Gläubiger in rechtsgenüglicher Weise erfolgt sind. Der Nachweis kann auf verschiedene Arten erbracht werden, so beispielsweise durch Hinweise auf die SHAB-Publikationen oder durch einen expliziten Hinweis auf die Durchführung der Gläubigerschutzvorkehren in der öffentlichen Urkunde zum Spaltungsbeschluss.

Trotz des Umstandes, dass eine Vielzahl von Gesellschaften an einer Spaltung teilnehmen kann, ist stets zu beachten, dass es sich dabei um einen *einheitlichen Vorgang* handelt. Aus diesem Grunde muss die Prüfung der verschiedenen Anmeldungen koordiniert und die simultane Publikation der Eintragungen gewährleistet werden.

Aus Gründen eines rationellen Verfahrens wird die Zuständigkeit zur Prüfung der Spaltung und sämtlicher Belege einer Behörde übertragen. Falls sich nicht alle an der Spaltung beteiligten Gesellschaften im selben Registerbezirk befinden, ist einzig die Registerbehörde am Sitz der *übertragenden* Gesellschaft zuständig. Diesem Amt obliegt es, die durch den Vorgang ebenfalls betroffenen Registerämter am Sitz der übernehmenden Gesellschaften über das Prüfungsergebnis und die bevorstehende Eintragungen zu informieren.

Die involvierten Registerämter haben daraufhin die Spaltung bei den übernehmenden Gesellschaften gestützt auf die massgebenden Anmeldungen und beglaubigten Kopien der Belege, die ihnen zuvor übermittelt wurden, *ohne eigene Prüfung* einzutragen. Das zuständige Amt am Sitz der übertragenden Gesellschaft ist für die Prüfung der Spaltung allein verantwortlich. Stellt das Registeramt am Sitz der übernehmenden Gesellschaft Rechtswidrigkeiten fest, macht es dem Eidg. Amt für das Handelsregister Mitteilung (s. dazu die Ausführungen zu Art. 105 HRegV).

---

* neu: Art. 133

Art. 106a*

b. Belege

¹ Mit der Anmeldung zur Eintragung der Spaltung müssen die beteiligten Gesellschaften folgende Belege einreichen:
   a. den Spaltungsvertrag (Art. 36 Abs. 1 und 37 FusG) oder den Spaltungsplan (Art. 36 Abs. 2 und 37 FusG);
   b. die öffentlich beurkundeten Spaltungsbeschlüsse der beteiligten Gesellschaften (Art. 43 und 44 FusG);
   c. die Prüfungsberichte der beteiligten Gesellschaften (Art. 40 FusG);
   d. soweit erforderlich die Belege für eine Kapitalherabsetzung bei der übertragenden Gesellschaft (Art. 32 i. V. m. 51 Abs. 2 FusG);
   e. soweit erforderlich die Belege für eine Kapitalerhöhung bei der übernehmenden Gesellschaft (Art. 33 FusG);
   f. die Belege für die Neugründung bei der neu eingetragenen übernehmenden Gesellschaft (Art. 34 FusG).

² Bei Spaltungen von kleinen und mittleren Unternehmen können die beteiligten Gesellschaften anstelle des Belegs nach Absatz 1 Buchstabe c eine von mindestens einem Mitglied des obersten Leitungs- oder Verwaltungsorgans unterzeichnete Erklärung einreichen, in der nachgewiesen wird, dass sämtliche Gesellschafterinnen und Gesellschafter auf die Erstellung des Spaltungsberichts oder auf die Prüfung verzichten, und die Gesellschaft die Anforderungen nach Artikel 2 Buchstabe e FusG erfüllt. In der Erklärung ist auf die massgeblichen Unterlagen wie Erfolgsrechnungen, Bilanzen, Jahresberichte, Verzichtserklärungen oder das Protokoll der Generalversammlung Bezug zu nehmen.

Erläuterungen:

Das Institut der Spaltung ist eine der wesentlichen materiellen Neuerungen des Fusionsgesetzes. Die Spaltung ermöglicht es der übertragenden Gesellschaft, ihr gesamtes Vermögen (Aufspaltung) oder Teile davon (Abspaltung) *gegen Gewährung von Anteils- und Mitgliedschaftsrechten* an ihre Gesellschafter auf übernehmende Gesellschaften zu übertragen (s. Botschaft, S. 4430 f.). Art. 106a entspricht sinngemäss der Regelung bei der Fusion (Art. 105a). Für die Einzelheiten kann daher auf die diesbezüglichen Ausführungen verwiesen werden.

Zu Abs. 1 Bst. a: Zum Inventar wird auf die entsprechenden Ausführungen zur Vermögensübertragung verwiesen (s. Kommentar zu Art. 108 HRegV).

Zu Abs. 1 Bst. d: Im Falle einer spaltungsbedingten Kapitalherabsetzung bedarf es in jedem Fall eines Revisionsberichts, da Art. 32 FusG keine Dispensierung von diesem Erfordernis gestattet.

Zu Abs. 1 Bst. e: Bei einer spaltungsbedingten Kapitalerhöhung gelten die Ausführungen zu Fusion sinngemäss. Grundsätzlich sind die geänderten Statuten und der Feststellungsbeschluss einzureichen. Bei Spaltungen zur Übernahme mit einer Kapitalerhöhung unter Beteiligungen von KMU sind wegen den gewährten Erleichterungen die rechtsformspezifischen Kapitalerhöhungsvorschriften in *Lückenfüllung* anwendbar (analog zur Fusion; s. dazu die Ausführungen zu Art. 105a Abs. 1 Bst. e

---

* neu: Art. 134

HRegV), d.h. es sind sämtliche Kapitalerhöhungsbelege einzureichen (Art. 652e und 652f OR).

Zu Abs. 1 Bst. f: Die Neugründung der übernehmenden Gesellschaft erfolgt im Rahmen der *Feststellungsbeurkundung* der Spaltungsbeschlüsse. Bei Spaltungen zur Neugründung unter Beteiligungen von KMU sind wegen den gewährten Erleichterungen die rechtsformspezifischen Sacheinlagevorschriften in *Lückenfüllung* anwendbar (analog zur Fusion; s. dazu die Ausführungen zu Art. 105a Abs. 1 Bst. h HRegV), d.h. es sind sämtliche Belege für eine qualifizierte Gründung einzureichen (Art. 635 und 635a OR).

Für die KMU-Erklärung gelten die Ausführungen zur Fusion sinngemäss.

Art. 106b*
c. Eintragung in das Handelsregister. Aufspaltung

¹ Bei den übernehmenden Gesellschaften werden eingetragen:
a. die Firma, der Sitz sowie die Identifikationsnummer der an der Spaltung beteiligten Gesellschaften;
b. das Datum des Spaltungsvertrages bzw. des Spaltungsplans;
c. der gesamte Wert der gemäss Inventar übertragenen Aktiven und Passiven;
d. die den Gesellschafterinnen und Gesellschaftern der übertragenden Gesellschaft zugesprochenen Anteils- oder Mitgliedschaftsrechte sowie eine allfällige Ausgleichszahlung (Art. 37 Bst. c FusG);
e. gegebenenfalls die durch die Spaltung bedingte Kapitalerhöhung;
f. gegebenenfalls die für eine Neueintragung erforderlichen Angaben.

² Bei der übertragenden Gesellschaft werden eingetragen:
a. die Firma, der Sitz sowie die Identifikationsnummer aller an der Spaltung beteiligten Gesellschaften;
b. die Tatsache, dass die Gesellschaft infolge Aufspaltung gelöscht wird (Art. 51 Abs. 3 FusG).

Erläuterungen:

Diese Bestimmung entspricht sinngemäss der Regelung bei der Fusion (Art. 105b). Es kann daher auf die diesbezüglichen Ausführungen verwiesen werden.

Die Publikationstexte sind kurz, präzis und allgemein verständlich zu verfassen. Die Eintragung muss für einen durchschnittlich aufmerksamen Leser *auf Anhieb verständlich sein*. Da Restrukturierungen von Unternehmen diesbezüglich Schwierigkeiten bieten können, sind entsprechende Vorgänge erforderlichenfalls in chronologisch korrekter Abfolge separat zu publizieren. Für Dritte nicht hinreichend transparente und nachvollziehbare Eintragungen sind vom EHRA zurückzuweisen.

Steht eine Spaltung in Verbindung mit einer Sitzverlegung, so ist der gesamte Vorgang beim Handelsregisteramt am neuen Sitz einzureichen.

Zu Abs. 2: Die nach Art. 171 DBG und Art. 11 VStV erforderliche Zustimmung der Steuerbehörden zur Löschung ist bei Aufspaltungen nicht notwendig, da auch Forderungen, die öffentlich-rechtlicher Natur sind, von der Universalsukzession erfasst werden und somit auf den übernehmenden Rechtsträger übergehen.

---

* neu: Art. 135

Art. 106c*

Abspaltung

[1] Die Eintragung bei der übernehmenden Gesellschaft im Zusammenhang mit einer Abspaltung bestimmt sich nach Artikel 106b Absatz 1.

[2] Bei der übertragenden Gesellschaft werden eingetragen:
a. die Firma, der Sitz sowie die Identifikationsnummer aller an der Abspaltung beteiligten Gesellschaften;
b. gegebenenfalls die durch die Abspaltung bedingte Kapitalherabsetzung.

Erläuterungen:

Abs. 1 dieser Bestimmung entspricht der Regelung bei der Aufspaltung (Art. 106b). Es kann daher auf die diesbezüglichen Ausführungen verwiesen werden.

Da im Falle einer Abspaltung die übertragende Gesellschaft weiter besteht, müssen gemäss Abs. 2 die entsprechenden Änderungen ins Handelsregister eingetragen werden.

---

* neu: Art. 135

Art. 106d*

d. Zeitpunkt der Eintragungen

Die Spaltung muss bei allen beteiligten Gesellschaften am selben Tag ins Tagebuch eingetragen werden. Befinden sich nicht alle an der Spaltung beteiligten Gesellschaften im selben Registerbezirk, so müssen die Handelsregisterämter ihre Eintragungen aufeinander abstimmen.

Erläuterungen:

Der Vorgang muss bei allen beteiligten Gesellschaften am selben Tag ins Tagebuch eingetragen werden, was bei registerübergreifenden Spaltungen einer entsprechenden Koordination seitens der beteiligten Handelsregisterämter bedarf.

Die Spaltung wird mit der Eintragung bei den *übernehmenden* Gesellschaften rechtswirksam. Die Problematik ist dieselbe wie bei der Fusion, so dass auf die Ausführungen zu Art. 105*c* HRegV verwiesen wird.

Das EHRA genehmigt nur den gesamten Vorgang, sofern sämtliche eine Spaltung betreffenden Eintragungen am gleichen Tag vorgenommen wurden.

---

* neu: Art. 129–130

Art. 106e[*]

e. Meldepflichtige Spaltungen

Erfüllt eine Spaltung die Anforderungen eines meldepflichtigen Zusammenschlusses gemäss Artikel 9 des Kartellgesetzes vom 6. Oktober 1995[6], so darf sie erst zur Eintragung in das Handelsregister angemeldet werden, wenn die kartellrechtlichen Voraussetzungen erfüllt sind (Art. 52 FusG).

Erläuterungen:

Diese Bestimmung entspricht sinngemäss der Regelung bei der Fusion (Art. 105*d).* Es kann daher auf die diesbezüglichen Ausführungen verwiesen werden.

---

[*] neu: Art. 128
[6] SR 251

3. Umwandlung von Gesellschaften

Art. 107 *

a. Anmeldung. Belege

¹ Mit der Anmeldung zur Eintragung der Umwandlung (Art. 66 FusG) muss die Gesellschaft dem Handelsregisteramt folgende Belege einreichen:

a. den Umwandlungsplan (Art. 59 und 60 FusG);

b. die Umwandlungsbilanz, gegebenenfalls die Zwischenbilanz (Art. 58 FusG);

c. den öffentlich beurkundeten Umwandlungsbeschluss (Art. 64 und 65 FusG);

d. den Prüfungsbericht (Art. 62 FusG);

e. soweit nach den Umständen erforderlich dieselben Belege wie bei der Neugründung der neuen Rechtsform (Art. 57 FusG).

² Bei Umwandlungen von kleinen und mittleren Unternehmen kann das oberste Leitungs- oder Verwaltungsorgan anstelle des Belegs nach Absatz 1 Buchstabe d eine von mindestens einem Mitglied unterzeichnete Erklärung einreichen, in der nachgewiesen wird, dass sämtliche Gesellschafterinnen und Gesellschafter auf die Erstellung des Umwandlungsberichts oder auf die Prüfung verzichten, und die Gesellschaft die Anforderungen nach Artikel 2 Buchstabe e FusG erfüllt. In der Erklärung ist auf die massgeblichen Unterlagen wie Erfolgsrechnungen, Bilanzen, Jahresberichte, Verzichtserklärungen oder das Protokoll der Generalversammlung Bezug zu nehmen.

Erläuterungen:

Diese Bestimmung entspricht sinngemäss der Regelung bei der Fusion (Art. 105a). Für die Einzelheiten kann daher auf die diesbezüglichen Ausführungen verwiesen werden.

Muss eine Gesellschaft im Hinblick auf den Rechtsformwechsel vorgängig ihr Kapital erhöhen oder ein solches schaffen, sind dafür die Vorschriften der bisherigen Rechtsform anwendbar (so auch für die dem Handelsregister einzureichenden Belege). Eine Ausnahme davon bildet die Umwandlung eines Vereins oder einer Personengesellschaft in eine Kapitalgesellschaft: Diesfalls wird das Kapital erst im Zuge des Rechtsformwechsels geschaffen, was jedoch voraussetzt, dass der Verein oder die Personengesellschaft über genügend freies Eigenkapital verfügt, um das Kapital zu liberieren (Kapitalerhöhung durch Eigenmittel).

Zu Abs. 1 Bst. b: Eine einzureichende Zwischenbilanz muss den gleichen Anforderungen genügen wie bei der Fusion. Es kann daher auf die Ausführungen zur Fusion verwiesen werden (s. Art. 105a Abs. 1 Bst. b HRegV).

Falls die Gesellschaft ihre Jahresrechnung aufgrund einer gesetzlichen oder statutarischen Revisionspflicht prüfen lassen muss, ist eine allfällige Zwischenbilanz ebenfalls prüfungspflichtig (s. Protokoll der Kommission für Rechtsfragen des Ständerates vom 10.11.2000, S. 17 f.; s. dazu die Ausführungen zu Art. 105a Abs. 1 Bst. b HRegV).

Muss das Kapital der Ausgangsrechtsform im Hinblick auf die Umwandlung erhöht werden, damit die Mindestkapitalvorschriften der Zielrechtsform eingehalten sind, ist *keine* Zwischenbilanz erforderlich, da sich die Veränderung der Vermögenslage in verlässlicher und aktueller Form aus Handelsregistereintragungen und -belegen

---

* neu: Art. 136

ergibt. Steht die Umwandlung im Zusammenhang mit einer Kapitalherabsetzung, so ist in jedem Fall eine Zwischenbilanz erforderlich, weil der Umfang des Mittelabflusses für Dritte nur so feststellbar ist.

Die Umwandlungsbilanz ist für die *Feststellung der vollen Kapitaldeckung* im Zeitpunkt der Umwandlung entscheidend.

Das FusG geht davon aus, dass die Umwandlung einer Gesellschaft, deren Bilanz einen Passivenüberschuss aufweist, ausgeschlossen ist. Die Umwandlung stellt *per se* keine Sanierungsmassnahme dar. Die Liberierungsvorschriften und das Erfordernis der vollen Kapitaldeckung im Zeitpunkt der Umwandlung (d.h. der Eintragung eines Rechtsträgers der Zielrechtsform) lässt keine Ausnahmen zu (s. auch die Ausführungen zu Abs. 1 Bst. e unten). Allfällige Sanierungsmassnahmen sind nach Massgabe der für die bisherige Rechtsform geltenden Vorschriften *vor* der Umwandlung durchzuführen.

Zu Abs. 1 Bst. e: Gemäss Art. 57 FusG müssen bei einer Umwandlung alle für die Neugründung der neuen Rechtsform erforderlichen Belege eingereicht werden. Damit soll sichergestellt werden, dass die Umwandlung nicht dazu missbraucht wird, die Gründungsvorschriften zu umgehen. Dazu gehören namentlich die Vorschriften über die Mindestliberierung, die Firmenbildung, den Gesellschaftszweck oder Formvorschriften. Mit Ausnahme der anlässlich der Gründung erforderlichen Mindestzahl von Gesellschaftern und den Bestimmungen über die Sacheinlagen müssen sämtliche Gründungsvoraussetzungen der Zielrechtsform zwingend beachtet werden (s. Botschaft, S. 4451 f.).

Auf die Umwandlung von Kollektiv- und Kommanditgesellschaften finden die Vorschriften des Fusionsgesetzes über die Umwandlung *keine* Anwendung (Art. 55 Abs. 4 FusG, s. Botschaft, S. 4449). Demgemäss sind auch die vorliegenden Bestimmungen der HRegV bei Personengesellschaften nicht anwendbar. Für solche Vorgänge gilt die bisherige Praxis unverändert weiter.

Für die KMU-Erklärung gelten die Ausführungen zur Fusion sinngemäss.

Im Falle der Umwandlung von KMU (die auf die Erstellung eines Umwandlungsberichts und auf die Prüfung des Plans und des Berichts verzichten können) sind die rechtsformspezifischen Sacheinlagevorschriften wie bei der Fusion *in Lückenfüllung* anwendbar (s. dazu die Ausführungen zu Art. 105*a* Abs. 1 Bst. h HRegV). Wandelt sich ein KMU in eine Aktiengesellschaft, eine Kommanditaktiengesellschaft oder eine Genossenschaft um, sind ein Gründungsbericht und - soweit erforderlich - eine Prüfungsbestätigung als Belege einzureichen (Art. 635 und Art. 635*a* OR; Art. 764 Abs. 2 i. V. m. Art. 635 f. OR; Art. 835 Abs. 4 OR).

Wird im Rahmen der Umwandlung von KMU auf die Erstellung eines Umwandlungsberichts verzichtet, so gilt die in Art. 58 Abs. 1 FusG vorgeschriebene Frist als beachtet, wenn der Bilanzstichtag *zum Zeitpunkt der Erstellung des Umwandlungsplans* nicht mehr als sechs Monate zurückliegt.

Art. 107a[*]

b. Eintragung in das Handelsregister

Die Eintragung der Umwandlung enthält Angaben über:
a. die Firma oder den Namen sowie die Rechtsform vor und nach der Umwandlung;
b. das Datum der neuen Statuten bei juristischen Personen;
c. das Datum des Umwandlungsplans und der Umwandlungsbilanz;
d. den gesamten Wert der Aktiven und Passiven;
e. die den Gesellschafterinnen und Gesellschaftern zugesprochenen Anteils- oder Mitgliedschaftsrechte;
f. die erforderlichen weiteren Angaben bei der neuen Rechtsform.

Erläuterungen:

Im Interesse der Transparenz und der einheitlichen Eintragung von Umwandlungen wird bestimmt, welche Tatsachen zwingend in das Handelsregister eingetragen werden. Die Publikationstexte sind kurz, präzis und allgemein verständlich zu verfassen. Die Eintragung muss für einen durchschnittlich aufmerksamen Leser *auf Anhieb verständlich sein.* Für Dritte nicht hinreichend transparente und nachvollziehbare Eintragungen sind vom EHRA zurückzuweisen.

Steht eine Umwandlung in Verbindung mit einer Sitzverlegung, so ist der gesamte Vorgang beim Handelsregisteramt am neuen Sitz einzureichen.

Der Inhalt der Eintragung beschränkt sich dabei auf die nach den konkreten Umständen wesentlichen Merkmale des Vorgangs. Die Eintragung hat insbesondere auch die publikationspflichtigen Tatsachen bei der neuen Rechtsform (Statutendatum, Firma, Gesellschaftszweck, Gesellschaftskapital, Bezeichnung der Organe usw.) zu enthalten.

Im Gegensatz zum bisherigen Recht (s. Art. 824 ff. aOR) erfordert die Umwandlung in Form eines blossen Rechtskleidwechsels nur *eine* Handelsregistereintragung. Dies gilt auch für Sonderfälle, die einer anderen rechtlichen Konzeption folgen: „übertragende" Umwandlung einer Personengesellschaft in eine juristische Person bzw. „Umwandlung" einer Kollektiv- in eine Kommanditgesellschaft und umgekehrt.

Allfällige vorgängige Anpassungen der Statuten im Hinblick auf die neue Rechtsform (z.B. Kapitalerhöhung, Abschaffung von persönlichen Leistungspflichten u.a.) dürfen nur in die gleiche Eintragung aufgenommen werden wie die Umwandlung, wenn die Vorgänge derart wiedergegeben werden, dass Dritte sie klar auseinander halten können.

Zu Abs. 1 Bst. c: Die in der Verordnung verwendete Terminologie "Datum der Umwandlungsbilanz" ist gleichbedeutend mit *"Bilanzstichtag"* (d.h. Bilanz *per ...*).

Zu Abs. 1 Bst. d: In der Eintragung müssen die in der Umwandlungsbilanz ausgewiesenen Beträge der vorhandenen *Aktiven* angegeben werden. Dasselbe gilt für die Passiven, jedoch nur im Umfang des *Fremdkapitals* (d.h. Passiven minus Eigenkapital). Damit lässt sich der für die Frage der Zulässigkeit der Umwandlung entscheidrelevante Deckungsgrad des Kapitals ermitteln.

---

[*] neu: Art. 137

4. Vermögensübertragung

Art. 108*

a. Anmeldung. Belege

Mit der Anmeldung zur Eintragung der Vermögensübertragung (Art. 73 FusG) muss der übertragende Rechtsträger dem Handelsregisteramt folgende Belege einreichen:

a. den Übertragungsvertrag (Art. 71 FusG);

b. die Auszüge aus den Protokollen der obersten Leitungs- oder Verwaltungsorgane der beteiligten Rechtsträger über den Abschluss des Übertragungsvertrages (Art. 70 Abs. 1 FusG), sofern der Vermögensübertragungsvertrag nicht von allen Mitgliedern dieser Organe unterzeichnet ist.

Erläuterungen:

Das neue Rechtsinstitut der Vermögensübertragung ermöglicht im Handelsregister eingetragenen Gesellschaften und Einzelunternehmen, ihr Vermögen oder Teile davon auf andere Rechtssubjekte zu übertragen. Das Rechtssubjekt, auf das Vermögenswerte übertragen werden, muss dabei nicht zwingend im Handelsregister eingetragen sein. Die Übertragung erfolgt *uno actu* mit Aktiven und Passiven. Die Vermögensübertragung *entbindet* die beteiligten Rechtsträger *von der Einhaltung der allgemeinen Formvorschriften der Übertragung*. Eine Übertragung gemäss Inventar tritt anstelle der Singularsukzession.

Die Regelung der Vermögensübertragung schliesst die Übertragung eines Vermögens oder eines Geschäfts durch *Singularsukzession* nicht aus. Demgegenüber ist eine Übertragung gemäss Artikel 181 OR für im Handelsregister eingetragene Rechtsträger nicht mehr statthaft (s. Art. 181 Abs. 4 OR; dasselbe gilt sinngemäss auch für die Fusion, die Spaltung und die Umwandlung).

Als Abgrenzungskriterium zur Einzelübertragung, die als solche keiner Handelsregistereintragung bedarf, ist darauf abzustellen, ob anlässlich der Anmeldung ein Vermögensübertragungsvertrag gemäss Art. 69 ff. FusG eingereicht wird. Fehlt ein rechtsgenügender, schriftlicher Vermögensübertragungsvertrag, wird der Vorgang registerrechtlich nicht als Vermögensübertragung behandelt.

Die Regelung von Art. 69 ff. FusG und Art. 108 ff. HRegV betrifft nur die Vermögensübertragung als solche; Vorbehalten bleiben die Vorschriften, die sich aus dem Verwendungszweck der Verbindung der Vermögensübertragung mit andern Rechtsinstituten (Sacheinlage, Kapitalerhöhung, Liquidation usw.) ergeben können. Dient die Vermögensübertragung beispielsweise einer Sacheinlage, gelangen die diesbezüglichen Vorschriften *kumulativ* zur Anwendung (insb. die Kriterien zur Sacheinlagefähigkeit).

Das Gesetz sieht keine besonderen Anforderungen an die *Zusammensetzung der zu übertragenden Vermögenswerte* vor; insbesondere ist nicht erforderlich, dass ein geschlossener Betriebsteil vorliegt (Amtliches Bulletin 2001 Ständerat, S. 158; Protokoll der Kommission für Rechtsfragen des Nationalrates vom 8./9. Juli 2002, S. 52). Die Handelsregisterbehörden haben die Eintragung auch dann vorzunehmen, wenn die Vermögensübertragung nur ein einzelnes Recht erfasst (Botschaft, S. 4460; Amtli-

---

* neu: Art. 138

ches Bulletin 2001 Ständerat, S. 156). Das Inventar muss allerdings in jedem Fall zwingend einen Aktivenüberschuss ausweisen (Art. 71 Abs. 2 FusG).

Der Vertrag und das darin enthaltene *Inventar* sind als Beleg unerlässlich. Da die Vermögensübertragung von der Beachtung der für die Einzelübertragung der erfassten Vermögenswerte geltenden Formvorschriften dispensiert, kann nur anhand des Inventars festgestellt werden, welche Vermögenswerte Gegenstand der Übertragung sind. Dritte können insbesondere nur auf dieser Grundlage Gewissheit darüber erlangen, dass Transaktionen stattgefunden haben, deren Bestand nicht in einem andern öffentlichen Register eingetragen ist (z.B. Grundbucheintrag bei Grundstücken).

Bei der Vermögensübertragung muss ein Inventar der übertragenen Gegenstände des Aktiv- und Passivvermögens aufgenommen werden. Dieses Inventar, welches im Vertrag enthalten sein muss, bildet die *Grundlage der Vermögensübertragung* und bestimmt deren Umfang. Es dient dem Nachweis, welche Aktiven und Passiven im Rahmen der Vermögensübertragung *uno actu* auf einen anderen Rechtsträger übergegangen sind.

Art. 71 Abs. 1 Bst. b FusG schreibt vor, dass das Inventar die *eindeutige Bezeichnung* der zu übertragenden Gegenstände des Aktiv- und Passivvermögens zu enthalten hat, wobei *Grundstücke, Wertpapiere und immaterielle Werte einzeln aufzuführen* sind (s. auch Botschaft, S. 4462). Soweit das Gesetz nicht ausdrücklich eine „einzelne" Nennung verlangt, ist eine solche (e contrario) nicht erforderlich; die zu übertragenden Vermögenswerte müssen jedoch *hinreichend* klar umschrieben werden. Dabei ist letztlich der konkrete Sachverhalt für den Präzisierungsgrad des Inventars massgeblich. Es ist Sache der Vertragsparteien, die Umschreibung so zu wählen, dass jede Unklarheit ausgeschlossen wird. Abgesehen von der Prüfung der Angaben zu Grundstücken, Wertpapieren und immateriellen Werten haben die Handelsregisterbehörden die *Konkretisierung* des Inventars grundsätzlich *nicht zu prüfen*. Vorbehalten bleibt einzig die Rückweisung unspezifizierter Pauschalumschreibungen, die offensichtlich keine Qualifizierung der erfassten Gegenstände erlauben (z.B. "gewisse Aktiven und Passiven" mit einem blossen Hinweis auf eine Bilanz!).

Weitergehende Anforderungen können sich allerdings aus dem Verwendungszweck der Vermögensübertragung ergeben: Wenn die Vermögensübertragung einer *Sacheinlage* dient, muss das Inventar den materiellen Erfordernissen der Sacheinlage genügen.

Das Gesetz enthält Regelungen betreffend die rechtliche Zuordnung von Vermögenswerten, die im Inventar nicht eindeutig zugewiesen werden (Art. 72 FusG; für die Spaltung s. Art. 38 FusG). Diese Vorschriften sind im Hinblick auf die *Publizitätsfunktion* des Inventars für Dritte aus Gründen der *Verkehrssicherheit* absolut zwingender Natur. Andere Vereinbarungen sind daher nichtig und vom Handelsregisteramt zurückzuweisen. Es kann bspw. nicht vorgesehen werden, dass mangels klarer Erfassung im Inventar der Besitz einer Sache über das Eigentum entscheidet. Einerseits könnte damit die Inventarpflicht umgangen werden, andererseits würden Dritte getäuscht, die sich darauf verlassen, dass im Inventar nicht aufgeführte Gegenstände – z.B. Wertpapiere – nicht übertragen wurden.

Gemäss Art. 71 Abs. 1 Bst. e FusG muss im Vermögensübertragungsvertrag eine Liste der Arbeitsverhältnisse aufgenommen werden, die übertragen werden sollen. Bei der Bezeichnung dieser Arbeitsverhältnisse ist dem Persönlichkeits- und Datenschutz Rechnung zu tragen. Was die Personalien betrifft, genügt daher die Angabe des *Namens der Arbeitnehmer*. Sachliche Angaben können sich bspw. auf den Arbeitsort beziehen. (Dasselbe gilt sinngemäss auch bei der Spaltung.)

Gemäss Art. 70 Abs. 2 FusG bedarf der Übertragungsvertrag der Schriftform. Bei der Übertragung von Grundstücken müssen die entsprechenden Vertragsteile jedoch öffentlich beurkundet werden. Gemäss Gesetz genügt eine einzige öffentliche Urkunde auch dann, wenn die übertragenen Grundstücke in verschiedenen Kantonen liegen.

Art. 108a*
b. Eintragung in das Handelsregister

Beim übertragenden Rechtsträger werden eingetragen:
a. die Firma oder der Name, der Sitz sowie die Identifikationsnummer der an der Vermögensübertragung beteiligten Rechtsträger;
b. das Datum des Übertragungsvertrages;
c. der gesamte Wert der gemäss Inventar übertragenen Aktiven und Passiven;
d. die allfällige Gegenleistung.

Erläuterungen:

Die Vermögensübertragung als solche wird nur beim *übertragenden* Rechtsträger in das Handelsregister eingetragen. Je nach dem Kontext, in dem die Vermögensübertragung steht, kann beim übernehmenden Rechtsträger aber eine offenlegungspflichtige Tatsache vorliegen, die eine entsprechende Handelsregistereintragung erfordert (z.B. Kapitalerhöhung, Sacheinlage o. dgl.).

Was die Reihenfolge der verschiedenen Eintragungen betrifft, ist darauf zu achten, dass die Vermögensübertragung wegen der Konstitutivwirkung des Registereintrags für den Rechtsübergang spätestens im Zeitpunkt eingetragen werden muss, in dem die Eintragung der Sacheinlage beim übernehmenden Rechtsträger erfolgt. Ansonsten ist der Rechtsübergang noch nicht erfolgt und die übernehmende Gesellschaft könnte nicht sofort über die übertragenen Gegenstände verfügen. Die Anforderungen an die Sacheinlage (Art. 634 Ziff. 2 OR) wären somit nicht erfüllt.

---

* neu: Art. 139

Art. 108b*

c. Meldepflichtige Vermögensübertragungen

Erfüllt eine Vermögensübertragung die Anforderungen eines meldepflichtigen Zusammenschlusses gemäss Artikel 9 des Kartellgesetzes vom 6. Oktober 1995[7], so darf sie erst zur Eintragung in das Handelsregister angemeldet werden, wenn die kartellrechtlichen Voraussetzungen erfüllt sind (Art. 73 Abs. 2 FusG).

Erläuterungen:

Diese Bestimmung entspricht sinngemäss der Regelung bei der Fusion (Art. 105*d*). Es kann daher auf die diesbezüglichen Ausführungen verwiesen werden.

---

[*] neu: Art. 128
[7] SR **251**

5. Fusion und Vermögensübertragung von Stiftungen

Art. 109*
Fusion. Anmeldung. Belege. Eintragung in das Handelsregister

¹ Mit der Anmeldung zur Eintragung der Fusion (Art. 83 Abs. 3 FusG) muss die Aufsichtsbehörde der übertragenden Stiftung dem Handelsregisteramt am Sitz der übernehmenden Stiftung folgende Belege einreichen:

a. die Verfügung über die Genehmigung der Fusion (Art. 83 Abs. 3 FusG);
b. den Fusionsvertrag, soweit erforderlich, öffentlich beurkundet (Art. 79 FusG);
c. die Fusionsbilanzen der übertragenden Stiftungen, gegebenenfalls die Zwischenbilanzen (Art. 80 FusG);
d. den Prüfungsbericht (Art. 81 FusG);
e. die Belege für die Errichtung einer Stiftung bei einer Kombinationsfusion.

² Bei Fusionen von Familienstiftungen und kirchlichen Stiftungen muss die übernehmende Stiftung anstelle der Verfügung der Aufsichtsbehörde die Fusionsbeschlüsse der obersten Stiftungsorgane der beteiligten Stiftungen einreichen (Art. 84 Abs. 1 FusG).

³ Für die Eintragung der Fusion in das Handelsregister gilt Artikel 105b sinngemäss. Zusätzlich wird das Datum der Verfügung der Aufsichtsbehörde über die Genehmigung der Fusion eingetragen.

Erläuterungen:

Diese Bestimmung entspricht sinngemäss der Regelung bei der Fusion von Gesellschaften. Für die Einzelheiten kann daher auf die diesbezüglichen Ausführungen verwiesen werden.

Die Anmeldung der Fusion bei der übernehmenden Stiftung hat gemäss Art. 83 Abs. 3 FusG durch die Aufsichtsbehörde der übertragenden Stiftung zu erfolgen. Zur Vermeidung von Kompetenzkonflikten oder von widersprüchlichen Anordnungen bestimmt das Fusionsgesetz, dass die für die Prüfung des Begehrens sachlich zuständige Aufsichtsbehörde der übertragenden Stiftung nach der Prüfung die entsprechende Verfügung erlässt und im Fall der Zustimmung die Fusion zur Eintragung in das Handelsregister anmeldet (Botschaft, S. 4472).

Sofern die fusionierenden Stiftungen nicht der staatlichen Aufsicht unterstehen, muss das oberste Stiftungsorgan der übernehmenden Stiftung die erforderlichen Belege einreichen.

Die zuständige Aufsichtsbehörde oder gegebenenfalls die obersten Stiftungsorgane müssen für alle an der Fusion beteiligten Stiftungen die sie betreffenden Tatsachen zur Eintragung anmelden. Auch für diesen Fall gilt, dass das Handelsregisteramt am Sitz der *übernehmenden* Stiftung für die Prüfung der Fusion und sämtlicher Belege zuständig ist. Sind verschiedene Registerämter involviert, richtet sich das Verfahren unter Einschluss der Koordination der Eintragungen nach den Regeln zur Fusion von Gesellschaften.

Die Prüfung der Fusion durch die Aufsichtsbehörde im Bereich der Stiftungsaufsicht bewirkt keinerlei Beschränkung der Prüfungspflicht der Handelsregisterbehörden (s. dazu die Ausführungen zu Art. 111 Abs. 1 HRegV).

---

* neu: Art. 140

Art. 109a*

Vermögensübertragung. Anmeldung. Belege. Eintragung in das Handelsregister

¹ Mit der Anmeldung zur Eintragung der Vermögensübertragung (Art. 87 Abs. 3 FusG) muss die Aufsichtsbehörde der übertragenden Stiftung dem Handelsregisteramt folgende Belege einreichen:

a. die Verfügung über die Genehmigung der Vermögensübertragung;
b. den Übertragungsvertrag.

² Bei Vermögensübertragungen von Familienstiftungen und kirchlichen Stiftungen muss die übertragende Stiftung anstelle der Verfügung der Aufsichtsbehörde die Auszüge aus den Protokollen der obersten Leitungs- oder Verwaltungsorgane der beteiligten Rechtsträger über den Abschluss des Übertragungsvertrages einreichen.

³ Für die Eintragung der Vermögensübertragung in das Handelsregister gilt Artikel 108a sinngemäss. Zusätzlich wird das Datum der Verfügung der Aufsichtsbehörde über die Genehmigung der Vermögensübertragung eingetragen.

Erläuterungen:

Diese Bestimmung entspricht der allgemeinen Regelung bei der Vermögensübertragung (Art. 108 und 108a). Es kann daher auf die diesbezüglichen Ausführungen verwiesen werden. Die bei Fusionen von Stiftungen geltenden Besonderheiten müssen sinngemäss berücksichtigt werden (vgl. Art. 109; d.h. Verfügung der Aufsichtsbehörde).

---

* neu: Art. 141

6. Fusion, Umwandlung und Vermögensübertragung von Vorsorgeeinrichtungen

Art. 109b*

Fusion. Anmeldung. Belege. Eintragung in das Handelsregister

[1] Mit der Anmeldung zur Eintragung der Fusion (Art. 95 Abs. 4 FusG) muss die Aufsichtsbehörde der übertragenden Vorsorgeeinrichtung dem Handelsregisteramt am Sitz der übernehmenden Vorsorgeeinrichtung folgende Belege einreichen:

a. den Fusionsvertrag (Art. 90 FusG);
b. die Fusionsbilanzen der übertragenden Vorsorgeeinrichtungen, gegebenenfalls die Zwischenbilanzen (Art. 89 FusG);
c. die Prüfungsberichte der beteiligten Vorsorgeeinrichtungen (Art. 92 FusG);
d. die Fusionsbeschlüsse der beteiligten Vorsorgeeinrichtungen (Art. 94 FusG);
e. die Verfügung der Aufsichtsbehörde über die Genehmigung der Fusion (Art. 95 Abs. 3 FusG);
f. die Belege für die Neugründung bei einer Kombinationsfusion.

[2] Für die Eintragung der Fusion in das Handelsregister gilt Artikel 105b sinngemäss. Zusätzlich wird das Datum der Verfügung der Aufsichtsbehörde über die Genehmigung der Fusion eingetragen.

Erläuterungen:

Diese Bestimmung entspricht sinngemäss der Regelung bei der Fusion von Gesellschaften (Art. 105a und 105b). Für die Einzelheiten kann daher auf die diesbezüglichen Ausführungen verwiesen werden.

Die Anmeldung der Fusion bei der übernehmenden Vorsorgeeinrichtung hat gemäss Art. 95 Abs. 4 FusG durch die Aufsichtsbehörde der übertragenden Vorsorgeeinrichtung zu erfolgen. Zur Vermeidung von Kompetenzkonflikten oder widersprüchlichen Anordnungen bestimmt das Fusionsgesetz, dass die für die Prüfung des Begehrens sachlich zuständige Aufsichtsbehörde der übertragenden Einrichtung nach der Prüfung die entsprechende Verfügung erlässt und im Fall der Zustimmung die Fusion zur Eintragung in das Handelsregister anmeldet (Botschaft, S. 4478).

Die zuständige Aufsichtsbehörde muss für alle an der Fusion beteiligten Vorsorgeeinrichtungen die sie betreffenden Tatsachen zur Eintragung anmelden. Auch für diesen Fall gilt, dass das Handelsregisteramt am Sitz der *übernehmenden* Vorsorgeeinrichtung für die Prüfung der Fusion und sämtlicher Belege zuständig ist. Sind verschiedene Registerämter involviert, richtet sich das Verfahren unter Einschluss der Koordination der Eintragungen nach den Regeln zur Fusion von Gesellschaften.

Die Prüfung der Fusion durch die Aufsichtsbehörde im Bereich der Vorsorgeaufsicht bewirkt keinerlei Beschränkung der Prüfungspflicht der Handelsregisterbehörden (s. dazu die Ausführungen zu Art. 111 Abs. 1 HRegV).

---

* neu: Art. 142

Art. 109c[*]

Umwandlung. Anmeldung. Belege. Eintragung in das Handelsregister

[1] Für die Anmeldung und die Belege findet Artikel 107 sinngemäss Anwendung. Zusätzlich ist dem Handelsregisteramt die Verfügung der Aufsichtsbehörde über die Genehmigung der Umwandlung einzureichen.

[2] Für die Eintragung in das Handelsregister gilt Artikel 107a sinngemäss. Zusätzlich ist das Datum der Verfügung der Aufsichtsbehörde einzutragen.

Erläuterungen:

Diese Bestimmung entspricht sinngemäss der Regelung bei der Umwandlung von Gesellschaften (Art. 107 und 107a). Für die Einzelheiten kann daher auf die diesbezüglichen Ausführungen verwiesen werden.

---

[*] neu: Art. 143

Art. 109d [*]

Vermögensübertragung. Anmeldung. Belege. Eintragung in das Handelsregister

[1] Für die Anmeldung und die Belege findet Artikel 108 sinngemäss Anwendung. Zusätzlich ist dem Handelsregisteramt die Verfügung der Aufsichtsbehörde über die Genehmigung der Vermögensübertragung einzureichen.

[2] Für die Eintragung in das Handelsregister gilt Artikel 108a sinngemäss. Zusätzlich ist das Datum der Verfügung der Aufsichtsbehörde einzutragen.

Erläuterungen:

Diese Bestimmung verweist auf die Regelung bei der Vermögensübertragung (Art. 108 und 108a), soweit sie auf Vorsorgeeinrichtungen anwendbar sind. Für Einzelheiten kann auf die diesbezüglichen Ausführungen verwiesen werden.

Das Erfordernis der Genehmigung der Vermögensübertragung ergibt sich nicht aus dem FusG, sondern aus dem Freizügigkeitsgesetz und dem Bundesgesetz über die berufliche Vorsorge (s. Art. 98 Abs. 3 FusG). Eine Genehmigungsverfügung ist demnach nur beizubringen, wenn aufsichtsrechtliche Vorschriften sie erfordern.

---

[*] neu: Art. 144

7. Fusion, Umwandlung und Vermögensübertragung von Instituten des öffentlichen Rechts

Art. 109e *

Anmeldung. Belege. Eintragung in das Handelsregister

[1] Auf die Fusion von privatrechtlichen Rechtsträgern mit Instituten des öffentlichen Rechts, auf die Umwandlung solcher Institute in Rechtsträger des Privatrechts und auf die Vermögensübertragung unter Beteiligung eines Rechtsträgers des öffentlichen Rechts finden die Vorschriften dieser Verordnung sinngemäss Anwendung.

[2] Mit der Anmeldung zur Eintragung der Fusion, der Umwandlung und der Vermögensübertragung muss das Institut des öffentlichen Rechts dem Handelsregisteramt einreichen:

a. die für eine Fusion, eine Umwandlung oder eine Vermögensübertragung vorgeschriebenen Belege, sofern sie auf Grund der sinngemässen Anwendung des Fusionsgesetzes erforderlich sind (Art. 100 Abs. 1 FusG);

b. das Inventar (Art. 100 Abs. 2 FusG);

c. den Beschluss oder andere Rechtsgrundlagen des öffentlichen Rechts, auf die sich die Fusion, Umwandlung oder Vermögensübertragung stützt (Art. 100 Abs. 3 FusG).

[3] Die Handelsregistereintragung muss einen Hinweis auf das Inventar sowie auf den Beschluss oder die anderen Rechtsgrundlagen enthalten.

Erläuterungen:

Das Fusionsgesetz schafft eine privatrechtliche Grundlage, die es Instituten des öffentlichen Rechts erlaubt, an einer Fusion, einer Umwandlung oder einer Vermögensübertragung teilzunehmen. Dies setzt indessen voraus, dass das Institut organisatorisch verselbständigt und im Handelsregister eingetragen ist (s. Art. 2 Bst. d FusG, Botschaft, S. 4481).

Allgemein gilt, dass auf die Fusion von privatrechtlichen Rechtsträgern mit Instituten des öffentlichen Rechts, auf die Umwandlung solcher Institute in Rechtsträger des Privatrechts und auf die Vermögensübertragung unter Beteiligung eines Rechtsträgers des öffentlichen Rechts die Bestimmungen dieser Verordnung sinngemäss Anwendung finden. Zusätzliche Erfordernisse in Bezug auf die einzureichenden Belege und die Eintragung ergeben sich aus Abs. 2 und 3.

---

* neu: Art. 145

8. Grenzüberschreitende Fusion

Art. 110 *
Anmeldung. Belege. Eintragung in das Handelsregister

[1] Mit der Anmeldung zur Eintragung einer Fusion vom Ausland in die Schweiz (Art. 163a IPRG[8]) sind dem Handelsregisteramt zusätzlich zu den Belegen nach Artikel 105a einzureichen:
   a. ein Ausweis über den rechtlichen Bestand der übertragenden Gesellschaft im Ausland;
   b. eine Bescheinigung der zuständigen ausländischen Behörde über die Zulässigkeit der grenzüberschreitenden Fusion nach dem ausländischen Recht;
   c. den Nachweis der Kompatibilität der fusionierenden Rechtsträger.

[2] Mit der Anmeldung zur Eintragung der Löschung der übertragenden Gesellschaft bei einer Fusion von der Schweiz ins Ausland (Art. 163b IPRG) sind dem Handelsregisteramt zusätzlich zu den Belegen nach Artikel 105a einzureichen:
   a. ein Ausweis über den rechtlichen Bestand der übernehmenden Gesellschaft im Ausland;
   b. eine Bescheinigung der zuständigen ausländischen Behörde über die Zulässigkeit der grenzüberschreitenden Fusion nach dem ausländischen Recht;
   c. der Bericht, der Nachweis und die Bestätigung nach Artikel 164 IPRG.

[3] Für die Eintragung gelten die Artikel 105b und 105d. Zusätzlich muss die Eintragung erwähnen, dass es sich um eine grenzüberschreitende Fusion nach den Vorschriften des Bundesgesetzes über das Internationale Privatrecht handelt.

Erläuterungen:

Diese Bestimmung entspricht sinngemäss der Regelung bei der Fusion von inländischen Gesellschaften (Art. 105a). Für die Einzelheiten kann daher auf die diesbezüglichen Ausführungen verwiesen werden. Hinzu kommen die für grenzüberschreitende Fusionen spezifischen Belege (Abs. 1).

Die Löschung einer Gesellschaft bei einer Fusion von der Schweiz ins Ausland ist beim Handelsregisteramt anzumelden. Die Anmeldung darf erst erfolgen, wenn die Gläubigerinnen und Gläubiger nach Massgabe von Art. 45 f. FusG aufgefordert wurden, ihre Forderungen anzumelden und Sicherstellung zu verlangen. Nebst den Belegen für die Fusion von Gesellschaften gemäss Art. 105a sind zusätzlich die für diesen Fall erforderlichen spezifischen Belege gemäss Abs. 2 einzureichen.

Abs. 3 regelt die Eintragung in das Handelsregister und entspricht sinngemäss der Bestimmung bei der Fusion von Gesellschaften (Art. 105b). Es kann daher auf die diesbezüglichen Ausführungen verwiesen werden. Aus Gründen der Klarheit ist in den Publikationen ausdrücklich darauf hinzuweisen, dass es sich um eine grenzüberschreitende Fusion gemäss den Bestimmungen des IPRG handelt.

Die kartellrechtlichen Vorbehalte gelten auch im internationalen Verhältnis, weshalb Art. 105d bei grenzüberschreitenden Fusionen ebenfalls zu beachten ist.

---

* neu: Art. 146
[8] SR **291**

9. Grenzüberschreitende Spaltung und Vermögensübertragung

Art. 110a*

Für die grenzüberschreitende Spaltung und Vermögensübertragung gelten die Artikel 106 – 106e, 108 – 108b sowie 110 sinngemäss.

Erläuterungen:

Diese Bestimmung entspricht sinngemäss der Regelung bei der Spaltung (Art. 106 – 106e) und bei der Vermögensübertragung (Art. 108 – 108b). Hinzu kommen die bei grenzüberschreitenden Umstrukturierungen zu berücksichtigenden spezifischen Eigenheiten analog Art. 110. Für die Einzelheiten kann auf die entsprechenden Ausführungen verwiesen werden.

---

*   neu: Art. 147

10. Prüfung durch die Handelsregisterbehörden

Art. 111*

¹ Die Prüfung der Handelsregisterbehörden bei Fusionen, Spaltungen, Umwandlungen und Vermögensübertragungen richtet sich nach Artikel 21.

² Bei Spaltungen und Vermögensübertragungen lehnt das Handelsregisteramt die Eintragung insbesondere dann ab, wenn die erfassten Gegenstände offensichtlich nicht frei übertragbar sind.

Erläuterungen ad Absatz 1:

Die Prüfungsbefugnis der Handelsregisterbehörden wird durch die allgemeinen Vorschriften von Art. 940 OR und Art. 21 HRegV sowie durch die Rechtsprechung des Bundesgerichts (s. Botschaft, S. 4420) geregelt. Der Umfang der Kognition im Bereich von Unternehmensumstrukturierungen richtet sich somit nach der Praxis des Bundesgerichts, die in BGE 125 III 18 ff. massgeblich weiterentwickelt wurde.

Art. 111 Abs. 1 stellt klar, dass die allgemeine Regelung der Prüfungspflicht der Handelsregisterbehörden auch beim Fusionsgesetz Anwendung findet, dies obschon es sich dabei um ein Spezialgesetz handelt.

In *formeller Hinsicht* haben die kantonalen Handelsregisterämter zu prüfen, ob die erforderlichen *Belege vorhanden und vollständig* sind. Vom EHRA ist insbesondere zu prüfen, ob die Eintragungen für einen durchschnittlich aufmerksamen Leser *verständlich* formuliert sind (s. dazu die Ausführungen zu Art. 105*b*, 106*b* und 107*a* HRegV).

In *materieller* Hinsicht haben die Registerbehörden zu prüfen, ob der zur Eintragung angemeldete Umstrukturierungsvorgang dem *numerus clausus* der gesetzlich zulässigen Umstrukturierungsvorgänge entspricht und ob der gesetzlich vorgegebene zwingende Begriff der Fusion, Spaltung, Umwandlung oder Vermögensübertragung erfüllt ist. Vorgänge, die bspw. den gesetzlichen Begriff der Fusion nicht erfüllen, dürfen nicht als solche im Handelsregister eingetragen werden, so u.a. dann nicht, wenn die vermögensrechtliche und mitgliedschaftliche Kontinuität nicht gewahrt wird (unter Vorbehalt der vorgesehenen Regelung der Abfindung).

Umstrukturierungsvorgänge dürfen weiter nur dann im Handelsregister eingetragen werden, wenn keine *zwingenden Vorschriften* verletzt werden, die dem *Schutz Dritter* (insbes. der Gläubiger) oder der *Rechts- und Verkehrssicherheit* dienen.

Bei *Umwandlungen in eine Kapitalgesellschaft* und bei Restrukturierungen, die mit einer *Erhöhung des Kapitals* verbunden sind, muss insbesondere anhand der eingereichten Unterlagen überprüft werden, ob das *Gesellschaftskapitals* im Zeitpunkt der Eintragung des Vorgangs im Handelsregister gedeckt ist.

Bei Umstrukturierungen unter Beteiligung von *Stiftungen* oder *Vorsorgeeinrichtungen*, die der staatlichen Aufsicht unterstehen, sind die Aufgabenbereiche der involvierten Behörden klar auseinander zu halten. Die Erteilung der Zustimmung durch die zuständige Aufsichtsbehörde bewirkt keinerlei Beschränkung der zivilrechtlichen Prüfungspflicht der Registerbehörden.

* neu: Art. 28 und 148

Die Beachtung der *gesetzlichen Zuständigkeitsvorschriften* und die Erfüllung der *gesetzlichen Mehrheitserfordernisse* betrifft das gesetzeskonforme Zustandekommen der Gesellschaftsbeschlüsse und fällt daher grundsätzlich in den Bereich der *formellen Prüfung* durch die Handelsregisterbehörden; es geht dabei letztlich um die *Feststellung des einzutragenden Sachverhalts*, d.h. es ist festzustellen, ob die Gesellschaft einen entsprechenden Beschluss gefasst hat. Beschlüsse unzuständiger Organe und Beschlüsse, die nicht mit der gesetzlich zwingend verlangten Mehrheit gefasst wurden, stellen *keine rechtsgenügenden Entscheide* der Gesellschaft dar (was in der Literatur teilweise übersehen wird). Sie dürfen daher im Handelsregister nicht eingetragen werden.

Beschlüsse, welche die gesetzlichen Mehrheitserfordernisse erfüllen, aber strengere *statutarische Mehrheitserfordernisse* verletzen, sind unter dem Aspekt der Gesetzeskonformität grundsätzlich zustande gekommen. Entsprechende Beschlüsse sind von den Registerbehörden im Handelsregister einzutragen; die Verletzung der Statuten ist von den Gesellschaftern im Rahmen einer Anfechtung geltend zu machen.

Anders als die den Sachverhalt betreffende, formelle Frage der Einhaltung der gesetzlichen Mehrheitserfordernisse stellt die *Auslegung* der gesetzlichen Regelung der Beschlussfassung eine *materiellrechtliche Frage* dar. Die *Auslegung gesetzlicher Mehrheitserfordernisse* muss allerdings im Allgemeinen eng an den *Wortlaut* gebunden bleiben, weil es sich stets um *autoritative Interessenabgrenzungen* durch den Gesetzgeber handelt, die als solche grundsätzlich nicht hinterfragt werden dürfen.

Zwei Mehrheitserfordernisse des Fusionsgesetzes haben sich in der bisherigen öffentlichen Diskussion jedoch teilweise als nicht hinreichend klar herausgestellt: Nach Art. 18 Abs. 5 FusG bedarf der Fusionsbeschluss im Falle einer ausschliesslichen Ausrichtung einer Abfindung der Zustimmung von 90% aller stimmberechtigten Gesellschafter der übertragenden Gesellschaft. Art. 43 Abs. 3 FusG verlangt für den Beschluss über eine asymmetrische Spaltung dieselbe Mehrheit. Eine grammatikalische Auslegung dieser Bestimmungen kann zu unbilligen Ergebnissen führen, wenn in einer Aktiengesellschaft Aktionäre, die eine erhebliche Beteiligung besitzen, einer grösseren Anzahl von Aktionären mit nur geringen Beteiligungen gegenüberstehen.

In der Literatur wird postuliert, die beiden erwähnten gesetzlichen Bestimmungen in Abweichung vom Wortlaut des Gesetzes dahingehend auszulegen, dass der Beschluss bei Aktiengesellschaften der Zustimmung von 90% aller Stimmrechte bedarf. Die zur Begründung dieser Interpretation angeführte mangelnde Aktienrechtskonformität der gesetzlichen Regelung vermöchte zwar ein Abweichen von einem sich klaren Wortlaut des Gesetzes kaum zu rechtfertigen: Die Regelungen des Fusionsgesetzes sind nicht nur auf die Aktiengesellschaft ausgerichtet, sondern erfassen auch andere Rechtsformen. Weiter entsprechen andere Erfordernisse des Fusionsgesetzes an sich ebenfalls nicht der aktienrechtlichen Grundordnung (so insbes. die Notwendigkeit der Zustimmung sämtlicher Gesellschafter zu bestimmten Beschlüssen), ohne dass sie deswegen in Frage gestellt werden dürften. Da eine grammatikalische Interpretation - wie dargelegt - jedoch zu unbilligen Ergebnissen führen kann, erscheint eine rechtsformenbezogene Auslegung aber sachlich vertretbar, dies auch dann, wenn andere Argumente vorliegen mögen, die für eine wörtliche Auslegung sprechen. Mit einer rechtsformenbezogenen Auslegung ist nach verschiedenen Stellungnahmen in der Literatur für Beschlüsse betreffend Art. 18 Abs. 5 und Art. 43 Abs. 3 FusG in der Aktiengesellschaft auf die *Zustimmung von 90% sämtlicher Stimmrechte* abzustellen. Im Rahmen ihrer beschränkten materiellen Kognition werden die Handelsregisterbehörden mit einer entsprechenden Mehrheit gefasste Beschlüsse eintragen. Eine umfassende Prüfung der materiellen Rechtslage im Rahmen eines gerichtlichen Verfahrens bleibt dabei aber vorbehalten.

Vereinzelt wurde die Auffassung vertreten, für die erwähnten Beschlüsse genüge eine Mehrheit von 90% der *an der Generalversammlung vertretenen Stimmen*. Eine entsprechende Auslegung ist mit der zwingenden gesetzlichen Regelung in Art. 18 Abs. 5 und Art. 43 Abs. 3 FusG offensichtlich nicht vereinbar: Das gesetzliche Mehrheitserfordernis bezieht sich klarerweise sich auf die Gesamtheit der Beteiligungen an einer Gesellschaft und nicht bloss auf die an einer Generalversammlung vertretenen Anteile. Beschlüsse, die nur mit einer Mehrheit von 90% der vertretenen Stimmen gefasst wurden, sind daher nicht rechtsgenügend zustande gekommen und im Handelsregister nicht einzutragen.

Erläuterungen ad Absatz 2:

Absatz 2 nimmt Bezug auf die Abgrenzung der Tragweite der Vermögensübertragung. Diese soll als Rechtsinstitut dazu dienen, die Übertragung von Vermögen oder Vermögensteilen durch eine *Dispensation von den Formvorschriften* der Einzelübertragung zu vereinfachen; sie derogiert aber allfällige materielle Beschränkungen der Übertragbarkeit von Rechten nicht. Für eine Übertragung mittels Vermögensübertragung muss stets vorausgesetzt werden, dass die *Übertragung der erfassten Vermögenswerte im konkreten Fall zulässig* ist. Nicht übertragbare Rechte können auch mit Vermögensübertragung nicht veräussert werden. Ist für die Übertragung eine Zustimmung Dritter erforderlich, so ist dieses Zustimmungserfordernis grundsätzlich auch bei der Vermögensübertragung zu beachten.

Das Erfordernis der freien Übertragbarkeit wurde im Rahmen der parlamentarischen Beratungen des Fusionsgesetzes eingehend besprochen, was die Übertragung von *Verträgen* betrifft (Amtl. Bull. 2003 N 243 f., Protokoll RK-S vom 8./9.7.2002, S. 47 – 51; in der Literatur werden trotz des an sich expliziten Entscheids des Gesetzgebers andere Meinungen vertreten). Angesprochen sind damit aber sämtliche Transaktionen, die von der Einwilligung Dritter abhängig sind, so insbesondere auch die Übertragung *vinkulierter Namenaktien*, der *Familienwohnung* und *öffentlich-rechtlicher Rechtsverhältnisse* (z.B. Konzessionen). Wie weit eine Zustimmung zur Übertragung im Einzelfall erforderlich ist, muss durch die *Interpretation der rechtlichen Grundlagen des massgebenden Zustimmungserfordernisses* ermittelt werden. Diese Auslegung kann durchaus ergeben, dass ein an sich bestehendes Zustimmungserfordernis im konkreten Fall nicht zum Tragen kommt. Für die Vinkulierung sei auf BGE 109 II 130 ff. hingewiesen. Was Verträge betrifft, so kann die Zustimmung zur Übertragung in diesen enthalten sein oder sich durch deren Auslegung ergeben.

Absatz 2 hält ausdrücklich fest, dass die Handelsregisterbehörden die Eintragung einer Vermögensübertragung nur dann abzulehnen haben, wenn die erfassten Gegenstände *offensichtlich* nicht frei übertragbar sind. Sie haben also nur dann einzuschreiten, wenn eine Vermögensübertragung Rechte erfasst, die im Rahmen des zur Eintragung angemeldeten Tatbestandes klarerweise nicht übertragbar sind. Ist dies der Fall, so ist die Eintragung abzulehnen. Dies ist insbesondere im Hinblick auf die Publizitätsfunktion der Eintragung für Dritte erforderlich.

Bei *privatrechtlichen Zustimmungserfordernissen* können die Handelsregisterbehörden aufgrund der eingereichten Belege im Allgemeinen nicht beurteilen, ob eine Zustimmung zur Übertragung erteilt wurde. Bei der Übertragung von Verträgen kann ebenfalls nicht festgestellt werden, ob die Zustimmung ausdrücklich oder stillschweigend im Vertrag enthalten ist. Die Handelsregisterbehörden haben dies auch nicht abzuklären: Wie die Verordnung zum Ausdruck bringt, haben sie keinerlei Nachforschungen anzustellen, sondern nur eine offensichtliche Unübertragbarkeit zu berücksichtigen. Die Eintragung einer Vermögensübertragung ist demnach lediglich dann abzulehnen, wenn sich aus den eingereichten Belegen oder besonderen Umständen ergibt, dass es einem Gegenstand in evidenter Weise an der erforderlichen Übertragbarkeit mangelt. Dies kann insbesondere bei *gesetzlichen oder öffentlichrechtlichen Übertragungsbeschränkungen* der Fall sein (bspw. bei Konzessionen, Persönlichkeitsrechten, Familienwohnungen und gesetzlich vinkulierten Aktien).

In Sonderfällen kann den Handelsregisterbehörden allerdings aufgrund des konkreten *Verwendungszwecks* der Vermögensübertragung eine weitergehende Prüfungspflicht zukommen: Wird die Vermögensübertragung für eine *Sacheinlage* verwendet, obliegt dem Registerführer die Durchsetzung der rechtlichen Vorgaben zur Sicherstellung der Kapitalaufbringung. Die bei der Gründung oder Kapitalerhöhung einer Gesellschaft eingebrachten Vermögenswerte müssen die vier Voraussetzungen der Bewertbarkeit, der Übertragbarkeit, der Verfügbarkeit und der Verwertbarkeit erfüllen. Sind beispielsweise Stammanteile einer GmbH oder nicht kotierte, vinkulierte Namenaktien Gegenstand einer Sacheinlage, muss daher geprüft werden, ob die erforderliche Zustimmung zur Übertragung vorliegt, da andernfalls keine rechtsgenügende Liberierung erfolgt. Diese Prüfungspflicht ergibt sich grundsätzlich aus den Vorschriften zur Sacheinlage; sie ist aber auch bei der Eintragung der Vermögensübertragung bei der übertragenden Gesellschaft zu beachten, weil die Übertragung nicht erfolgen kann, wenn sie auf der Seite der übernehmenden Gesellschaft eine unzulässige Sacheinlage darstellen würde.

Absatz 2 nimmt neben der Vermögensübertragung auch auf die *Spaltung* Bezug, weil auch dort eine *Übertragung von Vermögensteilen gemäss Inventar* erfolgt, wobei dieses als Grundlage der Übertragung beim Handelsregister einzureichen ist. Die beiden Rechtsinstitute unterscheiden sich jedoch konzeptuell erheblich: Anders als die Vermögensübertragung weist die Spaltung wie die Fusion neben der vermögensrechtlichen auch eine mitgliedschaftsrechtliche Seite auf. Für das Verständnis der Spaltung ergeben sich daher neben gewissen Analogien zur Vermögensübertragung auch solche zur Fusion. Dies kann u.a. die Frage des Umfangs der Übertragungswirkungen und damit auch die Frage der Behandlung allfälliger Zustimmungserfordernisse betreffen. Die Eintragung einer Spaltung ist von den Handelsregisterbehörden jedenfalls nur dann zurückzuweisen, wenn sie gemäss dem eingereichten Inventar Gegenstände erfasst, die in offensichtlicher Weise nicht in der vorgesehenen Form übertragen werden dürfen (bspw. Persönlichkeitsrechte, Konzessionen).

VIII. Identifikationsnummer

Art. 111a*

a. Grundsatz

Die im Handelsregister eingetragenen Einzelunternehmen, Kollektiv- und Kommanditgesellschaften, Kapitalgesellschaften, Genossenschaften, Vereine, Stiftungen und Institute des öffentlichen Rechts erhalten eine Identifikationsnummer. Dies gilt auch für Zweigniederlassungen.

Erläuterungen:

Sämtliche im Handelsregister eingetragenen Rechtsträger erhalten unabhängig von der Rechtsform eine Identifikationsnummer (s. Art. 936a Abs. 1 OR). In der Verordnung wird präzisiert, dass auch Zweigniederlassungen eine Identifikationsnummer erhalten, obwohl es sich nicht um rechtlich eigenständige Subjekte handelt. Als reale Erscheinung des Rechtsverkehrs sind Zweigbetriebe jedoch von rechtlicher Relevanz, weshalb sie über eine eindeutige Identifikationsbasis verfügen müssen.

---

* neu: Art. 116

Art. 111*b* *

b. Unveränderbarkeit

¹ Bei der Absorptionsfusion behält die übernehmende Gesellschaft ihre bisherige Identifikationsnummer bei. Bei der Kombinationsfusion erhält die aus der Fusion entstehende Gesellschaft eine neue Identifikationsnummer.

² Bei der Spaltung behalten die übernehmenden Gesellschaften ihre Identifikationsnummern bei. Dasselbe gilt für die übertragende Gesellschaft im Falle einer Abspaltung. Entsteht infolge der Spaltung eine neue Gesellschaft, so erhält sie eine neue Identifikationsnummer.

³ Bei der Fortführung des Geschäfts einer Kollektiv- oder Kommanditgesellschaft als Einzelunternehmen gemäss Artikel 579 OR bleibt die Identifikationsnummer unverändert.

⁴ Identifikationsnummern von gelöschten Rechtsträgern dürfen nicht neu vergeben werden. Wird der gelöschte Rechtsträger wieder im Handelsregister eingetragen, so erhält er seine frühere Identifikationsnummer.

Erläuterungen:

Damit eine dauerhafte Identifizierung der im Handelsregister eingetragenen Rechtsträger gewährleistet ist, muss die Identifikationsnummer während des gesamten Bestehens eines Rechtsträgers unverändert bleiben, so namentlich auch im Falle einer Sitzverlegung, eines Rechtsformwechsels oder der Änderung der Firma oder des Namens. Identifikationsnummern von gelöschten Rechtsträgern dürfen nicht neu vergeben werden.

---

* neu: Art. 116

Weitere Änderungen

IX. Nichtkaufmännische Prokuren und Vertreter von Gemeinderschaften

Art. 112
bisher Artikel 105

Art. 112a
bisher Artikel 106

Art. 112b
bisher Artikel 107

Art. 112c
bisher Artikel 108

Art. 112d
bisher Artikel 109

Gliederungstitel vor Art. 113
X. Das Eidgenössische Amt für das Handelsregister

Gliederungstitel vor Art. 121
XI. Schlussbestimmungen

Erläuterungen:

Die registertechnischen Ausführungsvorschriften zum Fusionsgesetz werden in die bestehende Handelsregisterverordnung integriert, was zwangsläufig zur Anpassung der Nummern diverser Gliederungstitel an die neuen systematischen Gegebenheiten führt.

Die bisherigen Artikel 105 bis 109 werden materiell unverändert neu in den Artikeln 112 bis 112*d* verankert. Diese Verlegung drängt sich aus systematischen Überlegungen auf.

Verordnung vom 3. Dezember 1954[9] über die Gebühren für das Handelsregister

Art. 4a

c. Fusion

Für die Eintragung einer Fusion bezieht das Handelsregisteramt am Sitz des übernehmenden Rechtsträgers:

1. 600 Franken bei der übernehmenden Gesellschaft sowie, falls im Zusammenhang mit der Fusion das Kapital erhöht wird, die Gebühr nach Artikel 4 Absatz 1 Buchstabe a oder, bei einer Kombinationsfusion, die Gebühr für eine Neueintragung nach Artikel 1;
2. 120 Franken für die Löschung bei der übertragenden Gesellschaft.

Art. 4b

Spaltung

Für die Eintragung einer Spaltung bezieht das Handelsregisteramt am Sitz der übertragenden Gesellschaft:

1. je 600 Franken für die Prüfung der Spaltung bei den beteiligten übernehmenden Gesellschaften;
2. die Gebühr nach Artikel 1 für eine Neueintragung sowie nach Artikel 4 Absatz 1 Buchstabe a für den Fall, dass im Zusammenhang mit der Spaltung das Kapital erhöht oder herabgesetzt wird;
3. 120 Franken für die Löschung im Falle einer Aufspaltung.

Art. 4c

Umwandlung. Vermögensübertragung

[1] Für die Eintragung einer Umwandlung werden folgende Gebühren bezogen:

1. 600 Franken bei der Umwandlung eines Rechtsträgers in eine juristische Person;
2. 300 Franken bei der Umwandlung einer Kollektivgesellschaft in eine Kommanditgesellschaft und umgekehrt.

[2] Für die Eintragung der Vermögensübertragung bezieht das Handelsregisteramt am Sitz des übertragenden Rechtsträgers eine Gebühr von 400 Franken.

Erläuterungen:

Die Gebührenansätze tragen der Komplexität der Materie Rechnung. Die Praxis zeigt, dass Unternehmensumstrukturierungen immer wieder schwierige Rechtsfragen aufwerfen und oft aufwendige Abklärungen bedingen.

Die neuen Ausführungsbestimmungen werden in die bestehende Gebührenverordnung integriert soweit dies unter systematischen und materiellen Gesichtspunkten sachgemäss erscheint. Die neuen Art. 4a, 4b und 4c enthalten die gebührentechnischen Ausführungsvorschriften im Zusammenhang mit der Eintragung von Fusionen, Spaltungen, Umwandlungen und Vermögensübertragungen. Damit wird die Grundlage für eine einheitliche Gebührenpraxis und die erforderliche Rechtssicherheit und Transparenz geschaffen.

---

[9] SR 221.411.1

Art. 4d

Zusätzliche Gebühr

Sind spezielle Abklärungen im Zusammenhang mit der Eintragung erforderlich, so kann das Handelsregisteramt die Gebühren nach den Artikeln 4a - 4c unter Berücksichtigung von Artikel 929 Absatz 2 des OR erhöhen. Die zusätzliche Gebühr bemisst sich nach Artikel 9 Absatz 1 Ziffer 4.

Erläuterungen:

Die allgemeine Grundgebühr für die Eintragung einer Fusion, Spaltung und Umwandlung beträgt 600 Franken (entspricht der Gebühr für eine Neueintragung einer AG oder GmbH) bzw. 400 Franken bei der Vermögensübertragung. Sind im Zusammenhang mit der Eintragung spezielle Abklärungen erforderlich, kann die Gebühr gemäss Art. 9 Abs. 1 Ziff. 4 entsprechend dem Aufwand erhöht werden. Bei der Bemessung einer nach dieser Bestimmung erhöhten Gebühr ist auch der wirtschaftlichen Leistungsfähigkeit des anmeldenden Rechtsträgers Rechnung zu tragen (Art. 929 Abs. 2 OR).

Art. 5 *

d. Übrige Änderungen

Für folgende Leistungen werden bezogen:

a. bei allen Rechtsträgern für:

1. die Eintragung, die Änderung oder die Löschung des Rechtsdomizils oder einer zusätzlichen Adresse 40 Franken,
2. die Eintragung, die Änderung oder die Löschung von Personalangaben oder Funktionen 20 Franken,
3. die Eintragung, die Änderung oder die Löschung von Zeichnungsberechtigungen 30 Franken,
4. die Eintragung, die Ergänzung oder die Löschung des Hinweises auf die Hinterlegung der Urkunden betreffend die fachlichen Anforderungen an besonders befähigte Revisorinnen und Revisoren 40 Franken,
5. die Eintragung oder die Änderung einer Enseigne oder Geschäftsbezeichnung 100 Franken, für deren Löschung 40 Franken,
6. die Eintragung eines Nachlassvertrages mit Vermögensabtretung 100 Franken,
7. die Eintragung der Übernahme eines Vermögens oder eines Geschäfts nach Artikel 181 OR 50 Franken, sofern nicht die Vorschriften des Fusionsgesetzes vom 3. Oktober 2003[10] über die Vermögensübertragung zur Anwendung gelangen,
8. die Wiedereintragung eines gelöschten Rechtsträgers 100 Franken,
9. die Eintragung einer Gesellschaft, die sich gemäss Artikel 161 des IPRG[11] schweizerischem Recht unterstellt, 600 Franken zuzüglich die Gebühr für eine Neueintragung gemäss Artikel 1,
10. die Löschung einer Gesellschaft, die sich gemäss Artikel 163 IPRG ausländischem Recht unterstellt, 300 Franken.

b. bei Einzelunternehmen für:

1. die Verlegung des Sitzes innerhalb desselben Registerbezirkes 40 Franken, in einen anderen Registerbezirk 80 Franken (Eintragung der neuen Adresse inbegriffen),
2. die Änderung der Firma sowie die Eintragung, die Änderung oder die Löschung von fremdsprachigen Fassungen 80 Franken,
3. die Änderung des Geschäftszweckes 80 Franken;

c. bei Kollektiv- und Kommanditgesellschaften für:

1. die Verlegung des Sitzes innerhalb desselben Registerbezirkes 40 Franken, ausserhalb des Registerbezirkes 80 Franken (Eintragung der neuen Adresse inbegriffen),
2. die Änderung der Firma sowie die Eintragung, die Änderung oder die Löschung von fremdsprachigen Fassungen 80 Franken,
3. die Änderung des Geschäftszweckes 80 Franken,
4. den Eintritt oder den Austritt eines Gesellschafters 80 Franken,
5. die Änderung der Kommanditsumme 80 Franken,
6. den Wechsel eines Kommanditärs in einen unbeschränkt haftenden Gesellschafter und umgekehrt 80 Franken,

---

[*] neue Fassung in Art. 5 Gebührentarif
[10] SR **221.301**
[11] SR **291**

7. die Auflösung und Löschung einer Kollektiv- oder Kommanditgesellschaft und die Fortsetzung des Geschäftes durch einen bisherigen Gesellschafter als Einzelunternehmer gemäss Artikel 579 OR 200 Franken,
8. die Auflösung zwecks Liquidation 100 Franken,
9. den Widerruf der Auflösung durch Beschluss der Gesellschaft 100 Franken;

d. bei Kapitalgesellschaften und Genossenschaften für:
1. die Herabsetzung und die Wiedererhöhung des Kapitals ohne Statutenänderung 300 Franken,
2. die Eintragung oder die Löschung der Revisionsstelle 40 Franken,
3. die Eintragung oder die Streichung eines Publikationsorgans 40 Franken,
4. die Ausgabe von Genussscheinen nach der Gründung sowie die Änderung oder die Löschung der Eintragung 100 Franken,
5. die Übertragung einer Stammeinlage bei einer Gesellschaft mit beschränkter Haftung 100 Franken,
6. die Auflösung zwecks Liquidation 100 Franken,
7. den Widerruf der von Amtes wegen verfügten Auflösung 100 Franken,
8. den Widerruf der Auflösung durch Beschluss der Gesellschaft 300 Franken;

e. bei Vereinen und Stiftungen für:
1. die Verlegung des Sitzes innerhalb desselben Registerbezirkes 40 Franken, ausserhalb des Registerbezirkes 80 Franken (Eintragung der neuen Adresse inbegriffen), sofern die Statuten oder die Urkunde keinen festen Sitz vorsehen,
2. die Eintragung oder die Löschung einer Revisionsstelle 40 Franken,
3. die Auflösung zwecks Liquidation 100 Franken,
4. den Widerruf der von Amtes wegen verfügten Auflösung 100 Franken,
5. den Widerruf der Auflösung des Vereins durch Beschluss der Vereinsversammlung 200 Franken.

Erläuterungen:

Diese Vorschrift setzt die Gebühren für eine Vielzahl von publikationspflichtigen Tatsachen fest. Wegen zahlreicher Teilrevisionen wurde die bisherige Fassung von Art. 5 zu einem unübersichtlichen "Flickwerk".

Da im Rahmen des Fusionsgesetzes die Gebühren für grenzüberschreitende Verlegungen von Gesellschaften festzulegen waren und die Vorschrift betreffend die Umwandlung von Personengesellschaften (bisher in Ziff. 10 Bst. d geregelt) aus sachlichen Erwägungen in den neuen Artikel 4c verlegt wurde, musste diese Vorschrift unter systematischen Aspekten klarer strukturiert und inhaltlich präzisiert werden.

Überdies wurde die Bestimmung punktuell ergänzt, da auch die Gebühren für bisher nicht erfasste Vorgänge (z.B. internationale Verlegungen von Gesellschaften) oder von relevanten materiellen Neuerungen (z.B. Zulässigkeit des Widerrufs der Auflösung durch die Gesellschafterversammlung) einer rechtlichen Grundlage bedürfen.

Gleichzeitig wurden die Ansätze für bestimmte eintragungspflichtige Tatsachen geringfügig angehoben, die in der Praxis zunehmend mit einem erhöhten Prüfungsaufwand verbunden sind.

Verordnung vom 22. Februar 1910[12] betreffend das Grundbuch (GBV)

Art. 18a *

¹ Erfolgt der Eigentumserwerb auf Grund von Tatbeständen nach dem FusG, so wird der Ausweis für den Eigentumsübergang erbracht:

a. im Falle der Fusion, wenn der übernehmende Rechtsträger im Handelsregister eingetragen ist: durch einen beglaubigten Handelsregisterauszug des übernehmenden Rechtsträgers;
b. im Falle der Fusion von Vereinen oder Stiftungen, wenn der übertragende oder der übernehmende Rechtsträger nicht im Handelsregister eingetragen ist: durch eine öffentliche Urkunde über die Tatsache, dass das Eigentum an den Grundstücken auf den übernehmenden Rechtsträger übergegangen ist, und einen beglaubigten Handelsregisterauszug des eingetragenen Rechtsträgers;
c. im Falle der Aufspaltung: durch einen beglaubigten Handelsregisterauszug des die Grundstücke übernehmenden Rechtsträgers und einen beglaubigten Auszug aus dem im Spaltungsvertrag oder Spaltungsplan enthaltenen Inventar über die Zuordnung der Grundstücke;
d. im Falle der Abspaltung: durch einen beglaubigten Handelsregisterauszug des die Grundstücke übernehmenden Rechtsträgers und eine öffentliche Urkunde über die Tatsache, dass das Eigentum an den Grundstücken auf den übernehmenden Rechtsträger übergegangen ist;
e. im Falle der Vermögensübertragung an einen im Handelsregister eingetragenen Rechtsträger: durch einen beglaubigten Handelsregisterauszug des die Grundstücke übernehmenden Rechtsträgers und einen beglaubigten Auszug aus dem öffentlich beurkundeten Teil des Übertragungsvertrags über die übertragenen Grundstücke;
f. im Falle der Vermögensübertragung an einen nicht im Handelsregister eingetragenen Rechtsträger: durch einen beglaubigten Handelsregisterauszug des die Grundstücke übertragenden Rechtsträgers und einen beglaubigten Auszug aus dem öffentlich beurkundeten Teil des Übertragungsvertrags über die übertragenen Grundstücke.

² Im Falle von Umwandlungen nach dem Fusionsgesetz wird der Ausweis für die Änderung der Rechtsform durch einen beglaubigten Handelsregisterauszug des umgewandelten Rechtsträgers erbracht.

³ Im Falle der Fusion von Instituten des öffentlichen Rechts mit Rechtsträgern des Privatrechts, der Umwandlung solcher Institute in Rechtsträger des Privatrechts oder der Vermögensübertragung unter Beteiligung eines Instituts des öffentlichen Rechts wird der Rechtsgrundausweis erbracht durch einen beglaubigten Handelsregisterauszug des übernehmenden oder umgewandelten Rechtsträgers und einen beglaubigten Auszug aus dem die Grundstücke enthaltenden Teil des Inventars.

Erläuterungen:

Bei der Fusion, der Spaltung und der Vermögensübertragung handelt es sich – mit Ausnahme der rechtsformwechselnden Umwandlung, wo kein Übergang des Vermögens stattfindet – um sog. *ausserbuchliche* Übertragungsvorgänge.

---

* neue Fassung in Art. 18a GBV
[12] SR 211.432.1

Die Eintragung der Umstrukturierung im Handelsregister wirkt konstitutiv, d.h. das Eigentum an einem von einer Umstrukturierung erfassten Grundstück geht somit bereits vor dem Grundbucheintrag auf den Erwerber über. Die Nachführung des Grundbuchs hat nur deklaratorischen Charakter. Der Erwerber kann jedoch erst dann über das Grundstück verfügen, wenn das Grundbuch der neuen materiellen Rechtslage angepasst wurde (Art. 656 Abs. 2 ZGB).

Für die verschiedenen Umstrukturierungstatbestände nach dem Fusionsgesetz gelten anlässlich der Anmeldung beim Grundbuchamt die in Art. 104 FusG und Art. 18a GBV statuierten Regeln. Diese gehen wie bisher davon aus, dass die Zulässigkeit und die ordnungsgemässe Durchführung der Umstrukturierung vom Handelsregisteramt geprüft wird, so dass das Grundbuchamt auf dessen Beurteilung (d.h. auf die gültige Eintragung im Handelsregister) abstellen kann. Eine besondere Regelung ist für jene Fälle erforderlich, in welchen die beteiligten Rechtssubjekte nicht im Handelsregister eingetragen sind (Vereine, Familienstiftungen und kirchliche Stiftungen). Da hier keine Prüfung durch das Handelsregisteramt erfolgt, muss als Rechtsgrundausweis für die Grundbucheintragung eine öffentliche Feststellungsurkunde über den erfolgten Eigentumsübergang verlangt werden.

Der beglaubigte Handelsregisterauszug stellt lediglich eine Bestätigung dar, wonach die Umstrukturierung rechtswirksam geworden ist und der ausserbuchliche Eigentumsübergang stattgefunden hat. Die Eintragung in das Handelsregister wird erst mit der Genehmigung des entsprechenden Tagebuchauszuges durch das Eidg. Amt für das Handelsregister materiell rechtswirksam.

Das Grundbuchamt nimmt im Zusammenhang mit Umstrukturierungen nach dem Fusionsgesetz keine Änderungen von Amtes wegen vor. Es gilt das im Grundbuchrecht geltende *Antragsprinzip*. Die Anmeldenden haben demnach konkrete Anträge in Bezug auf die von der Umstrukturierung erfassten Grundstücke bzw. davon betroffenen Rechte zu stellen.

In formeller Hinsicht gelten die *spezifisch grundbuchrechtlichen Anforderungen*. Der Handelsregisterauszug als solcher bildet demnach keinen rechtsgenüglichen Antrag für die Eintragung des neuen Eigentümers im Grundbuch. Die Anmeldung bedarf stets einer separaten Auflistung der von der Umstrukturierung erfassten Grundstücke und Rechte. Deshalb sind Angaben über die vom Vorgang betroffenen Grundstücke in der Handelsregistereintragung entbehrlich.

Verordnung vom 1. Oktober 1984[13] **über den Erwerb von Grundstücken durch Personen im Ausland (BewV)**

Art. 1*

Abs. 1 Bst. b

[1] Als Erwerb von Gründstücken gelten auch:

b. die Übernahme eines Grundstückes, das nicht nach Artikel 2 Absatz 2 Buchstabe a BewG ohne Bewilligung erworben werden kann, zusammen mit einem Vermögen oder Geschäft (Art. 181 des OR) oder durch Fusion, Spaltung, Umwandlung oder Vermögensübertragung nach dem Fusionsgesetz vom 3. Oktober 2003[14] (FusG), sofern sich dadurch die Rechte des Erwerbers an diesem Grundstück vermehren;

Erläuterungen:

Die Erfordernisse des Bundesgesetzes über den Erwerb von Grundstücken durch Personen im Ausland gelten auch bei Umstrukturierungsvorgängen nach dem Fusionsgesetz unverändert. Das für die Eintragung zuständige Handelsregisteramt hat das Eintragungsbegehren zurückzustellen und die Anmeldenden an die zuständige kantonale Bewilligungsbehörde zu verweisen, wenn die Eintragung im Zusammenhang mit einer Beteiligung einer Person im Ausland an einem Rechtsträger steht, dessen Zweck (auch) der Erwerb von oder der Handel mit Grundstücken ist, die nicht als Betriebsstätte dienen.

Die diesbezüglichen Richtlinien für die kantonalen Handelsregisterbehörden des EHRA vom 13. Januar 1998 sind demnach auch bei Umstrukturierungen nach dem Fusionsgesetz anwendbar.

Die Ergänzung der Bewilligungsverordnung ist dahingehend zu verstehen, als dem Umstand Rechnung getragen wird, dass sich auf Grund einer Umstrukturierung die Beteiligungsverhältnisse ändern können und der Vorgang folglich der Bewilligungspflicht untersteht.

---

* neue Fassung in Art. 1 BewV
13 SR 211.412.411
14 SR 221.301

Handelsregisteramt Kanton Zürich

Fragen und Antworten zum neuen Fusionsgesetz[1]

FRAGEN	ANTWORTEN
Allgemein	
KMU-Erklärung: Muss sie vor der GV oder kann sie auch anlässlich der GV abgegeben werden?	Gemäss Art. 105a Abs. 2, Art. 106a Abs. 2 und Art. 107 Abs. 2 HRegV hat die KMU-Erklärung zu bestätigen, dass sämtliche Gesellschafterinnen und Gesellschafter auf die Erstellung des Berichtes oder auf die Prüfung verzichten. Dieser Teil der KMU-Erklärung kann durch eine entsprechende Feststellung der Universalversammlung anlässlich der Beschlussfassung über die Fusion, Spaltung und Umwandlung ersetzt werden, welcher in der öffentlichen Urkunde festgehalten wird.
Rückwirkung: Kann eine Fusion, Spaltung, Umwandlung oder Vermögensübertragung rückwirkend erfolgen?	Nein. Zivilrechtlich ist eine Rückwirkung nicht möglich. Die fusionsgesetzlichen Tatbestände werden mit der Eintragung in das Handelsregister rechtlich wirksam. Die Steuerbehörden akzeptieren indessen unter gewissen Voraussetzungen eine steuerliche „Rückwirkung". Diesbezüglich gibt das Kreisschreiben Nr. 5 der Eidgenössischen Steuerverwaltung vom 1. Juni 2004 Auskunft.

---

[1] 04.10.2007

Fusion

Bilanz: Welche muss eingereicht werden?	Nur die der übertragenden Gesellschaft (Art. 105a Abs. 1 lit. b HRegV).
Bilanz: Wie alt darf die Bilanz sein?	Die Bilanz darf - unabhängig von der Rechtsform oder der in Frage stehenden Fusionsart - nicht älter als 6 Monate sein, ansonsten eine Zwischenbilanz zu erstellen ist (Art. 11 FusG).
Bilanz: Muss sie geprüft sein?	Allgemein: Sie ist nach den für die entsprechende Rechtsform geltenden Rechnungslegungsregeln zu erstellen und zu prüfen. Eine entsprechende „Bestätigung" kann aus der Bilanz selber oder aus andern Dokumenten hervorgehen; dies ist insbesondere bei erleichterten Fusionen zu beachten (Art. 23 FusG). Im Rahmen der Fusionsprüfung ist die Bilanz überdies vom besonders befähigten Revisor zu prüfen (Art. 15 Abs. 1 FusG). KMU: Diese können auf die Fusionsprüfung gemäss Art. 15 FusG verzichten, haben dann aber im Falle der Kapitalerhöhung i.S. der Lückenfüllung den Kapitalerhöhungsbericht und dessen Prüfung (Art. 652e und 652f OR) vorzunehmen (vgl. Kurzkommentar EHRA zu Art. 105a HRegV).
Erleichterte Fusion: Sind die Voraussetzungen für eine erleichterte Fusion im Sinne von Art. 23 FusG erfüllt, wenn der einzige Anteilsinhaber der übernehmenden Gesellschaft mit dem (nicht identischen) Anteilsinhaber der übertragenden Gesellschaft im Hinblick auf die Fusion eine vertragliche Vereinbarung betreffend gemeinsames Vorgehen (z.B. bezüglich über ein einheitliches Stimmverhalten) abschliesst?	Nein. Hier liegt keine vertraglich verbundene Personengruppe im Sinne von Art. 23 Abs. 1 lit. b FusG vor. Blosse vertragliche Abmachungen vor der Fusion über ein einheitliches Verhalten, ohne dass auch das Eigentum der Aktien an die einfache Gesellschaft übergegangen wäre, genügen nicht. Das vertragliche bzw. gesetzliche Verhältnis muss vor dem Fusionsbeschluss gegeben sein (z.B. durch einen bestehenden Aktionärbindungsvertrag, einfache Gesellschaft etc.), was entsprechend zu belegen ist.

Fusionsvertrag bei Schwestern-Fusion: Welche Angaben sind im Vertrag bei einer Schwestern-Fusion mit freiwilliger Kapitalerhöhung mindestens erforderlich?	Bei einer Schwestern-Fusion gelten grundsätzlich die Erleichterungen gemäss Art. 23 Abs. 1 lit. b i.V.m. 24 Abs. 1 FusG. Das bedeutet einerseits, dass der Fusionsvertrag nur die Angaben gemäss Art. 13 Abs. 1 lit. a und f- i FusG enthalten müsste. Andererseits ist eine Kapitalerhöhung vorgesehen. Dieser Tatbestand ist mit einer Fusion vergleichbar, bei welcher neue Anteilsrechte geschaffen werden müssen, um die Gesellschafter der übernommenen Gesellschaft abfinden zu können. Die Art und Weise der Gegenleistung der übernehmenden Gesellschaft für die Übernahme von Aktiven und Passiven der übertragenden Gesellschaft gehört zu den Essentialia des Vertrages. Die die Kapitalerhöhung betreffenden Angaben gemäss Art. 13 Abs. 1 lit. b - e FusG sind deshalb ebenfalls in den Fusionsvertrag aufzunehmen (Umtauschverhältnis, Sonderrechte, Modalitäten des Umtausches, Zeitpunkt der Anteilsberechtigung am Bilanzgewinn, etc.).
Zwischenbilanz: Gilt eine nach dem Bilanzstichtag erfolgte bedingte Kapitalerhöhung als wichtige Änderung im Sinne von Art. 11 FusG?	Da es sich hier um einen Mittelzufluss handelt, muss eine geprüfte und genehmigte Zwischenbilanz nicht eingereicht werden, wenn der Erhöhungsbetrag der zuvor eingetragenen bedingten Kapitalerhöhung im Verhältnis zum ursprünglichen Eigenkapital der Gesellschaft keine allzu relevante Änderung in der Vermögenslage darstellt, welche zwingend die Erstellung einer Zwischenbilanz rechtfertigt.
Statuten: Müssen die Statuten der übernehmenden Gesellschaft eine Bestimmung über die Fusion enthalten?	Nein. Gemäss Art. 9 Abs. 2 FusG finden die Vorschriften des Obligationenrechts über die Sacheinlagen keine Anwendung.
Gläubigerschutz: Muss die Bestätigung des besonders befähigten Revisors gemäss Art. 25 Abs. 2 FusG dem Handelsregisteramt eingereicht werden?	Nein, die Gläubigerschutzbestimmungen kommen erst nach der Handelsregistereintragung zum Zuge; die Handelsregisterverordnung sieht entsprechend auch nicht vor, dass eine solche Bestätigung nachträglich noch als Beleg eingereicht werden muss.

Mutter-Tochter-Fusion mit Kapitalerhöhung: Ist eine Mutter-Tochter-Fusion mit Kapitalerhöhung, wobei die neuen Aktien bei der Kapitalerhöhung durch einen Teil des Aktivenüberschusses der übertragenden Gesellschaft liberiert werden sollen, zulässig?	Sofern das Liberierungsprinzip beachtet wird, ist eine derartige Fusion möglich. Das Liberierungsgebot verlangt, dass sämtliche neuen Aktien liberiert sein müssen. Zur Liberierung verwendet werden kann demnach höchstens der Betrag des Fusionsgewinns. Dieser berechnet sich wie folgt: Vom Aktivenüberschuss der übertragenden Gesellschaft ist der Wert der Beteiligung an der übertragenden Gesellschaft, wie er in der Bilanz der übernehmenden Muttergesellschaft ausgewiesen ist, abzuziehen. Sofern die übertragende Gesellschaft darüber hinaus eigene Aktien hat, ist auch dieser Betrag vom Aktivenüberschuss in Abzug zu bringen. Nur im Umfang dieses Differenzbetrages sind der Muttergesellschaft tatsächlich Mittel zugeflossen. Der Fusionsgewinn ist somit regelmässig kleiner als der Aktivenüberschuss der übertragenden Tochtergesellschaft. Bei dieser Konstellation ist dem Handelsregisteramt ausnahmsweise zusätzlich zur Bilanz der übertragenden Tochtergesellschaft auch diejenige der Muttergesellschaft einzureichen. Neben diesen Voraussetzungen ist zu beachten, dass aus Gründen des Kapitalschutzes sämtliche Kapitalerhöhungsbelege einzureichen (Art. 652e und 652f OR für die AG) sind. Art. 652e OR verlangt, dass ein Kapitalerhöhungsbericht vom Verwaltungsrat zu erstellen ist. Dieser Bericht soll namentlich kurze Angaben zu den einzelnen Bilanzpositionen, der Angemessenheit der Bewertung und der Einhaltung des Generalversammlungsbeschlusses enthalten. Der Kapitalerhöhungsbericht ist durch die Revisionsstelle zu prüfen.
Kapitalerhöhung: Muss der Kapitalerhöhungsbericht in jedem Fall eingereicht werden?	Ja, der Kapitalerhöhungsbericht (Art. 652e OR) muss in jedem Fall erstellt werden. Liegt ein Fusionsbericht vor, muss der Kapitalerhöhungsbericht nur noch Ausführungen zu Art. 652e Ziffer 4 OR enthalten. Ohne Fusionsbericht muss er den vollständigen Inhalt gemäss Art. 652e Ziff.1-5 aufweisen.

Fusion mit ausschliesslicher Abfindung: Was gilt für das Quorum gemäss Art. 18 Abs. 5 FusG?	Art. 18 Abs. 5 FusG verlangt die Zustimmung von 90 Prozent der stimmberechtigten Gesellschafter der übertragenden Gesellschaft. Nach dem Wortlaut gilt hier das Kopfstimmprinzip. Die Lehre vertritt hingegen die Auffassung, dass bei einer Aktiengesellschaft auf 90 Prozent der Aktienstimmen und nicht der Köpfe abzustellen ist. Da die gesetzliche Regelung unklar ist, wird das Handelsregisteramt des Kantons Zürich mangels Kognition auch Beschlüsse, die letzterem Quorum genügen, eintragen. Erforderlich ist dabei jeweils die Zustimmung von 90 Prozent aller (nicht nur der an der Versammlung vertretenen) Gesellschafter oder 90 Prozent aller (nicht nur an der Versammlung vertretenen) Stimmen.
Sanierungsfusion: In welchem Umfang muss die „gesunde Gesellschaft" über frei verwendbares Eigenkapital verfügen bzw. müssen Rangrücktritte der Gläubiger vorliegen?	Das frei verwendbare Eigenkapital der gesunden Gesellschaft muss die Hälfte des Nennkapitals und der gebundenen gesetzlichen Reserven der zu sanierenden Gesellschaft decken (Art. 6 FusG). Diese Deckung kann ganz oder teilweise durch Rangrücktritte der Gläubiger ersetzt werden.
Sanierungsfusion: Wie berechnet sich der hälftige Kapitalverlust gemäss Art. 6 Abs. 1 FusG?	Der in Art. 6 Abs. 1 FusG verwendete Begriff des Kapitalverlustes entspricht demjenigen in Art. 725 OR. Bezüglich der Berechnung des Kapitalverlustes gemäss Art. 725 OR liegen unterschiedliche Lehrmeinungen vor. Teilweise wird die Ansicht vertreten, es sei nur derjenige Teil der gesetzlichen Reserven zu berücksichtigen, welcher keinem Ausschüttungsverbot unterliegt. Die Handelsregisterbehörden folgen der Ansicht von Böckli (Schweizer Aktienrecht, 3. Aufl., Zürich 2004, § 13, N 717, insbesondere auch FN 1295, und N 723 - N 725) und der Treuhand-Kammer (PS 720 lit. O, in Kraft seit 1.1.2005). Nach dieser Ansicht muss die Bezugsgrösse des hälftigen Aktienkapitals und der hälftigen gesetzlichen Reserven wie folgt berechnet werden: Aus der letzten Jahresbilanz müssen unverändert das nominelle Aktienkapital, das nominelle Partizipationsscheinkapital und die gesetzliche Reserve (bestehend aus den **Gesamt**beträgen der allgemeinen Reserve, der Reserve für eigene Aktien und der Aufwertungsreserve) addiert werden. Anschliessend wird diese Summe halbiert. Dieser Betrag wird dem Aktivenüberschuss (Aktiven minus Fremdkapital) gegenübergestellt. Ist der Aktivenüberschuss kleiner als die so berechnete Hälfte des Aktien-, Partizipationsschein-, Stamm- oder Genossenschaftskapitals und der gesetzlichen Reserven, liegt ein Kapitalverlust im Sinne von Art. 6 Abs. 1 FusG vor und ist eine Bestätigung gemäss Art. 6 Abs. 2 FusG nötig.

Sanierungsfusion: Die übertragende Gesellschaft ist überschuldet. Ist trotz Vorliegens von Rangrücktrittserklärungen in der vom Gesetz geforderten Höhe eine Bestätigung eines besonders befähigten Revisors gemäss Art. 6 Abs. 2 FusG einzureichen?	Ja. Eine Bestätigung der Revisionsstelle ist in allen von Art. 6 Abs. 1 FusG erfassten Fällen einzureichen.

Spaltung

Gläubigerschutzvorschriften: Muss die Einhaltung der Gläubigerschutzvorschriften gemäss Art. 45 ff. FusG dem Handelsregisteramt nachgewiesen werden?

Ja, wegen der Drittschutzwirkung dieser Bestimmungen müssen die Registerbehörden prüfen, ob die Aufforderungen an die Gläubiger in rechtsgenügender Weise erfolgt sind. Der Nachweis kann beispielsweise durch Hinweis auf die SHAB-Publikation oder durch einen expliziten Hinweis in der öffentlichen Urkunde zum Spaltungsbeschluss erbracht werden.

Spaltung unter Schwestergesellschaften: Kann auf eine Kapitalerhöhung bei der übernehmenden Gesellschaft verzichtet werden, wenn die Gesellschafter der beiden an der Spaltung beteiligten Gesellschaften identisch sind?

Ja, wenn die Beteiligungsverhältnisse vor und nach der Spaltung identisch sind.

Abgespalteter Vermögensteil: Darf bei einer Spaltung der abgespaltene Vermögensteil unter bestimmten Voraussetzungen einen Passivenüberschuss aufweisen?

Nein, die Übertragung eines Vermögensteils ist bei einem Passivenüberschuss nicht möglich. Wenn jedoch eine Spaltung zur Übernahme durch eine bestehende Gesellschaft ohne Kapitalerhöhung vorliegt, genügt es, wenn der Aktivenüberschuss CHF. 0.-- beträgt.

Vereinfachtes Verfahren: Ist bei der Spaltung ein vereinfachtes Verfahren analog zu Art. 23 f. FusG möglich?

Nein. Das Fusionsgesetz sieht diese Erleichterungen nur für die Fusion vor.

Inventar: Kann das abzuspaltende Geschäft im Spaltungsinventar negativ definiert werden, d.h. können im Inventar nur jene Werte aufgelistet werden, die bei der Abspaltung zurückbleiben?

Nein. Gemäss Art. 37 lit. b FusG ist bei einer Spaltung ein Inventar mit der eindeutigen Bezeichnung, der Aufteilung und der Zuordnung der Gegenstände des Aktiv- und des Passivvermögens sowie der Zuordnung der Betriebsteile zu erstellen. Grundstücke, Wertpapiere und immaterielle Werte sind dabei einzeln aufzuführen. Eine Negativliste genügt diesen Anforderungen nicht. Insbesondere sei auch auf Art. 38 Abs. 1 lit. b FusG hingewiesen, wonach ein Gegenstand der sich auf Grund des Spaltungsvertrags oder des Spaltungsplans nicht zuordnen lässt, bei der Abspaltung bei der übertragenden Gesellschaft verbleibt.

Vertragsübergang: Gehen Verträge bei einer Spaltung automatisch über oder bedürfen sie der Zustimmung der jeweiligen Vertragspartei?

Das Handelsregisteramt prüft im Rahmen seiner Kognition nicht, ob die Verträge übergehen oder Zustimmungen eingeholt worden sind. Geprüft wird einzig, ob die Kapitalaufbringung erfolgt und ob die zu übertragenden Gegenstände nicht offensichtlich unübertragbar sind (Art. 111 Abs. 2 HRegV).

Vertragsübergang: Wie genau müssen bei einer Spaltung übergehende Verträge umschrieben werden?

Wird im Rahmen einer Spaltung ein Betriebsteil samt den dazu gehörigen Verträgen übertragen, müssen die Verträge aufgrund des Inventars auch für Dritte zumindest bestimmbar sein.

Abspaltung mit Forderungsbegründung: Bei einer Abspaltung (Art. 29 lit. b FusG) werden bestimmte Aktiven und Passiven einer Gesellschaft auf eine andere Gesellschaft übertragen (s. Art. 37 lit. b FusG); neben der Zuteilung von Anteilsrechten an die Gesellschafter der übertragenden Gesellschaft (s. Art. 31 FusG) wird gleichzeitig eine Forderung zugunsten der übertragenden und zulasten der übernehmenden Gesellschaft begründet. Ist dies zulässig?	Das zu übertragende Teilvermögen bei einer Spaltung kann aus einem beliebigen Aktivum oder Passivum des Vermögens der übertragenden Gesellschaft gebildet werden, sofern diese ihrer Natur nach übertragbar sind (Botschaft, S. 4431). In casu bildet aber die zur Diskussion stehende Forderung nicht bereits Teil des Vermögens der übertragenden Gesellschaft, sondern entsteht erst im Zuge der Übernahme. Zudem gilt im Gesellschaftsrecht und auch im Fusionsgesetz der Typenzwang (numerus clausus). Eine Vermischung der Spaltung, bei welcher eine Zuteilung von Anteils- und Mitgliedschaftsrechten an die **Gesellschafter** der übertragenden Gesellschaft erfolgt, und eine Vermögensübertragung, bei welcher die Gegenleistung an die übertragende **Gesellschaft** selbst erfolgt, ist im Gesetz nicht vorgesehen und daher nicht zulässig (s. Botschaft, S. 4460). Möglich ist es jedoch, gewisse Aktiven und Passiven einer Gesellschaft via Abspaltung auf eine andere Gesellschaft zu übertragen und gleichzeitig **andere** Aktiven und Passiven derselben Gesellschaft via Vermögensübertragung auf eine andere Gesellschaft zu übertragen.
Eigene Aktien: Wie sind bei einer Spaltung die von der übertragenden Gesellschaft selbst gehaltenen eigenen Aktien zu berücksichtigen?	Die eigenen Aktien bleiben unbeachtet bei der Frage, ob eine symmetrische oder eine asymmetrische Spaltung vorliegt. Das heisst, wenn z.B. bei einer Spaltung alle Aktionäre der übertragenden Gesellschaft, welche 80% des Aktienkapitals der übertragenden Gesellschaft halten (daneben hält die übertragende Gesellschaft selbst 20% eigene Aktien), alle Aktien der übernehmenden Gesellschaft erhalten (Abspaltung zur Neugründung), liegt eine symmetrische Spaltung vor. Es gelten in diesem Fall die Quoren von Art. 43 Abs. 2 FusG i.V.m. Art. 18 FusG, und bei der Beschlussfassung bleiben die eigenen Aktien gemäss Art. 659a Abs. 1 OR unberücksichtigt. Falls aber vorgesehen wird, dass die übertragende Gesellschaft selbst, die 20% eigene Aktien hält, an der übernehmenden Gesellschaft Aktien erhalten soll, liegt eine Ausgliederung vor, welche nicht mittels Spaltung, sondern nur mittels Vermögensübertragung erreicht werden kann (zum Begriff der Ausgliederung vgl. Botschaft zum Fusionsgesetz, Ziff. 1.3.2.4.2.).
Statuten: Müssen die Statuten der infolge der Spaltung kapitalerhöhenden Gesellschaft eine Bestimmung über die Spaltung enthalten?	Nein. Gemäss Art. 33 Abs. 2 FusG finden die Vorschriften des Obligationenrechts über die Sacheinlagen keine Anwendung.

Umwandlung

Bilanz: Ist dem Handelsregisteramt bei allen Arten von Umwandlungen eine Umwandlungsbilanz einzureichen?

Ja. Eine Umwandlungsbilanz ist bei allen Umwandlungsarten einzureichen, unabhängig von der Rechtsform und von der Buchführungspflicht (ausgenommen Umwandlung einer Kollektivgesellschaft in eine Kommanditgesellschaft und umgekehrt).

Bilanz: Auf welchen Zeitpunkt ist abzustellen, wenn KMU auf das Erstellen eines Umwandlungsberichtes verzichten (Art. 61 Abs. 2 i.V. mit Art. 58 Abs. 1 FusG)?

Da das vom Gesetzgeber vorgesehene Abstellen auf den Zeitpunkt des Umwandlungsberichtes im Falle des entsprechenden KMU-Verzichtes nicht möglich ist, muss eine Lückenfüllung vorgenommen werden. Entsprechend ist für die Berechnung des Maximalalters der Bilanz auf das Datum des Umwandlungsplanes abzustellen, der vom gleichen Organ wie der Umwandlungsbericht erstellt wird.

Bilanz: Muss die der Umwandlung zu Grunde liegende Bilanz geprüft sein?

Sofern die Gesellschaft ihre Jahresrechnung aufgrund einer gesetzlichen oder statutarischen Revisionspflicht prüfen lassen muss, muss die der Umwandlung zu Grunde liegende Bilanz (ordentliche Bilanz oder Zwischenbilanz) nach den für die entsprechende Rechtsform geltenden Rechnungslegungsregeln geprüft sein. Eine entsprechende „Bestätigung" kann aus der Bilanz selber oder aus andern Dokumenten hervorgehen. Zusätzlich ist durch einen besonders befähigten Revisor eine Prüfung im Sinne von Art. 62 FusG vorzunehmen (KMU nur, falls sie nicht auf die Prüfung i. S. v. Art. 62 Abs. 2 FusG verzichten).

Zwischenbilanz: Bei der Umwandlung einer GmbH in eine AG muss das Kapital der AG mindestens CHF 100'000 betragen. Kann dabei diese Kapitalerhöhung in einem Schritt erfolgen oder muss eine vom Revisor zu prüfende Zwischenbilanz erstellt werden, die der Kapitalerhöhung Rechnung trägt?

Nein. Die Kapitalerhöhung kann wie bisher gleichzeitig mit der Umwandlung erfolgen. Die Umwandlungsbilanz darf aber nicht älter als 6 Monate sein (Art. 58 FusG).

Statuten: Müssen die Statuten der Gesellschaft eine Bestimmung über die Umwandlung enthalten?

Nein. Gemäss Art. 57 FusG finden die Vorschriften des Obligationenrechts über die Sacheinlagen keine Anwendung.

Eine **AG, die überschuldet ist**, soll in eine GmbH umgewandelt werden. Muss trotz Vorliegen von Rangrücktritten die Bilanz vor der Umwandlung „saniert" werden?

Ja, gemäss Art. 57 FusG finden die Gründungsvorschriften Anwendung. Die Kapitaldeckung verlangt, dass keine Unterdeckung mehr vorhanden ist.

Kann eine **Einzelfirma** in eine GmbH (oder AG) umgewandelt werden?	Nein, Art. 54 FusG umschreibt den Kreis der Umwandlungsmöglichkeiten abschliessend. Die Einzelfirma ist darin nicht erwähnt. Sofern die Einzelfirma im Handelsregister eingetragen ist, kann das Geschäft mit Aktiven und Passiven auf dem Weg der Vermögensübertragung (Sacheinlage) in die GmbH (oder AG) eingebracht werden. Als Gegenleistung erhält der Inhaber (und/oder Dritte) Stammanteile bzw. Aktien. Die Sacheinlagebestimmungen kommen zur Anwendung. Ist die Einzelfirma nicht eingetragen, so verbleibt das Einbringen des Geschäftes auf dem Wege von Art. 181 OR.
Umwandlung einer Personengesellschaft in eine Kapitalgesellschaft: Können im Zuge der Umwandlung weitere Gesellschafter beitreten?	Nein, da sonst die mitgliedschaftliche Kontinuität nicht gegeben ist. Zusätzliche Gesellschafter können nur vor oder nach der Eintragung der Umwandlung eintreten.
Umwandlung eines Vereins in eine Genossenschaft: Welche Belege sind einzureichen?	Einzureichen sind:<ul><li>Anmeldung</li><li>Umwandlungsplan (Art . 59 FusG)</li><li>Umwandlungsbilanz</li><li>Genossenschaftsstatuten</li><li>Umwandlungsbeschluss (Art . 64f FusG) mit Wahl der Verwaltung sowie der Kontrollstelle (inkl. Wahlannahmeerklärung) und Hinweis auf Mindestzahl der Gründer (Art. 831 OR)</li><li>Protokoll des zuständigen Genossenschaftsorgans über die Konstituierung der Verwaltung sowie die Bestimmung über der zeichnungsberechtigten Personen</li><li>Evtl.: Verzeichnis der Genossenschafter (Art. 835 Abs. 4 OR)</li><li>KMU-Erklärung oder Prüfungsbericht</li><li>Dient der Aktivenüberschuss zur Liberierung des Anteilscheinkapitals, so ist im Sinne der Lückenfüllung beim Vorliegen der KMU-Erklärung der Bericht gemäss Art. 834 Abs. 2 OR einzureichen.</li></ul>Nicht erforderlich sind:<ul><li>Lex Friedrich-Erklärung</li><li>Stampa-Erklärung</li><li>Bei gleich bleibendem Domizil die Domizilhaltererklärung</li><li>Firmenunterschriften, sofern bereits beim Handelsregisteramt belegt und beglaubigt.</li></ul>

Vermögensübertragung

Anwendung von Art. 181 OR

Die im Handelsregister eingetragenen Gesellschaften können Ihre Aktiven und Passiven nicht mehr auf dem Wege von Art. 181 OR, sondern nur noch mittels Vermögensübertragung nach Art. 69 ff FusG auf einen andern Rechtsträger übertragen.

Die Übertragung von Aktiven und Passiven auf dem Weg der Singularsukzession ist aber weiterhin möglich. Da die Vermögensübertragung aber schriftlich erfolgen muss, geht das Handelsregisteramt Kanton Zürich davon aus, dass beim Fehlen bzw. Nichteinreichen eines schriftlichen Vertrages vollständige Singularsukzession vorliegt.

- **Spezialfälle**

1. Bei einer Vermögensübertragung erfolgt der Eintrag nur bei der übertragenden Gesellschaft bzw. Einzelfirma. Der bisherige Eintrag bei der übernehmenden Gesellschaft bzw. Einzelfirma fällt weg (ausgenommen, die Übernahme stellt eine Liberierung durch Sacheinlagen bzw. eine Sachübernahme dar).

2. Es erscheint richtig, wenn eintragungstechnisch nicht zwischen der Vermögensübertragung und der Übertragung nach Art. 181 bzw. Singularsukzession unterschieden wird:

- Überträgt eine nicht im Handelsregister eingetragene Einzelfirma auf dem Weg von 181 OR Aktiven und Passiven auf eine im Handelsregister eingetragene Gesellschaft oder Einzelfirma, so erfolgt neu kein Eintrag mehr.
- Überträgt eine im Handelsregister eingetragene Einzelfirma auf dem Weg der vollständigen Singularsukzession ihre Aktiven und Passiven auf eine im Handelsregister eingetragene Gesellschaft oder Einzelfirma, so erfolgt neu kein Eintrag mehr.

3. Will eine Einzelfirma in der Firma das Nachfolgeverhältnis zum Ausdruck bringen, so muss sie das Nachfolgeverhältnis nachweisen. Das kann auf verschiedene Art geschehen (z.B. gemeinsame Unterschrift neuer und alter Inhaber oder das Vorliegen eines schriftlichen Vertrages betr. Übergang von Aktiven und Passiven).

Eine **Kollektivgesellschaft** möchte ihr Geschäft mit Aktiven und Passiven mittels Vermögensübertragung (Sacheinlage) in eine zu gründende Aktiengesellschaft einbringen, wobei die Kollektivgesellschafter die Aktien erhalten sollen.	Eine Spaltung ist vorliegend ausgeschlossen (Art. 30 FusG), möglich ist hingegen eine Vermögensübertragung nach Art. 69 FusG. Die Kollektivgesellschaft muss zunächst aufgelöst werden (auch mit gleichzeitiger Löschung), dann kann das Geschäft mit Aktiven und Passiven auf dem Wege der Vermögensübertragung auf die zu gründende Aktiengesellschaft übertragen werden (Sacheinlage). Die Kollektivgesellschafter erhalten als Liquidationserlös Aktien.
Übertragung des Geschäftes mittels Singularsukzession (gewöhnlicher Sacheinlagevertrag)	Wie bei der Einzelfirma ist es aber auch hier möglich, Aktiven und Passiven mittels Singularsukzession auf die neue Kapitalgesellschaft (GmbH / AG) zu übertragen. Eintragungstechnik: Bei der übertragenden Gesellschaft erfolgt kein Eintrag betreffend Übertragung, bei der aufnehmenden Gesellschaft erfolgt wie bisher der Eintrag betreffend der Sacheinlage/Sachübernahme.
Gegenleistung: Wie bestimmt muss die Gegenleistung im Vermögensübertragungsvertrag umschrieben sein?	Die Gegenleistung muss auf Grund der Umschreibung im Vertrag zumindest bestimmbar sein, z.B. mittels einer Berechnungsformel.
Übergangsrecht: Anwendbarkeit des FusG auf Verträge, die vor dem 1.Juli 2004 abgeschlossen wurden?	Werden keine Handelsregistereinträge erforderlich bei vor dem 1.7.2004 abgeschlossenen Verträgen, so richtet sich der Vertrag nach Art. 181 OR. Werden aber Einträge erforderlich (z.B. Gründungen/ Kapitalerhöhungen) so bestimmt sich das anwendbare Recht nach Massgabe des Einreichens der Anmeldung (Art. 110 FusG).
Übertragung eines Geschäfts oder Geschäftsbereichs: Wie detailliert muss die Inventar ausgestaltet sein?	Wenn ein Geschäft oder Geschäftsbereich mit Aktiven und Passiven übergeht, so genügt die Bilanz als Inventar, gegebenenfalls ergänzt durch die vom Fusionsgesetz ausdrücklich geforderten Einzelpositionen.
Vertragsübergang: Gehen Verträge bei einer Vermögensübertragung automatisch über oder bedürfen sie der Zustimmung der jeweiligen Vertragspartei?	Das Handelsregisteramt prüft im Rahmen seiner Kognition nicht, ob die Verträge übergehen oder Zustimmungen eingeholt worden sind. Geprüft wird einzig, ob die Kapitalaufbringung erfolgt und ob die zu übertragenden Gegenstände nicht offensichtlich unübertragbar sind (Art. 111 Abs. 2 HRegV).
Vertragsübergang: Kann der Vertragsübergang auf ein in der Zukunft liegenden Zeitpunkt terminiert werden und trotzdem schon die Eintragung im Handelsregister (vorzeitig) erfolgen?	Ja, zu unterscheiden ist zwischen interner und externer Vertragswirkung. Für die interne Wirkung des Vertrages zwischen den Vertragsparteien kann auch ein in der Zukunft liegender Zeitpunkt gewählt werden. Für die externe Wirkung, d.h. Dritten gegenüber, ist indessen der Zeitpunkt der Eintragung im Handelsregister massgebend (Art. 73 Abs. 2 FusG).

Vertragsübergang: Wie genau müssen bei einer Vermögensübertragung übergehende Verträge umschrieben werden?

Werden im Rahmen einer Vermögensübertragung einzelne Verträge übertragen, so müssen die Verträge wie folgt offen gelegt werden:

- Identifizierung der Vertragsparteien (Name bzw. Firma, Wohnsitz bzw. Sitz, ggf. Rechtsform);
- Vertragsgegenstand (allenfalls aus Vertragsbezeichnung ersichtlich);
- Datum des Vertragsschlusses.

Wird im Rahmen einer Vermögensübertragung ein Betriebsteil samt den dazu gehörigen Verträgen übertragen, müssen die Verträge aufgrund des Inventars auch für Dritte zumindest bestimmbar sein.

Vertragsübergang: Können - wenn mittels Vermögensübertragung Verträge übertragen werden sollen - die Vertragsparteien der zu übertragenden Verträge aus Geheimhaltungsgründen im Inventar nur mit Abkürzungen oder nur mit Nummern aufgeführt werden?

In der Regel überprüft der Handelsregisterführer den Detaillierungsgrad des Inventars nicht. Eine Rückweisung/Beanstandung erfolgt jedoch, wenn die gesetzlich verlangten Aktiven nicht individuell genannt werden oder wenn die erfassten Vermögensgegenstände in offensichtlicher Weise für Dritte nicht hinreichend klar umschrieben sind. Wenn die Vertragsparteien im Inventar des Vermögensübertragungsvertrages nur mit Abkürzungen oder nur mit Nummern aufgeführt werden, welche nur für die Parteien des Vermögensübertragungsvertrages entschlüsselbar sind, wird dies vom Handelsregisteramt beanstandet, weil eine externe Wirkung des Eintrages (Publizität) verunmöglicht wird, und zwar unabhängig von der Frage des "automatischen Vertragsüberganges" (siehe sep. Stichwort).

Wollen die Parteien des Vermögensübertragungsvertrages die Parteien der Verträge, welche übergehen sollen, nicht preisgeben, können sie diese Verträge mittels Singularsukzession übertragen; diese Vorgänge sind nicht im Handelsregister einzutragen und somit kann die Geheimhaltung gewährleistet werden.

Zweigniederlassung: Kann eine Zweigniederlassung bei einer Vermögensübertragung Übertragende oder Übernehmerin sein?

Nein. Übertragendes wie auch empfangendes Subjekt einer Vermögensübertragung i.S.v. Art. 69 ff. FusG können nicht Zweigniederlassungen, sondern nur die betreffenden Rechtsträger als Ganzes sein. Als übertragende Partei kommt somit nur eine im Handelsregister eingetragene Gesellschaft (Kollektiv- und Kommanditgesellschaft, Aktiengesellschaft, Gesellschaft mit beschränkter Haftung, Genossenschaft, Verein) oder eine im Handelsregister eingetragene Einzelfirma, sowie eine Stiftung, Vorsorgeeinrichtung oder ein Institut des öffentlichen Rechts in Frage (Art. 69 Abs. 1 und 86, 98 und 99 Abs. 2 FusG).

Vermögensübertragung in das Ausland: Unter welchen Voraussetzungen ist eine solche möglich?	Eine Vermögensübertragung in das Ausland ist dann möglich, wenn die schweizerische Gesellschaft nachweist, dass die betreffenden Aktiven und Passiven der schweizerischen Gesellschaft durch Universalsukzession auf die ausländische Gesellschaft übergehen (vgl. Art. 163d Abs. 1 i. V. m. 163b IPRG). Registerrechtlich wird es genügen, wenn der geforderte Nachweis durch eine gutachterliche Stellungnahme einer behördlichen oder privaten Stelle erbracht wird, welche sich über hinreichende Kenntnisse über das ausländische Recht ausweisen kann. Enthält das Recht des ausländischen Staates keine Bestimmungen über die Vermögensübertragung, ist eine Vermögensübertragung im Sinne des Fusionsgesetzes nicht möglich.

Checkliste: Handelsregisterbelege bei Fusion von Gesellschaften
(Kollektivgesellschaft, Kommanditgesellschaft, AG, Kommandit-AG, GmbH, Genossenschaft, Verein)

	Ordentliche Fusion				Erleichterte Fusion gemäss FusG 23 (AG, Kommandit-AG, GmbH)			
	Übernehmende ist: • AG, • Kommandit-AG, • GmbH, • Genossenschaft mit Anteilscheinen		Übernehmende ist: • Kollektivgesellschaft, • Kommanditgesellschaft, • Genossenschaft ohne Anteilscheine, • Verein		• Übernehmende besitzt 100% der Anteile der Übertragenden (FusG 23 Abs. 1 lit. a) • Alle Anteile der Gesellschaften sind gemäss FusG 23 Abs. 1 lit. b in einer Hand		• Übernehmende besitzt mindestens 90% der Anteile der Übertragenden (FusG 23 Abs. 2)	
	Standard	KMU	Standard	KMU	Standard	KMU	Standard	KMU
Anmeldungen (HRegV 105)	X	X	X	X	X	X	X	X
Fusionsvertrag (FusG 12, 13; HRegV 105a I lit. a)	X	X	X (Verein: Kurzversion)	X (Verein: Kurzversion)	X (Kurzversion)	X (Kurzversion)	X (Kurzversion)	X (Kurzversion)
Geprüfte Fusionsbilanzen bzw. Zwischenbilanzen der Übertragenden Gesellschaften (FusG 11; HRegV 105a I lit. b) (Sofern keine gesetzliche bzw. statutarische Revisionspflicht: ungeprüfte Bilanz genügend)	X	X	X	X	X	X	X	X
Fusionsbeschlüsse (FusG 18, 20; HRegV 105a I lit. c) (öffentlich beurkundet, nur Verein: schriftlich)	X	X	X	X				
Beschlüsse Exekutive (HRegV 105a I lit. d)					Wenn Fusionsvertrag nicht durch alle Exekutivmitglieder unterzeichnet	Wenn Fusionsvertrag nicht durch alle Exekutivmitglieder unterzeichnet	Wenn Fusionsvertrag nicht durch alle Exekutivmitglieder unterzeichnet	Wenn Fusionsvertrag nicht durch alle Exekutivmitglieder unterzeichnet
Prüfungsberichte (FusG 15; HRegV 105a I lit. d)	X	Wenn keine KMU-Erklärung					X (Prüfung Fusionsvertrag und Bilanz)	Wenn keine KMU-Erklärung
Kapitalerhöhung: Belege für Erhöhung (FusG 9, 21 II; HRegV 105a I lit. e) (Belege je nach rechtsformspezifischen Vorschriften)	X (z.B. AG: Kapitalerhöhungsbericht und Prüfungsbestätigung)	X (z.B. AG: Kapitalerhöhungsbericht und Prüfungsbestätigung)			Evtl. (bei Schwesternfusion)	Evtl. (bei Schwesternfusion)	Evtl.	Evtl.
Bei Kombinationsfusion: Belege für Neueintragung (FusG 10; HRegV 105a I lit. f)	Evtl.	Evtl.	Evtl.	Evtl.				
Bestätigung Gesellschaft in Liquidation (FusG 5 II; HRegV 105a I lit. g)	Evtl.	Evtl.	Evtl.	Evtl.	Evtl.	Evtl.	Evtl.	Evtl.
Bestätigung bes. bef. Revisor bei Kapitalverlust/Überschuldung/Rangrücktritt (FusG 6 II; HRegV 105a I lit. g)	Evtl.	Evtl.	Evtl.	Evtl.	Evtl.	Evtl.	Evtl.	Evtl.
KMU-Erklärung (FusG 15 II; HRegV 105a II)		Wenn Verzicht auf Prüfungsbericht		Wenn Verzicht auf Prüfungsbericht				Wenn Verzicht auf Prüfungsbericht
Nachweis erleichterte Fusion (HRegV 105a III)					Wenn nicht aus anderen Belegen ersichtlich	Wenn nicht aus anderen Belegen ersichtlich	Wenn nicht aus anderen Belegen ersichtlich	Wenn nicht aus anderen Belegen ersichtlich

Handelsregisteramt Kanton Zürich

KMU-Erklärung

Bei Fusionen, Spaltungen oder Umwandlungen von kleinen und mittleren Unternehmen (KMU) können die betreffenden Gesellschaften dem Handelsregisteramt bei der Anmeldung anstelle eines Prüfungsberichts im Sinne von Art. 15, 40 und 62 des Fusionsgesetzes (FusG) eine von mindestens einem Mitglied des obersten Leitungs- oder Verwaltungsorgans unterzeichnete Erklärung einreichen, in der nachgewiesen wird, dass sämtliche Gesellschafterinnen und Gesellschafter auf die Erstellung des Fusionsberichts, des Spaltungsberichts bzw. des Umwandlungsberichts oder auf die Prüfung verzichten und die Gesellschaft die Anforderungen nach Artikel 2 Buchstabe e FusG erfüllt. In der Erklärung ist auf die massgeblichen Unterlagen wie Erfolgsrechnungen, Bilanzen, Jahresberichte, Verzichtserklärungen oder das Protokoll der Generalversammlung Bezug zu nehmen (Art. 131 Abs. 2, 134 Abs. 2 und 136 Abs. 2 HRegV).

In diesem Sinne erklären wir betreffend

Firma und Sitz

1. Sämtliche Gesellschafterinnen und Gesellschafter verzichten auf die Erstellung des Fusionsberichts bzw. des Spaltungsberichts bzw. des Umwandlungsberichts und auf die Prüfung.

2. Die Gesellschaft erfüllt die KMU-Anforderungen nach Art. 2 lit. e FusG, nämlich:

- die Gesellschaft hat keine Anleihensobligationen ausstehend,
- Anteile der Gesellschaft sind nicht an der Börse kotiert,
- die Gesellschaft hat in den zwei letzten dem Fusions-, dem Spaltungs- oder dem Umwandlungsbeschluss vorangegangenen Geschäftsjahren zwei der nachfolgenden Grössen nicht überschritten:

    1. Bilanzsumme von 20 Millionen Franken,
    2. Umsatzerlös von 40 Millionen Franken,
    3. 200 Vollzeitstellen im Jahresdurchschnitt.

3. Diese Erklärungen stützen sich auf (bitte ankreuzen):

    ☐ Erfolgsrechnung/en
    ☐ Bilanz/en
    ☐ Jahresbericht/e
    ☐ Verzichtserklärung/en der Gesellschafter/innen
    ☐ Protokoll der Generalversammlung

    ☐ ……………………………….………..

Ein Mitglied des obersten Leitungs- oder Verwaltungsorgans:

Ort und Datum: ………………………………….

……………………………………………………..

Handelsregisteramt Kanton Zürich

Merkblatt

Verzicht auf Revision (Opting-Out): Handelsregisterbelege

Gemäss Art. 727a Abs. 2 OR kann eine Aktiengesellschaft, Gesellschaft mit beschränkter Haftung oder Genossenschaft mit der Zustimmung sämtlicher Gesellschafter auf die eingeschränkte Revision (Art. 727a Abs. 1 OR) verzichten, wenn die Gesellschaft nicht mehr als 10 Vollzeitstellen im Jahresdurchschnitt hat. Soweit erforderlich sind die Statuten entsprechend anzupassen (Art. 727a Abs. 5 OR).

Gesellschaften, die weder eine ordentliche noch eine eingeschränkte Revision durchführen, müssen gemäss Art. 62 Abs. 1 HRegV dem Handelsregisteramt mit der Anmeldung zur Eintragung des Verzichts eine Erklärung ("KMU-Erklärung") einreichen, dass:

    a) die Gesellschaft die Voraussetzungen für die Pflicht zur ordentlichen Revision nicht erfüllt;
    b) die Gesellschaft nicht mehr als zehn Vollzeitstellen im Jahresdurchschnitt hat;
    c) sämtliche Gesellschafter auf eine eingeschränkte Revision verzichtet haben.

Diese Erklärung muss von mindestens einem Mitglied des obersten Leitungs- oder Verwaltungsorgans unterzeichnet sein.

Will eine bestehende Gesellschaft vom Opting-Out Gebrauch machen, hat sie dem Handelsregisteramt demnach folgende Belege einzureichen:

1. Anmeldung, unterzeichnet von zwei Mitgliedern des obersten Leitungs- oder Verwaltungsorgans oder von einem Mitglied mit Einzelzeichnungsberechtigung;

2. KMU-Erklärung gemäss Art. 62 Abs. 1 und Abs. 2 HRegV (vgl. Formular auf www.hrazh.ch);

3. Beilagen zur KMU-Erklärung gemäss Art. 62 Abs. 2 HRegV (Kopien):

    a) Erfolgsrechnungen (unterzeichnet gemäss Art. 961 OR),
    b) Bilanzen (unterzeichnet gemäss Art. 961 OR),
    c) Jahresberichte,
    d) Verzichtserklärungen der Aktionäre oder das Protokoll der GV;

Aktuell wären etwa die Erfolgsrechnung und Bilanz bezüglich der Geschäftsjahre 2007 bzw. 2006 sowie das Protokoll der GV oder sämtliche Verzichtserklärungen einzureichen (Art. 727 OR, Botschaft 4048). Bei einer Gründung ist von den unter Ziff. 3 erwähnten Dokumenten nur die Erklärung gemäss lit. d erforderlich, welche üblicherweise in die öffentliche Urkunde integriert wird. Alle unter Ziffer 3 aufgeführten Unterlagen sind nicht öffentlich.

4. a) Bereits vor dem 1.1.2008 bestehende **Aktiengesellschaft, GmbH mit Revisionsstelle, Genossenschaft**: Eine solche Gesellschaft hat entweder die Bestätigung einzureichen, dass die Revisionsstelle die Jahresrechnung 2007 bzw. 2007/2008 geprüft hat oder den Prüfungsbericht der Revisionsstelle (Art. 174 HRegV). Das Einreichen und die Eintragung des Verzichts sind zwar ab sofort möglich, aber erst frühestens ab Ende Geschäftsjahr 2008 relevant;

b) Bereits vor dem 1.1.2008 bestehende **GmbH ohne Revisionsstelle, welche jedoch gemäss Statuten eine Revisionsstelle wählen kann**: Eine solche GmbH kann den Verzicht auf die Revision ab sofort eintragen lassen, wenn sie etwa folgende Erklärung abgibt: "Der Geschäftsführer bestätigt, dass die Gesellschaft bis anhin auf die Wahl einer Revisionsstelle verzichtet hat und demnach ihre Jahresrechnung nicht revidieren liess."

5. (evtl.) Belege über die Statutenänderung (Anpassung der Bestimmung über die Revisionsstelle), insbesondere AG und Genossenschaft (Art. 727a Abs. 5 OR). Soll eine offene Bestimmung bezüglich der Revision eingeführt werden (z.B: „Die Gesellschaft kann auf die Wahl einer Revisionsstelle verzichten ..."; vgl. HRA-Musterstatuten), ist dafür die Generalversammlung zuständig. Die Kompetenzen des Verwaltungsrates in diesem Zusammenhang sind nur sehr minimal.

Handelsregisteramt Kanton Zürich

KMU-Erklärung bei Verzicht auf Revision

Mit der Zustimmung sämtlicher Gesellschafter kann eine Aktiengesellschaft, Gesellschaft mit beschränkter Haftung oder Genossenschaft auf die eingeschränkte Revision verzichten, wenn die Gesellschaft nicht mehr als 10 Vollzeitstellen im Jahresdurchschnitt hat. Das oberste Leitungs- oder Verwaltungsorgan kann die Gesellschafter schriftlich um Zustimmung ersuchen und für die Beantwortung eine Frist von mindestens 20 Tagen ansetzen unter Hinweis darauf, dass das Ausbleiben einer Antwort als Zustimmung gilt. Haben die Gesellschafter auf eine eingeschränkte Revision verzichtet, so gilt dieser Verzicht auch für die nachfolgenden Jahre. Jeder Gesellschafter hat jedoch das Recht, spätestens 10 Tage vor der Generalversammlung bzw. Gesellschafterversammlung eine eingeschränkte Revision zu verlangen. Die Generalversammlung bzw. Gesellschafterversammlung muss diesfalls die Revisionsstelle wählen. Soweit erforderlich passt das oberste Leitungs- oder Verwaltungsorgan die Statuten an und meldet dem Handelsregister die Löschung oder die Eintragung der Revisionsstelle an (Art. 727a Abs. 2, 3, 4 und 5 OR).

Gesellschaften, die weder eine ordentliche noch eine eingeschränkte Revision durchführen, müssen gemäss Art. 62 Abs. 1 HRegV dem Handelsregisteramt mit der Anmeldung zur Eintragung des Verzichts eine Erklärung einreichen, dass:

a. die Gesellschaft die Voraussetzungen für die Pflicht zur ordentlichen Revision nicht erfüllt;
b. die Gesellschaft nicht mehr als zehn Vollzeitstellen im Jahresdurchschnitt hat;
c. sämtliche Gesellschafter auf eine eingeschränkte Revision verzichtet haben.

Diese Erklärung muss von mindestens einem Mitglied des obersten Leitungs- oder Verwaltungsorgans unterzeichnet sein. Kopien der massgeblichen aktuellen Unterlagen wie Erfolgsrechnungen, Bilanzen, Jahresberichte, Verzichtserklärungen der Gesellschafter oder das Protokoll der Generalversammlung bzw. Gesellschafterversammlung müssen der Erklärung beigelegt werden (Art. 62 Abs. 2 HRegV). Diese Unterlagen unterstehen nicht der Öffentlichkeit des Handelsregisters.

In diesem Sinne erklären wir betreffend

Firma und Sitz

1. die obgenannte Gesellschaft erfüllt die Voraussetzungen für die Pflicht zur ordentlichen Revision nicht;

2. die Gesellschaft hat nicht mehr als 10 Vollzeitstellen im Jahresdurchschnitt;

3. sämtliche Gesellschafter haben auf eine eingeschränkte Revision verzichtet

4. Diese Erklärungen stützen sich auf (bitte ankreuzen und Kopien beilegen):

    ☐ Erfolgsrechnung/en
    ☐ Bilanz/en
    ☐ Jahresbericht/e
    ☐ Verzichtserklärung/en der Gesellschafter/innen
    ☐ Protokoll der Generalversammlung bzw. Gesellschafterversammlung

    ☐ ....

Ein Mitglied des obersten Leitungs- oder Verwaltungsorgans:

Ort und Datum: ....

....

Handelsregisteramt Kanton Zürich

Merkblatt

Eintragung eines Einzelunternehmens im Handelsregister

1. Firma

Die Firma ist der Name, unter dem der Geschäftsbetrieb im Geschäftsleben auftritt (z.B. in der Geschäftsreklame, in Zeitungsinseraten, auf dem Briefkopf oder auf Visitenkarten). Die Firma ist immer so zu verwenden, wie sie im Handelsregister eingetragen ist. Beispielsweise macht sich der Inhaber einer Einzelfirma strafbar, wenn er seinen Namen in der Firma weglässt und nur den Zusatz verwendet.

Familienname des Inhabers: Nach den gesetzlichen Vorschriften muss der Familienname des Geschäftsinhabers immer auch in der Firma des Geschäftsbetriebes enthalten sein. Verheiratete Geschäftsinhaberinnen, welche ihren bisherigen Familiennamen beibehalten und demjenigen ihres Ehemannes voranstellen, müssen beide Namen in die Firma aufnehmen. Die Schreibweise der Familiennamen richtet sich nach dem Eintrag im Zivilstandsregister; sie dürfen nicht abgeändert oder verfremdet werden.

Beispiele: - zulässig: **M. Müller** oder **Martin Müller** oder **Marianne Müller** oder nur **Müller**.
 - zulässig: verheiratete Firmainhaberin mit Doppelnamen: **M. Meier Müller** oder **Marianne Meier Müller**.
 - unzulässig: **Elektro Gunzi** anstelle von **Elektro Gunzinger** oder **Hubercom** anstelle von **Huber Com** oder **Mueller** anstelle von **Müller**.

Zusätze in der Firma: Es können weitere Zusätze, z.B. Umschreibung der Geschäftstätigkeit, Sitz des Geschäftes oder Phantasiebezeichnungen, in die Firma aufgenommen werden.

Beispiele: Martin Müller betreibt ein Malergeschäft in Uster. Seine Firma kann lauten: **M. Müller Malergeschäft** oder **Allwigo Malergeschäft Martin Müller** oder **Allwigo Malergeschäft M. Müller, Uster**.

Schreibweise der Firma: In der Firma dürfen sämtliche lateinischen Gross- und Kleinbuchstaben sowie arabische Zahlen frei verwendet werden. Satzzeichen sind dann zulässig, wenn sie mit Buchstaben oder Zahlen kombiniert werden; Wiederholungen oder Kombinationen von Satzzeichen sind unzulässig, wenn sie keine sprachliche Bedeutung haben. Graphische Besonderheiten (Design, Logo, Farbe, Fettdruck, Kursivschrift usw.) sind im Handelsregister nicht eintragbar. Symbole (*, £, $, #, %, _, @ etc.) und Bildzeichen (♥, ♣, ✂, ✳ etc.) dürfen nicht als Firmenbestandteile verwendet werden.

Beispiele: Nicht eintragbare Schreibweisen: **M. Müller *Malergeschäft*** oder **M. Müller @Computer** oder **M. Müller 100%-Maler** oder **M. Müller 2^4 EDV**.

2. Sitz

Hier ist die politische Gemeinde anzugeben, in der sich der Geschäftsbetrieb (das Büro bzw. die Werkstatt) befindet.

Beispiel: Das Geschäft befindet sich in Glattbrugg. Glattbrugg ist aber keine eigene Gemeinde, sondern gehört zur politischen Gemeinde Opfikon. Beim Sitz ist also **Opfikon** anzugeben.

3. Rechtsdomizil

Hier ist die vollständige Adresse des Geschäftsbetriebes mit Strasse, Hausnummer, Postleitzahl und Ortschaft anzugeben. Als Adresse gilt das Lokal (Büro oder Werkstatt), wo das Geschäft betrieben wird und wo man dem Geschäftsbetrieb jederzeit auch Post und amtliche Mitteilungen zustellen kann (bezogen auf das Beispiel in Ziffer 2 also: **Musterstrasse 1, 8152 Glattbrugg**). Das Geschäft muss über eine entsprechende Adresse verfügen; auf Wunsch wird zusätzlich die Postadresse eingetragen (Art. 117 Abs. 4 HRegV).

4. c/o-Adresse

Verfügt das Einzelunternehmen am Sitz über kein Rechtsdomizil, so muss angegeben werden, bei wem sich das Rechtsdomizil an diesem Sitz befindet (c/o-Adresse). Zusätzlich ist die Erklärung der Domizilhalterin oder des Domizilhalters einzureichen, dass sie oder er dem Einzelunternehmen ein Rechtsdomizil an dessen Sitz gewährt (Art. 117 Abs. 3 HRegV).

5. Zweck

Hier ist in kurzen und allgemeinverständlichen Worten die Geschäftstätigkeit, die ausgeübt wird, zu umschreiben. Vermeiden Sie daher Fachausdrücke. Die Umschreibung der Geschäftstätigkeit muss sachlich neutral sein.

Beispiele:
- Betrieb eines Malergeschäftes.
- Übernahme von Malerarbeiten aller Art.
- Ausführung von Malerarbeiten, insbesondere an Gebäuden.

6. Personalien des Geschäftsinhabers

Unter dieser Rubrik sind Angaben zum Inhaber des Geschäftsbetriebes zu machen. Dabei ist der Wohnort aufzuführen, nicht der Ort, wo das Geschäft betrieben wird. Bei Ausländern ist statt des Heimatortes die Staatsangehörigkeit anzugeben.

7. Weitere Zeichnungsberechtigte

Wenn neben dem Inhaber des Geschäftsbetriebes noch weitere Personen für das Geschäft zeichnen sollen (z.B. Verträge abschliessen, Banktransaktionen tätigen usw.), so sind die Personalien hier aufzuführen. Auch hier ist bei Ausländern statt des Heimatortes die Staatsangehörigkeit anzugeben.

Ferner ist anzukreuzen, in welchem Umfang der Zeichnungsberechtigte den Geschäftsbetrieb vertreten darf.

- **Einzelunterschrift:** Der betreffende Zeichnungsberechtigte kann wie der Inhaber den Geschäftsbetrieb allein und vollumfänglich vertreten.

- **Einzelprokura:** Der betreffende Prokurist ist ermächtigt, allein alle Arten von Rechtshandlungen vorzunehmen, die der Zweck des Geschäftes mit sich bringen kann und im Namen der Firma Wechselverpflichtungen einzugehen. Grundstücke veräussern oder belasten kann er nur, wenn ihm diese Befugnis ausdrücklich erteilt worden ist.

- **Kollektivunterschrift/Kollektivprokura zu zweien:** Der betreffende Zeichnungsberechtigte/Prokurist kann die oben erwähnten Rechtshandlungen nur zusammen mit einem unterschriftsberechtigten Partner oder einem anderen Zeichnungsberechtigten tätigen.

Weitere Unterschriftsarten, blosse Handlungsvollmachten (i.V.) oder weitergehende Beschränkungen können nicht eingetragen werden.

Falls in Ihrem Geschäft mehr als eine weitere Person unterschriftsberechtigt ist, so sind diese Personen auf einem weiteren Formular mit denselben Angaben aufzuführen, und die betreffenden Personen müssen ebenfalls die Anmeldung unterschreiben und die Unterschrift beglaubigen lassen.

8. Angaben betreffend Übernahme von Aktiven und Passiven

Wenn ein bestehender Geschäftsbetrieb mit Aktiven und Passiven gekauft bzw. übernommen worden ist oder übernommen wird, darf der Übernehmer mit ausdrücklicher oder stillschweigender Zustimmung der früheren Inhaber oder ihrer Erben die bisherige Firmenbezeichnung weiterführen, sofern in einem Zusatz das Nachfolgeverhältnis zum Ausdruck gebracht und der neue Inhaber genannt wird. In diesem Fall sind Firma und der Sitz des übernommenen Geschäftes anzugeben. Bei Teilübernahmen kann die Firmenbezeichnung nur in den Firmennamen des übernehmenden Geschäftes integriert werden, wenn wesentliche Teile des Geschäftsbetriebes übergehen.

Handelsregisteramt Kanton Zürich

Handelsregisteranmeldung

Einzelunternehmen, Neueintragung

1. Firmenbezeichnung

Familienname des Inhabers bzw. der Inhaberin. Weitere Zusätze (z.B. Vornamen, Umschreibung der Geschäftstätigkeit, Sitz des Geschäftes oder Fantasiebezeichnungen usw.) sind zulässig, dürfen aber nicht täuschend sein (insbesondere in Bezug auf den Zweck).

2. Sitz (politische Gemeinde)

3. Rechtsdomizil (Strasse, Hausnummer, Postleitzahl, Ortschaft)

4. Allfällige c/o-Adresse (bei fehlendem Rechtsdomizil am Sitz)

Unterschrift Domizilhalter/in:

....

5. Zweck (kurze, allgemeinverständliche Umschreibung der Geschäftstätigkeit)

6. Inhaber/in

Familienname	Vorname/n
Heimatort (bei Ausländern Staatsangehörigkeit)	Wohnort (politische Gemeinde)
Geburtsdatum (Tag, Monat, Jahr)	

7. Weitere Zeichnungsberechtigte (evtl. weitere in Ziff. 12 und 13 unterzeichnete Blätter anheften)

Familienname	Vorname/n
Heimatort (bei Ausländern Staatsangehörigkeit)	Wohnort (politische Gemeinde)

Zeichnungsberechtigung oben genannter Person (falls unzutreffend, streichen und anderes Feld ankreuzen):

[x] Einzelunterschrift   [ ] Kollektivunterschrift zu zweien   [ ] Einzelprokura   [ ] Kollektivprokura zu zweien

Familienname	Vorname/n

Heimatort (bei Ausländern Staatsangehörigkeit)	Wohnort (politische Gemeinde)

Zeichnungsberechtigung oben genannter Person (falls unzutreffend, streichen und anderes Feld ankreuzen):
[x] Einzelunterschrift   [ ] Kollektivunterschrift zu zweien   [ ] Einzelprokura   [ ] Kollektivprokura zu zweien

8. Geschäftsübernahme

Übernimmt das Geschäft Aktiven und Passiven eines anderen Geschäftsbetriebes?   [ ] ja   [ ] nein

Wenn ja, ist das übernommene Geschäft im Handelsregister eingetragen?   [ ] ja   [ ] nein

Firma und Sitz des übernommenen Geschäfts (allfällige Löschung dieses Geschäfts separat anmelden):

9. Bestellungen

☐ Handelsregisterauszüge nach Publikation im Schweizerischen Handelsamtsblatt (CHF 50.-)

☐ Eintragungsbestätigungen vor Publikation im Schweizerischen Handelsamtsblatt (CHF 50.-/Expl. + CHF 30.-)

Lieferadresse:

10. Gebührenadresse

11. Kontaktadresse und -telefon

12. Unterschrift des Inhabers bzw. der Inhaberin:

Name: **Unterschrift:**

13. Unterschriften aller übrigen Zeichnungsberechtigten (evtl. weitere Blätter anheften)

Name: **Unterschrift:**

14. Amtliche Beglaubigung aller unter Ziffer 12 und 13 geleisteten Unterschriften

Vorstehende Unterschriften sind bei einem Notariat, bei einem Gemeindeammannamt oder beim Schalter des Handelsregisteramtes des Kantons Zürich beglaubigen zu lassen. In der Beglaubigung müssen folgende Angaben enthalten sein: Vor- und Familienname, Geburtsdatum, allfällige akademische Titel, Heimatort (bei Ausländern Staatsangehörigkeit), Wohnsitz (politische Gemeinde). Für die Beglaubigung ist der Urkundsperson ein zivilstandsregisterlicher anerkannter Identitätsausweis (Pass oder Identitätskarte) vorzulegen; ein Führerausweis genügt nicht. Im Ausland vorgenommene Beglaubigungen sind mit einer Superlegalisation bzw. mit einer Apostille zu versehen.

Handelsregisteramt Kanton Zürich

Merkblatt

Eintragung einer Kollektivgesellschaft im Handelsregister

Eine Kollektivgesellschaft besteht aus zwei oder mehr gleichberechtigten Gesellschaftern, die allesamt für die Schulden des Geschäftsbetriebes mit ihrem Privatvermögen unbeschränkt haften.

1. Firma

Die Firma ist der Name, unter dem der Geschäftsbetrieb im Geschäftsleben auftritt (z.B. in der Geschäftsreklame, in Zeitungsinseraten, auf dem Briefkopf oder auf Visitenkarten). Die Firma ist immer so zu verwenden, wie sie im Handelsregister eingetragen ist. Beispielsweise machen sich die Gesellschafter strafbar, wenn sie ihre Namen in der Firma weglassen und nur den Zusatz verwenden.

Familienname(n) der Gesellschafter: Nach den gesetzlichen Vorschriften muss der Familienname von mindestens einem Gesellschafter immer auch in der Firma des Geschäftsbetriebes enthalten sein. Die Namen von Personen, die nicht Gesellschafter sind, dürfen nicht in die Firma aufgenommen werden. Werden nicht **sämtliche** Gesellschafter namentlich in der Firma aufgeführt, so ist ein das Gesellschaftsverhältnis andeutender Zusatz in die Firma aufzunehmen (z.B.: + Co). Die Schreibweise der Familiennamen richtet sich nach dem Eintrag im Zivilstandsregister; sie dürfen nicht abgeändert oder verfremdet werden.

Beispiele: Max Müller, Peter Meier und Urs Kunz bilden zusammen eine Kollektivgesellschaft. Die Firma kann demnach lauten: **Müller & Co** oder **Müller und Partner** oder **Müller, Meier + Co** oder **Müller, Meier und Partner** oder **Müller, Meier & Kunz**.

Zusätze in der Firma: Es können weitere Zusätze, z.B. Umschreibung der Geschäftstätigkeit, Sitz des Geschäftes oder Phantasiebezeichnungen, in die Firma aufgenommen werden.

Beispiele: Die Kollektivgesellschaft aus obigem Beispiel betreibt ein Malergeschäft in Uster: **Malergeschäft M. Müller & Co** oder **Max Müller und Partner, Malergeschäft** oder **MMK Müller, Meier und Partner, Malergeschäft** oder **Malergeschäft Müller, Meier und Partner, Uster.**

Schreibweise der Firma: In der Firma dürfen sämtliche lateinischen Gross- und Kleinbuchstaben sowie arabische Zahlen frei verwendet werden. Satzzeichen sind nur dann zulässig, wenn sie mit Buchstaben oder Zahlen kombiniert werden; Wiederholungen oder Kombinationen von Satzzeichen sind unzulässig, wenn sie keine sprachliche Bedeutung haben. Graphische Besonderheiten (Design, Logo, Farbe, Fettdruck, Kursivschrift usw.) sind im Handelsregister nicht eintragbar. Symbole (*, £, $, #, %, _, @ etc.) und Bildzeichen (☺, ↑, ●, ✓ etc.) dürfen nicht als Firmenbestandteile verwendet werden.

Beispiele: Nicht eintragbare Schreibweisen: **M. Müller und Partner *Malergeschäft*** oder **M. Müller und H. Huber @Computer** oder **M. Müller + Co 100%-Maler** oder **Müller und Meier 2^4 EDV.**

2. Sitz

Hier ist die politische Gemeinde anzugeben, in der sich der Geschäftsbetrieb (das Büro bzw. die Werkstatt) befindet.

Beispiel: Das Geschäft befindet sich in Glattbrugg. Glattbrugg ist aber keine eigene Gemeinde, sondern gehört zur politischen Gemeinde Opfikon. Beim Sitz ist also **Opfikon** anzugeben.

3. Rechtsdomizil

Hier ist die vollständige Adresse des Geschäftsbetriebes mit Strasse, Hausnummer, Postleitzahl sowie Ortschaft anzugeben. Als Adresse gilt das Lokal (Büro oder Werkstatt), wo das Geschäft betrieben wird und wo man dem Geschäftsbetrieb jederzeit auch Post und amtliche Mitteilungen zustellen kann (bezogen auf das Beispiel in Ziffer 2 also: **Musterstrasse 1, 8152 Glattbrugg**). Das Geschäft muss über eine entsprechende Adresse verfügen; auf Wunsch wird zusätzlich die Postadresse eingetragen.

Merkblatt Kollektivgesellschaft

4. c/o-Adresse

Verfügt die Kollektivgesellschaft am Sitz über kein Rechtsdomizil, so muss angegeben werden, bei wem sich das Rechtsdomizil an diesem Sitz befindet (c/o-Adresse). Zusätzlich ist die Erklärung der Domizilhalterin oder des Domizilhalters einzureichen, dass sie oder er der Kollektivgesellschaft ein Rechtsdomizil an deren Sitz gewährt (Art. 117 Abs. 3 HRegV).

5. Zweck

Die Geschäftstätigkeit, die ausgeübt wird, soll hier kurz und in allgemeinverständlichen Worten umschrieben werden. Vermeiden Sie daher Fachausdrücke. Die Umschreibung der Geschäftstätigkeit muss sachlich neutral sein (z. B: "Betrieb eines Malergeschäftes" oder "Übernahme von Malerarbeiten aller Art").

6. Personalien und Angaben über die Gesellschafter

Unter dieser Rubrik sind der Familienname, der oder die Vorname(n), die Wohnadresse mit Strasse und Hausnummer, der Wohnort (politische Gemeinde) und der Bürgerort (bei Ausländern statt des Bürgerortes die Staatsangehörigkeit) der Gesellschafter anzugeben.

Wird bei den Gesellschaftern keine andere Unterschriftsart angekreuzt, so gilt die Einzelzeichnungsberechtigung als angemeldet. Die Bedeutung und der Umfang der einzelnen Unterschriftsarten werden unten in Ziff. 6 näher erklärt.

7. Weitere Zeichnungsberechtigte

Wenn nebst den Gesellschaftern noch weitere Personen für das Geschäft zeichnen sollen (z.B. Verträge abschliessen, Banktransaktionen tätigen usw.), so sind deren Personalien hier aufzuführen. Auch hier ist bei Ausländern statt des Heimatortes die Staatsangehörigkeit anzugeben. Ferner ist anzukreuzen, in welchem Umfang der Zeichnungsberechtigte den Geschäftsbetrieb vertreten darf.

- **Einzelunterschrift:** Der betreffende Zeichnungsberechtigte kann wie ein vertretungsberechtigter Gesellschafter den Geschäftsbetrieb allein und vollumfänglich vertreten.

- **Einzelprokura:** Der betreffende Prokurist ist ermächtigt, allein alle Arten von Rechtshandlungen vorzunehmen, die der Zweck des Geschäftes mit sich bringen kann und im Namen der Firma Wechselverpflichtungen einzugehen. Grundstücke veräussern oder belasten kann er nur, wenn ihm diese Befugnis ausdrücklich erteilt worden ist.

- **Kollektivunterschrift/Kollektivprokura zu zweien:** Der betreffende Zeichnungsberechtigte/Prokurist kann die obenerwähnten Rechtshandlungen nur zusammen mit einem unterschriftsberechtigten Gesellschafter oder einem anderen Zeichnungsberechtigten tätigen.

Weitere Unterschriftsarten, blosse Handlungsvollmachten (i.V.) oder weitergehende Beschränkungen können nicht eingetragen werden.

Falls in Ihrem Geschäft mehr als eine weitere Person unterschriftsberechtigt ist, so sind diese Personen auf einem weiteren Formular mit denselben Angaben aufzuführen, und die betreffenden Personen müssen ebenfalls die Anmeldung unterschreiben und die Unterschrift beglaubigen lassen.

8. Gesellschaftsbeginn

Hier ist das Gründungsdatum der Gesellschaft anzugeben (Datum des Gesellschaftsvertrages). Die Eintragung darf nicht vor diesem Datum erfolgen.

9. Angaben betreffend Übernahme von Aktiven und Passiven

Wenn ein bestehender Geschäftsbetrieb mit Aktiven und Passiven gekauft bzw. übernommen worden ist oder übernommen wird, darf der Übernehmer mit ausdrücklicher oder stillschweigender Zustimmung der früheren Inhaber oder ihrer Erben die bisherige Firmenbezeichnung weiterführen, sofern in einem Zusatz das Nachfolgeverhältnis zum Ausdruck gebracht und der neue Inhaber genannt wird. In diesem Fall sind Firma und der Sitz des übernommenen Geschäftes anzugeben. Bei Teilübernahmen kann die Firmenbezeichnung nur in den Firmennamen des übernehmenden Geschäftes integriert werden, wenn wesentliche Teile des Geschäftsbetriebes übergehen.

Handelsregisteramt Kanton Zürich

Handelsregisteranmeldung

Kollektivgesellschaft, Neueintragung

1. Firmenbezeichnung

Familienname mindestens eines Gesellschafters; sofern nicht mehrere Gesellschafter namentlich aufgeführt werden, mit einem Zusatz, der ein Gesellschaftsverhältnis andeutet (z.B. „und Co"). Weitere Zusätze (z.B. Vornamen, Umschreibung der Geschäftstätigkeit, Sitz des Geschäftes oder Fantasiebezeichnungen usw.) sind zulässig, dürfen aber nicht täuschend sein (insbesondere in Bezug auf den Zweck).

2. Sitz (politische Gemeinde)

3. Rechtsdomizil (Strasse, Hausnummer, Postleitzahl und Ortschaft)

4. Allfällige c/o-Adresse (bei fehlendem Rechtsdomizil am Sitz)

Unterschrift Domizilhalter/in:

....

5. Zweck (kurze, allgemeinverständliche Umschreibung der Geschäftstätigkeit)

6. Gesellschafter/innen (evtl. weitere in Ziff. 13 und 14 unterzeichnete Blätter anheften)

Familienname	Vorname/n
Heimatort (bei Ausländern Staatsangehörigkeit)	Wohnort (politische Gemeinde)
Geburtsdatum (Tag, Monat, Jahr)	

Zeichnungsberechtigung: [x] Einzelunterschrift (falls unzutreffend, streichen und eines der folgenden Felder ankreuzen):
[ ] Kollektivunterschrift zu zweien   [ ] Einzelprokura   [ ] Kollektivprokura zu zweien   [ ] ohne Zeichnungsberechtigung

Anmeldung Neueintragung Kollektivgesellschaft

Familienname	Vorname/n

Heimatort (bei Ausländern Staatsangehörigkeit)	Wohnort (politische Gemeinde)

Geburtsdatum (Tag, Monat, Jahr)

Zeichnungsberechtigung: [x] Einzelunterschrift (falls unzutreffend, streichen und eines der folgenden Felder ankreuzen):
[ ] Kollektivunterschrift zu zweien   [ ] Einzelprokura   [ ] Kollektivprokura zu zweien   [ ] ohne Zeichnungsberechtigung

Familienname	Vorname/n

Heimatort (bei Ausländern Staatsangehörigkeit)	Wohnort (politische Gemeinde)

Geburtsdatum (Tag, Monat, Jahr)

Zeichnungsberechtigung: [x] Einzelunterschrift (falls unzutreffend, streichen und eines der folgenden Felder ankreuzen):
[ ] Kollektivunterschrift zu zweien   [ ] Einzelprokura   [ ] Kollektivprokura zu zweien   [ ] ohne Zeichnungsberechtigung

7. Weitere Zeichnungsberechtigte (evtl. weitere in Ziff. 13 und 14 unterzeichnete Blätter anheften)

Familienname	Vorname/n

Heimatort (bei Ausländern Staatsangehörigkeit)	Wohnort (politische Gemeinde)

Zeichnungsberechtigung oben genannter Person (falls unzutreffend, streichen und anderes Feld ankreuzen):
[x] Einzelunterschrift   [ ] Kollektivunterschrift zu zweien   [ ] Einzelprokura   [ ] Kollektivprokura zu zweien

Familienname	Vorname/n

Heimatort (bei Ausländern Staatsangehörigkeit)	Wohnort (politische Gemeinde)

Zeichnungsberechtigung oben genannter Person (falls unzutreffend, streichen und anderes Feld ankreuzen):
[x] Einzelunterschrift   [ ] Kollektivunterschrift zu zweien   [ ] Einzelprokura   [ ] Kollektivprokura zu zweien

8. Beginn der Gesellschaft (Tag, Monat, Jahr):

9. Geschäftsübernahme

Übernimmt die Gesellschaft Aktiven und Passiven eines anderen Geschäftsbetriebes?	[ ] ja	[ ] nein
Wenn ja, ist das übernommene Geschäft im Handelsregister eingetragen?	[ ] ja	[ ] nein

Firma und Sitz des übernommenen Geschäfts (allfällige Löschung dieses Geschäfts separat anmelden):

10. Bestellungen

☐ Handelsregisterauszüge nach Publikation im Schweizerischen Handelsamtsblatt (CHF 50.-)

☐ Eintragungsbestätigungen vor Publikation im Schweizerischen Handelsamtsblatt (CHF 50.-/Expl. + CHF 30.-)

Lieferadresse:

11. Gebührenadresse

12. Kontaktadresse und -telefon

13. Persönliche Unterschriften aller Gesellschafter/innen (evtl. weitere Blätter anheften):

Name: Unterschrift:

14. Unterschriften aller übrigen Zeichnungsberechtigten (evtl. weitere Blätter anheften)

Name: Unterschrift:

15. Amtliche Beglaubigung aller unter Ziffer 13 und 14 geleisteten Unterschriften

Vorstehende Unterschriften sind bei einem Notariat, bei einem Gemeindeammannamt oder beim Schalter des Handelsregisteramtes des Kantons Zürich beglaubigen zu lassen. In der Beglaubigung müssen folgende Angaben enthalten sein: Vor- und Familienname, Geburtsdatum, allfällige akademische Titel, Heimatort (bei Ausländern Staatsangehörigkeit), Wohnsitz (politische Gemeinde). Für die Beglaubigung ist der Urkundsperson ein zivilstandsregisterlicher anerkannter Identitätsausweis (Pass oder Identitätskarte) vorzulegen; ein Führerausweis genügt nicht. Im Ausland vorgenommene Beglaubigungen sind mit einer Superlegalisation bzw. mit einer Apostille zu versehen.

Handelsregisteramt Kanton Zürich

Merkblatt

Eintragung einer Kommanditgesellschaft im Handelsregister

Eine Kommanditgesellschaft besteht aus zwei oder mehr Gesellschaftern, wobei zwei Arten von Gesellschaftern zu unterscheiden sind. Die einen (ein oder mehrere Komplementäre) haften für die Schulden des Geschäftes unbeschränkt mit ihrem Privatvermögen, die anderen (ein oder mehrere Kommanditäre) beschränkt, d.h. nur bis zu einem Höchstbetrag (Kommanditsumme).

1. Firma

Die Firma ist der Name, unter dem der Geschäftsbetrieb im Geschäftsleben auftritt (z.B. in der Geschäftsreklame, in Zeitungsinseraten, auf dem Briefkopf oder auf Visitenkarten). Die Firma ist immer so zu verwenden, wie sie im Handelsregister eingetragen ist. Beispielsweise machen sich die Gesellschafter strafbar, wenn sie ihre Namen in der Firma weglassen und nur den Zusatz verwenden.

Familienname(n) der unbeschränkt haftenden Gesellschafter: Nach den gesetzlichen Vorschriften muss der Familienname von mindestens einem unbeschränkt haftenden Gesellschafter (Komplementär) mit einem das Gesellschaftsverhältnis andeutenden Zusatz (z.B.: + Co) immer auch in der Firma des Geschäftsbetriebes enthalten sein. Die Namen von Personen, die nicht unbeschränkt haften, dürfen nicht in die Firma aufgenommen werden. Die Schreibweise der Familiennamen richtet sich nach dem Eintrag im Zivilstandsregister; sie dürfen nicht abgeändert oder verfremdet werden.

Beispiele: Max Müller, Peter Meier und Urs Kunz bilden zusammen eine Kommanditgesellschaft. Peter Meier ist einziger unbeschränkt haftender Gesellschafter (Komplementär). Die Firma kann demnach lauten: **Meier & Co** oder **Meier und Partner**.

Zusätze in der Firma: Es können weitere Zusätze, z.B. Umschreibung der Geschäftstätigkeit, Sitz des Geschäftes oder Phantasiebezeichnungen, in die Firma aufgenommen werden.

Beispiele: Die Kommanditgesellschaft aus obigem Beispiel betreibt ein Malergeschäft in Uster: **Malergeschäft P. Meier & Co** oder **Peter Meier und Partner, Malergeschäft** oder **MMK Meier + Co, Malergeschäft** oder **Malergeschäft Meier und Partner, Uster**.

Schreibweise der Firma: In der Firma dürfen sämtliche lateinischen Gross- und Kleinbuchstaben sowie arabische Zahlen frei verwendet werden. Satzzeichen sind nur dann zulässig, wenn sie mit Buchstaben oder Zahlen kombiniert werden; Wiederholungen oder Kombinationen von Satzzeichen sind unzulässig, wenn sie keine sprachliche Bedeutung haben. Graphische Besonderheiten (Design, Logo, Farbe, Fettdruck, Kursivschrift usw.) sind im Handelsregister nicht eintragbar. Symbole (*, £, $, #, %, _, @ etc.) und Bildzeichen (☺, ♠, ●, ✓ etc.) dürfen nicht als Firmenbestandteile verwendet werden.

Beispiele: Nicht eintragbare Schreibweisen: **M. Müller und Partner *Malergeschäft*** oder **M. Müller und H. Huber @Computer** oder **M. Müller + Co 100%-Maler** oder **Müller und Meier 2^4 EDV**.

2. Sitz

Hier ist die politische Gemeinde anzugeben, in der sich der Geschäftsbetrieb (das Büro bzw. die Werkstatt) befindet.

Beispiel: Das Geschäft befindet sich in Glattbrugg. Glattbrugg ist aber keine eigene Gemeinde, sondern gehört zur politischen Gemeinde Opfikon. Beim Sitz ist also **Opfikon** anzugeben.

3. Rechtsdomizil

Hier ist die vollständige Adresse des Geschäftsbetriebes mit Strasse, Hausnummer, Postleitzahl sowie Ortschaft anzugeben. Als Adresse gilt das Lokal (Büro oder Werkstatt), wo das Geschäft betrieben wird und wo man dem Geschäftsbetrieb jederzeit auch Post und amtliche Mitteilungen zustellen kann (bezogen auf das Beispiel in Ziffer 2 also: **Musterstrasse 1, 8152 Glattbrugg**). Das Geschäft muss über eine entsprechende Adresse verfügen; auf Wunsch wird zusätzlich die Postadresse eingetragen.

4. c/o-Adresse

Verfügt die Kommanditgesellschaft am Sitz über kein Rechtsdomizil, so muss angegeben werden, bei wem sich das Rechtsdomizil an diesem Sitz befindet (c/o-Adresse). Zusätzlich ist die Erklärung der Domizilhalterin oder des Domizilhalters einzureichen, dass sie oder er der Kommanditgesellschaft ein Rechtsdomizil an deren Sitz gewährt (Art. 117 Abs. 3 HRegV).

5. Zweck

Die Geschäftstätigkeit, die ausgeübt wird, soll hier kurz und in allgemeinverständlichen Worten umschrieben werden. Vermeiden Sie daher Fachausdrücke. Die Umschreibung der Geschäftstätigkeit muss sachlich neutral sein (z. B: "Betrieb eines Malergeschäftes" oder "Übernahme von Malerarbeiten aller Art").

6. Personalien und Angaben über die Gesellschafter

Unter dieser Rubrik sind der Familienname, der oder die Vorname(n), die Wohnadresse mit Strasse und Hausnummer, der Wohnort (politische Gemeinde) und der Bürgerort (bei Ausländern statt des Bürgerortes die Staatsangehörigkeit) der Gesellschafter anzugeben.

Wird bei den Gesellschaftern (Komplementären und Kommanditären) einer Kommanditgesellschaft keine andere Unterschriftsart angekreuzt, so gilt die Einzelzeichnungsberechtigung als angemeldet. Die Bedeutung und der Umfang der einzelnen Unterschriftsarten werden unten in Ziff. 6 näher erklärt.

Kommanditsumme: Diesen Punkt nur bei beschränkt haftenden Gesellschaftern ausfüllen. Im Feld Kommanditsumme ist der Betrag anzugeben, bis zu welchem dieser Gesellschafter (Kommanditär) höchstens haftet. Ferner ist anzukreuzen, in welcher Art und Weise dieses Kapital in die Gesellschaft eingebracht wird. Werden Sachen (wie etwa Mobiliar, Computer, Fahrzeuge usw.) zur Deckung der Kommanditsumme in die Gesellschaft eingebracht, so ist ein Inventar einzureichen, in welchem diese Gegenstände einzeln aufgeführt und bewertet sind.

7. Weitere Zeichnungsberechtigte

Wenn nebst den Gesellschaftern noch weitere Personen für das Geschäft zeichnen sollen (z.B. Verträge abschliessen, Banktransaktionen tätigen usw.), so sind deren Personalien hier aufzuführen. Auch hier ist bei Ausländern statt des Heimatortes die Staatsangehörigkeit anzugeben. Ferner ist anzukreuzen, in welchem Umfang der Zeichnungsberechtigte den Geschäftsbetrieb vertreten darf.

- **Einzelunterschrift:** Der betreffende Zeichnungsberechtigte kann wie ein vertretungsberechtigter Gesellschafter den Geschäftsbetrieb allein und vollumfänglich vertreten.

- **Einzelprokura:** Der betreffende Prokurist ist ermächtigt, allein alle Arten von Rechtshandlungen vorzunehmen, die der Zweck des Geschäftes mit sich bringen kann und im Namen der Firma Wechselverpflichtungen einzugehen. Grundstücke veräussern oder belasten kann er nur, wenn ihm diese Befugnis ausdrücklich erteilt worden ist.

- **Kollektivunterschrift/Kollektivprokura zu zweien:** Der betreffende Zeichnungsberechtigte/Prokurist kann die obenerwähnten Rechtshandlungen nur zusammen mit einem unterschriftsberechtigten Gesellschafter oder einem anderen Zeichnungsberechtigten tätigen.

Weitere Unterschriftsarten, blosse Handlungsvollmachten (i.V.) oder weitergehende Beschränkungen können nicht eingetragen werden.

Falls in Ihrem Geschäft mehr als eine weitere Person unterschriftsberechtigt ist, so sind diese Personen auf einem weiteren Formular mit denselben Angaben aufzuführen, und die betreffenden Personen müssen ebenfalls die Anmeldung unterschreiben und die Unterschrift beglaubigen lassen.

8. Gesellschaftsbeginn

Hier ist das Gründungsdatum der Gesellschaft anzugeben (Datum des Gesellschaftsvertrages). Die Eintragung darf nicht vor diesem Datum erfolgen.

9. Angaben betreffend Übernahme von Aktiven und Passiven

Wenn ein bestehender Geschäftsbetrieb mit Aktiven und Passiven gekauft bzw. übernommen worden ist oder übernommen wird, darf der Übernehmer mit ausdrücklicher oder stillschweigender Zustimmung der früheren Inhaber oder ihrer Erben die bisherige Firmenbezeichnung weiterführen, sofern in einem Zusatz das Nachfolgeverhältnis zum Ausdruck gebracht und der neue Inhaber genannt wird. In diesem Fall sind Firma und der Sitz des übernommenen Geschäftes anzugeben. Bei Teilübernahmen kann die Firmenbezeichnung nur in den Firmennamen des übernehmenden Geschäftes integriert werden, wenn wesentliche Teile des Geschäftsbetriebes übergehen.

385 Anmeldung Neueintragung Kommanditgesellschaft

Handelsregisteramt Kanton Zürich

Handelsregisteranmeldung

Kommanditgesellschaft, Neueintragung

1. Firmenbezeichnung

Familienname mindestens eines unbeschränkt haftenden Gesellschafters; sofern nicht mehrere unbeschränkt haftende Gesellschafter namentlich aufgeführt werden, mit einem Zusatz, der ein Gesellschaftsverhältnis andeutet (z.B. „und Co"). Der Name eines Kommanditärs darf nicht erscheinen. Weitere Zusätze (z.B. Vornamen, Umschreibung der Geschäftstätigkeit, Sitz des Geschäftes oder Fantasiebezeichnungen usw.) sind zulässig, dürfen aber nicht täuschend sein (insbesondere in Bezug auf den Zweck).

2. Sitz (politische Gemeinde)

3. Rechtsdomizil (Strasse, Hausnummer, Postleitzahl, Ortschaft)

4. Allfällige c/o-Adresse (bei fehlendem Rechtsdomizil am Sitz)

Unterschrift Domizilhalter/in.

....

5. Zweck (kurze, allgemeinverständliche Umschreibung der Geschäftstätigkeit)

6. Unbeschränkt haftende Gesellschafter/innen (evtl. weitere in Ziff. 14 und 15 unterzeichnete Blätter anheften)

Familienname

Vorname/n

Heimatort (bei Ausländern Staatsangehörigkeit)

Wohnort (politische Gemeinde)

Geburtsdatum (Tag, Monat, Jahr)

Zeichnungsberechtigung: **[x]** Einzelunterschrift (falls unzutreffend, streichen und eines der folgenden Felder ankreuzen):
[ ] Kollektivunterschrift zu zweien   [ ] Einzelprokura   [ ] Kollektivprokura zu zweien   [ ] ohne Zeichnungsberechtigung

Familienname

Vorname/n

Heimatort (bei Ausländern Staatsangehörigkeit)	Wohnort (politische Gemeinde)

Geburtsdatum (Tag, Monat, Jahr)

Zeichnungsberechtigung: [x] Einzelunterschrift (falls unzutreffend, streichen und eines der folgenden Felder ankreuzen):
[ ] Kollektivunterschrift zu zweien   [ ] Einzelprokura   [ ] Kollektivprokura zu zweien   [ ] ohne Zeichnungsberechtigung

7. Kommanditär/in (evtl. weitere in Ziff. 14 und 15 unterzeichnete Blätter anheften)

Familienname	Vorname/n

Heimatort (bei Ausländern Staatsangehörigkeit)	Wohnort (politische Gemeinde)

Geburtsdatum (Tag, Monat, Jahr)	Kommanditsumme

Leistung der Kommanditsumme:

[ ] bar   [ ] Sachwerte gemäss Inventarliste mit Bewertung

Zeichnungsberechtigung: [x] Einzelunterschrift (falls unzutreffend, streichen und eines der folgenden Felder ankreuzen):
[ ] Kollektivunterschrift zu zweien   [ ] Einzelprokura   [ ] Kollektivprokura zu zweien   [ ] ohne Zeichnungsberechtigung

8. Weitere Zeichnungsberechtigte (evtl. weitere in Ziff. 14 und 15 unterzeichnete Blätter anheften)

Familienname	Vorname/n

Heimatort (bei Ausländern Staatsangehörigkeit)	Wohnort (politische Gemeinde)

Zeichnungsberechtigung oben genannter Person (falls unzutreffend, streichen und anderes Feld ankreuzen):

[x] Einzelunterschrift   [ ] Kollektivunterschrift zu zweien   [ ] Einzelprokura   [ ] Kollektivprokura zu zweien

Familienname	Vorname/n

Heimatort (bei Ausländern Staatsangehörigkeit)	Wohnort (politische Gemeinde)

Zeichnungsberechtigung oben genannter Person (falls unzutreffend, streichen und anderes Feld ankreuzen):

[x] Einzelunterschrift   [ ] Kollektivunterschrift zu zweien   [ ] Einzelprokura   [ ] Kollektivprokura zu zweien

9. Beginn der Gesellschaft (Tag, Monat, Jahr):

10. Geschäftsübernahme

Übernimmt die Gesellschaft Aktiven und Passiven eines anderen Geschäftsbetriebes?   [ ] ja   [ ] nein

Wenn ja, ist das übernommene Geschäft im Handelsregister eingetragen?   [ ] ja   [ ] nein

Firma und Sitz des übernommenen Geschäfts (allfällige Löschung dieses Geschäfts separat anmelden):

11. Bestellungen

☐ Handelsregisterauszüge nach Publikation im Schweizerischen Handelsamtsblatt (CHF 50.-)

☐ Eintragungsbestätigungen vor Publikation im Schweizerischen Handelsamtsblatt (CHF 50.-/Expl. + CHF 30.-)

Lieferadresse:

12. Gebührenadresse

13. Kontaktadresse und -telefon

14. Unterschriften aller Gesellschafter/innen (evtl. weitere Blätter anheften):

Name: Unterschrift:

15. Unterschriften aller übrigen Zeichnungsberechtigten (evtl. weitere Blätter anheften)

Name: Unterschrift:

16. Amtliche Beglaubigung aller unter Ziffer 14 und 15 geleisteten Unterschriften

Vorstehende Unterschriften sind bei einem Notariat, bei einem Gemeindeammannamt oder beim Schalter des Handelsregisteramtes des Kantons Zürich beglaubigen zu lassen. In der Beglaubigung müssen folgende Angaben enthalten sein: Vor- und Familienname, Geburtsdatum, allfällige akademische Titel, Heimatort (bei Ausländern Staatsangehörigkeit), Wohnsitz (politische Gemeinde). Für die Beglaubigung ist der Urkundsperson ein zivilstandsregisterlicher anerkannter Identitätsausweis (Pass oder Identitätskarte) vorzulegen; ein Führerausweis genügt nicht. Im Ausland vorgenommene Beglaubigungen sind mit einer Superlegalisation bzw. mit einer Apostille zu versehen.

Handelsregisteramt Kanton Zürich

Merkblatt

Belege für die Neueintragung einer Aktiengesellschaft

1. Anmeldung
In der Anmeldung ist die einzutragende Gesellschaft unter Angabe von Firma, Sitz (politische Gemeinde), Rechtsdomizil (Strasse, Hausnummer, Postleitzahl und Ortschaft) eindeutig zu identifizieren. Für die Einzelheiten kann auf die beigefügten und in der Anmeldung aufzuführenden Belege verwiesen werden. Die Anmeldung muss von zwei Mitgliedern des Verwaltungsrates oder von einem Mitglied des Verwaltungsrates mit Einzelzeichnungsberechtigung unterzeichnet sein (Art. 17 Abs. 1 lit. c HRegV). Zusätzlich sind die Unterschriften aller übrigen Personen mit Zeichnungsberechtigung (zeichnungsberechtigte Verwaltungsratsmitglieder, Direktoren, Prokuristen usw.) anzubringen bzw. auf separaten Unterschriftenbögen einzureichen (Art. 21 Abs. 1 HRegV). Sämtliche Unterschriften sind amtlich beglaubigt zu lassen (Art. 18 Abs. 2 und 21 Abs. 1 und 3 HRegV). Auf Wunsch wird die Anmeldung vom Handelsregisteramt ausgefertigt.

2. Öffentliche Urkunde über den Errichtungsakt
Die öffentliche Urkunde über die Gründung der Aktiengesellschaft muss den Anforderungen von Art. 629 ff. OR sowie Art. 44 HRegV entsprechen.

3. Statuten
Die Statuten müssen durch die Urkundsperson amtlich beglaubigt oder durch diese zum integrierenden Bestandteil der öffentlichen Urkunde über die Gründung erklärt worden sein (Art. 44 lit. c HRegV).

4. Wahlannahmeerklärungen der Mitglieder des Verwaltungsrates und der gesetzlich vorgeschriebenen Revisionsstelle
Die Erklärungen sind originalhandschriftlich unterzeichnet einzureichen (Art. 44 lit. e und f HRegV). Die Wahlannahme kann auch durch die Unterzeichnung der Anmeldung oder der Gründungsurkunde erfolgen.

5. Protokoll des Verwaltungsrates über seine Konstituierung und die Bestimmung der zeichnungsberechtigten Personen
Das Protokoll kann als durch den Vorsitzenden und den Protokollführer originalhandschriftlich unterzeichnetes Vollprotokoll, als von den erwähnten Personen unterzeichneter Protokollauszug oder als amtlich beglaubigte Fotokopie eingereicht werden oder, sofern durch sämtliche Verwaltungsratsmitglieder originalhandschriftlich unterzeichnet, als Zirkularbeschluss (so auch als Anmeldung; Art. 20 Abs. 1, 23 Abs. 2 und 3 HRegV). Ausnahmsweise ist die Beurkundung in der öffentlichen Urkunde über den Errichtungsakt erforderlich, nämlich dann, wenn für die Wahl des Präsidenten oder Vizepräsidenten gemäss Statuten die Generalversammlung zuständig ist (vgl. Art. 712 Abs. 2 OR).

6. Bankbescheinigung über die Hinterlegung der Bareinlagen
Sofern aus der öffentlichen Urkunde über die Gründung das dem Bankengesetz unterstellte Bankinstitut, bei welchem die Einlagen hinterlegt sind, nicht ersichtlich ist, muss eine separate Bescheinigung der betreffenden Bank eingereicht werden (Art. 43 Abs. 1 lit. f HRegV).

7. Stampa-Erklärung und Lex-Friedrich-Erklärung
Die Stampa-Erklärung ist die Erklärung der Gründerinnen und Gründer, wonach keine anderen Sacheinlagen, Sachübernahmen, Verrechnungstatbestände oder besonderen Vorteile bestehen als die in den Gründungsunterlagen genannten (Art. 43 Abs. 1 lit. h HRegV). Die Lex-Friedrich-Erklärung dient der Abklärung der Frage, ob eine Gesellschaft im Sinne von Art. 18 Abs. 1 und 2 des Bundesgesetzes über den Erwerb von Grundstücken durch Personen im Ausland an die Bewilligungsbehörde zu verweisen ist. Beide Belege sind durch die anmeldenden Personen originalhandschriftlich zu unterzeichnen. Das Handelsregisteramt des Kantons Zürich gibt entsprechende Formulare ab.

8. Gründungsbericht

Bei einer Gründung mit Sacheinlagen, Sachübernahmen, Verrechnungstatbeständen oder besonderen Vorteilen ist ein von allen Gründerinnen und Gründern oder ihren Vertretern originalhandschriftlich unterzeichneter Gründungsbericht im Sinne von Art. 635 OR einzureichen (Art. 43 Abs. 1 lit. h und Abs. 3 lit. c HRegV).

9. Prüfungsbestätigung

Unter den in Ziffer 8 genannten Voraussetzungen ist eine uneingeschränkte Prüfungsbestätigung eines staatlich beaufsichtigten Revisionsunternehmens, eines zugelassenen Revisionsexperten bzw. eines zugelassenen Revisors im Sinne von Art. 635a OR einzureichen (Art. 43 Abs. 3 lit. d HRegV).

10. Sacheinlage- und Sachübernahmeverträge, Übernahmebilanzen, Inventarlisten

Bei einer Gründung mit Sacheinlagen (vgl. Art. 628 Abs. 1 OR) oder Sachübernahmen (vgl. Art. 628 Abs. 2 OR) sind Sacheinlageverträge in jedem Fall, Sachübernahmeverträge soweit vorhanden, einzureichen.

Wird das Kapital durch die Einlage eines Geschäftes oder eines Geschäftsteiles liberiert oder soll die Gesellschaft von Aktionären oder von diesen nahe stehenden Personen ein Geschäft oder einen Geschäftsteil übernehmen, so ist die Übernahmebilanz (Schluss- oder Zwischenbilanz des übernommenen Geschäftes) bzw. die Teilübernahmebilanz einzureichen.

Soll das Kapital durch die Einlage einer Sachgesamtheit liberiert werden oder die Gesellschaft von Aktionären oder von diesen nahe stehenden Personen eine Sachgesamtheit übernehmen, so ist eine unterzeichnete und datierte Inventarliste, in welcher die eingelegten bzw. übernommenen Gegenstände einzeln aufgeführt und bewertet sind, einzureichen.

Die genannten Belege sind im Original oder als beglaubigte Kopien einzureichen.

11. Erklärung betreffend Rechtsdomizil

Es ist dem Handelsregisteramt mitzuteilen, ob die Gesellschaft an der einzutragenden Adresse über ein Rechtsdomizil verfügt (Art. 117 Abs. 1 i.V.m. Art. 2 lit. c HRegV). Darunter ist gemäss Art. 2 lit. c HRegV eine Adresse zu verstehen, unter der die Aktiengesellschaft an ihrem Sitz erreicht werden kann, z.B. ein Lokal, über das die Gesellschaft aufgrund eines Rechtstitels (z.B. Eigentum, Miete, Untermiete etc.) tatsächlich verfügen kann, welches den Mittelpunkt ihrer administrativen Tätigkeit bildet und wo ihr Mitteilungen aller Art zugestellt werden können (vgl. BGE 100 Ib 455 E. 4). Sind diese Voraussetzungen nicht erfüllt, liegt eine c/o-Adresse vor. In diesem Falle ist zusätzlich die Domizilhalterin bzw. der Domizilhalter anzumelden und deren bzw. dessen schriftliche Erklärung, dass sie bzw. er der Gesellschaft an der angegebenen Adresse Rechtsdomizil gewähre, einzureichen (Art. 43 Abs. 1 lit. g i.V.m. Art. 117 Abs. 3 HRegV).

12. Unterlagen betreffend geographische Bezeichnungen in der Firma

Zur Prüfung der Zulässigkeit von nationalen, territorialen und regionalen Bezeichnungen in der Firmenbezeichnung (z.B. "Schweiz", "International", "Worldwide") sind dem Handelsregisteramt allenfalls ergänzende Informationsunterlagen einzureichen, die insbesondere über die Organisation, die Konzernverhältnisse, das Aktionariat und das geographische Tätigkeitsgebiet der Gesellschaft Auskunft geben.

13. Bewilligung der Eidgenössischen Bankenkommission

Eine Bank bedarf zur Aufnahme der Geschäftstätigkeit einer Bewilligung der Bankenkommission; sie darf nicht ins Handelsregister eingetragen werden, bevor diese Bewilligung erteilt ist (Art. 3 Abs. 1 des Bundesgesetzes über die Banken und Sparkassen).

14. Übersetzungen

Fremdsprachigen Belegen ist grundsätzlich eine beglaubigte Übersetzung beizufügen (Art. 20 Abs. 3 HRegV). Übersetzungen werden nur von dazu qualifizierten Übersetzern (z.B. amtliche Übersetzer, diplomierte Dolmetscher) anerkannt (bezüglich der Einzelheiten vgl. das Merkblatt "Formelle Anforderungen an Handelsregisterbelege").

15. Erklärung betreffend Verzicht auf eine eingeschränkte Revision

Die Verzichtserklärung muss von mindestens einem Mitglied des Verwaltungsrates unterzeichnet sein und Kopien der massgeblichen aktuellen Unterlagen wie Verzichtserklärungen aller Gründerinnen und Gründer müssen der Erklärung beigelegt werden (Art. 62 Abs. 2 und 3 HRegV). Der Verzicht auf eine eingeschränkte Revision kann auch in der öffentlichen Urkunde über die Gründung erfolgen (Art. 43 Abs. 2 HRegV). In der Verzichtserklärung ist zu bestätigen, dass die Gesellschaft die Voraussetzungen für die Pflicht zur ordentlichen Revision nicht erfüllt, die Gesellschaft nicht mehr als zehn Vollzeitstellen im Jahresdurchschnitt hat und sämtliche Aktionärinnen und Aktionäre auf eine eingeschränkte Revision verzichtet haben (Art. 62 Abs. 1 HRegV).

Handelsregisteramt Kanton Zürich

Checkliste

Aktiengesellschaft, Belege Neueintragung (vgl. insb. Art. 43 HRegV)

Einzureichen:
☐ Anmeldung
☐ öffentliche Urkunde über den Errichtungsakt
☐ Statuten
☐ Stampa-Erklärung

Evtl. einzureichen:
☐ Wahlannahmeerklärung der VR-Mitglieder
☐ Wahlannahmeerklärung der gesetzlich vorgeschriebenen Revisionsstelle
☐ Verzichtserklärung betreffend Revision (Art. 62 Abs. 1 - 3 HRegV)
☐ VR-Protokoll (Konstituierung, Zeichnungsberechtigung)
☐ Bankbescheinigung
☐ Sacheinlage-/Sachübernahmevertrag
☐ Übernahmebilanz oder Inventarliste
☐ Gründungsbericht
☐ Prüfungsbestätigung
☐ Erklärung betr. Rechtsdomizil
☐ Domizilannahmeerklärung
☐ Lex-Friedrich-Erklärung
☐ Lex-Friedrich-Bewilligung
☐ Unterschriftenbogen
☐ Bewilligung Eidg. Bankenkommission
☐ Übersetzungen

Nicht einzureichen:
☐ Existenzbelege von Gründergesellschaften
☐ Vollmachten der vertretenen Gründer
☐ Zeichnungsscheine

Handelsregisteramt Kanton Zürich

Checkliste

Aktiengesellschaft, Mindestinhalt von Statuten

1.1 Firma

☐ Firmenbildung: Art. 944 und 950 OR;
☐ Täuschungsverbot: Art. 944 Abs. 1 OR und 26 HRegV;
☐ fremdsprachige Firmen: s. Weisung zum Firmenrecht, Rz 179 ff.

1.2. Sitz

☐ politische Gemeinde (Bestimmbarkeit genügt).

2. Zweck

☐ Allgemeinverständlichkeit (Art. 118 Abs. 1 HRegV);
☐ Bestimmtheit.

3.1. Aktienkapital

☐ Höhe des Aktienkapitals in Schweizer Franken;
☐ Mindesthöhe: Fr. 100'000.-.

3.2. Liberierung

☐ auf das Aktienkapital einbezahlter Betrag;
☐ Mindesthöhe: Fr. 50'000.-, wobei jede Aktie mit mindestens 20% des Nennwertes.

4. Anzahl, Nennwert, Art der Aktien

☐ Mindestnennwert: 1 Rappen;
☐ Festlegung der Aktienart: Namen- oder Inhaberaktien;
☐ Stimmrechtsaktien: nur voll liberierte Namenaktien;
☐ Nennwert der übrigen Aktien darf das Zehnfache des Nennwertes der Stimmrechtsaktien nicht übersteigen (Art. 693 Abs. 2OR).

5.1. Einberufung Generalversammlung

☐ Form der Einberufung (bei Inhaberaktien zwingend Publikation);
☐ allenfalls Verweisung auf allgemeine statutarische Bekanntmachungsnorm (vgl. Ziff. 7).

5.2 Stimmrecht Aktionäre

☐ Stimmrecht gemäss Nennwert (Art. 692 Abs. 1 OR) oder pro Aktien hat eine Stimme (Art. 693. 1OR);
☐ Wahlrecht gemäss Art. 692 Abs. 1 und 693 Abs. 1 OR muss ausgeübt werden.

6.1 Verwaltungsrat

☐ Festlegung der Zahl der Verwaltungsräte;
☐ Verweis auf allgemeine gesetzliche Regelung (Art. 707 ff OR) genügt.

6.2 Revisionsstelle

☐ Eine offene Formulierung ist ausreichend, z.B. nach folgendem Muster:

„Die Generalversammlung wählt eine Revisionsstelle. Sie kann auf die Wahl einer Revisionsstelle verzichten, wenn:
    a) die Gesellschaft nicht zur ordentlichen Revision verpflichtet ist;
    b) sämtliche Aktionäre zustimmen; und
    c) die Gesellschaft nicht mehr als zehn Vollzeitstellen im Jahresdurchschnitt hat.

Der Verzicht gilt auch für die nachfolgenden Jahre. Jeder Aktionär hat jedoch das Recht, spätestens zehn Tage vor der Generalversammlung die Durchführung einer eingeschränkten Revision und die Wahl einer entsprechenden Revisionsstelle zu verlangen. Die Generalversammlung wird diesfalls bis zum Vorliegen des Revisionsberichts über die Genehmigung der Jahresrechnung sowie über die Verwendung des Bilanzgewinnes, insbesondere die Festsetzung der Dividende, keinen Beschluss fassen"

7. Bekanntmachungen

☐ Bestimmung eines öffentlichen Blattes;
☐ für die gesetzlich vorgeschriebenen Bekanntmachungen: SHAB zwingend vorgeschrieben (Art. 931 Abs. 2 OR).

STATUTEN

der

[   ] AG

mit Sitz in [   ]

Artikel 1 – Firma und Sitz

Unter der Firma

[   ] AG

besteht mit Sitz in [politische Gemeinde, Kanton] auf unbestimmte Dauer eine Aktiengesellschaft gemäss Art. 620 ff. OR.

Artikel 2 – Zweck

Die Gesellschaft bezweckt [   ].

Die Gesellschaft kann Zweigniederlassungen und Tochtergesellschaften im In- und Ausland errichten und sich an anderen Unternehmen im In- und Ausland beteiligen sowie alle Geschäfte tätigen, die direkt oder indirekt mit ihrem Zweck in Zusammenhang stehen. Die Gesellschaft kann im In- und Ausland Grundeigentum erwerben, belasten, veräussern und verwalten. Sie kann auch Finanzierungen für eigene oder fremde Rechnung vornehmen sowie Garantien und Bürgschaften für Tochtergesellschaften und Dritte eingehen.

Artikel 3 – Aktienkapital und Aktien

Das Aktienkapital beträgt CHF [   ] und ist eingeteilt in [   ] Namenaktien zu CHF [   ].

Die Aktien sind zu [ ] % liberiert.

Artikel 4 – Übertragung der Aktien

Die Übertragung der Namenaktien oder die Begründung einer Nutzniessung an den Namenaktien bedarf der Genehmigung durch den Verwaltungsrat.

Der Verwaltungsrat kann das Gesuch um Zustimmung ablehnen, wenn er im Namen der Gesellschaft dem Veräusserer der Aktien anbietet, die Aktien für deren Rechnung, für Rechnung anderer Aktionäre oder für Rechnung Dritter zum wirklichen Wert im Zeitpunkt des Gesuches zu übernehmen oder wenn der Erwerber nicht ausdrücklich erklärt, dass er die Aktien im eigenen Namen und auf eigene Rechnung erworben hat.

Sind die Aktien durch Erbgang, Erbteilung, eheliches Güterrecht oder Zwangsvollstreckung erworben worden, so kann der Verwaltungsrat das Gesuch um Zustimmung nur ablehnen, wenn er im Namen der Gesellschaft dem Erwerber die Übernahme der Aktien zum wirklichen Wert anbietet. Der Erwerber kann verlangen, dass der Richter am Sitz der Gesellschaft den wirklichen Wert bestimmt. Die Kosten der Bewertung trägt die Gesellschaft.

Artikel 5 – Einberufung der Generalversammlung

Die Generalversammlung ist spätestens 20 Tage vor dem Versammlungstag durch Brief an die Aktionäre und Nutzniesser einzuberufen.

Artikel 6 – Stimmrecht

Die Aktionäre üben ihr Stimmrecht in der Generalversammlung nach Verhältnis des gesamten Nennwerts der ihnen gehörenden Aktien aus.

Artikel 7 – Verwaltungsrat

Der Verwaltungsrat der Gesellschaft besteht aus einem oder mehreren Mitgliedern.

Artikel 8 – Revisionsstelle

Die Generalversammlung wählt eine Revisionsstelle gemäss den Anforderungen des Obligationenrechts und des Revisionsaufsichtsgesetzes.

Sie kann auf die Wahl einer Revisionsstelle verzichten, wenn:

1. die Gesellschaft nicht zur ordentlichen Revision verpflichtet ist;
2. sämtliche Aktionäre zustimmen; und
3. die Gesellschaft nicht mehr als zehn Vollzeitstellen im Jahresdurchschnitt hat.

Der Verzicht gilt auch für die nachfolgenden Jahre. Jeder Aktionär hat jedoch das Recht, spätestens 10 Tage vor der Generalversammlung die Durchführung einer eingeschränkten Revision und die Wahl einer entsprechenden Revisionsstelle zu verlangen. Die Generalversammlung darf diesfalls die Beschlüsse über die Genehmigung des Jahresberichtes und der Jahresrechnung sowie über die Verwendung des Bilanzgewinnes, insbesondere die Festsetzung der Dividende, erst fassen, wenn der Revisionsbericht vorliegt.

Artikel 9 – Geschäftsjahr und Buchführung

Das Geschäftsjahr beginnt am [...] und endet am [...].

Die Jahresrechnung, bestehend aus Erfolgsrechnung, Bilanz und Anhang, ist gemäss den Vorschriften des Schweizerischen Obligationenrechts, insbesondere der Art. 662a ff. und 958 ff. OR, sowie nach den Grundsätzen der ordnungsgemässen Rechnungslegung aufzustellen.

Artikel 10 – Mitteilungen und Bekanntmachungen

Mitteilungen an die Aktionäre erfolgen per Brief, E-Mail oder Telefax an die im Aktienbuch verzeichneten Adressen.

Publikationsorgan der Gesellschaft ist das Schweizerische Handelsamtsblatt.

STATUTEN

der

[   ] AG

mit Sitz in [   ]

I Grundlage

Artikel 1 – Firma und Sitz

Unter der Firma

[   ] AG

besteht mit Sitz in [politische Gemeinde, Kanton] auf unbestimmte Dauer eine Aktiengesellschaft gemäss Art. 620 ff. OR.

Artikel 2 – Zweck

Die Gesellschaft bezweckt [   ].

Die Gesellschaft kann Zweigniederlassungen und Tochtergesellschaften im In- und Ausland errichten und sich an anderen Unternehmen im In- und Ausland beteiligen sowie alle Geschäfte tätigen, die direkt oder indirekt mit ihrem Zweck in Zusammenhang stehen. Die Gesellschaft kann im In- und Ausland Grundeigentum erwerben, belasten, veräussern und verwalten. Sie kann auch Finanzierungen für eigene oder fremde Rechnung vornehmen sowie Garantien und Bürgschaften für Tochtergesellschaften und Dritte eingehen.

II. Kapital

Artikel 3 – Aktienkapital und Aktien

Das Aktienkapital beträgt CHF [   ] (Schweizer Franken [   ]) und ist eingeteilt in [   ] Namenaktien zu CHF [   ] (Schweizer Franken [   ]).

Die Aktien sind vollständig liberiert.

Artikel 4 – Aktienzertifikate

Anstelle von einzelnen Aktien kann die Gesellschaft Zertifikate über mehrere Aktien ausstellen.

Artikel 5 – Umwandlung, Zerlegung und Zusammenlegung von Aktien

Die Generalversammlung kann bei unverändert bleibendem Aktienkapital durch Statutenänderung jederzeit Namenaktien in Inhaberaktien und Inhaberaktien in Namenaktien umwandeln sowie Aktien in solche von kleinerem Nennwert zerlegen oder zu solchen von grösserem Nennwert zusammenlegen, wobei letzteres der Zustimmung des Aktionärs bedarf.

Artikel 6 – Aktienbuch

Der Verwaltungsrat führt über alle Namenaktien ein Aktienbuch, in welches die Eigentümer und Nutzniesser mit Namen und Adresse eingetragen werden.

Im Verhältnis zur Gesellschaft gilt als Aktionär oder als Nutzniesser, wer im Aktienbuch eingetragen ist.

Artikel 7 – Übertragung der Aktien

Die Übertragung der Namenaktien oder die Begründung einer Nutzniessung an den Namenaktien bedarf der Genehmigung durch den Verwaltungsrat.

Der Verwaltungsrat kann das Gesuch um Zustimmung ablehnen, wenn er im Namen der Gesellschaft dem Veräusserer der Aktien anbietet, die Aktien für deren Rechnung, für Rechnung anderer Aktionäre oder für Rechnung Dritter zum wirklichen Wert im Zeitpunkt des Gesuches zu übernehmen oder wenn der Erwerber nicht ausdrücklich erklärt, dass er die Aktien im eigenen Namen und auf eigene Rechnung erworben hat.

Sind die Aktien durch Erbgang, Erbteilung, eheliches Güterrecht oder Zwangsvollstreckung erworben worden, so kann der Verwaltungsrat das Gesuch um Zustimmung nur ablehnen, wenn er im Namen der Gesellschaft dem Erwerber die Übernahme der Aktien zum wirklichen Wert anbietet. Der Erwerber kann verlangen, dass der Richter am Sitz der Gesellschaft den wirklichen Wert bestimmt. Die Kosten der Bewertung trägt die Gesellschaft.

III. Organisation der Gesellschaft

A. Generalversammlung

Artikel 8 – Befugnisse

Oberstes Organ der Gesellschaft ist die Generalversammlung der Aktionäre. Ihr stehen folgende unübertragbare Befugnisse zu:

1. die Festsetzung und Änderung der Statuten;
2. die Wahl der Mitglieder des Verwaltungsrates und der Revisionsstelle;
3. die Genehmigung des Jahresberichtes und der Konzernrechnung;
4. die Genehmigung der Jahresrechnung sowie die Beschlussfassung über die Verwendung des Bilanzgewinnes, insbesondere die Festsetzung der Dividende und der Tantieme;
5. die Entlastung der Mitglieder des Verwaltungsrates;
6. die Beschlussfassung über die Gegenstände, die der Generalversammlung durch das Gesetz oder die Statuten vorbehalten sind.

Artikel 9 – Einberufung und Traktandierung

Die ordentliche Versammlung findet alljährlich innerhalb sechs Monaten nach Schluss des Geschäftsjahres statt, ausserordentliche Versammlungen werden je nach Bedürfnis einberufen.

Die Generalversammlung ist spätestens 20 Tage vor dem Versammlungstag durch Brief an die Aktionäre und Nutzniesser einzuberufen. Die Einberufung erfolgt durch den Verwaltungsrat, nötigenfalls durch die Revisionsstelle. Das Einberufungsrecht steht auch den Liquidatoren und den Vertretern der Anleihensgläubiger zu.

Die Einberufung einer Generalversammlung kann auch von einem oder mehreren Aktionären, die zusammen mindestens 10 Prozent des Aktienkapitals vertreten, verlangt werden. Aktionäre, die Aktien im Nennwerte von 1 Million Franken vertreten, können die Traktandierung eines Verhandlungsgegenstandes verlangen. Einberufung und Traktandierung werden schriftlich unter Angabe des Verhandlungsgegenstandes und der Anträge anbegehrt.

In der Einberufung sind die Verhandlungsgegenstände sowie die Anträge des Verwaltungsrates und der Aktionäre bekanntzugeben, welche die Durchführung einer Generalversammlung oder die Traktandierung eines Verhandlungsgegenstandes verlangt haben.

Spätestens 20 Tage vor der ordentlichen Generalversammlung sind der Geschäftsbericht und der Revisionsbericht den Aktionären am Gesellschaftssitz zur Einsicht aufzulegen. Jeder Aktionär kann verlangen, dass ihm unverzüglich eine Ausfertigung dieser Unterlagen zugestellt wird. Die Aktionäre sind hierüber in der Einberufung zu unterrichten.

Über Anträge zu nicht gehörig angekündigten Verhandlungsgegenständen können keine Beschlüsse gefasst werden; ausgenommen sind Anträge auf Einberufung einer ausserordentlichen Generalversammlung, auf Durchführung einer Sonderprüfung und auf Wahl einer Revisionsstelle infolge Begehrens eines Aktionärs.

Zur Stellung von Anträgen im Rahmen der Verhandlungsgegenstände und zu Verhandlungen ohne Beschlussfassung bedarf es keiner vorgängigen Ankündigung.

Artikel 10 – Universalversammlung

Die Eigentümer oder Vertreter sämtlicher Aktien können, falls kein Widerspruch erhoben wird, eine Generalversammlung ohne Einhaltung der für die Einberufung vorgeschriebenen Formvorschriften abhalten.

In dieser Versammlung kann über alle in den Geschäftskreis der Generalversammlung fallenden Gegenstände gültig verhandelt und Beschluss gefasst werden, solange die Eigentümer oder Vertreter sämtlicher Aktien anwesend sind.

Artikel 11 – Vorsitz und Protokoll

Den Vorsitz in der Generalversammlung führt der Präsident, in dessen Verhinderungsfalle ein anderes vom Verwaltungsrat bestimmtes Mitglied desselben. Ist kein Mitglied des Verwaltungsrates anwesend, wählt die Generalversammlung einen Tagesvorsitzenden.

Der Vorsitzende bezeichnet den Protokollführer und die Stimmenzähler, die nicht Aktionäre zu sein brauchen. Das Protokoll ist vom Vorsitzenden und vom Protokollführer zu unterzeichnen. Die Aktionäre sind berechtigt, das Protokoll einzusehen.

Artikel 12 – Stimmrecht und Vertretung

Die Aktionäre üben ihr Stimmrecht in der Generalversammlung nach Verhältnis des gesamten Nennwerts der ihnen gehörenden Aktien aus.

Jeder Aktionär kann seine Aktien in der Generalversammlung selbst vertreten oder durch einen Dritten vertreten lassen, der nicht Aktionär zu sein braucht. Der Vertreter hat sich durch schriftliche Vollmacht auszuweisen.

Artikel 13 – Beschlussfassung

Die Generalversammlung fasst ihre Beschlüsse und vollzieht ihre Wahlen, soweit das Gesetz oder die Statuten es nicht anders bestimmen, mit der absoluten Mehrheit der vertretenen Aktienstimmen. Bei Stimmengleichheit gilt ein Antrag als abgelehnt. Dem Vorsitzenden steht ein Stichentscheid zu.

Ein Beschluss der Generalversammlung, der mindestens zwei Drittel der vertretenen Stimmen und die absolute Mehrheit der vertretenen Aktiennennwerte auf sich vereinigt, ist erforderlich für:

1. die Änderung des Gesellschaftszweckes;
2. die Einführung von Stimmrechtsaktien;
3. die Beschränkung der Übertragbarkeit von Namenaktien;
4. eine genehmigte oder eine bedingte Kapitalerhöhung;
5. die Kapitalerhöhung aus Eigenkapital, gegen Sacheinlage oder zwecks Sachübernahme und die Gewährung von besonderen Vorteilen;
6. die Einschränkung oder Aufhebung des Bezugsrechtes;
7. die Verlegung des Sitzes der Gesellschaft;
8. die Auflösung der Gesellschaft.

Statutenbestimmungen, die für die Fassung bestimmter Beschlüsse grössere Mehrheiten als die vom Gesetz vorgeschriebenen festlegen, können nur mit dem erhöhten Mehr eingeführt und aufgehoben werden.

B. Verwaltungsrat

Artikel 14 – Wahl und Zusammensetzung

Der Verwaltungsrat der Gesellschaft besteht aus einem oder mehreren Mitgliedern.

Die Mitglieder des Verwaltungsrates werden auf drei Jahre gewählt. Neugewählte treten in die Amtsdauer derjenigen Mitglieder ein, die sie ersetzen.

Der Verwaltungsrat konstituiert sich selbst. Er bezeichnet seinen Präsidenten und den Sekretär. Dieser muss dem Verwaltungsrat nicht angehören.

Artikel 15 – Sitzungen und Beschlussfassung

Beschlussfähigkeit, Beschlussfassung und Geschäftsordnung werden im Organisationsreglement geregelt.

Jedes Mitglied des Verwaltungsrates kann unter Angabe der Gründe vom Präsidenten die unverzügliche Einberufung einer Sitzung verlangen.

Bei der Beschlussfassung in Sitzungen des Verwaltungsrates hat der Vorsitzende den Stichentscheid.

Beschlüsse können auch auf dem Wege der schriftlichen Zustimmung zu einem gestellten Antrag gefasst werden, sofern nicht ein Mitglied die mündliche Beratung verlangt.

Über die Verhandlungen und Beschlüsse ist ein Protokoll zu führen, das vom Vorsitzenden und vom Sekretär unterzeichnet wird.

Artikel 16 – Recht auf Auskunft und Einsicht

Jedes Mitglied des Verwaltungsrates kann Auskunft über alle Angelegenheiten der Gesellschaft verlangen.

In den Sitzungen sind alle Mitglieder des Verwaltungsrates sowie die mit der Geschäftsführung betrauten Personen zur Auskunft verpflichtet.

Ausserhalb der Sitzungen kann jedes Mitglied von den mit der Geschäftsführung betrauten Personen Auskunft über den Geschäftsgang und, mit Ermächtigung des Präsidenten, auch über einzelne Geschäfte verlangen.

Soweit es für die Erfüllung einer Aufgabe erforderlich ist, kann jedes Mitglied dem Präsidenten beantragen, dass ihm Bücher und Akten vorgelegt werden.

Weist der Präsident ein Gesuch auf Auskunft, Anhörung oder Einsicht ab, so entscheidet der Verwaltungsrat.

Regelungen oder Beschlüsse des Verwaltungsrates, die das Recht auf Auskunft und Einsichtnahme der Verwaltungsräte erweitern, bleiben vorbehalten.

Artikel 17 – Aufgaben

Der Verwaltungsrat kann in allen Angelegenheiten Beschluss fassen, die nicht nach Gesetz oder Statuten der Generalversammlung zugeteilt sind. Er führt die Geschäfte der Gesellschaft, soweit er die Geschäftsführung nicht übertragen hat.

Der Verwaltungsrat hat folgende unübertragbare und unentziehbare Aufgaben:

1. die Oberleitung der Gesellschaft und die Erteilung der nötigen Weisungen;
2. die Festlegung der Organisation;
3. die Ausgestaltung des Rechnungswesens, der Finanzkontrolle sowie der Finanzplanung, sofern diese für die Führung der Gesellschaft notwendig ist;
4. die Ernennung und Abberufung der mit der Geschäftsführung und der Vertretung betrauten Personen;
5. die Oberaufsicht über die mit der Geschäftsführung betrauten Personen, namentlich im Hinblick auf die Befolgung der Gesetze, Statuten, Reglemente und Weisungen;
6. die Erstellung des Geschäftsberichtes sowie die Vorbereitung der Generalversammlung und die Ausführung ihrer Beschlüsse;
7. die Benachrichtigung des Richters im Falle der Überschuldung.

Der Verwaltungsrat kann die Vorbereitung und die Ausführung seiner Beschlüsse oder die Überwachung von Geschäften Ausschüssen oder einzelnen Mitgliedern zuweisen. Er hat für eine angemessene Berichterstattung an seine Mitglieder zu sorgen.

Artikel 18 – Übertragung der Geschäftsführung und der Vertretung

Der Verwaltungsrat kann die Geschäftsführung nach Massgabe eines Organisationsreglementes ganz oder zum Teil an einzelne Mitglieder oder an Dritte übertragen.

Dieses Reglement ordnet die Geschäftsführung, bestimmt die hierfür erforderlichen Stellen, umschreibt deren Aufgaben und regelt insbesondere die Berichterstattung.

Soweit die Geschäftsführung nicht übertragen worden ist, steht sie allen Mitgliedern des Verwaltungsrates gesamthaft zu.

Der Verwaltungsrat kann die Vertretung einem oder mehreren Mitgliedern (Delegierte) oder Dritten (Direktoren) übertragen. Mindestens ein Mitglied des Verwaltungsrates muss zur Vertretung befugt sein.

C. Revisionsstelle

Artikel 19 – Revision

Die Generalversammlung wählt eine Revisionsstelle.

Sie kann auf die Wahl einer Revisionsstelle verzichten, wenn:
1. die Gesellschaft nicht zur ordentlichen Revision verpflichtet ist;
2. sämtliche Aktionäre zustimmen; und
3. die Gesellschaft nicht mehr als zehn Vollzeitstellen im Jahresdurchschnitt hat.

Der Verzicht gilt auch für die nachfolgenden Jahre. Jeder Aktionär hat jedoch das Recht, spätestens 10 Tage vor der Generalversammlung die Durchführung einer eingeschränkten Revision und die Wahl einer entsprechenden Revisionsstelle zu verlangen. Die Generalversammlung darf diesfalls die Beschlüsse nach Art. 8 Ziff. 3 und 4 erst fassen, wenn der Revisionsbericht vorliegt.

Artikel 20 – Anforderungen an die Revisionsstelle

Als Revisionsstelle können eine oder mehrere natürliche oder juristische Personen oder Personengesellschaften gewählt werden.

Die Revisionsstelle muss ihren Wohnsitz, ihren Sitz oder eine eingetragene Zweigniederlassung in der Schweiz haben. Hat die Gesellschaft mehrere Revisionsstellen, so muss zumindest eine diese Voraussetzungen erfüllen.

Ist die Gesellschaft zur ordentlichen Revision verpflichtet, so muss die Generalversammlung als Revisionsstelle einen zugelassenen Revisionsexperten bzw. ein staatlich beaufsichtigtes Revisionsunternehmen nach den Vorschriften des Revisionsaufsichtsgesetzes vom 16. Dezember 2005 wählen.

Ist die Gesellschaft zur eingeschränkten Revision verpflichtet, so muss die Generalversammlung als Revisionsstelle einen zugelassenen Revisor nach den Vorschriften des Revisionsaufsichtsgesetzes vom 16. Dezember 2005 wählen. Vorbehalten bleibt der Verzicht auf die Wahl einer Revisionsstelle nach Artikel 19.

Die Revisionsstelle muss nach Art. 728 bzw. 729 OR unabhängig sein.

Die Revisionsstelle wird für ein Geschäftsjahr gewählt. Ihr Amt endet mit der Abnahme der letzten Jahresrechnung. Eine Wiederwahl ist möglich. Eine Abberufung ist jederzeit und fristlos möglich.

IV. Rechnungsabschluss und Gewinnverteilung

Artikel 21 – Geschäftsjahr und Buchführung

Das Geschäftsjahr beginnt am [...] und endet am [...], erstmals am [...].

Die Jahresrechnung, bestehend aus Erfolgsrechnung, Bilanz und Anhang, ist gemäss den Vorschriften des Schweizerischen Obligationenrechts, insbesondere der Art. 662a ff. und 958 ff. OR, sowie nach den Grundsätzen der ordnungsgemässen Rechnungslegung aufzustellen.

Artikel 22 – Reserven und Gewinnverwendung

Aus dem Jahresgewinn ist zuerst die Zuweisung an die Reserven entsprechend den Vorschriften des Gesetzes vorzunehmen. Der Bilanzgewinn steht zur Verfügung der Generalversammlung, die ihn im Rahmen der gesetzlichen Auflagen (insbesondere Art. 671 ff. OR) nach freiem Ermessen verwenden kann.

Artikel 23 – Auflösung und Liquidation

Die Auflösung der Gesellschaft kann durch einen Beschluss der Generalversammlung, über den eine öffentliche Urkunde zu errichten ist, erfolgen.

Die Liquidation wird durch den Verwaltungsrat besorgt, falls sie nicht durch einen Beschluss der Generalversammlung anderen Personen übertragen wird. Die Liquidation erfolgt gemäss Art. 742 ff. OR.

Das Vermögen der aufgelösten Gesellschaft wird nach Tilgung ihrer Schulden nach Massgabe der einbezahlten Beträge unter die Aktionäre verteilt.

V. Benachrichtigung

Artikel 24 – Mitteilungen und Bekanntmachungen

Mitteilungen an die Aktionäre erfolgen per Brief oder Telefax an die im Aktienbuch verzeichneten Adressen.

Publikationsorgan der Gesellschaft ist das Schweizerische Handelsamtsblatt.

AG: Gründung	3
Errichtungsakt	3.1
Gründung: bar	3.1.1

Öffentliche Beurkundung*

Gründung

der

(Name der Gesellschaft)

mit Sitz in * *(Sitz der Gesellschaft)*

Im Amtslokal des Notariates * *(Name des Notariates)* sind heute erschienen:

1. * *(Vorname, Name, Geburtsdatum, schweizerischer Bürgerort oder ausländische Staatsangehörigkeit und Wohnadresse)*

2. * *(dito)*

3. * *(dito)*

[Bemerkung: Hinweis auf allfällige Vertretungsverhältnisse sowie bei juristischen Personen oder anderen Handelsgesellschaften auf deren Firma, Rechtsform und Sitz (gegebenenfalls Staat). Die entsprechenden, vorliegenden Belege, wie beglaubigte Vollmachten, Handelsregisterauszüge, sind in der Urkunde einzeln zu nennen.]

---

* Herausgeber der Musterurkunde: Notariatsinspektorat des Kantons Zürich

Beispiel:
*..., handelnd als Bevollmächtigter für den Gründer * (vollständige Personalien),*
*gestützt auf die notariell beglaubigte Vollmacht vom * (Datum)*
oder
*..., handelnd als Verwaltungsrat mit Einzelunterschrift für die Gründerin **
(Firma, Rechtsform und Sitz),
*gestützt auf Internetabfrage im Handelsregister vom * (Datum)*
[Bemerkung: Vgl. VK-KS Nr. 368 Ziff. 5 a.E. sowie Art. 12 HRegV] oder
*gestützt auf den beglaubigten Handelsregisterauszug vom * (Datum)*
[Bemerkung: Vgl. § 92 i.V.m. § 15 NotV]

(Erläuterung zur Einleitung siehe hinten)

und erklären:

I.

Unter der Firma

(Name der Gesellschaft)

gründen wir gemäss den Bestimmungen des Schweizerischen Obligationenrechtes (OR) eine Aktiengesellschaft mit Sitz in * *(Sitz der Gesellschaft)*.

II.

Den uns vorliegenden Statutenentwurf legen wir als gültige Statuten der in Gründung begriffenen Gesellschaft fest. Sie sind Bestandteil dieser Urkunde.

(Erläuterung siehe hinten)

III.

Das Aktienkapital der Gesellschaft beträgt CHF * und ist eingeteilt in * *(Anzahl, Art der Aktien sowie gegebenenfalls Aktien-Kategorie)* zu je CHF * *(Nennwert)*, welche zum Ausgabebetrag von CHF * je Aktie wie folgt gezeichnet werden.

a) *   Aktien von * *(Vorname, Name des Gründers)*

b) *   Aktien von * *(dito)*

c) *   Aktien von * *(dito)*

---

    *   Aktien total
===============

Jeder Gründer verpflichtet sich hiermit bedingungslos, die dem Ausgabebetrag seiner von ihm gezeichneten Aktie(n) entsprechende Einlage zu leisten.

IV.

Es sind folgende Einlagen geleistet worden:

CHF * in Geld, durch Hinterlegung bei der * *(Name und Adresse der Bank)*, als dem Bundesgesetz über die Banken und Sparkassen unterstelltes Institut, gemäss deren vorliegender schriftlicher Bescheinigung vom * *(Datum)*, zur ausschliesslichen Verfügung der Gesellschaft.

[Variante: Vollliberierung]
Dadurch sind die dem Ausgabebetrag aller Aktien entsprechenden Einlagen vollständig erbracht.

[Variante: Teilliberierung]
Dadurch ist das Aktienkapital teilweise liberiert worden, nämlich

a)   * *(Anzahl)* Aktien des Gründers * *(Vorname, Name)* zu * %

b)   * *(dito)*

c)   * *(dito)*

Jeder Gründer verpflichtet sich, auf erstes Verlangen des Verwaltungsrates die restliche und vollständige Leistung seiner Einlage im Sinne von Art. 634a OR sofort zu erbringen.

V.

Wir stellen fest, dass

1. sämtliche Aktien gültig gezeichnet sind;

2. die versprochenen Einlagen dem gesamten Ausgabebetrag entsprechen;

3. die gesetzlichen und statutarischen Anforderungen an die Leistung der Einlagen erfüllt sind.

VI.

Wir bestellen als:

A. <u>Verwaltungsrat</u>

   (Vorname, Name, Geburtsdatum, schweizerischer Bürgerort oder ausländische Staatsangehörigkeit und Wohnsitz jedes Verwaltungsrates).

B. <u>Revisionsstelle</u>

   (bei juristischen Personen und Personengesellschaften deren Firma, Rechtsform und Sitz bzw. bei Einzelunternehmen die im Handelsregister eingetragene Firma und deren Sitz).
   Deren Annahmeerklärung liegt vor.

   [Bemerkung: Gegebenenfalls Revisionsstelle weglassen und durch folgenden Text ersetzen:
   Sämtliche Gründer erklären, auf die eingeschränkte Revision und damit auf die Wahl einer Revisionsstelle zu verzichten, weil die zu gründende Gesellschaft nicht mehr als zehn Vollzeitstellen hat und die Voraussetzungen für die Pflicht zur ordentlichen Revision nicht erfüllt.]

(Erläuterungen siehe hinten)

VII.

[Variante: <u>Unter der Bedingung, dass der Verwaltungsrat vollzählig anwesend ist</u>]

Die soeben als Verwaltungsräte ernannten Gründer erklären:

- Konstituierung und Zeichnungsberechtigung

    * *(Vorname, Name)* ist * *(Funktion)* mit * *(Art der Zeichnungsberechtigung)*

    * *(dito)*

- Domizil

    Das Domizil befindet sich * *(Adresse der Gesellschaft mit Hinweis auf eigene Geschäftsräume oder auf die Erklärung des Domizilhalters).*
    [Bemerkung: Eine allenfalls vorliegende Domizilhaltererklärung ist in der Urkunde zu nennen; vgl. auch Erläuterung hinten]

VIII.

Abschliessend erklären wir die Gesellschaft den gesetzlichen Vorschriften entsprechend als gegründet.

Der Verwaltungsrat hat die Gesellschaft zur Eintragung ins Handelsregister anzumelden.

(Erläuterung siehe hinten)

* *(Ort)*, * *(Datum)*

....
* *(Vorname, Name,*
gegebenenfalls Firma)

....
* *(Vorname, Name,*
gegebenenfalls Firma)

....
* *(Vorname, Name,*
gegebenenfalls Firma)

Die unterzeichnende Urkundsperson bestätigt im Sinne von Art. 631 Abs. 1 OR, dass ihr und den Gründern bzw. deren Vertretern alle in dieser Urkunde einzeln genannten Belege vorgelegen haben.

Diese Urkunde (mit Statuten) enthält den mir mitgeteilten Parteiwillen. Sie ist von den in der Urkunde genannten erschienenen Personen gelesen, als richtig anerkannt und unterzeichnet worden.

*(Ort), *(Datum)

Erläuterungen

im Allgemeinen:

Eine Aktiengesellschaft kann auch nur durch 1 natürliche oder juristische Person oder andere Handelsgesellschaft gegründet werden (Art. 625 OR). Falls nur eine einzige natürliche Person gründet (oder als Gründervertreter handelt), ist die Gründungsurkunde in der Einzahl (Singular) abzufassen

zur Einleitung:

Bei der Vertretung von Gründern oder bei juristischen Personen als Gründerinnen sind die Bestimmungen der zürcherischen Notariatsverordnung (NotV) zu beachten. Doppelvertretung, Selbstkontrahierung oder Substitution sind in der Vollmacht ausdrücklich zu erwähnen.

zu Ziff. II:

Bei der Gründung bilden die der Urkunde im Sinne von Art. 631 Abs. 2 OR beigelegten Statuten im gesamten Wortlaut einen Bestandteil der öffentlichen Urkunde. Sie sind deshalb auch den Ausfertigungen der Errichtungsurkunde beizufügen.

zu Ziff. VI:

Die Wahl des Verwaltungsrates kann ergänzt werden durch

- welcher hiermit die Annahme erklärt
  (sofern er persönlich anwesend ist und die Annahme erklärt)

- dessen Annahmeerklärung vorliegt.
  (sofern eine entsprechende schriftliche Annahmeerklärung vorliegt)

- zugleich als Präsident.
  (sofern die Statuten bestimmen, dass dieser durch die Generalversammlung zu wählen ist)
  [vgl. Art. 712 Abs. 2 OR]

- zugleich als Vertreter der Partizipanten.
  [vgl. Art. 656e OR]

- zugleich als Vertreter der Aktien-Kategorie * *(Bezeichnung der entsprechenden Aktien-Kategorie).*
  [vgl. Art. 709 Abs. 1 OR]

- zugleich als Vertreter von * *(Bezeichnung der entsprechenden Körperschaft des öffentlichen Rechts).*
  [vgl. Art. 762 Abs. 1 OR]

Die übrige Organisation sowie die Regelung der Vertretung und Zeichnung sind Aufgaben des Verwaltungsrates und nicht Gegenstand der Gründer-Erklärungen. Ist der gesamte Verwaltungsrat vollzählig anwesend, vgl. für Konstituierung und Zeichnungsberechtigung Ziff. VII vorn.

Die Gründer können im Rahmen von Gesetz und Statuten (vgl. Art. 710 und 727e Abs. 1 OR) die erste Amtsdauer des Verwaltungsrates und der Revisionsstelle bestimmen, mit entsprechendem Zusatz zu Ziff. VI A und B: „Die erste Amtsdauer des Verwaltungsrates bzw. der Revisionsstelle beträgt * Jahre."

Für die Anforderungen an die Revisionsstelle sind Art. 727b und Art. 727c OR zu beachten (zugelassener Revisor bzw. zugelassener Revisionsexperte bzw. staatlich beaufsichtigtes Revisionsunternehmen).
Natürliche Personen dürfen nur dann selbständig Revisionsdienstleistungen erbringen, wenn sie als Einzelunternehmen im Handelsregister eingetragen sind (Art. 8 Abs. 1 RAV).

<u>zu Ziff. VII (Domizil):</u>

Der Hinweis auf das zukünftige Domizil dient dem Handelsregisteramt für den Registereintrag. Er kann in der Gründungsurkunde weggelassen werden, wenn das Domizil noch nicht festgelegt ist oder die allenfalls notwendige Domizilhaltererklärung noch nicht vorliegt. Das Domizil ist jedoch in der Handelsregisteranmeldung aufzuführen.

<u>zu Ziff. VIII:</u>

Auf Verlangen der Gründer kann hier folgende, vorsorgliche Vollmachtserteilung für allfällige Nachträge zur Gründungsurkunde beigefügt werden:

Ferner bevollmächtigen wir * *(Vorname, Name, Geburtsdatum, schweizerischer Bürgerort oder ausländische Staatsangehörigkeit und Wohnadresse des Bevollmächtigten)* allfällige, wegen Beanstandung durch die Handelsregisterbehörde erforderliche Änderungen an den Statuten oder am Errichtungsakt, durch einen öffentlich zu beurkundenden Nachtrag namens aller Gründer vorzunehmen.

Handelsregister des Kantons Zürich

Anmeldung
Zur Eintragung in das Handelsregister wird Folgendes angemeldet

1.1. **Firma**
Muster AG

2. **Sitz**
Zürich

3. **Domizil**
Testgasse 1
8001 Zürich
{eigene Büros}

4. **Rechtsform**
Aktiengesellschaft (Neueintragung)

5. **Statutendatum**
28.03.2008

6. **Zweck**
Betrieb eines Sportgeschäftes. Die Gesellschaft kann Zweigniederlassungen und Tochtergesellschaften im In- und Ausland errichten und sich an anderen Unternehmen im In- und Ausland beteiligen sowie alle Geschäfte tätigen, die direkt oder indirekt mit ihrem Zweck in Zusammenhang stehen. Die Gesellschaft kann im In- und Ausland Grundeigentum erwerben, belasten, veräussern und verwalten. Sie kann auch Finanzierungen für eigene oder fremde Rechnung vornehmen sowie Garantien und Bürgschaften für Tochtergesellschaften und Dritte eingehen.

7.1. **Aktienkapital**
CHF 100'000.00

7.2. **Liberierung Aktienkapital**
CHF 100'000.00

7.3. **Aktien**
100 Namenaktien zu CHF 1'000.00

9. **Publikationsorgan**
SHAB

11.0 **Vinkulierung**
Die Übertragbarkeit der Namenaktien ist nach Massgabe der Statuten beschränkt.

14. **Eingetragene Personen**
- Muster, Max, von Zürich, in Zürich, Mitglied des Verwaltungsrates, mit Einzelunterschrift
- Muster, Anna, von Zürich, in Zürich, mit Einzelprokura
- XX REVI AG, in Zürich, Revisionsstelle

16.1. **Eidgenössische Gebühren**

2 x Eintrag Funktion/en zu CHF 20.00	40.00
2 x Eintrag Zeichnungsberechtigung/en zu CHF 30.00	60.00
1 x Neueintragung Aktiengesellschaft zu CHF 600.00	600.00

16.4. **Gebührentotal**

700.00

17. **Belege**
1. Anmeldung
2. Stampa-Erklärung
3. öffentliche Urkunde mit Statuten usw.

Handelsregister des Kantons Zürich

18. **Gebührenadresse**
    Muster AG
    Testgasse 1
    8001 Zürich
22. **Beglaubigung**
    Nachstehende Unterschriften sind vom Handelsregisteramt des Kantons Zürich, von einem Notar oder von einem Gemeindeammann unter Vorlage von Pass oder Identitätskarte amtlich beglaubigen zu lassen. In der Beglaubigung müssen enthalten sein: Vor- und Familienname, Jahrgang, allfällige akademische Titel, Heimatort (bei Ausländern Staatsangehörigkeit) und Wohnort (politische Gemeinde). Im Ausland vorgenommene Beglaubigungen sind mit einer Superlegalisation bzw. mit einer Apostille zu versehen.
23. **Unterschriften der anmeldenden Personen**
    Unterschriften von zwei Mitgliedern des Verwaltungsrates (mit oder ohne Zeichnungsberechtigung) oder von einem Mitglied des Verwaltungsrates mit Einzelzeichnungsberechtigung:

    ....
    Muster, Max
24. **Unterschriften der zeichnungsberechtigten Personen**
    Unterschriften weiterer zeichnungsberechtigter Mitglieder des Verwaltungsrates und aller anderen Zeichnungsberechtigten:

    ....
    Muster, Max   Muster, Anna

Handelsregister des Kantons Zürich

Anmeldung
Zur Eintragung in das Handelsregister wird Folgendes angemeldet

1.1. **Firma**
Muster AG

2. **Sitz**
Zürich

3. **Domizil**
Testgasse 1
8001 Zürich
{eigene Büros}

4. **Rechtsform**
Aktiengesellschaft (Neueintragung)

5. **Statutendatum**
28.03.2008

6. **Zweck**
Betrieb eines Sportgeschäftes. Die Gesellschaft kann Zweigniederlassungen und Tochtergesellschaften im In- und Ausland errichten und sich an anderen Unternehmen im In- und Ausland beteiligen sowie alle Geschäfte tätigen, die direkt oder indirekt mit ihrem Zweck in Zusammenhang stehen. Die Gesellschaft kann im In- und Ausland Grundeigentum erwerben, belasten, veräussern und verwalten. Sie kann auch Finanzierungen für eigene oder fremde Rechnung vornehmen sowie Garantien und Bürgschaften für Tochtergesellschaften und Dritte eingehen.

7.1. **Aktienkapital**
CHF 100'000.00

7.2. **Liberierung Aktienkapital**
CHF 100'000.00

7.3. **Aktien**
100 Namenaktien zu CHF 1'000.00

9. **Publikationsorgan**
SHAB

11.0 **Vinkulierung**
Die Übertragbarkeit der Namenaktien ist nach Massgabe der Statuten beschränkt.

13. **Bemerkungen**
Gemäss Erklärung der Gründer vom 28.03.2008 untersteht die Gesellschaft keiner ordentlichen Revision und verzichtet auf eine eingeschränkte Revision.

14. **Eingetragene Personen**
- ∞ Muster, Max, von Zürich, in Zürich, Mitglied des Verwaltungsrates, mit Einzelunterschrift
- ∞ Muster, Anna, von Zürich, in Zürich, mit Einzelprokura

16.1. **Eidgenössische Gebühren**

1 x Verzicht auf Revision zu CHF 20.00	20.00
1 x Eintrag Funktion/en zu CHF 20.00	20.00
2 x Eintrag Zeichnungsberechtigung/en zu CHF 30.00	60.00
1 x Neueintragung Aktiengesellschaft zu CHF 600.00	600.00

16.4. **Gebührentotal**

700.00

17. **Belege**
1. Anmeldung
2. Stampa-Erklärung
3. KMU-Erklärung betr. Verzicht auf Revision
4. öffentliche Urkunde mit Statuten, usw.

Handelsregister des Kantons Zürich

18. **Gebührenadresse**
    Muster AG
    Testgasse 1
    8001 Zürich
22. **Beglaubigung**
    Nachstehende Unterschriften sind vom Handelsregisteramt des Kantons Zürich, von einem Notar oder von einem Gemeindeammann unter Vorlage von Pass oder Identitätskarte amtlich beglaubigen zu lassen. In der Beglaubigung müssen enthalten sein: Vor- und Familienname, Jahrgang, allfällige akademische Titel, Heimatort (bei Ausländern Staatsangehörigkeit) und Wohnort (politische Gemeinde). Im Ausland vorgenommene Beglaubigungen sind mit einer Superlegalisation bzw. mit einer Apostille zu versehen.
23. **Unterschriften der anmeldenden Personen**
    Unterschriften von zwei Mitgliedern des Verwaltungsrates (mit oder ohne Zeichnungsberechtigung) oder von einem Mitglied des Verwaltungsrates mit Einzelzeichnungsberechtigung:

    ....
    Muster, Max

24. **Unterschriften der zeichnungsberechtigten Personen**
    Unterschriften weiterer zeichnungsberechtigter Mitglieder des Verwaltungsrates und aller anderen Zeichnungsberechtigten:

    ....
    Muster, Max   Muster, Anna

Handelsregisteramt Kanton Zürich

Checkliste

Aktiengesellschaft, Belege ordentliche Kapitalerhöhung (vgl. insb. Art. 46 ff. HRegV)

Einzureichen:
☐ Anmeldung
☐ öffentliche Urkunde über GV-Beschlüsse
☐ öffentliche Urkunde über VR-Beschlüsse
☐ Statuten
☐ Kapitalerhöhungsbericht
☐ Stampa-Erklärung

Evtl. einzureichen:
☐ Bankbescheinigung
☐ Sacheinlage- / Sachübernahmevertrag
☐ Übernahmebilanz oder Inventarliste
☐ genehmigte Jahresrechnung / Zwischenabschluss und Revisionsbericht (Art. 652d Abs. 2 OR; Art. 46 Abs. 3 lit. d HRegV)
☐ Prüfungsbestätigung (Art. 46 Abs. 3 lit. c, 46 Abs. 4 HRegV)
☐ Prospekt
☐ Lex-Friedrich-Erklärung
☐ Lex-Friedrich-Bewilligung
☐ Bewilligung Eidg. Bankenkommission
☐ Übersetzungen

Nicht einzureichen:
☐ Zeichnungsscheine
☐ Auszug Buchhaltung / Saldobestätigung

Ordentliche Kapitalerhöhung	4
GV-Beschluss (Universalversammlung)	4.1
Erhöhung: bar / Sacheinlage / Verrechnung	4.1.1

Öffentliche Urkunde*

über die

Beschlüsse der Generalversammlung

- ordentliche Kapitalerhöhung -

der

***(Name der Gesellschaft)**

mit Sitz in * *(Sitz der Gesellschaft)*

Im Amtslokal des Notariates * *(Name des Notariates)* hat am * *(Datum)* eine ausserordentliche Generalversammlung der oben erwähnten Gesellschaft stattgefunden. Über deren Beschlüsse errichtet die unterzeichnende Urkundsperson nach den Bestimmungen des Schweizerischen Obligationenrechtes (OR) diese öffentliche Urkunde.

---

*   Herausgeber der Musterurkunde: Notariatsinspektorat des Kantons Zürich

I.

* *(Vorname, Name und Adresse des Vorsitzenden sowie gegebenenfalls Hinweis auf seine Funktion im Verwaltungsrat)* eröffnet die Versammlung und übernimmt den Vorsitz. Als Protokollführer und Stimmenzähler amtet * *(Vorname, Name und Adresse sowie gegebenenfalls Hinweis auf seine Funktion in der Gesellschaft).*

Der Vorsitzende stellt fest:

[Bemerkung: Gegebenenfalls einfügen:
- die nicht anwesenden Mitglieder des Verwaltungsrates haben auf ihr Recht verzichtet, an der Generalversammlung teilzunehmen und Anträge zu stellen;]

- es sind weder Organvertreter noch andere abhängige Stimmrechtsvertreter im Sinne von Art. 689c OR vorgeschlagen, noch üben Depotvertreter im Sinne von Art. 689d OR Mitwirkungsrechte aus;

- das gesamte Aktienkapital der Gesellschaft von CHF * *(Aktienkapital der Gesellschaft)* ist vertreten;

- die heutige Generalversammlung ist als Universalversammlung im Sinne von Art. 701 OR konstituiert und beschlussfähig.

Gegen diese Feststellungen wird kein Widerspruch erhoben.

II.

Die Generalversammlung beschliesst einstimmig eine

ordentliche Erhöhung des Aktienkapitals um CHF * *(Erhöhungsbetrag) [Bemerkung: Gegebenenfalls maximaler Nennbetrag, um den das Aktienkapital erhöht werden soll, vgl. Art. 47 Abs. 1 lit a HRegV]*
auf CHF * *(neues Aktienkapital)*

und legt folgendes fest:

1. a) gesamter Nennbetrag, um den das Aktienkapital erhöht werden soll: CHF * *(Erhöhungsbetrag) [Vgl. Bemerkung oben]*
   b) Betrag der darauf zu leistenden Einlagen: CHF * *(mindestens ein Fünftel des Nennwertes jeder Aktie).*

2. a) Anzahl, Nennwert und Art der neu auszugebenden Aktien: *
   [Bemerkung: Gegebenenfalls maximale Anzahl der Aktien, die neu ausgegeben werden, vgl. Art. 47 Abs. 1 lit. b HRegV]
   b) Vorrechte einzelner Kategorien: * *(Keine. Oder: Anzahl Stimmrechts- oder Vorzugs-Aktien und die damit verbundenen Vorrechte).*

3. a) Ausgabebetrag: CHF * je Aktie *(Oder: der Verwaltungsrat ist ermächtigt, den Ausgabebetrag festzusetzen)*
   b) Beginn der Dividendenberechtigung: * *(Datum)*

4. Art der Einlagen:
   - in Geld für * *(Anzahl, Nennwert und Art der neuen Aktien).*
   - durch Sacheinlagen von * *(Gegenstand)* im Werte von CHF * *(Bewertung)*, wofür dem Sacheinleger * *(Name)* * *(Anzahl, Nennwert und Art)* neue Aktien zukommen.
   - durch Verrechnung mit verrechenbaren Forderungen gegenüber der Gesellschaft für * *(Anzahl, Nennwert und Art der neuen Aktien).*
   [Bemerkung: Unzutreffendes weglassen]

5. Zuweisung nicht ausgeübter oder entzogener Bezugsrechte *(und gegebenenfalls)* Einschränkung oder Aufhebung des Bezugsrechtes: * *(z.B. Das Bezugsrecht wird weder eingeschränkt noch aufgehoben. Über die Verwendung nicht ausgeübter Bezugsrechte entscheidet der Verwaltungsrat im Interesse der Gesellschaft und unter Wahrung der Gleichbehandlung der Aktionäre. Oder: ....)*
   [Bemerkung: vgl. Art. 652b und Art. 656g OR]

[Bemerkung: Die folgenden Ziff. 6-9 sind wegzulassen, wenn nicht zutreffend, da nur bedingt notwendige Angaben]

6. Beschränkung der Übertragbarkeit der neu auszugebenden Namenaktien: * *(z.B. Die Übertragbarkeit der neu auszugebenden Namenaktien ist nach Massagabe der Statuten beschränkt).*
   [Bemerkung: Vgl. Art. 685ff. OR]

7. Sachübernahmen *(auch beabsichtigte Sachübernahmen)*: * *(Gegenstand, Name des Veräusserers, d.h. Aktionär oder eine diesem nahe stehende Person, und Gegenleistung der Gesellschaft).*

8. Besondere Vorteile: * *(Inhalt und Wert der Vorteile sowie Namen der begünstigten Personen).*

9. Voraussetzung für die Ausübung vertraglich erworbener Bezugsrechte: *

III.

Diese Erhöhung des Aktienkapitals ist vom Verwaltungsrat innerhalb von drei Monaten durchzuführen, Art. 650 Abs. 1 OR.

Wird die Kapitalerhöhung nicht innerhalb dieser Frist ins Handelsregister eingetragen, so fällt der heutige Beschluss der Generalversammlung dahin, Art. 650 Abs. 3 OR.

* (Ort), * (Datum)

Der Vorsitzende: Der Protokollführer
                                                  und Stimmenzähler:

....
* (Vorname und Name)   * (Vorname und Name)

Ordentliche Kapitalerhöhung	4
VR-Beschluss (VR vollzählig anwesend)	4.2
Feststellungen, Statutenänderung: bar	4.2.1

Öffentliche Urkunde *

über die

Beschlüsse des Verwaltungsrates

- Feststellungen über die ordentliche Kapitalerhöhung -

der

<u> (Name der Gesellschaft)</u>*

mit Sitz in * *(Sitz der Gesellschaft)*

Im Amtslokal des Notariates * *(Name des Notariates)* hat am * *(Datum)* eine Verwaltungsratssitzung der oben erwähnten Gesellschaft stattgefunden. Über deren Beschlüsse errichtet die unterzeichnende Urkundsperson nach den Bestimmungen des Schweizerischen Obligationenrechtes (OR) diese öffentliche Urkunde.

---

* Herausgeber der Musterurkunde: Notariatsinspektorat des Kantons Zürich

I.

* (Vorname, Name und Adresse des Vorsitzenden sowie Hinweis auf seine Funktion im Verwaltungsrat, in der Regel Verwaltungsratspräsident) eröffnet die Sitzung und übernimmt den Vorsitz. Als Sekretär amtet ** (Vorname, Name und Adresse sowie gegebenenfalls Hinweis auf seine Funktion in der Gesellschaft).*

Der Vorsitzende stellt fest:

- folgende Verwaltungsräte sind anwesend:
  * ** (Vorname und Name),*
  * ** (dito),*
  * ** (dito, usw.);*

- damit ist der Verwaltungsrat vollzählig anwesend und für die vorgesehenen Traktanden beschlussfähig.

Gegen diese Feststellungen wird kein Widerspruch erhoben.

Er teilt mit, dass der Verwaltungsrat den Beschluss der Generalversammlung vom * *(Datum des Generalversammlungsbeschlusses)* über eine ordentliche Erhöhung des Aktienkapitals um CHF * *(Erhöhungsbetrag)* ausgeführt hat.
[Bemerkung: Gegebenenfalls Hinweis, dass der Verwaltungsrat den maximalen Nennbetrag, um den das Aktienkapital gemäss Generalversammlungsbeschluss hätte erhöht werden dürfen, nicht vollständig, also nur bis zum Betrag von CHF * ausschöpft]

II.

Der Vorsitzende legt folgende Belege vor:

- öffentliche Urkunde über die Beschlüsse der Generalversammlung vom * *(Datum des Generalversammlungsbeschlusses)* über eine ordentliche Erhöhung des Aktienkapitals um CHF * *(Erhöhungsbetrag).*

- Protokoll des Verwaltungsratsbeschlusses vom * *(Datum)* über die Festsetzung des Ausgabebetrages.
  [Bemerkung: weglassen, wenn nicht zutreffend]

- * *(Anzahl)* Zeichnungsscheine gemäss Art. 652 OR über die vollständige Zeichnung des neu ausgegebenen Aktienkapitals durch:
  a) * *(Vorname, Name, Adresse des Zeichners und allfällige Vertretungsverhältnisse):*
  * *(Anzahl, Nennwert, Art und Ausgabebetrag der gezeichneten Aktien sowie gegebenenfalls Kategorie der Aktien).*
  b) * *(dito)*
  [Bemerkung: Bei einer grösseren Anzahl Zeichnungsscheine kann auf eine vom Verwaltungsrat erstellte Liste verwiesen werden, welche bei der Beurkundung, zusammen mit den Zeichnungsscheinen, vorzuliegen hat]

- Emissionsprospekt gemäss Art. 652a OR vom * *(Datum).*
  [Bemerkung: weglassen, wenn nicht zutreffend]

- schriftliche Bescheinigung vom * *(Datum)* der * *(Name und Adresse der Bank),* als dem Bundesgesetz über die Banken und Sparkassen unterstelltes Institut, über die Hinterlegung von CHF * *(Betrag)* zur ausschliesslichen Verfügung der Gesellschaft. Diese Hinterlage dient zur *

  [Variante: Vollliberierung]
  vollständigen Leistung der von den Zeichnern versprochenen Einlagen.

  [Variante: Teilliberierung]
  teilweisen Leistung der von den Zeichnern versprochenen Einlagen, nämlich zur Liberierung von:
  a) * *(Anzahl)* Aktien des Zeichners * *(Vorname, Name)* zu * %
  b) * *(dito)*

- Kapitalerhöhungsbericht des Verwaltungsrates gemäss Art. 652e OR vom * *(Datum).*

- Prüfungsbestätigung gemäss Art. 652f Abs. 1 OR vom * *(Datum)* des zugelassenen Revisors *(oder - falls nach Art. 727b OR erforderlich - des zugelassenen Revisionsexperten bzw. des staatlich beaufsichtigten Revisionsunternehmens)* * *(bei juristischen Personen und Personengesellschaften deren Firma, Rechtsform und Sitz bzw. bei Einzelunternehmen die im Handelsregister eingetragene Firma und deren Sitz),* wonach der Bericht des Verwaltungsrates vollständig und richtig ist.
  [Bemerkung: Eine Prüfungsbestätigung ist nicht erforderlich, wenn die Einlage auf das neue Aktienkapital in Geld erfolgt, das Aktienkapital nicht zur Vornahme einer Sachübernahme erhöht wird und die Bezugsrechte nicht eingeschränkt oder aufgehoben wurden, vgl. 652f Abs. 2 OR]

III.

Aufgrund dieser Belege stellt der Verwaltungsrat * *(gegebenenfalls diskussionslos)* einstimmig fest, dass

1. sämtliche neu ausgegebenen Aktien gültig gezeichnet sind;
2. die versprochenen Einlagen dem gesamten Ausgabebetrag entsprechen;
3. die in Geld geleisteten Einlagen im Betrag von CHF * bei der genannten Bank zur ausschliesslichen Verfügung der Gesellschaft hinterlegt wurden, und damit die Einlagen entsprechend den Anforderungen des Gesetzes und der Statuten sowie des Generalversammlungsbeschlusses geleistet wurden.

IV.

Der Verwaltungsrat beschliesst * *(gegebenenfalls diskussionslos)* einstimmig, die Statuten der Gesellschaft wie folgt zu ändern:

Art. * „...." *(geänderte Statutenbestimmungen wörtlich aufführen)*

Im Übrigen gelten die bisherigen Bestimmungen unverändert weiter.

V.

Der Vorsitzende legt ein Exemplar der Gesellschaftsstatuten vor und erklärt, dass es sich um die vollständigen, unter Berücksichtigung der vorstehenden Änderungen gültigen Statuten handelt. Diese Statuten liegen der Urkunde bei.

VI.

Die unterzeichnende Urkundsperson bestätigt im Sinne von Art. 652g Abs. 2 OR, dass ihr und dem Verwaltungsrat die in dieser Urkunde einzeln genannten Belege vorgelegen haben.

VII.

Der Verwaltungsrat hat vorstehende Statutenänderung und seine Feststellungen rechtzeitig beim Handelsregister zur Eintragung anzumelden, vgl. Art. 652h Abs. 1 OR.

*(Ort), *(Datum)*

Der Vorsitzende: Der Sekretär:

....
(Vorname und Name)   *(Vorname und Name)*

Kapitalerhöhungsbericht

des Verwaltungsrates der [...] mit Sitz in [...]

Unter Bezugnahme auf den am [...] gefassten Generalversammlungsbeschluss über die ordentliche Kapitalerhöhung der [...] mit Sitz in [...], wird im Sinne von Art. 652e OR zur Kapitalerhöhung von CHF [...].-- auf neu CHF [...].-- folgender Bericht erstellt:

1. Der Generalversammlungsbeschluss vom [...] über eine ordentliche Kapitalerhöhung wurde vorbehaltslos eingehalten.

2. Die neu geschaffenen [...] [...]aktien zum Nennwert von je Fr. [...].-- und Ausgabebetrag von je Fr. [...].-- wurden vollständig durch Bareinzahlung liberiert.

3. Das Bezugsrecht der Aktionäre wurde weder eingeschränkt noch aufgehoben.

4. Alle bisherigen Aktionäre haben ihre Bezugsrechte vollständig ausgeübt.

[...], [...]

Für den Verwaltungsrat:

Handelsregister des Kantons Zürich

Anmeldung
Zur Eintragung in das Handelsregister wird Folgendes angemeldet

- 0.1.1. **Firma**
  Muster AG
- 0.2. **Sitz**
  Zürich
- 0.4. **Rechtsform**
  Aktiengesellschaft
- 0.5. **SHAB-Zitat**
  (SHAB Nr. 166 vom 29.08.2006, S. 20)
- 1.05 **Statutenänderung**
  28.03.2008
- 7.1. **Aktienkapital neu**
  CHF 200'000.00
  [bisher: CHF 110'000.00]
- 7.2. **Liberierung Aktienkapital neu**
  CHF 200'000.00
  [bisher: CHF 110'000.00]
- 7.3. **Aktien neu**
  200 Namenaktien zu CHF 1'000.00
  [bisher: 110 Namenaktien zu CHF 1'000.00]
- 7.9 **Neue Bemerkungen zum Kapital**
  Ordentliche Erhöhung des Aktienkapitals.
- 16.1. **Eidgenössische Gebühren**
  1 x Statutenänderung mit Kapitalerhöhung oder -herabsetzung zu CHF 300.00
  300.00
- 16.4. **Gebührentotal**
  300.00
- 17. **Belege**
  1. Anmeldung
  2. Stampa-Erklärung
  3. öffentliche Urkunde über GV-Beschlüsse
  4. öffentliche Urkunde über VR-Beschlüsse mit gültigen Statuten usw.
- 18. **Gebührenadresse**
  Muster AG
  Mustergasse 1
  8001 Zürich
- 23. **Unterschriften der anmeldenden Personen**
  Unterschriften von zwei Mitgliedern des Verwaltungsrates (mit oder ohne Zeichnungsberechtigung) oder von einem Mitglied des Verwaltungsrates mit Einzelzeichnungsberechtigung:

....
Muster, Max   weiteres Mitglied

HANDELSREGISTERAMT
KANTON ZÜRICH

FAQ zum neuen GmbH-Recht

Revision

Frage 1:

Welche Belege sind dem Handelsregisteramt bei einem Verzicht auf eine Revision einzureichen?

Antwort:

Die einzureichenden Belege sind in einem auf der Internetseite des Handelsregisteramtes des Kantons Zürich hinterlegten Merkblatt aufgelistet.

Frage 2:

Gilt für das Revisionsrecht auch die zweijährige Anpassungsfrist gemäss Art. 2 Abs. 1 ÜBest OR?

Antwort:

Nein. Die Bestimmungen zur Revisionsstelle gelten vom ersten Geschäftsjahr an, das mit dem Inkrafttreten des Gesetzes am 1. Januar 2008 begonnen hat oder danach beginnt (Art. 7 ÜBest OR).

Frage 3:

Kann eine im Jahr 2007 gegründete Aktiengesellschaft, deren erstes Geschäftsjahr am 31. Dezember 2008 endet, bereits im Jahr 2008 auf die Revision der Jahresrechnung verzichten (opting-out)?

Antwort:

Nein. Der Verzicht auf eine eingeschränkte Revision darf erst ins Handelsregister eingetragen werden, wenn ein Mitglied des Verwaltungsrates schriftlich bestätigt, dass die Revisionsstelle die Jahresrechnung für das Geschäftsjahr, welches vor dem Inkrafttreten des neuen Rechts begonnen hat, geprüft hat (Art. 174 HRegV). Somit ist ein opting-out erst für das am 1. Januar 2009 beginnende Geschäftsjahr möglich.

Frage 4:

Kann die gemäss Handelsregisterverordnung abzugebende Erklärung, wonach die Gesellschaft auf die Bestellung einer Revisionsstelle verzichtet, in die Gründungsurkunde integriert werden, womit keine weitere separate Erklärung gemäss Art. 62 Abs. 1 und Abs. 2 HRegV abzugeben ist?

Antwort:

Ja (Art. 62 Abs. 3 HRegV). Die entsprechende Formulierung in der öffentlichen Urkunde lautet etwa wie folgt:

"Sämtliche Gründer erklären, auf die eingeschränkte Revision und damit auf die Wahl einer Revisionsstelle zu verzichten, weil die zu gründende Gesellschaft nicht mehr als zehn Vollzeitstellen hat und die Voraussetzungen für die Pflicht zur ordentlichen Revision nicht erfüllt."

In der Eintragung ins Handelsregister ist statt auf das Datum der Erklärung des Verwaltungsrates auf das Datum der Erklärung der Gründer in der öffentlichen Urkunde zu verweisen (vgl. Art. 45 Abs. 1 lit. p HRegV).

Frage 5:

Das Aktienkapital einer neu zu gründenden Aktiengesellschaft wird mittels Einlage eines Geschäftsbereichs mit Aktiven und Passiven einer bereits bestehenden Gesellschaft liberiert (Sacheinlage). Der Geschäftsbereich hat in den vergangenen zwei Geschäftsjahren zwei der drei Grenzwerte gemäss Art. 727 Abs. 1 Ziff. 2 OR überschritten (Bilanzsumme/Umsatzerlös/Vollzeitstellen). Kann anlässlich der Gründung vom opting-out Gebrauch gemacht werden?

Antwort:

Nein. Eine sinngemässe Auslegung des Gesetzes (Schutz der bisherigen Gläubiger und der Arbeitnehmer) verlangt, dass die Zahlen in den zwei Jahren vor der Gründung zur Beurteilung herangezogen werden. Somit ist anlässlich der Gründung ein zugelassener Revisionsexperte als Revisionsstelle zu wählen.

Frage 6:

Zählen zu den 10 Vollzeitstellen gemäss Art. 727a Abs. 2 OR auch auszubildende Personen (Lehrlinge)?

Antwort:

Ja, auch die Lehrverhältnisse sind für die Anzahl der Vollzeitstellen zu berücksichtigen (vgl. Art. 355 OR i.V.m. Art. 319 ff. OR).

Frage 7:

Muss eine natürliche Person als Einzelunternehmen im Handelsregister eingetragen sein, wenn sie selbstständig Revisionsdienstleistungen (Art. 2 lit. a RAG) erbringen will?

Antwort:

Ja (Art. 8 RAV).

Frage 8:

Darf die künftige Revisionsstelle anlässlich der Gründung einer Aktiengesellschaft eine Aktie zeichnen?

Antwort:

Nein, die Aktionärsstellung ist mit dem Mandat der Revisionsstelle nicht vereinbar (Art. 728 Abs. 2 Ziff. 2 OR).

Frage 9:

Kann eine Revisionsstelle auch ins Handelsregister eingetragen werden, wenn sie im Sinne eins opting-down keine der gesetzlich definierten Revisionen durchführt?

Antwort:

Nein, in einem solchen Fall wird das opting-out unter Beibringung der notwendigen Belege eingetragen (Art. 61 Abs. 1 und Art. 62 HRegV).

Frage 10:

Werden die Art der Revision und die Art der Revisionsstelle ins Handelsregister eingetragen?

Antwort:

Nein, aus dem Handelsregistereintrag ist nicht ersichtlich, ob eine ordentliche oder eingeschränkte Revision durchgeführt wird. Ebenso wenig ist die Qualifikation der Revisionsstelle ersichtlich (Art. 121 HRegV).

Frage 11:

Ist auch bei der Aktiengesellschaft (bzw. Genossenschaft) folgende Statutenbestimmung im Hinblick auf Art. 626 Ziff. 6 OR bzw. Art. 832 Ziff. 4 OR zulässig?

1 Die Generalversammlung wählt eine Revisionsstelle.

2 Sie kann auf die Wahl einer Revisionsstelle verzichten, wenn:
   a) die Gesellschaft nicht zur ordentlichen Revision verpflichtet ist;
   b) sämtliche Aktionäre zustimmen; und
   c) die Gesellschaft nicht mehr als zehn Vollzeitstellen im Jahresdurchschnitt hat.

3 Der Verzicht gilt auch für die nachfolgenden Jahre. Jeder Aktionär hat jedoch das Recht, spätestens 10 Tage vor der Generalversammlung die Durchführung einer eingeschränkten Revision und die Wahl einer entsprechenden Revisionsstelle zu verlangen. Die Generalversammlung wird diesfalls bis zum Vorliegen des Revisionsberichts über die Genehmigung der Jahresrechnung sowie über die Verwendung des Bilanzgewinnes, insbesondere die Festsetzung der Dividende, keinen Beschluss fassen.

Antwort:

Ja, eine solche offene Bestimmung ist gesetzeskonform. Damit sind die Statuten bei einem Wechsel des Revisions-Regimes nicht zu ändern.

Aktiengesellschaft

Frage 12:

Kann eine einfache Gesellschaft als Gründerin einer Aktiengesellschaft auftreten?

Antwort:

Nein, gemäss Botschaft (S. 3226, 3172 f.) ist dies nicht möglich.

Frage 13:

Müssen Sachübernahmen und beabsichtigte Sachübernahmen immer in den Statuten erwähnt werden?

Antwort:

Nein. Eine Angabe in den Statuten hat nur zu erfolgen, falls die Vermögenswerte von Aktionären oder einer diesen nahe stehenden Person übernommen werden sollen (Art. 628 Abs. 2 OR).

Frage 14:

Kann die Bestimmung über eine beabsichtigte Sachübernahme erst nach 10 Jahren aus den Statuten gestrichen werden?

Antwort:

Nein. Die Generalversammlung kann Bestimmungen über beabsichtigte Sachübernahmen aufheben, wenn die Gesellschaft endgültig auf die Sachübernahme verzichtet (Art. 628 Abs. 4 OR).

Frage 15:

Hat das Handelsregisteramt bei einer ordentlichen Kapitalerhöhung zu prüfen, ob die öffentliche Urkunde über den Beschluss der Generalversammlung Angaben über die Zuweisung nicht ausgeübter oder entzogener Bezugsrechte und gegebenenfalls über die Einschränkung oder Aufhebung des Bezugsrechts enthält?

Antwort:

Ja, das Handelsregisteramt hat diese zu prüfen (Art. 47 Abs. 1 lit. l HRegV).

Frage 16:

Müssen die Mitglieder des Verwaltungsrates Aktionäre sein?

Antwort:

Nein (vgl. Art. 707 Abs. 1 OR).

Frage 17:

Muss auch nach revidiertem Recht mindestens ein Mitglied des Verwaltungsrates einer Aktiengesellschaft zur Vertretung berechtigt sein?

Antwort:

Das revidierte Recht verlangt für die Aktiengesellschaft explizit, dass mindestens ein Verwaltungsrat zur Vertretung befugt sein muss (Art. 718 Abs. 3 OR).

Frage 18:

Gemäss Art. 718 Abs. 4 OR kann das Wohnsitzerfordernis durch ein Mitglied des Verwaltungsrates oder einen Direktor erfüllt werden. Sind mit der Eintragung eines lediglich Einzelzeichnungsberechtigten ohne Funktion "Direktor" die gesetzlichen Anforderungen erfüllt?

Antwort:

Ja. Das EHRA legt Art. 718 Abs. 4 OR sehr extensiv aus. Das Wohnsitzerfordernis ist erfüllt, falls eine Person mit Einzelunterschrift und Wohnsitz in der Schweiz oder zwei Personen mit Kollektivunterschrift zu zweien mit Wohnsitz in der Schweiz eingetragen ist bzw. sind. Eine Prokura wäre ungenügend. Somit ist nicht auf die eingetragene oder nicht eingetragene Funktion abzustellen.

Frage 19:

Hat bei einer Kapitalherabsetzung zur Beseitigung einer Unterbilanz der Prüfungsbericht des zugelassenen Revisionsexperten auch zu bestätigen, dass der Betrag der Kapitalherabsetzung den Betrag der durch Verluste entstandenen Unterbilanz nicht übersteigt (Art. 735 OR)?

Antwort:

Ja, der Prüfungsbericht muss auch diese Bestätigung enthalten (Art. 56 Abs. 2 lit. b HRegV).

Frage 20:

Kann der Sekretär des Verwaltungsrates, welcher dem Verwaltungsrat nicht angehört, die Anmeldung für das Handelsregister unterzeichnen?

Antwort:

Nein. Die Anmeldung ist von einem Mitglied des Verwaltungsrates mit Einzelunterschrift oder von zwei Mitgliedern des Verwaltungsrates unabhängig vom Zeichnungsrecht zu unterzeichnen (Art. 17 Abs. 1 lit. c HRegV).

GmbH

Frage 21:

Kann eine einfache Gesellschaft als Gründerin einer GmbH auftreten?

Antwort:

Nein, gemäss Botschaft (S. 3172 f.) ist dies nicht möglich.

Frage 22:

Steht die GmbH auch für ideelle und gemeinnützige Zwecke zur Verfügung?

Antwort:

Ja (Botschaft S. 3171).

Frage 23:

Ist bei einer Gründung mit Barliberierung das Geld auf ein Sperrkonto bei einer Bank einzuzahlen?

Antwort:

Ja, die Vorschriften des Aktienrechts kommen analog zur Anwendung (Art. 777c Abs. 2 Ziff. 3 i.V.m. Art. 633 OR).

Frage 24:

Was ist bei einer Gründung mit Sacheinlage zu beachten?

Antwort:

Die Gründer haben einen Gründungsbericht zu erstellen (Art. 777c Abs. 2 Ziff. 3 i.V.m. Art. 635 OR). Zudem hat ein zugelassener Revisor zu prüfen, ob der Gründungsbericht vollständig und richtig ist. Er hat dies schriftlich zu bestätigen (Art. 777c Abs. 2 Ziff. 3 i.V.m. Art. 635a OR).

Frage 25:

Kann eine juristische Person Geschäftsführer einer GmbH sein?

Antwort:

Nein. Als Geschäftsführer können nur natürliche Personen eingesetzt werden (Art. 809 Abs. 2 OR, Art. 120 HRegV).

Frage 26:

Ist bei der GmbH die Funktion Vorsitzender der Geschäftsführung bei einer mehrgliedrigen Geschäftsführung (Art. 809 Abs. 3 OR) ins Handelsregister einzutragen?

Antwort:

Ja, die Funktion wird eingetragen (Art. 119 Abs. 1 lit. g HRegV). Sollte im Rahmen der Gründung kein Vorsitzender bestellt werden, so könnte die Gesellschaft nicht eingetragen werden. Sollte nach der Eintragung die Funktion nicht mehr besetzt werden, würde es sich um einen Organisationsmangel handeln und hätte die Benachrichtigung des Gerichts zur Folge (Art. 941a Abs. 1 OR).

Frage 27:

Können die Statuten vorsehen, dass der Vorsitzende der Geschäftsführung von den Geschäftsführern gewählt wird?

Antwort:

Ja, eine solche Regelung ist zulässig (Botschaft S. 3212).

Frage 28:

Muss auch nach revidiertem Recht mindestens ein Geschäftsführer zur Vertretung berechtigt sein?

Antwort:

Das revidierte Recht verlangt für die GmbH explizit, dass mindestens ein Geschäftsführer zur Vertretung befugt sein muss (Art. 814 Abs. 2 OR).

Frage 29:

Gemäss Art. 814 Abs. 3 OR kann das Wohnsitzerfordernis durch einen Geschäftsführer oder einen Direktor erfüllt werden. Sind mit der Eintragung eines lediglich Einzelzeichnungsberechtigten ohne Funktion "Direktor" die gesetzlichen Anforderungen erfüllt?

Antwort:

Ja. Das EHRA legt Art. 814 Abs. 3 OR sehr extensiv aus. Das Wohnsitzerfordernis ist erfüllt, falls eine Person mit Einzelunterschrift und Wohnsitz in der Schweiz oder zwei Personen mit Kollektivunterschrift zu zweien mit Wohnsitz in der Schweiz eingetragen ist bzw. sind. Eine Prokura wäre ungenügend. Somit ist nicht auf die eingetragene oder nicht eingetragene Funktion abzustellen.

Frage 30:

Ist es möglich, dass die Geschäftsführung die Vertretungsbefugnisse der Geschäftsführer regelt (vgl. Art. 814 Abs. 2 OR)?

Antwort:

Ja, dies ist bei entsprechender statutarischer Grundlage (vgl. Art. 804 Abs. 3 OR) zulässig.

Frage 31:

Kann ein Geschäftsführer ohne Zeichnungsberechtigung, welcher nicht Gesellschafter ist, ins Handelsregister eingetragen werden?

Antwort:

Ja, ein solcher Eintrag ist möglich (Art. 814 Abs. 2 OR).

Frage 32:

Kann die Gesellschafterversammlung Direktoren, Prokuristen und Handlungsbevollmächtigte ernennen, falls die Statuten diese Befugnis der Geschäftsführung einräumen?

Antwort:

Ja, die Gesellschafterversammlung kann in jedem Fall die genannten Zeichnungsberechtigten ernennen (vgl. Art. 804 Abs. 3 OR).

Frage 33:

Kann jeder Geschäftsführer allein Direktoren, Prokuristen oder Handlungsbevollmächtigte jederzeit in ihrer Funktion einstellen (vgl. Art. 816 altOR)?

Antwort:

Nein. Das neue Recht (Art. 815 Abs. 3 OR) weicht von der bisherigen Regelung ab. Der Entzug bedarf eines Beschlusses der Geschäftsführer gemäss Art. 809 OR (vgl. auch Art. 726 Abs. 1 OR).

Frage 34:

Im bis zum 31.12.2007 geltenden Recht bedurfte die Abtretung und die Verpflichtung zur Abtretung von Stammanteilen der öffentlichen Beurkundung (Art. 791 Abs. 4 altOR). Eine Vielzahl der heute eingetragenen Statuten erwähnt diese Formvorschrift. Gemäss revidiertem Recht bedürfen die Abtretung und die Verpflichtung zur Abtretung nur noch der schriftlichen Form (Art. 785 Abs. 1 OR). Welche Formvorschriften sind einzuhalten, falls die Statuten unverändert die öffentliche Beurkundung vorschreiben?

Antwort:

Solange die Statuten die öffentliche Beurkundung vorschreiben, ist die Übertragung von Stammanteilen auch nach dem Inkrafttreten des neuen Rechts öffentlich zu beurkunden.

Frage 35:

Welche Hinweise müssen in den Abtretungsvertrag aufgenommen werden?

Antwort:

In den Abtretungsvertrag müssen dieselben Hinweise auf statutarische Rechte und Pflichten wie bei der Zeichnung aufgenommen werden. Dies betrifft Nachschusspflichten, Nebenleistungspflichten, Konkurrenzverbote für die Gesellschafter, Vorhand-, Vorkaufs- und Kaufsrechte der Gesellschafter oder der Gesellschaft sowie Konventionalstrafen (Art. 785 Abs. 2 i.V.m. Art. 777a Abs. 2 OR). Ein Abtretungsvertrag, der gegen diese Anforderungen verstösst, ist rechtlich unwirksam.

Frage 36:

Welches Verfahren ist für die Nachliberierung des Stammkapitals einer GmbH seit Inkrafttreten des neuen Rechts einzuhalten?

Antwort:

Gemäss einer Mitteilung des EHRA vom 10. Juni 2008 untersteht eine nach dem 1. Januar 2008 durchgeführte Nachliberierung den Bestimmungen des revidierten GmbH-Rechts (Art. 1 Abs. 2 ÜBest OR). Für die nachträgliche Leistung des nicht liberierten Teils des Stammkapitals sind aufgrund der in Art. 777c Abs. 2 OR sowie Art. 781 Abs. 5 OR enthaltenen Verweise die aktienrechtlichen Bestimmungen entsprechend anzuwenden. Die nachträgliche Leistung hat somit in Geld, durch Sacheinlage, durch Verrechnung oder durch Umwandlung von frei verwendbarem Eigenkapital unter Erfüllung der formellen Vorgaben von Art. 634a Abs. 2 i.V.m. Art. 633 ff. und Art. 652d OR zu erfolgen. Die Geschäftsführung beschliesst in Anwendung von Art. 634a Abs. 1 OR nicht nur über die Nachliberierung, sondern auch über eine allenfalls erforderliche Änderung der Statuten (z.B. infolge einer Sacheinlage oder weil der Liberierungsgrad in den Statuten angegeben wird). Der Beschluss und die Feststellungen sind öffentlich zu beurkunden. Die entsprechende Eintragung ins Handelsregister lautet wie folgt: „Das Stammkapital wurde im Betrag von CHF .... nachliberiert."

Genossenschaft

Frage 37:

Wer hat die dem Handelsregisteramt einzureichenden Statuten der Genossenschaft zu unterzeichnen?

Antwort:

Die Statuten müssen von einem Mitglied der Verwaltung unterzeichnet sein (Art. 22 Abs. 4 HRegV).

Frage 38:

Welche Genossenschaften haben dem Handelsregisteramt ein Verzeichnis der Genossenschafter einzureichen?

Antwort:

Genossenschaften, deren Statuten eine persönliche Haftung oder Nachschusspflicht vorsehen, müssen dem Handelsregisteramt ein Verzeichnis der Genossenschafter einreichen (Art. 837 OR). Das Verzeichnis muss von einem Mitglied der Verwaltung unterzeichnet sein (Art. 84 Abs. 1 lit. h HRegV). Jeder Eintritt oder Austritt eines Genossenschafters ist von der Verwaltung innerhalb drei Monaten beim Handelsregisteramt unter Beilage eines von einem Mitglied der Verwaltung unterzeichneten und aktualisierten Verzeichnisses anzumelden (Art. 877 Abs. 1 OR und Art. 88 Abs. 1 HRegV). Das Verzeichnis steht zur Einsicht offen (Art. 837 OR und Art. 88 Abs. 2 HRegV).

Frage 39:

Was geschieht, wenn das Handelsregisteramt davon Kenntnis erhält, dass die Zahl der Genossenschafter unter die Mindestanzahl von sieben gesunken ist (Art. 831 Abs. 1 OR)?

Antwort:

Dies stellt einen Mangel in der Organisation der Genossenschaft dar, wobei die Vorschriften des Aktienrechts entsprechend anwendbar sind (Art. 831 Abs. 2 OR). Wird der rechtmässige Zustand nicht wiederhergestellt, erfolgt die Überweisung ans Gericht (Art. 831 Abs. 2 i.V.m. Art. 731b Abs. 1 und Art. 941a Abs. 1 OR, Art. 154 Abs. 3 HRegV).

Handelsregister

Frage 40:

Ist eine Anmeldung für das Handelsregister des Kantons Zürich in deutscher Sprache abzufassen?

Antwort:

Ja. Die Anmeldung ist in einer Amtssprache des Kantons abzufassen, in dem die Eintragung erfolgt (Art. 16 Abs. 4 HRegV).

Frage 41:

Haben zeichnungsberechtigte Mitglieder des obersten Leitungs- oder Verwaltungsorgans, zeichnungsberechtigte Gesellschafter von Personengesellschaften und Inhaber von Einzelunternehmen beim Handelsregisteramt eine persönliche Unterschrift und eine Firmaunterschrift zu hinterlegen (vgl. Art. 719 und Art. 720 OR)?

Antwort:

Nein. Weiterhin müssen jedoch alle anmeldenden Personen und alle zeichnungsberechtigten Personen (Unterschrift und Prokura) ihre originale Unterschrift dem Handelsregisteramt in beglaubigter Form einreichen (Art. 21 HRegV).

Frage 42:

Kann das Handelsregisteramt eine bereits unter „altem Recht" wegen Fehlens der Revisionsstelle vom Gericht aufgelöste Aktiengesellschaft (Art. 727f altOR) wegen fehlender Liquidatoren erneut an das Gericht überweisen (Art. 941a Abs. 1 OR)?

Antwort:

Ja. Gemäss einem Beschluss des Obergerichtes des Kantons Zürich vom 10. Juni 2008 kann auch in einem solchen Fall das Gericht die Liquidation nach den Vorschriften über den Konkurs anordnen (Art. 731b Abs. 1 Ziff. 3 OR).

Frage 43:

Ist die vom Gericht verfügte Auflösung einer Gesellschaft wegen eines Organisationsmangels (Art. 731b Abs. 1 Ziff. 3 OR) sofort vollstreckbar?

Antwort:

Nein. Die vom Gericht verfügte Auflösung der Gesellschaft und die Anordnung ihrer Liquidation nach den Vorschriften über den Konkurs erfolgt nicht gestützt auf das

SchKG. Der Rekurs hat mithin gestützt auf § 275 ZPO von Gesetzes wegen aufschiebende Wirkung.

Frage 44:

Kann eine als Organ im Handelsregister eingetragene Person oder eine eingetragene zeichnungsberechtigte Person ihre Löschung selbst anmelden?

Antwort:

Ja. Eine Frist muss dabei nicht abgewartet werden (Art. 938b Abs. 2 und Abs. 3 OR, Art. 17 Abs. 2 lit. a HRegV).

Frage 45:

Wem ist der Antrag auf Wiedereintragung einer gelöschten Rechtseinheit zu stellen?

Antwort:

Der Antrag ist dem Gericht zu stellen. Dabei muss ein in der Handelsregisterverordnung aufgeführter Grund glaubhaft gemacht werden (Art. 164 HRegV).

Firmenrecht

Frage 46:

Muss eine Aktiengesellschaft, eine GmbH oder eine Genossenschaft immer die Rechtsform in der Firma angeben?

Antwort:

Ja, die Rechtsform ist immer anzugeben (Art. 950 OR). Gemäss Praxis des EHRA sind dabei Übersetzungen nur in den Amtssprachen des Bundes sowie in englischer Sprache zugelassen.

Frage 47:

Müssen Aktiengesellschaften und Genossenschaften ohne Hinweis auf die Rechtsform in der Firma ihre Firma anpassen?

Antwort:

Ja, die Firma ist bis zum 31.12.2009 anzupassen. Nach Ablauf der Frist ergänzt das Handelsregisteramt die Firma von Amtes wegen (Art. 2 Abs. 4 ÜBest OR). In diesem Fall können weitere Statutenänderungen erst ins Handelsregister eingetragen werden, wenn die Gesellschaft ihre Statuten in Bezug auf die Firma angepasst hat (Art. 176 HRegV).

Verein

Frage 48:

Wann muss sich der Verein ins Handelsregister eintragen lassen?

Antwort:

Der Verein ist eintragungspflichtig, wenn er ein kaufmännisches Gewerbe betreibt oder wenn er revisionspflichtig ist (Art. 61 Abs. 2 ZGB).

Frage 49:

Wird beim Verein die Revisionsstelle ins Handelsregister eingetragen?

Antwort:

Ja, sofern der Verein eine ordentliche oder eingeschränkte Revision durchführt (Art. 92 lit. m HRegV).

Frage 50:

Müssen sämtliche Mitglieder des Vorstandes ins Handelsregister eingetragen werden?

Antwort:

Ja, auch die Mitglieder des Vorstandes ohne Zeichnungsberechtigung sind ins Handelsregister einzutragen (Art. 92 lit. k HRegV).

Frage 51:

Wer hat die dem Handelsregisteramt einzureichenden Statuten des Vereins zu unterzeichnen?

Antwort:

Die Statuten müssen von einem Mitglied des Vorstandes unterzeichnet sein (Art. 22 Abs. 4 HRegV).

Ka, 24. Juni 2008

Handelsregisteramt Kanton Zürich

Merkblatt

Belege für die Neueintragung einer Gesellschaft mit beschränkter Haftung

1. Anmeldung
In der Anmeldung ist die einzutragende Gesellschaft unter Angabe von Firma, Sitz (politische Gemeinde), Rechtsdomizil (Strasse, Hausnummer, Postleitzahl und Ortschaft) eindeutig zu identifizieren. Für die Einzelheiten kann auf die beigefügten und in der Anmeldung aufzuführenden Belege verwiesen werden. Die Anmeldung muss von zwei Geschäftsführern oder von einem Geschäftsführer mit Einzelunterschrift unterzeichnet sein (Art. 17 Abs. 1 lit. c HRegV). Zusätzlich sind die Unterschriften aller übrigen Personen mit Zeichnungsberechtigung (Geschäftsführer, Direktoren, Prokuristen usw.) anzubringen bzw. auf separaten Unterschriftenbögen einzureichen (Art. 21 Abs. 1 HRegV). Sämtliche Unterschriften sind amtlich beglaubigen zu lassen (Art. 18 Abs. 2 und 21 Abs. 1 und 3 HRegV). Auf Wunsch wird die Anmeldung vom Handelsregisteramt ausgefertigt.

2. Öffentliche Urkunde über den Errichtungsakt
Die öffentliche Urkunde über die Gründung der GmbH muss den Anforderungen von Art. 777 - 777c OR und Art. 72 HRegV entsprechen.

3. Statuten
Die Statuten müssen durch die Urkundsperson amtlich beglaubigt oder durch diese zum integrierenden Bestandteil der öffentlichen Urkunde über die Gründung erklärt worden sein (Art. 777b Abs. 2 Ziff. 1 OR).

4. Wahlannahmeerklärungen der Geschäftsführer und der gesetzlich vorgeschriebenen Revisionsstelle
Haben die Gründerinnen und Gründer Geschäftsführer gewählt, so sind deren originalhandschriftlich unterzeichnete Wahlannahmeerklärungen einzureichen (Art. 71 Abs. 1 lit. c HRegV).
Sofern die Gesellschaft nicht auf die Revision verzichtet, ist die originalhandschriftlich unterzeichnete Wahlannahmeerklärung der gesetzlich vorgeschriebenen Revisionsstelle einzureichen (Art. 71 Abs. 1 lit. d HRegV).

5. Protokoll über die Wahl des Vorsitzenden der Geschäftsführung und die Bestimmung der zeichnungsberechtigten Personen
Falls gemäss Statuten die Geschäftsführer zur Bestimmung ihres Vorsitzenden und der zeichnungsberechtigten Personen zuständig sind, ist das entsprechende Beschlussprotokoll der Geschäftsführer einzureichen (Art. 71 Abs. 1 lit. e und f HRegV). Das Protokoll kann als durch den Vorsitzenden und den Protokollführer dieser Sitzung originalhandschriftlich unterzeichnetes Vollprotokoll, als von den erwähnten Personen unterzeichnete Protokollauszug oder als amtlich beglaubigte Fotokopie eingereicht werden (Art. 20 Abs. 1, 23 Abs. 2 HRegV). oder, sofern durch sämtliche Geschäftsführer originalhandschriftlich unterzeichnet, als Zirkularbeschluss (so auch als Anmeldung; Art. 23 Abs. 2 und 3 HRegV).

Falls die Statuten nichts anderes bestimmen, sind die Gründerinnen und Gründer für die Wahl des Vorsitzenden der Geschäftsführung und die Festlegung der zeichnungsberechtigten Personen zuständig (Art. 809 Abs. 3, 804 Abs. 3, 814 Abs. 2 OR). In diesem Fall kann der entsprechende Beschluss in die öffentliche Urkunde über die Gründung aufgenommen werden.

6. Bankbescheinigung über die Hinterlegung der Bareinlagen
Falls das Stammkapital bar liberiert wird, muss eine separate Bescheinigung eingereicht werden, aus der ersichtlich ist, bei welcher Bank die Einlagen hinterlegt worden sind, sofern das Bankinstitut in der öffentlichen Urkunde nicht genannt wird (Art. 71 Abs. 1 lit. g HRegV).

7. Ausweis über Handelsgesellschaften und juristische Personen
Über Handelsgesellschaften und juristische Personen, die an der Gesellschaft mit beschränkter Haftung beteiligt sind und die ihren Sitz ausserhalb der Schweiz haben, ist ein Auszug aus dem ausländischen Handelsregister (durch das zuständige Amt am Ort der Eintragung der Hauptniederlassung per neuesten Datums beglaubigt) und, wenn ein solcher nicht erhältlich ist, eine gleichwertige Urkunde über ihren rechtlichen Bestand beizubringen (Art. 24 Abs. 2, 25 Abs. 1 HRegV).

8. Stampa-Erklärung und Lex-Friedrich-Erklärung
Die Stampa-Erklärung ist die Erklärung der Gründer, wonach keine anderen Sacheinlagen, Sachübernahmen, Verrechnungstatbestände oder besondere Vorteile bestehen, als die in den Gründungsunterlagen genannten (Art. 71 Abs. 1 lit. i

HRegV). Die Lex-Friedrich-Erklärung dient der Abklärung der Frage, ob eine Gesellschaft im Sinne von Art. 18 Abs. 1 und 2 des Bundesgesetzes über den Erwerb von Grundstücken durch Personen im Ausland an die Bewilligungsbehörde zu verweisen ist. Beide Belege sind durch die anmeldenden Personen originalhandschriftlich zu unterzeichnen. Das Handelsregisteramt des Kantons Zürich gibt entsprechende Formulare ab.

9. Sacheinlage- und Sachübernahmeverträge, Übernahmebilanzen, Inventarlisten

Bei einer Gründung mit Sacheinlagen oder Sachübernahmen sind Sacheinlageverträge in jedem Fall, Sachübernahmeverträge soweit vorhanden, einzureichen (Art. 777c Abs. 2 i.V.m. Art. 631 Abs. 2 Ziff. 5 und 6 OR, 71 Abs. 3, 43 Abs. 3 HRegV).

Wird das Kapital durch die Einlage eines Geschäftes oder eines Geschäftsteiles liberiert oder soll die Gesellschaft von Gesellschaftern oder von diesen nahe stehenden Personen ein Geschäft oder einen Geschäftsteil übernehmen, so ist die Übernahmebilanz (Schluss- oder Zwischenbilanz des übernommenen Geschäftes) bzw. die Teilübernahmebilanz einzureichen.

Soll das Stammkapital durch die Einlage einer Sachgesamtheit liberiert werden oder die Gesellschaft von Gesellschaftern oder von diesen nahe stehenden Personen eine Sachgesamtheit übernehmen, so ist eine unterzeichnete und datierte Inventarliste, in welcher die eingelegten bzw. übernommenen Gegenstände einzeln aufgeführt und bewertet sind, einzureichen.

Die genannten Belege sind im Original oder als beglaubigte Kopien einzureichen.

10. Gründungsbericht

Bei einer Gründung mit Sacheinlagen, Sachübernahmen, Verrechnungstatbeständen oder besonderen Vorteilen ist ein von allen Gründern oder ihren Vertretern originalhandschriftlich unterzeichneter Gründungsbericht im Sinne von Art. 635 OR einzureichen (Art. 71 Abs. 3 i.V.m. Art. 43 Abs. 3 lit. c HRegV).

11. Prüfungsbestätigung

Unter den in Ziffer 10 genannten Voraussetzungen ist eine vorbehaltlose Prüfungsbestätigung eines staatlich beaufsichtigten Revisionsunternehmens, eines zugelassenen Revisionsexperten bzw. eines zugelassenen Revisors im Sinne von Art. 635a OR einzureichen (Art. 71 Abs. 3 i.V.m. Art. 43 Abs. 3 lit. d HRegV).

12. Erklärung betreffend Rechtsdomizil

Es ist dem Handelsregisteramt mitzuteilen, ob die Gesellschaft an der einzutragenden Adresse über ein Rechtsdomizil verfügt (Art. 117 Abs. 1 i.V.m. Art. 2 lit. c HRegV). Darunter ist gemäss Art. 2 lit. c HRegV eine Adresse zu verstehen, unter der die Gesellschaft mit beschränkter Haftung an ihrem Sitz erreicht werden kann, z.B. ein Lokal,, über das die Gesellschaft aufgrund eines Rechtstitels (z.B. Eigentum, Miete, Untermiete etc.) tatsächlich verfügen kann, welches den Mittelpunkt ihrer administrativen Tätigkeit bildet und wo ihr Mitteilungen aller Art zugestellt werden können (vgl. BGE 100 Ib 455 E. 4). Sind diese Voraussetzungen nicht erfüllt, liegt eine c/o-Adresse vor. In diesem Falle ist zusätzlich die Domizilhalterin bzw. der Domizilhalter anzumelden und durch bzw. dessen schriftliche Erklärung, dass sie bzw. er der Gesellschaft an der angegebenen Adresse Rechtsdomizil gewähre, einzureichen (Art. 71 Abs. 1 lit. h i.V.m. Art. 117 Abs. 3 und Art. 2 lit. c HRegV).

13. Unterlagen betreffend geographische Bezeichnungen in der Firma

Zur Prüfung der Zulässigkeit von nationalen, territorialen und regionalen Bezeichnungen in der Firmenbezeichnung (z.B. "Schweiz", "International", "Worldwide") sind dem Handelsregisteramt allenfalls ergänzende Informationsunterlagen einzureichen, die insbesondere über die Organisation, die Konzernverhältnisse, Gesellschafterzusammensetzung und das geographische Tätigkeitsgebiet der Gesellschaft Auskunft geben.

14. Übersetzungen

Fremdsprachigen Belegen ist grundsätzlich eine beglaubigte Übersetzung beizufügen (Art. 20 Abs. 3 HRegV). Übersetzungen werden nur von dazu qualifizierten Übersetzern (z.B. amtliche Übersetzer, diplomierte Dolmetscher) anerkannt (bezüglich der Einzelheiten vgl. das Merkblatt "Formelle Anforderungen an Handelsregisterbelege").

14. Erklärung betreffend Verzicht auf eine eingeschränkte Revision

Die Verzichtserklärung muss von mindestens einem Geschäftsführer unterzeichnet sein und Kopien der massgeblichen aktuellen Unterlagen wie Verzichtserklärungen der Gesellschafter/innen müssen der Erklärung beigelegt werden. Der Verzicht auf eine eingeschränkte Revision kann vor oder in der öffentlichen Urkunde über die Gründung erfolgen (Art. 71 Abs. 2 HRegV).
In der Verzichtserklärung ist zu bestätigen, dass die Gesellschaft die Voraussetzungen für die Pflicht zur ordentlichen Revision nicht erfüllt, die Gesellschaft nicht mehr als zehn Vollzeitstellen im Jahresdurchschnitt hat und alle Gesellschafter/innen auf eine eingeschränkte Revision verzichtet haben (Art. 83 i.V.m. Art. 62 Abs. 1 - 3 HRegV).

Handelsregisteramt Kanton Zürich

Checkliste

Gesellschaft mit beschränkter Haftung, Belege Neueintragung
(vgl. insb. Art. 71 HRegV)

Einzureichen:
☐ Anmeldung
☐ öffentliche Urkunde über den Errichtungsakt
☐ Statuten
☐ Stampa-Erklärung
☐ Existenznachweis der Gesellschafter mit Sitz ausserhalb der Schweiz (nur Handelsgesellschaften und juristische Personen)

Evtl. einzureichen:
☐ Wahlannahmeerklärungen der Geschäftsführer
☐ Wahlannahmeerklärung der gesetzlich vorgeschriebenen Revisionsstelle
☐ Verzichtserklärung betreffend Revision (Art. 83 i.V.m. Art. 62 Abs. 1 - 3 HRegV)
☐ Protokoll betr. Regelung des Vorsitzes der Geschäftsführung
☐ Protokoll betr. Bestimmung der zeichnungsberechtigten Personen und Art der Zeichnung
☐ Bankbescheinigung
☐ Sacheinlage-/Sachübernahmevertrag
☐ Übernahmebilanz oder Inventarliste
☐ Gründungsbericht
☐ Prüfungsbestätigung
☐ Erklärung betr. Rechtsdomizil
☐ Domizilannahmeerklärung
☐ Lex-Friedrich-Erklärung
☐ Lex-Friedrich-Bewilligung
☐ Unterschriftenbogen
☐ Bewilligung Eidg. Bankenkommission
☐ Übersetzungen

Nicht einzureichen:
☐ Vollmachten der vertretenen Gründer
☐ Zeichnungsscheine

GmbH: Gründung	13
Errichtungsakt	
Gründung: bar (mehrere Gründer)	13.1

Öffentliche Beurkundung*

Gründung

der

* (Name der Gesellschaft)

mit Sitz in * *(Sitz der Gesellschaft)*

Im Amtslokal des Notariates * *(Name des Notariates)* sind heute erschienen:

1. * *(Vorname, Name, Geburtsdatum, schweizerischer Bürgerort oder ausländische Staatsangehörigkeit und Wohnadresse);*

2. * *(dito);*

[Bemerkung: Hinweis auf allfällige Vertretungsverhältnisse sowie bei juristischen Personen oder anderen Handelsgesellschaften auf deren Firma, Rechtsform und Sitz (gegebenenfalls Staat). Die entsprechenden, vorliegenden Belege, wie beglaubigte Vollmachten, Handelsregisterauszüge, sind in der Urkunde einzeln zu nennen.

---

* Herausgeber der Musterurkunde: Notariatsinspektorat des Kantons Zürich

Beispiel:
*..., handelnd als Bevollmächtigter für den Gründer * (vollständige Personalien),*
*gestützt auf die notariell beglaubigte Vollmacht vom * (Datum)*
oder
*..., handelnd als Verwaltungsrat mit Einzelunterschrift für die Gründerin **
(Firma, Rechtsform und Sitz),
*gestützt auf Internetabfrage im Handelsregister vom * (Datum)*
[Bemerkung: Vgl. VK-KS Nr. 368 Ziff. 5 a.E. sowie Art. 12 HRegV] oder
*gestützt auf den beglaubigten Handelsregisterauszug vom * (Datum)*
[Bemerkung: Vgl. § 92 i.V.m. § 15 NotV]

(Erläuterungen zur Einleitung siehe hinten
sowie zu ausländischen Rechtseinheiten als Gründer hinten zu Ziff. III)

und erklären:

I.

Unter der Firma

<u>* (Name der Gesellschaft)</u>

gründen wir gemäss den Bestimmungen des Schweizerischen Obligationenrechtes (OR) eine Gesellschaft mit beschränkter Haftung mit Sitz in * *(Sitz der Gesellschaft)*.

II.

Den uns vorliegenden Statutenentwurf legen wir als gültige Statuten der in Gründung begriffenen Gesellschaft fest. Sie sind Bestandteil dieser Urkunde.

(Erläuterung siehe hinten)

III.

Das Stammkapital der Gesellschaft beträgt CHF * *(Stammkapital)* und ist eingeteilt in * *(Anzahl, gegebenenfalls Kategorie der Stammanteile, z.B. Stimmrechts- oder Vorzugs-Stammanteile)* Stammanteile zu je CHF * *(Nennwert)*, welche zum Ausgabebetrag von CHF * *(mindestens zum Nennwert)* je Stammanteil wie folgt gezeichnet werden:

a) * Stammanteile von * *(Vorname, Name des einen Gründers)*

b) * Stammanteile von * *(Vorname, Name des andern Gründers)*

---

* Stammanteile total
==================

[Bemerkung: In Ziff. III muss gegebenenfalls hingewiesen werden auf die in Art. 777a Abs. 2 OR aufgezählten statutarischen Bestimmungen, wie Nachschusspflichten, Nebenleistungspflichten, Konkurrenzverbote für die Gesellschafter, Vorhand-, Vorkaufs- und Kaufsrechte der Gesellschafter oder der Gesellschaft, sowie Konventionalstrafen.]

(Erläuterung zu ausländischen Rechtseinheiten als Gesellschafter siehe hinten)

IV.

Es sind folgende Einlagen geleistet worden:

CHF * in Geld, durch Hinterlegung bei der * *(Name und Adresse der Bank)*, als dem Bundesgesetz über die Banken und Sparkassen unterstelltes Institut, gemäss deren vorliegender schriftlicher Bescheinigung vom * *(Datum)*, zur ausschliesslichen Verfügung der Gesellschaft.

Dadurch sind die dem Ausgabebetrag aller Stammanteile entsprechenden Einlagen vollständig erbracht.

V.

Wir stellen fest, dass:

1. sämtliche Stammanteile gültig gezeichnet sind;

2. die Einlagen dem gesamten Ausgabebetrag entsprechen;

3. die gesetzlichen und statutarischen Anforderungen an die Leistung der Einlagen erfüllt sind.

[Bemerkung: Gegebenenfalls ergänzen mit
4. wir die statutarischen Nachschuss- oder Nebenleistungspflichten übernehmen.]

VI.

Wir bestellen als:

Geschäftsführer

* (Vorname, Name, Geburtsdatum, schweizerischer Bürgerort oder ausländische Staatsangehörigkeit und Wohnadresse sowie Zeichnungsberechtigung),
welcher hiermit die Annahme erklärt (oder gegebenenfalls: dessen Annahmeerklärung vorliegt).

[Bemerkung: Bei mehreren Geschäftsführern ist der Vorsitz zu regeln, vgl. Art. 809 Abs. 3 OR, falls gemäss Statuten nicht die Geschäftsführung für die Ernennung des Vorsitzenden zuständig ist.]

Revisionsstelle

* (bei juristischen Personen und Personengesellschaften deren Firma, Rechtsform und Sitz bzw. bei Einzelunternehmen die im Handelsregister eingetragene Firma und deren Sitz).
Deren Annahmeerklärung liegt vor.
(Erläuterung siehe hinten)

[Bemerkung: Gegebenenfalls Revisionsstelle weglassen und durch folgenden Text ersetzen:
Sämtliche Gründer erklären, auf die eingeschränkte Revision und damit auf die Wahl einer Revisionsstelle zu verzichten, weil die zu gründende Gesellschaft nicht mehr als zehn Vollzeitstellen hat und die Voraussetzungen für die Pflicht zur ordentlichen Revision nicht erfüllt.]

VII.

Das Domizil befindet sich * (Adresse der Gesellschaft, mit Hinweis auf eigene Geschäftsräume oder auf die Erklärung des Domizilhalters).

[Bemerkung: Eine allenfalls vorliegende Domizilhaltererklärung ist in der Urkunde zu nennen; vgl. auch Erläuterung hinten]

VIII.

Abschliessend erklären wir die Gesellschaft den gesetzlichen Vorschriften entsprechend als gegründet.

Die Geschäftsführung hat die Gesellschaft zur Eintragung ins Handelsregister anzumelden.

Ferner bevollmächtigen wir jeden Gründer oder Geschäftsführer einzeln, allfällige, wegen Beanstandung durch die Handelsregisterbehörde erforderliche Änderungen an den Statuten oder am Errichtungsakt, durch einen öffentlich zu beurkundenden Nachtrag namens aller Gründer vorzunehmen.
[Bemerkung: Diese Bevollmächtigung kann weggelassen werden]

* (Ort), * (Datum)

....
* (Vorname und Name, ** (Vorname und Name,*
gegebenenfalls Firma) *gegebenenfalls Firma)*

Die unterzeichnende Urkundsperson bestätigt im Sinne von Art. 777b Abs. 1 OR, dass ihr und den Gründern bzw. deren Vertretern alle in dieser Urkunde einzeln genannten Belege vorgelegen haben.

Diese Urkunde (mit Statuten) enthält den mir mitgeteilten Parteiwillen. Sie ist von den in der Urkunde genannten erschienenen Personen gelesen, als richtig anerkannt und unterzeichnet worden.

* (Ort), * (Datum)

Erläuterungen

im Allgemeinen:

Eine GmbH kann auch nur durch 1 natürliche oder juristische Person oder andere Handelsgesellschaft gegründet werden (Art. 775 OR). Falls nur eine einzige natürliche Person gründet (oder als Gründervertreter handelt), ist die Gründungsurkunde in der Einzahl (Singular) abzufassen.

zur Einleitung:

Bei der Vertretung von Gründern oder bei juristischen Personen als Gründerinnen sind die Bestimmungen der zürcherischen Notariatsverordnung (NotV) zu beachten. Doppelvertretung, Selbstkontrahierung oder Substitution sind in der Vollmacht ausdrücklich zu erwähnen. Für ausländische Rechtseinheiten siehe unten Erläuterung zu Ziff. III.

zu Ziff. II:

Bei der Gründung bilden die der Urkunde im Sinne von Art. 777b Abs. 2 OR beigelegten Statuten im gesamten Wortlaut einen Bestandteil der öffentlichen Urkunde. Sie sind deshalb auch den Ausfertigungen der Errichtungsurkunde beizufügen.

Zu Ziff. III:

Bei der GmbH ist jeder Gesellschafter und jede Gesellschafterin im Handelsregister einzutragen (Art. 73 Abs. 1 lit. i HRegV).
Ist eine Gesellschafterin als Rechtseinheit im schweizerischen Handelsregister eingetragen braucht es keine weiteren Belege.
Hingegen ist das Bestehen einer ausländischen Rechtseinheit durch einen aktuellen beglaubigten Auszug aus dem ausländischen Handelsregister oder durch eine gleichwertige Urkunde zu belegen, wobei im Ausland errichtete öffentliche Urkunden und Beglaubigungen mit einer Bescheinigung der am Errichtungsort zuständigen Behörde versehen sein müssen, die bestätigt, dass sie von der zuständigen Urkundsperson errichtet worden sind, z.B. Apostille (Vgl. Art. 24 und 25 HRegV).
Dieses Dokument über den Existenznachweis (und über die Zeichnungsberechtigung der Organe) ausländischer Rechtseinheiten kann auch für die Beurkundung des Errichtungsaktes verwendet werden.

zu Ziff. VI:

Für die Anforderungen an die Revisionsstelle sind Art. 727b und Art. 727c OR zu beachten (zugelassener Revisor bzw. zugelassener Revisionsexperte bzw. staatlich beaufsichtigtes Revisionsunternehmen). Natürliche Personen dürfen nur dann selbständig Revisionsdienstleistungen erbringen, wenn sie als Einzelunternehmen im Handelsregister eingetragen sind (Art. 8 Abs. 1 RAV).

zu Ziff. VII:

Der Hinweis auf das zukünftige Domizil dient dem Handelsregisteramt für den Registereintrag. Er kann in der Gründungsurkunde weggelassen werden, wenn das Domizil noch nicht festgelegt ist oder die allenfalls notwendige Domizilhaltererklärung noch nicht vorliegt. Das Domizil ist jedoch in der Handelsregisteranmeldung aufzuführen.

STATUTEN*

der

[   ] GmbH

mit Sitz in [   ]

Artikel 1 – Firma und Sitz

Unter der Firma

[   ] GmbH

besteht mit Sitz in [politische Gemeinde, Kanton] auf unbestimmte Dauer eine Gesellschaft mit beschränkter Haftung gemäss Art. 772 ff. OR.

Artikel 2 – Zweck

Die Gesellschaft bezweckt [   ].

Die Gesellschaft kann Zweigniederlassungen und Tochtergesellschaften im In- und Ausland errichten und sich an anderen Unternehmen im In- und Ausland beteiligen sowie alle Geschäfte tätigen, die direkt oder indirekt mit ihrem Zweck in Zusammenhang stehen. Die Gesellschaft kann im In- und Ausland Grundeigentum erwerben, belasten, veräussern und verwalten. Sie kann auch Finanzierungen für eigene oder fremde Rechnung vornehmen sowie Garantien und Bürgschaften für Tochtergesellschaften und Dritte eingehen.

Artikel 3 – Stammkapital und Stammanteile

Das Stammkapital beträgt CHF [   ] und ist eingeteilt in [   ] Stammanteile zu CHF [   ].

Artikel 4 – Revisionsstelle

Die Gesellschafterversammlung wählt eine Revisionsstelle gemäss den Anforderungen des Obligationenrechts und des Revisionsaufsichtsgesetzes.

Sie kann auf die Wahl einer Revisionsstelle verzichten, wenn:

1. die Gesellschaft nicht zur ordentlichen Revision verpflichtet ist;

2. sämtliche Gesellschafter zustimmen; und

---

* Download der Musterstatuten: www.hra.zh.ch

3. die Gesellschaft nicht mehr als zehn Vollzeitstellen im Jahresdurchschnitt hat.

Der Verzicht gilt auch für die nachfolgenden Jahre. Jeder Gesellschafter hat jedoch das Recht, spätestens 10 Tage vor der Gesellschafterversammlung die Durchführung einer eingeschränkten Revision und die Wahl einer entsprechenden Revisionsstelle zu verlangen. Die Gesellschafterversammlung darf diesfalls die Beschlüsse über die Genehmigung des Jahresberichtes und der Jahresrechnung sowie über die Verwendung des Bilanzgewinnes, insbesondere die Festsetzung der Dividende, erst fassen, wenn der Revisionsbericht vorliegt.

Artikel 5 – Geschäftsjahr und Buchführung

Das Geschäftsjahr beginnt am [...] und endet am [...].

Die Jahresrechnung, bestehend aus Erfolgsrechnung, Bilanz und Anhang, ist gemäss den Vorschriften des Schweizerischen Obligationenrechts, insbesondere der Art. 662a ff. und 958 ff. OR, sowie nach den Grundsätzen der ordnungsgemässen Rechnungslegung aufzustellen.

Artikel 6 – Mitteilungen und Bekanntmachungen

Mitteilungen der Geschäftsführung an die Gesellschafter erfolgen per Brief, E-Mail oder Telefax an die im Anteilbuch verzeichneten Adressen.

Publikationsorgan der Gesellschaft ist das Schweizerische Handelsamtsblatt.

MUSTERSTATUTEN GmbH[*]

Eidg. Amt für das Handelsregister
Eidg. Expertenkommission für das Handelsregister[1]

Fassung vom 15. Oktober 2007

[Muster] GmbH

mit Sitz in [politische Gemeinde, Kanton]

I. Firma, Sitz und Zweck

Artikel 1 – Firma

Unter der Firma [Muster][2] GmbH besteht eine Gesellschaft mit beschränkter Haftung gemäss Art. 772 ff. OR.	Art. 776 Ziff. 1 OR Art. 944 ff. OR

Artikel 2 – Sitz

Der Sitz der Gesellschaft ist in [politische Gemeinde, Kanton].	Art. 776 Ziff. 1 OR

Artikel 3 – Zweck

Die Gesellschaft bezweckt [den Betrieb eines Restaurants][3,4].	Art. 776 Ziff. 2 OR

II. Kapital

Artikel 4

[1] Das Stammkapital beträgt [CHF 20'000.-].	Art. 773 OR
[2] Es ist eingeteilt in [200] Stammanteile zu [CHF 100.-].	Art. 774 Abs. 1 OR

---

[1] Dr. Hanspeter Kläy (Präsident), Dr. Nicolas Duc (Vize-Präsident), Dr. Agnes Dormann, lic. iur. Michael Gwelessiani, Fürsprecher Cäsar Jaeger, lic. iur. Fabienne Lefaux Rodriguez, Dr. Clemens Meisterhans, Prof. Dr. Peter Ruf, René Studer, Dr. Gaudenz Zindel. An der Erarbeitung der Musterstatuten haben weiter Rechtsanwalt Hans-Jakob Käch und Dr. Nicholas Turin mitgewirkt.
[2] Zu den Grundsätzen der Firmenbildung, s. Art. 944 ff. OR sowie die Anleitung und Weisung des EHRA an die kantonalen Handelsregisterbehörden betreffend die Prüfung von Firmen und Namen vom 1. Januar 1998 (Stand per 15. Oktober 2004) auf: http://www.bj.admin.ch/etc/medialib/data/wirtschaft/ehra.Par.0011.File.tmp/weisung-d.pdf, sowie in: OR von PETER GAUCH, 46. Auflage, Zürich 2006, S. 791 ff.
[3] Als Zweck der Gesellschaft ist eine prägnante und kurze Umschreibung des Tätigkeitsfelds der Gesellschaft zu verstehen. Unbestimmte Beschreibungen des Tätigkeitsfelds sind unzulässig (Beispiele unzulässiger Zweckformulierungen: „Erbringen von Dienstleistungen aller Art", „Herstellung von Waren aller Art"). S. dazu PETER BÖCKLI, Schweizer Aktienrecht, 3. Auflage, Zürich 2004, § 1, Rz. 294.
[4] Ein sog. Nebenzweck ist grundsätzlich nicht erforderlich. Im Hinblick auf allfällige Vorschriften von ausländischen Rechtsordnungen kann die Umschreibung des Tätigkeitsfelds der Gesellschaft nach Bedarf mit einem sog. Nebenzweck ergänzt werden. Bsp: „Die Gesellschaft kann Zweigniederlassungen und Tochtergesellschaften im In- und Ausland errichten und sich an anderen Unternehmen beteiligen sowie alle Geschäfte tätigen, die direkt oder indirekt mit ihrem Zweck in Zusammenhang stehen. Die Gesellschaft kann im In- und Ausland Grundeigentum erwerben, belasten, veräussern und verwalten."

---

[*] Download der Musterstatuten: www.hra.zh.ch

III. Stammanteile

Artikel 5 – Anteilbuch

¹ Die Geschäftsführer führen über die Stammanteile ein Anteilbuch. — Art. 790 Abs. 1 OR

² In das Anteilbuch sind einzutragen:

1. die Gesellschafter mit Namen und Adresse sowie Geburtsdatum (TT/MM/JJJJ); — Art. 790 Abs. 2 Ziff. 1 OR
2. die Anzahl und der Nennwert der Stammanteile jedes Gesellschafters; — Art. 790 Abs. 2 Ziff. 2 OR
3. die Pfandgläubiger, mit Namen und Adresse sowie Geburtsdatum (TT/MM/JJJJ)[5]. — Art. 790 Abs. 2 Ziff. 4 OR

³ Gesellschafter, die nicht zur Ausübung des Stimmrechts und der damit zusammenhängenden Rechte befugt sind, müssen als Gesellschafter ohne Stimmrecht bezeichnet werden. — Art. 790 Abs. 3 OR

⁴ Die Gesellschafter melden den Geschäftsführern die Änderungen der eingetragenen Tatsachen zur Eintragung in das Anteilbuch.

⁵ Die Gesellschafter haben das Recht, in das Anteilbuch Einsicht zu nehmen. — Art. 790 Abs. 4 OR

Artikel 6 – Abtretung

¹ Die Abtretung von Stammanteilen sowie die Verpflichtung zur Abtretung bedürfen der schriftlichen Form. — Art. 785 Abs. 1 OR

² Im Abtretungsvertrag muss auf statutarische Bestimmungen über Vorkaufsrechte sowie Konkurrenzverbote der Gesellschafter hingewiesen werden[6]. — Art. 785 Abs. 2 OR i. V. m. Art. 777a Abs. 2 OR

³ Die Abtretung von Stammanteilen bedarf der Zustimmung der Gesellschafterversammlung. — Art. 786 Abs. 1 OR

⁴ Die Gesellschafterversammlung kann die Zustimmung ohne Angabe von Gründen verweigern. — Art. 786 Abs. 1 OR

⁵ Die Abtretung wird erst mit dieser Zustimmung rechtswirksam[7]. — Art. 787 Abs. 1 OR

⁶ Lehnt die Gesellschafterversammlung das Gesuch um Zustimmung zur Abtretung nicht innerhalb von sechs Monaten nach Eingang ab, so gilt die Zustimmung als erteilt[8]. — Art. 787 Abs. 2 OR

---

[5] Sofern vorhanden, sind auch die Nutzniesser mit Namen, Adresse und Geburtsdatum ins Anteilbuch einzutragen. S. dazu auch Art. 8 der Statuten.
[6] Zum Vorkaufsrecht, s. Art. 11 und 12 der Statuten, zum Konkurrenzverbot, s. Art. 10 Abs. 3 der Statuten.
[7] Diese Vorschrift entspricht Art. 787 Abs. 1 OR. Sie ist zwingender Natur und darf im Rahmen der Erarbeitung der Statuten nicht an die konkreten Verhältnisse angepasst werden.

Artikel 7 – Besondere Erwerbsarten

[1] Werden Stammanteile durch Erbgang, Erbteilung, eheliches Güterrecht oder Zwangsvollstreckung erworben, so gehen alle Rechte und Pflichten, die damit verbunden sind, ohne Zustimmung der Gesellschafterversammlung auf die erwerbende Person über.

Art. 788 Abs. 1 OR

[2] Für die Ausübung des Stimmrechts und der damit zusammenhängenden Rechte bedarf die erwerbende Person jedoch der Anerkennung der Gesellschafterversammlung als stimmberechtigter Gesellschafter.

Art. 788 Abs. 2 OR

[3] Die Gesellschafterversammlung kann ihr die Anerkennung nur verweigern, wenn ihr die Gesellschaft die Übernahme der Stammanteile zum wirklichen Wert[9] im Zeitpunkt des Gesuches anbietet. Das Angebot kann auf eigene Rechnung oder auf Rechnung anderer Gesellschafter oder Dritter erfolgen. Lehnt die erwerbende Person das Angebot nicht innerhalb eines Monats nach Kenntnis des wirklichen Werts ab, so gilt es als angenommen.

Art. 788 Abs. 3 OR

[4] Lehnt die Gesellschafterversammlung das Gesuch um Anerkennung nicht innerhalb von sechs Monaten ab Eingang ab, so gilt die Anerkennung als erteilt[10].

Art. 788 Abs. 4 OR

Artikel 8 – Nutzniessung

s. Art. 789a OR

[1] Die vertragliche Einräumung einer Nutzniessung an Stammanteilen ist ausgeschlossen[11].

[2] Wird eine Nutzniessung an Stammanteilen aus erbrechtlichen Gründen eingeräumt[12], so stehen die Rechte und Pflichten der folgenden Person zu:

1. das Stimmrecht und die damit zusammenhängenden Rechte: dem Nutzniesser nach Art. 806b OR;

2. die Zuteilung der Dividende: dem Nutzniesser;

3. das Bezugsrecht auf neue Stammanteile: dem Gesellschafter[13];

---

[8] Diese Vorschrift entspricht Art. 787 Abs. 2 OR. Sie ist zwingender Natur und darf im Rahmen der Erarbeitung der Statuten nicht an die konkreten Verhältnisse angepasst werden.
[9] Für die Bestimmung des wirklichen Werts stehen verschiedene Bewertungsmethoden zur Verfügung. Die Wahl der angemessenen Methode kann nicht generell-abstrakt im Voraus bestimmt werden. Sie hängt von den konkreten Umständen ab (Substanz und Ertragsmöglichkeiten sind in diesem Zusammenhang von erheblicher Bedeutung). Im Streitfall obliegt es dem Gericht oder dem Schiedsgericht, den wirklichen Wert festzulegen.
[10] Diese Vorschrift entspricht Art. 788 Abs. 4 OR. Sie ist zwingender Natur und darf im Rahmen der Erarbeitung der Statuten nicht an die konkreten Verhältnisse angepasst werden.
[11] Aufgrund allfälliger Nachschuss- und Nebenleistungspflichten, der Treuepflicht, des Konkurrenzverbots der Gesellschafter und der Ausübung des Bezugsrechts (s. FN 13) ist die Einräumung einer Nutzniessung an Stammanteilen äusserst problematisch.
[12] S. dazu Art. 473 ZGB.
[13] Besteht eine Nutzniessung an Stammanteilen, so hat eine allfällige Erhöhung des Stammkapitals Schwierigkeiten zur Folge: Aus strukturellen Gründen wäre es angezeigt, die Nutzniessung auf die neuen Stammanteile auszudehnen. Dies wäre im Hinblick auf die Liberierung der neuen Stammanteile durch den Gesellschafter aber sachlich fragwürdig. Es empfiehlt sich daher, im Einzelfall eine vertragliche Lösung zu treffen.

4. das Vorkaufsrecht an Stammanteilen: dem Gesellschafter;

5. das Recht auf Liquidationserlös: dem Gesellschafter;

6. die Zustellung des Geschäftsberichts: dem Gesellschafter und dem Nutzniesser;

7. das Auskunfts- und Einsichtsrecht: dem Gesellschafter und dem Nutzniesser;

8. die Treuepflicht: dem Gesellschafter und dem Nutzniesser;

9. das Konkurrenzverbot: dem Gesellschafter und dem Nutzniesser;

10. der Verzicht auf die Wahl einer Revisionsstelle: dem Gesellschafter und dem Nutzniesser.

Artikel 9 – Pfandrecht

¹ Die Bestellung eines Pfandrechts an Stammanteilen bedarf der Zustimmung der Gesellschafterversammlung.

² Diese darf die Zustimmung nur verweigern, wenn ein wichtiger Grund vorliegt.

Art. 789*b* Abs. 1 OR

IV. Rechte und Pflichten der Gesellschafter

Artikel 10 – Treuepflicht und Konkurrenzverbot

¹ Die Gesellschafter sind zur Wahrung des Geschäftsgeheimnisses verpflichtet.

Art. 803 Abs. 1 OR

² Die Gesellschafter müssen alles unterlassen, was die Interessen der Gesellschaft beeinträchtigt. Insbesondere dürfen sie nicht Geschäfte betreiben, die ihnen zum besonderen Vorteil gereichen und durch die der Zweck der Gesellschaft beeinträchtigt würde.[14]

Art. 803 Abs. 2 OR

³ Die Gesellschafter dürfen keine die Gesellschaft konkurrenzierenden Tätigkeiten ausüben[15].

Art. 803 Abs. 2 i. f. OR

⁴ Die Gesellschafter dürfen Tätigkeiten, die gegen die Treuepflicht oder das Konkurrenzverbot verstossen, ausüben, sofern alle übrigen Gesellschafter schriftlich zustimmen.

Art. 803 Abs. 3 OR

---

[14] Die Treuepflicht ist mit dem Auskunfts- und Einsichtsrecht der Gesellschafter verbunden. Die Ausübung und die Modalitäten des Einsichtsrechts der Gesellschafter hängen vom Bestehen einer Revisionsstelle ab (s. Art. 802 Abs. 2 OR).
[15] Zur Vermeidung von Unsicherheiten ist der sachliche und räumliche Geltungsbereich des Konkurrenzverbots in den Statuten klar zu bestimmen. S. dazu Botschaft zur Revision des GmbH-Rechts, in: BBl 2002 S. 3203 f. Das Konkurrenzverbot der Gesellschafter ist nicht zwingender Natur und kann insbesondere im Hinblick auf allfällige „Investorgesellschafter" angepasst werden.

Artikel 11 – Vorkaufsrecht; Verfahren[16,17] | Art. 776a Abs. 1 Ziff. 2 OR

[1] Jedem Gesellschafter steht an den Stammanteilen der anderen Gesellschafter ein Vorkaufsrecht zu den folgenden Bedingungen zu. | Art. 796 OR

[2] Verkauft ein Gesellschafter Stammanteile und wird dadurch ein Vorkaufsfall im Sinne des Gesetzes[18] ausgelöst, so ist der Gesellschafter verpflichtet, diesen Tatbestand innerhalb von 30 Tagen seit dessen Eintritt den anderen Gesellschaftern und der Geschäftsführung durch eingeschriebenen Brief zu melden.

[3] Die Vorkaufsberechtigten können innerhalb einer Frist von 60 Tagen seit Empfang der Mitteilung des Vorkauffalls ihr Vorkaufsrecht ausüben. Die Ausübung hat durch eingeschriebenen Brief an die Geschäftsführung zu erfolgen.

[4] Die Ausübung des Vorkaufsrechts muss stets sämtliche Stammanteile umfassen, die Gegenstand des Vorkaufsfalls bilden. Üben mehrere Vorkaufsberechtigte ihr Vorkaufsrecht aus, so werden die Stammanteile entsprechend ihrer bisherigen Beteiligung an der Gesellschaft zugewiesen.

[5] Nach Ablauf der Frist zur Ausübung des Vorkaufsrechts muss die Geschäftsführung die Gesellschafter über dessen Ausübung innerhalb von 10 Tagen mit eingeschriebenem Brief in Kenntnis setzen. Wurde das Vorkaufsrecht geltend gemacht, so sind die Stammanteile innerhalb von 60 Tagen seit Ablauf der Frist zur Ausübung des Vorkaufsrechts auf den vorkaufsberechtigten Gesellschafter gegen Vergütung des gesamten Kaufpreises zu übertragen.

Artikel 12 – Vorkaufsrecht; Festsetzung des Preises

[1] Das Vorkaufsrecht an den Stammanteilen ist zum wirklichen Wert[19] im Zeitpunkt des Eintritts des Vorkaufsfalls auszuüben.

[2] Einigen sich die Beteiligten über den wirklichen Wert nicht innerhalb von 30 Tagen nach der Mitteilung der Geschäftsführung über die Ausübung des Vorkaufsrechts, so müssen sie der Geschäftsführung ihre Preisvorstellungen schriftlich mitteilen. Kommt es zu keiner Einigung, so wird der wirkliche Wert endgültig und für alle Beteiligten verbindlich durch einen zugelassenen Revisionsexperten als Schiedsgutachter festgestellt.

---

[16] Allfällige Kaufrechte sowie Kauf- und Verkaufspflichten der Gesellschaft oder der Gesellschafter (sog. „Call- und Putoptionen") können u. U. ebenfalls in die Statuten einer GmbH im Rahmen der Vorschriften über die Nebenleistungspflichten aufgenommen werden.
[17] Beim Vorkaufsrecht müssen die Statuten die „essentialia negotii" des Vorkaufsrechts festlegen. Die nähere Regelung der Einzelheiten kann in einem Reglement festgelegt werden. Das Reglement muss von der Gesellschafterversammlung genehmigt werden (s. Art. 804 Abs. 2 Ziff. 12 OR).
[18] Die Vorschriften zum Vorkaufsrecht über Grundstücke finden entsprechende Anwendung; s. dazu Art. 216c OR und 681 ff. ZGB.
[19] Andere Kriterien können in Frage kommen, um den Preis der Stammanteile beim Vorkaufsfall zu bestimmen (z. B. Substanzwert usw.).

³ Können sich die Beteiligten nicht auf einen zugelassenen Revisionsexperten als Schiedsgutachter einigen, so wird dieser durch den Präsidenten des Obergerichts am Sitz der Gesellschaft endgültig bestimmt.

⁴ Vor der definitiven Festsetzung des wirklichen Werts durch den Schiedsgutachter ist dessen Bewertungsvorschlag mit allen Beilagen den Beteiligten samt Bewertungsgrundlagen zu einer einmaligen Stellungnahme zu unterbreiten. Die Stellungnahme der Beteiligten muss schriftlich erfolgen.

⁵ Die Kosten des Verfahrens werden von den Beteiligten im Verhältnis getragen, in dem das Ergebnis des Schiedsgutachtens von ihren schriftlich geäusserten Preisvorstellungen nach Absatz 2 hievor abweicht[20].

⁶ Übernimmt der Präsident des Obergerichts den Auftrag betreffend die Wahl des zugelassenen Revisionsexperten als Schiedsgutachter nicht, so wird der wirkliche Wert durch das ordentliche Gericht bzw. Schiedsgericht bestimmt.

Artikel 13 – Zustellung des Geschäftsberichts

¹ Spätestens 20 Tage vor der ordentlichen Gesellschafterversammlung sind der Geschäftsbericht und gegebenenfalls der Revisionsbericht den Gesellschaftern zuzustellen. — Art. 801a Abs. 1 OR

² Die Gesellschafter erhalten nach der Gesellschafterversammlung eine Kopie der von ihr genehmigten Fassung des Geschäftsberichts. — s. Art. 801a Abs. 2 OR

V. Organisation der Gesellschaft

A. Gesellschafterversammlung

Artikel 14 – Aufgaben

¹ Oberstes Organ der Gesellschaft ist die Gesellschafterversammlung. — Art. 804 Abs. 1 OR

² Der Gesellschafterversammlung stehen folgende unübertragbare Befugnisse zu: — Art. 804 Abs. 2 OR

1. die Änderung der Statuten; — Art. 804 Abs. 2 Ziff. 1 OR

2. die Bestellung und Abberufung von Geschäftsführern; — Art. 804 Abs. 2 Ziff. 2 OR

3. die Bestellung und Abberufung der Mitglieder der Revisionsstelle; — Art. 804 Abs. 2 Ziff. 3 OR

4. die Genehmigung des Jahresberichtes [und der Konzernrechnung]; — Art. 804 Abs. 2 Ziff. 4 OR

---

[20] Je näher ein Beteiligter beim wirklichen Wert liegt, desto weniger muss er an die Bewertungskosten mittragen.

5.	die Genehmigung der Jahresrechnung sowie die Beschlussfassung über die Verwendung des Bilanzgewinnes, insbesondere die Festsetzung der Dividende;	Art. 804 Abs. 2 Ziff. 5 OR
6.	die Festsetzung der Entschädigung der Geschäftsführer;	Art. 804 Abs. 2 Ziff. 6 OR
7.	die Entlastung der Geschäftsführer;	Art. 804 Abs. 2 Ziff. 7 OR
8.	die Zustimmung zur Abtretung von Stammanteilen beziehungsweise die Anerkennung als stimmberechtigter Gesellschafter;	Art. 804 Abs. 2 Ziff. 8 OR
9.	die Zustimmung zur Bestellung eines Pfandrechts an Stammanteilen;	Art. 804 Abs. 2 Ziff. 9 OR
10.	die Ermächtigung der Geschäftsführer zum Erwerb eigener Stammanteile durch die Gesellschaft oder die Genehmigung eines solchen Erwerbs;	Art. 804 Abs. 2 Ziff. 11 OR
11.	die Beschlussfassung über den Antrag an das Gericht, einen Gesellschafter aus wichtigem Grund auszuschliessen;	Art. 804 Abs. 2 Ziff. 14 OR
12.	die Auflösung der Gesellschaft;	Art. 804 Abs. 2 Ziff. 16 OR
13.	die Beschlussfassung über weitere Gegenstände, die das Gesetz oder die Statuten der Gesellschafterversammlung vorbehalten.	Art. 804 Abs. 2 Ziff. 18 OR

Artikel 15 – Einberufung

[1] Die ordentliche Versammlung findet alljährlich innerhalb sechs Monaten nach Schluss des Geschäftsjahres statt. Ausserordentliche Versammlungen werden bei Bedarf einberufen.

Art. 805 Abs. 2 OR

[2] Die Gesellschafterversammlung wird von den Geschäftsführern, nötigenfalls durch die Revisionsstelle oder durch das Gericht, einberufen. Das Einberufungsrecht steht auch den Liquidatoren zu.

Art. 805 Abs. 1 OR

[3] Die Einberufung einer Gesellschafterversammlung kann auch von einem oder mehreren Gesellschaftern, die zusammen mindestens 10 Prozent des Stammkapitals vertreten, verlangt werden. Die Einberufung wird schriftlich unter Angabe des Verhandlungsgegenstandes und der Anträge anbegehrt.

Art. 699 Abs. 3 i. V. m.
Art. 805 Abs. 5 Ziff. 2 OR

[4] Die Gesellschafterversammlung ist schriftlich oder per E-Mail spätestens 20 Tage vor dem Versammlungstag einzuberufen. Artikel 17 bleibt vorbehalten.

Art. 700 Abs. 1 i. V. m.
Art. 805 Abs. 5 Ziff. 1 OR

Artikel 16 – Verhandlungsgegenstände

¹ In der Einberufung sind die Verhandlungsgegenstände sowie die Anträge der Geschäftsführer und allfällige Anträge der Gesellschafter bekannt zu geben.

Art. 700 Abs. 2 i. V. m.
Art. 805 Abs. 5 Ziff. 1 OR

² Über Anträge zu nicht gehörig angekündigten Verhandlungsgegenständen können keine Beschlüsse gefasst werden; ausgenommen sind die Anträge auf Einberufung einer ausserordentlichen Gesellschafterversammlung sowie gegebenenfalls auf die Wahl einer Revisionsstelle[21].

Art. 700 Abs. 3 i. V. m.
Art. 805 Abs. 5 Ziff. 4 OR

³ Zur Stellung von Anträgen im Rahmen der Verhandlungsgegenstände und zu Verhandlungen ohne Beschlussfassung bedarf es keiner vorgängigen Ankündigung.

Art. 700 Abs. 4 i. V. m.
Art. 805 Abs. 5 Ziff. 3 und Ziff. 4 OR

Artikel 17 – Beschlussfassung unter erleichterten Voraussetzungen

¹ Mit dem Einverständnis aller Gesellschafter kann eine Gesellschafterversammlung ohne Einhaltung der für die Einberufung vorgeschriebenen Formvorschriften abgehalten werden (Universalversammlung).

Art. 701 Abs. 1 i. V. m.
Art. 805 Abs. 5 Ziff. 5 OR

² In dieser Versammlung kann über alle in den Geschäftskreis der Gesellschafterversammlung fallenden Gegenstände gültig verhandelt und Beschluss gefasst werden, solange alle Gesellschafter bzw. ihre Vertreter anwesend sind.

Art. 701 Abs. 2 i. V. m.
Art. 805 Abs. 5 Ziff. 5 OR

³ Die Gesellschafter können ihre Beschlüsse auch schriftlich fassen, sofern nicht ein Gesellschafter die mündliche Beratung verlangt.

Art. 805 Abs. 4 OR

Artikel 18 – Vorsitz und Protokoll

¹ Der Vorsitzende der Geschäftsführung leitet die Gesellschafterversammlung. Er bezeichnet den Protokollführer und die Stimmenzähler, die nicht Gesellschafter zu sein brauchen.

Art. 810 Abs. 3 Ziff. 1 OR

² Das Protokoll hat Aufschluss zu geben über:

Art. 702 Abs. 2 i. V. m.
Art. 805 Abs. 5 Ziff. 7 OR

1. die Anzahl und den Nennwert der vertretenen Stammanteile;

2. die Beschlüsse und die Wahlergebnisse;

3. die Begehren um Auskunft und die darauf erteilten Antworten;

4. alle zu Protokoll gegebenen Erklärungen.

---

[21] S. dazu Artikel 727a Abs. 4 OR.

³ Das Protokoll ist vom Vorsitzenden und vom Protokollführer zu unterzeichnen.	Art. 23 Abs. 2 HRegV.
⁴ Die Geschäftsführung stellt jedem Gesellschafter eine Kopie des Protokolls zu.	Art. 702 Abs. 3 i. V. m. Art. 805 Abs. 5 Ziff. 7 OR

Artikel 19 – Vertretung

¹ Jeder Gesellschafter kann seine Stammanteile in der Gesellschafterversammlung selbst vertreten oder durch folgende Personen vertreten lassen:
    Art. 689 Abs. 2 i. V. m. Art. 805 Abs. 5 Ziff. 8 OR

1. einen anderen Gesellschafter;
2. seinen Ehegatten, seinen registrierten Partner oder seinen Lebenspartner;
3. Personen, die im gleichen Haushalt leben; oder
4. einen Nachkommen.

² Der Vertreter hat sich durch schriftliche Vollmacht auszuweisen.

Artikel 20 – Stimmrecht

¹ Das Stimmrecht der Gesellschafter bemisst sich nach dem gesamten Nennwert sämtlicher ihrer Stammanteile.	Art. 806 Abs. 1 OR
² Jeder Gesellschafter hat mindestens eine Stimme.	Art. 806 Abs. 1 OR

Artikel 21 – Beschlussfassung

¹ Die Gesellschafterversammlung fasst ihre Beschlüsse und vollzieht ihre Wahlen, soweit das Gesetz oder die Absätze 3 und 4 dieses Artikels es nicht anders bestimmen, mit der absoluten Mehrheit der vertretenen Stimmen.	Art. 808 OR
² Der Vorsitzende der Gesellschafterversammlung hat den Stichentscheid[22].	Art. 808a OR

³ Ein Beschluss der Gesellschafterversammlung, der mindestens zwei Drittel der vertretenen Stimmen sowie die absolute Mehrheit des gesamten Stammkapitals auf sich vereinigt, mit dem ein ausübbares Stimmrecht verbunden ist, ist erforderlich für:

1. die Änderung des Gesellschaftszweckes;	Art. 808b Abs. 1 Ziff. 1 OR
2. die Erschwerung, den Ausschluss oder die Erleichterung der Übertragbarkeit der Stammanteile;	Art. 808b Abs. 1 Ziff. 3 OR

---

[22] Andere Varianten sind bei Stimmengleichheit möglich. Wichtig ist aber, dass die Entscheidungsfähigkeit der Gesellschafterversammlung sichergestellt bleibt. Um Patt-Situation zu vermeiden ist es insbesondere denkbar, dass jeder Gesellschafter präventiv je einen Stammanteil einem unabhängigen Dritten treuhänderisch abtritt mit der Verpflichtung, eine Abtretung dieser Stammanteile nur mit der Zustimmung aller Gesellschafter vorzunehmen.

3. die Zustimmung zur Abtretung von Stammanteilen beziehungsweise die Anerkennung als stimmberechtigter Gesellschafter;	Art. 808b Abs. 1 Ziff. 4 OR
4. die Erhöhung des Stammkapitals;	Art. 808b Abs. 1 Ziff. 5 OR
5. die Einschränkung oder Aufhebung des Bezugsrechts[23];	Art. 808b Abs. 1 Ziff. 6 OR
6. den Antrag an das Gericht, einen Gesellschafter aus wichtigem Grund auszuschliessen;	Art. 808b Abs. 1 Ziff. 8 OR
7. die Verlegung des Sitzes der Gesellschaft;	Art. 808b Abs. 1 Ziff. 10 OR
8. die Auflösung der Gesellschaft.	Art. 808b Abs. 1 Ziff. 11 OR

[4] Die Einführung von stimmrechtsprivilegierten Stammanteilen bedarf der Zustimmung aller Gesellschafter.

[5] Statutenbestimmungen, die für die Fassung bestimmter Beschlüsse grössere Mehrheiten als die vom Gesetz vorgeschriebenen festlegen, können nur mit dem vorgesehenen Mehr eingeführt und aufgehoben werden.   Art. 808b Abs. 2 OR

B. Geschäftsführung

Artikel 22 – Wahl und Abberufung der Geschäftsführer

[1] Die Geschäftsführung besteht aus einem oder mehreren Mitgliedern (Geschäftsführern).

[2] Die Geschäftsführer werden von der Gesellschafterversammlung für eine Dauer von [einem] Jahr gewählt. Eine Wiederwahl ist zulässig.   Art. 809 Abs. 1 OR

[3] Als Geschäftsführer können nur natürliche Personen ernannt werden. Sie müssen nicht Gesellschafter sein.   Art. 809 Abs. 2 OR

[4] Ein Geschäftsführer kann jederzeit durch einen Beschluss der Gesellschafterversammlung abberufen werden.   Art. 815 Abs. 1 OR

Artikel 23 – Organisation

Hat die Gesellschaft mehrere Geschäftsführer, so muss die Gesellschafterversammlung den Vorsitz regeln. Im Übrigen organisieren sich die Geschäftsführer selbst.   Art. 809 Abs. 3 OR

Artikel 24 – Aufgaben

[1] Die Geschäftsführer sind zuständig in allen Angelegenheiten, die nicht nach Gesetz oder Statuten der Gesellschafterversammlung zugewiesen sind.   Art. 810 Abs. 1 OR

---

[23] Die Einschränkung oder Aufhebung des Bezugsrechts kann u. U. auch einer strengeren Mehrheit unterstellt werden, so insbesondere um Verwässerungsmöglichkeiten zu vermeiden. Dabei ist aber an andere gesetzliche Mehrheitsfordernisse, die das Bezugsrecht ebenfalls betreffen, auch zu achten (z. B. Art. 18 FusG).

² Sie haben folgende unübertragbare und unentziehbare Aufgaben:

1.	die Oberleitung der Gesellschaft und die Erteilung der nötigen Weisungen;	Art. 810 Abs. 2 Ziff. 1 OR
2.	die Festlegung der Organisation im Rahmen von Gesetz und Statuten;	Art. 810 Abs. 2 Ziff. 2 OR
3.	die Ausgestaltung des Rechnungswesens, der Finanzkontrolle [sowie der Finanzplanung, sofern diese für die Führung der Gesellschaft notwendig ist];	Art. 810 Abs. 2 Ziff. 3 OR
4.	die Aufsicht über die Personen, denen Teile der Geschäftsführung übertragen sind, namentlich im Hinblick auf die Befolgung der Gesetze, Statuten, Reglemente und Weisungen;	Art. 810 Abs. 2 Ziff. 4 OR
5.	die Erstellung des Geschäftsberichtes (Jahresrechnung und Jahresbericht [gegebenenfalls auch Konzernrechnung]);	Art. 810 Abs. 2 Ziff. 5 OR
6.	die Vorbereitung der Gesellschafterversammlung und die Ausführung ihrer Beschlüsse;	Art. 810 Abs. 2 Ziff. 6 OR
7.	die Benachrichtigung des Gerichts im Falle der Überschuldung.	Art. 810 Abs. 2 Ziff. 7 OR

³ Die Geschäftsführer können auch die Direktoren, die Prokuristen sowie die Handlungsbevollmächtigten ernennen[24].

Art. 776a Abs. 1 Ziff. 13 OR
Art. 804 Abs. 3 OR

⁴ Wer den Vorsitz der Geschäftsführung innehat bzw. der einzige Geschäftsführer ist zuständig für:

1.	die Einberufung und Leitung der Gesellschafterversammlung;	Art. 810 Abs. 3 Ziff. 1 OR
2.	die Bekanntmachungen gegenüber den Gesellschaftern;	Art. 810 Abs. 3 Ziff. 2 OR
3.	die Sicherstellung der erforderlichen Anmeldungen beim Handelsregister.	Art. 810 Abs. 3 Ziff. 3 OR

Artikel 25 – Beschlussfassung

Art. 809 Abs. 4 OR

¹ Hat die Gesellschaft mehrere Geschäftsführer, so entscheiden diese mit der Mehrheit der abgegebenen Stimmen.

² Der Vorsitzende hat den Stichentscheid[25].

---

[24] Grundsätzlich ist die Gesellschafterversammlung für die Ernennung von Direktoren, Prokuristen sowie Handlungsbevollmächtigten zuständig (s. Art. 804 Abs. 3 OR). Ohne eine entsprechende statutarische Bestimmung dürfen die Geschäftsführer solche Personen nicht ernennen.
[25] Andere Varianten sind bei Stimmengleichheit möglich. Wichtig ist aber, dass die Entscheidungsfähigkeit der Geschäftsführung stets sichergestellt ist. Ein Dritter kann z. B. als Geschäftsführer gewählt werden, wobei jedem Gesellschafter das Recht zusteht, die Wahl eines solchen Geschäftsführers zu verlangen.

Artikel 26 – Sorgfalts- und Treuepflicht

[1] Die Geschäftsführer sowie Dritte, die mit der Geschäftsführung befasst sind, müssen ihre Aufgabe mit aller Sorgfalt erfüllen.

Art. 812 Abs. 1 OR

[2] Sie müssen die Interessen der Gesellschaft in guten Treuen wahren und sind zur Wahrung des Geschäftsgeheimnisses verpflichtet.

Art. 803 Abs. 1 i. V. m. Art. 812 Abs. 1 und Abs. 2 OR

[3] Sie müssen alles unterlassen, was die Interessen der Gesellschaft beeinträchtigt. Insbesondere dürfen sie nicht Geschäfte betreiben, die ihnen zum besonderen Vorteil gereichen und durch die der Zweck der Gesellschaft beeinträchtigt würde.

Art. 803 Abs. 2 i. V. m. Art. 812 Abs. 2 OR

Artikel 27 – Befreiung vom Konkurrenzverbot

Die Geschäftsführer sowie Dritte, die mit der Geschäftsführung befasst sind, dürfen Tätigkeiten ausüben, die gegen das gesetzliche Konkurrenzverbot verstossen, sofern alle Gesellschafter schriftlich zustimmen[26].

Art. 812 Abs. 3 OR

Artikel 28 – Gleichbehandlung

Die Geschäftsführer sowie Dritte, die mit der Geschäftsführung befasst sind, haben die Gesellschafter unter gleichen Voraussetzungen gleich zu behandeln.

Art. 813 OR

Artikel 29 – Vertretung

[1] Die Art der Zeichnungsberechtigung der Geschäftsführer wird durch die Gesellschafterversammlung bestimmt.

Art. 814 Abs. 2 OR

[2] Mindestens ein Geschäftsführer muss zur Vertretung befugt sein.

Art. 814 Abs. 2 OR

[3] Die Gesellschaft muss durch eine Person vertreten werden können, die Wohnsitz in der Schweiz hat. Dieses Erfordernis kann durch einen Geschäftsführer oder einen Direktor erfüllt werden.

Art. 814 Abs. 3 OR

[4] Die Geschäftsführer können die Einzelheiten der Vertretung durch Direktoren, Prokuristen und Handlungsbevollmächtigte in einem Reglement regeln.

Art. 814 Abs. 2 OR

---

[26] Für Dritte, die mit der Geschäftsführung befasst sind, ist das gesetzliche Konkurrenzverbot im Rahmen der vertraglichen Beziehungen (Arbeitsvertrag, Auftragsvertrag usw.) räumlich und sachlich zu beschreiben. Art. 27 Abs. 2 ZGB bleibt vorbehalten.

C. Revisionsstelle

Artikel 30 – Revision[27]

¹ Die Gesellschafterversammlung wählt eine Revisionsstelle. — Art. 730 Abs. 1 OR i. V. m. Art. 818 Abs. 1 OR

² Sie kann auf die Wahl einer Revisionsstelle verzichten, wenn:

1. die Gesellschaft nicht zur ordentlichen Revision verpflichtet ist; — Art. 727a Abs. 1 OR / Art. 727 OR
2. sämtliche Gesellschafter zustimmen; und — Art. 727a Abs. 2 OR
3. die Gesellschaft nicht mehr als zehn Vollzeitstellen im Jahresdurchschnitt hat. — Art. 727a Abs. 2 OR

³ Der Verzicht gilt auch für die nachfolgenden Jahre. Jeder Gesellschafter hat jedoch das Recht, spätestens 10 Tage vor der Gesellschafterversammlung die Durchführung einer eingeschränkten Revision und die Wahl einer entsprechenden Revisionsstelle zu verlangen. Die Gesellschafterversammlung darf diesfalls die Beschlüsse nach Art. 14 Abs. 2 Ziff. 4 und 5 erst fassen, wenn der Revisionsbericht vorliegt. — Art. 727a Abs. 4 OR

Artikel 31 – Anforderungen an die Revisionsstelle

¹ Als Revisionsstelle können eine oder mehrere natürliche oder juristische Personen oder Personengesellschaften gewählt werden. — Art. 730 Abs. 2 OR i. V. m. Art. 818 Abs. 1 OR

² Die Revisionsstelle muss ihren Wohnsitz, ihren Sitz oder eine eingetragene Zweigniederlassung in der Schweiz haben. Hat die Gesellschaft mehrere Revisionsstellen, so muss zumindest eine diese Voraussetzungen erfüllen. — Art. 730 Abs. 4 OR i. V. m. Art. 818 Abs. 1 OR

³ Ist die Gesellschaft gemäss:

1. Art. 727 Abs. 1 Ziff. 2 oder Ziff. 3 i. V. m. Art. 818 Abs. 1 OR;
2. Art. 727 Abs. 2 OR i. V. m. Art. 818 Abs. 1 OR;
3. Art. 818 Abs. 2 OR, oder
4. Art. 825a Abs. 4 OR

zur ordentlichen Revision verpflichtet, so muss die Gesellschafterversammlung als Revisionsstelle einen zugelassenen Revisionsexperten nach den Vorschriften des Revisionsaufsichtsgesetzes vom 16. Dezember 2005 wählen[28].

— Art. 727 Abs. 1 Ziff. 2 und Ziff. 3 OR
— Art. 727 Abs. 2 OR
— Art. 818 Abs. 2 OR
— Art. 825a Abs. 4 OR
— Alle i. V. m. Art. 818 Abs. 1 OR
— Art. 727b Abs. 2 OR i. V. m. Art. 818 Abs. 1 OR

---

[27] Das Vorhandensein einer Revisionsstelle hat Auswirkungen auf die Ausübung des Einsichtsrechts der Gesellschafter in die Bücher und Dokumente der Gesellschaft gemäss Art. 802 Abs. 2 OR.
[28] Hat die Gesellschaft ausnahmsweise Anleihensobligationen ausgegeben (Art. 727 Abs. 1 Ziff. 1 Bst. b OR) oder trägt sie mindestens 20 % der Aktiven oder des Umsatzes zur Konzernrechnung einer Gesellschaft bei (Art. 727 Abs. 1 Bst. c OR), so hat die Gesellschafterversammlung ein staatlich beaufsichtigtes Revisionsunternehmen nach den Vorschriften des Revisionsaufsichtsgesetzes vom 16. Dezember 2005 als Revisionsstelle zu wählen.

⁴ Ist die Gesellschaft zur eingeschränkten Revision verpflichtet, so muss die Gesellschafterversammlung als Revisionsstelle einen zugelassenen Revisor nach den Vorschriften des Revisionsaufsichtsgesetzes vom 16. Dezember 2005 wählen. Vorbehalten bleibt der Verzicht auf die Wahl einer Revisionsstelle nach Artikel 30. — Art. 727c OR i. V. m. Art. 818 Abs. 1 OR

⁵ Die Revisionsstelle muss nach Art. 728 bzw. 729 OR unabhängig sein[29]. — Art. 728 bzw. 729 OR i. V. m. Art. 818 Abs. 1 OR

⁶ Die Revisionsstelle wird für [ein] Geschäftsjahr gewählt. Ihr Amt endet mit der Abnahme der letzten Jahresrechnung. Eine Wiederwahl ist möglich. Eine Abberufung ist jederzeit und fristlos möglich. — Art. 730a Abs. 1 und 4 OR i. V. m. Art. 818 Abs. 1 OR

VI. Rechnungslegung

Artikel 32 – Geschäftsjahr

Das Geschäftsjahr beginnt am [1. Januar] und endet am [31. Dezember][30].

Artikel 33 – Buchführung

¹ Die Jahresrechnung besteht aus Erfolgsrechnung, Bilanz und Anhang. — Art. 662a ff. sowie 958 ff. i. V. m. Art. 801 OR

² Sie ist gemäss den Vorschriften des Schweizerischen Obligationenrechts, insbesondere der Art. 662a ff. und 958 ff. OR, sowie nach den Grundsätzen der ordnungsgemässen Rechnungslegung aufzustellen.

Artikel 34 – Reserven und Gewinnverwendung

¹ Aus dem Jahresgewinn ist zuerst die Zuweisung an die Reserven entsprechend den Vorschriften des Gesetzes vorzunehmen. — Art. 671 und Art. 674 i. V. m. Art. 801 OR

² Der Bilanzgewinn steht zur Verfügung der Gesellschafterversammlung, die ihn im Rahmen der gesetzlichen Auflagen nach freiem Ermessen verwenden kann. — Art. 804 Abs. 2 Ziff. 5 OR

³ Dividenden dürfen nur aus dem Bilanzgewinn und aus hiefür gebildeten Reserven ausgerichtet werden. — Art. 798 Abs. 1 OR

⁴ Die Dividenden sind im Verhältnis des Nennwerts aller Stammanteile jedes Gesellschafters festzusetzen. — Art. 798 Abs. 3 OR

---

[29] Bei der ordentlichen Revision darf die Revisionsstelle insbesondere nicht bei der Buchführung mitwirken sowie andere Dienstleistungen erbringen, durch die das Risiko entsteht, eigene Arbeiten überprüfen zu müssen.
[30] Variante: „Die Gesellschafterversammlung bestimmt das Geschäftsjahr."

VII. Austritt

Artikel 35

¹ Jeder Gesellschafter hat das Recht, aus der Gesellschaft auszutreten, wenn[31]: — Art. 822 Abs. 2 OR

1. er eine Kündigungsfrist von [X Monate] auf das Ende eines Geschäftsjahres einhält;

2. die Gesellschaft zum Zeitpunkt der Übernahme über verwendbares Eigenkapital in der Höhe der dafür nötigen Mittel verfügt, um die Stammanteile des austretenden Gesellschafters zum wirklichen Wert zu übernehmen[32,33]; und

3. die Gesellschaft bei der Übernahme die Höchstgrenze von 35 % eigener Stammanteile nicht übersteigt. — Art. 783 Abs. 2 OR

² Die dafür nötigen Mittel müssen die Übernahme der Stammanteile und die Bildung der entsprechenden gesetzlichen Reserven nach den Vorschriften des OR (Art. 659a Abs. 2 OR i. V. m. Art. 783 Abs. 4 OR) decken[34]. — Art. 659a Abs. 2 i. V. m. Art. 783 Abs. 4 OR

³ Diese Bestimmung kann nur durch einstimmigen Beschluss aller Gesellschafter geändert oder aufgehoben werden. — Art. 808b Abs. 2 OR

⁴ Jeder Gesellschafter kann aus wichtigem Grund beim Gericht auf Bewilligung des Austritts klagen[35]. — Art. 822 Abs. 1 OR

VIII. Auflösung und Liquidation

Artikel 36

¹ Die Gesellschafterversammlung kann die Auflösung der Gesellschaft beschliessen. Der Beschluss bedarf der öffentlichen Beurkundung. — Art. 821 Abs. 1 Ziff. 2 und Art. 821 Abs. 2 OR

² Die Liquidation wird durch die Geschäftsführung besorgt, falls sie nicht durch einen Beschluss der Gesellschafterversammlung anderen Personen übertragen wird. Die Liquidation erfolgt gemäss Art. 742 ff. i. V. m. Art. 821a und Art. 826 OR. — Art. 742 ff. i. V. m. Art. 821a OR

---

[31] Die unter 1. bis 3. aufgeführten Kriterien sind kumulativ.
[32] Verfügt die Gesellschaft über die dafür nötigen Mittel, so ist sie *verpflichtet*, die Stammanteile des austretenden Gesellschafters als eigene Stammanteile zum wirklichen Wert zu übernehmen.
[33] Es ist auch denkbar, für die Modalitäten der Abfindung einfach auf Art. 825a OR zu verweisen.
[34] Machen andere Gesellschafter vom Anschlussaustritt Gebrauch, so müssen die dafür nötigen Mittel der Gesellschaft auch die Übernahme der Stammanteile dieser Gesellschafter und die Bildung der entsprechenden Reserven decken. Der Anschlussaustritt ist zwingender Natur und darf statutarisch nicht ausgeschlossen oder eingeschränkt werden (s. Art. 822a OR).
[35] Auf eine Regelung von statutarischen Ausschlussgründen wird verzichtet. Eine Klage auf Ausschluss eines Gesellschafters ist beim Gericht auf Grund eines Beschlusses der Gesellschafterversammlung von den Geschäftsführern einzureichen (s. Art. 823 OR).

[3] Das Vermögen der aufgelösten Gesellschaft wird nach Tilgung ihrer Schulden nach Massgabe der geleisteten Einlagen unter die Gesellschafter verteilt.

Art. 826 Abs. 1 OR

IX. Mitteilungen und Publikationen

Artikel 37

[1] Die Mitteilungen der Geschäftsführung an die Gesellschafter erfolgen schriftlich oder per E-Mail.

[2] Das Publikationsorgan der Gesellschaft ist das Schweizerische Handelsamtsblatt (SHAB).

Art. 776 Ziff. 4 OR

© Eidg. Amt für das Handelsregister / Eidg. Expertenkommission für das Handelsregister

Handelsregister des Kantons Zürich

Anmeldung
Zur Eintragung in das Handelsregister wird Folgendes angemeldet

1.1. **Firma**
Muster GmbH
2. **Sitz**
Zürich
3. **Domizil**
Testgasse 1
8001 Zürich
{eigene Büros}
4. **Rechtsform**
Gesellschaft mit beschränkter Haftung (Neueintragung)
5. **Statutendatum**
10.04.2008
6. **Zweck**
Betrieb eines Sportgeschäfts. Die Gesellschaft kann Zweigniederlassungen und Tochtergesellschaften im In- und Ausland errichten und sich an anderen Unternehmen im In- und Ausland beteiligen sowie alle Geschäfte tätigen, die direkt oder indirekt mit ihrem Zweck in Zusammenhang stehen. Die Gesellschaft kann im In- und Ausland Grundeigentum erwerben, belasten, veräussern und verwalten. Sie kann auch Finanzierungen für eigene oder fremde Rechnung vornehmen sowie Garantien und Bürgschaften für Tochtergesellschaften und Dritte eingehen.
7.8. **Stammkapital**
CHF 20'000.00
9. **Publikationsorgan**
SHAB
10. **Mitteilungen**
Die Mitteilungen der Geschäftsführung an die Gesellschafter erfolgen schriftlich oder per E-Mail.
14. **Eingetragene Personen**
- ∞ Muster, Max, von Zürich, in Zürich, Gesellschafter und Geschäftsführer, mit Einzelunterschrift, mit einem Stammanteil von CHF 20'000.00
- ∞ Muster, Anna, von Zürich, in Zürich, mit Einzelprokura
    - ∞ XX REVI AG, in Zürich, Revisionsstelle

16.1. **Eidgenössische Gebühren**

3 x Eintrag Funktion/en zu CHF 20.00	60.00
2 x Eintrag Zeichnungsberechtigung/en zu CHF 30.00	60.00
1 x Neueintragung GmbH zu CHF 600.00	600.00

16.4. **Gebührentotal**

720.00

17. **Belege**
1. Anmeldung
2. Stampa-Erklärung
3. öffentliche Urkunde mit Statuten usw.

Handelsregister des Kantons Zürich

18. **Gebührenadresse**
    Muster GmbH
    Testgasse 1
    8001 Zürich
22. **Beglaubigung**
    Nachstehende Unterschriften sind vom Handelsregisteramt des Kantons Zürich, von einem Notar oder von einem Gemeindeammann unter Vorlage von Pass oder Identitätskarte amtlich beglaubigen zu lassen. In der Beglaubigung müssen enthalten sein: Vor- und Familienname, Jahrgang, allfällige akademische Titel, Heimatort (bei Ausländern Staatsangehörigkeit) und Wohnort (politische Gemeinde). Im Ausland vorgenommene Beglaubigungen sind mit einer Superlegalisation bzw. mit einer Apostille zu versehen.
23. **Unterschriften der anmeldenden Personen**
    Unterschriften von zwei Mitgliedern der Geschäftsführung (mit oder ohne Zeichnungsberechtigung) oder von einem Mitglied der Geschäftsführung mit Einzelzeichnungsberechtigung:

    ....
    Muster, Max
24. **Unterschriften der zeichnungsberechtigten Personen**
    Unterschriften weiterer zeichnungsberechtigter Geschäftsführer und aller anderen Zeichnungsberechtigten:

    ....
    Muster, Max   Muster, Anna

Handelsregister des Kantons Zürich

Anmeldung
Zur Eintragung in das Handelsregister wird Folgendes angemeldet

1.1. **Firma**
Muster GmbH

2. **Sitz**
Zürich

3. **Domizil**
Testgasse 1
8001 Zürich
{eigene Büros}

4. **Rechtsform**
Gesellschaft mit beschränkter Haftung (Neueintragung)

5. **Statutendatum**
10.04.2008

6. **Zweck**
Betrieb eines Sportgeschäfts. Die Gesellschaft kann Zweigniederlassungen und Tochtergesellschaften im In- und Ausland errichten und sich an anderen Unternehmen im In- und Ausland beteiligen sowie alle Geschäfte tätigen, die direkt oder indirekt mit ihrem Zweck in Zusammenhang stehen. Die Gesellschaft kann im In- und Ausland Grundeigentum erwerben, belasten, veräussern und verwalten. Sie kann auch Finanzierungen für eigene oder fremde Rechnung vornehmen sowie Garantien und Bürgschaften für Tochtergesellschaften und Dritte eingehen.

7.8. **Stammkapital**
CHF 20'000.00

9. **Publikationsorgan**
SHAB

10. **Mitteilungen**
Die Mitteilungen der Geschäftsführung an die Gesellschafter erfolgen schriftlich oder per E-Mail.

13. **Bemerkungen**
Gemäss Erklärung der Gründer vom 10.04.2008 untersteht die Gesellschaft keiner ordentlichen Revision und verzichtet auf eine eingeschränkte Revision.

14. **Eingetragene Personen**
∞ Muster, Max, von Zürich, in Zürich, Gesellschafter und Geschäftsführer, mit Einzelunterschrift, mit einem Stammanteil von CHF 20'000.00
∞ Muster, Anna, von Zürich, in Zürich, mit Einzelprokura

16.1. **Eidgenössische Gebühren**

1 x Verzicht auf Revision zu CHF 20.00	20.00
2 x Eintrag Funktion/en zu CHF 20.00	40.00
2 x Eintrag Zeichnungsberechtigung/en zu CHF 30.00	60.00
1 x Neueintragung GmbH zu CHF 600.00	600.00

16.4. **Gebührentotal**

720.00

17. **Belege**
1. Anmeldung
2. Stampa-Erklärung
3. öffentliche Urkunde mit Statuten usw.

Handelsregister des Kantons Zürich

18. **Gebührenadresse**
    Muster GmbH
    Testgasse 1
    8001 Zürich
22. **Beglaubigung**
    Nachstehende Unterschriften sind vom Handelsregisteramt des Kantons Zürich, von einem Notar oder von einem Gemeindeammann unter Vorlage von Pass oder Identitätskarte amtlich beglaubigen zu lassen. In der Beglaubigung müssen enthalten sein: Vor- und Familienname, Jahrgang, allfällige akademische Titel, Heimatort (bei Ausländern Staatsangehörigkeit) und Wohnort (politische Gemeinde). Im Ausland vorgenommene Beglaubigungen sind mit einer Superlegalisation bzw. mit einer Apostille zu versehen.
23. **Unterschriften der anmeldenden Personen**
    Unterschriften von zwei Mitgliedern der Geschäftsführung (mit oder ohne Zeichnungsberechtigung) oder von einem Mitglied der Geschäftsführung mit Einzelzeichnungsberechtigung:

    ....
    Muster, Max
24. **Unterschriften der zeichnungsberechtigten Personen**
    Unterschriften weiterer zeichnungsberechtigter Geschäftsführer und aller anderen Zeichnungsberechtigten:

    ....
    Muster, Max   Muster, Anna

Handelsregisteramt Kanton Zürich

Merkblatt

Belege für die Eintragung der Zweigniederlassung eines Unternehmens mit Hauptsitz in der Schweiz

1. Anmeldung

In der Anmeldung ist die einzutragende Zweigniederlassung unter Angabe von Firma bzw. Name, Sitz (politische Gemeinde), Rechtsdomizil (Strasse, Hausnummer, Postleitzahl und Ortschaft) eindeutig zu identifizieren. Für die Einzelheiten kann auf die beigefügten und in der Anmeldung aufzuführenden Belege verwiesen werden. Die Anmeldung muss von einer einzelzeichnungsberechtigten Person, die am Sitz der Hauptniederlassung oder der Zweigniederlassung im Handelsregister eingetragen ist oder wird, unterzeichnet sein (Art. 17 Abs. 1 lit. h HRegV). Möglich ist auch die Unterzeichnung durch zwei Personen, die am Hauptsitz oder bei der Zweigniederlassung Kollektivunterschrift zu zweien haben.

Zusätzlich sind die Unterschriften aller übrigen Personen mit Zeichnungsberechtigung für die Zweigniederlassung (zeichnungsberechtigte Mitglieder der Verwaltung, Direktoren, Prokuristen usw.) anzubringen bzw. auf separaten Unterschriftenbögen einzureichen (Art. 21 Abs. 1 HRegV). Sämtliche Unterschriften sind amtlich beglaubigen zu lassen (Art. 18 Abs. 2, 21 Abs. 1 und 3 HRegV). Auf Wunsch wird die Anmeldung vom Handelsregisteramt ausgefertigt.

2. Protokoll des zuständigen Organs über die Errichtung der Zweigniederlassung und deren Zweck, die Bestellung der Vertreter und die Art ihrer Zeichnung (nur bei juristischen Personen)

Das Protokoll kann als durch den Vorsitzenden und den Protokollführer originalhandschriftlich unterzeichnetes Vollprotokoll, als von den erwähnten Personen unterzeichneter Protokollauszug oder als amtlich beglaubigte Fotokopie eingereicht werden (Art. 20 Abs. 1, 23 Abs. 2 HRegV). Ist das Exekutivorgan (z. B. Verwaltungsrat, Vorstand, Stiftungsrat) für die entsprechenden Beschlüsse zuständig, so genügt auch ein durch sämtliche Organmitglieder originalhandschriftlich unterzeichneter Zirkularbeschluss (z. B. in Form einer Anmeldung; Art. 23 Abs. 2 und 3 HRegV).

Aus dem Protokoll muss hervorgehen,
a) dass das Organ die Errichtung der Zweigniederlassung beschlossen hat;
b) unter welcher Firmenbezeichnung die Zweigniederlassung eingetragen werden soll, wobei Art. 952 OR zu beachten ist;
c) wer für die Zweigniederlassung zeichnungsberechtigt ist*, unter Angabe des Vor- und des Familiennamens, der Staatsangehörigkeit (bei Schweizerbürgern des Heimatortes), des Wohnortes sowie die Art der Zeichnungsberechtigung (Einzelunterschrift, Kollektivunterschrift, Einzelprokura, Kollektivprokura);
d) wo sich das Rechtsdomizil der Zweigniederlassung befindet (Strasse, Hausnummer, Postleitzahl und Ortschaft);
e) der Zweck der Zweigniederlassung, sofern er enger gefasst ist als der Zweck der Hauptniederlassung (Art. 110 Abs. 1 lit. d HRegV).

*Hinweis: Gemäss der per 1. Januar 2008 revidierten Handelsregisterverordnung werden bei einer Zweigniederlassung eines Unternehmens mit Hauptsitz in der Schweiz nur noch Personen eingetragen, die zur Vertretung der Zweigniederlassung berechtigt sind, sofern ihre Zeichnungsberechtigung nicht aus dem Eintrag der Hauptniederlassung hervorgeht (Personen, die am Hauptsitz als Zeichnungsberechtigte eingetragen sind und deren Unterschrift nicht beschränkt ist, gelten als für die Zweigniederlassung zeichnungsberechtigt).

3. Erklärung betreffend Rechtsdomizil

Es ist dem Handelsregisteramt mitzuteilen, ob die Zweigniederlassung an der einzutragenden Adresse über ein Rechtsdomizil verfügt (Art. 117 Abs. 2 HRegV i.V.m. Art. 2 lit. c HRegV). Darunter ist gemäss Art. 2 lit. c HRegV eine Adresse zu verstehen, unter der die Zweigniederlassung an ihrem Sitz erreicht werden kann, z.B. ein Lokal, über das die Zweigniederlassung aufgrund eines Rechtstitels (z.B. Eigentum, Miete, Untermiete etc.) tatsächlich verfügen kann, welches den Mittelpunkt ihrer administrativen Tätigkeit bildet und wo ihr Mitteilungen aller Art zugestellt werden können (vgl. BGE 100 Ib 455 E. 4). Sind diese Voraussetzungen nicht erfüllt, liegt eine c/o-Adresse vor. In diesem Fall ist zusätzlich die Domizilhalterin bzw. der Domizilhalter anzumelden und deren bzw. dessen schriftliche Erklärung, dass sie bzw. er der Zweigniederlassung an der angegebenen Adresse ein Rechtsdomizil gewähre, einzureichen (Art. 109 lit. b, 117 Abs. 3 HRegV).

4. Übersetzungen

Fremdsprachigen Belegen ist grundsätzlich eine beglaubigte Übersetzung beizufügen (Art. 20 Abs. 3 HRegV). Übersetzungen werden nur von dazu qualifizierten Übersetzern (z. B. amtliche Übersetzer, diplomierte Dolmetscher) anerkannt (bezüglich der Einzelheiten vgl. das Merkblatt "Formelle Anforderungen an Handelsregisterbelege").

Handelsregisteramt Kanton Zürich

Merkblatt

Belege für die Eintragung der Zweigniederlassung eines Unternehmens mit Hauptsitz im Ausland

1. Anmeldung

In der Anmeldung ist die einzutragende Zweigniederlassung unter Angabe von Firma bzw. Name, Sitz (politische Gemeinde), Rechtsdomizil (Strasse, Hausnummer, Postleitzahl und Ortschaft) eindeutig zu identifizieren. Für die Einzelheiten kann auf die beigefügten und in der Anmeldung aufzuführenden Belege verwiesen werden. Die Anmeldung muss von einer einzelzeichnungsberechtigten Person, die am Sitz der Hauptniederlassung oder der Zweigniederlassung im Handelsregister eingetragen ist oder wird, unterzeichnet sein (Art. 17 Abs. 1 lit. h HRegV). Möglich ist auch die Unterzeichnung durch zwei Personen, die am Hauptsitz oder bei der Zweigniederlassung Kollektivunterschrift zu zweien haben. Zusätzlich sind die Unterschriften aller übrigen Personen, die für die Zweigniederlassung zeichnungsberechtigt sind (zeichnungsberechtigte Verwaltungsratsmitglieder, Direktoren, Prokuristen usw.), anzubringen bzw. auf separaten Unterschriftenbögen einzureichen (Art. 21 Abs. 1 HRegV). Sämtliche Unterschriften sind amtlich beglaubigen zu lassen (Art. 18 Abs. 2, 21 Abs. 1 und 3 HRegV). Auf Wunsch wird die Anmeldung vom Handelsregisteramt ausgefertigt.

2. Auszug aus dem Handelsregister des Hauptsitzes

Der Handelsregisterauszug muss durch das zuständige Amt am Ort der Eintragung der Hauptniederlassung per neuesten Datums beglaubigt sein. Falls der Auszug keine genügenden Angaben enthält oder wenn am Sitz der Hauptniederlassung keine dem schweizerischen Handelsregister entsprechende Einrichtung besteht, ist ein amtlicher Nachweis neuesten Datums darüber, dass die Rechtseinheit am Orte ihrer Hauptniederlassung nach den geltenden Vorschriften des massgeblichen ausländischen Rechts rechtmässig besteht, einzureichen (Art. 113 Abs. 1 lit. a HRegV).

3. Durch das Handelsregisteramt am Hauptsitz beglaubigtes Exemplar der Statuten (bei juristischen Personen)

Die Statuten oder das diesem entsprechende Dokument müssen von dem für die Hauptniederlassung zuständigen Handelsregisteramt oder einem anderen zuständigen Amt oder einem Notar beglaubigt sein (Art. 113 Abs. 1 lit. b HRegV).

4. Ausweis über das einbezahlte Kapital (s. Art. 114 Abs. 1 lit. b HRegV)

Wenn in den oben unter Ziff. 2 und 3 erwähnten Belegen der auf ein allfällig bestehendes Kapital einbezahlte Betrag nicht ersichtlich ist, ist eine notarielle Bescheinigung über die einbezahlten Beträge oder ein notariell beglaubigter Auszug aus den Geschäftsbüchern der Gesellschaft einzureichen.

5. Protokoll des zuständigen Organs über die Errichtung der Zweigniederlassung, den Zweck der Zweigniederlassung, die Bestellung der Vertreter und die Art ihrer Zeichnung

Das Protokoll kann als durch den Vorsitzenden und den Protokollführer originalhandschriftlich unterzeichnetes Vollprotokoll, als von den erwähnten Personen unterzeichneter Protokollauszug oder als amtlich beglaubigte Fotokopie eingereicht werden (Art. 20 Abs. 1, 23 Abs. 2 HRegV). Ist das Exekutivorgan (z.B. Verwaltungsrat, Board of directors etc.) für die entsprechenden Beschlüsse zuständig, genügt auch ein durch sämtliche Organmitglieder originalhandschriftlich unterzeichneter Zirkularbeschluss (z.B. in Form einer Anmeldung; Art. 23 Abs. 2 und 3 HRegV).

Aus dem Protokoll muss hervorgehen,

a) dass das Organ die Errichtung der Zweigniederlassung beschlossen hat (Art. 113 Abs. 1 lit. c HRegV);
b) unter welcher Firmenbezeichnung die Zweigniederlassung eingetragen werden soll, wobei Art. 952 OR zu beachten ist;
d) wer für die Zweigniederlassung zeichnungsberechtigt ist, unter Angabe des Vor- und des Familiennamens, der Staatsangehörigkeit (bei Schweizerbürgern des Heimatortes), des Wohnortes sowie der Art der Zeichnungsberechtigung (Einzelunterschrift, Kollektivunterschrift, Einzelprokura, Kollektivprokura; Art. 113 Abs. 1 lit. d HRegV);
e) wo sich das Rechtsdomizil der Zweigniederlassung befindet (Strasse, Hausnummer, Postleitzahl und Ortschaft).
f) den Zweck der Zweigniederlassung (Art. 114 Abs. 1 lit. e HRegV).

6. Erklärung betreffend Rechtsdomizil

Es ist dem Handelsregister mitzuteilen, ob die Zweigniederlassung an der einzutragenden Adresse über ein Rechtsdomizil verfügt (Art. 117 Abs. 1 i.V.m. Art. 2 lit. c HRegV). Darunter ist gemäss Art. 2 lit. c HRegV eine Adresse zu verstehen, unter der die Zweigniederlassung an ihrem Sitz erreicht werden kann, z.B. ein Lokal, über das die Zweigniederlassung aufgrund eines Rechtstitels (z.B. Eigentum, Miete, Untermiete etc.) tatsächlich verfügen kann, welches den Mittelpunkt ihrer administrativen Tätigkeit bildet und wo ihr Mitteilungen aller Art zugestellt werden können (vgl. BGE 100 Ib 455 E. 4). Sind diese Voraussetzungen nicht erfüllt, liegt eine c/o-Adresse vor. In diesem Fall ist zusätzlich die Domizilhalterin bzw. der Domizilhalter anzumelden und deren bzw. dessen schriftliche Erklärung, dass sie bzw. er der Zweigniederlassung an der angegebenen Adresse ein Rechtsdomizil gewähre, einzureichen (Art. 113 Abs. 1 lit. e, 117 Abs. 3 HRegV).

7. Bewilligung der Eidgenössischen Bankenkommission

Eine Bank bedarf zur Aufnahme der Geschäftstätigkeit einer Bewilligung der Bankenkommission; sie darf nicht ins Handelsregister eingetragen werden, bevor diese Bewilligung erteilt ist (Art. 3 Abs. 1 des Bundesgesetzes über die Banken und Sparkassen).

8. Übersetzungen

Fremdsprachigen Belegen (insbesondere Handelsregisterauszügen und Statuten) ist grundsätzlich eine beglaubigte Übersetzung beizufügen (Art. 20 Abs. 3 HRegV). Übersetzungen werden nur von dazu qualifizierten Übersetzern (z.B. amtliche Übersetzer, diplomierte Dolmetscher, bei einem schweizerischen Gericht zugelassene Übersetzer, Hochschulabsolventen in der betreffenden Sprache, Inhaber eines öffentlich-rechtlich anerkannten Abschlusses einer Sprachausbildung) zugelassen. Der Übersetzer hat unter Aufführung seiner Qualifikation und mit amtlich beglaubigter Unterschrift (unter Angabe von Vor- und Familienname, Beruf, Heimat- und Wohnort) die Übereinstimmung der Übersetzung mit der fremdsprachigen Fassung zu bestätigen.

9. Überbeglaubigungen / Apostillen

Beurkundungen oder Beglaubigungen ausländischer Behörden oder Notare ist die Beglaubigung der zuständigen diplomatischen oder konsularischen Vertretung der Schweiz oder, sofern staatsvertraglich entsprechend geregelt, eine Apostille beizufügen. Vorbehalten bleiben allfällige spezielle staatsvertragliche Regelungen.

Stichwortverzeichnis

Die Randziffern beziehen sich auf die Kommentierung

A

Adresse	**408 ff.**
Aktiengesellschaft	
– Auflösung	
durch Beschluss der Generalversammlung	290 ff.
Widerruf	295
– Einlagen, Herabsetzung	272
– Firma	siehe Firma
– Gründung	
Belege	169
Belegverzicht	183
Depositenbescheinigung	181
Gründungsbericht	192
Gründungserklärung	197
Opting-out	179, 280 ff.
Prüfungsbestätigung	194
Publikationsorgan	175, 205
Sacheinlage/Sachübernahme	172 f., 184 ff.
Stampa-Erklärung	182
Statuten	170 ff.
Verrechnungsliberierung	193
Vertretung der Gesellschaft	180
Verwaltungsrat	
Suppleanten	82
Vertretung der Gesellschaft	180
Vinkulierung	174
– Kapitalerhöhung	
bedingte	
Feststellungen des Verwaltungsrates	251
Gewährungsbeschluss	243 ff.
Liberierung	245 f.
Statuten	253 ff.
genehmigte	
Erhöhungsbeschluss	238 ff.
Ermächtigungsbeschluss	233
ordentliche	
Feststellungen des Verwaltungsrates	216 ff.
Festübernahmeverfahren	215
Frist	209 f.

Kapitalerhöhungsbericht	221
mit Maximalbetrag	214
Statutenänderung	219
– Kapitalherabsetzung	
im Allgemeinen	260
mit Wiedererhöhung des Aktienkapitals	269, 271
ordentliche	
Herabsetzung mit Maximalbetrag	265
Unterbilanz	266 ff.
– Liberierung, nachträgliche	256 ff.
– Löschung	296
– Partizipationskapital	273
– Revision	
Eintragung von Revisionsstellen	277
Revisionsarten	275
Unabhängigkeit der Revisionsstelle	279
Verzicht auf Revision (opting out)	280 ff.
– Sacheinlage/Sachübernahme	172 f., 184 ff.
Verrechnungsliberierung	193
Amtshilfe	**552 f.**
Anmeldepflicht	**79, 119, 518**
Anmeldung	
– allgemein	72
– Anforderungen	69
– Anmeldepflicht	79, 119
– Anmeldeprinzip	66
– Bedeutung	72
– elektronische	76
– Fehlen der Unterschrift	93
– Formerfordernis	76, 87
– Fristen	70 f.
– Sprache	77
– Stellvertretung	
Ausnahme	86
Grundsatz	79, 88
– Suppleanten	82
– Unterzeichnung	79, 87 ff.
– Urkundencharakter	67
– Widerruf	78
– Willenserklärung	66
Apostille	**116**
Auflösung von Amtes wegen	**529 ff.**
Aufsicht	
– eidgenössische	19

– kantonale	15

B

Belege
– Akten	46
– Belegprinzip	
Ausnahmen	68
Grundsatz	67
– Formerfordernisse	99
– Übersetzung	101 ff.
– Unterzeichnung	100

Beschwerde
– Aktivlegitimation	584 ff.
– Anpassungsfrist für kantonalen Instanzenzug	610
– Instanzenzug	583

D

Datensicherheit und Informatik	**597 ff.**
Domizil	10, 408 f.
– c/o-Adresse	10
– eigenes Büro	10
– fliegender Sitz	11
Domizilhalter	**409**
Domizilverlust	**529**

E

Edition von Akten	**46 ff., 592**
Eintragung von Amtes wegen	
– Domizilverlust	529
– Fehlen von Aktiven	541 ff.
– Konkurs	554 ff.
– Organisationsmangel	535 ff.
– Verfügungsinhalt	526
– Verletzung der Anmeldepflicht	79, 119, 518
– Zeitpunkt der Eintragung	549
Eintragungspflicht	
– Verletzung der Anmeldepflicht	79, 119, 518
Einzelunternehmen	
– allgemein	139
– Anmeldung und Belege	147
– Eintragungspflicht	140

– Eintragungsrecht	146
– freie Berufe	141
– Gewerbe	141
– Löschung	151
– Wohnsitz des Inhabers	150
Enseignes	**418, 608**

F

Firma	**123, 171**
– Anpassungsfrist	606
– Firmengebrauchspflicht	73
Firmenrecherche	**63**
Firmenrecht	**123, 131 ff.**
Freie Berufe	**9, 141, 154**
Fristberechnung	**71**
Fusion	
– Belege für Kapitalerhöhung	464
– Bilanz	458 f.
– Kapitalverlust	465
– KMU-Erklärung	466
– Quorum bei Abfindung	462
– Zulässigkeit der Rechtsformen	452
– Zuständigkeit, örtliche	454
– Zwischenbilanz	461

G

Gebühren	**54**
– Gebührenhaftung	167, 585
– Gebührenpflicht	33, 54
Gemeinderschaft	**514**
Genossenschaft	
– Auflösung	362
– Gründung	345 ff.
– Löschung	362
– Mitgliederverzeichnis	358 f.
– Revision	362
– Sitz	348
– Vertretung	353
– Zweck	355
Geschäftsbezeichnung, besondere	**418, 608**
Gesellschaft mit beschränkter Haftung	
– Anmeldung	317
– Geschäftsführung	306 ff.

– Gesellschafter	303 f.
– Gründung	302 ff.
– Kapitalerhöhung	323 ff.
– Kapitalherabsetzung	
mit Wiedererhöhung des Stammkapitals	331 f.
ordentliche	326
Unterbilanz	327 f.
– Nachschusspflicht	333
– Revision	344
– Sacheinlagen/Sachübernahmen	316
– Übertragung von Stammanteilen	335
– Vertretung der Gesellschaft	310
Gesellschaften ohne Geschäftstätigkeit und ohne Aktiven	**541 ff.**
Gewerbe	
– Amtshilfe	552 ff.
– Begriff	9, 142
– Einzelunternehmen	140
– Institute des öffentlichen Rechts	386
– Kollektivgesellschaft	153 f.
– Verein	363
Gründungsbericht	**192**

H

Handelsregister
– Aktenedition	46 ff., 592
– Aufbau	22 ff.
– Aufbewahrung von Akten	588
– Auszug	24, 48 ff.
– Eintragung gesetzlich nicht vorgesehener Tatsachen	125
– Hauptregister	24
– Identifikationsnummer	404 ff.
– Internet	58
– Negativbescheinigung	57
– Öffentlichkeit	45 ff.
– Prüfungspflicht des Registerführers	120 ff.
– Publikation im SHAB	39
– Sprache der Eintragung	124
– Tagesregister	23, 26
– Täuschungsverbot	118
– typografische Korrekturen	44
– Unveränderbarkeit des Hauptregisters	44
– Unveränderbarkeit des Tagesregisters	35
– Wahrheitsvermutung	118

– Wirkung	26
– Zeugnisse	49
– Zweck des Handelsregisters	1 ff.
Herausgabe von Akten	**46 ff., 592**

I

Identifikationsnummer	**404 ff.**
Institute des öffentlichen Rechts	**386 f.**
– Fusion/Umwandlung/Vermögensübertragung	507
Internet	
– Auszug	58
– Datenschutz	60
Investmentgesellschaft mit festem Kapital	**384**
Investmentgesellschaft mit variablem Kapital	**385**

K

Kapitalerhöhung	
– bedingte	243 ff.
– genehmigte	233 ff.
– ordentliche	
Erhöhung mit Maximalbetrag	214
Feststellungen des Verwaltungsrates	216
Festübernahmeverfahren	215
Frist	209 ff.
Verrechnungsliberierung	226
Kognition	
– EHRA	129
– Handelsregisteramt	120
Kollektiv- und Kommanditgesellschaft	
– Auflösung	162 ff.
– Beginn der Gesellschaft	159
– Firma	158
– freie Berufe	154
– Unterzeichnung der Anmeldung	157
– Wohnsitzfragen	155
Kollektive Kapitalanlagen	
– Investmentgesellschaft mit festem Kapital	384 ff.
– Investmentgesellschaft mit variablem Kapital	385
– Kommanditgesellschaft für kollektive Kapitalanlagen	379 ff.
Kommanditaktiengesellschaft	**298 ff.**
Kommanditgesellschaft für kollektive Kapitalanlagen	**379 ff.**
Konkurs	**554 ff.**
Kreisschreiben des EHRA	**602**

L

Leitungs- und Verwaltungsorgane	**431**
Löschung von Amtes wegen	**541 ff.**

O

Organisationsmangel	**535 ff.**

P

Personenangaben	
– Akademische Titel	423 f.
– Allgemein	419
– Berufsbezeichnungen	425
Prokura, nichtkaufmännische	**513**
Protokoll	**111 ff.**
Prüfungsbestätigung	**194**
Publikation im SHAB	**137**

R

Rechtsdomizil	**407 ff.**
– fehlendes	529
Rechtseinheit	**8**
– Bestandesnachweis	114 f.
– Identifizierbarkeit	72, 404 f.
– Löschung von Amtes wegen	541 ff.
– Wiedereintragung	576 ff.
Rechtsmittel	
– Aktivlegitimation	584 f.
– Anpassungsfrist	610
– Instanzenzug	583
Registerführung	**12 ff.**
Registersperre	
– Akteneinsicht	569
– Allgemein	561 ff.
– Frist	570 ff.
– Information	566 f.
– Nachweis der Klageerhebung	575
– Rechtsmissbrauch	567
– Rechtswirksame Eintragungen	573
Revision	
– Eintragung von Revisionsstellen	277, 432 ff.
– Revisionsarten	275

Stichwortverzeichnis

– Übergangsrecht	605
– Unabhängigkeit der Revisionsstelle	279
– Verzicht auf Revision (opting out)	280 ff.

S

Sacheinlage/Sachübernahme	**172 f., 184 ff.**
Schweizerisches Handelsamtsblatt	**137**
SICAF	**384 ff.**
SICAV	**385**
Sitz	**10 f., 407**
Sitzverlegung	
– Ausland-Schweiz	447
– Schweiz-Schweiz	439 ff.
Spaltung	
– Belege	476 ff.
– Gläubigerschutz	484
– Inventar	477
– mitgliedschaftliche Kontinuität	480
– Zulässigkeit der Rechtsformen	473
– Zuständigkeit, örtliche	475
Statuten	
– allgemein	108
– aktualisierte Fassung	110
Stiftung	
– Aufsicht	377
– Errichtung	369 ff.
– Fusion/Vermögensübertragung	506
– Revision	372

T

Tagesregister	
– Genehmigung der Eintragung durch das EHRA	128
– Publikation im SHAB	137
– Rechtswirksamkeit	128, 135 f.
– Registersperre	Siehe Registersperre
– Sprache der Eintragung	124
– Übermittlung an das EHRA	127
– Unveränderbarkeit	35
– Verweigerung der Genehmigung	134
– Widerruf der Eintragung	136
– Wirkung der Eintragung	128
Täuschungsverbot	**118**

U

Übersetzungen	**101 ff.**
Umstrukturierung	
– Bewilligungen	449
– grenzüberschreitende Umstrukturierung	508 ff.
– Koordination der Eintragungen	450
– Wirkung, konstitutive	451
Umwandlung	
– Bilanz	491
– Kapitalerhöhung	493
– Zulässigkeit der Rechtsformen	488
Unterschrift	
– Beglaubigung	89, 104
– Identitätsnachweis	106
Urkunde, öffentliche	
– Apostille	116
– Ausland	116
Urteile und Verfügungen	
– Eintragung	94
– Erläuterung	96
– Vollstreckbarkeit	95

V

Verein	
– Auflösung	367 f.
– Eintragungspflicht	363
– Löschung	368
– Revision	364
– Sitz	366
– Zweck	365
Vermögensübertragung	
– Einzelunternehmen	499
– Grundsatz	498
– Singularsukzession	498
– Vermögenswerte	502
– Zulässigkeit der Rechtsformen	497

W

Weisungen des EHRA	**602**
Wiedereintragung einer Rechtseinheit	**576 ff.**

Z

Zefix	**61, 64**
Zeugnisse	**49**
Zirkularbeschluss	**111**
Zweck	**413 ff.**
Zweigniederlassung	
– Hauptsitz im Ausland	402
Neueintragung	396
Umfang der Eintragungen	401
Vertretung	403
– Hauptsitz in der Schweiz	
Neueintragung	389 f.
Umfang der Eintragungen	391 ff.
Umstrukturierung des Hauptsitzes	394
Vertretung	392